『늙은이』의
하루 철학

KB140018

『늙은이』의
하루 철학

저자
신요셉

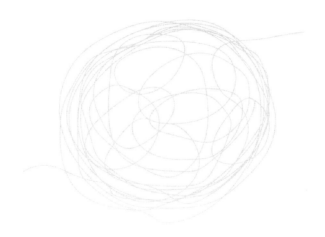

··· 다석 류명모가 전하는 세상 사는 지혜 ···

한국학술정보

머리말

　하늘은 순환하면서 사계절을 통하여 땅의 곡식을 익게 하고 땅은 그 곡식을 통하여 인간의 생명을 유지시킨다. 자연계에서 펼쳐지는 이러한 되먹임의 질서는 매우 감동 깊다. 까마귀의 예를 들어보면, 늙은 어미에게 먹이를 받아먹고 자란 새끼 까마귀는 어미에게 먹이를 물어다 주는 되먹임의 효성反哺之孝을 지닌 반포조反哺鳥이다. 이에 반해 어미 가물치는 알을 낳은 후 실명하여 먹이를 찾을 수 없게 된다. 이를 본능적으로 안 수천 마리의 새끼들은 한 마리씩 자진하여 어미 입으로 들어가 어미의 굶주린 배를 채워 준다고 한다. 자연계와 마찬가지로 인간에게도 천지로부터 받은 지혜를 통하여 세상의 질서를 유지하며 공생공존의 사회를 이루는 데 일조를 담당하는 삶의 원동력이 있다. 이는 인간 내면에 대물림의 사랑反哺報德을 알게 하는 밝은 덕의 지혜가 흐르고 있기 때문이다.

　인간은 이 맑은 씨알의 샘에서 솟아나는 지혜로 먼저 나를 사랑하고 가족·세상·나라에 자연스러운 되먹임의 지혜를 행하여 세상을 환하게 비추는 의무가 동반된다. 이것은 천지로부터 받은 것을 되돌려 주는 보원이덕報怨以德의 사람다움의 역할을 실행하는 것이다.

　필자는 이러한 되먹임의 사랑으로 몸과 마음에 밴 잘못된 관습은 바로잡고 늘 반성하는 인간상을 이루는 계기로 삼고 하루의 삶을 이어간다. 그리고 수시로 나를 돌아보고 내가 맡은 역할에 성실함으로써 세상 본보기를 행하는 데 용감한 대장부의 인간상을 이룬다.

이러한 필자가 되기까지 지혜의 샘물이 용솟음치듯 솟아나게 하는 말없는 가르침不言之教教으로 이끌어 주신 이종성 교수님께 깊은 감사를 드립니다. 그리고 조언을 아끼지 않고 격려해 주신 민황기 교수님, 김방룡 교수님, 김세정 교수님, 최정묵 교수님, 김희 교수님께 고마운 마음을 전합니다. 그리고 김승영 박사를 비롯하여 필자의 곁을 늘 함께해 주시는 모든 고마우신 분들 덕분德分에 이 글의 마침표를 찍을 수 있어 감사드립니다. 더불어 물심양면으로 도와준 나의 사랑하는 아내와 듬직한 대들보 사위 김정종·최준환과 늘 함께 덕을 나눌 수德分 있어 행복합니다.

이 되물림의 하루 철학이 세상에 드러날 수 있도록 배려해 주신 한국학술정보(주) 대표이사님 그리고 편집·교정에 이르기까지 수고를 아끼지 않은 선생님들에게 깊은 감사를 드립니다.

신요셉

목차

제1장

서 론

1. 다석 류영모의 철학적 사유

다석 류영모多夕 柳永模(1890-1981)는 한글에 담긴 하늘의 뜻을 바탕으로 한국적 철학 사유의 지평을 열기 위해 노력한 사상가이다. 다석은 한글의 정음正音 사상을 기반으로 '얼' 철학을 실천하여 통합적 사유의 단초를 제공함으로써 '한글로 철학하기'라는 큰 족적을 남긴다.1) 정음正音은 궁상각치우宮商角徵羽의 조음調音과 함께 천지의 기를 온전히 내재한 인간의 성기聲氣에 따라서 창제되었다. 그러므로 지혜로운 사람이나 어리석은 사람 모두 통용할 수 있는 언어이다. 정음은 한자로 형용할 수 없는 것들을 모두 풀이할 수 있어서 조화의 묘리를 다하고 만물의 뜻을 담고 있다.2)

이처럼 정음을 기초로 한 한글은 사람 신체의 발성기관의 구조를 실제적으로 연구하여 글자를 만들어 놓은 뒤 삼재 사상과 음양·오행의 철학적 의미를 덧붙여 놓았다. 닿소리 글자의 다섯 가지 소리 바탕은 오행 사상을 상징하고, 홀소리 글자의 기본 글자는 각기 천(·)·지(ㅡ)·인(ㅣ)의 삼재 사상의 의미를 담고 있다. 다석은 한글 정음의 특징과 개념을 활용해 하늘의 뜻이 인간의 얼과 교통을 이루는 치인사천治人事天의 사유체계를 드러낸다.

---

1) 류영모 저, 다석학회 엮음, 『다석강의』, 서울: 현암사, 2006, 678쪽 참조. 바른소리치김(正音敎).
2) 李裕元, 『林下筆記』, 海東樂府編: "宮商徵角皆分位, 區別四方風土異, 樂外樂聲付樂章, 化機通妙無愚智."

다석은 존재의 본질적 세계를 '없이있는 하나'로 인간의 역동적 생명성을 '씨알'이라는 간명한 우리말로 표현한다. 그리고 하늘과 인간씨알의 짝짓기를 통하여 생명의 씨가 발아되고 성숙하는 것을 '빈탕한데 가온점 찍기'라는 창의적 언술로 설명한다.

다석은 동서 통합의 사유 지평을 열어 한국인의 정신세계의 문을 활짝 연 철학자이기도 하다. 특히 2008년 한국에서 열린 제22회 세계철학자대회에서 한국의 근현대 철학자로 소개되어 세계 철학자들의 관심을 모았으며, 세계 철학계가 다석의 씨알 철학에 주목한다.[3]

다석은 1890년 3월 13일 서울에서 아버지 류명근柳明根과 어머니 김완전金完全의 맏아들로 태어났다. 그는 5살에 『천자문千字文』과 『동몽선습童蒙先習』을 탐독하고 12살에는 『맹자』를 공부한다. 16세에 이르러 기독교에 입문하여 열성적인 신앙의 길로 들어간다. 다석은 이승훈에 의하여 1907년 평안북도 정주의 오산학교 교사로 초빙되어 『성경』·『도덕경』 등 동서양 경전을 비롯하여 레프 니콜라예비치 톨스토이Lev Nikolaevich Tolstoy(1828-1910)와 우치무라 간조内村鑑三(1861-1930) 등의 사상을 가르친다. 한편 다석은 춘원 이광수李光洙(1892-1950)에 의하여 톨스토이 전집을 읽게 되면서 톨스토이의 심층深層 신앙에 매료된다. 기독교의 대속代贖 신앙에서 자속自贖의 신앙체계로 전환하면서 타율적인 정통 신앙에서 벗어나는 계기가 된

---

3) 김상봉, 「씨알철학과 세계철학」, 『철학』 제102호, 2010 참조; 2008년 8월 2일부터 3일까지 이어진 씨알 철학세션은 5분과로 나눠 21편의 논문이 발표되었지만 강지연, 「도가철학과 다석사상, Daseok's Thought and Daoist Thought」에 관련된 논문은 단 1편에 불과했다. 그리고 유영모와 함석헌의 '생각하는 씨알이라야 산다'라는 주제로 이기상, 「유영모의 생명사상」; 이정배, 「천부경을 통해서 본 동학과 다석의 기독교 이해」; 윤정현, 「없이 계시는 하느님」 등 다수의 논문이 발표되었고 22명의 한국 학자들에 의하여 씨알사상이 소개되어 세계 철학계의 주목을 받았다(김상봉, 「씨알철학과 세계철학」, 『철학』 제102호, 2010, 140-144쪽 참조).

다.4)

다석은 일본 유학을 떠나 우치무라 간조로부터 기존의 교회를 통하지 않고도 『성경』만으로 진리에 도달하는 무교회 신앙을 접한다.5) 이즈음 일본에서 귀국한 다석은, 1917년에는 『오늘』·『청춘』·『농우農牛』 등의 글을 기고하여 최남선崔南善(1890-1957)·정인보鄭寅普(1893-1950) 등과 학문적 활동에 함께 참여하고, 1919년에는 이승훈과 함께 3·1운동의 거사 자금을 마련하는 등 독립운동에 매진한다. 1921년에는 조만식曺晩植(1883-1950)의 뒤를 이어 오산학교 교장으로 부임하면서 학생인 함석헌을 만난다. 이윽고 그는 일일일식一日一食의 금욕적인 생활을 기반으로 날마다 거듭나는 '일일일생一日一生의 하루살이 구도의 길'에 들어서기 시작한다.6)

다석은 『노자』와 『장자』 그리고 불경 등의 다양한 서적을 탐독하면서 종교 다원주의의 싹을 틔우고, 1959년 『도덕경』을 한글로 번역하면서 무의 세계를 체득한다.7) 그는 어린 시절부터 학습한 유교 사상과 함께 청년기를 통해 훈습한 기독교의 하나님 사상을 바탕으로 '없이있는 하나'로 돌아가는 귀일론의 이론체계를 정립한다.8) 다석은 한국사의 굴곡진 중심에서 수많은 질곡의 세월을 겪고

---

4) 박영호, 『다석 전기』, 서울: 교양인, 2012, 134-136쪽 참조.

5) 전인수, 「김교신의 무교회주의」, 『한국기독교와 역사』 제45호, 한국기독교역사연구소, 2016, 225쪽 참조.

6) 박영호, 『다석 전기』, 서울: 교양인, 2012, 582쪽 참조; 이윤일, 「다석 류영모의 종교회통사상에 관한 연구」, 원광대학교 대학원 석사학위논문, 2000, 3-7쪽 참조.

7) 『도덕경』 4장: "道沖而用之, 或弗盈"; 3장: "常使民無知無欲, 使夫智者不敢爲也. 爲無爲, 則無不治." (도는 현상으로부터 어떠한 제한도 받지 않고 언표화 할 수 없는 절대세계를 의미한다); 14장: "其上不曒, 其下不昧, 繩繩不可名, 復歸於無物.是謂無狀之狀, 無物之象, 是謂惚恍. 迎之不見其首." (이러한 도의 영속적 항상성의 속성을 무에 의존하여 표현을 시도하는데 이는 무유의 혼재성으로 어느 곳에도 머물지 않는 역동적 흐름으로 이름을 붙일 수 없기 때문이다);『도덕경』 34장: "大道氾兮, 其可左右."; 25장: "有物混成, 先天地生, 寂兮寥兮, 獨立而不改, 周行而不殆."; 35장: "過客止, 道之出口, 淡乎其無味."; 42장: "反者道之動, 弱者道之用."

3만 3천2백 일의 하루살이의 삶을 1981년 2월 3일 91세의 나이로 마감한다.

다석의 '한글로 철학하기'의 핵심 사상이자 우리 민족의 정신세계를 형성하는 씨알 사상은 일본의 침탈로 인하여 그 본의를 잃게 된다. 1942년 '성서조선' 사건은 배달겨레의 얼의 씨를 송두리째 말살시키려고 했다면, 1943년 '조선어학회' 사건은 한국인의 언어의 씨를 말리려 한 사건이다.9) 이에 다석은 나라를 잃고 방황하는 한국인의 정신적 씨알의 정체성을 찾기 위해 고심하던 중 8·15 해방을 맞이한다. 해방의 기쁨이 가시기도 전 6·25전쟁으로 민족의 분단을 경험하고, 인간의 이념 갈등에 대응하는 나라의 통치력과 씨알의 다스림에 대해 의구심을 품는다. 그는 전쟁의 원인을 인간의 수성獸性인 탐·진·치를 다스리지 못하는 데서 오는 것으로 본다.

다석은 한국 근현대사의 격동기를 거치면서 인간씨알의 자연적 영역을 되찾기 위한 하루 철학의 사유방법을 모색한다.10) 이는 인간씨알의 도를 좇아 천지질서의 무위자연의 흐름을 꿰뚫는 자정 능력을 회복하여 인간의 자명함을 회복하는 데 초점을 맞추는 것이다. 인간의 덕에 따른 고른 앎에 의한 천인 간의 관계를 개선하는

---

8) 류영모 원저, 박영호 엮음,『다석 류영모 어록』, 서울: 두레, 2002, 65쪽 참조.

9) 박영호,『다석 전기』, 서울: 교양인, 2012, 376-378쪽 참조.

10) 다석이 설명하는 하루는 인간이 정해 논 일수를 말하는 것이 아니며, 이는 도와 덕의 생명과 함께하는 하루를 의미한다. 인간의 삶의 한가운데의 의미를 담고 있다.
천지사이에서 솟아나는 생명의 기운을 늘 안고 사는 인간의 하루는 하늘과 땅을 벗어나서는 살 수 없듯이 이 하루살이의 길은 오늘도 어제도 내일도 모두가 이 한 길 위에서 사는 삶이다. 각주) 다석은 하루를 하나님과 함께 사는 삶으로 설명한다. 그의 영인본 {다석일지} 제1권 첫 장에는 '하루때문' 이라고 기록되어 있듯이 {늙은이} 전체적인 내용 중심에는 하루를 사는 인간의 삶의 철학적 사유가 흐르고 있음을 본다. 류영모, {다석일지} 제1권, 서울: 홍익재, 1990, 11-12쪽 참조.

'사람 다스림과 하늘 섬김治人事天'의 수양 방식의 길을 찾는 것이다. 다석은 천지 사이 '가온'11)에 존재하는 인간씨알民의 본래 '이름 없음無名'의 자리로 되돌아가는 길을 노자에게 묻는다.12) 가온은 우리말의 중심을 의미하며, 천지상합이 이루어지는 도의 중심道樞을 말한다. 또한 상선약수와 같이 세상 곳곳에 스며드는 도의 작용을 가리키기도 한다. 가온에서 펼쳐지는 도의 충용충화의 조화를 이루는 과정은 인간의 마음中속의 씨알(얼나)이 오고 가는 시공간 사이에 순간순간마다 도를 체득하여 심신의 하나 됨을 가온찍기ㄹ의 수양으로 설명한다. 이를 표식으로 설명하면 기역ㄱ은 하늘을 의미하며 니은ㄴ은 땅을 표현하고 그 가운데 존재하는 인간의 마음에 점을 찍는 것이다.

다석은 인간의 도와의 부조화의 근본적 문제를 천지 사이 빈 중심의 가온 길에서 벗어나 있는 것이라고 설명한다. 인간이 환난에 시달리고 있는 것大患若身은 도의 조화세계로부터 이탈하여 사물의 가치에 매몰되고 그것을 얻고자 하는 집착에 의해서 오는 것으로 본다.13)

이러한 인간의 목적 지향적 의식은 불평등에 관한 사회의 구조적인 문제를 야기해 규범을 파괴하고 인간의 존엄성을 상실시킨다.

---

11) 류영모, 『다석일지』 제1권, 서울: 홍익재, 1990, 66쪽 참조. "가온직힘만 같지못 ㅎ누나(不如守中)"의 『늙은이』 5장에서 차용해 온 개념이다(류영모 원저, 박영호 엮음, 『다석 류영모 어록』, 서울: 두레, 2002, 224쪽, 227쪽).

12) 무명의 세계에 대한 설명은 이종성, 「박세당의 『노자』 주해(註解)를 통해 보는 도가철학에 있어서의 '유무지변'의 문제」, 『동서철학연구』 제15호, 한국동서철학회, 1998, 131-133쪽 참조. (『도덕경』 1장: "無名天之始."; 32장: "道常無名, 樸 雖小."; 37장: "吾將鎮之以無名之樸, 無名之樸, 夫亦將無欲 不欲以靜, 天下將自定."; 41장: "大象無形, 道隱無名.").

13) 『늙은이』 13장: "뭣을 일러 가장 큰 걱정이 아이 몸이야인고(何謂貴大患若身), 나로서 큰 걱정이 있는 것은(吾所以有大患者), 내가 몸을 가진 때문이여(為吾有身), 내 몸이 없는 데 미치면(及吾無身), 내 무슨 걱정이 있으리(吾有何患)."

예를 들면, 4차 산업혁명에 따른 인공지능의 전방위적 확대는 인간의 사유 영역을 로봇이 점령하는 국면에 이르게 할 수 있다. 이 국면에서 인간은 삶의 터전을 잃고 사회 구성원 간에는 불평등이 만연될 수 있다. 사회의 인공지능화는 인간의 육체적 노동을 감소시키는 반면에 인간의 소유 욕망을 증폭시킬 가능성이 있다.

이것은 인간 스스로 그것을 있게 한 이름과 그 이름 자체에 집착해서 탐욕의 노예로 전락하는 자업자득의 결과에 해당한다. 따라서 목적 지향적 의식에 의해 야기된 인간의 문제를 해결하기 위해서는 인간 씨알의 내적 자정自正에 따른 알찜精으로 속이 꽉 찬 현덕의 실천 수양 방식으로 공정한 세상 본보기天下式를 구현해야 하는 숙제를 안게 된다.

그렇다면 다석은 이 문제를 해결하기 위한 대안으로 왜 『도덕경』을 선택하고 한글로 번역했을까? 그는 하늘의 뜻이 담긴 한글은 한자와 다름없는 뜻글자로 쓰이기에 손색이 없다고 본다. 한글에 담긴 우주 만물의 운행 원리인 삼재론14)과 『도덕경』의 천지상합에 따른 자화自化의 작용에서 인간씨알의 존재 의미를 구현하는 조화의 길이 한 방향을 가리키고 있음을 본다.15) 다석은 현묘한 도의 조화 작용을 '없이있는 하나'가 펼치는 무위자연의 질서라고 말한다. '없이있는'은 없음에서 있음이 나오고 그 있음의 존재를 유지하기 위하여 그 없는 구석을 씀으로當其無用 고루 뚫려 저절로 된 길道法自然의 세계를 이룬다. 또한 없이있는 하나는 물질을 저절로 이루게 하는 얼이며

---

14) 김만태, 「훈민정음의 제자원리와 역학사상」, 『철학사상』 제45권, 서울대학교 철학사상연구소, 2012, 55-56쪽 참조.

15) 『도덕경』 32장: "天地相合, 以降甘露, 民莫之令, 而自均."; 37장: "道常無爲而無不爲, 侯王若能守之, 萬物將自化"; 25장: "人法地, 地法天, 天法道, 道法自然." 류영모 원저, 박영호 엮음, 『다석 류영모 어록』, 서울: 두레, 2002, '하느님' 편을 참조.

그것을 담고 있으면서 거두는 것을 '빈탕한데道沖而用'로 설명한다.

아울러 자신의 '한글로 철학하기'의 전반적 사상을 이끌어가는 '없이있는 하나'의 의미와 『도덕경』의 무의 조화 세계에 담긴 개념이 동일하다는 생각에 도달한다. 인간씨알의 자연적 영역을 회복하는 '빈탕한데 가온찍기'의 한글에 담긴 의미와 『늙은이』[16]의 '길 따라 저절로 됨道法自然'의 철학적 사유와 맥이 닿아 있음을 체득한다.[17]

다석이 『도덕경』을 한글로 번역해서 확보한 하루 철학의 관점은 다음과 같다. 첫째, 천지자연의 법칙에 따른 씨알 가르칠訓民 바른 소리正音[18]를 기반으로 인간씨알의 세상 본보기天下式를 드러내 만물을 고르게 어울리게 하는 철학 사유가 깃든 글로 본다.[19] 둘째, 『늙은이』를 통하여 '사람 다스림과 하늘 섬김治人事天'이라는 실천 수양의 길이 열려 있음을 본다. 셋째, 무의 생활을 통하여 인간씨알의 자정

---

16) 『늙은이』는 다석이 옛한글과 자신의 창의적 한글 그림을 통해서 『도덕경』을 번역한 것을 말한다(류영모, 『다석일지』 제1권, 서울: 홍익재, 1990, 558-589쪽; 4권, 154-289쪽)에 수록된 내용을 참고하여 원문을 인용한다. 그리고 각주의 원문 인용은 '김흥호, 『다석일지 공부』, 서울: 솔출판사, 2001; 노자 원저, 류영모 번역, 박영호 풀이, 『노자와 다석』, 서울: 교양인, 2013'을 참고, 따라서 본 연구의 서지 사항은 『늙은이』로 통일한다.

17) 다석은 노자철학의 무를 없이있는 하나의 질서로 본다(『늙은이』 14장: "ᄆ로왼통으로 하나됨이여(故混而爲一).": 25장: "몬 있어 왼통(으로) 되니(有物混成).": 22장: "하나를 품어 세상 본보기가 된다(抱一爲天下式)."). 비어 있는 천지 사이의 중심에 점을 찍어 도의 자연적 영역을 회복하는 것으로 이해한다. 5장: "씨알을 가지고 꼴개를 삼으니(以百姓爲芻狗), 하늘 땅 사이는, 그 또 풀무나 같구나(天地之間, 其猶橐籥乎), 비었는데 쭈구러들지 않고(虛而不屈), 움직여서 움질움질 나오니(動而愈出), …가온 지킴만 같지 못하누나(不如守中).": 14장: "줄줄 닿았으나 이름 못하겠으니(繩繩不可名), 다시 없몬으로 돌아감이여(復歸於無物).": 16장: "가장 비워 아주(致虛極), 고요지켜 도탑(守靜篤), … 따로 모두 그 뿌리로 돌아간다(各歸其根). 뿌리로 돌아가서 고요하다 하고(歸根日靜)."

18) 언문(諺文)과 우리글, 즉 문언(文言)은 다 천지자연의 법칙에 따른 정음으로 되어 있다. 훈민정음의 훈민은 씨알의 자정능력을 키워 하늘의 올바른 소리를 낼 수 있게 한다.

19) 류영모, 『다석일지』 제2권, 서울: 홍익재, 1990, 778쪽. 우리말은 '없이있는 하나'의 무로부터 있음의 창조를 통하여 만든 하늘의 소리이다(김흥호, 『다석일지 공부』 3권, 서울: 솔출판사, 2001, 212-213쪽 참조). 한글의 기초가 되는 '아(아래아)·으·이'의 구성 체계는 천·지·인간의 삼재론에 바탕을 둔 것이다.

自正 영역을 회복해 모두가 하나 되는 공정共正20)한 세상 본보기天下式를 이룰 수 있다고 판단한다.

따라서 본 글의 목적은 다석의 숙원이었던 '한글로 철학하기'의 지평을 확장시키는 것과 무의 쓰임을 통하여 인간 스스로 사유를 전환하는 과정에 그 초점을 둔다. 이것은 인간의 '저절로 바르게天下式' 되는 자정 능력을 함양하는 것인 동시에 불평등한 사회의 구조적 문제점을 해소하기 위하여 '가온인간'의 무의 생활에 따른 '덕의 생명善攝生'으로 고른 어울림의 세상 본보기를 밝히는 과정이기도 하다. 인간 각자各自의 능력과 적성適性에 맞게 각각 자신에게 맞는 역량을 키우고, 그 마땅한 곳에서 하루의 소임을 다할 수 있는 것을 말한다.

2. 『늙은이』에 반영된 다석의 철학

다석은 『늙은이』에 『도덕경』을 텍스트 분석 대상으로 채택하여 옛한글로 번역한다. 『늙은이』라는 제목을 붙여 노자철학의 본의를 벗어나지 않는 범위에서 자신의 사상을 적용한 후 새롭게 풀이한다. 그는 『도덕경』에 녹아 있는 인간씨알民의 '자기慈己'21)를 형성하여 늘 도의 씨를 품고 사는 절개와 지조의 인간상을 실현하는 데

---

20) 공정共正은 모두가 하나 되어 고른 어울림으로 세상 본보기를 이루는 것이다. 『늙은이』 11장: "설흔 (낱) 살대가 한 (수레)통에 모렸으니(三十輻共一).": 32장: "사람은 하란 말 없이도 스스로 고르리(民莫之令而自均).": 37장: "잘몬은 제대로 되리로다(萬物將自化), 세상은 제대로 바르리로다(天下將自正).": 57장: "내 함 없었서 씨알 제대로 되고(我無爲而民自化), 내 잘 고요하자 씨알 제 바르고(我好靜而民自正)."

21) '자기'慈己는 『늙은이』 전반에 걸쳐 전개되는데 천지 흐름을 알고 지켜 나가는 자승자강의 자명함을 내포한 인간의 내적 상태로서 분별의 세계를 넘어서 무위자연을 전개하는 덕에 따른 삼보를 말한다(『도덕경』 67장: "夫慈以戰則勝, 以守則固, 天將救之, 以慈衛之.").

집중한다. 일반적인 『도덕경』은 전통 주석본을 중심으로 다양한 관점에서 해석되어 왔다. 하지만 『늙은이』는 다석 사상을 바탕으로 신학과 기독교 관점에서만 다루어져 왔을 뿐,[22] 노자철학과 씨알과의 연관성을 살펴보는 연구는 매우 미미한 수준에 머물러 있다. 본문을 진행하기 전 다석의 다양한 사상을 소개하면 다음과 같다.

첫째, 1차 자료로는 자신의 평소 삶을 일기 형식으로 기록한 『다석일지』가 있으며, 『성서조선』·『청춘』 등에 기고한 글들이 있다.[23] 그리고 그의 후학들이 다석의 어록을 정리하여 출간한 김흥호의 『다석일지 공부』[24]가 있다.

김흥호는 이 책에서 다석의 『늙은이』가 기독교의 사상과 매우 밀접한 연관성이 있는 것으로 설명한다. 예를 들어 『다석일지 공부』에서 노자의 도는 기독교의 사랑과 '얼靈'로 해석된다. 이 같은 해석은 박영호가 『늙은이』를 『노자와 다석』·『빛으로 쓴 얼의 노래 노자』로 번역한 사례를 통해서도 나타난다. 즉, 기독교 관점에서의 하나님 사상이 노자의 도와 같은 것으로 해석되고 있다.

이기상은 『우리말 철학』에서 사람을 천지간 '사이적 존재'로 본

---

22) 김정오, 「多夕柳永模 사상의 성인교육학적 함의에 관한 연구」, 숭실대학교 대학원 박사학위논문, 2009.

23) 류영모, 『다석일지』, 서울: 홍익재, 1990. 이것은 1955년 4월 26일부터 1975년 1월 1일까지 거의 20년간 류영모가 자신의 삶과 체험적 정신세계를 그날그날 기록한 것으로 다석의 창의적 한글을 통하여 한시 형식으로 기록된 것이다. 이 밖에 2차 자료를 살펴보면, 박영호, 『다석 유영모의 생애와 사상』, 서울: 홍익재, 1985; 『씨올의 말씀』, 서울: 홍익재, 1989; 『빛으로 쓴 얼의 노래』, 서울: 무애, 1992; 『다석어록』, 서울: 홍익재, 1993; 『동방의 성인 다석 유영모』, 서울: 무애, 1993; 『오늘』, 서울: 성천문화재단, 1993; 『중용에세이』, 서울: 성천문화재단, 1994; 『다석 유영모의 생각과 믿음』, 서울: 문화일보, 1995; 『다석 유영모의 기독교 사상』, 서울: 문화일보, 1996; 『다석 류영모의 불교사상』, 서울: 문화일보, 1995; 김흥호, 『제소리』, 서울: 풍만, 1983 등이다(이윤일, 「다석 류영모의 종교회통사상에 관한 연구」, 원광대학교 대학원 석사학위논문, 7-13쪽 참조).

24) 다석의 일기(『다석일지』)를 현대식 한글로 번역한 책이다(김흥호, 『다석일지 공부』 1-7권, 서울: 솔출판사, 2001).

다. 그는 그 사이를 잇는 '얼나'가 모든 것을 아우르게 하여 한아가 되게 한다는 관계론적 철학을 전개한다.25) 한편 김흡영은 『가온찍기』에서 천지 사이의 중심에 점을 찍어 자기 자리를 찾는 가온인간의 관계론적 실존 사상을 말한다. 이것은 천・지・인의 합일점인 '지금 여기'에 존재하는 실존적 참 나에 점을 찍어 자기 자리를 찾는 사이적 관계론을 설명한 것이다.26)

이와 같이 김흥호와 박영호는 동양 사상과 『성경』을 혼용하여 다석의 사상을 설명한다. 이들은 모두 인간이 탐・진・치를 버리면 진리를 볼 수 있다고 하는 무욕견진無慾見眞의 의의를 강조한다. 이기상은 우리말의 창제원리를 사용하여 얼의 순환적 생명관에 대하여 매우 자세하게 서술한다. 인간의 존재 방식을 '가온찍기'라는 생동감 있는 개념으로 사유한 김흡영의 경우와 유사하다.

둘째, 다석과 관련된 석사학위논문은 다수 있지만 『늙은이』와 노자철학을 연계하여 고찰한 연구는 발견되지 않는다.27) 박사학위논문 역시 비슷한 상황이다. 현재까지 류영모의 『늙은이』 관련 박사학위논문은 발표된 적이 없다.

이동희의 박사학위논문은 류영모의 『다석일지』에 담긴 한글 시를 분석하여 자아와 신의 관계를 통하여 인간의 정신세계를 드러내고자 한 특징이 있다.28) 윤덕영은 얼의 철학적 사유를 좀 더 천착

---

25) 이기상,『다석과 함께 여는 우리말 철학』, 서울: 지식산업사, 2003. 이기상,「다석 류영모의 인간론. 사이를 나누는 살림지기」,『씨알의 소리』 제74호, 씨알사상연구회, 2003, 71-99쪽.

26) 김흡영,『가온찍기』, 서울: 도서출판 동연, 2016, 35쪽 참조.

27) 교육관련 논문: 황준필,「다석 류영모의 한글 타이포그라피에 대하여」, 홍익대학교 대학원 석사학위논문, 2004; 종교관련 논문: 박정근,「다석 유영모의 신관 연구」, 수원가톨릭대학교 대학원 석사학위논문 외 18편 등 20편의 논문이 등재되어 있다.

28) 이동희,「다석 류영모의 한글시에 나타난 신과 자아의 관계적 역동」, 한국학중앙연구원 대학원 박사학위논문, 2018.

한 연구 성과를 발표한다.[29] 그는 얼나의 실존적 자아라는 개념을 류영모와 쇠렌 키르케고르Söeren Kierkegaard(1813-1855)의 기독교 사상과 비교 연구하여 참된 인간의 길을 회복하는 과정을 서술한다. 이와 관련하여 박정환은 얼의 개념을 보완하여 정신세계를 집중적으로 논한다.[30] 그는 한국적인 기독교 사유체계를 '회심回心, Conversion'이라는 종교적 이론의 틀을 중심으로 류영모의 개인적 인식 전환 문제를 연구하였다. 김정오는[31] 류영모의 홍익인간 사상에 따른 교육의 시대별 변천사를 연구하여 발표했다. 이 연구는 한민족의 제천의식에 배어 있는 평등에 대한 사상을 탐구하여 우리말에 담긴 철학을 드러내는 데 일조를 담당한 의의가 있다.

셋째, 일반연구 논문으로 63편의 학술 논문이 있다. 그중 철학[32]·종교[33]·유교·교육에서 각 1편씩 그리고 고유 사상과 해석학 등 기타[34] 다양한 분야의 연구가 있지만, 다석의 한글 번역『늙은이』와 노자철학을 연계하여 고찰한 선행 일반연구 역시 아직까지 발견되지 않는다.

이러한 점에서 『늙은이』에 반영된 다석의 철학 사상을 본격적으로 연구하는 것은 매우 의미 있는 일이라고 평가된다. 이 논문에서

---

29) 윤덕영, 「多夕 柳永模와 Soren Kierkegaard의 기독교 사상 비교 연구」, 한국학중앙연구원 대학원 박사학위논문, 2008, 25쪽 참조.

30) 박정환, 「윌리엄 제임스의 회심이론을 통해 본 다석 류영모 연구」, 서강대학교 대학원 박사학위논문, 2014.

31) 김정오, 「多夕柳永模사상의 성인교육학적 함의에 관한 연구」, 숭실대학교 대학원 박사학위논문, 2009, 4쪽 참조.

32) 심의용의 연구논문 외 8편의 연구 성과가 확인된다.

33) 박정환, 「칼 융의 사상과 다석 류영모 사상의 비교분석」, 『종교연구』 제77호, 한국종교학회, 2017 외 38편.

34) 이기상, 「존재에서 성스러움에로! 21세기를 위한 대안적 사상모색」, 『해석학연구』 제8호, 한국해석학회, 2001 외 12편.

는 다음과 같은 내용을 중심으로 다석의 『늙은이』에 나타난 철학 사상을 체계적으로 검토해 보고자 한다.

첫째, 원문을 중심으로 『늙은이』에 담긴 노자철학과의 접점을 고찰한다. 둘째, 인간씨알의 정체성을 회복하는 과정을 해석하고 규명한다. 셋째, 이를 위해 인간의 내적 수양에 따른 사유 전환을 통해 지나쳐 온 도의 자리로 돌아가는 과정을 주된 논의 대상으로 한다.[35] 『도덕경』을 '옛한글'[비표준어][36]로 번역한 『늙은이』를 기저로 하여 다석의 세계관·인간관·수양관에 대한 의미를 고찰하는 것에 중점을 둔다. 따라서 본 논문의 의의는 도를 좇는 인간의 철학 사유를 밝혀 나가는 데에 있다.

다석은 『늙은이』에서 도의 자기 전개를 무위자연의 영속적 항상성의 흐름으로 존재 근거를 제공하는 근원자로 설명한다. 또한 천하에 존재하는 상태를 주객이 미분화된 통일체[혼성·혼일·포일]의 상태로 『늙은이』 10장, 14장, 25장, 21장에서 설명하며, 이 외에도 전체적 맥락에서 다양하게 설명되는 것을 볼 수 있다. 그의 다양한 사상이 드러나는 『다석일지』, 『다석 류영모 어록』에서는 '없이있는 하나'로 해석하며 이 '하나' 사상은 다석의 전체 사상을 아우른다. 다석은 도를 유무의 혼일성으로 보며, 도의 자기 전개는 순간적 사건에 의한 것이므로 무엇으로도 표현할 수 없는 '없이있는 하나'로 표현한다.

---

35) 『도덕경』 64장: "無執故無失, 民之從事, 常於幾成而敗之, 愼終如始, 則無敗事, 是以聖人欲不欲, 不貴難得之貨, 學不學, 復衆人之所過, 以輔萬物之自然, 而不敢爲."

36) 다석이 사용한 옛한글을 '비표준어'로 칭하고 현대의 한글을 '표준어'로 구분하여 설명한다. 『늙은이』 37장: "잘몬은 제대로 되리로다(萬物將自化), 세상은 제대로 바르리로다(天下將自正)."; 57장: "내 잘 고요하자 씨알 제 바르고(我好靜而民自正)." "내 일 없자 씨알 절로 가멸(我無事而民自富)."

특히 도는 얼[정신]과 허공의 개념으로 인간의 정신세계에 존재하며, 현상계에서는 보이지 않지만, 그것을 이루는 '얼'이요, 그것을 담는 허공으로 원일물불이元―物不二로서 이성적 인식으로는 설명될 수 없는 절대무의 세계이지만 즉유증무의 방식을 통하여 유와 무가 왼통하나 되는 무유혼성-무유혼일-유무포일의 도식구조로 설명한다.[37] 무의 세계는 도의 형이상적 인식의 전개를 설명하는 긍정적 사유이며, 무는 존재적 관점에서 있음과 없음으로 이해되는 것이 아니라 어떤 것으로도 표현할 수 없는 무규정성을 내포하고 있기 때문이다.[38] 무의 세계에 맞혀노는 삶을 펼치면서 자연적 영역을 확보하여 인간의 사이 존재론의 논지를 대변한다.

다석이 사용한 창의적 한글 그림Typography[39]은 타이포그래피Typography로 설명되며 이는 글자를 대칭·반전·반복적인 방법으로 배열하여 글을 그림으로 그리는 표현 방법이다. 이러한 그의 창의성은 『다석일지』의 한시 1천7백 수와 우리말 시조 1천3백 수에 고스란히 담겨 있는 것을 볼 수 있다. 이 방법은 다석에 의해 1443년 훈민정음 창제 이후 처음으로 시도한 점에 그 의의를 둔다. 훈민정음은 1443년 음력 12월에 창제되어 1446년 음력 9월에 반포되어 지금까지 전해 내려오고 있다. 하지만 역사의 질곡을 따라 수없이 변형되어 우리가 사용하는 표준어인 한글로 정착되었다. 다석이 사용한 옛한글의 출처를 밝혀내기가 매우 어렵다. 다석은 훈민정음에 담긴 철학 사유를

37) 류영모 원저, 박영호 엮음, 『다석 류영모 어록』, 서울: 두레, 2002, 65쪽, 213쪽, 219쪽, 221쪽 참조.

38) 이종성, 「노자철학에 있어서 존재와 인식의 상관성」, 『대동철학』 제10집, 대동철학회, 2000, 52-53쪽 참조; 박길수, 「노장의 철학적 치료주의의 이념」, 『동양철학』 제44호, 한국동양철학회, 2015, 447쪽 참조.

39) 황준필, 「다석 류영모의 한글 타이포그라피에 대하여」, 홍익대학교 대학원 석사학위논문, 2004 참조.

바탕으로 자기 나름대로 창의적인 생각을 첨삭하여 편집하여 『도덕경』을 해석했기 때문이다.

따라서 『늙은이』의 해석 과정에서 문장 구성상 어순이 맞지 않는 관계[40]로 현대어로 해석하고, 이론 구성 중 핵심이 되는 단어는 옛한글 그대로 원용하여 다석의 사상적 의의가 손상되지 않는 범위에서 『늙은이』를 분석한다. 지금까지 전하는 『도덕경』의 주석이나 기타 문헌을 참고하여 『늙은이』의 옛한글에 담긴 노자철학과의 접점을 찾아 살펴본다.

이 책에서는 이를 논증하기 위해 다음과 같은 체제로 구성하고자 한다. 천지 사이의 중심에 있는 씨알 사상을 토대로 내적 수양에 따른 사유의 전환 방식에 대하여 분석하고 고찰한다. 도의 중심에서 일어나는 인식의 분화 과정은 개념화할 수 없는 '혼성混成'한 것으로 도는 인간의 마음에 표상되는 인식 구조로는 체득될 수 없다.[41] 이에 사유의 전환을 통해 무에 '맞혀노는' 실천 수양을 논지로 삼아 세상 본보기를 회복해야 한다. 이와 관련하여 인간씨알의 '고른 앎'으로 자기慈리를 밝혀自知者明 세상을 바르게 보는 세계관을 구현하는 과정을 살펴보아야 한다. 이어 인간의 무의 생활화에 따른 치인사천治人事天의 흐름을 통하여 공정共正한 세상 본보기天下式를 구현하는 것에 대한 의의를 논하고자 한다. 세상 본보기는 천지를 운행하는 무위자연의 흐름과 인간의 내적 질서와 하나임을 아는 것

---

40) 다석의 독창적이고 창의적인 우리말 그림과 풀이는 일반인들이 이해하기에는 매우 어려우며 그 속에 녹아 있는 사람됨의 본질적 의미를 전달하는 데 후학들은 어려움을 겪는다(고진호, 「다석 류영모의 영성관과 우리말 사상에 내포된 사람됨의 의미 고찰」, 『교육사상연구』 제31권 4호, 한국교육사상연구회, 2017, 1-2쪽 참조).

41) 이종성, 「박세당의 『노자』 주해(註解)를 통해 보는 도가철학에 있어서의 '유무지변'의 문제」, 『동서철학연구』 제15호, 한국동서철학회, 1998, 131-133쪽 참조.

이다.[42) 따라서 이를 지켜 행하는 가온인간의 자승자강의 자명함의 자정능력으로 세상을 바르게 보는 공정의 지평을 넓혀 나간다.

각 장에서 살펴볼 내용은 대체로 다음과 같다. 2장에서는 『늙은이』에 나타난 사유 전환 방식에 대한 이론적 체계를 분석하여 조명한다. 이를 위해 먼저 늙은이에 투영된 사유 방식을 조명하는 과정에서 도를 좇는 씨알의 개념과 용례를 살펴보고, 인간씨알의 철학사유가 어떻게 전개되는지 그 과정을 짚어 본다. 이 사유의 과정에서 씨알의 '고른 앎'으로 인간의 '자기慈己'가 형성되고 씨알이 제자리를 찾는 것을 설명하면서 씨알의 제자리로부터 일어나는 사건에 대하여 고찰한다.

그리고 길을 내고 속알을 쌓는 인간씨알의 존재 과정을 '생·득·법生·得·法'의 도식 구조를 대입하여 소박한 자리로 돌아가는 '환순還淳'의 사유 방식을 설명한다. '환순還淳'은 『도덕경』 19장에서 인위적 행위를 버리고 본연의 자리를 회복하는 것이다. 또한 발전 성향이 극에 이르면 생명의 시작점인 귀근복명歸根復命의 자리로 되돌아가 도의 생명을 유지하는 사유의 전환 방식을 말한다.[43)

도의 형이상적 사유는 인간의 상대성의 개념을 긍정적으로 전환시키고 자연적 영역을 확보하는 흐름을 볼 수 있다. 자연계는 도의한 치의 오차도 없이 규칙적인 변화에 의하여 쉼 없이 흐르고 있지만, 인간은 현상계에 머물러 있고자 집착한다. 모든 것은 도로부터 존재할 수 있는 덕을 근거로 제공받는다. 따라서 각각의 자연의 본

---

42) 『늙은이』 22장: "…이래서 씻어난 이는(是以聖人), 하나를 품어 세상 본보기가 된다(抱一爲天下式), 제 뵈지 않으므로 밝고(不自見, 故明), 제 옳다않으므로 나타나고(不自是, 故彰), 제보라지 않으므로(치사하다간 없어지는), 공이 그대로있고(不自伐, 故有功), 제 자랑 않으므로 길리라(不自矜, 故長). 그저 오직 다투질 않는다(夫唯不爭)."

43) 이석명, 『노자도덕경하상공장구』, 서울: 소명출판, 2007, 140쪽 참조.

성을 갖추게 되므로 굳이 다른 것으로부터 무엇을 구할 필요가 없다. 도의 자리를 회복함으로써 만물은 도에 전적으로 의지하지 않아도 자연성에 의하여 꼿꼿이 곧게 솟아오른 참 길을 따라 이루어진다. 따라서 도는 굳이 만물의 자기 전개에 관여할 필요를 느끼지 않는다.[44)

'생·득·법生·得·法'의 도식 구조에서 '생'은『도덕경』42장의 도생일道生─의 과정을 말하며, '득'은 39장의 '없이있는 하나'를 체득하는 것을 설명한다. '법'은 25장의 도법자연道法自然을 축약한 것을 즉유증무卽有證無의 방식을 통하여 구체적으로 제시한다.

3장에서는 유와 무의 상보관계의 토대 위에서 무의 세계로 진입해 들어가는 인간 본래성 회복의 과정을 살펴본다. 먼저 본래적 인간의 특성과 복귀 방식에 대하여 조명한다. 곧 인간의 존재 방식을 천지와 만물의 흐름과 같은 맥락에서 살펴본다. 이 흐름은 시모始母의 품으로부터 비롯되는 것으로 인간은 시모 품의 영아와 같으며 그 영아가 적자로 성장하여 어머니의 나라를 이룰 수 있음을 설명한다. 본래적 인간을 회복하기 위해 일상적 인간의 목적 지향적 의지를 '구태여 하지 않아도 되는' 불감위不敢爲의 사유로 전환하는 방식에 대해 검토한다. 불감위의 사유는 무엇을 하고자 하는 용감함을 버리게 되면 몸을 뒤로한 채 주인 노릇을 하지 않고 늘 낮은 곳에 처하게 되는 계기를 마련해 준다. 사람의 일을 좇는 것을 멈추고 도를 좇음으로써 어떠한 것에도 제약을 받지 않는 자연적 사유 영역을 회복하게 되는 것을 말한다.[45)

---

44) 풍우란 저, 박성규 역,『중국철학사 상』, 서울: 까치글방, 2010, 362-363쪽 참조(『도덕경』64장 참조).

45) 불감위不敢爲의 사유에 대한 내용은『도덕경』3장, 64장, 67장, 69장을 참고.

그리고 도의 복귀 지향성의 흐름에 따라 본래 인간의 자리로 돌아가 천하 본보기를 이루는 과정을 살핀다. 이 과정은 인간의 내적 자정自正에 따른 공정共正한 무의 생활화로 더불어 사는 세상 본보기를 구현하는 것으로 설명한다. 모든 것이 각자가 있어야 할 자리를 회복하여 자아와 타자가 하나로 어우러지는 이상 세계의 지반이 무에 있음을 확인한다.

도가 펼치는 유무상보의 작용을 살피고, 무엇을 하고자 함이 없는 무명의 세계를 통하여 사욕을 멈추게 되는 것을 고찰한다. 이어 덕이 확충되어 만물이 '제대로 되고萬物將自化' 제자리를 찾게 되면 세상은 환히 트인 빛무리 따라 밝게 되고 모두가 바른 질서를 향하여 공정共正한 세상을 구현天下將自正하는 과정을 고찰한다.

4장에서는 천도를 좇는 '잘된 자善爲者'의 지평 확장을 통하여 가온인간의 존재 의미를 구현하는 것을 살펴본다. 먼저 인간의 사유 전환에 따라 얻게 되는 자기 '세 보배三寶'로 가온인간의 낮은 자리善下를 확보하는 것을 연구한다. 도의 생명인 잘 삶은 인간의 지향적 의지를 좇는 용감함을 도를 좇는 방향으로 선회시킨다. 이러한 일을 이루는 것은 스스로 고르게 하여 제대로 되게 하는 속알의 균화작용自均自化에 의한 것임을 조명한다.

그리고 자연적 생명의 길을 따르는 잘된 자善爲者의 사유적 지평을 살펴본다. 이것은 삶의 올바른 길을 펼치는 인간됨을 실현하는 과정으로, 이를테면 비어 있는 중심으로부터 나오는 '길 따라 저절로 됨道法自然'에 의하여 존재 의미를 회복하는 것을 말한다. 따라서 천지 사이의 비어 있는 중심에 처해 있는 인간의 덕의 생명을 쌓는 길을 펼치는 '잘됨善爲'의 수양 방식에 의하여 잘된 자를 이루는 과정에 대한 고찰이 필요하다.

5장에서는 상도의 흐름을 좇는 무의 생활화에 따른 가온인간의 세상 본보기天下式를 실현하는 잘 삶善攝生의 과정을 탐구한다. 가온인간은 『늙은이』 5장에서 차용한 개념이다.46) 천지 사이의 중심에 처해 있는 일상적 인간이 무위자연의 흐름에 따라 세상 본보기를 알고 지켜 '지금 여기' 시공간에서 도의 섭생으로 사는 가온존재를 말한다. 천지인 관계적 그물망 속에서 도를 좇는 길을 찾아 자승자강의 자기를 형성하여 하늘과 짝하는 관계적 실존론이다.47) 이를 다석은 '빈탕한데 가온점 찍기'로 표현하고 씨알의 주체성을 회복하는 실천 수양 방식으로 설명한다. '빈탕'은 하늘을 '한데'는 땅으로 비유하며 이 중심에 존재하는 인간은 천지상합에 따른 늘앎으로 매 순간마다 점을 찍어 변화하는 도의 흐름에 순응하는 존재 이유를 갖추고 있다. 따라서 가온인간은 무위자연의 흐름을 아는 인간 내적 고른 앎의 덕의 지혜로 자정력을 함양하고 잘 삶의 인간 사유의 자유 영역을 확보한다.48)

가온인간이 확보하게 되는 자유 영역을 이해하기 위하여 먼저 무의 세계에서 일어나는 잘 삶의 조화 과정을 살핀다. 선섭생자가 펼치는 '천지상합의 단 이슬天地相合. 以降甘露'의 '늘앎知常'으로 덕의 생명을 쌓는 과정을 살펴본다. 이어 선을 행하는 무의 생활을 통한 어머니 나라의 씨알백성에 대하여 살핀다. 이는 무위의 통치에 따른 어

---

46) '가온인간'은 연구자가 류영모의 『다석일지』와 『늙은이』 제5장의 '가온 지킴'[不如守中]의 내용을 기반으로 설정한 개념이다. 『늙은이』 5장: "하늘 땅 사이는, 그 또 풀무나 같구나(天地之間, 其猶橐籥乎). 비었는데 쭈구러들지 않고(虛而不屈), 움직여서 움질움질 나오니(動而愈出), 많은 말을 하다간 막히니(多言數窮), 가온 지킴만 같지 못해(不如守中)."

47) 김흡영, 『가온찍기』, 서울: 도서출판 동연, 2016, 35쪽 참조.

48) 류영모, 『다석일지』 제1권, 서울: 홍익재, 1990, 66-67쪽, 184-185쪽 참조; 김흥호, 『다석일지 공부』 제3권, 서울: 솔출판사, 2001, 528쪽 참고.

머니 나라를 이루는 것이다. 국모의 품에 있는 적자와 같은 자식이 성장하여 대국을 이루는 것과 같다. 소국은 어머니의 나라며 과민은 영아에서 적자로 그리고 자식으로서 성숙된 모습을 보이는 씨알의 발전단계를 말한다. 이러한 모든 과정이 이루어지는 현상이 도와 덕이 함께하는 '늘 한길玄同'의 세계이다. 인간의 내적 세 보배의 덕을 통하여 세상을 보게 되면 너와 나의 경계가 허물어져 자연적 영역이 넓어진다. 제각각 자신의 역할에 충실하면서 이해관계를 떠나게 됨으로써 계산할 필요가 없게 되고 마음의 빗장을 채울 일이 없어지게 된다. 결국 가온인간의 고른 앎으로 하늘과 짝하면 몸으로부터 일어나는 감각적 사유가 멈추게 되고 도에 따른 덕이 함께 작동하는 '감안 속알玄德'이 형성되는데, 그 이론 체계를 살펴본다.

특히 주목해야 할 것은, 『늙은이』의 한글에 담긴 한국인의 사유 체계를 통해 노자 철학의 무가 현재화되어 생활화되었을 때, 인간의 정신세계에 미치는 영향에 대한 문제이다. 무의 세계는 도의 형이상적 인식의 전개를 설명하는 도의 긍정적 사유이며 비어 있음으로 사물의 분별력을 소멸하게 하는[무욕·무사·무지] 영역으로 말한다.

도는 현상으로부터 어떠한 제한도 받지 않고 언표화 할 수 없는 절대세계를 의미한다. 이러한 도의 영속적 항상성의 속성을 무에 의존하여 표현을 시도하는데 이는 무유의 혼재성으로 어느 곳에도 머물지 않는 역동적 흐름으로 이름을 붙일 수 없기 때문이다.49)

노자에서 무는 도와 동등하며 도의 주체적 자발의지를 형용하며 다양하게 펼치는 사유의 세계를 설명하는 논리로 본다. 무는 존재

---

49) 『늙은이』 34장, 21장, 14장, 32장, 41장 참고.

적 관점에서 있음 없음으로 이해되는 것이 아니라 어떤 것으로도 표현할 수 없는 무규정성을 내포하고 있기 때문이다.[50] 무의 생활화를 통해 인간이 세상에 기여하게 되는, 곧 『늙은이』 사상의 현재성을 확인할 필요가 있다는 점에서 그 현대적 의의를 살펴보고자 한다.

---

[50] 이종성, 「노자철학에 있어서 존재와 인식의 상관성」, 『대동철학』 제10집, 대동철학회, 2000, 52-53쪽 참조; 박길수, 「노장의 철학적 치료주의의 이념」, 『동양철학』 제44호, 한국동양철학회, 2015, 447쪽 참조.

제2장

『늙은이』의 사유 방식과
논리 체계

1. 『늙은이』에 투영된 사유 방식

1) 씨알의 '저절로 된 길' 좇는 일[道從事]

(1) 씨알의 개념과 용례

다석은 씨알에 담긴 뜻글槪念을 만물의 존재할 수 있는 근거로서 참된 정기[알짬-精]를 잘 영글게 하는 도의 생명의 씨로 본다. 또한 씨알의 용례는 매우 다양하게 사용되는데 일상적으로 씨앗이라고 쓰기도 한다. 새끼를 부화하는 종란種卵을 뜻하는 낱말이며, 씨나 열매, 곡식처럼 알의 형태로 된 것의 크기를 말할 때도 쓰인다. 다석은 이런 의미를 유지하되, 좀 더 철학적인 함의를 포괄하도록 하여 씨알은 씨와 알이 결합된 속알德로서의 의미를 부여한다. 이 외에도 씨알의 뜻글은 다양하게 사용된다. 특히 『늙은이』에서 씨알의 담긴 의미는 천지간 가온샘으로부터 솟아나는 도의 생명으로 속裏이 꽉 찬 가온인간의 존재할 수 있는 기틀을 제공하는 덕의 씨로 본다.

씨는 식물의 생명을 품고 있는 작고 단단한 물질이다. 다석은 이것을 씨알이라는 개념을 담아 상징적으로 사용하여 철학적 사유의 영역을 확장시켜 나간다. 또한 씨알은 동물을 번식하는 씨라는 말로 사용되며 알을 '알卵'과 '얼靈'로 해석하는 방식은 다석의 독창적인 관점이다. 알은 생명의 씨를 품으며 보호하기 위해 둘러싼 형태의 껍질을 포함하는 '씨의 확장'이다.[1] 다석은 씨알을 내적 관점에서 '그늘을 지고 볕을 품에 안고萬物負陰而抱陽', '빔 뚫린 김으로 고르게 어울리게沖氣以爲和' 하여 만물의 성숙을 이룬다고 덧붙인다.

씨알은 새싹으로 자라나는 잠재적 가능태의 씨를 품고 있는 포자체胚의 의미를 담고 있으며 발아한 뒤 형체를 형성하는 기초적인 구조로 이루어져 있다. 씨알은 생명의 유전정보DNA와 그것의 생명에너지氣가 들어 있어 분열과 응축 작용을 통하여 생명을 유지한다. 이를 식물의 중심의 핵核으로 표현하고 인간에게는 정精을 품고 있는 것으로 묘사된다.

천지 사이의 중심으로부터 드러나는 씨알의 정신精神은 우주정신과 그 질서가 동일한 구조이다. 서로 다른 성질을 지닌 음과 양이 들고 나는 중묘지문의 조화의 기沖氣爲和로 도의 작용으로 각각의 약화된 세력을 하나로 모이게 한다. 한 곳으로 모인 아주 작은 미세하고 부드러운 세력으로부터 정中精이 생겨난다. 이는 상반된 기운이 서로 부딪쳐沖, 아무런 대립관계를 형성하지 않고 혼연한 상태로 어느 한쪽에 치우치지 않는 불편부당不偏不黨한 관계沖用沖和를 유지하고 있는 없이있는 무의 상태이다.

그리고 서로 미세한 정精의 상태에서 충기로 하나 된 조화의 기운은 서서히 생동하여徐淸徐生 새로운 세계를 열게 한다.[2] 하늘의 도가 씨를 뿌리면 땅의 덕은 그것을 담아 양육하여 자라게 한다. 그 사이의 인간은 때에 맞춰 천지의 무위자연의 정신을 본받아 그것을 지켜 고른 어울림으로 올바른 하루의 삶善攝生을 이어간다.[3]

---

1) 이상국, 아주경제, 「[다석 류영모(32)] 위대한 영혼의 비밀…다석사상은 씨알사상이다」, 2020, 11월 19일 참조. https://www.ajunews.com/view/20200324160847581

2) 『도덕경』 21장, 42장.

3) 『도덕경』 50장, 51장.

인간의 정신은 아직 발현되기 전 미조未兆의 씨알 상태에서 때에 맞춘 하나의 기운은 서서히 움직임으로써 음과 양으로 분열한다. 이 분열된 음양 속에서 갈라진 미세한 정精과 역동적인 신神은 도가 펼치는 조화의 과정에서 씨의 알을 깨고 자기 전개를 시작한다. 이를테면 음이 점점 응고하여서 달月이 된 때에 정精이 형성되고 양이 점점 응취되어서 날日이 될 때에 신神의 활동이 시작되는 것과 같다.[4]

정과 신의 중심에서 핵을 이루고 있는 씨알은 천지상합에 따른 가온샘의 단 이슬의 자균자화의 생명, 즉 하늘에서 온 얼의 씨이다. 이 영원한 얼의 씨의 긋이 곧게 솟는 제긋慈己이며, 그것이 나를 형성하는 속알의 되먹임의 사랑貴食母으로 감싸여 있다.[5] 얼나의 자애慈愛로 상대 세계의 처음과 끝을 이어줌으로써 '를 사는 삶의 존재가 될 수 있게 한다. 이 얼의 나는 하나로 비어 있는 중심에 나타나는 시작점인 생명의 씨로도 볼 수 있다.[6] '얼'은 우리말로 영혼soul・영spirit 등과 같이 구분하지 않고 사용하고 있다. 이를 테면 종교적 관점에 따라 그 용례가 달라진다. 기독교에서 말하는 하느님의 거룩한 영은 '성령'으로 표현하고 있다. 이 밖에도 '근원・샘・중심' 등의 의미를 나타내며 한민족의 정신세계의 근원적 중심으로도 표현되고 있다.[7]

다석은 씨알은 존재의 씨를 품고 있으며 도의 존재 근거를 제공

---

4) 한동석, 『우주변화의 원리』, 서울: 대원출판, 2013, 338-339쪽.

5) 귀식모는 『도덕경』 20장에 나오는 단어이다.

6) 류영모, 『다석 류영모 어록』, 2002, 9장 가온찍기 참고. 이재운, 구미라, 이인옥, 2008, 449쪽 참조.

7) 최혜영, 「몸과 얼(Body and Spirit)」, 가톨릭대학교 인간학연구소, 『인간연구』 제1호, 2000, 80-82쪽 참조.

받아 움직여 그 의미를 완성시키는 것으로 설명한다. 이 씨알이 변화에 순응하여 '씨'를 감싸고 있는 '알'은 자기를 희생하고 새싹이 솟아올라 만물을 만물답게 존재 의미를 실현한다. 씨알은 덕에 의지하여 점진적으로 성숙되어 선을 행하는 선위자의 면모를 갖춘다. 또한 씨알은 도의 무위자연 사랑德分愛이 피어나는 어머니 품貴食母에서 일어나는 생명활동의 주체로서 영아·해심未孩·적자 등으로 묘사된다.

도의 존재 과정으로부터 대기만성의 존재 방식으로 자기를 형성하여 무의 생활화에 따른 자연적 생명체로 설명한다. 천지 사이의 빈탕 가온에서 한 점의 씨알이 덕의 기운으로 미명의 알을 깨고 서서히 움직여 자기의 형체를 형성한다.

다석은 하늘과 짝하고 인간 사이의 관계적 개선을 도모하는 '사람 다스림과 하늘 섬김治人事天'의 길을 좇아 덕을 쌓게 되면, 인간씨알의 자명함으로 자승자강의 자기慈己를 형성하는 것으로 본다.8)

이것은 씨알에 담긴 '한아님'의 의미 해석에서 찾아볼 수 있다. 인간 생명의 씨의 발아를 알리는 첫말의 원초음 아래아[·]를 한아님의 이름에 붙이고, 땅의 '아'와 구별되는 크다는 의미의 '한'을 붙여 한아님으로 설명한다. 다석이 설명하는 '한아'는 삼재 사상을 바탕으로 변화되는 우주의 질서를 포괄하는 개념으로서 우리말의 아래아[·]에 담긴 철학 구조를 대변한다. 즉 이 점[·]이 이동함으로써 씨얼·씨알·씨울로 변형되는 것을 볼 수 있다. 다석은 인간의 마음 중심에 '씨얼'이 점진적 수양을 통하여 '씨알'로 그리고 하

---

8) 『도덕경』 59장: "治人事天, 莫若嗇, 夫唯嗇, 是以早服, 早服謂之重積德."; 67장: "今舍慈且勇, 舍儉且廣, 舍後且先, 死矣, 夫慈以戰則勝, 以守則固, 天將救之, 以慈衛之."

늘과 상합을 이루고 도의 중심축인 한아로 돌아가는 '씨울'로 변화하는 과정을 설명한다.

아래아[ㆍ]가 외재적 환경에 의하여 '아'를 이루면 밖을 의미하며, 아침·아이 등을 그 예로 들 수 있으며 또한 '어'는 안을 의미하여 어머니·어버이 등에서 그 뜻이 드러난다. 아래아의 이동의 흐름(ㅓ) → (ㅏ)에 'ㄹ'을 붙이면 '얼', '알'이라는 언어의 변화를 보게 된다. 이는 모든 변화의 씨를 품고 있는 '얼의 씨'가 인간의 의식을 뚫고 나오면 '씨알'이라는 생명 시작의 발원처의 의미를 담게 된다. 이를테면 영아와 같은 알이 내외적 환경에 영향을 받아 참된 정기로 속㷼이 꽉 찬 어른이 되는 것과 같다.

얼은 보이지 않는 정신세계에서 이루어지는 사유의 체계로서 이 얼이 인간에게 나타나는 것이 '얼굴'이다. 이러한 흐름으로 천지 사이에 있는 인간의 존재 이유를 알게 한다. 씨알에 담긴 참된 정기는 하늘과 땅을 도의 생명으로 이어서 그 안에 있는 만물과 고르게 어울려 차별하지 않고 하나로 보게 된다.9) 무의 세계에서 제공하는 존재 근거를 통하여 유의 발전단계를 거쳐 성숙해짐으로써 도의 황홀한 조화의 자리로 돌아가 생명을 보존하는 한아의 흐름을 볼 수 있다.

특히 다석은 이 점을 비어 있는 가운데에 점 찍기로 설명한다. 이는 변화의 사이에서 일어나는 조화의 접점을 알고 지키는 사유 방식에 해당한다. 씨의 '알'[얼]은 한아의 움직임, 즉 태극 운동에 의하여 무언가를 이룰 수 있는 힘을 품고 밖으로 표출하기 이전의 잠재적 가능태이다. 1차원의 점이 수없이 모여 2차원의 선을 이루

---

9) 이기상, 『다석과 함께 여는 우리말 철학』, 서울: 지식산업사, 201쪽 참조.

고 그 선은 다시 면을 이루어 3차원의 동적인 형체를 이룬다.[10]

지구와 인류는 1차원적 사고에서 언어를 창조하고 언어를 통한 2차원적 의식 상태에서 문화를 이루어내면서 진화를 했다. 숫자와 문자(기호)를 결합시켜 3차원적 의식 상태의 지혜로부터 무한한 사유와 상상으로 물리와 천문학을 결합시켜 눈부신 과학의 시대를 만들어냈다.

다석은 이러한 영속적 항상성의 한얼의 씨는 역동적인 시공간 속에서 대상對象들 간의 대대적 상보를 통하여 우주 만물이 존재할 수 있는 근거를 제공하는 것으로 말한다. 또한 하늘 땅 사이의 씨알의 가는 길을 고르게 어울리게 하는 '없이있는 한아'의 질서는 올곧게 휘돌아 솟구쳐 한길로 얽히고설킨 것을 뚫어서 온갖 것을 조화롭게 한다.

다석은 비어 있는 하늘을 '없이있는 한아'·'큰 얼'로 표현한다. 그리고 이것은 안과 밖이 없는 광대무변한 우주의 큰 동그라미太虛空 안에 한아의 씨알이 충만된 상태를 의미한다.[11] 다석은 부연하여 빈탕 속에서 일어나는 생명의 사건에 의하여 씨의 얼이 나온다고 강조한다. 그는 또한 이러한 과정을 거쳐 우리 안에 씨로 심겨 있는 것이 '얼生命素'이고 또 다른 별칭으로 씨알이며, 이 씨알이 점진적 수양을 통하여 의식화된 것이 전일체를 이루는 것을 '얼나靈己'라고 한다.[12]

얼의 씨는 잠재적 가능태가 응축되어 있어 때가 이르면 모든 것

---

10) 류영모 원저, 박영호 엮음, 『다석 류영모 어록』, 서울: 두레, 2002, 83쪽, 224쪽 참조.

11) 류영모 원저, 박영호 엮음, 『다석 류영모 어록』, 서울: 두레, 2002, 207쪽 참조.

12) 류영모 원저, 박영호 엮음, 『다석 류영모 어록』, 서울: 두레, 2002. '하느님', '얼나', '우주와 신비', '빈탕한데' 참조.

을 존재할 수 있게 하는 생명의 씨로 이해할 수 있다.13) 이는 생명을 영글게 하는 영속성에 의하여 약동·창조·진화하는 것의 특징을 비유한 것이다.14) 결국, 다석은 씨알의 존재 과정을 무극이태극 無極而太極의 상태로 '없이있는 한아'로 설명한다. 비어 있는 중심에서 깊고 아득한 한 무리의 현묘한 빛의 움직임에 따라 활동하는 덕을 '속알'로 표현한다. 이 덕의 씨는 인간의 의식을 뚫고 선을 행하여 얼의 나를 형성한다. 그것은 본원의 생명력을 드러내는 선의 씨與善 仁의 활동이다.

이러한 씨알은 도의 참뜻을 수반한 마음과 분리되지 않은 몸身으로서 존재한다. 자기의 잘못된 의식을 통제할 수 있는 덕의 전이轉移 공간을 확보하고 타인의 의견을 수렴하는 텅 빈 영역을 유지한다. 덕의 되먹임의 사랑의 전이 공간은 생과 사가 없는 무사지의 자연적 흐름이다.

인간의 몸은 시공간의 사이에 존재하며 사유를 통하여 도의 자연적 사랑이 담긴 자기慈己를 전개해 나간다. 다석은 추상적 사유 세계의 비어 있는 시공간을 기호화된 점點으로 문자화하여 표현하고, 그 표현의 실체성을 돋보이게 한다. 이를테면 현재란 우리가 서 있는 지금 여기의 하루를 사는 한 점이며, 앞으로 전진하는 수많은 점들이 이어져 존재하는 것을 미래로 표현한다.15) 다석은 하늘로부

---

13) 이기상, 『다석과 함께 여는 우리말 철학』, 서울: 지식산업사, 2003, 201-202쪽 참조; 박영호, 『씨올』, 서울: 홍익재, 1985, 일러두기 참조: "갓난애기의 손 잡은 줄도 모름 같구나(如嬰兒之未孩). 나 홀로 남보다 달라서(我獨異於人), 어머니 젖 먹기를 높이노라(而貴食母)."(『늙은이』 20장 참조).

14) 김경재, 「씨알 사상에서의 역사 이해」, 『시대와 민중신학』 제10호, 제3시대 그리스도 연구소, 2008, 255쪽 참조.

15) 정석도, 「노자철학의 은유적 개념체계 해석」, 성균관대학교 대학원 박사학위논문, 2006, 19-21쪽 참조.

터 온 생명의 씨를 가온점 찍기라는 개념을 도입하여 인간의 정신 세계와 연결시켜 설명한다. 천도의 흐름과 사람의 내적 속알의 흐름과의 일체성을 이루는 직관적 통찰의 '솟아오름'이라는 개념으로 표현한다. 이와 같이 다석은 씨알의 철학 사유를 대입하여 몸·마음·얼의 삼재론의 우리말 창제 원리를 바탕 삼아『늙은이』를 풀이한다. 몸과 마음 그리고 그것을 움직이게 하는 얼은 모두 하나의 질서로부터 서서히 맑게 하여 움직인다.

이 때에 맞춘 선동善時의 움직임에 의하여 몸은 천지의 흐름에 의지하고 마음은 내적 속알의 흐름에 따른다. 천지인의 세큰긋三太極의 사이와 사이를 잇는 현묘한 빛을 쏟아내는 하나의 질서로부터 각각의 존재 의미를 부여 받는다. 따라서 삼은 각자의 제 역할을 담당하는 의미가 있으며 하나는 이 모든 것의 존재 근거를 제공하는 생명의 보고이다. 하늘이 씨를 뿌리면 땅은 그것을 담아 덕을 통하여 양육한다. 천지간 사이의 인간은 씨알의 담긴 천지정신을 이어받아 지켜 덕을 나누고 베풀며 공생공존의 사회를 이룬다.

다석은『훈민정음』해례본의 태초의 기운이 안 미치는 곳이 없이 두루 흘러 순환하므로 그 이어짐은 끝을 헤아릴 수 없는 순환무단循環無端의 이치로 본다.16) 이를『늙은이』의 곡직曲直의 현상에 따른 환순濃淳 논리로 대변한다. 이는 도의 반동약용의 자연적 흐름이다. 이 흐름은 온갖 것을 아우르고 온통으로 꿰어서 미치지 않음이 없다. 공생공존의 도의 흐름으로써 되먹임의 질서가 펼치는 자애의 사랑을 세상 본보기로 삼는다.17)

---

16)『훈민정음』해례본: "一元之氣 周流不窮 四時之運 循環無端."

17)『도덕경』34장: "大道氾兮 其可左右, 萬物恃之而生而不辭,…能成其大."; 40장: "反者道之動, 弱者道之用, 天下萬物生於有."

다석은 우리말 원음인 애[·]를 천지 사이의 비어 있는 '지금 여기'에 점 찍기, 즉 '빈탕한데 가온점 찍기ㄹ'를 변화의 법칙을 깨닫는 것으로 말한다. 하늘이 내리는 생명의 씨를 몸으로 받아 담고 덕의 기운으로 싹을 솟아나게 하여 무위자연의 흐름으로 현덕의 열매를 맺는다. 그리고 이 일점광명一點光明의 생명의 씨알을 서서히 맑게 하는 하나의 움직임에서 무한한 생명의 세력으로 확장되어 존재하는 모든 것들의 근거를 제공하는 것으로 본다.

　다석은 천지 사이의 시공간 중심에서 솟아나는 생명을 세로로 긋는 막대기ㅣ로 표현한다. 그리고 가로로 그은 막대기ㅡ는 세상을 상징하는 표식으로 설명한다. 그는 천지의 흐름과 인간의 내적 질서가 하나의 흐름임을 아는 지혜를 통하여 마음 중심에 점을 찍는 것으로 설명한다. 그리고 자신의 창의적인 한글 표현 방법을 이 표식[ㄹ]을 대입하여 표현한다. 이 점 찍기는 천지 사이의 중심에서 일어나는 절로 어울려 하나 되는 씨알의 생명 사건으로서 우주 알을 깨고 시공간 속으로 진입하는 지금 여기의 하루 생명의 경이로움을 알리는 시작점이다.

　다석의 '빈탕한데 가온점 찍기'는 씨알의 존재 상태를 전환시켜 인위적 행위를 배제하고 무의 생활에 따른 자연적 영역을 회복하는 수양 방식이다. 이 방식은 '함없음에도 저절로 된 길無爲自然'로부터 씨알의 본연의 길을 되찾는 것을 말한다.[18] 씨알이 하늘과 짝하면 사이와 사이를 잇는 '속알德'의 점진적 발전단계를 거쳐 천도의 길을 안내하는 선을 행하여 절로 된 길天地人法自然을 찾게 된다. 그러므

---

18) 『도덕경』 3장: "常使民無知無欲, 使夫智者不敢爲也. 爲無爲, 則無不治."; 68장: "是謂不爭之德, 是謂用人之力, 是謂配天古之極."

로 '하늘로 향하는 맨 꼭대기配天古之極'의 무극의 빈탕 가온沖用沖和의 자리에 도달하여 전일적 존재를 회복한다.

다석이 설명하는 속알은 '속'과 '알'이 어우러진 낱말이다. 여기서 '속'이란 '사람의 속 곧 마음'이라는 뜻이다. 마음은 느낌을 겉으로 삼고 생각과 뜻을 속으로 삼는다. '마음의 알'이란 곧 생각과 뜻을 말하며 속알이란 마음의 씨알이 솟아나게 하는 것이며, 그것은 곧 도의 생각과 뜻을 행하는 선과 같은 의미를 담고 있다.[19]

다석이 주장하는 한아의 질서는 비어 있는 중심의 씨알의 음양을 추인하고 추동하는 무극이태극無極而太極의 홀황惚恍한 조화의 상태로 설명한다. 그는 무극을 없이있는 혼성混成함의 용례로 보며 태극은 혼연한 속에 미세한 하나의 움직임으로써 도의 자연적 전개를 하기 전의 혼일混而爲一의 상태를 말한다. 따라서 '없이있는 한아'라는 뜻말로 묘사하여 무한 우주의 빈탕한 중심에서 일어나는 도와 덕의 만물의 씨알을 생축하는 사건으로 표현하고 있다.[20] 천지간天地間 중심에서 일어나는 씨알의 생명 사건은 도의 자연적 전개에 따른 사유적 측면으로서[21] 혼성한 상태를 그 근원으로 삼는다.

혼연함 속에서 하나의 질서는 씨알을 잉태하여 역동적 생명의 길을 펼치기 위하여 서서히 움직이기 시작하면서 상대성을 태동한다. 따라서 인간의 중심에 있는 씨알의 정신은 이것과 저것이 혼성되어 있는 중묘지문을 열어 밖으로 나가 상대성을 발판 삼아 발전하게 된다. 하지만 인간의 몸에 따른 생존욕구의 지나침은 욕심으로 이

---

19) 류영모 원저, 박영호 엮음, 『다석 류영모 어록』, 서울: 두레, 2002, 223쪽 참조.

20) 류영모, 『다석 류영모 어록』, 하느님 편을 참조하라.

21) 이종성, 「박세당의 『노자』 주해(註解)를 통해 보는 도가철학에 있어서의 '유무지변'의 문제」, 『동서철학연구』 제15호, 한국동서철학회, 1998, 133쪽 참조.

어지게 됨으로써 씨알의 참된 정기를 가리게 된다. 이를 무의 세계를 통하여 지나침을 억제하고 덕의 세력으로 욕심의 세력을 약화시켜 되돌리는 반동약용의 작용을 동원한다. 따라서 씨알을 에워싼 욕망의 벽을 허물고 도의 자애로 호위하여 바른 하루의 삶을 이어 간다. 즉 상대성 가치에 머물지 않고 그 상대성을 주재하지 않으며 상대적 관계를 통하여 드러나는 존재 의미에 관점을 맞추는 것이다. 결과에 중시하지 않고 씨알의 존재 과정에서 드러나는 도덕의 저절로 된 길을 따라 심신의 일체를 이루는 현덕의 수양 방식이다.

다석은 우주의 중심에 가득 찬 상·물·정象·物·精은 혼연한 큰 상을 이루고 씨알이 발아되기 전 미조未兆의 상태를 유지하며 때에 맞춰 그 움직임에 응하는 자연적 생명의 그물망을 형성하고 있다고 본다. 맛난 음식과 좋은 음악은 과객의(감각) 길을 잠시 멈추게 할 수 있지만 도의 참된 정기가 나오는 씨알은 담담하여 아무 맛이 없는 중화의 상태이다. 밝지도 어둡지도 않은不曒不昧 없이있는 하나로서 다만 그 쓰임만은 그 끝을 볼 수 없는不弊不窮 무한한 허공과도 같다고 한다.[22]

이러한 점을 미루어 본다면 도의 씨를 품고 있는 것은 비어 있는 중심인 무극의 상태를 말하는 것이며 이는 불가득의 자리이며 우리가 늘 있어야 할 천지상합의 자리로 묘사된다. 이 자리에서 일어나는 사건을 좀 더 자세히 접근해 보면, 동적인 양의 기운을 정적인 음의 기운이 감싸고 있는 미세한 속에서 충기의 자연적 운동이 서서히 움직이기 시작한다靜之徐淸,動之徐生. 그리고 음양의 충화沖氣以爲和작용에 따른 씨알의 사세를 형성하게 된다萬物負陰而抱陽. 홀황한 빈탕 가

---

22) 『도덕경』 35장, 63장 참조.

온의 세계는 음양의 교역이 소강상태에 들어간反動, 즉 음양의 각각의 세력이 약화弱化된 자균의 상태에서 충기의 기운으로 참된 정기가 솟아난다.23)

　이 홀황한 세계의 무극의 자리는 도의 씨가 발아되기 전 불편부당不偏不黨의 빈탕 가온沖和의 한 점 씨알의 자리이다. 이를 무라고 하며 충기로써 조화를 이루는 중이라고 한다. 두 개 이상의 성질이 서로 섞여 있으며 아무런 움직임이 없이 미세한 속에서 서로 상보하고 있는 상태를 말한다.24) 천지간天地間에 아직 만물이 생기기 전의 혼연한 상태의 시초이며 사물의 최종 결과의 물극필반物極必反의 자리이다. 씨알의 정신이 자라나 성숙하여 사념이나 사욕이 없이 환순의 질서에 의하여 제자리로 돌아와 다시 시작하는 '가온지킴中中'의 자균자화自均自化의 자리이다. 이 자리를 지킴으로써 천지상합에 따른 가온샘으로부터 쉼 없이 흘러나오는 단 이슬의 씨알은 인간의 가야 할 참 길을 안내한다. 미조의 상태에서 하나의 움직임인 태극의 씨가 태동하여 하루를 시작하는 때이다.

　중립성의 변화를 시작으로 자기 자체의 본성을 발휘한 태극은 무의 빈 곳을 바탕으로 하여 음양의 곡직운동으로 씨알의 생명활동을 전개해 나간다. 이 운동은 서원반의 움직임으로부터 일생이… 삼생만물一生二… 三生萬物의 생득법의 운영체계로 진행된다.

　씨알의 생축현상은 곧게 펼쳐지는 직선을 구성하며 유무의 상보에 의하여 제자리로 돌아가는 환순의 사유이다. 이를 선으로 행하는 것이 곡직사유의 전반적 흐름이다. 이는 씨알의 점진적 생성 과

---

23) 『도덕경』: "反者道之動, 弱者道之用, 天下萬物生於有, 有生於無."
24) 한동석, 『우주변화의 원리』, 서울: 대원출판, 2013, 41-44쪽 참조; 『노자』 21장, 15장, 42장.

정 후 생명유지를 위하여 도의 자리로 돌아가는 되먹임의 흐름歸根復命과 맥을 같이한다. 이는 인간의 죽음과 생명 그리고 사계절의 흐름에서도 곡직의 사유를 볼 수 있다.

다석의 씨알철학을 전개하는 과정 중에 '빈탕한데 가온점 찍어 한아에 맞혀노리'沖用沖和의 이론적 배경에서도 되먹임의 질서를 볼 수 있다.25) 씨알의 한 점은 천지의 무위자연의 흐름을 알고 속알로부터 단 이슬의 정기를 받아 담고 가온인간을 구현하는 이론체계이다. 무의 생활화를 통한 치인사천의 효천자인孝天慈人의 세상 본보기를 펼쳐 이루는 것이 하루 철학의 핵심임을 볼 수 있다.26)

다석이 말하는 없이있는 하나에서 없이있음은 혼연한 도의 흐름을 묘사하며 두루 편만하게 계속 움직이므로 그 이름을 알 수 없는 무의 세계로 설명한다. 도에 의한 덕의 활동이 펼쳐지는 무위의 공리에 의하여 씨알의 자연적 영역을 확보하는 하나의 질서이다. 씨알의 변화를 고르게 어울리게 하는 조화의 길을 따라 이루는 것을 도와줄 뿐輔自然이다. 그리고 언제나 행하여지는 막힌 길을 환하게 뚫어준다.

씨알의 늘 한길常道을 좇음으로써 함이 없음에도 불구하고 못 이루는 것이 없는 되먹임爲無爲의 환순작용이 일어난다. 그리고 이 길은 생하거나 멸하지도 않고 스스로 존재하는 독립불개獨立不改의 구조체계를 갖고 있다.27) 다석이 설명하는 씨알의 성숙 과정은 비어 있는 중심에서 펼쳐지는 부음포양의 대립관계를 포섭하고 충기로 조화를 이루어 도의 생명을 얻게 되는 질서로 볼 수 있다. 상보를

---

25)『도덕경』22장, 16장, 25장, 28장 참조.
26)『도덕경』18장, 19장.
27)『도덕경』25장, 63장, 64장.

통하여 도의 생명을 얻게 되는 질서로 볼 수 있다.

다석은 씨알의 '씨'를 양의 속성을 가진 것으로 '알'을 음의 성질로 본다. 이를테면 생명을 연출하기 위한 역동적 형태의 씨를 양의 성질을 포용하고 있는 것으로 보았으며, 이 생명을 감싸고 있는 '알'의 상태를 음으로 본다. 이러한 음양 포일체의 씨알의 존재 상태는 텅 빈 공간에서 용솟음치듯 솟아오르는 태극 생명의 성장을 촉진하기 위하여 그 잠재력을 내포하고 있는 것으로 본 것이다.[28]

이러한 씨알의 음양에 대한 이론은 『도덕경』의 본문에서는 단한 차례 42장을 통해 거론되고 있다. 다석은 음양 이론은 2장의 상대성 순환논리를 비롯하여 22장의 곡직·왕직 등·48장의 손익損益·69장의 진촌퇴척進寸退尺·45장의 대교약졸 등의 예를 통하여 『늙은이』에서 음양의 다양한 용례로 대체하여 설명하고 있음을 볼 수 있다. 대립관계의 음양의 각각의 위치에서 상합의 자리로 되돌아가는 부드러움에 의하여 부족한 것을 더함으로써 모든 것을 이겨낼 수 있는 조화의 자연적 흐름으로 설명한다.柔益勝剛

다석은 『늙은이』에서 천지 사이에서 일어나는 씨알의 생명활동을 유와 무의 상보작용을 대입하여 설명한다. 하늘의 속성인 음양의 흐름을 땅에서 구체적인 현상인 곡직曲直·서원반逝遠反·반동약용反動弱用 등의 활동으로 다양하게 그 기능을 펼치는 것으로 본다.[29] 씨알의 참모습을 조금의 꾸밈도 없이있는 그대로 드러내는 과정을 설명하고 있다. 씨알의 자기 전개에 의한 자균성의 원리가 빈탕 가온의 충용충화沖用沖和의 작용에 의하여 여러 유형으로 드러나는 것

---

28) 김흥호, 『다석일지 공부』 제7권, 서울: 솔출판사, 2001, 63쪽.
29) 『도덕경』 22장, 25장, 40장.

으로 표현한다.

다석은 옛한글의 끝없이 순환하는循環無端 천지 흐름에 따른 만물 생성 원리를 『도덕경』 원문에 적용시켜 씨알의 곡직에 따른 환순의 철학 사유를 드러낸다. 특히, 그는 자신의 창의적 한글 그림을 이용하여 그 의미를 확충시켜 나간다. 이 점에서 다석은 독창적인 『늙은이』의 옛한글 번역으로 노자철학에 대한 이해의 폭을 넓혀 한국인의 삼재철학의 사유의 지평을 여는 데 단초를 제공한다. 다석은 인간은 '없이있는 한아'로부터 부여받는 고른 어울림의 씨알 생명으로 하늘 길을 좇아 덕을 쌓는다는 맥락으로 인식을 확장한다.

다석의 씨알 생명을 이끄는 '없이있는 한아님 사상'에 대한 이해는 무엇보다 중요하다. 『늙은이』에서 '없이있는'은 무의 세계로 표현되며 유와 무가 혼재되어 있는 혼성·혼일·포일 그리고 도의 현묘한 세계를 표현된다. 또한 '한아'는 도로 해석되며, 기독교 관점에서 '길·진리·생명'으로, 그리고 공자의 인仁으로 표현된다. 특이점은 다석은 없이있는 한아님의 겉모습을 모든 물질을 담고 있는 빈탕天 한데地로 표현하며 그 움직임을 전체인 하나—로 묘사한다.[30] 이것은 씨알의 상대적 사유의 형식으로부터 벗어나 없이있는 무의 세계로 진입하는 것을 의미한다.

씨알의 잠재적 가능태를 드러내는 도의 작용은 세상의 막힌 길을 고루 뚫어 저절로 된 길을 구축한다. 이는 순환하면서 변화하기 때문에 어떤 목적을 세울 수 없이 순간적으로 움직이는 사건이다. 무위자연 자체가 변화의 흐름이다. 그러므로 이름이 필요 없으며 이

---

30) 류영모 원저, 박영호 엮음, 『다석 류영모 어록』, 서울: 두레, 2002, 40쪽, 54-56쪽, 64쪽, 67쪽 참조.

름 붙인 것은 도의 무위자연의 흐름에 의한 것이므로 늘 변하는^{能變}
그 자체가 변하지 않는 여상^{如常}함의 없이있는 무의 세계이다.

또한 없이있는 '한아'의 '님'은 만물의 주인 노릇을 하지 않고 그
무엇에도 머물지 않으며 사물의 상대적 가치를 포섭한다. 그리고
무의 세계를 통하여 대상에 대한 집착을 소멸하는 계기를 제공하는
원인이 된다. 씨알의 스스로 자화^{自化}할 수 있도록 사유의 근거로
기능한다.[31]

다석이 전개하는 씨알에 담긴 철학적 용례는 매우 깊고, 오래전
부터 우리 민족의 정신세계를 이끌어온 하늘의 뜻이 담긴 언어이
다. 그러므로 이에 대한 변천사를 통하여 씨알의 의미를 통해『늙
은이』를 고찰하는 것은 인간의 사유를 전환할 수 있는 가능적 계기
를 제공한다는 측면에서 유의미한 의의를 갖는다.

다석은 천지인 사이를 잇게 하는 도의 씨인 얼은 '얼 빠지다'·
'얼얼하다'·'얼씨구' 등 다양하게 전개되면서, 우리의 정신세계를
이끌어 가는 중요한 개념으로 본다. 천지의 영속적 항상성의 흐름
의 주인이라는 의미의 님을 붙여 '얼님', '한아님'이라고 표현하면
서 우주 만물을 온통 한아로 감싸고 있는 호연지기로써 씨알의 용
례를 설명한다.

다석은 사람의 마음 깊은 곳에 한 점의 생명의 씨를 자라게 하는
내적 질서가 흐르고 있다고 본다. 이 흐름에 의하여 씨알이 자라면
하늘과 짝하게 되고 하나의 실존인 한결같은 전일체를 이루어 상대
적 관념으로부터 벗어난다.[32] 씨알은 덕에 따른 선을 통하여 무위

---

31) 『도덕경』 34장: "衣養萬物而不爲主."; 37장: "道常無爲而無不爲, 侯王若能守之, 萬物將自化."

32) "씨알에 몸깊은 속에 높으신 씨 두신데" 류영모, 『다석일지』 제1권, 서울: 홍익재, 1990, 664쪽;
   김홍호, 『다석일지 공부』 제3권, 서울: 솔출판사, 2001, 526-528쪽 참조; 이기상, 『우리말 철학』,

자연의 흐름을 그대로 좇는 것을 의미한다. 인간의 내적 정신세계를 이끄는 얼의 싹을 키워 몸의 나인 제나에서 얼나로 솟게 한다. 밝은 눈으로 관조하고 도의 황홀한 조화의 자리에 멈추게 되면明止 자균자화의 본연의 자리로 돌아가 마음의 중심無常心을 지켜 선에 따른 섭생으로 한아에 맞혀노는 현덕의 길을 좇을 수 있다.33)

인간은 생명의 씨를 품고 자라게 하는 음을 등에 지고 생명을 실어 나르는 양을 가슴에 안고 있는 형세를 취하고 있다. 부음포양의 동적 자세를 가지고 천지조화의 흐름과 짝을 이루며 살아간다. 씨알의 음양충기의 고른 어울림의 존재 상태로 참삶을 사는 사람은 어떤 모습으로 살아가는가?

이는 도를 좇아 무의 빈 곳을 터 삼아 하나로 꿰뚫는 현덕에 맞춰 살기 때문에 어눌하게 보인다. 예를 들면 바퀴는 모든 것들이 하나로 통일되었을 때 움직인다. 바큇살·축·축의 비어 있는 중심 등 모든 것이 다 중요하다. 만약에 어느 한 곳에 문제가 있으면 바퀴는 제 역할을 하지 못한다. 바퀴가 움직이는 빈 축의 중심은 바퀴 축을 둘러싸고 있지만, 바퀴의 회전을 앞서거나 뒤서지도 않고 늘 빈 곳으로 남아 바퀴의 역할을 도와 수레가 힘차게 나갈 수 있게 한다.

도의 씨알을 자라게 하고 되먹임의 기운을 제공하는 섭생은 비어 있는 곳으로부터 일어나는 생기로 존재 근거를 제공하며 시방十方으로 뚫린 명백사달明白四達의 자리를 유지하게 한다. 이를 다석은 변화

씨알의 구체적 설명은 8-10장을 참조; 얼은 정신의 뼈대 중심이 되는 영혼, 넋을 뜻한다(이재운, 구미라, 이인옥, 『우리말 숙어 1000가지』, 서울: ㈜위즈덤하우스, 2008, 449쪽 참조).

33) 박영호, 『다석 류영모의 생각과 믿음』, 서울: 현대문화신문, 1997, 66쪽 참조; 이기상, 『다석과 함께 여는 우리말 철학』, 서울: 지식산업사, 2003, 37-38쪽 참조.

하는 속에서以變爲常 언제나 동일한 움직임能變如常으로 천지 만물의 생성을 돕는 도의 영속적 항상성의 흐름이라고 말한다.[34] 올바른 삶을 살게 하는 섭생은 목적을 향해 가는 인간을 뒤에 서게 함으로써 인간의 하고자 하는 기세를 약화시켜 안정화를 꾀한다. 그러므로 심신의 평안함이 깃들면 내적 속알은 부르지 않아도 저절로 찾아와 응하여 자기慈리를 존귀하게 여기게 되고 사랑하게 된다.[35]

씨알의 존재 근거를 제공하는 도의 비어 있음의 무는 어떠한 것도 주재하지 않으므로 무엇을 해도 흔적이 남지 않아 아무 쓸모없는 것으로 보인다. 보이지 않는 세계로부터 이어지는 씨알 섭생의 자연적 유익自然柔益함은 모든 것을 하나로 부드럽게 감싸고 있으며 높고 낮음도 귀함도 천함도 모두 하나 되게 하는 이로움을 준다. 귀한 것은 천한 것을 근거 삼고 천한 것은 귀한 것을 포용하는[36] 상보관계를 통하여 중심을 지키면 온 길을 따라 그대로 무극의 자리로 돌아가게 하는 힘을 갖게 된다.守中抱一

이는 씨알의 도를 좇아 쉼 없이 움직이는 영속적 항상성의 하나의 흐름에 편승하게 되면 무위자연의 섭생을 얻게 되는 것이다. 씨알이 성취하는 섭생은 도의 역동적 변화의 흐름 속에서 그 중심을 잃지 않게 된다. 이것이 식모의 품으로부터 얻게 되는 도의 숨을 쉬게 한다. 우리가 있어야 할 공평공정의 제자리를 찾아주는 활력의 하루 생명이다.

다석의 씨알 사상은 도의 숨을 쉬며 인간의 정신세계를 이루는

---

34) 류영모 원저, 박영호 엮음, 『다석 류영모 어록』, 서울: 두레, 2002, 203쪽 참조.

35) 『도덕경』 13장, 73장.

36) 『늙은이』 39장: 므로 높임은 낮춤으로 밑을 삼고(故貴以賤爲本), 높음은 아래(로) 터 됐음이여 (高以下爲基).

도의 씨이다. 이 씨를 담고 있는 인간의 내적 속알의 질서를 따라 도의 변화의 흐름에 순응하고 심신의 자율적 영역을 확충하여 현덕을 펼치는 것이다. 없이있는 한아로부터 덕의 씨가 발현되면 자기慈리를 형성하여 무위의 선행으로 인간의 제 역할를 할 수 있도록 한다. 이러한 씨알 사상은 일찍이 우리 민족의 정신세계를 알리는 데 널리 사용되고 있음을 볼 수 있다.

이를테면 신라 선도문화의 핵심 이론인 나얼㮦乙, 蘿井의 제천 유적에 나타난 얼井과 그 맥을 같이하고 있음을 여러 문헌에서 제시되고 있다. 우리 고유문화인 '선도문화'는 '홍익인간 이화세계'라는 교의를 가진 우리만의 것이었다. 비록 유교와 불교와 도교가 들어옴으로써 묻혀 버린 듯하지만 우리의 선도仙道는 계승되어 오고 있었다. 그 대표적인 예가 신라의 화랑도인 것이다. 화랑도는 개인주의가 아니라 나라와 이웃 그리고 가족을 사랑하고 봉사하는 정신을 본질로 삼아 보다 적극적인 이타정신이 포함되어 있다.

최치원의 낙랑비서문에 기록된 것을 보면 "우리나라에 현묘한 도가 있으니 말하기를 풍류이다國有玄妙之道 曰風流"라고 하는 것은 단군왕검의 나라에 '한'의 묘합의 원리가 풍류도에 기록되어 있다. 풍류의 의미는 시공간의 무한성과 영원성을 공유한 것으로 의미한다.37)

소도 지역의 나을은 제천 공간으로서 우리 민족의 얼이 깃들어진 장소이다. 또한 선도 기학의 핵심 이론인 '일삼론一·三·九論'에 의하면 모든 존재의 본질이자 천[정보]·지[질료]·인[에너지]의 사이를

---

37) 김미례, 「孤雲 崔致遠의 風流美學思想 硏究」, 성균관대학교 대학원 박사학위논문, 2015를 참조; 김상일, 『한류와 한사상』, 서울: 모시는사람들, 2009, 38-39쪽 참조; 민영현, 「고유사상으로서의 풍류도(風流道)와 한국선도(韓國仙道)의 상호연관 및 그 실체(實體)에 관한 연구」, 『선도문화』 제20호, 국제뇌교육종합대학원 국학연구원, 2016 참조.

교통하는 한아의 기─氣로써[얼·울·알]·[한얼·한울·한알] 등의 삼기三氣로 작용한다. 삼기의 전변 과정을 보면 변화전의 상태[一: 존재의 근본]에서 변화의 흐름에 의한 존재의 형상 전[三] 형상 후 九의 과정으로 설명된다.38)

이는 『늙은이』에서 전개되는 천지인 세긋三極이 저절로 된 길道法自然을 따라 순환하는 생득법의 이론적 구조와 맥을 같이하는 것을 볼 수 있다. 이긋과 저긋을 물고 회오리치듯 용솟음치는 변화 속에서 균형을 잃지 않고 늘 곧게 서게 하는 삼생삼기에 의하여 도생만물의 존재의 흐름을 볼 수 있다.39)

얼의 한자식 표기인 '정井' 자로 나타나 일기와 삼기의 작용으로 만물의 생성을 주도하는 힘의 상형 개념으로 이해되며 천인합일의 과정에 따른 얼로 회귀하여 각성을 통하여 사회적 실천을 이루는 과정이다.

이처럼 '얼井' 사상에는 선도 수행론의 요체인 '성통 → 공완 → 조천' 사상이 담겨 있으며 '나얼' 이름 또한 '나온(깨어난) 얼'의 의미, 곧 내적 수양의 의미로 바라보게 된다. 나얼의 얼은 우리말 얼굴·얼간이·어른·어린이 등에서 접두어로 사용되며 밝은 의식·깨달음의 의미가 담겨 있어 하늘의 얼과 사람 속의 얼을 합일시키는 선도 수행임을 볼 수 있다. 이처럼 얼 사상은 오래전부터 한국 상고사에 기록되어 민족의 혼이 담긴 용어로 사용되어 이어져 내려오고 있다.40)

---

38) 정경희, 「『天符經』·『三一誥』를 통해 본 韓國仙道의 '一·三·九論'」, 『범한철학』 제44집, 범한철학회, 2007 참조.

39) 본고 2장의 생득법의 구성 체계를 참조.

40) 『삼국사기』, 新羅本紀1 赫居世居西干 1年: 卷3 新羅本紀3 炤知麻立干 9年의 문헌에서 '나정蘿井'과 '나을奈乙'로 나타나는 데 반해 『삼국유사』에서는 나정으로 기록되어 나타난다. 또한 나

나정과 나을은 우리말 '나을 또는 내을'임을 알게 되는데, 국어학자 양주동(1903-1977) 등 많은 학자들은 '정井'과 '을乙'의 우리말 음이 '얼'임을 제기한다. '정井'의 옛 가르침에서 '얼'이고 '얼'의 사음寫音이 '을乙'이라고 말한다.[41]

얼의 역사적 의미가 담긴 우물 정井의 개념은 옥편에서 두 가지로 풀이되고 있다. 하나는 본래 나무로 네모지게 짠 우물의 틀 모양을 본뜬 것이다. 그리고 정井이라는 글자가 들녘의 밭을 여덟 가정이 소유하고 그 가운데에 공동 우물이 있는 형태를 나타낸다. 이에 대하여『맹자』는 등문공에게 치국의 방책으로서 정전제井田制를 이야기한 것이 기록으로 남아 있다.

정전제의 핵심은 '균등 분배'로서, 백성의 의식주 해결을 첫 번째로 생각하라는 뜻이 담겨 있다. 균均이란 글자는 고르다는 대표적인 의미를 가지고 있지만 그 뜻은 매우 깊다. 땅을 평평하게 다듬은 다음에 씨를 뿌리면 열매를 얻게 된다. 이 열매를 고르게 나눠 가지는 것이 균등이다.『공자』는 균등하게 분배하면 가난이 없다고 말했다.[42] 또한 소박한 도를 지닌 사람들은 스스로 고르게 나누어 조화롭게 삶을 영위한다고 했다.

천지의 섭리에 따라 모든 것의 존재 과정은 고르게 그리고 자연스럽게 이루어진다. 이러한 도의 흐름을 벗어나게 되면 부조화에

을『삼국사기 제03권』,「신라본기 제03」신라 제21대 소지마립간(재위 479-500)의 기록에 의하면, 나을은 시조가 처음 탄생한 곳이라고 기록되어 있다(九年春二月, 置神宮於奈乙, 奈乙始祖初生之處也). 그리고 경북 경주시 사적 제245호로 지정된 경주나정의 우물터는 신라 시조 박혁거세가 태어났다는 전설이 있는 곳이다(『三國遺事』卷1 紀異1 新羅始祖赫居世王).

41) 梁柱東,「鄕歌 解讀, 特願往生歌就」,『青丘學叢』, 1935, 19쪽 참조; 李丙燾,「韓國古代社會의 井泉信仰」,『韓國古代史研究(重訂版)』, 博英社, 1976, 786쪽 참조; 나희라,『신라의 국가제사』, 서울: 지식산업사, 2003, 151쪽 참조; 한국콘텐츠진흥원 https://www.kocca.kr/cop/main.do

42) 정경희,「『天符經』·『三一誥』를 통해 본 韓國仙道의 '一·三·九論'」,『범한철학』제44집, 범한철학회 참조.

의하여 모든 것을 경계 짓고 이름 지어 구별하게 된다. 그리고 서로 소유하려고 싸움을 벌이게 되며 본래의 길을 벗어나게 되어 고통을 받게 된다. 결국 정신세계를 상징하는 얼은 우물 정井에서 유래된 것을 고대 문헌을 통해 확인할 수 있다. 이는 천지 사이의 빈탕한데 가온점 찍어沖用沖和 몸의 감각적 의지를 제한하고 마음의 고른 어울림自均自化으로 현덕을 펼치는 씨알철학의 근거와 맥을 같이하고 있음을 볼 수 있다.

(2) 씨알의 철학 사유 체계

다석이 언급하는 씨알은 『늙은이』에서 무한한 가능성을 잉태한 도의 숨을 쉬는 선의 씨이다. 우주적 생명의 직관적 통찰의 길을 따라 솟아오르는 생명의 불꽃이다. 이곳과 저곳의 사유의 전환점에서 '스스로 고르게自均' 하는 지혜로 천지 변화의 흐름에 잘 순응하는 늘 밝은 '잘 삶善攝生'을 이룬다. 이 밖에도 『늙은이』에 전반적으로 흐르는 씨알의 용례는 은유적으로 표현되면서 만물의 중심에서 끊임없이 움직이는 도의 생명체로 묘사된다.[43] 인간의 정신을 담고 있는 씨알은 아직 발현되기 전 미조未兆의 상태에서 때에 맞추어 하나의 기운으로 서서히 움직여 음과 양으로 분열한다. 이 부음포양의 혼연한 속에서 미세한 정精과 역동적인 신神은 인간의 정신세계를 이끌고 성숙된 모습으로 거듭나게 한다. 또한 씨알 생명은 무의 세계로부터 우주와 자연·인간과 사회에 대한 상대적 개념을 긍정적으로 전환시켜 전일체를 이루는 특징이 있다.

---

43) 『노자』 57장: "我無爲而民自化, 我好靜而民自正, 我無事而民自富, 我無欲而民自樸." (『늙은이』 73장 참조); 박영호, 『다석 류영모의 생각과 믿음』, 서울: 현대문화신문, 1997, 108-109쪽 참조.

사람의 정신은 사람들이 향불을 피우듯이 생각[思想]을 피워 올리는 것을 먹고 산다. 정신이 통일되어야 생각의 불이 붙는다. 생각은 우리의 바탈[性]이다. 생각을 통해서 깨달음이라는 하늘에 다다른다. 생각이라는 바탈을 태우려면 마음이 놓여야 하고 마음이 놓이려면 몸이 성해야 한다. 바탈은 생각이 밑천이 되어 자기의 정신을 불사르는 예술의 세계이다. 절대 존재인 얼생명[하느님]은 有有의 물질이 아니라 무無의 신령神靈이다. 하늘땅의 우주는 '없음'[無]에서 비롯되었다. 하늘땅의 우주는 없어져도 없음은 그대로다. 무無는 처음도 없고 마침도 없다. 그러므로 무는 우주의 비롯도 되고 마침도 된다. 바다에 고기 떼가 생겨나듯이 허공에 천체가 생겨났다. 고기 떼가 있든 없든 바다는 바다이듯이 천체야 있든 없든 무無의 허공은 허공이다. 무無 속의 유有는 무일 수밖에 없다.[44]

위의 인용문에서 다석은 인간 사유의 문제를 거론하며 참된 생각은 없이있는 한아로부터 이루어짐을 설명한다. 다석은 이것을 생각하는 곳에 신이 있다는 염재신재念在神在의 이론으로 이해한다. 도의 저절로 된 길을 따라 생명의 씨가 움터 솟아오른다. 발아된 씨알은 섭생의 전이 공간을 확보하여 참빛의 자연적 지혜가 두루 펼치게 한다. 도의 저절로 이루는 지혜를 통하여 인간의 정신세계를 이끌어 순환적 인식론에 따른 가온지킴의 수양으로 전일체를 이룬다. 전일체의 인간은 하늘을 그리며 사는 하루살이 인생을 말한다. 다석이 설명하는 하루는 늘 한아의 뜻을 그리며 사는 인간의 삶을 의미한다. 즉 하루는 하늘, 한울, 한얼, 한아, 그리고 없이있는 하나의 품, 어머니의 품 등을 묘사하고 있음을 볼 수 있다.

인간은 태어나면서부터 죽을 때까지 이 하루의 길을 벗어날 수

---

44) 노자 원저, 류영모 번역, 박영호 풀이, 『노자와 다석』, 서울: 교양인, 2013, 37-38쪽 참조.

없기 때문이다.

하루살이 길이 나에게 펼쳐주는 것은 속알이요, 천지상합에 따라 땅으로부터 솟아나는 것은 단 이슬의 씨알이다. 이 도의 씨로부터 솟아나는 정기精氣의 활동으로 덕을 쌓고 그 덕의 저절로 된 길을 따라 심신의 올바른 삶이 양육된다. 쌓은 속알은 천지인 사이의 천문을 쉼 없이 들고 나며天門開闔 만물을 마주한다. 정기를 품은 속알의 활동으로 인간의 마음에서 우러나는 선한 의지에 따라 우리의 생각은 수많은 순환 과정을 통하여 가온인간을 구현하게 된다.45)

도의 숨을 쉬는 생각의 씨알은 음양충화의 자리를 지킴으로써 비롯된다. 이는 천도로부터 이어지는 씨알은 존귀하고 사랑하는 자기慈己가 없으면 몸의 감각적 사유에 의하여 욕심으로 이어지게 된다. 씨알은 하늘 길이 펼치는 선의 작용에 의해서 내적 모순을 감싸 안고 사유전환의 계기를 도모한다. 다석은 도의 마음이 움직이면 덕이 작동하여 무위의 선을 행하게 된다고 한다. 반면에 인간의 자생적 의지가 일어나면 주관적 사유로 사물의 가치를 탐하게 되어 도의 길에서 벗어나게 된다.46)

다석은 생각이라는 생명의 불꽃을 통하여 하늘과 짝할 수 있다고 본다. 생각처럼 감사한 것은 없다. 생각으로 바탈裨을 태우려면 마음이 놓여야 하고 마음이 놓이려면 몸이 성해야 한다고 언급한다. 인간의 바탕은 도에 따른 생각을 함으로써 작동되기 때문에 생각에 불을 붙이는 속알을 통하여 몸도 참되고 마음의 평안을 찾는 것이

---

45) 『도덕경』 21장; 『황제내경』 靈樞・本神: "天之在我者德也, 地之在我者氣也, 德流氣薄而生者也. 故生之來謂之精, 兩精相搏謂之神, 隨神往來者謂之魂, 並精而出入者謂之魄, 所以任物者謂之心, 心有所憶謂之意, 意之所存謂之志, 因志而存變謂之思, 因思而遠慕謂之慮, 因慮而處物謂之智."
46) 류영모 원저, 박영호 엮음, 『다석 유영모 어록』, 44쪽 참조.

라고 이해한다. 마음은 도로부터 연원되는 덕의 성화로聖火爐로써 자신의 존재를 깨우쳐 올바른 존재의 의미를 행하게 된다. 수많은 말들이 있어도 결국은 없이있는 하나에서 나오는 불언지교의 말밖에 없으며, 일어나는 생각을 지켜보노라면 고르게 어울리게 하는 된 길을 따라 제자리로 돌아감을 알 수 있다.[47]

다석은 속알을 쌓으면 공명정대한 하늘 길과 하나 된다고 말한다. 내적 수양을 통한 사유의 전환으로 되먹임의 사랑이 솟아나는 어머니 品貴食母으로 돌아가는 것과 같다고 본 것이다. 다석은 생각을 하는 것을 도의 숨을 쉬는 것으로 이는 덕을 쌓아 거짓 나(제나)가 참다운 나로 변화하는 것이며, 가치의 구분이 없는 선에 의하여 아름다운 질서를 이루는 것이라고 설명한다.[48]

다석은 도의 씨인 속알은 온갖 것들의 허물을 하나로 감싸 안고 제자리로 돌아오게 하는 하나의 질서로부터 자기를 전개한다고 말한다. 그리고 무의 세계를 통하여 제자리를 지킨다. 이는 생각을 통해서 도의 참뜻을 알고 지켜 이룰 수 있다. 따라서 생각은 있기는 있으나 어디서 오고 어디로 가는지 알 수 없으나 마음에서 생각이 나오고 그 생각에 따라 말이 나오는 것으로 설명한다.

다석은 도와 덕의 흐름을 알고 지켜 행하는 능수能守의 사유로 자승자강의 자기慈己를 알게 된다고 한다. 이는 도가 준 본래의 모습으로 돌아가 자화의 사유 영역을 넓혀 나가는 것이라고 말한다. 하늘의 도가 덜고 덜어내면 그것에 덕을 채워 자연적 섭생으로 깊은 도의 뿌리로 곧게 서게 된다. 곧게 선 도덕분德分에 넓어진 마음 바

---

47) 위의 책, 3편 생각하자는 삶을 참조하라.
48) 류영모 원저, 박영호 엮음, 『다석 유영모 어록』, 44쪽, 76-78쪽.

탕을 근거 삼아 더 많은 것을 이루게 된다. 하나인 도를 껴안으면 자연에 순응하여 순박하게 살게 되므로 무위의 경지에 진입하여 자기를 온전하게 지킬 수 있다.

다석은 돌아간다는 것은 공을 이루고도 그곳에 머물지 않고 도의 반동약용의 되돌림의 공로에 힘입어 시작을 근원으로 끝을 되돌리는 것이다. 되돌아가 자신의 강한 세력을 약화시켜 이것과 저것의 다툼이 없는 평정심을 지키는 것이다. 따라서 허정한 속에서 다시 새롭게 생명을 이어가게 된다. 어느 한 곳에 집착하지 않고 늘 비어 있는 하늘 길을 따라 자애慈愛의 어머니 품을 떠나지 않고 사는 것이다. 마음이 허정심에 이르면 만물이 연이어 생성되고 사물들이 무성하게 피어나는 길을 따라 돌아갈 길을 찾게 된다. 그리고 무의 세계에 힘입어 단 이슬의 생명이 솟아나는 가온샘으로 돌아가는 곡직의 환순 질서를 볼 수 있다.49)

다석은 천지 사이에서 일어나는 사건을 모두 하늘이 내려주는 이야기로 본다. 이 말없는 가르침不言之教의 되새김反哺之教하는 '함없음에도 저절로 된 길無爲自然'을 벗어나면 인간은 수성獸性의 상태에 있게 되고 분별의 사유를 지닌다.50)

다석은 무의 세계를 없는 듯 보이나 허정의 상태로 돌아가면 자신을 뒤돌아보게 하는 되새김의 슬기知和51)가 발현되어 무욕의 상태를 유지한다. 그리고 환히 트인 빛무리가 내적 속알을 밝게自明 비춤으로써 무의 세계로 진입하게 된다. 그러나 자세히 보니 그 앎조

---

49) 김흥호, 『다석일지 공부』 제3권, 262쪽 참조.
50) 류영모 원저, 박영호 엮음, 『다석 류영모 어록』, 서울: 두레, 2002, 76-80쪽 참조.
51) 『늙은이』 55장: "고름의 지극함이라 和之至也). 고름 앎을 늘이라 하고(知和曰常), 늘을 앎을 밝이라 하고(知常曰明)."

차 무화되어 사라지고 없는 그 하루살이의 길은 저절로 이루어진 것을 알게 된다. 이 길을 따라가면 온통 지혜의 빛으로 가득한 현묘한 세계에서 펼쳐지는 '함없음에도 저절로 된 길無爲自然'의 현덕에 의하여 균형을 잃지 않는다. 다석은 균형 잡힌 심신으로 도를 좇아 스스로 고르게自均自化 하는 '한아'에 '맞혀노는 삶'에 깊은 의미를 둔다. 이것은 비어 있는 중심에서 조화의 접점을 이루고 천지의 무위자연의 흐름을 아는 늘앎知常으로 덕의 잘 삶善攝生을 영위할 수 있도록 사유의 방향을 선회하는 근거가 된다.52) 이 잘 삶의 덕은 하늘의 조화에 의하여 난 것이고 그 덕은 이 세상에 두루 펼쳐 만물을 양육한다. 그리고 덕은 이 세상에 받은 것을 돌려주는 반포反哺의 생명을 펼치고 천도로 돌아가는 되먹임의 순환 생명이다.53)

다석은 『늙은이』를 통하여 하루 철학을 전개하여 철학을 전개하여 덕이 솟아난 길을 따라 사는 귀일적 사유의 지평을 확장시켜 나간다. 한글 창제 원리에는 우주 만물의 운행원리의 태극 · 음양 · 오행 등의 역철학적 삼재의 조화사상이 담겨 있다. 천 · 지 · 인간의 삼재를 바탕으로 사람의 성음을 기초로 음운적 체계를 시각적으로 표현하여 하루 철학의 사유를 드러낸다.54)

특히 다석은 없이있는 한아道를 미분화된 '온통 하나混而爲一'의 상

---

52) 『도덕경』 21장: "孔德之容, 惟道是從. 道之爲物, 惟恍惟惚"; 32장: "道常無名, 樸 雖小, 天下莫能臣也, 侯王若能守之, 萬物將自賓, 天地相合, 以降甘露, 民莫之令而自均."; 37장: "道常無爲而無不爲, 侯王若能守之, 萬物將自化"

53) 반포지효反哺之孝의 효孝는 늙은 어미에게 먹이를 물어다 주는 까마귀의 효성이라는 뜻으로 자식이 자라서 어버이가 길러준 은혜에 보답하는 효성을 이르는 말이다. 이와 같이 도와 덕은 순환하는 생명의 질서를 곡직 · 서원반 · 반동약용의 흐름을 통하여 우주 만물에 이어준다. 선의 섭생은 도와 덕을 잇는 생명이며 영속적 항상성을 유지하는 생명이다(도와 덕의 순환생명의 구조는 『도덕경』 42장, 50장 참고).

54) 김만태, 「훈민정음의 제자원리와 역학사상」, 『철학사상』 제45호, 서울대학교 철학사상연구소, 2012, 55쪽 참조.

태로 설명한다. 그리고 한아의 흐름을 사람의 인식에 따른 사물의 가치를 초월한 현묘한 변화의 흐름으로 보며 무엇에 의존하지 않고 쉼 없이 움직이는用之不勤 것으로 해석한다. 그러므로 다석에게 있어 인간이 하루에 맞혀노는 삶은 만물의 자연 발생하는道法自然 '바른 삶의 길善行'을 좇는 것을 말한다. 이 길을 따라 인간씨알의 자기慈己를 구현하여 먼저 자신을 사랑하고 더 나아가 덕을 나누어 이웃과 세상을 사랑하는 것이다.[55]

다석은 천지 사이에 존재하는 인간을 가온존재로 본다. 도를 좇음으로써從道 천문의 가온샘을 열어天門開闔 속알의 솟아나는 힘으로 천지간 가온을 뚫어微妙玄通 습명의 선행襲明善行으로 만승의 수레萬乘之主를 떠나지 않고 가온지킴의 초연超然의 수신으로 무를 생활화하는 것이다.[56] 그리고 천지 중심의 비어 있는 사이에서 일어나는 이변 위상以變爲常의 쉼 없는 변화 속에서 영속적 항상성能變如常의 어울림을 지켜 행하는 것을 씨알의 존재 이유로 밝힌다.

천지 사이의 빈탕 가온沖用沖和으로부터 우뚝 솟는 기운沖氣爲和은 사방천지를 밝게 고루 뚫어 저절로 된 길을 만들고 그 길을 따라가면 하늘 문이 열려 참 이슬이 솟아난다. 이는 가온샘沖和에서 분출되는 불언지교의 참뜻으로써 다름을 같음으로 하나 되게 하고 덕분에 함께 사는 공명정대한 세상을 구현한다.

다석은 이러한 변화의 환경 구조에서는 반드시 중심축을 유지해야만 조화의 접점을 이루고 변화에 공명共鳴할 수 있다고 본다. 만

---

55) 김상일, 『한류와 한사상』, 서울: 모시는사람들, 2009, 38-39쪽 참조; 민영현, 「고유사상으로서의 풍류도(風流道)와 한국선도(韓國仙道)의 상호연관 및 그 실체(實體)에 관한 연구」, 『선도문화』 제20호, 국제뇌교육종합대학원 국학연구원, 2016 참조.

56) 『도덕경』 10장, 21장, 26장, 27장.

약에 한아의 길에서 벗어나게 되면 인간의 감각적 본능에 따라 분별의 세계로 진입한다. 이를 바로잡기 위한 자정능력을 함양하여 세상의 흐름에 머물지 않는 현덕으로 가온인간의 존재감을 지키는 것이다. 하루살이의 자연스러운 길 따라 자기를 수용하는 통제능력을 겸비하고 천지 흐름에 대한 순응능력을 확충하여 늘 제자리를 지킨다. 육신의 공간을 벗어나면 생각과 감정의 공간을 만나고 그 공간을 벗어나면 덕의 영역에 진입하고 선을 통해서 지혜의 여정을 펼치는 것이다.

다석은 한아는 비어 있으면서 항상 중심에서 벗어나지 않도록 지탱하고 유지하는 자정의 힘樞위을 배양시켜 주는 것으로 이해한다. 이를테면 만물의 '그늘을 지고 볕을 품고萬物負陰而抱陽', '빔 뚫린 김으로 고르게沖氣以爲和' 하는 조화에 의하여 끊임없이 유동하는 자연적 생명 활동이다. 그러므로 다석은 인간이 자연 상태를 유지하는 것은 미분의 혼연한 상태에서 도의 자기 전개를 통하여 성숙 단계에 이르는 것으로 이해한다. 그리고 성숙한 인간은 '거듭 쌓은 속알重積德'의 점진적 수양을 통하여 천지의 흐름과 내적 질서가 하나임을 알게 된다. '하나로 꿰뚫는 속알玄德'로 도의 숨을 쉬며 사는 잘 삶善攝生의 가온인간을 구현한다.57)

다석은 인간이 천지간의 교통에 따른 가온존재로서 자연적 생명 활동과 함께 사유하는 생명체라고 이해한다. 이는 옳고 그름의 상대적 가치세계의 개념 틀을 벗어난 본원 존재로서의 인간의 존재성을 바라본 것이다. 이것은 다석이 '비어 있는 가온점沖用沖和'으로 환

---

57) 『도덕경』 42장: "萬物負陰而抱陽, 沖氣以爲和.";『늙은이』 59장: "거듭 쌓은 속알은 곧 이기지 못함 없음(重積德, 則無不克)"; 65장: "잘 본보기를 알면(常知稽式), 이 일러 감안 속알(是謂玄德)."

순하여 이것과 저것의 경계를 넘어선 잘된 길에 대한 구현의 의의를 주목한 결과이다. 다석은 비어 있음이란 극이 없는 주객 미분의 무극과 같으며 무엇을 하고자 함이 없고 주재할 것이 없는 무의 세계라고 이해한다. 따라서 도의 씨알은 무의 세계를 통하여 차별성의 틈이 없게無有入無間 하는 무간의 사유체계를 지녔다고 본다.

다석은 가온인간을 형성하는 씨알은 도의 자연적 사랑慈의 추인력으로 선리부쟁善利不爭의 지혜를 얻는다. 선의 이로움은 그 지혜를 통하여 무를 생활화하는 잘 삶으로 공생공존의 세계를 이룬다. 일상적 인간의 심신 상태는 덕을 쌓아 저절로 균일한 어울림을 함양시켜 가온인간을 이룰 수 있는 가능성을 지니고 있다. 그러므로 가온인간은 없이있는 한아의 자리에서 속이 꽉 찬 잘된 길을 따라 현덕을 행한다. 한아의 씨알은 혼돈 상태의 질박함을 지니고 이것과 저것에 머물지 않으므로 어떤 것의 소유가 되지 않는다. 다석에게 있어 이것의 크기는 테두리 없는 허공과 같고 안이 없는 티끌과도 같은 것으로 본다. 모든 변화의 중심에서 자균의 힘으로 만물 배양의 생축질서를 기능하게 하는 도의 생명이다.[58]

다석은 『늙은이』에서 씨알을 민·백성으로 해석한다.[59] 또한 인간의 자아를 사유의 전환으로 도의 영역에 진입하게 한다. 인간의 주관적 의지를 확장시키는 자아를 주재하는 그 무엇도 없는 아무위의 선행으로 균형을 이루고 저절로 된 하루살이의 길을 따르게 한다. 선의 행함은 천지의 흐름의 때에 맞춰 몸은 늘 낮은 자리에 거처함으로써 마음은 심연처럼 깊고 넓어 세상의 욕정에 동요하지 않

---

58) 류영모 원저, 박영호 엮음, 『다석 류영모 어록』, 서울: 두레, 2002, 49-51쪽 참조.

59) 『도덕경』에서 씨알이 민民으로 해석된 장이 3장, 10장, 19장, 53장, 57장, 58장, 64장, 65장, 72장, 74장, 75장, 80장이며 백성으로 해석된 장이 5장, 17장, 49장이다.

고 중심을 잃지 않는다. 도의 변화에 순응함으로써 무엇과도 다투지 않고 허물이 없는 심신을 유지한다.60)

도를 세워 덕의 씨를 품은 선인은 역동적 변화 속에서 중심을 잃지 않는 균화의 선행으로 자신이 저지른 잘못을 반성하고 회복할 수 있는 되돌림의 지혜가 솟아난다. 이것은 인간이 늘 돌아볼 수 있는 사유전환의 여지를 지니고 있기 때문이다. 더불어 자신을 도와 덕으로 강하게 함으로써 상대방의 허물을 용서하고 감쌀 수 있는 마음의 여유가 생긴다. 천지간 중심으로부터 솟아나는 밝고 맑은 참된 정精에 따른 덕의 역동적 움직임의 속성을 지닌 씨알의 점진적 수양의 결과이다.61)

다석의 씨알에 함축된 '얼의 문화'는 한국인의 정신세계에 매우 폭넓게 영향을 미치고 있다. 그리고 『늙은이』의 옛한글 해석은 '한글로 철학하기'를 실천하여 한국인의 하루 철학 사유의 지평을 여는 데 일조를 담당한다. 또한 전일적 존재의 인간상을 도의 영속적 항상성의 전개를 통해 그려 나가는 되먹임의 사유 구조를 『늙은이』를 통하여 구축하는 계기를 마련한다.

다석은 탐진치의 그물에서 벗어나지 못하는 인간은 하늘의 단 이슬인 씨알의 유무의 상보작용에 의하여 늘 덕과 함께하는 전일적 존재로 회복하게 된다고 말한다.62) 무로부터 무엇을 하고자 함이 없는 비어 있음의 현덕의 기운을 제공받아 고르게 조화를 이룰 수 있는 것은 도의 씨알을 품고 있기 때문이다. 이를 근거로 인간의

---

60) 『도덕경』 8장, 57장.

61) 『도덕경』 16장, 21장, 40장, 51장.

62) 『늙은이』 32장: "하늘 따이 맞아서, 단 이슬도 내리고(天地相合, 以降甘露), 사람은 하란 말 없이도 스스로 고르리(民莫之令而自均)." 류영모, 『다석일지』 제1권, 서울: 홍익재, 1990, 572쪽.

하루의 삶을 회복할 수 있다고 보았다. 특히 도에서 일이 되는 생의 과정을 음양충기의 어울림으로 보았으며 빔 뚫린 김沖氣以爲和을 없이있는 하나로부터 나오는 씨알을 자라게 하는 되먹임의 생명으로 설명한다. 이것은 한아의 질서로부터 없이있는 무의 생활화를 통해 자연적 영역을 확보함으로써 가온인간을 구현하는 과정과 밀접하게 연계되어 있다.

2) 씨알의 '늘앎知常'의 과정

(1) 씨알의 자기慈己 형성

다석은 우리말에 담긴 역동적 생명체로서의 씨알을 무의 효용에 따른 생명활동의 자연적 주체로 해석한다. 도의 자기 전개는 인간 씨알의 자기慈己를 형성한다. 『늙은이』에서 씨알은 존재 자체가 자화자균自化自均하는 충화의 범주로 출발한다. 그리고 어느 존재에도 적용될 수 있는 열려 있는 인식의 발현을 선동한 후 다시 그 자리로 되돌아오는 환순론으로 모든 것을 추인추동樞引推動한다. 인간은 하나의 질서인 태극으로부터 펼쳐지는 상대성의 세계에서 삶을 유지하며 항상 무의 세계를 떠나지 않아야 도의 섭생을 보존하게 되는 존재 방식으로 정리할 수 있다.

빈탕한 가온점沖用沖和의 한 알의 씨는 그 자체로서 우주생명이며 천지간의 중심에서 인간의 삶의 균형을 이루게 하는 활력沖氣爲和이기도 하다. 다석은 빈탕함을 없이있는 혼연함으로 해석하고 그 중심의 역동적 흐름을 한아로 해석한다. 다석은 한아인 대아大我에서 시작한 소아小我가 무의 빈터를 차용하여 극이 없는 무극의 없이있는 한아로 돌아가 그것에 맞춰 하루의 삶을 살 것을 제안한다. 이와 같이 다석 사상에 있어 '없이있는 한아'는 '전일체의 하나'를 말하는 것이며 '객체인 하나'는 씨알의 '나小我'를 말한다. 도의 이음의 순환적 생명을 공급하여 만물의 호혜적 항상성의 가치관을 통하여 도의 중심축으로 돌아가는 반추反芻적 존재론을 구축하는 줄곧 뚫림의 상덕常德의 세계를 말한다.

다석은 없이있는 하느님을 '하나大我'와 '한아多我' 등으로 다양하게 설명한다. 본친本親으로써 없이있는 한아는 없이있는 하나이며 객체로써 '하나'는 '많은 나'의 일부인 씨알이다.63)

가온샘沖和에서 솟아나는 객체로서 한 점의 씨알을 가진 인간은 도와 덕의 도움으로 발전하고 성숙하여 제 모습을 갖춘다. 그리고 자기를 사랑自愛하고 제 역할을 다하는 것인데 이는 온화하게 사물에 순응하여 다투지 않는 어머니의 사랑을 지키는 것이다. 자연의 순리에 따르고, 사람들을 존중하며 늘 낮은 자리에서 겸손하다. 객관 사물을 본 그대로 마음에 담아 사물의 가치를 떠나 그 존재 의미에 관심을 기울인다. 늘 도를 좇는 것에 근면하며 덕을 쌓기를 자기 몸을 사랑自愛하듯 한다. 덕의 사유가 고도로 영민하여 천지 형세의 변화에 선응하여 자기의 사상이나 주장을 즉시로 개선 변화시키는 수비형 인간이 되기를 지향한다. 의지적으로 자신의 주관이 있으나 동요되지 않으며, 도를 좇음으로써 늘 객관적 관점에서 만물을 대한다.

다석은 있는 듯 없는 듯 양면이 공존하는 한아의 흐름으로부터

---

63) 류영모, 『다석일지』 제1권, 서울: 홍익재, 1990, 598쪽; 김흥호, 『다석일지 공부 3권』, 서울: 솔 출판사, 2001, 360-361쪽 참조. 다석은 없이있는 하느님을 '한아'大我와 '하나'多我로 구분하여 설명한다. 본친本親으로써 없이있는 한아는 절대 하나이며 객체로써 '하나'는 '많은 나'인 다아多我이다. 『다석 류영모 어록』, 하느님 편 참고.

일어나는 씨알 생명은 쉼 없이 변화하면서도 균형을 잃지 않는 것으로 설명한다. 따라서 제나로부터 인식되는 것들이 사라질 때 인간은 곧게 선 속알의 바른길 따라 빈탕한 가온점으로 돌아가 자기를 형성하고 균형을 이루고 하루를 알차게 산다. 천지 사이의 존재하는 인간의 내적 질서를 절로 어울려 심신을 척제현람의 수양 덕분德分에 솟아나는 맑은 정기로 하나 되게 한다. 인간의 이상적 존재성을 회복하여 제자리를 지켜 되먹임의 사랑貴食母을 행하는 하루 철학의 사유적 논리체계이다.

다석은 씨알의 존재 방식은 인간의 인위적 행위를 억제하는 불감위不敢爲의 사유로 전환하여 자승자강自勝自強의 자기를 찾는 것으로 본다. 따라서 무를 생활화하여 덕이 솟아난 길을 따라 사는 참삶의 영역으로 환순 한다. 그리고 자균의 자리를 회복하게 되어 씨알의 전일적 존재를 실현하는 것으로 설명한다. 인간의 무의 생활화는 천지 사이의 쉼 없이 변화하는 도의 작용 속에서 비어 있는 가온자리沖和를 지키는 것이다. 이를테면 함이 없음에도 못 이루는 것이 없는 무위자연의 질서를 알고 그것을 지켜 하루를 사는 삶을 말한다. 이는 무엇을 하고자 하는 목적의식이 없는 도상무명의 세계를 통하여 무욕함으로써 사물의 있는 그대로의 실재함을 보고 안정된 삶을 이어가는 것이다.

이러한 도의 본래 밝은 정신을 유의 세계를 통하여 그 실마리를 찾고 온 길을 따라 덕의 밝음을 습명의 빛으로 밝힌다. 인간의 무의 생활을 통하여 본래의 자리로 돌아가는 것은 수신의 수양으로 자승자강의 자기를 이루고 무위의 선을 행하여 치인사천의 길을 구현한다. 하늘에는 순환하는 사계절의 길이 있고, 땅에는 덕의 길이 있듯이, 인간에게는 덕을 쌓고 선을 이루는 무위자화의 하루살이의 길이 있다. 이렇게 저절로 된 길을 따라 무에 맞혀노는 것이다.

다석은 없이있는 한아의 알에서 터져 나온樸散則爲器 개체들은 덕의 '스스로 고르게 제대로 되는自均自化' 질서를 유지하며 점진적 발전을 하게 된다고 말한다. 이와 같은 만물 중 하나인 인간은 천지간 중심에서 속알을 가지고 그 의식의 알을 깨고 솟아나는 것이 씨알의 자기 형성이라고 말한다. 그것은 덕의 섭생으로 천지 흐름을 아는 늘앎知常과 일정한 연계성을 갖는다. 변화 사이에서 일어나는 씨알의 순간적 생명활동을 덕에 따른 잘된 길의 영역으로 확장시켜 그 존재 의미를 회복하는 것이 자기慈己의 의의이다.

이를 다석은 만물을 생축하는 상도의 흐름은 '없는 구석을 씀'으로 주재하지도 통제하지도 않는不有·不恃·不宰 현덕을 회복하는 것과 같은 의미로 이해한다. 즉 인간의 본래 자리인 도의 자리를 회복하는 것은 도의 씨를 둘러싸고 있는 장애를 '덕의 상象'으로 선회시킴으로써 없이있는 전일적 존재의 다툼이 없는 부쟁의 사유를 펼치는 것이다. 이를테면 만물의 길을 내주고, 속알이 그 길을 안내하는道生之. 德畜之 생축의 작용에 따라 그곳에 머물지 않고 쉼 없이 변화하는無所止·無所歸 도의 흐름을 아는 것이다.

다석은 미세한 씨알의 움직임이 덕에 소속되어 일어나는 '고른 앎知和'64)을 토대로 불욕의 단계로 진입하는 것으로 본다. 따라서 외물의 사심을 없애고 자기 욕구의 문을 닫으면 모든 것이 고루 뚫려 저절로 된 길을 이룬다. 이러한 상황에서 각자가 제자리를 지키

---

64) 『늙은이』 55장: "고름의 지극함이라(和之至也). 고름 앎을 늘이라 하고(知和曰常), 늘을 앎을 밝이라 하고(知常曰明)."

는 것이 중요하다.65) 다석은 내면의 자명함을 고른 앎으로 천지 흐름을 아는 것을 늘앎으로 해석한다.

다석은 변화 가능성을 품고 있는 씨알의 점진적 발전에 의하여 저절로 된 길의 영역이 확장되는 특징에 주목한다. 인간은 '늘앎知和'의 자기를 형성하고 심신의 안정을 심신의 안정을 이루고 하루에 삶을 평안함 속에서 마치기를 고대하기 때문이다. 이루고자 한다. 『늙은이』에서 씨알의 의미는 백성으로 해석되나 전체적 맥락을 추론해 보면 씨알은 도의 씨를 담은 인간으로서 그 씨인 덕이 쌓여 전일적 존재를 실현하는 과정이라고 볼 수 있다.66)

이 점에서 다석은 씨알을 잠재적 가능태를 내포하고 있는 통나무樸로 비유한다. 그리고 아직 소박함을 품은 우주란宇宙卵의 무한한 생명의 씨樸를 잉태하고 있는 것으로 본다. 다석에게 있어 씨알은 시공간을 포용하고 있는 알卵 속에 한 점 배아胚芽로 응축되어 있는 가능태인 무위자연의 존재 속성을 갖는다.

다석은 씨알의 쉼 없는 역동성은 변화의 중심에서 늘 존재의 근거로 작용한다. 인간의 존재 방식은 씨알의 덕이 하늘의 기운에 의하여 발아되는 성격을 띤다. 그리고 고른 앎知和으로 싹을 내고 늘 앎으로 무위자연의 열매를 맺는다.67) 하지만 인간은 이 싹이 나기

---

65) 『노자』 3장: "是以聖人之治, 虛其心, 實其腹, 弱其志, 强其骨. 常使民無知無欲, 使夫智者不敢爲也. 爲無爲, 則無不治."; 7장: "是以聖人, 後其身而身先, 外其身而身存, 非以其無私邪, 故能成其私."; 56장: "塞其兌, 閉其門, 挫其銳, 解其紛, 和其光, 同其塵, 是謂玄同."; 67장: "夫慈以戰則勝, 以守則固, 天將救之, 以慈衛之."

66) 『늙은이』 17장: "씨알들이 다 이르기를, 우리 다 저절로로다(百姓皆謂我自然)."; 21장: "아뜩아뜩 그 가운데 알짬이 있고(窈兮冥兮, 其中有精)."; 57장: "내 함 없어서 씨알 제대로 되고(我無爲而民自化), 내 잘 고요하자 씨알 제 바르고(我好靜而民自正), 내 일 없자 씨알 절로 가멸(我無事而民自富) 내 하고잡 없자 씨알 스스로 등걸(我無欲而民自樸)."; 80장: "작은 나라 적은 씨알에(小國寡民)."

67) 류영모, 『다석일지』 제1권, 서울: 홍익재, 1990, 752쪽.

전에 먼저 자기 주관의 싹을 틔워 욕심의 꽃을 피운다.

다석은 천지 사이에 존재하고 있는 사람은 하늘과의 관계를 고르게 조화시키지 않으면 안 된다고 본다. 인간씨알이 자체적 자정 능력을 함양하는 '사람 다스림과 하늘 섬김治人事天'의 수양으로 나아갈 수밖에 없는 까닭이 있는 것이다. 다석은 인간은 하늘 섬김事天의 질서를 좇기 위해서는 자기중심의 사유를 버리고 몸의 사유를 뒤에 둠으로써 다툼이 없는 무위자연의 영역을 확보해야 한다고 본다.[68] 인간은 역동적 도의 존재 과정에서 마음의 중심을 잃지 않는 고른 앎에 의하여 바른 삶의 길을 좇는 자연스러운 선행이 나타나는 존재이다.

다석은 도의 숨을 쉬게 하는 늘앎의 자기慈己 전개 과정을 다음과 같이 설명한다.

> 하나를 품어 셰상 본보기 되오라抱一爲天下式, 제 뵈지 않으므로 밝고不自見, 故明, … 제 뷈 이 밝지 못하고自見者不明, 제 옳다 않으므로 나타나고不自是, 故彰, … 제 옳건 이 나타나지 못하고自是者不彰, 제 보라지 않으므로 치사ᄒ다간 없어지는 공(이 그대로)있고不自伐, 故有功 … 제 봐란 공 없고自伐者無功제 자랑 않으므로 길으오라不自矜, 故長. … 제 자랑 길지 않으니自矜者不長, 그저 오직 다투질 않는다夫唯不爭. 길에서의 그(게)其在道也, … 므로 길 가진 이 지낼 바 아니라故有道者不處.[69]

다석은 위의 인용문에서 인간이 자기중심적 사유自見·自是·自伐·自矜를 펼치면 도의 길을 벗어나게 되고, 반면에 도를 좇게 되면 부쟁

---

68) 『도덕경』 59장: "治人事天, 莫若嗇, 夫唯嗇, 是以早服, 早服謂之重積德."
69) 『늙은이』 22장, 24장 일부 참조.

의 덕을 얻을 수 있음을 설명한다. 인간이 하늘의 질서에 따라 천하를 살 수 있는 것은 주관적 의지를 뒤에 둠으로써不敢爲天下先 가능한 것이다. 이를 통해 인간은 도의 무위자연의 사랑自愛인 세 보배를 얻을 수 있다. 다석은 인간의 내면의 밝은 빛을 보게 하는 되새김의 슬기知和로 천하의 흐름을 알 수 있다고 한다.

만약에 인간이 무위자연의 흐름을 따르지 않고 사람의 일을 좇는 용감성을 앞세우면 자균의 어머니 품을 떠나게 되어 음을 지키지守其雌 못하고 영아嬰兒의 상태를 잃게 된다. 이것은 늘 그러함의 상덕의 질서에 어긋나는 것이며 세상의 본보기를 지키지 못하는 것과 같다.70) 인간의 몸과 마음을 장구하게 할 수 있는 것은 정기신精氣神의 세 보배를 조화롭게 운용하는 도와 덕이 있기 때문이다. 따라서 장구할 수 있다는 것은 무명의 세계를 떠나지 않는 것이다. 부드러운 하늘 숨길을 따라 도의 숨을 쉬며 사는 어머니 품의 영아와 같이 도의 되먹임의 사랑貴食母 덕분에 장생구시의 섭생을 사는 것을 말한다.71)

인간씨알이 발아되어 내면의 빛을 발하기 시작하고 천지의 질서에 편입하여 무위의 흐름에 몸을 맡기고 마음은 저절로 된 길을 따라 심신의 내적 질서故混而爲一를 하나로 통합한다. 심신일체를 통한 덕의 사유로 선을 행함으로써 다툼이 없는善利不爭 잘 삶善攝生으로 하루의 삶을 이룬다. 다석은 이 내적 자정 능력의 공로에 힘입어 스스로 있음이라는 도의 흐름을 알고 지켜, 인간씨알의 자기를 실현하는 것을 언급한다. 하늘의 도를 따르고자 하는 자는 당연히 도와

---

70) 『도덕경』 28장 참조.
71) 『도덕경』 59장 참조.

하나가 되어 덕을 베푸는 자善爲者의 역할을 담당한다.72)

다석은 인간 스스로 무엇을 하려는 것은 사물의 가치관에 더 치우치게 되고 도의 길로부터 멀어지게 된다고 말한다. 그것은 분별심의 조장으로 사물을 이해관계 속에서 파악할 뿐만 아니라, 인간의 자유를 구속하기 때문이다. 이를 극복하는 방법은 천지와의 상합을 이루고, 그것으로부터 함이 없어도 저절로 드러나는 길을 얻는 것이다. 고른 어울림의 조화로 인간 내면의 흐름을 회복하여 도법자연의 잘된 길의 열매를 맺어 그것을 지키는 것은 상도의 흐름을 아는 씨알의 늘앎으로부터 비롯된다.

다석은 인간이 지나쳐 버린 도의 자리를 회복하는 것을 무의 '없이있는 늘 빛當其無用'이라고 보고, 미세한 덕의 움직임을 포착하여 그 실마리를 찾는 것으로 이해한다. 이를테면 만물 생성의 상보적 관계에서 도의 늘 그러함의 환히 트인 빛무리常明의 흐름을 좇으면 만물을 성숙하게 하는 덕의 근거를 볼 수 있다. 다석은 이러한 덕의 보편적 현상을 알 수 있는 것이 인간의 내면에 천지의 흐름을 아는 늘앎知常이 담겨 있기 때문이라고 한다. 이 앎은 '덕의 씨'로서 잘못된 인식을 깨뜨리고 점진적 수양을 통하여 자승자강의 자기로 돌아가 천도와 내재적 덕이 함께하는 현덕의 자리로 복귀해야 체현할 수 있다.

인간씨알은 천지 사이의 역동적인 변화의 중심축에 의지하여 항상성을 유지하여 인간의 자연적 자기 수고慈己守固를 확립하는 공능을 가지고 있다. 자기 수고는 하늘의 자연적 사랑自愛이 늘 호위하

---

72) 『도덕경』 54장: "善建者不拔, 善抱者不脫, …故以身觀身, 以家觀家, 以鄕觀鄕, 以國觀國, 以天下觀天下, 吾何以知, 天下然哉, 以此."; 56장: "塞其兌, 閉其門, 挫其銳, 解其紛, 和其光, 同其塵, 是謂玄同."

여(『도덕경』 67장) 도를 세우고 덕을 품은(54장) 심근고저의 어머니 나라(59장)에 있는 적자와 같은 상태로서 도와 함께하는 장생구시의 전일체를 말한다.[73]

천지 사이의 비어 있기 때문에 순환 회전함으로써 만물을 생성하고 극에 이르면 도의 조화의 자리로 돌아가게 한다. 심근고저의 뿌리에로 복귀함을 일컬어 고요함이라 부르고, 그 고요함은 무위의 작용에 따른 자연의 반복적 명령으로 이해한다. 그 명령이 쉼 없이 흐르는 것이 상도常道이다.

무와 유가 서로 섞여서 구분할 수 없는 혼일의 상태로부터 도가 움직여 하나의 길을 펼친다. 이 길을 따라 덕은 표상 되기 전 개별 사물들의 본래성인 유의 세계를 통하여 각각의 개별존재의 아름다운 모습을 드러내는 중보질서를 펼친다. 보이지 않는 무의 쓰임에 따라 멀리 갔다 극에 다다르면 다시 제자리인 이것과 저것의 다툼이 없는 허정의 상태로 돌아와 도의 생명을 공급받는다. 이것은 유의 이로움으로써 존재할 수 있도록 무가 제공하는 대영약충의 빈 곳의 쓰임이다. 무의 충용충화의 제공은 어느 것에도 구애받지 않고 이로움을 펼치는 선리부쟁의 유익함이며 자연스러운 지혜의 편용이기도 하다.

천지 사이에는 음과 양으로 가득 차 있으나 도의 충기에 의한 쉼 없는 상보작용으로 매 순간마다 변화하나 그 작용은 인간의 눈으로 보이지 않으며 없는 듯 보인다. 음과 양의 그윽하고 깊은窈冥 빈 중

---

73) 『늙은이』 67장: "구태여 세상 먼저 안 되므로(不敢爲天下先), 이루는 그것이 길 수 있음이오(故能成器長), 이제 그 사랑을 버리고도 날래며(今舍其慈且勇), 그 덜 씀을 버리고도 넓으며(舍其儉且廣), 그 뒤 섬을 버리고도 먼저라면 죽는다(舍其後且先, 死矣). 사랑은, 가지고 싸우면 이기고(夫慈以戰則勝), 가지고 지키면 굳다(以守則固). 하늘이 건지니 사랑을 가지고 둘러주리(天將救之, 以慈衛之)."

심若沖에서 일어나는 참된 정기精眞의 현상은 보이지 않으나 한 치의 어긋남이 없는 쓰임其中有信으로 만물이 생성된다. 무의 세계 속에서 펼쳐지는 천체의 회전 운동에 의하여 발생하는 음양 에너지는 상반相殺된 것이 서로 영향을 주게 되고 빈 중심으로 유입되어 각각의 효능이 약화됨으로써 중화沖和의 상태로 조화의 생명기운을 쉼없이 분출시킨다. 이곳으로부터 유출되는 무한한 에너지의 쓰임은 다함이 없으며 끝이 없는 허이불굴의 역동적 생산성을 보인다.其用不弊 其用不窮[74]

『노자』에서 자연의 용례는 만물의 존재 과정에서 스스로 존재하고 변화하는 과정을 의미한다. 또한 천의 개념을 자연의 의미와 같은, 즉 '천지도天之道'와 '자연지도自然之道'를 같은 용례로 사용하고 있다. 고대의 중국의 천의 개념을 인격적인 천과 법자연적인 천으로 구분하여 설명한다. 전자의 천은 종교적 의미와 선악의 도덕적 성격을 담고 있는 반면에, 법자연적 천은 자연의 흐름을 본받아 어떠한 외부의 영향을 받지 않고 자기 동인의 자율성을 따르는 것이다.[75]

반면에 다석이 설명하는 도는 천·지·인의 움직임보다 앞선 것으로 보았으며 천지 사이의 시공간에서 일어나는 사건을 빈탕 가온의 충용충화沖用沖和의 흐름으로 설명하면서 도와 덕의 흐름은 동시에 일어나는 무위자연의 작용으로 본다. 따라서 모든 존재하는 것은 상도가 펼치는 무위무불위'의 흐름을 좇음으로써 그 생명을 유지할 수 있다.

---

74) 『도덕경』 42장: "萬物負陰而抱陽, 沖氣以爲和."; 37장: "道常無爲而無不爲, 萬物將自化."; 45장: "大成若缺, 其用不弊, 大盈若沖, 其用不窮."

75) 최오목, 「노자의 생명윤리사상 연구」, 원광대학교 대학원 박사학위논문, 2009, 23쪽 참조. '자연지도'自然之道의 의미로서 '천지도'天之道를 표현한 것은 『도덕경』 제9장, 73장, 77장, 81장에서 볼 수 있으며 천도를 천지도의 의미로 표현한 것은 49장, 79장에서 확인할 수 있다.

도는 물과 같이 어디든 펼쳐 있으며 좌우를 가리지 않고 좌우를 가리지 않는 선의 흐름과 같으며 천지간의 운행의중심축을 유지하여 위태롭지 않게 한다.[76] 천지의 흐름은 알기 쉽고 따르기 쉽지만 도는 보이지 않고 들을 수 없으며 앞과 뒤가 없는 무규정의 흐름이다. 천지 사이에서 일어나는 도의 자기 전개에 따른 사유의 차원을 말한다. 무의 쓰임에 따라 막힌 길이 환하게 뚫려 저절로 화합하고 합일하는 치인사천의 고른 관계를 유지하여 우주 만물의 생명을 보존하는 도리와 같다.

그러므로 현상의 세계로부터 어떠한 제약을 받지 않고 천도의 조화에 순응하여 장생구시의 현덕과 함께할 수 있는 가온인간의 하루의 삶을 살 수 있는 것이다.[77]

> 이 우주 안에 모든 것은 시시각각으로 자꾸 달라진다. 산도 내도 나무도 풀도 사람도 달라진다. 그래서 돌아가게 되어 있다. 우리의 몸을 실은 지구 또한 굉장한 속도로 태양의 주위를 돌고 있다. 해 속에 '달리 돌림'이다 그래서 자연이 제 가운데 있게 된다. 이를 가운데中란 뜻인 가온[군]으로 나타내었다. 저절로 제 가운데로 들어온다는 뜻이다. 사람들은 모두 머무를 곳을 찾는다. 그러나 머물면 썩는다. 주住라야 살 것 같지만 무주無住라야 산다.[78]

다석은 우주 에너지는 소용돌이치듯 회선하며 변화하는 속에 그 변화를 일으키는 조화의 축軸이 있어야 하며 그 축으로 하여금 변화하는 모든 것들의 중심을 잡아 생명을 보존하게 된다고 말한다.

---

76) 『도덕경』 4장, 21장, 23장, 25장, 34장.
77) 『도덕경』 16장, 59장.
78) 류영모, 『다석 류영모 어록』, 우주와 신비 편을 참조하라.

'도오道奧'는 사물의 가장 중심이 되며 비밀스러운 곳이라는 의미를 가지고 있다. 또한『도덕경』62장에서 도는 만물의 아늑한 곳이라고 설명한다道者萬物之奧. '오奧'는 방의 서남쪽 귀퉁이를 가리키는 말이다. 이곳은 햇볕이 잘 들기 때문에 방 가운데서 가장 따뜻하고 아늑한 곳이다. 왕필이 설명하는 '오'는 '가리다曖'와 '덮을 수 있다'는 의미로 해석한다. 하상공이 보는 오는 '창고藏'라는 뜻으로 풀이하였으며, 도는 만물의 생성을 담는 저장고로써 모든 것을 감싸 안고 있다고 해석한다. 위의 내용들을 추론해 보면 '오'는 사물의 생명원이며 또는 사물의 생멸이 오고 가는 중심의 문으로 볼 수 있다.79)

인간도 마찬가지로 '도오道奧'의 마음을 가지고 있을 때 모든 것이 변화하는 그 자체를 좇음으로써 자균의 섭생의 길을 펼칠 수 있다고 본다. 천지 사이의 시공간에 존재하는 것은 모두 회전을 하고 있기 때문에 생명을 유지할 수 있다. 특히 우리가 거주하는 지구도 태양 주위를 돌고 있고 우리의 생명을 공급하는 혈액도 쉬지 않고 돌고 있음을 설명한다.

우리가 머무를 수 있는 곳은 어디에도 없으며 이제 여기라는 조화의 한 점에 접촉하고 있을 뿐 시간적으로 이제이며 공간적으로 여기의 가운데 점을 찍는 것이 생명을 사는 것이라 말한다. 따라서 도의 아늑한 곳인 도오가 우리의 주소지이며 생명처이므로 인간의 삶은 잠시 쉬었다 가는 과객으로 묘사한다.

사람의 몸은 소우주인저 기氣는 양에 속하니 천을 본받아 왼쪽左旋으로 돈다, 혈血은 음에 속하니 땅을 상징하고 우선右旋한다. 혈은 기를 따라서 운행하되, 그 본체는 고요하여 부동하므로 기혈이 마치

---

79)『왕필의 노자』, 224쪽 참조; 이석명,『노자도덕경하상공장구』, 357쪽 참조.

맷돌형상과 같으니 상부는 서쪽으로 움직이고 하부는 안정되어 움직이지 않고 있는 듯하나 이는 저절로 동쪽으로 돈다는 의미가 생긴다. 따라서 상부가 돌게 되는 것은 하부가 안정되게 받치고 있기 때문이며 이는 부득이 정해져 있어 대자연의 이치와 같음을 볼 수 있다.[80]

하늘과 땅은 상대적 회전으로 천기天氣는 좌선左旋하면서 하강下降하고 지기地氣의 우선右旋하면서 상승上昇하는 운동의 흐름을 맷돌에 비유하고 있다.

이러한 천지의 역동적인 자연적 흐름에 반해 인간의 인위적 사고에 의하여 잃어버린 가온인간의 무위자연의 자리를 어떻게 회복하는가의 문제에 대해 살펴볼 필요가 있다.

(2) 씨알의 제자리 찾기

다석은 우주의 천체들은 회전하는 경로에 따라 한 곳에 머물지 않고 스스로 돌고 있는 것으로 이해한다. 모든 것은 인력의 균형 잡힌 힘에 의하여 사이와 사이의 적정 공간을 유지한 채 시시각각으로 변화된다. 이처럼 자연계의 법칙 속에서 스스로 그러함의 흐름은 비어 있는 사이의 가운데에서 늘 변치 않고 우주의 생명을 공급한다. 다석은 인간은 시시각각 변화하는 환경 속에서 사회와 유기적 관계를 유지하는 존재라고 이해한다. 무명의 도는 영속적 항상성으로 한 치의 착오도 없이 자기 전개를 통하여 우주 만물의 유

---

80) 李梴, 『醫學入門』臟腑總論: "人身其小天地平, 氣屬陽 象天左旋 血屬陰 象地右旋. 血從氣行 其體靜而不動 故氣血如磨形 上轉而西 下安不動. 雖云不動 自有東行之意 以其上動下靜 不得不爾也."; 김철우, 박동일, 「五行和鍼法에 대한 연구」, 『동의생리병리학회지』 제19호, 한의병리학회, 2005 참조.

기적 관계를 형성한다.

인간은 이러한 우주 질서 속의 빈탕한 가온ᄅ에 순간순간 지혜의 점을 찍고 자균의 조화를 이루어 심신의 중심을 이루고 제자리를 지킨다. 인간의 제 역할을 하기 위해서는 늘 도의 자균자화의 자리를 떠나지 않는 것인데 이는 상도의 조화의 세계를 좇아 덕의 생명인 섭생의 지혜로 하루를 사는 것을 말한다.

천지의 중심은 비어 있으며 그곳으로부터 유출되는 수많은 사건들은 무위자연의 질서를 통하여 질서 정연하게 만물을 펼친다. 이러한 예는 지금까지 이어져 내려오는 하늘의 흐름을 알고 사람을 사랑하는孝天慈人 세상 본보기를 통하여 도의 실마리를 좇아 지켜 나가는 것이 인간이 행하여야 할 몫이다. 도의 실마리는 사계절의 변화 속에서 변치 않고 능변여상의 항상성을 유지하며 인간에게 존재 근거를 제공하고 있다. 여상함의 항상성을 유지하는 것은 도의 중심축의 속성을 말하고 있다. 이는 곧 도의 충화점, 즉 한 무리의 조화의 기세가 솟아나는 천지시모天地之始. 萬物之母의 품이다. 중묘지문에서 일어나는 무유의 상보에 의하여 참된 정기精眞가 들어가고, 나오면서 순환 반복한다. 도의 충화점은 42장의 부음포양의 교합점인 충기위화의 고른 어울림이 넓게 펼쳐져 쉼 없이 움직여 만물의 아름다움을 이루는 중보질서를 말한다.[81]

점심點心이란 무엇인가 하면 속이 궁금할 때 먹거리를 조금 집어

---

81) 류영모,『다석일지』제1권, 서울: 홍익재, 1990, 561쪽; 류영모 원저, 박영호 엮음,『다석 류영모 어록』, 서울: 두레, 2002, 196쪽, 224-225쪽 참조;『늙은이』5장: "가온 지킴만 같지 못해(不如守中)."의 '수중'을 말하며, 21장: "길의 몬 됨이 오직 환, 오직 컴(道之爲物, 惟恍惟惚), 컴하고 환한데 그 가운데 그림이 있고(恍兮惚兮, 其中有象), 환하고 컴한데 그 가운데 몬이 있고(惚兮恍兮, 其中有物), 아득아득 그 가운데 알짬이 있고(窈兮冥兮, 其中有精)."

넣는 것을 점심이라 한다. 곧 음식을 조금 먹는 것이 점심이다. 그
저 조금 먹는 것은 다 점심이라고 한다. 꼭 낮에 먹어야 점심인 것
이 아니다. 점심하면 즉세即世한다. 점심을 먹었으면 밥값을 내야
한다. 보는 것이 있어야 한다는 말이다. 점심만 먹고 점심소견點心
所見이 없으면 무전취식無錢取食한 것이 된다. 반드시 나와 사물
事物과 관계가 있게끔 점심소견이 따라야 한다. 소견所見을 생각
하고 집어 먹으면 물건의 소견을 다 할 수 있는 것이다. 이 점(얼)
에서 착한善 선線이 나오고 아름다운美 면面이 나오고 거룩한聖
체體가 생긴다.[82]

　　다석은 비어 있는 중심에 점을 찍는 것을 '점심點心'으로 비유하
고, 이 점 찍는 곳을 씨알의 본래 자리로 언급한다. 하늘땅 사이의
도의 조화의 자리인 가온을 지킴으로써 드러나는 고른 앎으로 올곧
게 휘돌아 솟구쳐 알을 터트려 온갖 것을 다 알게 된다(易知易行의 늘
앎). 몸과 맘의 제나自我의 중심 자리에 점을 찍는 것은 조화의 현상
으로서 하늘 생명의 씨를 받는 것이다. 이 조화로움을 통하여 자기
를 지키면 무위・무주의 얼을 가진 나라는 존재가 되어 중화의 자
리에 들어서게 된다. 다석은 인간이 텅 빈 마음 중심에 점을 찍게
되면 순간순간 일어나는 도의 생각點心所見을 통하여 자기의 자명함
을 구하게 된다고 본다.
　　마음에 점을 찍어 자기를 밝히는 지혜의 점등點燈은 마음에 불을
켜는 것이며 점경點景은 하얀 백지에 그림을 그리는 것을 말하며 점
두點頭는 깨달은 진리를 수긍하는 것이다. 또한 점심은 식사를 하는
것이 아니고 마음에 점을 찍어 진리를 깨닫는 것을 말한다. 아침에
도를 들으면 저녁에 죽어도 좋다는 의미도 함축되어 있다.[83]

82) 류영모 원저, 박영호 엮음, 『다석 류영모 어록』, 서울: 두레, 2002, 83쪽, 89쪽.

이를테면 구체적 사상 속에 드러나 있는 그 본의를 좇아 현상 세계를 '〜은', '〜대로' 동일선상에서 볼 수 있게 된다. 이것은 자기 중심적 사고를 전환하여 쉼 없이 변화하는 세계에 대처하는 노자적 방식의 유연성에 기반을 둔 사유로서 분별의 장애가 없는 공평무사한 인식을 가지는 태도이다.[84]

다석은 이 자리는 이것과 저것을 가르지 않는 혼일한 현동의 세계로서 심신의 상태를 천지 흐름과 내적 질서의 동일한 흐름임을 알게 하는 것으로 설명한다. 이러한 동일한 흐름을 좇으면 인간의 못된 짓은 구태여 하지 않게끔 하는 불감위不敢爲의 사유로 전환함에 따라 무욕의 세계가 펼쳐진다. 인간의 사유는 저절로 된 길의 영역으로 환순하게 되면 관기묘觀其妙의 무명 자리를 볼 수 있다. 그리고 무엇을 하고자 함이 없이 자연 그대로 사물을 보면 관기요觀其徼의 중묘지문의 출생입사의 도덕적 생명을 경험한다.[85]

도와 덕이 함께하는 현덕의 섭생은 천지의 시모의 품으로부터 흘러나와 귀한 생명을 먹여주는 만물의 어머니로부터 샘물처럼 덕분애德分愛의 사랑이 쉼 없이 솟아난다. 천지와 만물은 무에서 나온 것도 유에서 나온 것도 아닌 유무의 혼성한 가운데 생성된다.

다석은 천지 사이의 변화 속에 점을 찍는 것을 도의 조화에 응하는 것으로 본다. 인간이 응하면 도는 말하지 않아도 스스로 찾아와

83) 류영모, 『다석일지』 제1권, 서울: 홍익재, 1990, 350쪽. ("點燈點心點頭處, 殘爐欲滅蟲盡光, 卽周卽照卽世時, 浮生將休螢致知, …點心責任, 點心所見盡物性, 責任所在審事情, 物諸吾無非點心, 事諸生何不責任, 倭系好朋教惡來, 如之何將如之何, 方直畏友責善臨, 由天始終吾心."); 김흥호, 『다석일지공부』 제2권, 서울: 솔출판사, 2001, 358-361쪽 참조; 류영모 원저, 박영호 엮음, 『다석 류영모 어록』, 서울: 두레, 2002, 102쪽 참조.

84) 이종성, 「박세당의 『노자』 주해(註解)를 통해 보는 도가철학에 있어서의 '유무지변'의 문제」, 『동서철학연구』 제15호, 한국동서철학회, 1998, 127쪽 참조.

85) 『도덕경』 1장: "故常無欲以觀其妙, 常有欲以觀其徼, 此兩者同, 出而異名, 同謂之玄, 玄之又玄, 衆妙之門."

모든 것을 아름답게 꾸민다. 이 자리로부터 생성되는 변화의 부드러움은 성장을 촉진시키고 무분별한 의식은 마음의 지평을 넓히게 된다. 다석은 인간의 마음에 점點을 찍는 것은 점심을 먹은 것으로 비유하고, 그 값으로 자기慈리의 소견을 내는 것으로 설명한다.

인간의 일상 속에서 순간순간 이어지는 생각을 통하여 지금 여기에 진리의 점을 찍는다. 이와 같이 인간이 도의 생명을 얻어 없이 있는 하나의 세계로 귀일할 때 점을 찍는 것을 점심소견點心所見으로 설명한다. 다석은 이를 '가온찍기'라 했으며, 폴 틸리히Paul Tillich (1886-1965)는 순식간의 사건으로 이해하였고kairos, 瞬, 時間, 마하트마 간디Mahatma Gandhi(1869-1948)는 해탈moksha로 표현한다.[86]

왕필은 질박함을 지켜 행하여 다툼의 근원이 없어지게 되면 이 자리가 드러나게 되며 하상공은 도의 생각을 통해 하고자 함을 없애면 천지와 상합함으로써 무위의 세계가 드러나게 된다고 말한다.[87] 다석은 이 자리는 중심축을 형성하여 그 현상을 따라 움직이지 않고 오고 가는 자리가 아니며 '둥둥 떠 있어 돌아갈 데가 없이 儽儽兮若無所歸' 쉼 없이 흐르는 천지상합의 조화의 자리라고 설명한다. 다석에게 있어 '빈탕한 가온沖和'에 점을 찍는 것은 순간순간 진리를 깨닫는 것이며, 인간의 잘못된 인식을 멈추게 하는 되새김의 슬기知

---

86) 박영호, 『다석사상으로 본 불교, 금강경』, 서울: 도서출판 두레, 2001, 217쪽 참조. 그 국토에 있는 중생들의 갖가지 마음을 여래는 다 안다. 왜 그런가? 여래가 말한 갖가지 마음은 모두 마음이 아니기 때문이다. 그래서 마음이라 하느니라. 왜냐하면 수보리야, 과거의 마음도 인식할 수 없고, 현재의 마음도 인식할 수 없고, 미래의 마음도 인식할 수 없기 때문이다『금강경』第 十八: "一體同觀分, 三世心不可得, 爾所國土中所有, 衆生, 若干種心, 如來悉知, 何以故, 如來說諸 心, 皆爲,非心, 是名爲心, 所以者何, 須菩提, 過去心不可得, 現在心不可得, 未來心不可得.").

87) 『도덕경』20장: "言我廓然無形之可名, 無兆之可擧, 如嬰兒之未能孩也. 若無所宅"(왕필 저, 임 채우 역, 『왕필의 노자』, 서울: 예문서원, 2001, 205-207쪽 참조); "如小兒未能答偶人時也, 我 乘乘如窮鄙, 無所歸就"(이석명, 『노자도덕경하상공장구』, 서울: 소명출판, 2007, 328-331쪽 참 조).

^和의 도의 지혜가 일어나는 곳이라고 말한다.88)

다석은 인간이 감각의 문을 닫으면 내면의 자명함이 작동되어 천문이 고루 뚫려 천지 흐름과 내적 질서가 하나임을 아는 현동의 세계를 드러내는 것으로 본다. 그것을 지키면 현묘한 어울림에 의해서 현상계에서 펼쳐지는 분별심이 사라져 공생공존의 사유 지평이 확장된다. 다석은 현묘한 이 자리는 얻는다고 해서 얻어지는 것이 아니며 가까이할 수도 없으며 그렇다고 멀리할 수도 없는 불가득의 빈탕 가온의 현상이라고 본다.89)

다석은 인간이 점을 찍는 사유의 전환을 천지 사이의 비어 있는 중심에서 일어나는 사건으로 본다. 이를테면 '함 없어도 못 이루는 것이 없는^{道常無爲而無不爲}' 도의 흐름이 그것이다. 인간은 이 흐름을 알고 지켜 그것을 따라야 도의 생명인 잘 삶을 얻는다. 이러한 천지의 상합에 따른 고른 어울림은 유무의 상보관계를 통하여 만물의 '함없음에도 저절로 된 길^{無爲自然}'의 존재적 가치를 부여한다. 그러므로 인간이 무엇을 얻고자 하는 의식을 버리게 되면 사물에 머물지 않는 자빈^{萬物將自賓}의 곧게 솟아오른 된 길을 따라 비로소 도의 생명을 얻어 하루를 곧게 설 수 있다.90)

다석은 천지 사이의 중심에서 쉼 없이 변화하는^{變易} 사건은 서로

---

88) 류영모 원저, 박영호 엮음, 『다석 류영모 어록』, 서울: 두레, 2002, 97쪽 참조; "(갓난)애기의 (손) 잡은 줄도 모름 같구나(如嬰兒之未孩). 둥둥 떠 돌아갈 데 없 같음이여(儽儽兮若無所歸), 뭇사람은 다 남았는데(衆人皆有餘), 나 홀로 잃은 꼴 같구나(而我獨若遺)."(『늙은이』 20장); 32장: "잘몬이 스스로 손 오듯 하리라(萬物將自賓), 하늘 땅이 맞아서, 단 이슬을 내리고(天地相合, 以降甘露), 사람은 하란 말 없이도 스스로 고르리(民莫之令而自均)."

89) 『도덕경』 56장. "故不可得而親, 不可得而疏, 不可得而利, 不可得而害, 不可得而貴, 不可得而賤, 故爲天下貴."

90) 『도덕경』 20장: "如春登臺 我獨泊兮 其未兆 如嬰兒之未孩, 儽儽兮, 若無所歸, 衆人皆有餘, 而我獨若遺."; "35장: 執大象, 天下往, 往而不害, 安平太, 樂與餌, 過客止, 道之出口, 淡乎其無味, 視之不足見, 聽之不足聞, 用之不足旣."

돕는 관계交易를 형성한다고 말한다. 이는 '함없음에도 저절로 된 길 無爲自然'의 영속적 항상성不易의 질서이다. 부득이한 천지 만물의 변화 현상은 인간의 인식에 의하여 필연적 상대성을 불러온다. 다석은 이를 인간의 사유 전환을 통하여 그 차별성을 하나 되게 하는 무의 생활화를 강조한다. 다석은 인간의 지향적 사유에 의하여 무심코 지나쳐 버리는 이 자리를 무명의 세계로 언급하면서 이는 '씨알의 생명'을 공급하는 생명원이라고 밝힌다. 무의 세계는 보이는 현상 세계와의 상보관계를 통하여 공을 이루고 그것에 머물지 않으며 한결같은 자연적 흐름의 하나의 질서에 의하여 하루의 삶이 유지된다.[91]

다석은 일관되게 유무의 상보적 관계를 동시에 일어나는 사건으로 본다. 왕필은 유의 존재 근거를 무의 쓰임으로 삼는 것은, 무의 세계를 통하여 사물의 이치를 파악하여 온전케 하기 위하여 그 근원 자리로 돌아가 알고 지켜야 한다고 한다.[92] 천지 사이의 역동적 능변의 흐름과 존재할 수 있게 바탕을 제공하는 무의 항상성恒常性에 따른 무위자연의 보편적 흐름을 대상大象의 흐름으로 설명한다. 또한 만물의 점진적 발전단계逝曰遠. 遠曰反를 거쳐 복기근各復歸其根 후 생명을 유지하기 위한 과정을 덕의 흐름으로 표현하고 있다. 되돌아가는 것은 부정형식의 사유 전환을 통하여 드러나는 무의 사유 영역에 진입함으로써 얻는 도의 자균점의 자리라고 서술한다. 다석은 이러한 곡직사유의 귀결점을 하루 철학으로 대변한다. 없이있는 하나의 자연적 흐름은 시공의 중심축을 유지하여 생명의 흐름이 두루

---

91) 류영모 원저, 박영호 엮음, 『다석 류영모 어록』, 서울: 두레, 2002, 97-99쪽 참조.
92) 왕필 저, 임채우 역, 『왕필의 노자』, 서울: 예문서원, 2001, 162-163쪽 참조.

펼쳐 안 미치는 곳이 없다. 도의 흐름은 온갖 것을 아우르고 하나로 꿰어서 편용·편익의 무의 세계로 복원하여 중심축이 견고하게 유지되는 없이있는 하나의 자리로 돌아가는 환순의 질서를 말한다.[93]

장자는 모든 것이 움직이고 있는 상대 세계에 시비를 초월한 없이있는 가온의 경지를 축과 같이 움직이지 않는 '환중環中'으로 표현한다. 도가 중심축을 유지하기 위해서는 비어 있는 중심의 자균점을 얻어야 무궁함을 이룰 수 있다고 한다.[94] 다석은 우주 에너지는 소용돌이치듯 회선하며 변화 속以變爲常의 중심축能變如常은 비어 있으며 아무런 목적과 사심이 없는 무의 특성을 갖는다고 본다.

도의 관점에서 보면, 우주 만물은 무와 유의 편차에 의해서 드러나듯이, 물질은 에너지화 하는 경향을 띠고 있고 에너지는 물질화하는 경향을 띠고 있다. 이는 음을 등에 지고 양을 가슴에 안은 부음이포양의 만물은 충기에 의하여 조화를 이루고 성숙 단계를 거치면 다시 본래의 상태로 돌아가 새로운 하루의 삶을 이루는 것과 같다.

인간의 감정이 지나쳐 기쁨에 빠져 있는 것은 양이 지나친 것이며 화를 내는 것은 음에 치우친 것이다. 이렇듯 사람의 감정이 고르지 못하면 몸을 해치는 것이며 사리판단을 흐리게 한다. 도는 한시도 쉬지 않고 서원반의 흐름에 따른 자균자화의 중심축을 형성하여 생명을 유지하게 한다.

다석은 역동적 변화能變如常 속에서 인간의 인위적 행위를 멈추게 하는 불감위의 사유전환에 의하여 도를 좋음으로써 제자리를 회복하게 된다고 말한다.[95] 따라서 다석은 천지 사이에서 일어나는 하

---

93) 류영모 원저, 박영호 엮음, 『다석 류영모 어록』, 서울: 두레, 2002, 2장 '하느님'을 참고하라.
94) 『장자』, 「齊物論」: "彼是莫得基偶, 謂之道樞, 樞始得其環中, 而應無窮 是一無窮, 非亦一窮."
95) 「칼 융의 사상과 다석 류영모 사상의 비교분석」, 한국종교학회, 『종교연구』, Vol.77 No.1,

루의 사건의 중심의 긋점에 있는 것이 씨알이라고 본다. 인간의 씨알은 음양충기의 기세로 도생일^{道生一}하고 득일하여 도법자연의 섭리를 믿고 의지하면 몸의 환난을 지고 사는 환신^{患身}의 제나에서 벗어날 수 있다고 말한다. 이는 미명의 자연 상태에서 천지의 흐름을 알고 지켜 행하는 상명체의 제자리로 제자리로 환순하여 활기찬 하루의 생명을 얻는 것으로 설명한다.

천지 흐름에 순응해야 하는 인간은 수비형^{守備形}의 수양 자세를 취해야 한다. 지켜야 할 것들이 많은 현실 사회에서 상도의 흐름을 좇아 알고 지키는 수비 본능이 강화되어야 함을 강조한다. 따라서 역동적 세상의 변화 속에 균형을 이루고 인간의 제 역할을 담당할 수 있다. 인간은 몸이 있기 때문에 우환을 겪는다. 이러한 고난을 도와 덕으로 이겨내고 지키는 과정으로부터 중심축을 유지하면 내 몸을 귀하게 여기게 되고 사랑^{自愛}하게 되는 사유의 전환이 일어난다.

상도의 조화의 흐름의 중심축에 대한 예는 『동의보감』「내경편」의 '신형장부도^{身形臟腑圖}'에서 인체를 형성하고 있는 우주의 법칙과의 관계를 담고 있는 내용을 통해서도 확인된다. 또한 과학의 학술적 이론에서는 자연적으로 형성되는 허공의 가온점을 황금 분할점·황금 비율점 등으로 표현하는 사례가 있다. 맨리 P. 홀^{Manly Palmer Hal}(1901-1990)은 우주 생명의 생장, 팽창의 기준과 규칙을 신의 움직임을 드러내는 현상적 기준으로 설명한다. 그는 인간의 신체적 비율도 이 황금 비율을 바탕으로 만들어진 것으로 말하며, 케플러^{Kepler}(1571-1630)는 언제나 변하지 않는 균형^{Divine Section}을 유지하는 것으로 이해한다. 그리고 플라톤^{Platon}(BC 427-BC 347)은 우주 만물

2017, 75-76쪽 참조.

을 지배하는 신비의 힘을 푸는 열쇠로 말한다.96)

다석은 천지간의 빈탕 가온에서 일어나는 사건을 황금 비율의 자화자균의 질서로 말한다. 황금 비율은 대자연계를 위시하여 특히 인간의 인체에도 적용된다. 모든 생명은 자기 몸을 최적화하기 위하여 일정한 속성의 움직임으로 그 비율을 유지한다. 예를 들면 우리 몸속은 체온, 심장박동수, 혈압 등과 같이 일정한 흐름을 유지하려고 하는 생리적인 항상성을 가지고 있다. 만약에 인체의 비율이 조금이라도 균형을 이루지 못하면 인간은 질병에 고통받게 되고 정신적 균형을 잃게 되면 환난에서 벗어나지 못한다. 이러한 황금 비율은 도의 자기 전개에 따라 덕의 자연적 현상으로 펼쳐지는데 매 순간마다 선시動善時에 맞춰 빈탕 가온에 점을 찍음으로써 도는 저절로 찾아와 응하여 그 비율을 맞춘다.

이처럼 균형을 유지하게 하는 조화의 비율은 인간에게 안정감과 경쟁과 갈등 사이의 중심에서 조화와 공감을 이루며 사회의 곳곳에 내재되어 있다. 인간 사이의 갈등은 옳고 그름을 따지기가 쉽지 않다. 갈등은 상대적이지만 그 갈등을 통하여 황금 비율의 영역으로 돌아갈 수 있는 환순의 사유를 담고 있다. 상대방의 잘못을 무리하게 탓할 필요도 없으며 자기 자신의 허물을 과도하게 자책할 필요도 없다. 남을 탓하기 전에 나를 돌아보는 반성의 자세를 가지고 저절로 된 길을 따라가면 되먹임의 지혜 덕분에 자기로부터 사랑自己慈力의 힘이 솟아나 자균자화의 치인사천의 질서를 이룬다.

만약 어떤 사물이 그 필요에 따라 적절한 비례의 조화를 이룸으로써 천지의 흐름 속에서 생명을 유지할 수 있는 조건을 갖추게 된

---

96) 이국봉, 『신비한 엘리오트 파동여행』, 서울: 정성출판사, 1995, 54쪽, 56쪽, 69-70쪽 참조.

다. 역으로 만약 어떤 사물이 그 필요에 따라 적절하지 않은 부조화를 가지고 있다면, 그것은 도와의 부조화를 이루게 됨으로써 생명을 지속할 수 없다.

다석은 도의 곡중轂中의 흐름에 의하여 바퀴의 가운데가 비어 있어 여러 개의 바퀴살이 함께 모일 수 있는 황금 비율에 의하여 천지의 모든 것은 무엇 하나 존귀하지 않은 것이 없다고 말한다.[97] 특히 인간도 그 가운데 하나이다. 이러한 인간은 존귀함을 유지하게 하는 하나의 흐름인 독립불개獨立不改의 질서를 잃게 되는 순간, 천·지·신·곡·만물·왕의 역할을 수행할 수 없다. 따라서 공멸恐裂·恐發·恐歇·恐竭·恐滅·恐蹶의 길로 들어선다.[98]

다석은 천지 만물의 변화의 흐름이 도의 비어 있는 중심으로부터 시작된다는 점에 주목한다. 인간은 우주의 변화무상한生必無常, 命是非常 질서에 순응하여 제나自我에서 얼나靈我로 거듭나야 한다. 생명이란 순환하지 않으면 죽은 것이나 다름없다. 늘 비어 있어야 새로운 생명을 낳을 수 있다. 다석은 이러한 우주생명의 법칙 속에서 존재하는 인간은 지금 여기 무한 우주의 비어 있는 중심에서 조화의 축을 형성하는 가온점ㄹ으로 돌아가 늘 그곳에 머물러야 하는 당위성을 갖는다고 한다.

다석의 없이있는 하나님은 전체로서 중심을 이루고 있는 전일적 존재의 하나님이라고 한다. 완전한 그 자리는 비어 있는 가운데를 말한다. 그 자리를 온통 아우르는 생명을 섭생이라고 설명한다. 다

---

97) '곡중'은 하상공 장구의 『도덕경』 11장의 공일곡共一轂으로부터 추론된 말이다. 하나의 바퀴로 모아진다는 말은 바퀴의 가운데가 비어 있어 여러 개의 바퀴살이 함께 모아진다는 의미를 담고 있다. 이석명, 『노자도덕경하상공장구』, 서울: 소명출판, 2007, 99쪽.

98) 『도덕경』 39장: "其致之一也, 天無以淸, 將恐裂, 地無以寧, 將恐廢, 神無以靈, 將恐歇, 谷無以盈, 將恐竭, 萬物無以生, 將恐滅"

석이 주장하는 섭생이란 『도덕경』 50장의 해석에서 나타난다. 선섭
생자는 식모의 품의 영아와 같은 부드러운 생명으로서 상도의 조화
(51장: 道生之, 德畜之, 物形之, 勢成之)의 흐름에 따르므로 고정된
마음에서 떠나 분별심(49장: 渾其心)이 없게 되어 죽을 터가 없어
지게 된다.以其無死地 이것은 천하 모든 것을 그대로 보는 것이다(54
장: 身·家·鄕·國·天下). 따라서 55장의 덕을 두터이 지닌 적자
의 생을 지니므로 정기가 지극하여 늘 그대로 자연의 조화로움(55
장: 物壯則老)의 섭생을 말한다.

> 우리는 태양계 안에 살고 있다. 지구에 사는 우리에게는 해는 모든
> 힘氣의 원동력이 된다. 달月은 다름異을 뜻한다. 달은 날마다 그
> 모습이 달라진다. 이 우주 안에 모든 것은 시시각각으로 자꾸 달라
> 진다. 산도 내도 나무도 풀도 사람도 달라진다. 그래서 돌아가게
> 되어 있다. 해 속에 '달리 돌림'이다. 그래서 자연이 제 가운데 있게
> 된다. 이를 가운데中란 뜻인 가온[ᄀᆞᆫ]으로 나타내었다. 저절로 제
> 가운데로 돌아온다는 뜻이다. 얼도 이와 같다. 우주와 사람은 여러
> 모로 해석될 수 있다. 모든 것은 모순된 것, 그리고 못된 것을 다
> 버리고 돌아가면 마침내 가온[ᄀᆞᆫ]으로 돌아간다.[99]

이 인용문의 내용을 통해 다석은 도의 비어 있는 중심축에 대하
여 말한다. 다석이 본 중심축에 대한 논지는 생명의 역동적 변화의
흐름에 따라 머무를 곳 없이 회전하는 순환의 이치가 그 근거라고
한다. 이와 마찬가지로 인간의 몸이 머무는 대괴도 우리가 느끼지
못할 정도로 태양 주변을 돌고 있다. 따라서 다석은 회전체의 중심
에는 반드시 축軸이 존재해야 함을 강조한다. 그 축을 중심으로 일

---

99) 류영모 원저, 박영호 엮음, 『다석 류영모 어록』, 서울: 두레, 2002, 195-196쪽 참조.

어나는 음양 대립성의 회선운동은 비어 있는 가운데 도의 조화의 축으로 그 활동이 가능하다. 그리고 그 중심축을 유지하게 하는 것은 없이있는 하나의 유물혼성의 선리부쟁善利不爭의 흐름이다.[100]

만물의 존재 근거가 가득 차 있으나 빈듯하고大盈若沖 그 중심에서 솟아나는 맑고 고요한 한 무리의 현묘한 빛은 천하의 길을 행하게 한다.淸靜爲天下正[101] 이 빛은 없이있는 하나의 질서로 억지로 무엇을 하지 않아도 모든 것을 이루어낸다.不爲而成

다석은 천지의 흐름을 알고 그 중심축에 점을 찍는 것을 '빈탕한데 가온점 찍기'로 설명하고, 『늙은이』 5장의 '가온지킴不如守中'과 같은 의미로 해석한다. 이 가온지킴의 수양 방식을 통하여 수비형 인간의 심신을 이룬다. 모든 것은 우주 전체의 조화로운 원리와 상호 관계에 따라 순리대로 되어 갈 뿐 인간이 개입할 틈이 없다. 따라서 인간은 가온지킴 수양을 통하여 도를 따라 평범하게 사는 것이 수비형 삶을 유지하는 것이라고 한다.

천지의 비어 있는 중심에서는 쉼 없는 풀무질에 의하여 부드러운 기운이 나와 만물을 생축한다.[102] 그리고 인간의 마음속에 영원한 생명의 긋이 나타나는 것으로 본다. 하늘[빈탕]을 나타내는 기역ㄱ과 땅[한데]을 나타내는 니은ㄴ의 중심에 영명의 점을 찍는 것이다. 도의 지혜인 늘앎으로 점을 찍어 천지의 흐름과 내 안의 질서가 혼일한 하나의 흐름으로 움직이고 있음을 안다. 인간은 이 지혜를 의지하여 '길의 법은 받은 대로 저절로 됨道法自然'의 세상 본보기의 질

---

100) 류영모 원저, 박영호 엮음, 『다석 류영모 어록』, 서울: 두레, 2002, 196-197쪽 참조.

101) 『도덕경』 45장.

102) 『늙은이』 5장: "하늘 땅 사이는, 그 또 풀무나 같구나(天地之間, 其猶橐籥乎), 비었는데 쭈구러들지 않고(虛而不屈), 움직여서 움질움질 나오니(動而愈出), 많은 말을 하다간 막히니(多言數窮), 가온지킴만 같지 못해(不如守中)."

서를 알고 지켜 행하므로 쉼 없이 변화하는 속에서 균형을 잃지 않는다.103)

다석은 가온지킴은 자연계의 원리와의 조화로운 삶을 이어 나갈 수 있는 섭생의 근원처인 도의 문을 지키는 수양 방식으로 설명한다.衆妙之門, 玄牝之門 이것은 큰 상으로 영속되어 비어 있으므로 천지간의 탁약과 같아 쉼 없이 움직이며 공을 이루고도 머물지 않는 무위의 영속성으로 자연의 항상성을 공급한다.104) 천지간의 조화작용으로서 일월의 뜨고 지는 것, 사계절의 변화와 성신의 순회하는 것, 동물과 식물의 생멸 등의 우주적 관점에서 현상계의 중보적 과정이라 말한다.105)

이러한 만물의 다툼이 없는 생명을 먹여주는 귀식모로부터 일어나는 질서는 자연의 순리이며 인간은 그 순리를 역행해서는 안 된다고 본다. 다석은 만물의 생명을 제공하는 시모의 품에서 영원의 가고 오는 시간의 흐름 속에 그 품에 점을 찍으며 사는 것이 인간에게 주어진 하루의 역할을 다하는 것으로 말한다. 어머니가 먹여주는 무위자연의 질서를 따라 상대 세계의 처음과 끝을 이음으로써 전일체가 될 수 있다. 이 품은 한 무리의 빛이 쏟아지는 비어 있는 중심이며 상대 세계에 나타나는 하루의 시작점으로도 볼 수 있다.106)

또한 다석은 현상계의 모든 것들은 우주가 지니는 생명의 율동으

---

103) 류영모, 『다석일지』 제1권, 서울: 홍익재, 1990, 561쪽; 류영모 원저, 박영호 엮음, 『다석 류영모 어록』, 서울: 두레, 2002, 9장 '가온찍기'를 참조.

104) 『도덕경』 5장, 6장.

105) 이석명, 『노자도덕경하상공장구』, 서울: 소명출판, 2007, 70-73쪽 참조. 가온(ㄱ)은 한가운데 만물의 시모점 곧 도의 조화를 말한다. 류영모, 『노자와 다석』, 61쪽 참조.

106) 류영모 원저, 박영호 엮음, 『다석 류영모 어록』, 서울: 두레, 2002, 9장 가온찍기를 참고하라.

로 존재하며, 온전한 생명으로서 '긋'인 한 점은 소멸되지 않는 영속적 항상성의 하나로서 허공의 속성을 가지고 있다고 설명한다. "무한 우주의 테두리가 이 내 속에 있는 한 점(얼)과 같다. 이 무한 우주의 중심이 내 속에 있는 한 점이다. 남의 것이 아니라 바로 내 것이다. 이 한 점이 수많은 점으로 이어지는 과정에서 필연적 상대성에 의한 생명을 얻고 그 생명의 조화로움을 지켜 나가 다툼이 없는 공익의 세상을 구현하는 것이다." 이 '나'란 이 우주의 끄트머리인 한 긋點이다. 이 긋이 진실 무한의 적광체寂光體인 하느님 아버지를 찾아가는 길이 종시終始이다. 다석은 가온지킴을 제나自我의 삶을 마치고 시작과 끝이 한결같은 신종여시愼終如始의 얼나靈我의 하루의 삶이라고 역설한다.107)

없이있는 무와 상대계의 유의 분계선에 있는 인간은 하나의 진리를 깨닫고 그중에 처하면 동서 어디로 가든지 생명을 얻을 수 있다는 것이다.知常處中, 於東於西, 無非生命108)

다석은 이러한 무의 세계의 흐름을 본체적 관점에서 현상적 관점으로 그리고 자애慈愛의 사랑이 샘솟는 어머니의 품으로 귀의함으로써 전일적 존재를 이룰 수 있다고 설명한다. 무의 세계는 만물을 구성하기 위하여 도생일·일생이·이생삼·삼생만물道生一·一生二·二生三·三生萬物로 분화한다. 하나는 유와 무가 뒤섞인 혼일체이다. 유가 드러나는 것은 텅 빈 무를 통하여 드러난다. 무는 하나의 현상적 조화의 작용으로 유가 드러나며 무는 유를 통하여 자기 스스로를 드러낸다. 이것은 무 혼자만으로는 인식되지 않으나 존재하고 있음

107) 류영모 원저, 박영호 엮음, 『다석 류영모 어록』, 서울: 두레, 2002, 178쪽.
108) 류영모, 『다석일지』 4권, 서울: 홍익재, 1990, 493쪽 참조.

은 분명하다.

인간의 마음에 가온 점을 찍는 것은 생각 속에 하늘의 뜻이 드러나 씨알의 자연적 영역을 이루는 것이며 이 점은 중추의 자리를 차지하고 있는 생명의 근원점이다. 한 알의 생명의 씨앗이 터져 싹을 트게 하고 줄기를 중심으로 많은 가지들이 나선형 구조에 의하여 열매를 맺게 되는 것으로 본다. 또한 이것은 한 점의 씨가 팽창의 속성을 가지고 원을 그리듯 만물을 완성해 나간다.[109]

다석은 인간에게도 이러한 씨알의 한 점이 가온샘에서 솟아나는 단 이슬과 같음을 주지시킨다. 인간은 사이적 존재로서 순간순간마다 마음 중심으로부터 도의 점을 찍어야 그 존재를 증명할 수 있다고 보았다. 천지 사이의 티끌과 같은 한 점의 인간이 제자리를 찾기 위해서는 텅 빈 한가운데의 마음의 중심으로부터 점을 찍어야 어머니 품으로 갈 수 있다고 본 것이다. 인간은 생각을 통하여 마음 가운데 매일매일 점을 찍고 살아야 된다. 가온인간은 도의 점을 찍는 순간 곧바로 하늘과 짝하게 되어 '가온 뚫림玄通'으로 밝은 빛이 사방으로 펼쳐진다. 점을 잇고 선을 곧게 뻗어 전진일로前進一路의 가온인간의 길을 걷게 되는 것으로 이해한다.[110]

원圓은 하늘이고, 방方은 땅이고, 가운데 점이 사람이다. 사람은 한 점이요, 이 점이 가온찍기直上一點心요, 자연의 접점接點인 조화로부터 생성된 만물은 유기체적 관계망을 형성하고 결국 독립불개의 하나의 그물망으로 유입됨을 설명한다.

---

109) 마이클 슈나이더 저, 이충호 역, 『자연, 예술, 과학의 수학적 원형』, 서울: 경문사, 2002, 7-8쪽 참조.

110) 류영모, 『다석일지』 1권, 서울: 홍익재, 1990, 173쪽, 509쪽 참조. "直上 一點心 心路, 接境一線. 前進, 一路. 가온찌 잇다감 생각 그저 나 므름 업시 제계로브터."

따라서 인간씨알의 생각이 바르게 되는我好靜而民自正 점진적 수양 과정 속에 말없는 가르침不言之教을 접함으로써 이루어진다. 인간은 이 도의 씨를 통하여 자정력을 함양하여 마음의 고요함을 이루고 공정共正한 세상 본보기天下式를 구현한다. 이로부터 도 내지는 조화의 세계가 펼쳐지고, 가온인간의 덕분德分으로 다툼이 없는 화합의 길을 열고 도의 자애로 치인사천의 고른 관계를 형성하는 '늘 한길玄德'이 드러나게 된다. 이것이 바로 가온인간이 세상의 중추적 역할을 담당하는 주체가 될 수 있는 근거로 도를 지키고 쌓은 덕을 행하는 수용형守用形 인간이다.[111]

이러한 수용형 인간은 존재 과정을 통하여 의미에 중점을 두고 늘 도의 그물망을 벗어나지 않는다. 자기의 자존감에 따른 자기 수용을 게을리하지 않고 수시로 자신을 돌아보며 도의 자균의 자리로 돌아간다. 이는 반추反芻의 사유를 따라 내가 나를 사랑自愛하는 방법을 모색한다. 천지의 흐름과 자기의 내적 질서가 하나임을 수용하고 그것을 지켜 건강한 섭생의 섭생으로 선인의 하루의 삶을 사는 것이다.

다석은 몸과 맘의 중심을 잃지 않고 고르게 어울리게 하는 슬기로 사는 것이 섭생의 자정한 삶이라고 이해한다. 이를 구현하는 가온점은 시작이며 끄트머리인 동시에 언제나 변함없이 처음과 끝이 동일한 되먹임의 질서를 전개한다. 가온점을 찍게 되면 첫 끝과 마지막 끝을 합친 현묘한 점이 된다. 이로부터 인간의 사유는 분별없는 혼일함으로 지금 여기의 전일적 존재의 일점영명一點靈明의 자율

---

111) 『도덕경』 54장: "修之於身, 其德乃眞, 修之於家, 其德乃餘, 修之於鄕, 其德乃長 修之於國, 其德乃豊, 修之於天下, 其德乃普, 故以身觀身, 以家觀家, 以鄕觀鄕, 以國觀國, 以天下觀天下."

적 성전誠全의 세계로 진입하게 된다.112)

다석은 사계절이 끊임없이 변화하는 것은 '함없음에도 저절로 된 길無爲自然'의 순리이며, 인간도 이러한 질서에 의하여 운행되고 있음을 밝힌다. 인간 역시 자연의 질서를 따라야 하는 존재이다. 다석은 인간이 소용돌이치듯 변화하는 세상에서 중심을 잡고 살아가는 존재라고 본다. 그는 역동적 흐름 속에서 우리의 중심을 잡아줄 하나의 질서를 찾는 방법을 도의 서·원·반大曰逝·逝曰遠·遠曰反 운동에서 찾을 수 있다고 본다.113) 서서히 움직이며 멀리 나아가 자기를 펼치다가 극에 이르면 다시 제자리로 돌아와 자균의 중심축에 머물러 생명을 유지하는 질서가 서·원·반이다. 도생일의 씨알의 상태에서 부음포양의 충기로 삼생 만물의 성숙의 과정은 서원逝曰遠의 과정이다. 만물의 발전단계에서 암수의 효능을 알고 지켜 되먹임의 사랑을 흠뻑 품은 영아의 상태로 어머니 품으로 돌아가 늘 평정심을 유지한다.遠曰反

도는 생하고 덕은 축하여 만물을 생성하고 극에 이르면 다시 다툼이 없는 부쟁의 자리로 돌아간다. 목적을 이루려고 덕의 길에서 멀어지는 것은 도와 상반되는 것이고 목적 없이 오로지 도를 좇아 덕에 의한 생성은 변증법적 변화와 무위자연의 순리를 이루는 것이다.

다석은 천지 사이의 한점이 서서히 움직이며 멀어져 갔다 다시 돌아오는 도의 서원반의 질서가 펼쳐지는 허공을 순수 우리말 빈탕

---

112) 성전이란 천지 변화의 흐름에 순응하고 다툼이 없는 선인의 삶을 사는 것이다. 지금 여기의 몸과 마음으로부터 솟아나는 감각적 사유를 낮춰 덕의 지혜로 제역할을 성실하게 다하며 살아가는 하루살이의 삶을 말한다.

113) 『늙은이』 25장: "크면 간다 하자(大曰逝), 가면 멀다 하자(逝曰遠), 멀면 돌아간다 하자(遠曰反)."

으로 표현하여 그 범위를 확장시키고 생명의 역동성을 주입하기 위하여 무의 가온점,守中 즉 없이있는 하나의 혼성체로 표현한다. 이것은 어머니에게 받은 되먹임의 사랑貴食母을 지키는 것과도 같다. 시모의 품을 활짝 열어 천지 만물의 존재 과정을 제공하는 귀식모貴食母는 만물이 존재할 수 있게 무위자연의 섭생을 제공한다.

따라서 마음을 하나로 모아 심신의 균형을 잃지 않게 덕을 곧게 세우게 하는 어머니를 지킴으로써 제자리를 잃지 않는다. 이는 만족함을 알고 자승자강의 나를 아는 것이다. 결국 씨알은 유의 세계를 통하여 어머니의 품으로 돌아가 무위자연의 세계에 맞혀노는 것이다. 인간의 몸과 마음을 덕으로 하나 되게 하여 하늘과 짝함으로써 척제현람滌除玄覽의 자명함으로 잡념과 망상으로 가려져 있는 것을 걷어낸다. 이는 흘러가는 물에는 자신의 모습을 비추어 볼 수 없고 고요하고 잔잔하며 깨끗한 물에서만 그 모습을 비추어 살펴볼 수 있는 것과 같다.114) 내 안의 밝은 빛으로 몸의 감각적 사유를 통하여 욕정의 마음을 되돌아보는 신관신身觀身의 수양 방식을 말한다. 자신의 몸을 통하여 몸으로부터 일어나는 욕정의 통로는 막고塞其門 덕의 숨길을 고르게 쉬는 현동의 세계를 구현하여 마음의 균일함을 갖춰 내외변의 허물을 벗고 성숙한 면모를 갖춘다.115)

다석은 이러한 논리를 통해 천지의 중심에서 만물의 중심축을 이루기 위한 도의 조화작용을 곡직에 따른 환순 형식으로 본다. 이를 논증하는 내용을 들어본다.

---

114) 『장자』 덕충부: "人莫鑑於流水, 而鑑於止水, 唯止能止衆止."
115) 『도덕경』 54장 참조.

은하 우주도 수레처럼 움직여 돈다. 상대 세계에서는 움직이지 않는 정靜이란 없다. 움직이지 않는 것이 있다면 수레의 축軸일 것이다. 그러나 축이 참으로 있느냐 하면 그렇지 않다. 축이란 한 긋點이다. 움직이는 상대 세계에서는 머무르고 싶어도 머무를 수 없는 무주無注이다. 이 상대 세계에 축과 같이 움직이지 않는 것이 얼나靈我이다. 하느님이 보내신 하느님의 생명이라 얼나는 없는 곳이 없는 절대絶對이다. 그러므로 갈 곳이 없고 올 곳이 없다. 따라서 머무를 곳도 없다無去無來亦無住.[116)

이 인용문에서 다석이 무한한 시공간의 중심축을 얼나, 즉 도로 설명하고 있음에 주목할 필요가 있다. 특히 다석은 천체가 운행되는 저절로 된 길의 태극의 흐름은 온갖 것을 아우르고 혼연한 하나의 질서로 꿰어서 휘휘 돌려 미치지 않음이 없다고 말한다. 이러한 한길로 된 태극의 나선형 회선운동은 생명의 활동이 쉼 없이 펼쳐지는 서서히 멀어졌다 다툼이 없는 도의 자리로 돌아오는 역동적 순환 원리로서 대변된다. 돌기 때문에 자연적으로 중심축이 형성되고 모든 것은 멀어졌다가 자신의 세력을 부드럽게 하여 저절로 제 가운데로 돌아온다. 그리고 심신의 중심축을 지탱하게 하는 정신도 이와 같다. 인체의 혈액이 머물지 않고 쉼 없이 흐르듯이 인간의 몸도 자연계와 같은 순환원리에 의해서 움직인다.[117)

천체의 가온에서 일어나는 태극운동의 힘찬 기운의 율동은 우주 전체의 기운을 하나로 휘몰아 한길을 만들고 그 길을 따라 만물의 씨알을 움터 솟아 올라오게 한다. 둟의 세계로부터 솟아나는 가온

116) 류영모 원저, 박영호 엮음, 『다석 류영모 어록』, 서울: 두레, 2002, 97쪽 참조.

117) 김철우, 박동일, 「五行和鍼法에 대한 연구」, 한의병리학회, 『동의생리병리학회지』 제19호, 2005, 364-365쪽 참조.

샘의 씨알은 인간의 내면의 속알을 터트려 한 무리의 빛으로 온 누리를 환하게 비춘다.

다석은 이처럼 동일한 하나의 움직임은 천지인 사이의 생명을 붙잡고 있는 진리의 줄과 같다고 본다. 이 점에 대하여 다석은 비어 있는 천지 사이의 중심에서 조화점을 구성하는 것을 빈탕 가온이라고 말한다. 노자의 '수중守中'을 같은 의미로 상호 접목하여 해석한다. 빈탕 가온은 천지 사이의 중심에서 일어나는 생명의 사건을 말하며 무의 세계·어머니 품·중묘지문·현도의 자리·없이있는 하나·무극이태극 등 다양하게 비유된다. 천지의 곡직·서원반·반동약용의 흐름을 알고 가온에 점을 찍고 그 점을 이어서 선을 이루고 가온인간의 형상을 구현한다.

빈탕 가온은 상도가 펼치는 조화의 길로서 저절로 된 길을 따라 뭉쳐서 보이는 있음有의 세계와 흩어져 안 보이는 없음無의 세계를 두루 포용하고 있는 유물혼성의 상태를 이루고 있다. 그리고 도의 작용이 일어나는 근원처이며 무의 생활화를 이끄는 기반을 제공한다.[118] 도는 중中에 존재하는 것이며 역易은 그 중中에서 만물의 존재할 수 있는 근거를 조성하고 있다.[119]

이처럼 빈탕 가온은 뭉쳐서 보이는 공간과 비어 있는 사이에서 이것과 저것이 혼재되어 안 보이는 시간을 혼성한 하나의 질서로 무와 유를 서로 호환하여 역동적 변화를 이끄는 시공합일時空合一의 세계로 볼 수 있다. 형이상의 시공 사이의 합일점에 있는 가온인간은 형이하의 세상의 인위적인 시공을 초월하여 덕을 행하고도 그

---

118) 『도덕경』 1장: "無名天地之始, 有名萬物之母, …此兩者同, 出而異名."; 25장: "有物混成, 先天地生, 寂兮寥兮, 獨立不改, 周行而不殆, 可以爲天下母."

119) 『계사상전』 제5장: "天地設位, 而易行乎, 其中矣, 成性存存, 道義之門."

덕에 머물지 않는 현덕의 잘 삶을 산다. 도의 저절로 된 길을 따라 자승자강의 자기를 지켜 세상 본보기의 덕분德分으로 부쟁의 선행을 행한다.120)

　다석은 상도의 중심축을 형성하는 좌우선 나선형 회선 논리는 시공간 중심에서 일어나는 하늘 기운의 좌선左旋운동을 하면서 하강하는 것으로 본다. 반면에 땅의 기운은 우선右旋하면서 상승하는 것으로 이해한다. 그 사이에 존재하는 인간은 천지상합에 의하여 자화함으로써 자연적 생명을 유지한다.121)

　자연에 존재하는 나선형 구조는 그 주변이 소용돌이로 동動하지만, 그 가운데 부위인 핵에는 정靜한 '고요한 눈calm eye'이 있다. 수학자들은 가까이 갈 수는 있지만 도달할 수 없는 곳이라는 뜻으로 '점근점漸近點'이라고 부른다. 고요한 눈은 보이지 않는 불변不變적 변화變化122)의 중심축이며, 주변의 소용돌이는 눈에 보이는 균형 잡힌 움직임이다. 불변의 변화란 능변여상의 영속적 항상성의 상도의 흐름을 말한다. 예를 들면 태양 주위를 도는 행성들의 자전궤도와 지구의 자전축이 23.5의 각도를 유지하면서 회전하는 것과 배수구로 소용돌이치며 내려가는 물의 방향은 절대로 변하지 않는 것이 그 예이다.

　이 회전 궤도의 곡선과 곧게 펼치는 직의 균형 잡힌 움직임의 곡직의 활동으로 자기 순환의 곡의 균형이 만들어진다. 소용돌이의 중심은 역동적이고 쉽 없이 움직이면서 모든 것의 균형을 이루게

---

120) 가온인간의 선행은『도덕경』22장, 27장, 56장, 57장, 58장, 64장, 68장 참고.

121) 심성흠 외 6,「五行和鍼法에 대한 연구」, 한의병리학회,『동의생리병리학』제22호, 2008, 1120-1121쪽 참조.

122) 마이클 슈나이더 저, 이충호 역,『자연, 예술, 과학의 수학적 원형』, 서울: 경문사, 2002, 148쪽 참조.

하는 무게중심이다. 만약에 이러한 중심이 없다면 회전운동과 축의 균형 그리고 만물의 생명은 존재할 수 없다.[123]

다석은 이러한 천체의 나선형 운동을 도의 곡직・서원반・반동 약용의 흐름으로 설명한다. 인간은 세상으로부터 자신의 마음을 곧게 세워 자승자강眞의 자기로 현덕玄德을 이루고 덕을 이루고도 그 덕에 머물지 않는 상덕부덕㣩의 세상 본보기를 실현하는 구조이다. 또한 세상으로부터 발생하는 욕심을 뒤돌아보고反動 자신의 욕구를 약화시키고 절제弱用하여 부드럽게 하는 되돌림의 사유 전환의 계기를 조성한다. 이는 도의 반동약용의 흐름으로 도의 생명이 있는 어머니의 품으로 되돌아가 늘 자기를 존귀하고 사랑自愛하는 것이다.

각각의 개체로서의 인간은 무위자연에 따른 자율성을 가지고 심신의 수양을 통하여 얻는 상덕의 보편성으로 사회와의 호혜 관계를 형성하는 것과 맥을 같이한다. 천지의 천변만화千變萬化의 격류에 휩쓸리지 않고 자승자강의 자명함을 통하여 중심을 잃지 않는다. 사물의 변화의 현상 그 자체를 객관적으로 관찰하고 그 가치에 머물지 않음으로써 무욕의 자기를 이룬다. 따라서 인간은 무위자연의 천지 질서를 알고 자균자화의 내적 질서를 지켜 행하는 가온지킴의 수양을 통하여 하루살이의 삶을 영위한다.

다석은 천지인의 세큰긋三太極의 순환적 질서체계의 곡직・서원반・반동약용의 중심에서 일어나는 순간적 접점을 이루는 현상[124]의 사건을 다음과 같이 설명한다.

---

123) 마이클 슈나이더 저, 이충호 역, 『자연, 예술, 과학의 수학적 원형』, 서울: 경문사, 2002, 146-147쪽 참조.
124) 『도덕경』 56장: "知者不言, 言者不知, 塞其兌, 閉其門, 挫其銳, 解其紛, 和其光 同其塵, 是謂玄同, 故不可得而親, 不可得而疎, 不可得而利, 不可得而害, 不可得而貴 不可得而賤."

…하늘 따이 맞아서, 단 이슬을 내리고天地相合, 以降甘露, 사람은 흐란 말 없이도 스스로 고르르 오리民莫之令而自均, 비로소 감을 내니 이름 있구나始制有名, 이름도 그만두리名亦既有, 그저 또한 근침을 아오리夫亦將知止. 그침 알아서 나죽지 않을배오리知止, 所以不殆.125)

다석은 천지 사이에서 일어나는 도의 흐름은 현상의 중심에서 모든 것을 저절로 변화萬物將自化되게 하는 것으로 본다. 상도의 조화는 세상의 만물이 저절로天下將自正 난 길을 통하여 존재할 수 있게 도추道樞의 바탕을 마련해 준다. 다석은 존재의 바탕이 텅 비었다고 보고, 이 빈 곳을 만물의 중심점으로 삼는다. 인간의 내적 수양에 따라 빈 가온의 바탕으로부터 덕이 드러나고 두루 펼쳐진다는 것이 다석의 입장이다. 시모의 품에 있는 존재의 씨알이 소박함을 품은 무명의 통나무樸와 같은 것으로서 묘사되는 까닭이 있는 것이다. 자기를 수용하고 그것의 성찰을 통하여 자신의 존귀함을 알고 사랑自愛할 때 존재의 힘을 알고 자기의 중심을 지켜 나간다. 존재의 힘을 기반으로 균화적 삶을 유지하고 실천하는 것은 그 자연의 힘의 잠재력을 최적화하는 것이다.

다석은 시始는 전체가 한 덩어리로 섞여 있어 나눌 수 없는 깊고 아득한 미명微明의 혼현混玄한 상태로서 존재의 힘이 발하기 전 천하의 시초인 어머니 품으로 표현한다. 천지 만물이 시작되는 시모의 품으로부터 그려지는 곡직의 궤적은 환한 지혜의 빛으로 인간의 잠자고 있는 슬기를 일깨우는 생명의 빛을 부여받는다. 천체의 원圓의 궤도는 환의 곡圈을 그리며 동서남북으로 작용하며 일월의 호근互根

---

125) 『늙은이』 32장.

관계를 유지한다. 동서남북의 균형을 유지하는 지축地軸이 또한 직선을 그리며 일정한 질서를 따라서 환순하고 있다. 사계절이 늘 반복함은 곡선운동이며 한 해가 가고 또다시 다음 해로 이어지는 것은 직선운동이다.

천지 사이에서 일어나는 생존의 사건 현상으로서 체體인 시모의 품에서 자식인 용用을 생하고 그 용이 형상으로 변하는 체용순환循環을 말한다. 이를테면 그 어미를 얻고 나서旣得其母, 그 아들을 알 수 있고 그 아들을 알고 나면 다시 그 어미를 지킬 수 있다. 따라서 이 어미 품을 떠나지 않으면 늘 생명을 유지할 수 있어 죽는 날까지 위태로움이 없다. 이를테면 씨알이 도를 좇으므로 확보하는 자균의 영역에 따라 자정自正의 질서를 지키는 것을 말한다.

인간은 고른 어울림의 슬기로 도와 덕이 함께하는 현묘한 덕으로 전일적 존재에 이르게 되고 내적 공정한 질서에 따라 자기를 이룬다. 다석은 이를 일러 '천지가 맞닿아서, 조화의 기운인 도의 생명을 내리는天地相合. 以降甘露' 것으로 이해한다. 따라서 씨알을 식모의 품에서 도의 생명을 먹고 자라는 영아와 같은 것이라고 비유한다. 어머니 품속에서 일어나는 부드러운 자애慈愛의 기운은 인간의 얼줄과 이어져 있다.

하상공은 도의 기운은 주행이 불태하여 음양을 자유자재로 움직이며 팽팽했다가 느슨해지기도 하며 존재했다가 없어지기도 하며, 눈에 보이지 않고 아주 작으며 소박하여 머물지 않으므로 이름이 없다고 한다. 이것으로 다스리면 모든 것은 저절로 순화되어 못 이룰 것이 없다. 따라서 무명의 세계로 이름 있는 것을 늘 돌아볼 수 있고 형태가 없기 때문에 형체를 감싸고 그것을 조화롭게 할 수 있다고 한다.

왕필은 천지 사이에서 일어나는 무위의 사건은 백성들을 저절로 고르게 변화시킨다고 말한다. 그리고 물과 같이 스스로 흘러 자기 자리로 돌아가게 한다. 그리하면 스스로 고르게 되고 구하지 않아도 저절로 응하는데 이는 도가 세상에 행하는 질서로 설명한다.126)

다석은 인간은 변화하는 천지 사이에 존재하므로 그 품을 떠나지 말아야 대환으로부터 벗어날 수 있다고 본다. 이는 천지상합天地相合에 따라 무의 세계로부터 효천자인孝天慈人의 질서로 이어지는, 저절로 바르게 되는 과정이다. 인간의 자정력에 의한 잘 삶으로 도덕의 조화를 지키고 행하는 능수能守적 사유 과정에 따른 슬기로운 수비守備의 인간형상을 이룬다.127) 만물은 천지 사이의 중심으로부터 일어나는 없이있는 혼성한 고른 어울림의 충기로 짝을 이룬다. 이로부터 사계절의 운행 자체에 맡겨 부쟁의 덕을 몸에 담고, 저절로 됨으로써, 스스로 족함을 알며, 함이 없게 되는 무위자연의 흐름에 편승하게 된다.

다석은 존재의 중심축인 도를 좇는 것이야말로 음과 양이 조화를 이루어 섭생을 드러나게 함으로써 올바른 삶의 선행을 이루는 최고의 방편이라고 본다. 그리고 이러한 조화의 세계를 좇는 것을 없이있는 하나의 무명지박無名之樸의 질서에 맞혀노는 삶이라고 이해한다. 다석은 이를 '고루 뚫려 있음으로 쓰이고道. 沖而用之道. 沖而用之', '빔 뚫

---

126) 『도덕경』 32장: "侯王動作能與天相應和, 天即降下甘露善善瑞也."(이석명, 『노자도덕경하상공장구』, 서울: 소명출판, 2007, 213-215쪽 참조); "言天地相合則甘露不求而自降, 我守其眞性無爲, 則民不令而自均也."(왕필 저, 임채우 역, 『왕필의 노자』, 서울: 예문서원, 2001, 136-137쪽 참조).

127) 『도덕경』 32장: "道常無名, 樸 雖小, 天下莫能臣也, 侯王若能守之, 萬物將自賓, 天地相合, 以降甘露, 民莫之令, 而自均."(능能은 주로 주동이 되는 행위에 사용되며 수는 동작의 객체를 의미한다. 성현영 저, 최진석, 정지욱 역, 『노자의소』, 서울: 소나무, 2007, 90쪽 참조).

린 김으로 고르게沖氣以爲和' 하는 충용충화의 작용을 일으키는 도의
조화의 자리라고 본다. 인간이 그 자리에 맞춰 사는 것은 변화의 사
이에서 일어나는 조화에 자기를 맡기는 것이다. 그것은 자연의 흐름
을 좇아 하루를 살아가는 것이다. 이러한 삶은 변화 속에 머무를 곳
이 없는 무지無止의 속성을 갖는다. 도의 중심에서 일어나는 조화의
세계는 먼저 자기를 바르게 하고 그 바름의 빛으로 세상을 밝게 비
추어 공정한 질서를 이룸으로써 무위의 공능을 발휘한다.[128]

(3) 씨알의 제자리로부터 발생하는 사건

다석은 천지 사이의 도의 조화의 공간 개념을 통하여 무의 세계
를 설명한다. 그는 인간 사유의 세계를 텅 빈 한가운데로 설정하고
그 가운데 점을 찍어 늘 살기를 제안한다. 이는 생명의 근원처인
도의 자리이다. 다석이 설명하는 텅 빈 가온은 도가 흐르는 궤도를
말한다. 이 길은 사방이 혼성한 상태로 위아래 좌우가 없이 밝지도
어둡지도 않은不曒不昧 하나의 텅 빈 가온의 어머니 품과 같다. 빈 가
온이란 아무런 대립관계를 형성하지 않고 혼연한 충화의 상태로 어
느 한쪽에 치우치지 않는 불편부당한 관계를 유지하고 있는 것이
다. 서로 미세한 정精의 아무런 맛을 내지 않는 미무미味無味의 혼연
함 속에서 부음포양의 충기로 하나 되게 함으로써 새로운 맛의 세
계를 열게 한다.

다석은 비어 있는 천지 사이의 중심을 어머니의 품으로 설명하며

---

128) 『늙은이』 32장: "잘몬이 스스로 손 오듯 하리라(萬物將自賓), 하늘 땅이 맞아서, 단 이슬을 내
리고(天地相合, 以降甘露), 사람은 하란 말 없이도 스스로 고르리(民莫之令而自均)."; 37장:
"하고자 아니하여 고요하고(不欲以靜), 세상은 제대로 바르리로다(天下將自正)."; 20장: "둥둥
떠 돌아갈 데가 없으 같음이여(儻儻兮若無所歸), 괴괴 그칠 바 없음 같애(飂兮若無止)."

이를 생득법의 질서를 통해 지켜 나가야 한다고 말한다. 천하모의 품을 텅 빈 골짜기로 현지우현의 문으로써 생산적 기능의 상징으로서의 '현묘한 암컷玄牝'이라 묘사한다. 비어 있는 중심으로부터 일어나는 부드러운 되먹임의 사랑貴食母이 솟아나는 사건으로 존재의 근거를 제공하면 만물은 그것을 받아서 제각각 존재 이유를 펼치면서 자기를 전개한다.

어머니의 품에서 나오는 덕분애德分愛의 사랑은 온 천하를 덮고 인간을 그 사랑自愛으로 호위하여 어려움이 없게 삶을 유지시켜 나가게 한다고 본다. 또한 그 미세한 사랑의 덕은 점진적으로 축적되어 쉼 없이 쉬지 않고 인간을 성숙한 경지로 만들어 도를 좇게 함으로써 늘 낮은 곳에 처하게 하여 세상을 밝게 만든다.129)

따라서 늘 자애의 사랑을 먹여주는 어머니 품을 떠나지 않아야 되며 그곳에서 나는 생명을 늘 간직하고 있는 영아와 같아야 된다고 한다. 그럼으로써 씨알은 자기를 형성하여 적자와 같이 어떠한 일을 당해도 어려움에 처하지 않는 함덕지후의 섭생을 누리며 하루의 삶을 영위하는 계기를 마련한다.130)

노자는 비어 있으나 다함이 없고 쉼 없이 움직이며 만물을 생성하게 하는 존재의 근거를 제공하는 것을 곡신谷神이라고 말했는데, 다석은 이러한 노자의 사유를 계승한다. 그것은 어머니 품속과 같다. 다석은 이를 볼 수도, 들을 수도 붙잡을 수도 없는 혼일한 세계로 설명한다. 모든 것의 중심점을 설정하고 그것을 서서히 맑게 하

---

129) 류영모, 『다석일지』 4권, 서울: 홍익재, 1990, 553쪽 참조. 道(言)者, 人之所(濟演) 使萬物不知其所由. [素書] 德者人之所得, 使萬物各得其所欲, 直心行之 謂德, 日行之 謂得, 谷火之 謂欲, 谷者神容也, 容者 人子象 無不包攝也, 谷神不死, 欠谷必得至, 充滿盛德, 大道日也. [素書] 天道 仁義禮德 五者一體也.

130) 『도덕경』 55장 참조.

고 생동하게 하는徐淸徐生 하나의 서원반의 질서로 파악한 것이라 볼 수 있다.

해가 가면 달이 오고 달이 가면 해가 온다. 해와 달이 서로 밀쳐 밝음을 만들고, 추위가 가면 더위가 오고 더위가 가면 추위가 오니, 추위와 더위가 서로 밀쳐 세월이 가는 것이다. 가는 것은 굽히는 것이요, 오는 것은 펴는 것이니 굽히고 펴는 것이 서로 상보함으로써 인간이 알기 쉽고 행하기 쉬운 이로움의 질서가 생기는 것이다.

우주 만물의 이치는 그 스스로 움직일 뿐 어떤 의지를 가진 누군가에 의하여 움직이는 것이 아니다. 추위를 싫어하는 인간을 위해 하늘이 자애를 베풀어서 추위를 없애주지는 않는다. 다만 추위는 봄이 오면 스스로 물러가게 되어 있다. 따라서 천도는 공평무사하다. 인간 역시도 도의 무위자연의 흐름을 통해 자기의 존귀함吾無身을 알고 자기의 내적 질서를 수용하여 건강한 섭생의 삶으로 자신의 자존감을 찾아야 한다. 그리고 도의 사랑德分愛이 인간의 심신을 호위하고 진을 치고 있음을 알고 자기의 존귀함을 지켜 사랑自愛해야 한다.

천지의 사이는 풀무와 같이 그 중심이 비어 있다. 그 중심축의 부드러운 기운이 움직이는 모든 개별자의 존재성을 부여한다. 비어 있으므로 자라게 하고, 듣고, 보고, 만질 수 있게 하여 자균적 섭생을 이룬다. 다석은 이 '가온점'은 가고 오는 시공간의 흐름 속에 지금 여기 점을 찍어 진리를 깨닫는 순간적 시간성에 주목하라고 한다. 한 점의 얼은 하늘 생명으로서, 이것과 저것의 상대적 세계에서 제한을 받지 않는 텅 빔은 하나로 꿰뚫는 속알玄德의 속성을 갖는다.

만물은 도의 충용沖用의 흐름으로 이로움을 제공받고 무위자연의 덕의 기세로 형체를 지니게 되고 그 형세를 따라 그 특성이 주어진다. 하지만 도와 덕은 만물의 생축 과정을 주재하지 않고 머물지 않는다.不有·不恃·不宰 또한 도덕은 만물에게 존재 근거를 제공하고도 목적의식이 없는 현덕으로 만물과의 불인不仁의 관계를 설정하여 만물로부터 자유로운 영역常自然을 확보하게 한다.

이러한 생축 과정은 어머니 품의 미세한 씨알로부터 시작되는데, 다석은 무엇보다 인간씨알에 주목한다. 인간씨알은 우주의 끄트머리에 존재하는 긋점이다. 다석은 인간씨알이 없이있는 하나의 자연적 질서에 의하여 알을 터트려 열매를 맺으면 지나쳐 온 제자리로 돌아가야 하는 순환적 존재라고 말한다.131) 무와 유의 분계점에서 곡직의 흐름에 편승해 생을 영위하는 인간은 하나의 진리를 깨닫고 그 중심에 처하면 동서남북 어디로 가든지 생명을 얻는다.132) 다석은 하늘을 원圜으로, 땅을 방方으로, 사람의 마음을 '가운데 점'으로 설명하며, 가온점 찍기를 신과 자연의 연결점으로 표현한다. 천지 사이의 비어 있는 중심에 점을 찍는 것이 자연의 접점이다. 인간에 의하여 이러한 접점을 찍게 하는 것은 천지의 흐름을 아는 늘앎이다.

인간은 이 점의 늘앎에 의한 점진적 성숙 과정을 통하여 슬기로운 자기 수용自己受容을 개발하는 하루살이의 수양 방식을 알게 된다. 따라서 자기 자신의 존재 의미를 찾게 되면서 이는 도에 따른 덕의 체현에 근거한 것이라고 생각한다. 그리고 자신의 감정이 솟아나는 것을 제한하고 고요함을 유지하면 저절로 덕이 솟아나 지혜를 제공

---

131) 류영모 원저, 박영호 엮음, 『다석 류영모 어록』, 서울: 두레, 2002, 178쪽; "삼가 마치기를 비롯같이 하면(愼終如始), 곧 패하는 일이 없으리라(則無敗事).이래서 씻어난 이(是以聖人) 하고자 않기를 하고자 하고(欲不欲), … 뭇 사람의 지나친 것을 다시 돌려놓아(復衆人之所過), 잘못의 제대로를 믿으라 함으로써요(以輔萬物之自然), 구태여 아니함(而不敢爲)."(『늙은이』 64장).

132) 류영모, 『다석일지』 4권, 서울: 홍익재, 1990, 493쪽 참조.

한다. 이 천지의 무위자연의 흐름을 알고 지키면 만물 그 자체를 그대로 볼 수 있게 되는 수비적 인간형을 형성한다.

다석은 인간의 지혜로는 우주의 중심을 알지 못하며 대자연계가 펼치는 그림과 같은 대상大象을 통하여 도의 흐름을 알 수 있는 '궁신지화'의 사상을 말한다. 자연계로부터 오는 하늘의 뜻에 대한 물음은 말없는 가르침의 늘앎과 자기의 자명함을 아는 고른 앎의 사고 체계를 가지고 있다.

다석은 사람이 하늘의 뜻을 생각을 통해 묻고, 또 그것을 찾음으로써 살아가는 구도적 존재라고 본다. 그리고 하나의 시원을 찾는 것이 도를 찾는 것이라고 인식한다.133) 도를 찾게 하고 알게 하고 지키게 하는 '없이있는 하나'는 볼 수 없고 인식할 수도 없다. 그러므로 모르고 그 모름은 내 안에 씨알과 같아 도의 숨을 통하여 거듭 쌓은 속알重積德이 자라서 안다. 다석은 이것을 내 안의 빛의 영역이 점차적으로 넓어지는 '환빛榮光'이라고 말한다.

이를 『금강경』을 인용하여 초가 타는 것은 응무소주應無所住요, 빛이 되는 것을 생기심生其心이라고 표현한다. 이를테면 천지상합의 경지에 이르는134) 길을 밝혀주고 인간 내면에서 도의 뜻말을 되새기게 하는 슬기知和의 빛이 습명襲明이다. 땅인 니은에다 하늘인 기역의 가운데에 점[ㄱ]을 찍게 되면 고른 앎의 빛이 인간 내면에 쉼 없이 상명常明의 빛을 비춘다.

다석은 인간이 오고 가는 시공간 가운데, 즉 마음에 점을 찍어點心 나를 구성하는 '제나'에서 벗어나면 가온인간으로서 생과 사가

---

133) 김흡영, 『가온찍기』, 서울: 도서출판 동연, 2016, 62-67쪽 참조.
134) 김흥호, 『다석일지 공부』 1권, 서울: 솔출판사, 2001, 526-528쪽 참조.

없는 무사지의 자연적 흐름에 심신을 의지할 수 있다고 한다. 그리고 마음에서 일어나는 말없는 가르침을 따르는 것을 비어 있는 중심에 점을 찍는 것이라고 한다. 도에 따른 덕을 되새기게 하는反哺之德의 고른 앎으로 점차적인 수양을 통하여 쌓은 덕으로 점을 무수히 찍어 선을 이루고 그것을 이어서 면을 형성한다. 더 나아가 도의 형상을 이루어 나아가는 존재가 있는데, 그것이 바로 가온인간의 하루 철학이다.

다석은 인간의 들숨과 날숨 사이의 전이轉移 공간에서 삶과 죽음의 사이를 이어주는 것이 도와 연결된 생명줄이라고 표현한다. 우리가 쉬는 목숨은 육체를 유지하기 위하여 쉬는 생존의 숨이며 우리에게는 없이있는 한아가 보내는 장생구시의 얼의 숨을 쉬게 하는 씨가 심겨 있다고 말한다. 그 씨를 알고 자라게 하여 천지 사이의 흐름과 내적 질서가 한아임을 알고 지켜 자연적 영역을 회복하게 하는 것을 씨알의 존재 과정으로 대변한다.

모든 것은 순변循變하여 머무르는 곳이 없지만, 천지 사이의 중심인 그 자리는 생명의 근원 자리로서 막힘이 없는 곳이다.知常處中, 於東於西, 無非生命 인간의 삶은 흐르는 물과 같아서 순간순간 지나쳐 간다. 따라서 그것은 머무르는 곳이 없는 자빈의 특성을 지닌다. 이러한 이유 때문에 인간은 지금 여기라는 현존의 자리에 점을 찍어야만 도의 생명성을 유지할 수 있다.[135]

다석은 인간이 늘 그대로 한결같은 마음의 중심知常處中을 잃지 않고 물처럼 낮은 자리에 있게 되면 넉넉함과 유연함의 가온인간의 전일성을 이룰 수 있다고 본다.

---

135) 류영모 원저, 박영호 엮음, 『다석 류영모 어록』, 서울: 두레, 2002, 224-225쪽 참조.

우주가 허공 없이 어떻게 존재할 수 있는가. 허공 없이 존재하는 것은 없다. 물건과 물건 사이, 질質과 질 사이, 세포와 세포 사이, 분자와 분자 사이, 원자와 원자 사이, 전자電子와 전자 사이, 이 모든 것의 간격은 허공의 일부이다. 허공이 있기 때문에 존재한다. 사실 우리의 몸이 머무르고 있는 것 같지만 우리의 혈액은 쉼 없이 자꾸 돌고 있으며 우리의 호흡으로 태울 것을 죄다 태우고 있다. 그리고 우리의 몸을 실은 지구 또한 굉장한 속도로 태양의 주위를 돌고 있다. 우리는 순간순간 지나쳐 간다. 도대체 머무르는 곳이 어디에 있는가. 영원한 미래와 영원한 과거 사이에서 이제 여기라는 것이 접촉하고 있을 뿐이다. 지나가는 그 한 점 그것이 이제 여기now and here인 것이다. … 그러니까 아무리 넓은 세상이라도 여기이고 아무리 오랜 세상이라도 이제이다. 가온찍기[곧]이다. 이 점이 나가는 것의 원점原點이며 나라는 것의 원점이다.[136]

다석은 이 인용문을 통하여 가온존재에 대하여 설명한다. 지금 여기에 점을 찍는 존재가 가온존재이다. 가온존재는 천지 사이 변화의 중심에 점 찍기ᵣ를 통하여 자신의 존재 의미를 찾고, 중심을 잃지 않으며 저절로 바르게 되는 잘 삶을 구현해야 하는 하루살이의 존재이다.[137]

다석은 비어 있는 가운데에서 일어나는 생명의 질서가 중간이라는 공간성으로 해석될 수 없다고 본다. 이것은 음양의 회선운동에 의하여 현상화 되는 혼일한 존재의 바탕이기 때문이다. 요컨대 이것은 머물지 않으나 한결같은 질서를 유지하여 만물을 이루는 없이 있는 하나의 현묘한 중심이다. 그것은 있는 것도, 그렇다고 없는 것도 아닌 '약존약망'의 성격을 띤 '환중처'라서 일체의 시비의 구별

---

136) 류영모 원저, 박영호 엮음, 『다석 류영모 어록』, 서울: 두레, 2002, 197쪽 참조.
137) 김흡영, 『가온찍기』, 서울: 도서출판 동연, 2016, 25쪽 참조.

이 개입할 수 없다.[138]

다석은 이처럼 '빈탕한데 가온점'은 현상적 공간의 중심을 말하는 것이 아니라, 도의 조화의 현상으로서 영속적 항상성의 흐름을 갖는 것이라고 본다. 또한 이 '빈 가온'은 모든 것의 내적 질서를 유지하고 한 치의 오차도 없이 부드러운 기운으로 절로 됨의 이로움을 주는 자연유익自然柔益의 그물망을 형성하고 있음을 강조한다. 그것은 우주 자연의 운행의 기틀造化之機로서 질서 있게 제자리를 잡게 하는 도의 실마리와도 같다.[139] 다석은 이와 같은 중의 세계는 비어 있으므로 이것도 저것도 아닌 염담무미淡乎其無味의 맛을 내며 들을 수 없고 볼 수 없는 역설의 세계라고 설명한다. 그러므로 서로 다른 성질을 지닌 음과 양이 마주치는 지점에서 비어 있어 서서히 맑게 하고 생동하게 하는徐淸徐生 하나의 기운으로 모여 아주 작은 미세한 정中精이 생겨나는 것으로 본다.

다석은 이 중심에서 상반된 기운이 서로 부딪쳐沖 아무런 대립관계를 형성하지 않는 것으로 본다. 그것은 혼연한 중화의 상태로 어느 한쪽에 치우치지 않는 불편부당不偏不黨한 관계를 유지한다. 이로부터 서로 미세한 정精의 상태에서 충기로 인해 하나가 되어 가온 인간의 공성公誠의 세계를 열게 된다. '공성公誠'은 도의 중심으로 복귀하여 그곳으로부터 일어나는 생명으로 천지의 흐름과 내적 질서의 하나 됨을 아는 것이다. 그리고 그 흐름에 순응하여 내외적 환란으로부터 벗어나 어려움이 없이 잘 삶을 영위하는 가온존재의 상태를 말한다.[140] 이러한 가온존재를 통하여 자기를 주재하지 않고

---

138) 오강남, 『장자』, 서울: 현암사, 2007, 81-83쪽 참조.

139) 『도덕경』 14장: "執古之道, 以御今之有, 能知古始, 是謂道紀."; 오쇼 라즈니쉬 저, 김현배 역, 『금단의 비밀』, 서울: 도서출판 늘푸른, 1993, 25쪽 참조.

공을 이루고도 머물지 않는 현덕으로 도의 흐름을 쉽게 알고 그것을 따르게 된다.

다석은 미세하고 부드러운 음양의 기운은 충기로서 조화하여 상을 이루게 된다고 말한다. 천지의 우선과 좌선의 회전운동에 의하여 상반된 기운이 자유자재하게 중의 상태를 형성한다. 그러므로 당연히 맛이 없고,無味 보이지도 않으며,無視 들리지도 않으며,無聽 또한 움직임이 없는 고요함을 유지한다.

다석이 전개하는 도의 흐름을 보면, 만물의 발전 성향의 과정이 극에 이르면 다시 도의 자리로 돌아가는 '귀근복명歸根復命'의 흐름을 볼 수 있다.[141]

도의 자기 전개는 이러한 자연한 유익柔益의 영역을 넓혀 나가고 이것과 저것의 분별심이 없는 제자리로 돌아가 모든 것을 감싸 안고 있다.[142] 이는 앞 장에서 언급한 바와 같이 유의 능동적 활동 영역이 넓어지면서 무의 세계는 수용적 태도를 보이는 것과 같다. 다석은 『도덕경』 28장에서 아는 것知과 지키는 것守의 능수能守의 사

---

140) 『늙은이』 16장: "늘 알아 받아들임(知常容), 받아들여서 반 듯(容乃公), 반듯에서 임금(公乃王), 임금에서 하늘(王乃天), 하늘에서 길(天乃道), 길에서 오램(道乃久). 몸 빠져, 나 죽지 안 해(沒身不殆)."; 22장: "참말로 성히 돼서 돌아가지이다(誠全而歸之)."

141) 『늙은이』 16장: "따로 (다) 그 뿌리로 돌아간다(各歸其根). 뿌리로 돌아가서 고요하다 하고(歸根曰靜), 고요하여서 목숨 도렸다 하고(是謂復命), 목숨 돌려서 늘이라고 하고(復命曰常)."; 25장: "크면 간다 하자(大曰逝).가면 멀다 하자(逝曰遠). 멀면 돌아간다 하자(遠曰反)."; 16장: "만물이 나란히 이는데(萬物竝作) 나로서는 그 돌아감을 봄(吾吾以觀其復) 그저 몬이 쑥쑥 나(오나)(夫物芸芸), 따로 (다) 그 뿌리로 돌아간다(各歸其根)."; 박영호, 『노자와 다석』, 서울: 교양인, 2013. 잘몬은 만물을 뜻하는 순우리말이다. 잘몬의 잘은 만(萬)을, 몬은 사물을 의미한다. 본 연구에서는 다석이 『늙은이』를 번역한 옛한글을 '우리말'로 통일하고자 한다. 또한 다석의 1차 자료 『다석일지』를 기저로 김흥호, 『다석일지 공부』, 서울: 솔출판사, 2001을 참고하고, 본문의 한자와 각주의 본문에 대한 설명은 박영호, 『노자와 다석』, 서울: 교양인을 참고한다.

142) 『도덕경』 21장: "窈兮冥兮, 其中有精. 其精甚眞, 其中有信. 自古及今, 其名不去, 以閱衆甫."; 63장: "爲無爲, 事無事, 味無味."; 42장: "萬物負陰而抱陽, 沖氣以爲和."; 35장: "執大象, 天下往, 往而不害, 安平太, 樂與餌, 過客止, 道之出口, 淡乎其無味, 視之不足見, 聽之不足聞, 用之不足旣."; 한동석, 『우주변화의 원리』, 서울: 대원출판, 2013, 41-45쪽 참조.

유 방식과 맥락이 같은 것이라고 본다.[143] 이를테면 '그 수컷을 알고 그 암컷을 지키는'知其雄, 守其雌 형세를 이루는 것과 같다. 이와 같은 능동적 활동이 극에 다다르면 수용성을 특징으로 한 무극의 상태로 복귀한다.[144] 이를 근거로 하여 슬기로운 수비형守備形 인간을 형성하여 자기 수용을 통하여 존재 의미를 찾아 혼연한 속에서 조화의 선으로 다툼이 없는 새로운 질서를 만들어 나간다. 따라서 인간의 본래적 소박하고 안정적인 균형을 유지하며 더 생산적인 되먹임의 과정을 펼쳐 나간다.

세상 만물은 낮은 곳에서 높은 곳으로 펼쳐진다. 그리고 발전과 성숙의 단계를 거쳐 다시 이것과 저것의 세력이 약화되어 부드러움이 넘쳐나는 부쟁의 본래의 자리로 돌아간다. 이는 또 다른 열매를 맺기 위하여 씨를 잉태하는 것과 같다. 천지간의 사건도 마찬가지다. 무의 세계로부터 유의 현상이 드러나고 다시 유에서 무의 세계로 복귀한다. 따라서 공생의 덕에서 어긋나지 않고 도법자연의 세계를 이루는 세상 본보기를 구현한다. 이를 도식화하면 인·지·천·도·자연人法地 → 地法天 → 天法道 → 道法自然의 운영체계를 볼 수 있다. 그리고 도와 덕이 함께하는 부쟁의 현덕으로서 세상과 고르게 어울리는 공생공존의 삶을 이어간다.[145]

이러한 복귀 지향성의 예는 『늙은이』여러 부분에 걸쳐 설명되

---

143) 『도덕경』 32장: "道常無名, 樸, 雖小, 天下莫能臣, 侯王若能守之, 萬物將自賓, 天地相合."

144) 『늙은이』 28장: "그 수를 알고 그 암대로 지키니(知其雄, 守其雌), 세상 시내골 되리(爲天下谿), …세상 본 되어 늘 속알이 틀리지 않으니(爲天下式, 常德不忒), 다시 없꼭대기로 돌아가리(復歸於無極)."

145) 『도덕경』 64장: "合抱之木, 生於毫末, 九層之臺, 起於累土."; 40장: "天下萬物生於有, 有生於無."; 28장: "天下式, 常德不忒, 復歸於無極."; 34장: "大道汜兮, 其可左右, 萬物恃之而生而不辭, …衣養萬物而不爲主."; 22장: "是以聖人抱一爲天下式, 不自見故明, 不自是故彰, 不自伐故有功, 不自矜故長… 故天下莫能與之爭, …誠全而歸之."

고 있다. 『도덕경』 16장을 근거로 한 복귀 지향성은 인간의 변화는 외부 환경에 관계없이 내면에 자리하고 있는 어떤 동기에 의하여 이루어진다고 보는데 이 되돌림의 내적 동기를 복귀 지향성으로 본다. 도의 영속성은 예부터 지금까지 이어지고 있으며, 그 근거를 제공받은 만물은 도의 반동약용反動弱用의 흐름으로 근본으로 돌아가는 귀근복명歸根復命 '복귀 지향성'의 함의를 볼 수 있다.146)

도의 돌아감은 40장의 도의 반동약용의 흐름과 25장의 서원반 운동과 맥을 같이하며, 76장의 귀유처약歸柔處弱의 소박한 자리로 돌아가는 질서를 의미한다. 또한 변화하는 속에 중심축인 도의 자리를 지키는 것을 말하며, 아직 나누어지지 않은 무극 상태의 박樸처럼 사심이 없는 무의 생활을 통하여 섭생을 얻고 그 생명으로 하루를 성실하게 사는 것이다.

다석은 이와 같이 인간의 사유도 도의 서·원·반 운동에 의하여 복귀 지향적 성향을 가지게 된다고 말한다. 그는 이것이 도의 비어 있는 중심에서 일어나는 무위자연한常善의 실재 작용147)이라고 설명한다. 이 작용은 도의 자기 전개에 따른 무의 사유적 분화 과정에서 '길 따라 저절로 된 길道法自然'을 좇음으로써 인간의 존재 의미를 되찾게 한다.148) 다석은 이러한 무의 사건을 미세한 움직임으로부터 시작되면서 이것과 저것을 구별하지 않는 미분화된 상태로 설명

---

146) 유성애, 「노자의 『도덕경』과 로저의 인간 중심 상담 이론의 비교」, 연세대학교 대학원 박사 학위논문, 2003, 10쪽 참조; 『늙은이』 40장, "돌아가는 이, 길 가 움직이오(反者, 道之動), 무른 이, 길 가 쓰오(弱者, 道之用)."

147) 『도덕경』 21장: "孔德之容, 惟道是從. 道之爲物, 惟恍惟惚. …自古及今, 其名不去, 以閱衆甫. 吾何以知衆甫之狀哉. 以此"

148) 석가는 현상을 드러내는 실재세계는 없이있는 세계이며 노자도 유의 현상을 이루는 실체는 없이있는 하나의 세계로 설명한다. "易明器卽道, 釋明色卽空 老明有卽無, 審知有之卽, 無也." (류영모, 『다석일지』 1권, 서울: 홍익재, 1990, 19쪽 참조).

한다. 그것은 유의 전개 과정에서 일어나는 상대성 소멸의 운동과도 같다. 이를테면 아무 맛이 없으며, 무엇을 하고자 하지 않아도 저절로 이루어지게味無味・事無事・爲無爲 하며, 인간의 지향적 사유를 멈추게 하고, 시비에 휘말릴 일이 없이 선의 이로움인 다툼이 없는 부쟁의 세계를 구축한다.

다석은 인간이 세상의 날카로운 무기로부터 자신을 보호할 수 있는 것은 비어 있는 중심인 무극의 세계를 지킴으로써 가능하다고 본다. 이를 씨알의 자승자강의 존재 의미를 확보하는 과정으로 설명한다.149) 인간의 내적 갈등의 날카로운 것을 무디게 하고 얽힌 것을 풀어주면 내면의 자명함으로 도와 덕이 함께 숨 쉬는 현동의 세계를 맛보게 된다. 이러한 심신의 수양을 통하여 자기를 뒤돌아봄으로써 이것과 저것에 매이지 않는 도의 전이轉移 공간을 확보한다. 그리고 천지의 흐름을 따라 순응하는 자빈의 삶을 사는 현동의 세계에 진입한다. 그럼으로써 사물의 가치에 머물지 않고 무의 생활을 유지하게 하는 사유체계를 갖추게 된다.150)

다석이 이러한 현도의 세계를 전개하는 논의에서 주목할 것은 씨알의 조화의 중심점을 잃지 않는 것이다. 이는 인간이 도를 좇음으로써 자연의 덕을 쌓아 어머니 품으로 돌아가는 근거를 제공하게 된다.

그렇다면 어떻게 해야 어머니 품에서 일어나는 조화의 세계로 돌

---

149) 『도덕경』 33장: "知人者智, 自知者明, … 自勝者强, … 不失其所者久."; 62장: "道者萬物之奧, 善人之寶, 善人之所保."; 63장: "是以聖人終不爲大, 故能成其大"; 64장: "民之從事, 常於幾成而敗之, 愼終如始, … 復衆人之所過, 以輔萬物之自然, 而不敢爲"; 65장: "常知稽式,是謂玄德 … 然後乃至大順"; 59장: "治人事天莫若嗇, 夫唯嗇, … 重積德, 則無不克, … 有國之母, 是謂深根固柢, 長生久視之道."

150) 『도덕경』 56장: "挫其銳, 解其分,和其光,同其塵, 是謂玄同, 故不可得而親, 不可得而疏."

아갈 수 있는가, 하는 문제에 대해 검토해 볼 필요가 생긴다. 다석
은 '길을 내고 속알 쌓는道生之. 德畜之' 생득법의 구조체계를 대입하여
이를 설명한다.

　다석이 설명하는 생득법의 구조는 천지 사이에서 일어나는 도의
비어 있음의 쓰임으로 고르게 어울리게 하는 자기 전개의 흐름에
따라 펼쳐지는 인식의 분화 과정으로 볼 수 있다. 42장의 "빔 뚫린
김으로서 고르게 하는沖氣以爲和" 충기는 비어 있는 기로써 음과 양의
중심에서 상보작용을 이끌어 만물이 생겨난다. 음양이 서로 부족한
것은 채워주고 넘치는 것은 덜어내는 충기위화의 삼기負陰·抱陽·沖氣
삼생의 기운으로 만물은 생명을 얻고 도법자연道法自然의 하나의 질
서를 득하여 덕을 쌓아 나간다.

　예를 들면 음과 양은 상호 침투에 의하여 조화로움을 유지하여야
그 생명을 이어 나갈 수 있다. 어느 한쪽의 기운이 넘치거나 부족
하게 되면 균형을 잃게 되어 도의 생명을 유지할 수 없다. 비어 있
는 기운인 충기沖氣에 의하여 음양의 고른 어울림을 이룰 때만이 그
유용적 가치를 드러내 분별된 의식에서 벗어나게 된다고 설명한다.

　만물은 음기를 포함하고 양기를 지니고 충기의 조력으로 삼기가
혼연히 하나 되어 화합한다. 일은 하나의 세계로서 차별이 없으며
이는 양면의 속성을 지니고 삼은 다양성으로 일과 이의 어울림으로
만물이 생명을 얻는다. 하나는 공통이요, 둘에서 달리하고 셋에서부
터 일어서게 된다. 하나로 돌아가서 둘에서 바뀌고 셋에서 다시 작
용하는 순환적 고리를 형성한다. 하나란 숫자의 개념을 말하는 것이
아니고 모든 것의 질서를 부여하는 되돌림의 사랑이다. 무한한 숫자
의 행렬은 하나가 없이 자기를 완성할 수 없다. 즉 둘은 하나로 인

하여 둘이 되고 셋도 하나가 그 바탕을 이루어야 제대로 자기를 전개할 수 있다. 이처럼 우주 만물의 도생일로부터 시작하여 삼생 만물의 조화의 과정을 거치면서 이 하나의 질서가 없이는 만물을 이룰 수 없다. 인간의 생로병사, 생주이멸 등도 새로운 시작과 동시에 고르게 어울림이 일어나는 하나의 질서 속에서 이루고 소멸된다.

하나의 질서를 이루는 생득법을 주역서문周易序文에 기록되어 있는 것과 비교해 보면, 태극은 도이고, 양의는 음과 양이니, 태극은 무극이다. 만물의 생겨남이 음을 뒤에 지고 양을 안아서, 태극이 있지 않음이 없으며, 양의가 있지 않음이 없으니, 인온하여 서로 사귐으로써 그 변화가 무궁하다.[151]

훈민정음 해례본의 정인지 서문에서 삼재의 조화 사상을 설명한다. "삼극의 뜻과 음양의 묘가 다 들지 아니함이 없는 것이다. 천지인 삼극의 뜻과 음양의 묘함을 모두 갖추고 있다三極之義 二氣之妙 莫不該括"라고 기록되어 있다. 훈민정음 창제 원리에는 삼생의 삼극 사상과 음양의 묘함의 어울림의 원리가 들어 있다. 따라서 훈민정의 삼재 사상은 우리말로 직역한 『늙은이』의 전체적 문맥에서 생득법의 도식 구조와 맥을 같이함을 볼 수 있다.

다석은 생득법의 구조에서 드러나는 유무의 상보관계는 『도덕경』 2장의 상생·상성·상교·상경·상화·상수相生·相成·相較·相傾·相和·相隨의 과정을 영속적 항상성을 이루면서 전개되는 것으로 본다.以輔萬物之自然 이는 이것과 저것의 자연적 상보작용에 따라 서로 화합하고 합일하여 만물을 이룬다. 다석은 천지 사이의 쉼 없는 변화 과정 속에

---

151) 주희, 『周易本義』: "太極者, 道也; 兩儀者, 陰陽也, 陰陽, 一道也. 太極, 無極也. 萬物之生, 負陰而抱陽, 莫不有太極, 莫不有兩儀. 糸因縕交感, 變化不窮. 形一受其生, 神一發其智, 情偽出焉, 萬緒起焉."

서 만물의 생성 발전은 유무의 상보관계에 고르게 서로 조화됨으로써 한 단계 성숙한 모습으로 제자리로 돌아간다. 시모天下有始, 以爲天下母의 처음 상태에서 발전단계로 그리고 도생만물의 성숙한 존재 의미를 회복하고 쉼 없이 솟아나는 생명을 유지하기 위하여 도에 귀의歸其根하여 도법자연의 본래성을 회복하는 과정을 말한다.[152]

다석은 씨알을 감싸고 있는 인간의 의식을 뚫고 물질계에서 생명계로 생명계에서 정신계로 그리고 속알의 세계로 나와 호연지기의 전일적 존재를 이루게 되는 것으로 말한다. 희로애락喜怒哀樂에 빠져 사는 제나自我를 속알의 나로서 초극超克해야 하며 속알만이 희로애락의 감정을 고르게 어울리게 할 수 있다. 이것은 몸의 나를 절제하여 조화로움으로 이끄는 섭생의 길로 들어설 수 있다고 보았다.[153] 이러한 무의 생활화의 과정을 설명하는 생득법의 구조는 현상세계의 역설적 사건들의 모순을 부정 형식의 사유전환을 통하여 고른 어울림으로 만물의 자연스러운 존재 영역을 확보하게 하는 논리체계이다.

도의 존재 과정인 생득법에 의하여 드러난 천지는 움직였다가 고요해지는 변화의 필연적 상대성의 양상(밝음과 어두움, 빠르고 느림, 모임과 흩어짐)을 가지게 되면서 인간의 생존 규칙에 의하여 문화로 현현된다. 이를테면 도의 반동약용의 흐름이 늘 일정하게 규칙적으로 이루어지면서 계절이 순환하고 우주가 끊임없이 움직여

---

152) 『도덕경』 2장, 51장, 54장 참고.

153) 류영모 저, 박영호 역, 『노자와 다석』, 서울: 교양인, 2013, 332-333쪽 참고; 우리의 의식意識에는 여러 가지가 있다. 뜻알(意識: 제 맘에 대한 생각), 몸알(身識: 제 몸에 대한 생각), 두레알(공동체 의식), 나라알(한국인이라는 의식), 누리알(지구인이라는 생각), 빔알(虛空意識: 우주적 존재라는 의식), 참알(진리의식, 하느님 아들이라는 의식). 류영모 원저, 박영호 엮음, 『다석 류영모 어록』, 서울: 두레, 2002, 94-95쪽, 102쪽, 129-132쪽 참조.

서 만물의 생성을 드러내는 것을 말한다. 하지만 변화의 안에 불변하는 움직임과 고요함의 늘 그러한 항상성의 법칙이 있게 된다.

다석은 대도의 길은 그지없이 평탄하고 쉬운 길인데도 인간들은 목적만을 추구하는 샛길을 선택하면서 환란을 겪게 된다고 말한다. 이를 내면의 부드러운 빛으로 자신을 뒤돌아보게 하는和其光, 同其塵 불감위적 사유의 전환으로 스스로 드러나는 씨알의 제자리 찾기를 제언한다. 그리고 그 주체성에 의한 이상향의 하루가 실현되기를 고대한다. 다석은 『노자』의 도를 좇으므로 드러나는 무의 영역을 통해서 씨알에 담겨 있는 철학 사유를 더 한층 풍요롭게 하여 민족의 정신문화를 확충하고자 한다. 그리하여 빔의 어울림을 통하여 씨알 민족의 자연적 영역을 회복하여 급변한 사회의 변화 속에서 중심을 잃지 않는 도의 생명인 섭생의 하루살이 철학을 실현하는 것이다. 우주 전체의 다툼이 없는 고요한 속에서 저절로 변화되는 무위자화의 조화로운 원리와 만물의 상호 대대적 상보관계에 따라 되먹임의 순환질서로 이어진다. 이러한 질서를 인간에게 이지이역易知易行의 도덕의 흐름을 통하여 자연의 순리대로 되어 감을 인간이 쉽게 다가설 수 있도록 보여준다. 이에 인간은 가온지킴의 수양 방식에 따라 일상적인 평범한 삶에서 하루 하루 새로워지는 기쁨을 맛보게 된다.日新又日新

다석은 인간 사회의 구조적 모순의 차별성을 천도의 절로 된 길을 따라 자기를 사랑하고 천하를 귀하게 여기는孝天慈人 치인사천의 세상 본보기를 구현한다. 도의 기교가 가득한 세상 본보기의 청정淸靜한 기틀을 세워 나가기를 원한다. 천지 만물의 변화의 중심에서 환순의 운행체계를 통하여 자균자화의 세상 본보기를 이루어 나가야 함을 강조한다. 낮음을 기틀로 삼는 높음과 천함을 근본으로 삼는 귀함의 구체적인 의미를 만물을 공평하게 하는 존귀한 도와 덕의 흐름으로 알고 지켜 상자연常自然의 세상을 구현하는 것이다.154)

세상에는 정해진 것이 없으며 또한 절대적으로 옳은 것도 없다. 선한 것은 변하여 사악한 것이 된다. 따라서 이것과 저것을 나누지 않고 예리하다고 잘라 내지 않고 자신의 빛남을 밖으로 드러내지 않는다. 천하를 확장하려면 반드시 미세함 속에 드러나는 확실함의 무위자연의 질서를 좇는 길이 천하를 취하는 것이다.155)

다석은 씨알의 충화적 과정에 의하여 만물과의 조화를 이루고 지속적인 균형 잡힌 삶을 사는 것을 중보질서[빈탕한데 가온점찍어 맞혀노리]로 비유한다. 존재 의미를 회복하는 자균적 섭생화는 그의 전반적 사상의 빈탕한데 가온점찍어 맞혀노리의 이론체계의 사이사이를 잇는 연결 고리이기도 하다. 다석은 인간을 몸나·맘나·얼나로 불렀고 몸나와 맘나의 일체를 '제나'라 표현했다. 이러한 제나를 통하여 참 나를 이루는 저절로 된 길의 조화는 몸성히 맘놓이 바탈태우[삼보]한다. 내적 질서의 삼기삼생의 조화에 의한 참의 씨가 생득법의 곡직적 사유의 흐름을 통하여 무의 세계로 진입하여 덕을 쌓는 중보질서를 형성하여 만물의 아름다움을 드러낸다.

또한 도의 씨를 품은 씨알을 중심으로 내적 수양을 통한 사유의 전환으로 제자리를 회복하는 환순 사상을 펼친다. 이를 위하여 먼저 자승자강의 자기를 회복하고 그 자리를 지키는 것이다. 또한 그 중심을 잃었을 때는 부정형식의 사유전환에 따른 무의 생활화로 하

---

154) 『도덕경』 51장, 59장 참조.
155) 『도덕경』 36장, 48장, 57장, 58장, 63장 참조.

늘 숨길을 좇는다. 그리고 늘 밝은 삶의 영역을 확보하여 제자리로 돌아가 생명을 유지하는 환순론을 제시한다. 중심을 잃지 않고 지키는 것은 자화자균의 어울림에 의한 섭생으로 무욕견진無慾見眞의 하루의 삶으로 진입하는 것이다.

다석은 한글에 담긴 씨알의 사유체계를 『늙은이』와 동양 사상의 『노자』와의 중추점을 찾아 무의 생활화에 따른 가온 생명의 고른 어울림의 영역을 확충하는 환순론으로 그 핵심을 삼아 전개한다. 또한 도의 숨을 쉬는 섭생의 실천은 사람의 일을 좇는 목적의식을 씨알의 존재 과정을 통하여 균형을 이루고 도가 존재하는 나라를 통하여 덕이 넘치는 사람들로 구성되는 이상향의 세계를 이루는 것이다.

2. 『늙은이』에 나타난 논리 체계

1) '길 내고 속알 쌓는道生·德畜' 구조

(1) 생의 질서

다석은 인간이 겪는 고난은 천지 사이에서 일어나는 변화의 흐름을 따르지 못하고 자기중심적 사유에 연연하다 보니 어려움을 겪게 된다고 언급한다. 인간이 겪는 환난은 지금 이 순간 잘못된 인식을 멈추면 저절로 사라진다. 이는 인간의 욕심에 의하여 무의 세계를 드러내는 속알이 가려져 있는 것으로 보았기 때문이다. 따라서 그 자리를 알고知和 지키면, 부드러운 하늘 숨길을 따라 생명이 쉼 없이 일어나 욕심에 의하여 가려진 속알은 그 벽을 깨고 그 벽을 다리로 사용하여 가온생명을 이루는 잘 삶의 하루살이의 철학사유를 드러낸다.

그렇다면 그 자리는 어떻게 찾는가가 문제이다. 다석은 도의 저절로 이루어진 길을 따라 늘앎知常으로 되먹임의 사랑을 먹여주는 어머니의 자리를 알 수 있다고 말한다. 이러한 제자리를 알고 지켜 행하는 것이 가온인간의 존재 방식이라고 본다. 다석은 이러한 존재 방식이 씨알의 존재 의미를 회복하는 생명성숙 단계를 경유하여 도의 섭생을 유지하기 위해 제자리로 되돌아가는 곡선의 환순 구조를 갖는 것으로 이해한다.

다석이 설명하는 환還은 발전과 성숙을 이루고 다시 제자리로 돌아오는 것이며 순淳은 검소하고 꾸밈이 없는 자연 그대로를 말한다. 『늙은이』 19장에서 인위적인 지·의·리智·義·利를 절제하고 생각과 욕심을 줄이면 도에 소속되어 하루살이의 소박함으로 되돌아갈 수 있다고 설명한다.156)

천지 사이에서 일어나는 생명의 질서는 무위자연의 성격을 띤다. 이는 씨알의 미세한 변화가 점차적으로 축적되어 자연적 영역을 넓혀 대기만성의 자기慈리를 형성하는 과정이다. 변화의 사이에서 도의 씨가 '길의 고루 뚫려 있음을 쓰고道. 沖而用之', '빔 뚫린 김으로 고르게'沖氣以爲和 하여 발아되면 무위자연의 열매를 맺는 동시 사건이 일어난다. 이 사건은 곡직의 변증법적 운동성을 통해 발생한다는 특징이 있다.

다석은 '곡직曲直'의 사유 구조를 『늙은이』 22장에서 차용한다. 생명 유지를 위하여 필연적으로 일어나는 유무상보의 과정을 쉼 없이 순환하는 곡직의 사유체계로 설명한다. 인간의 발전 성향은 극

---

156) 『도덕경』 16장 참조.

에 이르면 도의 자리로 전이轉移되어 중심축으로 돌아오는 복귀 지향성을 볼 수 있다. 『도덕경』 40장의 반동약용의 흐름과 25장에서 서·원·반 운동에 기반한 인간의 사유는 하늘 길이 펼치는 넘치면 덜어내고 모자라면 채우는 무위자연의 흐름을 알고 지키면 곧게 선 씨알의 바른길德善德信 따라 도의 자리로 돌아가 하루를 속이 꽉찬 삶으로 만든다.157)

다석은 변화의 흐름의 중심에 있는 도를 좇음으로써 펼쳐지는 도생일…삼생만물의 고른 어울림의 질서를 구성하는 도법자연의 의미를 알고 지켜 그 흐름에 편승할 수 있다고 한다.158) 자기의 존재를 찾아가는 방식을 소용돌이치듯 변화하는 천지 사이에서 중심을 잃지 않고 생명줄을 따라 곧장 한길을 따라가는 일이관지의 사유 방식으로 설명한다.

천지 사이의 흐름은 도를 통하지 않고는 이룰 수 없으며 도의 자연적 어울림을 중심축으로 삼아 비어 있는 천지 사이에서 인간의 존재를 이어갈 수 있다고 본 것이다. 따라서 도의 흐름인 무로부터 존재의 바탕을 제공받아 제자리를 회복하고 덕의 선으로써 섭생을 확보하는 생득법의 존재 과정을 곡직의 사유체계를 대입하여 논지를 전개하는 것을 볼 수 있다.

다석은 덕을 쌓음으로써 선을 이루는 것은 하늘의 섭생줄을 잡고 다툼이 없는 부드러운 삶을 살아가는 것을 말한다. 하늘의 생명줄

---

157) 『늙은이』 22장: "구부려서 성하고, 굽혀서 곧고(曲則全, 枉則直), 움푹해서 차고, 묵어서 새롭고(窪則盈, 幣則新), 적어서 얻고, 많아서 흘리다(놓치다)(少則得, 多則惑), …옛부터 이른 바 구부려서 성하단(古之所謂曲則全者), 어찌 헛말일까(豈虛言哉). 참말로 성히 (돼서) 돌아가지이다(誠全而歸之)."; 이 밖에도 『도덕경』 16장에서 복귀지향성의 과정을 통해서 곡직의 흐름을 볼 수 있다.

158) 이성미, 「양자 물리학의 확률적 세계와 장자의 안명무위(安命無爲)」, 한국교육철학학회, 『교육철학연구』 38권 3호, 2016, 121쪽 참조.

을 잡고 사는 것이 지어지선의 섭생이며 하늘의 길을 밝히고 빛으로 채우는 것이 지선이요, 진리라고 말한다. 마음의 덕을 쌓아 환하게 비추는 하늘 길은 생각을 통하여 스스로 좇는 것이며 이는 본연의 나를 찾는 것이다.159)

다석은 도가 펼치는 잘된 길을 좇는 덕은 예부터 지금까지 쉼 없이 이어져 내려오고 있으며 만물이 성장할 수 있도록 생명을 공급하는 것으로 설명한다. 만물은 생명을 유지하기 위하여 도의 자리로 되돌아가 덕을 쌓게 되는 되먹임의 하루 철학의 질서를 볼 수 있다. 다함의 그 끝을 볼 수 없는不弊不窮 하나에게 도달할 수 있는 길은 곧게 뻗어 있는 길뿐이다. 삶은 곧게 펼쳐 일어나는 것이요, 죽음은 다시 일어난 곳으로 돌아가 수평이 되어 쉬는 것이다. 사는 것은 하늘과 짝하여 사유하는 것으로서 심신이 고르게 되어 가벼워지고 생각이 극에 다다르면 소멸되어 죽게 된다. 따라서 가고 오는 시간 위에 한 점을 찍으면 내 정신이 깨어나 도를 알 수 있으며, 일이관지하는 도의 실천 없이는 천명에 도달할 수가 없다.160)

그리고 도의 빈 곳을 사용하여 고른 어울림의 조화를 이루는 충용충화의 작용에 의하여 미세한 움직임은 '시모無名天地之始, 有名萬物之母' (이하 시모라 한다)의 품으로부터 시작되어 무와 유의 상보적 관계를 통하여 만물의 발전을 이룬다. 다석은 이 소리도 형체도 없는寂寥 하나의 움직임은 강유의 성향을 동시에 가지고 태동하여, 먼저 발전적 성향의 수컷의 직선적 사유를 좇아 균형 잡힌 성숙의 단계를 거

---

159) 류영모, 『다석일지』 제1권, 서울: 홍익재, 1990, 174-175쪽; 김홍호, 『다석일지 공부』 1권, 서울: 솔출판사, 2001, 504-506쪽 참조.

160) 류영모, 『다석일지』 제1권, 서울: 홍익재, 1990, 199쪽. "叁三惟一不滅眞, 永遠線來打點養, 卽仁大元寂光神, 無窮心去調見身."; (류영모, 『다석일지』 제1권, 서울: 홍익재, 1990, 684쪽 "朝起一直天, 政一平地, 生覺抽身騰, 死忘返上正.").

치게 된다. 그리고 도의 조화가 일어나는 선으로부터 다툼이 없는 이로움을 제공받아 제자리로 돌아가 덕의 섭생을 펼쳐 나간다.

다석은 인간은 발전 단계가 극에 이르면 곡직의 사유에 의하여 도의 생명을 먹여주는 '식모食母'의 자리로 돌아간다고 말한다. 그 자리를 지켜 행함으로써 자연적 존재 영역을 회복한다. 이 되돌아감은 만물의 발전 단계에서 복귀 지향성에 의한 도의 도의 섭생으로 다툼이 없는 선리부쟁의 영역을 확보한다. 돌아감은 유무의 상보관계의 중심에서 조화의 축을 형성하는 흐름에 심신을 의지하는 것이다. 다석은 가온인간의 섭생에 의한 늘앎으로 멀리 나가지 않아도 천하의 이치를 알 수 있다고 말한다. 이는 인간씨알의 자기의 자명화로 무의 영역無所投·無所措·無所容·無死地을 구축한 결과이다. 그리고 '다투지 않는 속알是謂不爭之德'로 세상을 바르게 살 수 있게 하는 것에 우리를 주목하게 한다.

다석은 하늘 길과 맞닿는 저절로 된 길을 찾는 무의 생활화에 따른 역설적 사유 체계를 좀 더 자세히 살펴보기를 희망한다. 이에 대한 자세한 논의를 위하여 이차원의 평면적 상태보다는 역동적 삼차원의 곡직의 사유체계로 접근한다. 도와 덕의 존재 과정을 좀 더 세밀하게 들여다보는 것인데 이차원의 직선사유를 통하여 생득법의 환순적 구조 체계를 동시에 설명할 수 없기 때문이다.

입체적이며 역동적인 삼차원의 곡직의 고른 어울림의 사유로 들여다보면 휘몰아치는 소용돌이 속의 중심축을 유지하며 생성·환순의 역동적 사유체계를 동시에 드러낼 수 있는 장점이 있다. 왜냐하면 천지 사이의 변화의 운동 양상은 비어 있는 중심축으로부터 회전운동이 동시에 일어나는 '역동적 나선형螺旋, spiral movement'의 구조로 이루어져 있기 때문이다.

예를 들면 지구의 공전 궤도·덩굴식물·공기의 대류 등이 이에 속하며 지구의 자전축을 중심으로 회전운동이 일어나는 것도 두루 편만하게 쉼 없이 움직이는周行而不殆 하나의 흐름에 속하기 때문이다. 지구의 자전축이 23.5도 기울어져 공전하는 지구는 사계절의 변화를 가져오며, 지구의 자전 때문에 생기는 현상으로는 낮과 밤, 별의 일주 운동 등이 있다.

장자는 생명의 과정을 나선형적 운동의 중심축, 즉 환중의 주변은 소용돌이치면서 수많은 원의 궤적을 그리며 순환 변화하여 양음·남녀·선악·대소 등과 같이 상대성을 유발하는 것으로 보았다. 따라서 이러한 상대성을 극복하는 것은 소용돌이의 중심인 환중의 자리에 있을 때만이 변화의 흐름에 순응할 수 있다. 장자는 이러한 나선형의 소용돌이를 기의 흐름에 의한 체화작용으로 보았다. 또한 이를 자연 에너지의 나선형적인 율동과 윤리를 초월한 관점으로도 해석했다.161)

다석은 이러한 '길을 내고 속알 쌓는' 잘된 길을 형성하는 삼차원의 이론체계를 생·득·법으로 설명한다. '생'은 『도덕경』 42장의 도생일道生一의 과정을 말하며, '득'은 39장의 '없이있는 하나'를 체득하는 것이며, '법'은 25장의 도법자연道法自然을 축약한 것이다.

다석이 설명하는 생·득·법의 구조는 유무의 상보적 관계에 의하여 펼쳐지는 만물의 사이와 사이에 '길을 내고 속알 쌓는 잘된 자善爲者'의 존재 방식의 이론 체계이다. 만물의 전반적 생의 과정은

---

161) 박석, 『대교약졸』, 서울: 들녘, 2005, 33-35쪽 참조; 김상희, 「장자사상에 나타난 나선형 (Vortex)적 기(氣) 우주론」, 『동서철학연구』 제66호, 한국동서철학회, 2012 참조.

무의 계열로부터 존재할 수 있는 근거를 제공받아 하나 됨으로써 '길의 법은 받은 대로 저절로 됨'의 바른^{自正}길로 우리를 안내한다.162)

다석은 '길의 고루 뚫려 있음^{道沖而用之}'으로 만물이 존재할 수 있는 이로움을 제공하는 것으로 본다. 이는 머물지 않으나 한결같은 질서를 유지하여 만물을 이루는 현묘한 하나의 길로부터 비롯된 생득법의 질서에 따라 만물이 이루어진다고 본 것이다. 이 질서는 서·원·반 흐름에 의하여 자연히 채워지고 비워지는 고른 어울림으로 인간이 존재할 수 있는 존재 근원의 의미를 얻는다.163) 다석은 이러한 사유체계를 도법자연의 자기 전개를 통하여 자승자강의 자기를 회복하는 것으로 본다.164) 인간의 심신을 천도의 자애로 호위받고 거듭 쌓은 속알에 의하여 사세를 확정함으로써 인간의 하루하루를 살아가며 제자리를 지킬 수 있다. 그럼으로써 올바른 길을 좇는 잘 삶^{善攝生}으로부터 세상 본보기^{天下式}의 자정^{自定}한 빛이 세상

---

162) 『늙은이』 51장: "길이 내고, 속알이 치고(道生之, 德畜之), 몬이 꼴해, 힘이 이룸(物形之, 勢成之), 속알이 치고, 키우고, 기르고(德畜之, 長之育之), 곳곳이, 여물게, 먹이고, 덮었어라(亭之毒之, 養之覆之)."; 39장: "옛날에 하나 얻은 이로(昔之得一者), … 므로 높임은 낮춤으로 밑을 삼고(故貴以賤爲本), 높음은 아래(로) 터 됐음이여(高以下爲基)"; 50장: "그런데 들으니 삶을 잘 가진 이는(蓋聞善攝生者), …그 죽을 터가 없으므로다(以其無死地)."; 52장: "이젠 그 어머니를 얻으니(既得其母), 이젠 그 아들을 아니(既知其子), 다시 그 어머니를 지키자(復守其母) 몸이 빠지도록 나죽지 않으리(沒身不殆)."

163) 『늙은이』 4장: "길은 고루 뚫렸어 쓰이고(道, 沖而用之), 아마 채우지 못할지라(或不盈)"; 32장: "길은 늘 이름 없어(道常無名), … 잘몬이 스스로 손 오듯 하리라(萬物將自賓), 하늘 땅이 맞아서, 단 이슬을 내리고(天地相合, 以降甘露),…그칠 줄 알아 나죽지 않으리(知止, 所以不殆). 사람은 하란 말 없이도 스스로 고르리(民莫之令而自均), 비겨, 길이 세상에 댐은(譬道之在天下), 내·골이 가람·바다에 댐과 같으니라(猶川谷之於江海)." 세상 임금이 마음에 속알을 지켜 나가면 만물과 함께 할 수 있다. 이는 천지가 상합할 수 있는 무위자연의 질서를 알고 지켜 나가면 단 이슬인 덕을 내려 인간 역시도 스스로 고른[자균자화] 질서로 도가 세상에 존재하는 이유를 알게 된다(노자 원저, 류영모 번역, 박영호 풀이, 『노자와 다석』, 서울: 교양인, 2013, 258-262쪽 참조).

164) 『도덕경』 1장: "無名天地之始, 有名萬物之母."; 5장: "天地之間, 其猶橐籥乎, 虛而不屈, 動而愈出."; 6장: "是謂天地根, 綿綿若存, 用之不勤."; 23장: "希言自然, 孰爲此者, 天地, 天地尚不能久."; 25장: "有物混成, 先天地生…獨立不改."; 32장: "天地相合, 以降甘露, 民莫之令而自均."

곳곳에 널리 펼쳐지는 것이 다석의 생각이다.

『늙은이』에서 생의 역할은 매우 다양하게 분포되어 어느 한 부분만을 설명하기가 매우 어렵다. 생은 도의 전반적인 흐름을 차지하며 씨알의 존재 방식을 제공하여 '그 없는 구석을 쓰는' 무의 영역 확보에 따른 섭생의 구현을 완수하는 존재의 형상이며, 가능태이며, 또한 운동태라고 할 수 있다. 다석은 이것을 '사람 다스림과 하늘 섬김治人事天'의 흐름으로 설명하면서 생의 과정을 다음과 같이 제시한다.

> 길 나니 하나道生一. 하나 나니 둘一生二 둘 나니 셋二生三 셋 나니 잘몬三生萬物. 잘몬이 그늘을 지고 볕을 품 안음萬物負陰而抱陽. 빈 뚫린 김으로서 고루ᄒᆞ얐음이여沖氣以爲和. 사람의 시려홀 배 오직 오직 외롭·홀옵 쭉정일데人之所惡, 唯孤, 寡, 不穀 님금과 기들이 가지고 일커기로 ᄒᆞ얐으니而王公以爲稱, 므로 몬이란 더ᄒᆞ기도, 더ᄒᆞ는데故物, 或損之而益 덜리기도 ᄒᆞ오라.或益之而損. 남이 가 가리치는데는 나도 또 가르쳐 가리니,人之所教, 我亦教之『억지 센 놈은 그 죽음스리 금을 못ᄒᆞ리라.』强梁者, 不得其死 고, 을 내 가지고 가르침의 애비로 삼으리로다.吾將以爲教父.165)

위의 인용문에서 다석은 도의 생명을 회복하는 씨알의 길을 안내하고 있다. 전반부는 천지의 흐름을 설명하고 있으며, 후반부는 그 흐름을 따라야 하는 인간의 삶의 기술을 설명한다. 다석은 이를 득일의 과정인 『늙은이』 39장과 비슷한 구조로 전개되고 있는 것으로 본다. 그리고 25장에서는 도의 자연적 자기 전개 과정을 말한다.

다석은 생득법의 구조를 설명하는 곡직의 흐름을 만물은 '그늘을

---

165) 『늙은이』 42장.

지고 볕을 품 안음' 상태로 발전하는 '직直'의 방향을 따라 향상하는 것으로 본다. 또한 '빔 뚫린 김으로 고르게沖氣以爲和' 하는 충화沖和 작용에 의하여 형세를 갖추는 것으로 밝힌다. 음과 양은 충기를 통하여 삼생만물의 조화를 이루고, 충기는 비어 있는 생기로써 빔과 채움이 수시로 왕래하여 모든 것을 어울리게 하는 조화의 기운이다.166)

없음의 쓰임은 충기沖氣로써 음양의 상관적 관계를 왕래하도록 존재의 근거를 제공할 뿐이다. 따라서 충기는 음양이 상관적 관계를 나눌 수 있게 하는 근거이자 바탕이며 음양은 없음의 충기의 바탕에서 서로 어울려 노는 것을 말한다.167) 이를 더 구체적으로 논하면 도의 비어 있음의 쓰임을 충기沖氣라 표현할 수 있다, 이는 빈 기운으로 하여금 음양이 서로 어울려 움직이는 이치와 같다. 이 두 기운은 있음의 존재 근거를 형성하고, 이 있음을 어울리게 하는 무의 활용을 충기로 비유한다. 따라서 음양有과 충기無는 균화의 삼기로써 삼생만물이라는 조화의 기운으로 존재 의미를 드러낸다.168)

이러한 충기의 조화와 부조화의 균형을 이루고 하나로 줄곧 뚫린 길一以實之을 좇으면 마음의 바탈이 드러나 속알이 깨어나서 상명의 훤한 길을 따른다.169) 이를테면 '하늘과 땅이 서로 만나, 단 이슬生氣'을 내리고, 사람은 '하라는 말 없이도 스스로 고르게 되어' 도의 자리를 회복한다.170)

---

166) 윤재근, 『노자 81장』 제2권, 서울: 동학사, 2020, 61쪽 참조.

167) 김형효, 『사유하는 도덕경』, 서울: 소나무, 2004, 27쪽 참조.

168) 이태호, 「노자의 존재론적 구조의 관점에서 『도덕경』 10, 11장 번역과 해설」, 한국동서정신과학회, 『동서정신과학』 15권 1호, 2012, 3-4쪽 참조.

169) 류영모, 『다석일지』 제1권, 서울: 홍익재, 1990, 353쪽 참조; 장일순, 『노자 이야기』, 서울: 삼인, 2006, 412-413쪽 참조.

다석은 두루 편만하게 쉼 없이 움직이는周行而不殆 하나의 질서로 줄곧 뚫려 있는 길을 얻는 것은 지극히 자연적인 것이라고 말한다. 이는 무의 빈터를 제공받아 유의 이로움이 드러나는 것이라고 본다. 인간은 도에 '맞춰 사는' 잘 삶의 단 이슬로 순간순간 마음의 '가온점ㄹ'을 찍어야 한다. 그리고 하늘의 기역ㄱ은 땅의 니은ㄴ과 만나는 순간 인간의 마음 한복판에 영명의 한 점一點靈明을 찍게 되어 얼나靈我를 구현한다.171)

다석은 얼의 나는 '사람 마음을 미치게馳騁田獵令人心發狂' 하는 감정을 멈추게 하고 도의 슬기로 씨알의 천이遷移 공간을 확보하여 덕의 참된 정신으로 돌아서게 한다고 말한다. 또한 제나自我는 도의 생명을 얻게 됨으로써 변화하는 상대 세계에서 자기의 중심축을 형성하여 가온존재를 구현한다.172)

왕필은 모든 만물은 하나에 이르러야 그 형체가 온전케 되는데 이는 무에 의하여 이루어지는 것으로 본다. 박세당은 태극을 하나로 보았으며 무위의 움직임으로 만물을 생한다고 이해한다. 하상공의 말을 빌리면 청탁의 기운은 충기의 조화로움으로 천·지·인을 이루며 만물을 이룬다고 덧붙인다. 만물의 이룸은 도의 자기 동인에 따른 자연적 움직임으로써 개념화할 수 없는 무명의 세계이다.

다석은 도는 공간적으로 두루 펼쳐 있는 편용의 흐름으로 항상성을 유지하는 특징이 있다고 본다. 유한성의 제약에서 벗어나 시공

---

170) 『늙은이』32장: "잘몬이 스스로 손 오듯 하리라(萬物將自賓), 하늘 땅이 맞아서, 단 이슬을 내리고(天地相合, 以降甘露), 사람은 하란 말 없이도 스스로 고르리(民莫之令而自均)."; '감로'甘露란 생기를 말하는 것이며 천지상합에 의한 자연지도를 실현하게 하여 천하를 화평하고 안정되게 한다. 윤재근, 『노자 81장』 제1권, 서울: 동학사, 2020, 841-842쪽 참조.

171) 류영모 원저, 박영호 엮음, 『다석 류영모 어록』, 서울: 두레, 2002, 224쪽 참조; 김흥호, 『다석일지 공부』 제1권, 서울: 솔출판사, 2001, 110쪽 참조.

172) 류영모 원저, 박영호 엮음, 『다석 류영모 어록』, 서울: 두레, 2002, 97쪽 참조.

간의 구애를 받지 않기 때문에 무엇을 낳는 생성의 관점보다는 존재 자체의 관점에서 살펴야 한다고 말한다.[173]

다석은 도에 따른 고른 어울림의 습명은 일상적 인간이 싫어하는 인간이 짝을 잃고 헤매는 고과불곡의 자리에서 짝짓기의 자리로 안내하는 내면의 감추어진 지혜의 빛으로 이해한다. 그리고 이 자연스러운 빛으로 '씨알의 덕의 생명인 잘 삶을 이어갈 수 있도록 밝은 지혜를 제공한다.[174] 인간은 이러한 내면의 지혜의 자리를 터 삼아 세상과 함께 살아가는 슬기로운 수세형守勢形의 인간 자세를 가져야 한다.

이는 자신의 내면의 빛을 비추어 밝음으로 돌아가는用其光. 復歸其明 곡직曲直의 사유를 가진 가온인간의 자세이다. 이와 반대로 일상적 인간은 강하고 뻣뻣한 불선의 삶으로 한쪽 면만을 고집하는 주관적 의지에 따라 내외적 갈등을 겪는 쭉정이와 같다. 인간은 언제나 서서히 맑게 하고 생동하게 하는徐清徐生 하나의 '깊은 뿌리에서 활짝 핀 꽃의 현상을 그대로 보는是謂深根固. 長生久視之道' 무기인無棄人과 같은 늘앎의 사유 체계를 지녀야 한다.[175]

다석은 『늙은이』에서 생生을 유무의 상보관계를 통하여 씨알의 존재 의미를 회복하는 것으로 표현한다.[176] 그리고 생을 덕의 점진적 발전 과정으로 본다. 또한 생의 구체적인 예는 42장의 존재 과

---

173) 송도선, 「노자의 『도덕경』에 담긴 무의 교육적 함의」, 한국교육사상연구회, 『교육사상연구』 제27권 2호, 2013, 98쪽 참조; 이종성, 「박세당의 『노자』 주해(註解)를 통해 보는 도가철학에 있어서의 '유무지변'의 문제」, 한국동서철학회, 『동서철학연구』 제15호, 1998, 132쪽 참조.

174) 『도덕경』 57장, 67장; 다석은 장자(내편) 제2편 제물론을 제시하면서 도는 하나이며 무로서 인간의 인식을 초월한 그 무엇이므로 차별의 세계보다는 주일무적의 자연법을 따르라고 말한다(류영모, 『다석일지』 제1권, 서울: 홍익재, 1990, 809쪽 참조).

175) 노자 원저, 류영모 번역, 박영호 풀이, 『노자와 다석』, 서울: 교양인, 2013, 308-310쪽 참조.

176) 『도덕경』 2장, 7장, 10장, 25장, 40장, 50장, 51장, 55장 참조.

정이 전개되는 속에 도의 존재의 증표인 만물의 아름다움을 나타내는 중보질서로써 21장을 통하여 드러난다. 이 만물의 형세가 본래 그러함事勢固然의 과정을 51장을 통해서 설명한다.

천지 흐름과 인간의 내적 질서와 조화의 그 끝을 볼 수 없는不弊不窮 하나의 흐름이다. 이것을 이어주는 무위자연의 '볕이 넘치면 덜어내고 그늘에게 보태주는 뚤린 김沖氣以爲和'을 통하여 심신의 전일체를 실현하는 것으로 해석한다.

그렇다면 이제 '없이있는 한아'가 펼치는 사유의 과정을 살펴보고, 어떤 방법으로 그것이 인간 사유와 접점을 이루어 체득될 수 있는 것인지 살펴보기로 한다.

(2) 득일의 방법

다석은 우주에 존재하는 모든 것은 도의 쉼 없는 변화의 흐름 속에서 성장하며 늘 변화하는 과정 속에 한결같음을 유지하는 것으로 본다. 그리고 그것을 변하지 않는 중심축인 내재적 질서로서의 덕의 흐름으로 설명한다. 이 질서는 자연적으로 가장 안정적이며, 편안한 상태로 자신을 정립한다. 이를테면, 1년은 365일이며 사계절에 의해서 이루어지고 1달은 약 30일, 해와 달에 의해서이며 하루는 24시간이라는 순환의 질서이다. 이것이 변하는 속에 변하지 않는 불변의 이변위상以變爲常의 질서로 설명한다. 그리고 변하는 그 자체로서 변하는 것들의 존재 근거를 제공하는 것으로 이해한다.能變如常 인간은 도의 생명을 근거로 하여 이 변화의 흐름에 순응하며 살아야 하는 당위성을 지닌다.

다석은 천지 사이에서 일어나는 없이있는 한아의 질서를 송대 신

유학이 내놓은 「태극도설」의 '무극이태극無極而太極'의 이치로 설명한다. 이러한 측면에서 우주와 사람 간의 변화의 이치를 밝게 밝히는 노자의 철학은 '명물리明物理'라는 이론으로 대변된다.[177) 다석은 이 점에 대하여 우주 만물은 도생일에서 '삼생삼기三生, 負陰抱陽, 沖氣'의 조화로움을 취하는 것으로 설명한다. 그리고 길의 법은 받은 대로 고르게 어울리게 하는 된 길의 존재 구조를 가지고 다양한 모양으로 그 의미를 전개시켜 나가는 것으로 본다.[178) 도의 자기 전개는 유와 무가 혼성한 가운데 동일성과 타자성을 함축한 하나의 흐름으로서 연속성을 그 특질로 한다. 이는 '온통 하나 됨故混而爲一'으로 만물의 길을 내주고, 속알이 그 길을 안내하는 생축작용에 의하여 천지 만물을 존재케 하는 존재론적 하루 철학의 이행 과정이다.

왕필은 이에 대해 만물은 무로부터 존재 근거를 제공받아 생성하고 성숙하여 다시 도의 자리로 돌아가는 것으로 보았으며,[179) 장자는 도에서는 모두가 하나로 통할 뿐이며道通爲一 그것의 움직임을 알고 지켜 성숙해지고 그 하나의 움직임으로 행하여 선을 이루게 된다고 말한다. 이 함이 없는 자연스러운 움직임에 맡기면 모든 것이 본연의 자리로 돌아가 가온인간을 구현한다.[180)

다석은 한결같은 질서를 유지하여 만물을 이루는 하나의 일정한 흐름은 천지상합에 따른 자화의 작용으로 하루의 소박함을 되찾는

---

177) 류영모, 『다석일지 공부』 제3권, 서울: 홍익재, 1990, 387쪽 참조.

178) 『늙은이』 42장: "셋 나니 잘몬(三生萬物), 잘몬은 그늘을 지고 볕을 (품) 안음(萬物負陰而抱陽), 빔 뚫린 김으로서 고르렀음이여(沖氣以爲和)."

179) 『도덕경』 25장: "逝, 行也, 不守一大體而已, 周行無所不至, 故曰: '逝也', 遠 極也. 周無所不窮極, 不偏於一逝, 故曰: '遠也', 不隨於所適, 其體獨立, 故曰: '反也.'"(왕필 저, 임채우 역, 『왕필의 노자』, 서울: 예문서원, 2001, 171쪽 참조).

180) 『장자』, 「齊物論」: "物固有所然, 物固有所可, 無物不然, 無物不可, 故爲是擧莚與楹, …恢恑憰怪, 道通爲一, 其分也成也, 其成也毁也, 凡物無成與毁, 復通爲一, 唯達者, 知通爲一, 爲是不用, 而寓諸庸, 庸也者用也, 用也者通也, 通也者得也, 適得而幾矣, 因是已, 已而不知其然, 謂之道."

것이라고 말한다. 천지 만물은 자화에 의하여 생명활동이 있게 되고, 이에 따른 장애를 저절로 소멸하는 흐름 위에 놓여 있다. 그것은 본래의 '없꼭대기로 돌아가는復歸於無極' 만법귀일의 현묘한 변화의 운행을 전개한다. '길의 움직이면 돌아가고反者道之動', '멀리 가고 되돌아오는逝·遠·反' 도의 반동약용反動弱用의 운동이다. 요컨대 다석은 처음과 끝이 동일한愼終如始 영속적 항상성의 무위자연의 흐름을 온 길을 되돌아가 찾는다. 온통 하나로 꿰뚫어 저절로 이어짐은 천지상합에 따른 덕의 고른 숨결自均自化의 단 이슬의 생명 작용에서 그 존재 근거를 본다.

다석은 도를 좇음으로써 얻는 공덕지용의 중심에 상中有象이 있으며 그 상의 미세한 유정有精의 움직임은 유물有物로 이어지는 영속적 항상성은 만물의 중보과정을 이룬다고 말한다. 서서히 맑게 하고 역동하는徐淸徐生 하나의 움직임에 의하여 하늘은 맑게 되고, 땅은 평안을 얻고, 신神은 신령하게 되고, 골짜기는 채워지고, 만물은 자연적 생성운동으로 생겨나며, 후왕은 하나의 질서로 천하를 바르게 하니 모두 내변變의 곡선적 흐름인 무위자연의 질서를 얻어서 그렇게 된 것으로 이해한다. 따라서 모든 것은 함이 없어도 한결같음을 유지하는 하나의 질서로부터 물화되고 되먹임의 사랑이 솟아나는 하나로 돌아간다.

큰 덕을 지닌 사람의 모습은 오로지 도만을 따르고 있다. 도라는 것은 그저 어두워 잘 분간할 수 없고 분간할 수 없는 어두움 속에도 무엇인가 모양이 있으며 어두워 분간할 수 없는 속에도 무엇인가가 실재하고 있다. 생하거나 멸하지도 않고 스스로 존재하는 없이있는 하나我獨食母로서 무엇에 의존하지도 않고 변하지도 않으며獨立

^{不改} 항상 그대로를 유지한다.

저절로 변하지만 그 변화의 유래를 알지 못하므로 형체를 분별할 수 없다. 변화를 좇음으로써 하나의 혼성체로 고정된 바가 없으므로 일정한 성질을 고정적으로 지니지 않는다. 끊임없이 변화하므로 정체성을 확정할 수 없다^{易无體}. 일정한 방향과 위치를 갖지 않고 그것은 어디에나 존재한다. 모든 성질을 갖지만 일정한 성질을 갖지 않는 것을 말한다.^{神无方} 천지 사이의 가온뚫림^{玄通}의 작용을 통하여 가고 오는 것에 끝이 없으며 모든 사물의 끊임없는 운동 변화 속에 있음을 대자연의 흐름을 통하여 짐작할 수 있다.

이러한 도를 알고 지켜 행하면 그 덕이 참될 것이고, 도에 복종한다는 것은 덕을 쌓아 이겨내지 못하는 일이 없게 된다.[181] 모든 것은 되돌림의 반동약용의 하나의 질서로부터 일어나 발전하여 성숙단계에 접어든다. 그리고 청정의 상태를 지니고 다시 하나의 자리로 돌아가는 것으로 귀결시킬 수 있다. 이처럼 하나는 숫자의 개념이 아닌 전체적 개념으로써 모든 것을 아우르는 조화의 의미로 볼 수 있다. 그 조화의 끝을 볼 수 없는^{不弊不} 변하는 속에 변하지 않는 능변의 혼성된 도의 자기전개는 홀황한 세계를 연출한다. 만물의 아름다움을 드러내는 생명의 곳간이다. 이는 혼성한 독립불개의 질서로써 없이있는 속에서 펼쳐지는 황홀한 세계이다.

다석은 이러한 쉼 없이 변화하는 허공 속에서 변치 않고 끊임없이 이어져 한 치의 착오도 없이 우리의 생명줄을 내려주는 하나의 질서를 천지상합에 따른 자균자화의 흐름으로 본다. 변화하는 천지

---

181) 『늙은이』 32장: "길은 늘 이름 없어(道常無名), …임금들이 지킬 수(있을 거) 같으면(侯王若能守之), 잘몬이 스스로 손 오듯 하리라(萬物將自賓)."; 『도덕경』 21장, 54장, 59장 참조.

사이의 비어 있는 중심에서 곡직의 통합적 사유체계를 제공하는 태극의 길로 보았다. 이에 따른 인간의 인체는 우주의 흐름을 그대로 따르는 소우주다. 하늘의 기운은 좌측으로 돌면서 하강하고 이에 반해 땅의 기운은 우로 돌면서 상승한다. 이러한 흐름으로 인하여 인체의 기와 혈이 서로 조화롭게 통하여 생명을 유지하게 한다.[182]

우주 안의 모든 존재하는 것은 역동적인 태극의 원리를 벗어나서는 그 존재의 의미를 드러낼 수 없다. 태극은 반동약용의 자연적 흐름으로 만물의 병작을 이룬 후 그 무성함이 극에 이르면 다시 무극의 제자리로 돌아오는 순환적 곡선의 흐름을 그리고 있다. 태극 문양은 소용돌이 운동 모습을 그대로 보여주며 태는 대자에 중심점을 찍어 질적인 근원을 의미하며 그 세력의 범위가 표현할 수 없는 무한의 세계이다. 이러한 세력의 최고의 상단을 극으로 표현하며 그 극에 이르면 다시 본래의 제자리로 돌아와 태극의 형태를 유지한다.[183]

없이있는 한아의 무극에서 태극으로부터 변화의 미세한 움직임은 가볍고 맑은 양의 기운과 무겁고 탁한 음의 기운을 함께 품고 있는 유물혼성의 상태로 존재하게 된다. 이러한 음이 양을 내포한 부음포양의 상태를 유지하며 충기의 중재로 태극의 과정으로 변화하게 된다.[184]

---

182) 심성흠 외 6, 「五行和鍼法에 대한 연구」, 동의병리학회, 『동의생리병리학회지』 5호, 2018, 120쪽 참조. 王好古, 此事難知 曰 天六腑氣表,其體在上 其用在下 地五臟血裏 其體在下 其用在上 言陰陽互相爲用 則天氣左旋而下降 地氣右旋而上昇 氣血和 表裏靜 上下通 如天地泰然 人身其小天地平.

183) 이은숙, 「태극의 순환성을 바탕으로 한 생명이미지 표현」, 이화여자대학교 대학원 석사학위 논문, 1993, 8쪽 참조.

184) 『늙은이』 15장: "왼통(스립)기는 그 흐리(터분)함같음(混兮其若濁) 누가 흐리어서 고요히 천천히 맑힐 수 있으며(孰能濁以靜之徐淸)"; 26장: "무거움은 가벼움의 뿌리가 되고(重爲輕根)."

혼성적 하나는 무형의 상象이 유형의 물物로 전환하는 세성勢成작
용에 의하여 만물병작을 이루는 중보질서로서185) 만물의 생축형성
의 유동적 흐름의 자연계의 원리로 본다. 이를테면 무의세계로부터
존재 근거를 제공받아 하나의 두루 편만한 움직임에 의한 유의 발
전 상태에서 극에 이르면 순화한 상태로 제자리인 무극으로 되돌아
가게 되는 복귀 지향성의 사유적 관점으로 볼 수 있다. 다석은 이
하나를 무위자연의 질서로 설명한다.186)

그는 이를 무한한 텅 빔 속에 담겨 있는 생명 기원의 오묘함과
우주 의식의 한없이 깊고 넓은 세계의 현묘함이라고 인식한다. 그
것은 하나의 큰 무극이며 많고 큰 태극이며, 그 가운데 비어 있으
며 혼연한 상태로 유와 무가 하나로 섞여 있을 뿐만 아니라, 미세
하면서도 활발한 운동성을 보인다는 특성이 있다고 본 것이다.187)

> 옛날 옛적에 하나 얻은이로昔之得一者, 한늘이 하나를 얻어서 맑
> 게 쓰고天得一以淸, 따이 하나를 얻어서 편안케 쓰고地得一以寧,
> 신이 하나를 얻어서 령靈케 쓰고神得一以靈, 골짝기 이 하나를 얻
> 어서 챔으로 쓰고谷得一以盈, 잘몬이 하나를 얻어서 낳 삶으로 쓰
> 고萬物得一以生, 님금들이 하날를 얻어서 셰상 고디 가 되니侯王
> 得一以爲天下貞, 그 꼭대 하나이다其致之一也. 하늘로 맑게 씀이
> 없으면 아마 찢어질라天無以淸, 將恐裂. 땅으로 편안을 씀이 없으
> 면 아마 픠어 버릴라地無以寧, 將恐發. 신으로 령靈에 씀이 없으면

---

185) 『늙은이』 21장.

186) 『도덕경』 40장: "反者道之動, 弱者道之用."; 25장: "字之曰道, 强爲之, 名曰大, 大曰逝, 逝曰遠,
遠曰反."; 64장: "民之從事, 常於幾成而敗之, 愼終如始, 則無敗事."; 빈탕한 가온점 찍기의 현
상으로서 니은 기역 가운데 점[ㄹ]을 찍은 것을 태극점이라 하며, 가고 오는 시공간 가운데
마음에 점을 찍어點心 깨달음을 표현한다(김흥호, 『다석일지 공부』 제1권, 서울: 솔출판사,
2001, 316쪽 참조).

187) 류영모 원저, 박영호 풀이, 『多夕 柳永模 명상록』, 서울: 두레, 2001, 135-136쪽, 198쪽 참조.

제2장 『늙은이』의 사유 방식과 논리 체계 135

아마 쉴라神無以靈, 將恐歇. 골로 챔을 씀이 없으면 아마 다될라谷
無以盈, 將恐竭. 잘몬으로 낳삶을 씀이 없으면 아마 없어질라萬物
無以生, 將恐滅. 님금들로 고디를 씀이 없어도 높이기만 흐면侯王
無以貴高. 아마 믿그러질라將恐蹶. 므로 높임은 낮힘으로 밑을 삼
고故貴以賤爲本, 높음은 아레로 터 됐음이여高以下爲基, 이래서 님
금들이 제 일르기를是以後王自謂, 외롭이·홀옵이·쭉정이라 흠
孤, 寡, 不穀. 이것이 그 낮힘으로서 밑 살음이오, 아니냐此非以賤
爲本邪, 非乎, 므로 수레 생김새를 따져 발리면 수레가 없다는 셈
으로故致數輿無輿, 말숙말숙 옥같다不欲珠珠如玉. 데굴데굴 돍같
다 흐고 싶지 않오라珞珞如石.188)

이 인용문에서 다석은 전체의 한아로부터 펼쳐지는 존재 과정을
상대 세계에서 길을 내고, 거듭 쌓은 속알로 자화의 잘 삶의 생명
을 구현하는 것으로 설명한다. 도의 순환적 특성은 우주 변화 과정
속에서 하나의 질서에 의하여 음양이 대대관계를 가지며 만물은 이
에 의존하며 성립한다.189) 다석은 인간은 하나의 질서인 '함없음에
도 저절로 된 길無爲自然'의 흐름에 의하여 존재하는 것이라고 본다.
이 흐름을 알게 되면知常 무의 영역이 확보되고 씨알의 고른 앎으로
'저 아는 게 밝아져自知者明' 제 역할을 다할 수 있다.190)
다석은 구체적인 사물들은 모두 각각 곡직의 환순 구조를 통하여
끊임없이 존재 의미를 드러내는 것으로 본다. 하늘의 영속성의 움

---

188) 『늙은이』 39장.

189) 김승영, 『한국성리학의 인식과 실천』, 대전: 도서출판 빈들, 2019, 258쪽 참조.

190) 『늙은이』 41장: "길은 숨어 이름 없어(道隱無名), 그저 길만이 잘 빌려 주고 또 이루도다(夫
唯道, 善貸且成)."; 43장: "없음은 있음에 틈없이 들어간다(無有入無間). 내 이래서 함없음의
나음있음을 아노니(吾是以知無爲之有益) 말(이르지) 않는 가르침과 함없는 나음이(不言之敎,
無爲之益)."; 57장: "내 함 없어서 씨알 제대로 되고(我無爲而民自化), 내 잘 고요하자 씨알
제 바르고(我好靜而民自正), 내 일 없자 씨알 절로 가멸(我無事而民自富)."; 55장: "고름의 지
극함이라(和之至也). 고름 앎을 늘이라 하고(知和曰常), 늘을 앎을 밝이라 하고(知常曰明)."

직임에 의하여 보장받을 수 있다.191) 사물의 존재 과정에서 서서히 맑게 하고 생동하게 하는徐淸徐生 질서를 얻는 것은 천지 사이의 무위자화의 흐름을 좇으면서 얻게 된다. 이는 길의 법은 받은 대로 하늘 길과 맞닿는 늘 길의 질서를 회복하는 성격이 있다.

다석은 일반적으로 사물은 무거운 것이 가벼운 것의 바탕을 이루고 있을 때 그 특징이 더욱 돋보이게 되며 보편적인 의미를 갖는다고 말한다. 세계는 보이는 세계와 보이지 않는 유무의 세계가 서로 상보관계를 통하여 그 존재 의미를 드러낸다. 요컨대 혼연한 상태의 무극에 변화하는 현상적 존재의 가능적 계기가 마련되어 있는 것이다.192)

다석은 모든 것의 생명의 씨알을 담고 있는 귀식모에 의하여 자연 그대로를 유지하며 귀함과 천함은 그 어미의 품에 있을 때 구별을 두지 않고 하나로 보게 됨을 말한다. 이 하나의 함이 없어도 저절로 된 길을 따라 상을 드리워 변하지 않는 질서를 유지하여 천지를 이룬다.193) 주객 미분의 온통 하나 됨의 상태에서 서서히 움직이는 흐름은 필연적으로 상대성을 유발시켜 현상적 생명 활동을 전개한다. 다석은 이 흐름에 따라 귀함과 천함 그리고 근본과 말단이라는 개념을 형성하는 것으로 본다.

---

191) 곡직에 대한 내용은 『도덕경』 22장 참조.

192) 『늙은이』 26장: "무거움은 가벼움의 뿌리가 되고(重爲輕根)"; 1장: "므로 늘 하고잡 없어서 그 야믈ᄆ이 뵈고 (故, 常無, 欲以觀其無妙) 늘 하고잡 있어서 그 돌아감이 보인다(常有, 欲以觀其有徼). 이 둘은 한께 나와서 달리 이르(부르)니 (此兩者, 同出而異名), 한께 일러 감아, 감아 또 감암이(同謂之玄, 玄之又玄)."

193) 『도덕경』 39장: "淸不能爲淸, 盈不能爲盈, 皆有其母, 以存其形, 故淸不足貴, 盈不足多, 貴在其母而母無貴形, 貴乃以賤爲本, 高乃以下爲基, 故致數譽, 乃無譽也. 玉石珠珠珞珞, 體盡於形, 故不欲也."(왕필 저, 임채우 역, 『왕필의 노자』, 서울: 예문서원, 2001, 161쪽 참조); "大法象之人, 質樸無形容, 道潛隱使, 人無能指名也.成, 就也, 言道善稟貸人精氣, 且成就之也."(이석명, 『노자도덕경하상공장구』, 서울: 소명출판, 2007, 265쪽 참조).

이러한 사유는 일시적이며 영원하지 않으므로 이내 없어지듯이 한쪽 면만을 추구하는 것은 장구할 수 없다. 비움의 극을 이루고 고요함의 다툼이 없는 선인의 자리를 지키면 이는 제자리를 회복하는 것과 같다. 다석은 도의 늘 그러함의 영역은 예부터 지금까지 이어지는 항상성으로부터 지금 여기의 세상의 흐름과 다툼이 없는 성인誠人194)으로 살 수 있음을 강조한다.

다석은 '회오리바람은 아침 내내 불지 않으며故飄風不終朝', '소낙비도 하루 종일 내리지 않는 것은 일시적 현상驟雨不終日'으로서, 모든 것은 시시각각 변하는 것으로 본다.

인간은 그 현상을 붙잡아 둘 수 있는 능력이 없는 둥둥 떠 있어 돌아갈 데가 없는 즉 상대적 관계에서 벗어나 생사가 없는 곳이며 음과 양의 다툼이 없는 나그네와 같은 자빈自賓의 하루살이 인생이다.195) 따라서 일상적 인간의 존재 방식은 쉼 없이 사유하고 움직이는 도를 좇아야 된다. 쉼 없이 변화하는 것이 자연의 순리이듯 하나의 흐름에 맞혀놓면서 '길을 내고 속알 쌓는 잘된 자'의 하루의 삶을 살아야 된다.

회오리바람도 일시적이며 소낙비도 영원히 내릴 수 없다. 이처럼 지속적인 변화 속에서能變如常 대순의 길을 좇음으로써 영속성을 유지하게 된다. 덕을 얻는 것은 도를 따라 무엇을 하고자 함이 없으

---

194) 부쟁의 성인은 온전한 전일적 존재를 말한다. 『늙은이』 22장: "하나를 품어 세상 본(보기)이 된다(抱一爲天下式), 제 뵈지 않으므로 밝고(不自見, 故明), 제 옳다않으므로 나타나고(不自是, 故彰), 제보라지 않으므로(치사하다간 없어지는) 공(이 그대로)이고(不自伐, 故有功) 제 자랑 않으므로 길리라(不自矜, 故長). 그저 오직 다투질 않는다(夫唯不爭)."

195) 『도덕경』 23장: "希言自然, 故飄風不終朝, 驟雨不終日, 孰爲此者, 天地尚不能久, 而況於人乎, 故從事於道者, 道者同於道."; 『늙은이』 20장: "둥둥 떠 돌아갈 데가 없으 같음이여(儽儽兮若無所歸), 뭇사람은 다 남았는데(衆人皆有餘), 나 홀로 잃은 꼴 같구나(而我獨若遺)."; 류영모 원저, 박영호 엮음, 『다석 류영모 어록』, 서울: 두레, 2002, 203쪽 참조.

면 마음의 고요함에 이르러 그것을 지켜 나가는 내적 수양 방법을 말한다.

다석은 사물의 덕은 한 번 완성되고 나면 변하지 않는 것이 아니라 끊임없는 변화의 가운데 놓여 있는 것으로 본다. 회오리바람이 계속 불 수 없고 소나기가 계속 내릴 수 없으며, 천지 만물과 심지어 인류까지도 모든 것들은 영원할 수가 없다.

자연의 덕을 얻었다는 것은 사물이 변화의 흐름 속에 존재하고 있다는 것을 표현하고 있으며, 그 덕을 쌓는다는 것은 변화에 머물러 있는 것을 말한다. 이러한 변화의 흐름은 동일한 하나의 움직임으로써 새로운 발전으로 나아가는 것이며 이것이 다시 돌아가는 서원반의 곡직 성향을 볼 수 있다.

다석은 멀리 나갔다가 다시 돌아오는 얻음과 잃음은 동시적 현상이며 이 둘은 한 곳으로부터 나와서 동일한 흐름에 의해 변화하는 현상이다. 이 점을 인식할 수 있으면 그것의 흐름에 순응하여 내적 질서를 드러내 자기만족을 누릴 수 있다고 말한다. 이와 같은 덕의 존재 방식은 쉼 없이 움직이며 어느 한 곳에 머물지 않고 끊임없이 이루어내는 현덕의 펼침으로 대순의 자리로 돌아가 자기 존재를 회복하게 되는 것으로 설명한다.196)

사람들은 내적 질서의 흐름을 주도하는 덕이 자신의 것으로 알고 집착하여 그것의 늘 변하는 질서를 거부하고 고정시키려 한다. 다석은 자기의 속알의 쉼 없이 움직이는 자연적 변화의 흐름에 따라 하루를 성실하게 살 것을 제안한다.

장자는 "이 세상에 태어난다는 것은 그런 때를 만났음이며, 삶을

---

196) 『도덕경』 65장.

잃는다는 것은 자연의 이치를 따르는 것이다. 태어난 때에 편안히 머물고 자연의 이치에 따르면 슬픔이나 즐거움이 끼어들 수가 없다. 옳음是 역시 한없는 변화 중 하나이고, 그름非 역시 한없는 변화 중 하나이다. 그러므로 자연의 밝음明을 따르는 것보다 더 좋은 게 없다"고 하였다.[197]

다석은 덕得은 이어받는 것이고 실失은 변화의 사세에 순응하는 것인데 상의 영속성과 함께하는 것이 동덕同于德이며 변화의 흐름에 따르는 것이 동실同于失이라고 말한다. 잃는 것도 얻는 것도 모두 변화의 동일한 작용이기 때문이다.

다석은 이와 같은 도의 곡직 흐름의 환순적 특징을 음양운동으로 설명한다. 만물은 부음포양의 동적인 상태에서 땅의 기운인 음기가 양을 품고 어우러져 상승하면 극에 이르면 멀어졌던 양의 세력은 다시 돌아오고 미세했던 음의 세력은 이것을 반갑게 맞이한다. 그러므로써 양의 세력은 약화되고 부드러워지고 음의 세력은 이것을 감싸안아 다툼이 없는 조화의 상태를 유지한다. 도로부터 분열되는 변變의 서원반 운동에 따른 음양의 응집되는 화化의 환순 작용으로써 천지상합에 따른 조화의 기운은 만물의 스스로 변화되는 존재근거를 제공한다.[198] 이를 축약한 것이 부음포양의 충기위화의 작용이다. 천지 사이에서 일어나는 생명의 사건은 뭉치化고 흩어變짐으로써, 쉼 없이 변화變化하는 능변여상能變如常의 질서에 의하여 운용되고 있다. 뭉쳐서 보이는 세계를 이루는 유와 흩어져 미세하게 됨으로써 안 보이는 무가 서로 상보하여 유생어무-만물생유有生於無-萬物生於

---

197) 『장자』 대종사, 제물론: 且夫得者,時也失者順也,安時而處順,哀樂不能入也;彼是莫得其偶, 謂之道樞. 樞始得其環中, 以應無窮. 是亦一無窮, 非亦一無窮也. 故曰莫若以明.

198) 김흥호, 『다석일지 공부』 제1권, 511쪽.

有의 질서를 유지한다.

인간 몸 또한 위쪽의 심장의 뜨거운 성질이 아래로 내려가고火降 신장의 차가운 성질을 위로 올려주었을 때水升 비로소 생명의 온전한 순환시스템이 완성될 수 있고, 기의 순환이 완전해지며, 건강하고 조화로우며 자연스러운 생명력이 완성될 수 있다고 말한다.199) 심신의 수승화강이 잘 이루어지려면 생명의 확장성을 갖는 양을 품고 그것을 지켜 유지하게 하는 음을 등에 지는 수용적 자세를 취하여야 한다.200)

따라서 다석은 음양충기의 삼생삼기로 인하여 도의 생명을 축적하여 인간은 섭생의 삶을 살 수 있다고 설명한다. 이처럼 도의 흐름은 식모의 품에서 사물이 생축되는 과정으로 묘사한다. 이를테면 아무런 움직임도 없고 아무런 작위도 없이 고요하다가, 때에 맞춰 감응하게 되면 사물의 모든 원리에 자연스럽게 찾아와 선응하게 된다. 도·천·지·인中有四大 사이의 흐르는 자연성은 무엇을 하고자 함이 없을 때 저절로 된 길을 볼 수 있다. 그 자연적 운동은 존재하는 모든 것의 바탕을 이루고 대상이 펼쳐지면서 이루는 공평무사의 존재 과정을 설명하고 있다.

인간의 생존을 위한 작용을 시작으로 하여 생로병사 우주의 흐름인 도·천·지·왕中有四大 등은 도의 자연적 힘에 의하여 작용하게 된다. 자연계의 변화의 흐름은 더위와 추위의 이지러짐이 있지만,有

---

199) 김흥호, 『다석일지 공부』 제5권, 443쪽; 제7권, 43쪽 참조.

200) 이는 늘 어머니 품에서 떠나지 말아야 하는 영아와 같은 상태를 유지하는 것이다. 이를 유지하기 위해서는 천지로부터 불어오는 기운과 늘 짝짓기를 해야한다. 천지상합에 따른 내적 속알과의 합일을 이루는 균화의 기운에서 벗어나지 말아야 한다. 사람의 일을 좇는 일에 용감하지 않는 불감위의 사유전환을 모색하여 도를 좇는 일에 게을리 하지 않아야 된다. 하루 하루의 삶을 뒤돌아보고 자신의 맡은 역할을 성실하게 이행하고 이웃을 사랑하는 것이다. 자신의 숨소리를 적게 함으로써 상대의 숨소리가 더욱 크게 들리는 것과 같은 이치이다.

缺 그 이지러지고 다시 이루는 작용은 무궁하여 변함이 없이 늘 그대로 이어지고 있다.

이것이 도의 큰 작용이며 미세한 덕의 대교의 흐름이다. 도의 큰 쓰임은 비어 있음이며 그 조화의 흐름이 보이지 않고 드러내지 않으므로 어눌해 보이고 부족한 듯이 보인다. 따라서 곧게 펼쳐 굽히지 않고 모든 것을 이루나 다시 제자리로 돌아가며 저절로 이루는 큰 기교는 어딘가 부족해 보이는 다툼이 없는 텅 빈 상태로써 이것과 저것의 구별이 없이 섞여 있으므로 판단을 내리지 못하는 어리석음이다.

이런 어눌함은 모호성을 수반하고 있는데 인간의 사용하는 확실하고 분명한 개념이 아니고 도의 현묘하고 오묘한 무의 세계의 흐름이다. 또한 비어 있음의 쓰임으로 얻어지는 이로움이며 말로 표현할 수 없는 것이다. 앎을 포함하고 있으니 진정으로 큰 지혜는 어리석음과 같다고 한다.大智若愚 세상의 사사로움을 버리게 하고 도의 자연적 흐름을 따르게 한다. 이러한 자연적 생성 질서는 인간의 사고력·분별력·지각력의 의식이 형성되어 덕성으로 자리 잡게 된다.

장자는 뛰어난 재주를 모두 없애야 세상 사람들은 본래의 솜씨를 되찾을 수 있다고 했다. 모든 인위적인 기교를 완전히 부정하고 자연스러운 상태로 돌아갔을 때 천하 사람들은 비로소 진정한 기교를 지닐 수 있으니 큰 교묘함은 마치 서투르게 보일 수밖에 없다고 한다.201) 따라서 도의 기교는 비어 있음으로 쓰임 받는 것이며 또한 변화 속에서 언제나 그 질서를 유지시키는 자균의 작용으로 비유한다.

도의 변화의 기교는 사물의 양극성을 하나로 꿰뚫는 무의 생활화

---

201) 『장자』 외편: "而天下始人有其巧矣 故曰大巧若拙."

로 다시 원래의 자리로 되돌려 놓는다. 도의 자기 전개에 의하여 유욕의 세계로 진입하여 성숙의 청정淸靜 단계를 거쳐 다시 어머니의 품으로 돌아오는 논리로 설명한다. 이러한 도의 존재 과정 속에는 크게 보이지만[大] 미세한 움직임과 함께[若] 곡직의 흐름이 순환하며 존재적 발전이 공생한다. 이는 처음의 자연적 질박함에서 사람의 일을 좇는 과정에서 일어나는 인위적 기교絶聖棄智·絶仁棄義·絶巧棄利를 감싸 안아 도의 기교로 하나 되는 것으로 설명한다.

기교에 대한 논리를 담은 대교약졸은 나선형 순환의 흐름에 따라 제자리로 돌아오는 과정을 입체적 구조로 설명하는 것이다. 먼저 서양의 구조는 평면적 구조로서 인위적 기교의 상태에서 처음의 상태인 자연적 기교로 돌아온다. 반면에 나선형 구조는 삼차원의 입체적 구조인데 이는 처음의 자리에서 무의 세계를 통하여 다시 제자리를 회복하는 것이다. 나선형 구조는 직선형이 아닌 소용돌이치듯 돌면서 흐르는 것을 말한다.202)

주역에서는 나선형 시간관을 설명하고 있다. 이곳에서 저곳의 꼬리를 물고 순환하여 다시 시작하는 종시원리를 그 예로 들어 설명한다. 이를테면 낮과 밤의 변화 사계절의 순환변화를 들 수 있으며, 이 와중에도 중심축을 형성하며 천지의 흐름은 한 치의 오차도 없이 곧게 이어져 내려오고 있음을 볼 수 있다. 결론적으로 직선적 시간관과 순환적 시간관의 양면을 다 수용하는 것이 나선형 시간관으로 볼 수 있다.203) 현실은 순환적인 것과 직선적인 것의 통합의

---

202) 『노자』 19장을 참조; 박석, 『대교약졸』, 경기: 들녘, 2005, 32-35쪽 참조.

203) 『계사상』 제4장: 위로는 천문을 관찰하고 아래로는 지리를 살핀다. 따라서 유명의 원인과 그 시작을 알고 끝을 돌이킬 수 있다. "仰以觀於天文, 俯以察於地理, 是故, 知幽明之故, 原始反終."

소용돌이치며(Spiral-나선형) 선회하는 나선형 시간을 선호한다. 예전의 위치로 반복하여 돌아가면서도 위나 아래, 좌우로 움직이며 어딘가의 중심축으로 향해 가는 것이 나선형 흐름이다.

도의 시간은 머물지 않고 쉼 없이 흐르는 속성을 가지고 있다. 인간은 집착에 의하여 과거의 일과 미래의 일에 오래 머물기를 희망한다. 다석은 천지의 변화 흐름을 곡직의 사유체계로 설명하면서 도의 늘 그러함에 따라 인간의 심성을 공을 이루고도 머물지 않는 무위의 선행을 제언한다.

인간은 이 변화의 영향력에 의하여 감각 주체로서의 자아를 형성하게 되고 이것이 주체로서의 나로 설정하게 된다. 이것은 자연스럽게 형성되는 제나의 의식체계가 주체적 나로 전환되어 독립적 나라는 존재가 성립되면 너라는 사회성이 필연적으로 태동하게 된다. 자연적 본래의 나 이전에는 혼연한 하나로 존재하던 것이 주체적 나라는 개념을 인식하게 되면 너라는 객관성이 성립되고 이어서 다중의 사회적 존재들을 인식하게 된다.

도에서 천·지·인이라는 사이적 관계를 형성하는 것은 서원반운동에 의해서이며 이 사이를 잇는 자연의 영역은 인·지·천·도의 관계로 환순하여 고르게 어울리게 하는 생득법의 사유 방식의 등식을 성립한다.204)

다석은 이 방법을 통하여 내면의 밝은 빛으로 사물을 있는 그대로 보는 생득법에 의한 사유 방식을 전개한다. 도와 함께 하늘 숨길 따라 어울리는同於道 데 있어서 자연의 조화는 덕과 함께 어울리고同於德 심지어 잃음과도 함께 어울린다.同於失 이 자균화로 인해 자

---

204) 『도덕경』 25장, 35장.

기 내면의 숨겨진 밝음을 드러내 척제현람의 수신으로 마음의 평정을 찾게 된다. 따라서 자기의 세력을 약화시켜 다 함께 하는 공생의 덕을 쌓아 현동의 세계를 펼치게 된다. 심지어 상실과 잃음에도 자연적으로 어울려 다투지 않음으로 결국은 전일체誠全而歸之에 맞춰 사는 섭생의 하루의 삶의 길을 가게 된다.

도와 함께하는 섭생은 변화의 흐름에 맞춰從事於道者 내면의 항상성으로 감춤, 있음과 없음, 얻음과 상실의 경계를 하나로 통전하게 된다고 한다. 다석은 도에 따른 덕은 천지 만물의 흐름으로 언급한다. 만물이 서로 어울려 생겨나는 과정을 통하여 천도의 움직임을 볼 수 있다. 다석은 일상적 인간이 서서히 움직이게 하여 맑게 하는徐淸 徐生 도의 뜻을 따르는 길은 점진적 사유의 과정에 따라 거듭 쌓은 속알重積德로 자기를 형성해야 한다고 말한다. 그것에서 비롯되는 고른 앎推抽到直으로 천지 흐름을 깨쳐 도의 자리로 돌아간다. 몸으로부터 일어나는 제나自我의 생각을 뒤로하면 속알德이 밝아져 '얼나靈 我'의 길로 들어선다.205)

다석은 상대 세계의 비어 있는 중심의 원점을 찾아 좇아가는 것을 주일무적主一無適으로 설명한다. 인간씨알의 생명이 피어 한없이 넓어지면 비어 있는 중심에 이르게 되고 '없이있는 얼나'를 회복한다. 무의 세계의 '그 없는 구석當其無用'의 이로움은 처음과 끝을 포함하고 있는 모든 생명의 존재 의미를 제공한다.206)

---

205) 류영모 원저, 박영호 엮음, 『다석 류영모 어록』, 서울: 두레, 2002, 101-102쪽 참조; 다석은 인간의 대환을 몸의 감각으로부터 일어나는 욕망에 중점을 둔다(『늙은이』13장: "뭣을 일러 가장 큰 걱정이 아이 몸이야인고(何謂貴大患若身), 나로서 큰 걱정이 있는 것은(吾所以有大患者), 내가 몸을 가진 때문이어(爲吾有身), 내 몸이 없는 데 미치면(及吾無身), 내 무슨 걱정이 있으리(吾有何患).").

206) 류영모 원저, 박영호 엮음, 『다석 류영모 어록』, 서울: 두레, 2002, '하느님' 편 참고.

다석은 얼을 통하여 참된 생각을 할 수 있게 되는 것이 생의 과정이라고 말한다. 생각을 통해서 마음의 얼씨를 싹트게 하여 어머니의 품으로 돌아가게 되는 것을 도법자연의 의미로 묘사한다. 참된 얼의 생각은 마음의 중심을 잃지 않고 집중함으로써 이루어진다. 혼란한 생각에 사로잡히면 삿된 생각이 일어나는데 이러한 생각의 중심을 잡아주는 것이 정기신精氣神의 중화中和를 이루게 하는 다툼이 없는 무의 세계이다. 이를 생각하는 곳에 신이 있다는 염재신재念在神在의 사유 방식으로 설명한다.207)

다석은 얼의 숨을 통해서 생각의 불꽃을 피워야 된다고 말한다. 도와 덕은 만물을 생축 하였으되 각각의 생명을 간섭하지 않고 온길을 따라 그대로 좇아 저절로 됨의 방식으로 존재하도록 한다.208) 이러한 사유 방식은 들을 수 있게 볼 수 있게 만질 수 있게 생명계에 필요한 환경을 만들어주는 것이다. 인간의 생명 역시도 도에 따른 덕의 근거를 제공받는다.

천지 사이의 역동적 변화의 흐름의 중심에서 자균자화의 질서를 잃지 않는 것이 씨알체에서 섭생체로 나가가는 것이며 이 중심축은 존재의 시작점이다. 만물의 생성 과정에서 하나의 곡선 흐름의 중심을 잃지 않음으로써 제자리를 회복한다. 자기의 소중한 자리를 얻으려면 자신을 초월하는 것이며 초월한다는 것은 영예와 영욕 그리고 화복을 초월한다는 것이다. 영예와 영욕을 초월한다는 것은 영욕을 없애는 것이 아니며 사물의 분별력을 멈추게 하는 도의 사유에 진입하여 그 지나침을 덜어내는 것이다.

---

207) 류영모, 『다석 류영모 어록』, 76쪽 참조.
208) 『도덕경』 64장.

천하의 흐름은 소리도 없고 형체도 없으며 무엇에 의존하지도 않고 변하지 않는 독립불개獨立不改의 질서를 유지한다. 이 흐름은 두루 편만하여 미치지 않는 곳이 없고 없어질 위험이 없는 유물혼성의 질서로 운용된다. 사계절의 변화는 일정한 궤도에 의하여 움직이고 있고 자웅·백흑·영욕雌雄·白黑·榮辱 등의 상대성에서 복귀 지향성의 곡선의 흐름을 알고 지키면 덕이 풍족하게 되어 도와 함께할 수 있음을 논한다.

따라서 씨알생명은 도에서 하나로 생하는 순간부터 필연적 상대성을 안고 있지만 무의 비어 있음의 다툼이 없는 근거를 터 삼아 상대성의 과정을 거쳐 이것과 저것을 감싸안는 공덕지용의 길에 들어서게 된다. 인간의 생명을 유지하기 위해서는 음과 양이 공존해야 하는 필연성을 내포하고 있으며, 이 음양의 공존에 의하여 당연히 얻는 것이 생명이다. 이 상대적 관계로 인하여 생명을 얻고 대립적 관계를 포용하는 부쟁의 조화의 기운으로 모두에게 공평한 공익의 세계관을 구성한다.

다석은 없이있는 하나는 종교적 차원을 넘어선 우주질서를 하나로 품고 있는 텅 빈 허공으로 설명한다. '없이있는'에 대한 형용의 의미는 혼연한 하나로서 상대적 유도 아니고 상대적 무도 아니다.209) 이는 씨알의 존재 과정을 설명하기 위해서 개념을 구분한 것일 뿐이다. 그 존재론적 근거가 바로 분리될 수 없는 유물혼성의 세계, 즉 무극의 혼현混玄한 상태로 깊고 아득한 미명微明의 빛을 드러낸다.

---

209) 『늙은이』 14장: "이 셋이란 따져서 될 게 아니라(此三者, 不可致詰). 므로 원통으로 하나됨이여(故混而爲一)."

다석은 유물혼성의 세계에서 일어나는 사건은 충용충화의 쉼 없는 작동爲無爲으로 써도 써도 다함이 없는 존재의 질로 만물의 형상을 유지하게 된다고 언급한다. 이러한 움직임은 도의 작은 씨알로부터 시작한다. 이 씨알은 어머니를 뿌리로 형성하여 점진적인 성숙단계를 거치면서 덕이 쌓여 도와 하나 되는 현묘한 지경에 이르게 된다고 말한다.

따라서 천지의 흐름을 알기 위해서는 심근고저深根固柢의 어머니품을 알아야 하고 그 뿌리를 통해서 섭생을 받게 된다. 도의 쉼 없는 움직임에 따른 변화의 존재 과정을 통하여 보이는 세계의 대립을 조화의 선에 따른 다툼없는 부쟁의 세계로 선회하여 큰 것과 작음을 하나로 보는 충화적 사유체계를 유지하는 것이다. 이는 어머니 품에서 일어나는 만물의 변화 사이에서 고르게 어울리게 하는 섭생으로 중심을 잃지 않게 하여 늘 그 자리를 지키는 하루 철학을 설명한다.

다석은 천지 사이의 비어 있는 중심에서 일어나는 무위자연의 사건을 도식화하여 도생일 → 삼생만물 → 도법자연이라는 이론체계로 설명한다. 천지는 이름 없는 세계로부터 시작되고 만물[잘몬]은 어머니 품안에서 이름이 붙여지게天地之始. 萬物之母 되면서 도의 생명을 얻게 된다. 점진적 발전 단계를 거쳐 '길의 법은 받은 대로 저절로 잘된 길'로 어머니 나라를 이룬다. 잘몬의 '잘'은 우리말의 만萬을 설명하는 것이며 '몬'은 물物을 의미하는데 이는 몬에서 떨어진 먼지를 우리말 '몬지'에서 변형된 것을 볼 수 있다.210)

다석이 설명하는 '빈 중심'이론은 유학의 '중' 사상과 그 궤적을

---

210) 류영모 번역, 박영호 풀이, 『노자와 다석』, 서울: 교양인, 2013, 36쪽 참조.

같이하는 것을 볼 수 있다. 이를테면 유학의 세계관에 따른 인간의 주체성을 확보하는 기본원칙과 이론적 논리의 형식에서 약간의 차이를 보이지만 궁극적으로 천인합일의 수양 방법에서는 일이관지一以貫之의 사상을 나타낸다. 천지 사이의 비어 있는 중심을 도에 따른 우주적 관점에서 사유 전환을 통한 수양 방법을 제시하며, 유학에서는 천도에 따른 존재론적 관점에서 인간의 내적 수양을 말하고 있다.

선진유학에서의 '중' 사상은 유학의 줄기를 이루고 핵심 사상으로 이어져 오고 있다. 이러한 '중' 사상을 거슬러 올라가 보면 은대 갑골문에서 우주와 세계의 구조를 사방의 위치와 순환형태로 파악함으로써 인식의 주체로서 그 중심점을 설정하여 정립한 것으로 추론될 수 있다. 또한 유가 경전의『서경』「대우모」를 보면 인간 내면의 천리인 심성은 중으로서의 심성을 말하고 있다. 하늘의 이치를 담고 있는 심성의 작용이 결과로 드러나는 현상이 중인데 이는 마음의 중을 확보해야 정일惟精惟一함을 유지할 수 있다. 이와 같은 중의 개념을 다산茶山은 어느 한쪽 면으로 치우치지도 기울지도 않는不偏不倚. 無過不及 것으로 해석하였으며, 서경의 구덕九德으로 이해하였다.211)

다석은 인간이 존재하기 위해서는 도가 펼치는 그 길을 따라야 그 근원의 원인을 찾아서 다툼이 없는 평화의 자리로 돌아갈 수 있다고 한다. 인간은 천지의 질서에 편승하여 존재하므로 그 길을 좇아 순응함으로써 씨알의 자연적 자기를 실현할 수 있다고 본다. 다

---

211) 민황기, 「儒學 '中'思想 形成의 淵源과 歷史的 展開」, 한국동서철학회,『동서철학연구』제47호, 2008, 34쪽, 37쪽, 56쪽 참조.

석은 인간의 내적 자정自正에 따른 공정共正함으로 슬기로운 세상 본보기를 구현하는 이론을 펼친다.

그렇다면 이제 이러한 인간의 존재 이유를 제공하는 도법자연 질서에 대하여 살펴보기로 한다.

(3) 도법자연의 존재 효법

다석은 천지 사이의 비어 있는 중심에서 일어나는 '길을 내고 속알 쌓는' 생득법의 질서는 도의 서·원·반의 과정을 통하여 천지만물이 가는 길을 안내한다고 말한다. 두루 편만하여 미치지 않는 곳이 없고 없어질 위험이 없는 독립불개獨立不改의 하나의 원리를 얻으면得一 '길의 법은 받은 대로 잘된 길'에 의해서 제자리를 회복한다. 덕분德分에 얻는 도의 생명을 타자에게 되돌려 주는 반포反哺之孝의 잘 삶의 길을 찾게 된다.212) 다석은 비어 있는 중심에서 일어나는 도의 자연스러운 살림살이를 도생일의 과정을 통해서 설명하며, 삼생만물의 도법자연의 질서로 돌아가는 생득법의 되먹임反哺의 다살림의 질서의 과정을 언급하고 있다.213)

다석은 도법자연은 자연적 도의 운동 원인이며, 이로 인하여 발생하는 무위자연의 흐름은 하루의 삶의 질서를 형성하고 있다고 본다. 그는 인간이 도의 숨을 쉬는 것은 삼기負陰·抱陽·沖氣爲和의 조화에 의한 것이라고 인식한다. 이 삼기는 '길을 내고 속알 쌓는' 만물三生萬物의 생축 과정과 하나가 되고, 무의 생활화를 통하여 자연적 잘

---

212) 이태호,「노자의 존재론적 구조의 관점에서『도덕경』10장, 11장 번역과 해설」, 한국동서정신과학회,『한국동서정신과학회지』제15호, 2012, 2-3쪽 참조.

213)『도덕경』42장: "道生一·一生二·二生三·三生萬物."; 39장: "天得一以清·地得一以寧·神得一以靈·谷得一以盈·萬物得一以生."; 25장: "人法地·地法天·天法道·道法自然."

삶善攝生의 숨을 유지한다.

다석은 '길의 법은 받은 대로 절로 됨道法自然'의 사유 방식을 전개하는 것에 대하여 다음과 같은 논지를 펼친다.

> 몬 있서 왼통으로 되니有物混成, 하늘 따보다 먼저 났오라先天地生. 괴괴히 고요히, 홀로 섰 다고 곤치지 안하며寂兮寥兮, 獨立不改, 두루 댕긴다고 나 죽지 안흐니, 周行而不殆, 가져다가 셰상 어머니를 삼을 만흐고나可以爲天下母. 내 그 이름을 모르니 블러 길이라 흐자吾不知其名, 字之曰道. 억지로 흐야 이름 크다 흐자.强爲之名曰大. 크면 간다 자大曰逝. 가면 멀다 흐자逝曰遠, 멀면 도라간다 흐자遠曰反. 므로, 길, 커. 하늘, 커. 따, 커故道大, 天大, 地大, 임금 또한 커王亦大. 언저리 근딕 넷 큰 게 있는데域中有四大, 임금도 그 하나에 드오라而王居其一焉, 사람이 법 받은 따人法地, 따이 법 받은 하늘地法天, 하늘이 법 받은 길天法道, 길이 법 받은 제절로로구나道法自然.214)

다석은 유물혼성의 도는 현상의 물질이 아니므로 보이지 않고 보이지 않기 때문에 이름 부칠 수 없고 비어 있다고 설명한다. 참의 세계는 텅 빔 같으나,大盈若沖 그 쓰임은 다함이 없는其用不窮 무궁함의 현상이다. 무와 유가 뒤섞인 혼성체로 이어져 있으며 비움과 쓰임이 늘 공존하는 홀황한 현동의 세계가 펼쳐진다.215)

에너지는 다른 물체로 이동하거나 형태가 바뀌어도 에너지의 총합은 변하지 않는다. 이것을 다석은 천지 사이의 빈탕 가온에서 일어나는 사건이라고 표현한다. 이 빈 곳의 중심에서 우주 원리인 도

---

214) 『늙은이』 25장.

215) 『도덕경』 45장: "大成若缺, 其用不弊, 大盈若沖, 其用不窮."; 1장: "此兩者, 同出而異名, 同謂之玄, 玄之又玄, 衆妙之門."

는 씨알이 되고 그 씨앗을 양육하는 덕에 의해서 만물의 자연적 질서가 형성된다. 다석은 무극의 세계를 미분화적 세계로서 하나의 질서가 연출하는 우주 만물의 움직임을 품고 있는 것으로 표현한다.

다석은 인간이 돌아가야 하는 곳은 '함없음에도 절로 됨'의 조화가 일어나는 빈탕 가온의 자리로 본다. '몬 있어 온통으로 하나 되게 하는有物混成' 것은 도이다. 이 도는 없이있는 한아이다. 인간의 의식이 발현되기 전의 혼성한 상태에서 무위자연의 근거를 발판 삼아 인간의 가야 할 길을 밝혀준다. 이 지혜의 길은 인간의 잘못된 의식으로 가려 있다. 인간의 점진적 수양에 따른 되새김의 슬기知和를 통하여 속알을 깨우고 길러서 자연적 영역에로 넓혀 나가야 한다. 거듭 쌓은 속알重積德에 의하여 가야 할 길이 밝게 뚫려야만 아무것도 주재하지 않는 무의 세계復歸於無物로 돌아가게 된다.

다석이 설명하는 왼통 하나는 무극이태극을 말하며『늙은이』14장: "므로 왼통으로 하나됨이여故混而爲一", 22장의 무위자연의 "하나의 질서를 품어 세상 본보기가 된다抱一爲天下式" 등으로 해석하며『늙은이』전체 내용을 추론해 보면 도의 흐름을 주선하는 혼성 혼일 포일의 세계를 설명하는 것으로 볼 수 있다. 그리고 늘 그러한 도의 실체는 없으나 만물의 존재 근거를 제공하는 부분에서는 있이 활동하는 하나의 흐름으로써 '없이있는 하나'라고 표현한다.216)

다석은 없이있는 하나의 흐름을 통하여 유의 세계에서 무의 세계인 → 지 → 천 → 도법자연으로 전환하는 과정에서 서서히 생동하

---

216) 류영모,『다석일지』제1권, 서울: 홍익재, 1990, 652쪽 참조, 5권 501-550쪽 참조; "無遠大一上上我, 有近小多下下何, 上上至上無極上, 下下止下有終下, 原始反終追遠慕, 有終無極東上下, 上之上達心圓覺, 下之下底物重荷." 절대무절對無는 원대하고 왼통 하나로서 높고 높은 하나님이다(김흥호,『다석일지 공부』3권, 서울: 솔출판사, 2001, 489-490쪽 참조).

여 밝게 비치게 길을 열어주는徐淸徐生 하나를 득함으로써 자연스러운 흐름을 타고 긍정의 세계로 진입함을 설명한다. 만물은 도에게 존재 근거를 제공받아 자신의 전일성(체)을 확보하여 저절로 그러함의 고른 어울림用을 통하여 자기를 발전시켜 나간다. 도는 저절로 그러함을 용으로 삼고 저절로 그러함은 상도를 체로 삼으므로 도즉 자연이 되어 체용적 본성론의 이론적 근거를 제공한다.217) 인간의 정신세계는 하늘과 상합하여 생득법의 사유 구조를 통하여 자빈자화의 접점을 찾고 덕의 선행으로 하루살이의 안정된 삶의 질서와 공정한 세상을 실현한다.

다석은 도의 생득법의 질서가 없다면 우주 만물은 혼돈에 빠진다고 말한다. 만물이 다 함께 어우러져 서로 느끼고 동하여 고루 뚫려 저절로 자라는 것은 길의 늘 이름 없음道常無名의 없이있는 늘빛을 쓰는當其無用 이로움이다. 그것으로부터 존재 근거를 차용하여 활력과 생기를 충만하게 받을 수 있다는 인식 때문이다. 무의 존재 근거는 만물을 부드럽게 감싸고 임자 노릇을 하지 않고萬物歸焉, 而不爲主 만물의 중심축을 잃지 않게 한다.218) 다석은 인간의 길 따름道從事의 사유 방식에 주목하고, 이를 생득법의 이론체계에 적용하여 논의한다.

다석은 인간의 제나로부터 얼나를 실현하는 것을 도의 보이지 않는 세계를 통하여 끊임없이 드러내는 무위자연의 늘앎知常에 의한 것으로 설명한다.219) 이것은 하늘의 얼과 교통을 이루는 방식으로

---

217) 김종욱,「무아에서 진아까지」, 범한철학회,『범한철학』제43호, 2006, 20쪽 참조.

218)『늙은이』4장: "길은 고루 뚫렸해 쓰이고(道, 沖而用之), 아마 채우지 못할지라(或不盈)"; 52장: "다시 그 어머니를 지키자(復守其母), 부드러움 찌킴을 세다 함(守柔曰强)."; 43장: "빔 뚫린 김으로서 고르렀음이여(沖氣以爲和)."; 5장: "가온 지킴만 같지 못해(不如守中)."

219)『늙은이』22장: "하나를 품어 세상 본(보기)이 된다(抱一爲天下式), 제 뵈지 않으므로 밝고(不

이루어진다. 인간은 하늘에서 보내는 원기元氣를 받아 마셔야 천지와 상합을 이룬다. 마음 중심에 한 긋 점ᛦ을 찍으면 가온샘으로부터 잘 삶善攝生의 생명의 기운이 나와 인간의 아름다운 형체画를 구성하여 심신이 하나가 된다.

이를 다석은 『주역』의 원형이정元亨利貞의 정신을 통하여 하늘에 제사元亨를 지내고祭享 생각을 통하여 씨를 뿌리면 열매를 거두게 되는 것利貞이라고 말한다. 참다운 인간상을 실현하기 위해서는 쉼 없이 이어지는 천인상합의 체계를 통하여 얼나를 찾아야 하는 내적 수양의 논리가 필요하다.220)

다석은 인간의 사유를 전환함에 따라 무의 존재 근거의 원인을 제공받고 유와의 상보관계를 통하여 고른 앎知和에 따른 없이있는 생명의 잘 삶을 체득할 수 있다고 본다. 그렇다면 무에 맞춰 사는 잘 삶은 무엇을 말하는 것인가? 이에 다석은 '길을 내고 속알을 쌓는 잘된 길'을 이루어야 함을 강조한다. 이는 무위자연의 존재 효법의 방식을 통하여 유의 이로움을 이루는 존재 근거를 찾는 것으로서, 그것은 멀리서 찾을 대상이 아니다. 인간 내적 질서를 형성하고 있는 선德善의 무위자연 질서를 믿고 따르는德信 속알의 명료한 지혜이다.

잘된 하루의 길善行을 통하여 밖으로는 사물의 분별력을 멈추고 안으로는 내적 삼보를 발동하여야 한다. 인간은 이러한 선에 따른 고른 앎知和으로 '저 아는 게 밝아져自知者明' 자명함을 확보한다. 그러

自見, 故明), 제 옳다않으므로 나타나고(不自是, 故彰), 제보라지 않으므로(치사하다간 없어지는) 공(이 그대로)있고(不自伐, 故有功) 제 자랑 않으므로 길리라(不自矜, 故長). 그저 오직 다투질 않는다(夫唯不爭)."; 24장: "제 뵘 이 밝지 못하고(自見者不明), 제 옳건 이 나타나지 못하고(自是者不彰), 제 봐란 공 없고(自伐者無功), 제 자랑 길지 않으니(自矜者不長)."

220) 류영모 원저, 박영호 엮음, 『다석 류영모 어록』, 서울: 두레, 2002, 79-83쪽 참조.

므로 '깊은 뿌리에서 활짝 핀 꽃의 현상을 그대로 보는是謂深根固, 長生
久視之道' 명관明觀의 사유를 마련하여 심근고저의 자기를 실현한다.
따라서 가온지킴에 따른 슬기로운 수비형守備形 인간을 형성하여 자
연스런 지혜가 솟아나는 성전체誠全體를 완성한다.

다석은 이러한 선을 이루며 심신일체의 전일한 삶으로 잘 사는
자善攝生는 공생공존의 어울림으로 무위의 흐름을 알고 고르게 어울
리게 하는 된 길을 따라 족함을 알게 된다고 말한다. 그러므로 '씨
알 저절로 되는我無爲而民自化', '마침내 어려움이 없는故終無難矣' 내적 밝
음의 고른 앎知和을 품게 된다.

다석은 인간은 '길의 실마리是謂道紀'의 움직임을 관하려면明觀 '멈
춰야 하는 때를 알게 하는明知 능수能守의 사유관'을 지녀야 한다고
언급한다. 이러한 사유 방식은 몸을 속알로 닦고 이에 명료한 밝은
몸修之於身, 其德乃眞을 가지고 자기의 몸을 보는故以身觀身 것이다. 도와
덕을 알 수 있는 자기 효능에 따른 능성能成의 믿음이다. 선위자로
서의 자기의 자명한 자승자강의 존귀함吾貴身을 알고 현덕으로부터
우러나오는 자기애吾愛身를 지키는 것을 말한다.

이를테면 자기를 수용하고 도와 덕에 따른 자기 개발을 할 수 있
는 자만이 오무신吾無身의 자기를 형성한다. 또한 왜곡된 자아를 주
재하지 않는 무위我無爲함으로 스스로 자기를 찾는 자화自化의 수세형
守勢形 인간을 구현한다. 다석은 『늙은이』를 통해 쉼 없이 변화하는
천지의 흐름을 따라 어느 것에도 머무름이 없이있는 그대로 보는
자연적 존재 방식을 설명한 것이다.221)

---

221) 『늙은이』 54장: "잘 안은 것은 벗어나지 않아(善抱者不脱), 잘 세운 것은 빠지지 않고(善建者
不拔), 몸에 닦아서 그 속알이 이에 참하고(修之於身, 其德乃眞), … 므로 몸을 가지고 몸을
보며(故以身觀身)."

도의 섭생으로 안정태의 심신을 이루게 되면 마음에 잡스러운 생각이 소멸되고 헛된 욕망이 깃들지 않으므로 허정심의 마음을 이루게 된다. 그리고 그곳으로부터 밝은 지혜가 드러나 이름 붙일 수 없는 도오道奧의 오묘한 지혜를 체득하게 된다. 따라서 포용하지 못할 것이 없게 돼 공정하게 되고 사사로움이 없어져 인위적인 사악함도 당해 내지 못한다. 밝은 지혜가 사방으로 퍼져 나가 영백이 하나 됨으로써 부드러운 전기가 심신을 감싸 안고 도의 지혜가 흘러 현묘한 도가 우리 심신을 통하여 무위자연의 덕을 드러내는 것을 말하고 있다.

다석은 도의 자연적 동인에 따른 사유의 분화 과정은 사물의 존재 현상에서 도가 무의 세계를 통하여 바탕을 제공하면 덕은 존재할 수 있는 현묘함을 볼 수 있다고 한다. 이는 덕의 자연적 생성운동의 존귀한 일로써 이것과 저것을 비교할 수 없는 만물 그 자체의 아름다움을 그대로 드러낸다. 이러한 외적 변화의 흐름을 알고 그것을 통하여 내적 질서를 일깨워 다함이 없고 어긋남이 없는 도의 자연적 흐름으로 긍정의 세계에 심신을 의탁할 수 있다고 말한다.222)

다석은 도의 자기실현에 따른 사유의 분화과정 속에서 씨알은 원일물불이元一物不二의 한아와 함께하는 것으로 말한다. 이는 무위로써 하늘 문을 열어 자기를 사랑하고 이웃을 사랑하는愛民治國 질서를 체득한다. 그 흐름으로 도와 덕에 의하여 생축되는 인간과 사물無棄人. 無棄物은 모두 존귀하다. 따라서 도의 자애로 만물을 잘 구제해야 하는 긍정적이며 적극적인 자연스러운 사유를 제창한 것이다.常善救人物

---

222) 『도덕경』 16장, 51장.

또한 자기를 귀하고 사랑하게 하여 인간의 존귀함을 알게 하는 것은 자균자화의 제자리를 지켜 하늘과 짝하는 것이다. '길을 내고 속알 쌓는' 생득법의 구조에 의하여 존재의 근원을 효법함으로써 그 자연성을 구현하는 것이다.

다석은 생득법의 논지를 증명하기 위하여 즉유증무의 방식을 제시하는데 이에 대하여 다음의 논의를 통해 그 길을 따라가 본다.

2) '길 따라 저절로 됨道法自然'의 정초

(1) 즉유증무即有證無의 방식

다석은 도의 아주 큰 그림大象에 맞춰 사는 것만이 씨알의 정체성을 유지하는 것이라 설명한다. 대상大象의 영속성에 의한 내적 항상성을 유지함으로써 도에 따른 자연적 영역이 확보된다. 인간의 무절제한 외향성을 구태여 하지 않아도 되는 불감위不敢爲의 사유로 전환한다. 그러므로 감각적 의식은 뒤에 있게 됨으로써 사물의 분별심은 저절로 소멸한다.

다석은 인간의 인위적 사유는 자정능력에 의하여 잘된 길을 회복하고 무의 영역이 드러나 저절로 소멸하게 된다고 설명한다. 도가 덕을 통하여 현상계를 드러내는 변화의 과정이다. 이는 무위자화의 흐름에 따른 자균의 섭생화에 따른 부드러운 변화를 통하여 만물이 제 역할을 수행하는 것이 도의 존재 과정이다. 사계절이 자기의 본분을 망각하지 않고 제 역할을 성실이 이행하는 것과 같다. 도는 무위자연의 질서로 만물을 이루고도 그 공, 즉 상대성에 머물지 않고 더 많은 일을 수행한다. 인간은 스스로 살려고 하는 목적의식의 강함으로 도의 영속성에서 벗어나게 되면, 유한성의 분별의 세계에

갇혀 오래가지 못한다.[223)]

무의 이로움에 의하여 유는 자연적 영역에로 확장되는 과정을 겪는다. 그리고 쉼 없이 이루어지는, 즉 길 따라 저절로 됨의 항상성이 효능은 써도 다함이 없는 대상大象의 영속성으로 펼쳐진다. 이것이 인간의 잘못된 생각을 편용의 무한 영역으로 이끌어 소멸시킬 수 있는 근거이다.

다석은 대상의 움직임을 유의 현상 세계를 통하여 논증한다. 무의 쓰임은 있는 듯 없는 듯한 혼현混玄한 잠재적 가능성의 미명微明의 세계 속에서 유한한 세계속에 깊고 아득한 한 무리의 빛無爲自然으로 존재 근거의 원인을 제공한다. 그리고 스스로 모든 것을 있게 하여 만상을 감싼다.[224)] 다석은 이를 어머니의 비어 있는 품으로 묘사하고 그 속에서 일어나는 천하의 존재 사건으로 설명한다.

다석은 만물의 존재처를 제공하는 식모의 존재를 알고 지켜 행함으로써 덕의 영속적 항상성愼終如始의 자리를 지속적으로 유지하라고 말한다. 인간이 잘된 길善行을 파악한다면 멀리 나가지 않아도 우주의 원리를 인간의 내적 질서인 무위자연을 통하여 볼 수 있다. 그것은 도의 지혜 때문이다. 이는 분별지의 부정과 관련이 있다. 무욕·무명의 자리에서 한결같음을 관할 수 있다면 현상계의 장애를 넘어 자연적 현동의 세계와 하나가 될 수 있는 것이다.[225)]

---

223) 『도덕경』 23장: "希言自然, 故飄風不終朝, 驟雨不終日, 孰爲此者, 天地, 天地尙不能久, 而況於人乎."; 29장: "將欲取天下而爲之, 吾見其下得已, 天下神器, 不可爲也, 爲者敗之."; 30장: "故善者果而已, 不敢以取强焉, 果而勿矜, 果而勿伐, 果而勿驕, 果而不得已, 果而勿强, 物壯則老, 是謂不道, 不道早已."

224) 『도덕경』 21장: "孔德之容, 惟道是從. 道之爲物, 惟恍惟惚. 惚兮恍兮, 其中有象. 恍兮惚兮, 其中有物."; 37장: "道常無爲而無不爲, …萬物將自化"; 57장: "我無爲而民自化, 我好靜而民自正, 我無事而民自富, 我無欲而民自樸."; 73장: "天之道, 不爭而善勝, 不言而善應, 不召而自來, 繟然而善謀, 天網恢恢, 疎而不失."

225) 김흥호, 『다석일지 공부』 제3권, 서울: 솔출판사, 2001, 556-558쪽 참조.

다석은 일상적 인간은 이와 같은 도법자연의 존재 방식을 본받아 자균자화에 맞춰 살아야 한다고 강조한다. 이를 위해 인간은 천도의 이치를 제대로 관하는 명관明觀의 사고 체계를 지녀야 한다. 이는 사물의 가치에 관심을 두기보다 '깊은 뿌리로부터 드러나는 활짝 핀 꽃의 현상을 그대로 보는是謂深根固, 長生久視之道' 저절로 된 길을 따라 사는 잘 삶의 사유 방식이다. 음양의 양극성을 포용하여 하나로 꿰뚫는 잘된 하루 길의 활동으로 '고루 뚫려 있음을 쓰고', '빔 뚫린 김으로 고르게' 하여, 덕이 솟아난 길을 따라 사는 가온인간을 이루는 것이다.

다석은 인간의 존재 방식을 '그늘을 지고 볕을 품에 안고萬物負陰而抱陽', '빔 뚫린 김으로 고르게沖氣以爲和' 하는 조화의 자리에 늘 있어야 함을 언급한다. 그러므로 그곳으로부터 솟아나는 자연적 기운으로 조화를 이루어 제 역할을 다함으로써 어머니 품을 떠나지 않는다.226)

다석은 만물 그 자체의 자연성이 드러나는 현상을 없이있는 하나의 중심으로부터 펼쳐지는 중보衆甫의 현상으로 설명한다.

> 다 큰 속알의 얼골은, 오직 길을, 밭싹 따름惟道是從, 길의 몬 됨이 오직 환, 오직 컴道之爲物, 惟恍惟惚, 컴흐고 환데 그 근딕 거림이 있恍兮惚兮, 其中有象, 환흐고 컴흔데 그 근딕 몬이 있惚兮恍兮, 其中有物, 아득, 앗득. 그 근딕 알짬이 있窈兮冥兮, 其中有精, 그 알짬

226) 정세근,『노장철학』, 서울: 예문서원, 1996, 46쪽 참조; 노자 원저, 류영모 번역, 박영호 풀이, 『노자와 다석』, 서울: 교양인, 2013, 34장 참조; 장일순 저, 이현주 역,『노자이야기』, 서울: 삼인, 2003, 412쪽 참조; "큰 길이 둥 떴음이여(뚫렸음이여)(大道氾兮), 외계도 옳게로다(이렇게도 저렇게도로다)(其可左右). 잘몬이 믿으라고 나(오)는데 말리지 아니하고(萬物恃之而生而不辭), 일을 이뤄도 이름지어 가지지를 아니하고(功成不名有), 아껴 기른 잘몬인데 임(자가) 되지 아니하니(衣養萬物而不爲主), 늘 싫음이 없어라(常無欲)."(『늙은이』 34장).

이 아조 참 그 근딕 믿음이 있其精甚眞, 其中有信, 예부터 이제껏 그 이름이 가지를 않아서自古及今, 其名不去, 뭇 비롯 [아름답]을 봐넘기오라以閱衆甫. 내 뭘 가지고 뭇 비롯의 그런가를 알가 흔다면吾何以知衆甫之狀哉 이로써르以此.[227]

인용문에서 다석은 혼연한 없이있는 무의 세계에서 일어나는 사건을 설명한다. 마음을 비움으로써 고요해지고 덕의 생명과 통하여 만물의 일이 일어나기 전에 알 수 있다. 따라서 문밖을 나가지 않아도 천하를 알고 창밖을 보지 않아도 하늘의 도를 아는 것과 같다. 다석은 비어 있는 중심에서 일어나는 사건으로서 존재 근거의 원인을 제공받는 근원처로서 중묘지문을 언급한다.

이는 시모의 품으로 비유된다. 이곳에서 시작되는 형상의 움직임에 의하여 덕을 쌓아 무위자연의 길을 찾았을 때 인간의 내적 질서와 천지의 흐름이 하나의 동일한 흐름에 의해 운행되고 있음을 알게 된다. 이를 되새기게 하는 슬기知和가 중요하다. 인간의 고른 앎으로 거듭 쌓는 속알은 심신의 사유를 하나 되게 하는 어울림으로 내면을 밝게 비치게 하고, 사유의 지평을 확장시켜 대상의 항상성을 유지하게 한다.

다석은 만물의 병작竝作 과정의 되어 감의 실마리를 볼 수 있는 것은 무욕의 쓰임으로 상대 세계를 벗어날 때 그 실마리를 볼 수 있다고 한다. 그러므로 도의 자리를 찾게 될 때 홀황한 세계를 경험한다. 도를 따르는 사람은 만물이 되어 가는 과정을 보기 때문에 모든 것을 수용할 수 있는 속裏이 알찬 현덕을 지닌다. 인간이 텅 빈 무를 모범으로 삼아 덕을 쌓아감에 따라 자기 장애를 조화시켜

---

227) 『늙은이』 21장.

본연의 자리로 되돌아가는 과정이 필요하다. 본연의 자리로 되돌아가는 것이야말로 인간이 하루를 성실하게 사는 것이다.

도의 세계는 미묘하여 알 수 없고 흐릿하여 볼 수 없는^{恍惚}, 그윽하고 어둑어둑한^{窈冥} 상태이다. 도가 자기 전개를 통하여 형상의 조짐을 드러낸다. 혼연한 세계는 그 무엇으로도 표현할 수 없다. 이 세계는 무엇에 의존하지도 않고 변하지도 않는^{周行而不殆} 하나로 통하고 쉼 없이 흘러 '함 없어도 못 이루는 것이 없는^{道常無爲而無不爲}' 무의 영역을 펼친다. 무의 세계에 근원을 둔 환중의 회통처는 존재 근거의 원인을 제공한다.[228]

다석은 이러한 현상을 인체로 묘사하여 설명한다. 사람의 몸을 악기에 비유하고 마음을 척추를 중심으로 흘러나오는 음악과 같은 것으로, 비어 있는 풀무로부터 쉼 없이 솟아나는 얼로 묘사한다.[229] 다석은 보이지 않는 무의 세계에서 유의 세계로 넘어오는 변화의 과정에서 '그 가운데'[그딕] '상이 있고^{恍兮惚兮, 其中有象}', '환하고 컴컴한 그 가운데 물질을 형성하는 근거가 있어^{惚兮恍兮, 其中有物}', '아득 아득한 가운데 그 명료함을 볼 수 있는 정기^{窈兮冥兮, 其中有精}'가 있다고 한다.

다석은 만물을 생육하는 덕으로부터 드러나는 무^無의 차원은 고요한 듯 보이나 그 깊이는 그윽해서 정기로 조화로움을 이루고 있는 미세한 상태에 있다고 본다. 지극한 정기는 만물의 아름다움을 이루는 공덕을 따라 두루 흐르며 상에서 물의 속성으로, 그리고 그

---

228) 김승영, 『한국성리학의 인식과 실천』, 대전: 도서출판 빈들, 2019, 281쪽 참조.

229) 류영모, 『다석일지』 제1권, 서울: 홍익재, 1990, 13쪽 참조; 류영모, 『다석일지』 제2권, 서울: 홍익재, 1990, 567쪽 참조; 류영모 원저, 박영호 엮음, 『다석 류영모 어록』, 서울: 두레, 2002, 213쪽 참조.

공덕을 이루나 머물지 않고 더 많은 일을 이룬다.

다석은 무의 존재 근거인 자연적 어울림을 출현시켜 예로부터 지금까지 이어지는 곡직의 사유를 동원하여 '뭇사람의 지나친 제자리를 다시 돌려놓는다復衆人之所過'고 본다.230) 다시 말하자면 무의 존재 근거를 기반으로, 도의 늘 이름 없는, 그 없는 구석을 씀으로 인간의 감각과 인식을 무화시켜 덕의 변치 않는 흐름精信에 동참할 것을 요청한다.

다석은 만물의 아름다움을 드러내는 중보의 실재성은 진실함甚眞으로 드러나 감응력을 갖게 되고, 지금까지 이어져 오고 있는 만물의 진실을 명료하게 체득할 수 있는 흐름으로서 이해한다. 진실한 세계는 영속적 항상성을 품고 만물의 아름다움을 그대로 드러내는 존재의 근거象·物·精·信를 제공한다. 빈 중심에서 일어나는 미세한 상象·물物·정精의 조화로움은 한 치의 착오도 없이 자승자강의 자기를 형성한다.

대상의 항상성을 유지할 때 안정태의 상태를 확보하게 되는데 이는 영속성이 펼쳐지는 천지 사이의 변화의 흐름을 따르는 자는 처음과 마지막이 동일하게 움직이는 자연적 상태를 유지한다. 사람의 일을 앞세워 그 흐름에 앞서려고 하는 자는 도를 좇기 위하여 자신의 욕구를 억제하는 불감위적 사유의 전환으로 지나쳐 온 제자리로 돌아오게 한다.231)

다석은 상·물·정을 포용하고 있는 혼일의 상을 대상大象으로 설

---

230) 『늙은이』 64장: "하고자 않기를 하고자 하고(欲不欲), 얻기 어려운 쓸몬을 고이지 않고(不貴難得之貨), 잘못 배우지 않기를 배우고(學不學), 뭇 사람의 지나친 것을 다시 돌려놓아(復衆人之所過), 잘몬의 제대로를 믿으라 함으로써요(以輔萬物之自然), 구태여 아니함(而不敢爲)."

231) 『도덕경』 35장: "執大象, 天下往, 往而不害, 安平太, … 視之不足見, 聽之不足聞, 用之不足旣."; 64장: "愼終如始, 是以聖人欲不欲, 復衆人之所過, 以輔萬物之自然, 而不敢爲."

명한다. 그리고 이를 '빈탕한데'와 같은 의미로 이해한다. 이 비어 있는 천지 사이에는 온통 '한얼'로 가득 차 있다. 다석은 이것이 만물을 변화시키는 것으로 본다. 천지가 있기 전에 무극이라는 허공이 있다. 그 중심에는 하나로 움직이는 태극이 있으며 이것이 뜻象을 보내 우리의 속알을 깨워 인간을 곧바로 서게 한다.[232] 잠재적 가능성을 내포한 미명微明으로부터 생성을 위하여 먼저 습명의 선행을 통하여 천지 흐름을 알고 나를 지켜 유와 무의 경계에 서는 것이다. 인간 의식의 심화과정, 즉 지향성의 양의 질서와 포용성의 음의 혼연한 경계에 서서 도의 조화로 균형을 유지하는 것을 말한다.

다석은 '상象'을 '그림'으로 해석한다. 지금 여기의 순간을 즉시 포착하는 '즉관의 상'으로 본 것이다. 다석의 즉관은 주객 미분화 상태의 궁극적 존재와의 혼연일체를 이루는 활연관통豁然貫通하는 도의 현지우현의 체득 과정이다. 이는 무의 세계를 통하여 유의 생성 활동의 오묘한 세계를 증유증무의 방식으로 이해하고 아는 것이다.

『늙은이』에서의 상象은 무한정한 대상의 도로서 기의 운동과 뒤섞여 있는 의미로 해석된다. 왜냐하면 다석은 없이있는 하나의 사상을 중심으로 자신의 이론을 전개한다. 특히 '없이있는' 개념을 『늙은이』에서 혼성·혼일·포일과 같은 의미로 해석한다. 기와 상은 우열을 가리지 못하는 유물혼성의 상태를 말한다. 형태는 없지 만無狀之狀 잠재적 가능성을 내포하고 있는 대영약충大盈若沖 其用不窮의 혼현混玄한 무명의 세계를 설명하고 있다.

왕필은 대상을 하늘의 상과 도의 상으로 해석하며, 하상공은 자연계에서 일어나는 사물의 일체현상을 '법상'으로 해석하며[233] 이

232) 류영모, 『다석일지』 제1권, 서울: 홍익재, 1990, 87-88쪽, 663쪽.

에 반해 무상지상의 성령 하나님으로 보는 경우도 있다.[234] 다석은 대상을 허공·무극·없이있는 하나 등으로 해석한다.[235] 어떤 사물이 변화되어 형形이 드러나기 이전에 징조와 기미를 보인다. 이것이 대상大象이다.

이 상은 천지에 널리 펼쳐 있으며 미세하게 움직여 때에 맞춰 저절로 찾아와 응하고 사물의 아름다움을 유지한다. 기미가 나타나기 전 도가 펼치는 무위자연의 상으로써 무엇을 얻고자 하는 마음의 환란으로부터 벗어날 수 있으며 제자리를 지키게 하는 지혜의 힘을 준다.[236] 즉관에 따른 점진적 상을 통하여 관하되 잡지 않고 놓아두면 하늘 길과 맞닿는 늘길에 의하여 중심을 바로 세울 수 있다.

다석이 상을 그림으로 표현하고 있는 것은 인간의 사유를 고정화하여 한정시키는 방편이다. 천지 만물의 형상을 있는 그대로 그림에 담을 수는 없기 때문이다. 창의적인 표현으로 받아들일 수 있으나 도의 미분화적 혼연성을 설명하기에는 여전히 한계가 있다. 다석은 이상과 현실의 조화를 아우르는 늘앎知常으로 상대성의 경계를 허무는 통섭의 사유를 전개한다. 인간은 이러한 사유를 통하여 현실을 그대로 보는 자정능력을 함양하면 심신의 변화를 겪게 되어 있다. 현재 사유하는 감각적 의식과 몸이 온전히 하나가 되면서 자신을 객관적 대상으로 관찰할 수 있는 존재가 바로 인간이다. 천지

---

233) 『도덕경』 35장: "大象, 天象之母也, 不寒不溫不涼, 故能包統萬物, 無所犯傷, 主若執之, 則天下往也."(왕필 저, 임채우 역, 『왕필의 노자』, 서울: 예문서원, 2001, 143쪽); 『도덕경』 21장: "道唯忽悅無形, 之中獨有萬物法象."(이석명, 『노자도덕경하상공장구』, 서울: 소명출판, 2007, 157쪽 참조).

234) 노자 원저, 류영모 번역, 박영호 풀이, 『노자와 다석』, 서울: 교양인, 2013, 184쪽 참조.

235) 류영모, 『다석일지』 제1권, 서울: 홍익재, 1990, 546쪽, 664쪽 참조.

236) 『도덕경』 63장, 64장, 73장.

간의 중심에서 흐르는 함이 없어도 저절로 된 길에 몸을 의탁하고 그 길로부터 우러나오는 자균자화의 뜻으로 마음의 무상심을 이루고 심신일체의 잘 삶으로 다툼없는 조화의 세계를 구성한다.

다석은 심신의 하나 됨의 대상의 흐름을 길 내고 속알 쌓는 생득법의 구조로 설명한다. 이를 인간존재에 대입시켜 도를 체득한 성인으로서 미묘현통의 사유에 의하여 늘 한길을 좇는 선행을 이루어야 한다고 본다.[237] 그리고 생득법의 방식으로 지금 여기에 있는 만물을 통해서 도의 실마리를 찾는다. 생은 상도의 조화를 말하며 득은 천지인 사이의 무위자연의 흐름이 천지 만물에 공용됨을 아는 것이며 이를 통하여 도법자연의 세상 본보기를 구현하는 것이 생득법의 구조이다.

이를 테면 물질의 내부는 정기로 가득 차 있지만 인간에게는 아무것도 없는 텅 빈 공간으로 보일 뿐이다. 이 텅 빈 중심에서 보이지 않는 힘에 의하여 융합하여 조화와 균형을 이룬다. 다석은 부음포양의 세력을 부드러운 충기의 힘으로 온화하게 하지 않으면 양기가 변화를 할 수 없고 음기도 화합할 수 없게 된다고 말한다. 이것은 각각 상반되는 음양의 기를 충기위화에 의하여 우리 몸의 정기를 지극하게 하면 초목이 이삭을 드러내고 이삭이 열매를 맺는 병작운동을 일으키는 이치와 같다고 본다. 이러한 충화의 운동에 의하여 정기가 합치되지 않으면 조화할 수 없으며 조화는 기로 가득 차 있는 비어 있는 중심으로부터 이루어지고 있음을 말하고 있다.

---

237) 『늙은이』 15장: "옛 간 잘된 선비는(古之善爲士者),뭣 야믈(게) 감 뚫렸음이여(微妙玄通), (그) 깊이 모르겠어라(深不可識)."; 20장: "나 홀로 남보다 달라서(我獨異於人), 어머니 (젓) 먹기를 높이노라(而貴食母)."; 22장: "이래서 씻어난 이는(是以聖人) 하나를 품어 세상 본(보기)이 된다 (抱一爲天下式), … 참말로 성히 (돼서) 돌아가지이다(誠全而歸之)."; 52장: "이젠 그 아들을 아니(旣知其子), 다시 그 어머니를 지키자(復守其母) 몸이 빠지도록 나죽지 않으리(沒身不殆)."

혼성의 하나는 함이 없는 것 같지만 비어 있는 충기를 활용하여 자연적 조화를 이루어 나간다. 조화롭다는 것은 선을 이루는 것을 말하며 부조화를 이루는 것은 불선을 말하는 것이다. 다석은 없이 있는 무의 세계로부터 이루어지는 존재과정을 생득법의 질서로 설명한다. 이루어져 있는 것들은 없는 것인 무에서 나왔으니, 만물을 존재하게 하는 혼성의 도는 천지 사이의 움직임이 있기 전 정동이 혼연하게 있는 선천의 흐름을 말한다.

이러한 하나의 질서는 약존약망한 가운데에서 덕의 상을 드리워 정을 움직임으로 물의 존재 의미를 드러나게 한다. 인간의 사유를 통하여 만물을 만물답게 참으로 진실되게 보게 하고 아름다운 그 모습을 있는 그대로 보게 한다.

다석은 천지의 흐름과 현상계와의 조화를 논리로 삼는 노자의 이론은 천지 만물의 이치인 물리에 대하여 밝히고 있음을 강조한다. 이를 통하여 몸이 있으면 마음이 있고 꽃을 보는 순간 그 뿌리가 있다는 것을 아는 것이며 태양이 있다는 것은 은하계가 있다는 것을 아는 것이 즉유증무의 내용이라고 말한다.[238] 인간은 이로부터 중보의 질서가 펼쳐지는 속에서 보이지 않는 세계를 드러내는 즉유증무의 사유로 길을 내고, 속알 쌓는 잘된 길을 체득하고 증명한다.

(2) 무의 분화 과정

다석은 곧게 뻗은 참 길을 따라가는 무의 생활화에 따른 조화로움을 자연한 도의 전개과정에서 파악한다. 이로부터 분별적 앎을

---

238) 류영모,『다석일지』제1권, 서울: 홍익재, 1990, 19쪽 참조; 김흥호,『다석일지 공부』1권, 서울: 솔출판사, 2001, 43-44쪽 참조.

멈추면 사유의 전환을 이룰 수 있는 계기가 마련된다. 하이데거 Heidegger(1889-1976)는 인간의 존재 방식을 현상학적으로 접근하며 존재자가 아닌 것으로서 무를 대면한다. 무는 질적 변환을 말하며 존재자 전체를 부정하는 동시에 존재자의 의미를 드러낸다. 또한 그는 왜 존재자는 있고 무는 없는가[239]라고 존재적 측면에서 묻는 반면, 다석은 무는 미세한 움직임으로 유에게 사유의 근거를 제공하고 하나로 모이게 함으로써 유의 유용성을 드러내는 존재론적 방식으로 답한다.

다석은 무는 사라지거나 없어지는 것이 아니라 비어 있는 그대로 유에게 다툼없는 고요함의 존재의 바탕을 제공하는 것으로 본다. 그것은 유와의 상보관계를 형성하고 상호 공존한다. 다석은 이 점에 대해서 수레의 바큇살이 비어 있는 곳으로 모임으로써 그 수레는 자연적 기능을 발휘할 수 있다는 점에 주목한다. 그릇은 비어 있음으로써 그릇의 역할을 할 수 있다. 인간은 또한 '없는 구석을 쓰는當其無用' 이로움으로 내적 자정自正에 따른 공정共正함으로 소박한 세상 본보기를 구현하여 세상의 중추적 역할을 담당할 수 있다.

세상 모든 것들이 하나로 모일 수 있는 것은 당기무용의 유용함이 있기 때문이다. 인간의 몸과 마음이 하나가 되는 것은 공존공생의 연대의식에 따라 천지의 흐름도 하나요, 인간의 내재적 흐름도 하나의 질서에 움직이고 있다는 것이다. 당기무용의 빈 곳에서 일어나는 사건은 허이불굴에 따른 동이유출의 무위자연의 흐름이다. 자연의 도가 하는 일은 풀무질이다. 만물은 풀무질에서 나오는 바

---

239) 김종욱, 「하이데거의 무(無)와 불교의 공(空)사상」, 한국하이데거학회, 『하이데거연구』 제6권, 2001, 25-26쪽 참조.

람沖氣以爲和에 의하여 생장한다. 비어 있는 부드러운 기운虛而不屈의 곡
직의 힘은 안 미치는 곳이 없으며 쉼 없이 나온다.動而愈出 빈 중심에
서 나오는 불굴의 기운은 자연적 운동으로 팽창과 수축을 자유롭게
할 수 있다.

도는 언제나 비어 있다 채워지기를 원치 않는다. 쉼 없이 돌고
있기 때문이다.致虛恒也. 虛而不屈 곧게 펼쳐 굽히지 않고 서원반의 자연
운동에 의하여 순환한다. 천지 사이에서 일어나는 사건은 상도의
무위무불위의 작용에 의해 현덕을 행함으로써 주재할 일이 없게 되
므로 고요함을 유지하고 그 고요함 속에서 인간의 지혜가 드러난
다. 이러한 대자연의 흐름을 본받는 인간은 지혜를 통해 정신을 하
나로 모아 몸과 마음을 비워야 한다. 비어 있음으로 볼 수 있고 들
을 수 있으며 상도의 흐름을 알고 지켜 체득할 수 있다. 이는 천지
의 중심에서 일어나는 만물병작의 흐름을 볼 수 있고 그것을 통하
여 인간의 자기가 있어야 할 자리를 알 수 있다.[240]

다석은 무의 흐름은 자신의 공을 드러내지 않으며, 늘 제자리에
서 묵묵히 유의 자기 전개를 돕고, 그리고 언제든지 필요에 따라 다
석은 자신을 빌려주는 것으로 이해한다. 이러한 측면을 염두에 두고 다
석은 '길의 고루 뚫려 있음을道. 沖而用之' 알게 하는 늘앎과 '빔 뚫린
김으로 고르게沖氣以爲和' 하는 고른 앎의 충용충화의 영속적 항상성
에 대해 설명하고 있다.[241]

---

240) 『도덕경』 16장, 21장, 28장 참조.

241) 『늙은이』 4장: "길은 고루 뚫렸해 쓰이고(道, 沖而用之), 아마 채우지 못할지라(或不盈), 깊음
이여, 잘몬의 마루 같구나(淵兮似萬物之宗)."; 5장: "비었는데 쭈구러들지 않고(虛而不屈), 움
직여서 움질움질 나오니(動而愈出)."; 41장: "길은 숨어 이름 없어(道隱無名), 그저 길만이 잘
빌려 주고 또 이루도다(夫唯道, 善貸且成)."; 2장: "낳나, 가지지 않고(生而不有), 하고, 저를
믿으라 아니하며(爲而不恃), 일 이룬 데 붙어 있지 않는다(功成而弗居). 그저 붙어 있지 않기
로만(夫唯弗居), 그래서 떨어져 가지는 않는다(是以不去)."

길은 고루 뚜렷히 씨우오라道, 沖而用之, 아마 채지 못ㅎ지ㄹ或不
盈, 기픔이여, 잘몬의 마루 같고나淵兮似萬物之宗. 그 날카롬도 무
디고挫其銳, 그 얼킴도 플리고解其紛, 그 빛에 타번지고和其光, 그
티끌에 한데 드오라同其塵, 맑안ㅎ이, 아마 있지ㄹ湛兮似或存, 나
는 기 누구 아들인줄 몰라吾不知誰之子, 한웋님 계가 먼저 그려짐
象帝之先.242)

다석은 위의 인용문에서 도의 없음의 부드러움으로 현상적 상대
성의 틈을 없이하는 무간의 작용에 대해 설명한다. 비어 있음은 시
모의 품이며 만물은 이곳으로 모두 모인다고 보고 그 쓰임을 무로
형용한다. '길은 숨어 이름이 없고道隱無名', '큰 참은 텅 빔 같으나大盈
若沖', '그 쓰임이 다함이 없는其用不窮' 무의 분화 과정으로 설명한다.
다석은 이러한 변화의 과정이 일어나는 현상을 어머니가 자식을 품
고 있는 듯한 '공덕지용孔德之容'의 모습으로 묘사한다. 어머니의 품
은 심연과 같이 깊어寂兮寥兮 도의 자기 전개의 현상적 사건이 일어
나는 것으로 본다. 어머니 품의 만물은 도의 서·원·반大曰逝, 逝曰遠,
遠曰反의 자기 전개에 의하여 두루 편만하여 끝없이 뻗어 나갔다가
되돌아오는 발전과 성숙의 과정을 겪는다.

다석은 무의 미세한 움직임의 상태를 '빈탕空', '한대興', '짝저配',
'누리亨'243)의 한글에 담긴 철학 사유를 통하여 도의 사유분화 과정
의 함의를 확장시킨다. 이를테면 인간의 욕심을 멈추면空 무의 계열

---

242) 『늙은이』 4장.

243) 다석은 무를 없는 듯하나 있는 듯한 혼연한 세계로 그 깊이를 잴 수 없고 높이 또한 표현할
수 없는 허공과 같다. 아무리 좁은 곳에도 그 세력은 닿아 있어 고기가 물속에 있는 것과 같
이 언제나 우리는 빈탕한 하나 속에 있고 그 하나는 내 안에 있다("高遠亦無如太虛, 利見自性
卽燕處, 親密莫先於天空, 侍中未曾離本宮." 류영모, 『다석일지』 제1권, 서울: 홍익재, 1990,
339쪽 참조).

로부터興 그 욕심을 소멸하는配 영역을 제공받게 된다.享 이로부터 사유의 전환을 이루게 되면, 하늘 길과 맞닿아 인간의 자정 영역空興의 기세가 솟아올라 속알을 쌓고崇德 가온인간을 구현케配享 된다. 이 빈탕한 무의 세계空興가 펼치는 그 높고 깊은 뜻配享은 인간의 힘으로는 헤아릴 수 없다. 몸을 가진 우리는 비어 있는 중심에서 나오는 생각을 통해서 진리의 터에 설 수 있을 뿐이다.

다석은 보이는 상대 세계는 변화하여 지나가는 현상일 뿐이며 예수·붓다는 하느님의 가슴속인 이 '빈탕한 가온或不盈'에 속하여 살았음을 언급한다.244) 이러한 천지 사이에서 일어나는 모든 사건은 '없이있는 무'의 세계로부터 그 근거의 원인을 제공받는다고 한다. 천지 만물은 빈 곳을 터 삼아 생성하며 존재할 수 있게 하는 미세한 미명의 움직임 속에서 서서히 움직여 모든 것을 밝게徐淸徐生 길을 열어 하나로 유동시킨다.245) 혼연한 상태에서 도의 움직임에 의하여 시작되고 생하게 되어 길을 내고, 속알 쌓는 생득법의 질서를 이룬다. 이와 마찬가지로 인간의 사유도 곡직의 흐름에 따라 제자리로 돌아가는 환순의 질서를 볼 수 있다. 되먹임의 하나의 사랑에 의해 몸에서 마음이 나오고 마음에서 생각이 나와 생과 멸을 거쳐 자기를 돌아보게 된다.246) '없이있는 하나'는 오고 가는 시공 속에

---

244) 『늙은이』 4장: "길은 고루 뚫렸해 쓰이고(道, 沖而用之), 아마 채우지 못할지라(或不盈), 깊음이여, 잘몬의 마루 같구나(淵兮似萬物之宗)."; 류영모 원저, 박영호 엮음, 『다석 류영모 어록』, 서울: 두레, 2002, 213-216쪽 참조; "빈탕요 한데야말로 높은 뜻을 보이오", "몸을 가진 우리가 몸두고 말 쓰는 터를 보아, 생각은 그믐 피우듯 빈탕이사 몸나라."(류영모, 『다석일지』 1권, 서울: 홍익재, 1990, 240-241쪽).

245) "허공 없이 어떻게 존재할 수 있는가, 허공 없이 존재하는 것은 없다. 허공 없이 진실이고 실존이고 어디 있는가(萬有盛虛空)." "몬의 빈탕, 빈탕과 몬은 제미 재비 새만도 아니건만." 몬인 물과 허공은 일여의 관계임을 말하고 있다(空色一如). 큰(무극) 것은 많고 또한 큰하나(태극)이며 하나의 원리는 그 가운데 있다(一大多大在其中).(류영모 원저, 박영호 풀이, 『多夕 柳永模 명상록』, 서울: 두레, 2001, 20쪽, 199쪽, 479쪽 참조).

246) 류영모, 『다석일지』 1권, 서울: 홍익재, 1990, 359쪽; 김흥호, 『다석일지공부』 제2권, 서울: 솔

서 영속적 항상성으로 상존하면서 그 중심의 영묘한 정기로 만물의 조화를 드러낸다.

다석은 그 없이있는 정기는 비어 있는 마음 중심에 실재하여 한 치의 착오도 없이 움직이고 있다고 설명한다. 이러한 세력을 도생 일의 움직임으로부터 제공받는 부드러운 기운으로 밝힌다. 이 조화 의 밝은 기운은 사유의 날카로움을 무디게 하고 엉킨 것을 풀어준 다.挫其銳 解其紛 그 밝은 빛을 누그러뜨리고 내적 자정 능력을 동원하 여 도와 덕이 심신을 하나가 되게和其光. 同其塵 한다. 맑고 고요한 천 하의 길을 행하게 하는清靜爲天下正 가온인간을 구현한다.

다석은 이러한 현상적 흐름은 그 끝을 볼 수도 헤아릴 수도 없는 不弊不窮 하나의 움직임으로부터 구현되는 무의 분화과정으로 이해한 다. 무에 관한 사유는 일상적 인간의 '못된 짓은 구태여 하지 않게 끔 하는 불감위不敢爲'의 사유로 전환하고 무의 세계로 흡수하여 자 연적 항상성을 통해 어머니 품에 복귀함을 기약한다.247)

다석은 무에 따른 사유의 분화 과정은 비어 있는 '가온점'으로부 터 시작되는 것으로 본다. 이 점은 '얼의 씨'로 '가온'은 텅 비어 존재할 수 있는 근거를 제공하는 도의 자리라고 말한다.248) 텅 비 어 있는 곳은 이 점으로 말미암아 생동의 시작을 알 수 있고 인간 의 빈 마음을 통해서 이 점의 존재를 인식할 수 있다. 가온점은 생 명의 상징이기도 하며, 씨알처럼 팽창하여 만물을 이루는 박산위기 樸散爲器의 단초를 제공한다. 그리고 상대적 극이 없는 무극으로 복귀

출판사, 2001, 38-41쪽, 378-379쪽 참조.

247) 『도덕경』 21장, 56장.

248) 마음 중심에 점을 찍는 순간 없이있는 하나로부터 얼의 생명의 긋이 그어져 얼의 나를 이루 게 된다(류영모 원저, 박영호 엮음, 『다석 류영모 어록』, 서울: 두레, 2002, 223-224쪽 참조).

하여 늘 얼과 함께하는 섭생을 이룬다.[249]

다석은 인간은 도의 자연적 생명인 잘 삶에 의하여 하루를 살 수 있다고 본다. 이것을 알고 지켜야 모든 것과 어울려 하나 될 수 있다. 그는 볼 수도 들을 수도 붙잡을 수도 없는 무의 세계를 좀 더 적극적으로 설명하기 위하여 도를 모든 것의 중심으로 설정한다. 그 중심에서 펼쳐지는 '그늘을 지고 볕을 품고 빔 뚫린 김으로' 고르게 어울리게 하는 조화세계를 형성한다.[250] 이러한 무의 흐름은 천지간의 풀무와 같이 비어 있으나 쉼 없이 운동하고 모든 것이 존재할 수 있게 하는 존재의 지평을 제공한다. 인간의 이러한 흐름을 본받은 사유로부터 혼연한 속에서 빛이 나면서도 확연하게 드러내지 않지만 그 빛을 곧게 널리 펼치게 하는 되새김의 슬기知和가 나온다.

다석은 하나는 인식의 대상이 아닌 존재의 상태로 이해하며, 이를 물질과 비물질로 뒤섞여 있는 혼일한 '한아의 품'으로 풀이한다. 그리고 이러한 세계에서 일어나는 사건에 대하여 다음과 같이 설명한다.[251]

> 하늘 따이 어질지 않은가天地不仁, 잘몬을 가지고 꼴개를 삼으니 以萬物爲芻狗, 다시리는이 어질지 않은가聖人不仁, 씨알을 가지고

---

[249] 『늙은이』 28장: "세상 본 되어 늘 속알이 틀리지 않으니(爲天下式, 常德不忒), 다시 없꼭대기로 돌아가리(復歸於無極). …세상 골 되어, 늘 속알 아주 넉넉하니(爲天下谷, 常德乃足), 다시 등걸로 돌아가리라(復歸於樸). … 므로 큰 감은 썰지 않음(故大制不割)."

[250] 혼성체로 구성된 도의 본체는 뒤섞여 하나인 채로 미세하게 움직여 인간의 혼과 백을 하나 되게 하여 어머니 품에 있는 영아와 같은 생명을 유지하게 한다. 『늙은이』 25장: "몬 있어 왼통(으로) 되니(有物混成)."; 22장: "하나를 품어 세상 본(보기)이 된다(抱一爲天下式)(여싯)."; 10장: "빛넋을 싣고 하나를 (품) 안아(載營魄抱一) 김은 오로지 (아주) 부드럽기에(專氣致柔), 애기같은 수여(能如嬰兒乎)."

[251] 『늙은이』 45장.

꼴개를 삼으니以百姓爲芻狗, 다시보니 하늘 따, 새는 그 또 플무나 같구나天地之間, 其猶橐籥乎. 븨엿는데 쭉으러들지 않고虛而不屈, 움지겨서 움질움질 나오누나動而愈出, 많은 말이 막달아 맥히니多言數窮, 가온근 직힘만 같지 못하구나不如守中.252)

다석은 위 인용문의 내용을 통하여 자연의 도가 하는 일을 플무질로 표현한다. 그리고 만물은 보이지 않는 무의 세계에서 나오는 덕에 의하여 존재하는 것이라고 설명한다. 다석은 이러한 현상을 천지 사이에서 일어나는 무의 질서로 이해한다. 그러므로 무의 세계는 만물을 이루고도 그것에 머물지 않고 자연스럽게 움직이며 존재할 수 있는 근거의 원인을 제공한다. 또한 유와 상보관계를 형성하여 더 많은 일을 이룬다.

다석은 이와 같은 천지 사이의 비어 있는 중심에서 벌어지는 사건을 무와 유의 상보적 관계를 통하여 쉼 없이 생산이 이루어지는 것으로 본다. 천지 사이의 도의 흐름은 만물을 이루나 그곳에 머물지 않는 불인의 관계를 형성한다. 그러므로 만물과 인간은 천지상합에 따른 무위자연의 질서에 따라 자화자균의 생명을 유지한다. 다석은 쉼 없이 순환하여 편용편익의 이로움을 제공하는 잘 삶의 길을 안내한다. 이러한 도의 생명은 자기의 길, 즉 덕을 쌓는 일만 할 뿐이지 사사로운 일에는 간섭하지 않으며, 자기의 공을 이루고도 그곳에 머물지 않고 늘 제자리를 지키는 무위자연의 덕으로 말한다.

천지의 흐름은 만물의 생축과정에서 주도적인 역할은 하지 않고 서로 돕는 관계를 형성한다. 도의 흐름은 만물에 대하여 공평무사

---

252) 『늙은이』 5장.

하며 만물은 '함없음에도 저절로 난 길無爲自然'의 질서에 의해 생축
된다. 이 흐름은 영속적 항상성을 유지한다. 그리고 천지의 도가 풀
무질을 할 때마다 덕의 사유를 쏟아내 생명의 망을 형성한다. 인간
은 무가 펼치는 사유의 그물망을 벗어나서는 존재할 수 없음을 알
고 지켜 행해야 한다.

다석이 설명하는 무위자연의 질서는 일체의 모든 행위에 저절로
대응하고, 부르지 않아도 스스로 찾아와 자신의 일을 전개한다. 무
위자연의 질서는 현존의 상황에 집착하지 않으며, 때에 맞춰 사물
에 응하여 움직이는 행위이다.253) 이는 풀무와 같이 비어 있어야
그 기능을 다할 수 있다. 다석은 인간도 마음 비우기를 지극히 하
고 고요함을 지키면 어느 것에 집착하지 않고 포용할 수 있다고 본
다. 그러므로 무엇이든 가리지 않고 응할 수 있는 심신은 자연적
조화로움으로 다툼없는 부쟁의 덕으로 이어지게 된다.

다석은 비었다는 것은 바로 도의 중심을 말하며, 그곳에서 일어
나는 조화는 유의 장애가 저절로 소멸하는 늘빔不欲盈의 영역을 제공
하는 것으로 본다.254) 그는 이러한 점을 인간의 감각적 의식이 발
현되기 전의 미세한 상태로 설명한다. 이는 내적 수양을 통한 사유
의 전환에 따라 얻어지는 혼기심渾其心의 섭생과 밀접한 연계성을 갖
는다.255) 그는 천지 사이에는 부드러운 생각의 에너지가 틈이 없이
꽉 차 있어 쉼 없이 나와 무와 유의 사이를 하나 되게 한다고 설명

---

253) 『도덕경』 73장: "天之道, 不爭而善勝, 不言而善應, 不召而自來, 繟然而善謀, 天網恢恢, 疏而不
失."
254) 『늙은이』 15장: "누가 편안히 오래도록 움직이어 살릴 수 있는가(孰能安以久動之徐生), 이 길
을 봐간 이는 (가득) 차려 않으니(保此道者, 不欲盈), 그 차지 않으므로만(夫唯不盈),므로 묵을
수(있어서)요, 새로 이루는 게 아니어라(故能蔽不新成)."
255) 『도덕경』 10장: "載營魄抱一, 能無離乎?, 專氣致柔, 能嬰兒乎."; 49장: "聖人在天下歙歙焉, 爲
天下渾其心."

한다. 천지 사이에서 나오는 생명력은 소진되지 않으며 쓸수록 더욱 채워진다. 무위자연의 질서에 따라 움직이며 함이 없음에도 불구하고 다양한 만물들의 생성과 변화의 역동적 움직임에 의하여 조화의 세계를 펼쳐 나간다.

다석은 무의 세계의 미분화적 중심에서 일어나는 유연한 사고는 모든 것을 아름답게 보는 유화선순柔和善順의 사유 방식을 이끄는 것으로 본다.256) 그는 저절로 됨의 부드러운 사유는 모든 것을 포섭하고 천지인 사이의 관계적 장애의 틈새를 없이하여 성숙된 자기를 형성하게 하는 무위의 이로움無爲之益으로 표현한다. 무위의 이로움은 인간의 분별력과 잘못된 인식이 소멸된 사유의 영역이다. 비어 있는 중심에서 펼쳐지는 '함없음에도 저절로 된 길'無爲自然의 질서는 만물의 병작을 통하여 도의 실마리를 찾는다. 다석은 이러한 중심으로부터 일어나는 도의 실마리는 인간에게 천지의 흐름을 알게 하고 자신의 허물을 벗어버리는 불감위의 사유로 전환한다고 말한다. 그리고 현묘한 자리로 돌아가게 하여 무의 생활 덕분德分에 아름다운 세상을 이룬다.257)

다석은 하늘과 짝하여 제자리를 지키는 것은 얼을 하늘로부터 받아 그것에 맞춰 누리고 사는 것을 배향配享이라고 말한다. 육신은 살쳬을 갖고 살지만 결국 그 살은 때가 되면 사라지고 만다. 이것으로는 배향配享 노리[제사]를 할 수 없다. 따라서 마음에 도를 담고 덕을 세워 곧 바르게 하여 몸이 감각적 의식에 마음을 뺏기지 않으

---

256) 유화선순은『늙은이』43장: 변화의 흐름인 무의 부드러움을 따라[柔] 55장: 두터운 덕을 품어 고르게 조화함으로써[和] 54장: 선을 이루는 것은[善] 65장: 도를 좇는 것이다[大順]를 축약한 것이다.

257) 류영모 원저, 박영호 엮음,『다석 류영모 어록』, 서울: 두레, 2002, 219쪽 참조.

면 '빈탕한데 맞혀놀게' 된다. 이 내적 수양은 무의 생활화를 통하여 자정능력을 배양하고 나를 지키고 타인을 보호하는 순환의 교훈 反哺之教으로 선리부쟁善利不爭의 세상 본보기를 이룬다. 인간의 사유전환에 따라 '밝은 속알明德'이 그 의식을 깨고 나와 점진적 수양을 통하여 우리 마음이 넓어지는 사유 방식이다. 몸에 대한 애착심은 좁아지면서 마음은 있는 그대로 온통 한아를 이루고 분별의 세계를 벗어난다.

다석은 이것과 저것이 하나가 되는 현동의 세계를 이루려면 하늘과 짝해야 된다고 말한다. 먼저 자기의 잘못된 의식을 불태워 버리면 아무것도 없는 공한 상태가 되고 비로소 하나와 맞혀노는 자정의 영역을 회복한다. 이 하나의 가온샘으로부터 솟아나는 속알로 자신의 몸을 저절로 다스리게 되고 하늘을 섬기는治人事天 실천 수양을 이룬다.258)

다석은 자신의 생각을 하늘에 바치는 것을 제사로 비유한다. 이를 없이있는 하나에 맞춰 사는 삶의 여정인 '놀이'로 해석한다. 천지 사이의 빈탕한데 맞혀노는 '공여배향'은 우리의 비어 있는 마음에 덕을 담고 도를 세우는 수신의 수양이다. 이는 인간의 잘못된 의식을 전환하여 도의 숨을 쉬는 잘 삶의 가온인간을 구현하는 것이다. 다석은 무의 생활화와 없이있는 하나에 맞혀노는 것을 하늘에 매일매일 제사를 지내는 일일천효一日天孝의 사상259)으로 설명한

---

258) 다석학회, 『다석강의』, 서울: 현암사, 2006, 464-468쪽 참조.

259) 류영모, 『다석일지』 1권, 서울: 홍익재, 1990, 14-15쪽 참조. 우주와 나라는 허공안에서 모두 하나이며 몸·마음·부모·천·지·신·명 모두 없이있는 하나로부터 비롯된다. 따라서 이러한 하나님을 공경하고 섬기는 것이 효의 근본이며 이를 바탕으로 부모에게 효도를 하는 것이 인간됨의 도리이다("身·心·父·母·天·地·神·明은 受之上帝, 不可不誠敬, 孝之元也, 身·體·髮·膚, 受之父母, 不敢毁傷, 孝之始也, 立身行道, 揚命於上天, 以顯上帝, 孝之終極也."; 김흥호, 『다석일지 공부』 제1권, 서울: 솔출판사, 2001, 35-36쪽 참조).

다. 이를테면 없이있는 하나의 오직 길, 바싹 따름惟道是從이다.

　다석은 천지 사이의 비어 있는 중심에 매일매일 점 찍기를 하기 위해서는 배향配享 노리[제사]를 해야 하며, 이를 통하여 하늘에 대한 효를 다해야 한다고 설명한다. 인간은 변화하는 천지 속에서 중심을 잃지 않고 자기를 지키고 잘 사는 삶을 유지할 수 있다. 이는 영속적 항상성의 무위자연의 흐름을 마음에 담고 그것을 지켜 매일매일 쉬지 않고 도의 생명으로 숨을 쉬고 사는 일이 시급함을 말한 것이라 볼 수 있다.

제3장

본래적 인간으로의
전환과 '하늘과 짝짓기'

1. 본래적 인간의 특성과 그 전환 방식

1) 일상적 인간의 특성

(1) 인간의 존재 방식

다석은 자연계의 흐름을 끊임없는 순환운동으로 설명한다. 인간 역시 그 변화의 흐름에 맞추어 생리적 욕구가 일어나고 있으며 자연계와 유기적 관계를 형성한다. 하지만 그 무상한 변화의 바탕에는 불변의 법칙이 있는데 변화하는 근원적 법칙이 불변자임을 말한다. 이처럼 자연계는 변화와 불변의 원리가 늘 병존한다. 다석은 이러한 질서를 유무혼성의 중심에서 일어나는 조화 세계로 설명한다. 무상무형의 가운데 속에 잠재되어 있는 지극히 참된 정기는 미세하게 움직이면서 유의 세계를 전개한다.[1]

다석은 도의 시작점은 천지상합의 경계가 없는 영속성의 고른 자연의 변화의 질서로 유의 이로움을 제공하는 것으로 이해한다. 하늘의 도는 빈 곳을 근거 삼아 남는 것은 덜어내 부족한 것에 보태주고 본연의 자리로 되돌아^{返也者, 道之動也}온다. 이러한 '고루 뚫려 있음으로 쓰이고^{道, 沖而用之}', '빔 뚫린 김으로 고르게^{沖氣以爲和}' 하는 충용충화의 선행은 만물 간의 자균 관계를 형성하고 무의 이로움을 제공한다.

---

1) 류영모 원저, 박영호 엮음, 『다석 류영모 어록』, 서울: 두레, 2002, 98-99쪽.

다석은 형체 없는 무의 세계를 통하여 인간의 이성에서 발생하는 주관적 상을 없애고 씨알을 제대로 되게 하는 자정 능력을 배양해야 함을 강조한다. 인간은 도의 세계로부터 분별심을 없게 하고 사물의 집착을 벗어나게 하여 무난^{無難}의 심신을 이루어야 한다. 무의 그 없는 구석을 씀으로 '있다가 없고 없다가 있음을 번갈아^{故有無相生}' 가며 분별의 틈을 없앨 필요가 있다. 이를 테면 서·원·반 운동에 의하여 극점에 다다르면 다시 무극의 세계로 돌아오는 복귀 지향성의 사유로 잘된 길의 경지에 도달하는 것이다. 다석은 되돌아옴의 사유 방식에 대하여 다음과 같이 설명한다.

> 그 슳를 알고 그 암ㅎ대로 있으니知其雄, 守其雌, 셰상의 흐름골 되오라爲天下谿. 셰상의 흐름골 되어, 늘 속알을 안여의니爲天下谿, 常德不離, 다시 애기로 도라가오라復歸於嬰兒. 그 휙 알고 그 검은대로 있으니知其白, 守其黑, 셰상 본이 되오라爲天下式. 셰상 본이 되니 늘 속알이 틀리지 안으니爲天下式, 常德不忒, 다시 없꼭대기로 도라가오라復歸於無極. 그 번쩍핌을 알고 그 몰려댄 데로 있으니知其榮, 守其辱, 셰상의 골작이 되오라爲天下谷. 셰상의 골작이되니, 늘 속알 아주 넉넉흐야爲天下谷, 常德乃足, 다시 등걸²⁾로 도라가오라復歸於樸. 등걸 흩어서는 그릇을 지으니樸散則爲器, 다스리는 이가 쓰면 맡은 어른을 삼음聖人用之, 則爲官長, 므로 큰 감은 썰지 않음故大制不割.³⁾

다석은 천하의 흐름과 내면의 함이 없어도 한결같은 질서를 유지하는 무위지사^{無爲之事}의 질서가 하나임을 아는 본래적 인간의 사

---

2) 박撲은 등걸 박으로 설명하며, '등걸'은 하나인 전체, 또는 절대자를 말한다.

3) 『늙은이』 28장.

유 단계를 언급한다. 인간은 기본적으로 도가 천하에 존재道在天下하는 방식을 좇아 존재한다. 암·수컷의 절로 이루는 합일에 의하여 영아와 같은 부드러운 생명으로 그 다툼이 없는 덕이 떠나지 않는 상황이다. 이러한 생명은 혼탁한 기운을 자정하여 서서히 맑은 기운으로 변화시킨다. 음과 양의 혼연한 속에서 하나의 기운은 서서히 움직여 생명체를 형성한다. 그 생명의 기운은 역동적 생산력을 발휘한 후 적당한 때에 이르면 저절로 제자리로 돌아오게 된다. 그리고 보다 나은 미래를 위하여 활기찬 생명을 잉태하는 서원반의 환순의 생명질서를 쉼없이 전개한다.

다석은 '영예로운 자리知其榮'를 알게 하고 '굴욕 됨守其辱'을 지켜야 한다는 노자의 정신을 계승한다. 생명은 영예와 굴욕을 나누지 않고 하나로 포섭하여 자연적 전일성을 실현하는 특성이 있다.[4] 이러한 맥락에서 다석은 거듭 쌓은 속알重積德을 지혜롭게 통관하여 굴욕 됨과 영예로운 자리의 상대성에 매이지 말 것을 요청한다. 이는 생명 자체의 역동성에 주목한 결과이다.

다석은 인간의 전진적 성향이 강한 수컷·백·영화로움知其雄·知其白·知其榮은 능동적 사유로 설명한다. 그리고 암컷·흑·굴욕守其雌·守其黑·守其辱은 도를 지키는 수동적 사유로 이해한다. 도의 흐름은 서로 상대적인 것들을 고르게 어울리게 함으로써 영아嬰兒·없꼭대기無極·등걸樸 등 본연의 자리로 복귀케 하는 분화 과정에 해당한다. 능수能守의 음양의 균형이 깨질 때 우리가 돌아갈 곳은 혼현混玄한

---

4) 다석은 흑백의 기운을 혼탁한 기운과 청정의 기운으로 설명한다("환하니 어름이 풀릴 듯(이나) 같음이여(渙兮若氷之將釋), 도탑기는 등걸같고(敦兮其若樸), 텅비기는 그 골같고(曠兮其若谷), 왼통(스럽)기는 그 흐리(터분)함같음(混兮其若濁), 누가 흐리어서 고요히 천천히 맑힐 수 있으며 (孰能濁以靜之徐淸), 누가 편안히 오래도록 움직이어 살릴 수 있는가(孰能安以久動之徐生)." 『늙은이』 15장).

천지 사이의 빈 중심이다. 혼현한 속에서 질서가 나오기 때문이며 존재할 수 있게 하는 근본적인 구성 요소를 제공한다.

이에 따른 인간의 자세는 도와 덕의 흐름을 알고 지키는 자기 수용을 통하여 자승자강의 온전한 하루의 삶을 누릴 수 있다. 하루를 사는 선인은 자기 삶에 만족^{知足者富}함을 영위할 수 있는 것은 조화의 자리를 잃지 않음이다.^{不失其所者久} 이는 도로부터 받은 사사로운 일을 벌이지 않는 현덕의 무위자화의 내적 질서 유지에 따른 선행 덕분이다.^{我無事而民自富}

다석은 인간이 돌아가 지켜야 할 세상 본보기의 근원처의 혼현한 무극을 '없가장^{無極}'이라는 개념을 사용하여 없이있는 허공의 세계로 표현한다. 그리고 능동적 생명 활동의 시작점인 태극은 가장 명료하게 모든 것을 세우는^{太極立極} 하나의 질서로서 '있가장^{太極}'으로 표현한다. 다석은 인간이 무극이태극의 질서를 통하여 하늘과 합일^{天人合一}을 이루는 것을 '빈탕한데 가온점 찍기'로 설정하여 설명한다.[5] 허공인 '빈탕'은 하늘을 의미하며 '한데'는 땅을 뜻하고 천지 사이의 중심에 점 찍어 이루는 얼의 나는 '가온인간'이다.[6]

노자는 시공간의 사이에서 일어나는 도의 형이상적 생명 사건을 시모-식모-국모의 단계별 과정을 통해 설명한다. 천지와 만물의 시작점인 시모로부터 생명을 얻어 덕을 두터이 쌓는 적자로 자라 어머니 나라를 구축하는 과정이다. 노자는 어머니 품을 알고 지켜 행하는 지수^{知守}의 사유 방식을 통하여 도와 덕의 하나 됨의 수양 과정을 보여준다.

---

5) 류영모, 『다석일지』 제1권, 서울: 홍익재, 1990, 480쪽, 486쪽, 489쪽 참조.
6) 김흥호, 『다석일지 공부』 1권, 서울: 솔출판사, 2001, 645쪽 참조; 김흥호, 『다석일지 공부』 2권, 서울: 솔출판사, 2001, 155-157쪽 참조.

반면에 다석은 암컷과 수컷의 성향보다는 천지의 흐름에 따른 인간의 내적 질서의 조화에 중심을 둔 전일적 사유 방식을 보여준다. 비어 있는 가운데 점을 찍는 점진적 수양을 통하여 천지와 상합을 이루고 자균자화의 조화를 통하여 가온인간을 구현하고자 하는 목표설정이 뚜렷하다.

노자는 도의 흐름을 알고 지켜 행하는 지수知守적 수양 방식인 반면에 다석은 천·지·인간의 사이적 관계를 통하여 하나 됨을 행하는 능수能守적 수양을 보인다. 만물의 기운은 음의 기운을 등에 지고 양의 기운을 가슴에 품고 있는 상태에서 충기의 중재로 균형을 이루고 형체를 구성한다. 암·수컷이 고르게 어울려 하나를 이루는 조화가 바로 인간이 존재할 수 있는 근거이다.

다석은 이러한 현상을 무극의 혼연한 세계로 묘사한다. 그리고 천지 사이의 미세한 움직임이 발동하기 전 식모의 품에 있는 영아와 같은 생명체로 설명한다. 암수의 조화에 따른 새로운 생명이 검은 것과 흰 것으로 이어진다. 이것은 항상 혼성체의 상태로 존재하고 있다. 인간의 사유는 혼연한 무극의 상태에서 서서히 움직이는 덕에 의하여 마음의 장애를 소멸하는 현람의 단계를 거쳐 순화된 모습으로 자기 수용을 통하여 내적 자연 질서의 상태를 최적화하는 자율적인 균화의 자리로 돌아간다.7)

다석은 인간 사유의 근거는 도를 좇는 행위와 결부되어 있다고 본다. 도를 좇는 행위는 거듭 쌓은 속알重積德로부터 부드러움과 낮춤의 사유로 고르게 어울리게 한다. 그 결과 인간의 잘못된 생각은

---

7) 『도덕경』 14장: "載營魄抱一, 能無離乎 滌除玄覽, 能無疵乎?."; 15장: "曠兮其若谷, 混兮其若濁, 孰能濁以靜之徐淸, 孰能安以久動之徐生, 保此道者不欲盈, 夫唯不盈, 故能蔽不新成."; 20장: "如春登臺, 我獨泊兮, 其未兆, 如嬰兒之未孩, … 衆人皆有以, 而我獨頑似鄙, 我獨異於人, 而貴食母."

저절로 소멸되고 그 자리엔 무의 영역이 드러나 선리부쟁善利不爭의 잘 삶의 다툼이 없는 지혜를 통하여 하루의 생명이 솟아난다. 이 생명은 세상의 격류처럼 변천하는 흐름에 휩쓸리지 않고 늘 자기의 자리를 보존하는 상무욕의 자리를 지켜 행하게 한다. 또한 세상의 흐름을 객관적으로 관찰하고 그것을 통하여 내적 질서를 알고 지켜 행하는 것이다. 그럼으로써 자승자강의 자기화를 도모하여 현덕을 행하는 수비형 인간을 형성하게 된다. 형성된 자기를 동원하여 도로부터 받은 덕분애德分愛의 사랑을 세상에 환원하는 반포지효反哺之孝의 세상 본보기를 구현한다.

다석은 도를 좇음으로써 천지의 흐름을 알게 하는 내적 삼보를 지켜 자신의 지혜를 앞세우지 않는 것을 어리석음이라고 말한다.愚之 이는 덕을 쌓기 위하여 자신의 욕구를 뒤로하는 불감위적 사유 전환을 통하여 제자리인 낮은 곳으로 돌아가는 것이다. 이곳은 묵묵히 도의 뒤에 서서 말없이 저절로 난 길을 따르는 자리라고 설명한다. 또한 덕을 쌓아야 하는 아주 작은 자리이기 때문에 세상 지식과 달리 명쾌하게 판단을 내리지 않고 이것과 저것을 다 수용하기 때문에 곁에서 보면 늘 어리석게 보인다고 한다.

다석은 종도론에 따른 씨알의 자기 형성은 멀리 나가지 않아도 이룰 수 있는데 사람들은 밖으로 눈을 돌려 외물로부터 지식을 얻으려고 한다고 설명한다. 어머니 품에 있는 씨알은 늘 어머니가 주는 도의 생명으로 처세하여야 하기 때문에 자기 주관보다 한 걸음 뒤에 서서 있게 된다. 이는 학문을 하는爲學 사람은 날로 지식이 불어나고, 도를 닦는爲道 사람은 날로 자기가 줄어들어 도를 따라 뒤에 서게 되는 것과 같다고 본다.8)

목적을 이루려고 멀어지는 것은 도와 상반되는 것이고 목적 없이 오로지 도를 좇아 덕에 의한 자연의 순리를 따르는 것을 현덕이라 한다. 천지의 무위자연의 흐름과 내적 질서의 속알의 흐름이 동일한 한길임을 아는 것이다. 이를 현묘한 덕으로 지켜 행하고 도의 조화의 시모점에 늘 머물러 있는 것이라고 덧붙여 말한다. 그 깊이를 알 수 없는 마음의 중심을 잃지 않고 심신일체를 이루어 무욕의 경지에 이르는 것이다. 도의 변화하는 사이에 있는 인간은 돌아갈 곳이 없는 무주의 하루의 인생이며 도를 좇아가야 되므로 어눌하게 보인다. 세상 지식을 가진 자는 밝고 명석하게 보이는데 나는 홀로 우매하게 보이는 것은 이것과 저것을 구분하지 않고 모든 것을 포용하고 있는 식모의 품에 있는 영아와 같기 때문이라고 한다.[9]

다석은 사유의 분화 과정을 다듬지 않은 통나무를 쪼개면 그릇이 되었다가 도의 흐름에 따라 소박한 일상으로 돌아가는 것으로 비유한다. 도의 흐름에 동참하면, 이것과 저것을 구분하지 않고 변화의 흐름에 순응하게 되고, 각자의 역할을 다하게 된다. 다듬지 않은 통나무는 시始와 같다. 시는 전체가 한 덩어리로 섞여 있어 나눌 수 없는 혼현한 상태이다. 이에 비해 제制는 상대성을 말한다. 이러한 맥락에서 다석은 시제유명始制有名과 통나무를 쪼개어 그릇이 되게 하는 박산위기樸散則爲器는 시모의 품에서 일어나는 하루의 생명 활동과 같다고 이해한다.

다석은 생명이 형성되는 과정에서 상대성은 필연을 요구하며 이것을 당연으로 받아들여야 한다고 본다. 쉼 없이 변화되는 사물에

---

8) 『늙은이』 48장.
9) 『도덕경』 20장.

가치와 기준을 설정할 수 없기 때문이다.[10] 다만 인간의 자기중심적 사유를 좇으면, 사물에 그 가치를 정하여 이것과 저것의 이로움에 따라 귀천의 차별을 두어 사용하게 된다. 이것은 사람의 일을 좇는 경우이다. 반면에 도를 좇는 일은 상대성을 포섭하여 하나로 보기 때문에 어떠한 귀천의 차별을 두지 않는다.

다석은 전체가 한 덩어리로 섞여 있어 나눌 수 없다는 관점에서 볼 때, 널리 펼쳐 두루 행하는 혼연함을 무명의 세계로 표현한다. 그리고 다양한 개별자들의 분리가 시작하는 순간을 만물의 시작이라고 설명한다. 이름을 붙여 각각의 역할을 성실하게 다하고 늘 도의 조화로움을 유지하기 위해서는 매 순간마다 비어 있는 중심에서 일어나는 조화를 지켜야 한다.

> 길은 흠 없어도 늘 아니흐는게 없으니道常無爲而無不爲, 임금들이 직힐거 같으면侯王若能守之, 잘몬은 제대로 되리로다萬物將自化, 되다가, 짓거릴랑化而欲作, 내이름 없는 등걸을 가지고 투덕투덕 누르리吾將鎭之以無名之樸, 이름 없는 등걸 또 흐고겨 아니흐리無名之樸, 夫亦將無欲, 흐고재 아니흐여 고요흐고不欲以靜, 셰상은 제대로 바르리로다天下將自正.[11]

다석은 위의 인용문을 통하여 도는 '길을 내고 속알을 쌓아' 만물이 생축할 수 있도록 근거를 제공하는 것으로 설명한다. 하지만 정작 도 자체는 늘 이름 없어 어떠한 목적의식이 없이常以無事 만물

---

10) 『도덕경』 28장: "知其雄, 守其雌, 爲天下谿, 爲天下谿, 常德不離, 復歸於嬰兒. 知其白, 守其黑, 爲天下式, 爲天下式, 常德不忒, 復歸於無極. 知其榮, 守其辱, 爲天下谷, 爲天下谷, 常德乃足, 復歸於樸. 樸散則爲器, 聖人用之, 則爲官長, 故大制不割."

11) 『늙은이』 37장.

이 스스로 변화하게 그 바탕만 제공하는 것으로 이해한다. '만물이 이루어졌다 해도 도는 그곳에^{萬物歸焉, 而不爲主}' 머물지 않고 쉼 없이 흐른다. 인간의 심신의 수양을 통하여 덕을 쌓게 되면 사물의 분별을 벗어나 어떠한 목적의식도 없는^{無所歸} 무의 이로움으로 전일적 존재를 이루는 일이다. 이는 일을 이루었으면 물러나는 공수신퇴의 사유로서, 천도를 좇아 상대적 가치에서 떠나는 무위의 행위와 연관된다. 만일 사물의 가치에 매이게 되면 그 가치에 대한 이론에 매이게 되고 몸의 재앙인 탐욕이 생긴다. 그것은 천지 사이의 빈 가온을 지키지 못했기 때문에 일어나는 것이다.12)

다석은 인간이 무극의 자리를 지키면 저절로 자연적 영역이 드러나 세상 본보기를 이루게 된다고 본다. 하나를 품어 부쟁의 영역을 조성하여 내 스스로를 드러내지 않으므로 오히려 그 존재가 밝게 나타나고^明, 스스로를 옳다고 여기지 않게 된다. 그러므로 옳게 드러나고^彰, 스스로 뽐내지 않으므로 공을 이루고^功, 스스로 자랑하지 않으므로 오래간다.^長 이처럼 인간은 세상과 다투지 않는 덕으로 심신을 하나로 조화하여 포일^{抱一}의 실재성에 따라 무위자연의 세상 본보기^{天下式}를 지켜 행한다.

이로써 '몸의 욕망에 매여 힘들지 않게 되고^{終身不勤}' 도와 늘 함께 하는 장생구시의 장생구시의 질서로 하루 하루 속이 꽉찬 심신을 유지한다.13) 다석은 이러한 점을 통하여 사물의 앞면만을 보고 그

---

12) 『늙은이』 5장: "하늘 땅 사이는, 그 또 풀무나 같구나(天地之間, 其猶橐籥乎). 비었는데 쭈구러들지 않고(虛而不屈), 움직여서 움질움질 나오니(動而愈出), 많은 말을 하다간 막히니(多言數窮), 가온 지킴만 같지 못해(不如守中).";『도덕경』 9장: "持而盈之, 不如其已. 揣而銳之. 不可長保. 金玉滿堂, 莫之能守. 富貴而驕, 自遺其咎. 功遂身退, 天地道也."; 52장: "復守其母, 沒身不殆, 塞其兌, 閉其門, 終身不勤, 開其兌, 濟其事, 終身不救, 見小曰明, 守柔曰强, 用其光, 復歸其明, 無遺身殃, 是謂襲常."

13) 『늙은이』 22장: "하나를 품어 세상 본(보기)이 된다(抱一爲天下式), 제 뵈지 않으므로 밝고(不

후면의 무의 세계를 보지 않으면 분별심을 피할 수 없게 된다고 말한다. 다석은 분별심을 멀리하기 위해서라도 세상 본보기天下式의 자정한 빛이 필요하다고 본다. 세상 본보기는 무위자연의 흐름 위에서 만물 전개과정의 자연성을 이해하는 것이다.[14]

다석은 이와 같은 세상 본보기의 자연적 사유 방식은 무의 세계로부터 만물이 존재하는 유와의 상보관계를 통하여 형성되는 것으로 이해한다. 자명한 자기慈己 질서에 따라 부드러운 길을 내고 '씨알을 저절로 바르게我好靜而民自正' 하는 잘된 길로 슬기로운 세상 본보기天下式를 세운다. 그 결과 도덕의 존귀함에 따라 '깊은 뿌리에서 활짝 핀 꽃의 현상을 그대로 보는是謂深根固. 長生久視之道' 중보의 질서를 알고 이를 지켜 세상 본보기의 부쟁의 덕을 실현해 내게 된다.[15]

다석은 세상 본보기를 실현하는 제자리를 다양하게 설명한다. 그것은 무의 세계에서 일어나는 생명의 활동이며, 어머니 품에서 펼쳐지는 자연적 질서이다. 또한 이름이 없음으로 상대적 세계를 포월 하는 사유의 전환으로 절대긍정의 세계의 자리를 찾는 것이다. 그리고 도의 충용충화에 따른 자균적 섭생화를 실현하여 덕의 부드러움을 지켜 자기를 지키게 하는守柔曰强 불감위의 사유전환에 따른 불가득의 다툼이 없는 자연스러운 지혜의 자리를 얻는 것이다.

다석은 고요함 속에 속알의 미세한 움직임을 알고 자기를 회복하면 무위자연의 자명함을 알게 된다고 말한다. 이 움직임은 지극히 미묘하여 깊이를 알 수 없는 도의 형이상의 불가득한 현상으로서

自見, 故明), 제 옳다않으므로 나타나고(不自是, 故彰), 제보라지 않으므로(치사하다간 없어지는) 공(이 그대로)있고(不自伐, 故有功) 제 자랑 않으므로 길리라(不自矜, 故長). 그저 오직 다투질 않는다(夫唯不爭). 므로 세상 더불어 다툴 수가 없으리(故天下莫能與之爭)."

14) 윤재근, 『노자 81장』 상, 서울: 동학사, 2020, 548쪽 참조.
15) 『도덕경』 21장, 27장.

인간의 감각으로는 가늠할 수 없다고 한다.

　이는 인간의 의식으로는 생각하지 못하는 것인데 이것을 도의 자연적 속성이 드러나는 형이상의 불가식不可識의 세계로 설명한다. 인간의 사고의 깊이를 드러내는 것은 옳고 그름을 판단하여 어느 한 쪽만을 고집하는 것이며 깊이를 알 수 없는 것은 이것과 저것을 함께 품은 혼기심의 선포자의 의식을 말하는 것이다. 인간의 의식을 초월하는 것은 생각에 머물지 않고 고르게 어울리게 하는 도의 흐름을 좇는 것으로 설명한다.

　이는 선위자善爲者의 자리에서 드러나는 대상의 영속적 항상성을 이루는 심근고저의 자기를 통하여 신중하면서도豫 조심스럽고猶 자기 자신을 잘 알아儼 맺힌 것을 잘 풀어渙 두터우면서도敦 비어 있고曠 섞여 하나混되는 것으로 표현한다. 사물을 가치로 판단하는 것이 아니라 도에 의지하여 사물의 전체를 보게 되는 현묘한 덕을 지닌 사람을 말하는 것이다.

　만물이 연이어 생겨나듯이 인간의 생각도 수없이 꼬리에 꼬리를 물고 일어난다. 고요히 있다가도 어느 틈엔가 서서히 움직여 생기를 되살린다. 도의 흐름에서 부득이하게 지녀야 할 혼연성, 즉 유와 무의 혼성체로써 미세한 움직임을 시작으로 고요함에 이르고 고요함에서 맑음에 이르러 편안함으로 사물을 관하는 것이다. 그러나 고요한 것은 오래 두면 죽게 마련인데 이를 다시 움직이게 하여 도의 섭생을 불어넣는다.[16)]

　다석은 인간은 무언가 가득 차면 배출해야 하고 곧바로 채워야 하는데 도를 품은 자는 모든 것이 저절로 이루어지기 때문에 굳이

---

16) 『도덕경』 15장, 77장.

채울 필요가 없다고 말한다. 다만 인위적 행위로 인하여 지나침을 줄이고 미세한 움직임을 품고 있으면 혼연함 속에서 일어나는 하나의 질서에 의하여 자연적 영역이 펼쳐진다고 설명한다.[17]

이러한 자연적 영역이 펼쳐지는 세상 본보기를 통해 도의 생명을 얻는다. 필연적 상대성을 하나로 포섭하고 척제현람의 맑은 정기로 무를 생활화한다. 무엇을 하고자 함이 없는 무위의 선행으로 지금 여기에 있는 인간의 제 역할을 담당하게 하는 자율적 자리를 지키는 일이 중요하다. 국가는 국가에 걸맞은 위상이 있어야 하며 사회는 공동체를 이루는 질서가 있어야 한다. 사회 구성원들은 각자의 역할에 맞게 자기 자리를 지켜야 한다. 이것이 바로 도와 덕의 존귀함을 좇는 것이며 자연한 세상을 실현하는 하루 철학의 기반이다.

(2) 씨알의 복귀 지향성

다석은 『늙은이』에서 인간의 내면적 사유의 흐름을 도의 씨를 품고 있는 씨알의 활동으로 표현한다. 씨알을 둘러싸고 있는 장애를 무의 빈 곳을 계기로 긍정의 세계로 선회시켜 무에 맞혀노는 삶으로써 인간 본래의 길을 찾는다. 씨알의 가능태가 거듭 쌓은 속알 重積德에 의한 수양으로 드러나게 되면 천하의 흐름인 무위자연의 도가 멀리 있지 않다. 가온지킴에 따른 슬기로운 수비형守備形의 인간성으로 무위자연의 도가 내재하고 있음을 알고 그곳으로 돌아가 지켜 행하는 일이 필요하다.

무위의 도는 자연스럽게 흐르며 어느 한쪽으로 치우치지 않는다. 그것은 늘 하늘 길의 공명정대함을 가능케 하고, 천지 만물을 덕성

---

17) 이부영, 『노자와 융』, 220쪽 참조.

으로 아우른다. 도의 행함은 알아채기가 쉽지 않다. 그것은 깊고 막연하여 멀리 떨어진 것처럼 보인다. 그러나 그것은 쉼 없이 움직여 만물의 개별적 운동을 마련해 준다. 그럼에도 그 자신은 거기에 머물지 않고 제자리로 돌아간다.

다석은 인간은 본래 도에 따른 덕의 자연적 조화에 의하여 생겨난 것으로 이해한다. 인간은 매일 미세한 세포의 분열에 의한 생멸의 순환을 겪으면서 죽음을 향해서 가는 필연적 존재이다. 끊임없는 생로병사의 여정 등 인생사의 하루 하루 전개되는 모든 것이 '제나'自我라는 주체에 의해서 운용된다.

사람들은 자신을 숨 쉬게 하고 배고프게 하고 듣게 하고 보게 하는 주체가 '제나'라고 믿고 있다. 하지만 이 제나自我의 의지로 근원적인 생명의 숨을 멈출 수 있는 것도 아니며, 생명의 소리를 막을 수 있는 것도 아니다. 본원적 하루의 생명은 생명은 덕이 솟아난 길을 따라 사는 참삶을 말한다. 실제로 인간 자신의 의지로 할 수 있는 것은 일부분에 한정되어 있다. 인간이 스스로 할 수 있다고 여기는 것은 감각기관과 이성이 있기 때문이다. 감각기관을 통하여 사물에 대한 분별의식이 생겨나고 이를 근거로 다양한 행위가 유발된다. 하지만 씨알에 따른 자기 전개는 감각적 의식을 손님처럼 대하고 현덕에 의하여 스스로 균형을 이루고 존재의 질을 높여 자체적 의미를 찾게 한다.

인간의 의식은 감각의 정보를 통하여 일정한 사물의 형상을 표상하고 지향하는 사고의 힘을 지닌다. 이러한 지향점이 축적되어 의지로서 자리 잡게 되면 전쟁에 사용되는 병기와 같아 위험 요소로 작용하게 된다.[18] 인간은 본래의 참다운 길에서 벗어나 스스로 만들어낸 허영의 세계를 자기 자신으로 믿고 갈등과 괴로움에서 벗어나지 못한다. 이렇게 날카롭게 얽힌 사유를 유연하게 풀어주기 위해서는 무위자연의 흐름에 맡겨 순박한 곳으로 돌아가야 한다. 다석은 감각에 기초한 물질의 유혹으로부터 벗어나는 불감위 사유로 전환하여 하루를 알차게 살 수 있는 존재 의미를 확보해야 한다고 말한다.

그렇다면 감각으로부터 일어나는 감정과 사유를 어떻게 해야 손님처럼 대하고 도를 주인으로 삼는지, 이에 대한 다석의 설명을 들어본다.

> 다섯 빛갈이 사람 눈을 멀게五色令人目盲, 다섯 소리가 사람 귀를 먹게五音令人耳聾, 다섯 맛이 사람 입맛을 틀리게五味令人口爽, 몰려 달려흐는 산양질이 사람 몸을 미치게馳騁田獵令人心發狂, 흔치않은 쓸몬재물이 사람을 못되게 가게 흐오라(難得之貨令人行妨. 이래서 씻어난이는是以聖人 배때문이지 눈 때문이 아니오라爲腹不爲目, 이를 집고 저를 버이로라故去彼取此. … 뭣을 일러 가장 큰 걱정이 아이 몸이야인고何謂貴大患若身, 나로서 큰 걱정이 있는 것은吾所以有大患者, 내가 몸을 가진 때문이여爲吾有身, 내 몸이 없는 데 미치면及吾無身, 내 무슨 걱정이 있으리吾有何患,[19]

이 인용문에서 다석은 오감으로부터 일어나는 감정들은 뒤로하고 도에 의지하라고 주문한다. 인간의 감각 현상 그 자체는 존귀하다. 그런데 그것이 목적을 위한 것이면 지나침을 유발하게 된다. 인간의 합리적인 의사결정이 이성적 판단뿐만 아니라, 감각과 직관적

---

18) 이종성, 『맨얼굴의 장자』, 서울: 도서출판 동과서, 2017, 169쪽 참조.
19) 『늙은이』 12장, 13장(중).

판단이 우월한 경우가 많다. 동양 의학에서는 인간의 다섯 가지^{肝心} ^{脾肺腎} 장기에서 일어나는 혼·신·의·백·지^{魂·神·意·魄·志}의 정신 활동을 오장신^{五臟神}이라고 한다.

심^心은 신^神을 간직하고 있는 인식의 첫 단계이다. 간은 혼^魂을 간 직하고 관찰한 대상에 대해 알아차리는 과정을 말한다. 폐는 백^魄을 간직하며, 마음을 가라앉히고 중요한 것과 불필요한 것을 걸러낸다. 비는 의^意와 지^智를 간직하며 기억하고 뜻을 간직한다. 신은 지^志를 간직하고 의식의 정화작용을 담당한다. 또한 신은 정신을 맑게 하 는 기능을 담당하며 생명활동 전체를 통솔하고 통합하는 중심 기능 을 한다. 신^神은 심^心에서 다스리고, 기^氣는 신^腎에서 다스리며, 형^形 은 머리에서 다스린다. 형과 기가 교류할 때 신이 그 중심에서 주 관하는데 이것이 삼재(형기신 三才)의 도이다.

양생의 으뜸은 신을 기르는 것이고 그다음은 형^形을 기르는 것이 다. 그러므로 신을 기르는 자는 반드시 형의 비수^{肥瘦}, 영위와 혈기 의 성쇠를 알아야 한다. 혈기란 사람의 신이니 신중하게 기르지 않 으면 안 된다. 하늘은 오기^{五氣}로 사람을 먹이고 땅은 오미^{五味}로 사 람을 먹인다. 오기는 코로 들어가 심폐에 저장된다. 위로 올라가 오 색을 밝고 윤택하게 하고 목소리를 밝게 드러나게 한다. 오미는 입 으로 들어가 장위^{腸胃}에 저장되고 각각 오장의 기를 길러준다. 오장 의 기가 조화롭게 생겨나면 진액이 만들어지고 신^神이 저절로 생겨 난다.

또한 심^心은 신명^{神明}의 집이다. 속은 비어 있고 지름은 1촌도 되 지 않지만 그곳에 신명이 머무른다. 그러므로 심이 고요하면 신명 과 통하여 일이 일어나기 전에 알 수 있다. 문밖을 나가지 않아도 천하를 알고 창밖을 보지 않아도 하늘의 도를 아는 것과 같다. 심은 물과 같아서 오래 두면 가라앉아 밑바닥이 훤히 들여다보이게 되는데 이것을 영명靈明이라고 한다. 그러므로 심을 고요히 하면 원기가 든든해져 온갖 병이 생기지 않기 때문에 오래 살 수 있다. 몸과 마음에 대한 집착을 내려놓고 자기의 생활이 자연의 이치에 부합되게 한다. 그렇게 오래 하면 결국 정신이 오롯해져서 자연히 마음이 편안해진다.[20]

이러한 오장신을 총괄하는 도의 지혜는 인간의 탐욕과 쾌락으로 이어지는 것을 반성하여 고른 앎으로 볼 수 있게 자정 능력을 배양한다. 다석은 자기 삼보에 의하여 감각의 문을 닫게 하면 사유 전환에 따라 조화로움을 유지하게 된다고 말한다. 이른바 보이는 세계의 장애를 부정형식의 사유 전환을 통해 자연적 영역으로 확장할 수 있음을 말한 것이다. 이를테면 생명의 확장성을 갖는 양을 품고 그것을 지켜 유지하게 하는 음을 등에 지는 수용적 자세를 취하여 '함없음에도 저절로 된 길無爲自然'의 내적 질서를 함양하게 되는 것이다. 가온지킴에 따른 수양을 통하여 도의 흐름을 지켜 덕으로 대비하는 슬기로운 수비형守備形 인간을 구현한다.

다석은 덕을 품은 성인은 멀리 나가지 않아도 참다운 것을 알고 눈으로 보지 않아도 하늘 길이 펼쳐지는 도리를 늘앎의 지혜를 통

---

20) 『동의보감』 내경 편: 內經曰, 五藏所藏, 心藏神, 肺藏魄, 肝藏魂, 脾藏意, 腎藏志. 又曰, 脾藏意與智, 腎藏精與志, 是謂七神. 註云, 神者, 精氣之化成也. 魄者, 精氣之匡佐也. 魂者, 神氣之輔弼也. 意者, 記而不忘者也. 志者, 專意而不移者也. …邵子曰, 神統於心, 氣統於腎, 形統於首. 形氣交而神主乎其中, 三才之道也. 內經曰, 太上養神, 其次養形. 故養神者, 必知形之肥瘦, 榮衛血氣之盛衰. 血氣者, 人之神, 不可不謹養也. 註云, 神安則壽延, 神去則形弊. 故不可不謹養也. 內經曰, 天食人以五氣, 地食人以五味. 五氣入鼻, 藏於心肺, 上使五色修明, 音聲能彰. 五味入口, 藏於腸胃, 味有所藏, 以養五氣, 氣和而生, 津液相成, 神乃自生. 臞仙曰, 心者, 神明之舍, 中虚不過徑寸, 而神明居焉. 事物之滑, 如理亂棼, 如涉驚浸. 故曰, 心靜可以通乎神明, 事未至而先知. 是不出戶知天下, 不窺牖見天道也. 盖心如水之不撓, 久而澄淸, 洞見其底, 是謂靈明. 宜乎靜可以固元氣, 則萬病不生, 故能長久. …便當放下身心, 以我之天, 而合所事之天久之, 逶凝於神則, 自然心君泰寧.

해서 알 수 있다고 말한다. 인간은 마음 중심을 비워致虛極, 고요함을 지켜守靜篤 덕이 두터우면 고른 앎知和으로 저 아는 게 밝아진다.自知者明 그 밝은 빛으로 길을 내고, 속알 쌓아道生之, 德畜之 잘된 길善行의 절로 됨의道法自然 질서를 안다.

문제는 그것을 어떻게 알 수 있는가이다. 먼저 영과 백을 하나로 모으고 기를 지극히 하면 충용충화의 작용으로 무위함에 이른다. 그리고 자연적 섭생으로 인해 마음의 분쟁이 일어나지 않는 고요함을 가지게 된다. 도의 지혜는 은미하여 인간에게 빈 곳을 제공하고 분별하는 것을 저절로 소멸하게 함으로써 제대로 듣게 하고 볼 수 있게 한다.

다석은 이러한 유무혼성의 도는 씨알의 자기를 통하여 미세한 움직임을 시작으로 점진적 발전 단계를 거쳐 다시 제자리로 돌아온다고 밝힌다. 도가 만물을 낳았으되 자기의 소유로 하지 않는 것은 상대성에 머물지 않고 늘 혼연함을 유지하기 때문이다. 이는 인간과 천지의 도가 하나임을 알게 하여 사물에 대한 집착을 버리게 하기 위함이다. 또한 더 나아가 인간의 잘못된 의식을 억지로 행위화하지 않게끔 하는 불감위 사유로 전환하여 자신을 낮추는 현덕의 가온인간을 이룬다.

다석은 도덕의 자기 전개는 존귀하게 펼쳐진다고 본다. 그 과정에서 모든 만물은 각각의 개별성으로 자신의 존재 의미를 드러낸다. 도가 존귀하고 덕이 고귀한 것은 누가 시키지 않아도 함없음에도 절로 됨無爲自然의 질서로 인간과 사물의 자연성을 드러내기 때문이다. 여기에는 세상 본보기의 염담恬淡함이 모든 것을 차별 없이 대하는 공정한 사유가 전제된다.[21]

다석은 '치인사천^{治人事天}'의 흐름에 따른 하늘의 충용충화의 작용을 따르지 않으면 인간에게 간극이 생겨 어려움을 겪게 된다고 말한다. 그 이유로 어머니의 품에서 떠나 자생적 의지를 펼치는 인간의 문제를 지적한다. 다석은 인간의 문제를 해소하기 위한 방편으로 덕에 따른 사유 전환의 수양 방식을 말한다. 이는 천지와 상합하고 자균^{自均}의 심신으로 무를 생활화하여 하루의 삶을 영글게 하는 것이다.[22]

이것은 내면의 조화를 일으키는 삼보를 찾아 밝아지는 것이다. 그 밝음은 공을 이루고도 머물지 않고 쉼 없이 펼쳐지며 또한 끊임없이 이어진다.^{明·彰功·長} 덕을 쌓아 자기의 내면의 밝음을 넓혀 나감으로써 다툼이 없는 조화관계를 형성하여 도와 하나 되는 '화광동진'의 내적 수양이다. 내면의 자명한 빛의 현묘한 덕을 품은 잘된 자^{善爲者}는 사물의 가치에 머물지 않고 자신의 허물을 뒤돌아보고 그것을 비워낸 후 자승자강의 자기를 이룬다. 사물의 분별력을 멈추게 하는 무의 계열화^{無爲·無事·無欲}에 따른 부쟁의 영역을 주도하는 섭생을 얻었기 때문이다.

다석은 무엇을 하고자 하는 지나침을 고른 어울림의 작용으로 자제시키라고 한다. 그래야 어머니의 품에 늘 머무는 '치허수정^{致虛守靜}'의 깊은 내면 속에 숨어 있는 자연스러운 지혜로 말미암아 내적 자정을 이룰 수 있다. 이는 무로부터 이어지는 자연적 흐름^{自化·自正·自富·自樸}의 선행으로부터 얻는 자균의 작용에 의하여 어머니의 품

---

21) 『도덕경』 51장: "道之尊, 德之貴, 夫莫之命, 而常自然."; 67장: "三曰不敢爲天下先, 慈故能勇, 儉故能廣, 不敢爲天下先, 故能成器長."; 27장: "是以聖人常善救人, 故無棄人, 常善救物, 故無棄物."
22) 『늙은이』 32장: "잘몬이 스스로 손 오듯 하리라(萬物將自賓), 하늘 땅이 맞아서, 단 이슬을 내리고(天地相合, 以降甘露), 사람은 하란 말 없이도 스스로 고르리(民莫之令而自均)."

으로 돌아가는 것이다. 다석이 주장하는 복귀 지향성의 사유가 어떻게 전개되는지를 들어본다.[23)]

가장 븨워 아주致虛極, 고요 지켜 도탑守靜篤, 잘몬이 나란히 이는데萬物竝作, 나로서는 그 도라감을 봄吾吾以觀其復, 그저 몬이 쑥쑥 나오나夫物芸芸, 따로 다 그 뿌리로 도라가오라各歸其根. 뿌리로 도라가서 고요ᄒ다 ᄒ고歸根曰靜, 고요ᄒ야서 목숨을 바쳤다ᄒ고是謂復命, 목숨 바쳐서 늘이라고 ᄒ고復命曰常, 늘 아는 걸 밝다 ᄒ오라知常曰明. 늘을 모르면 함부로 짓 ᄒ다가 흉ᄒ오라不知常, 妄作凶. 늘을 알아 받아드림知常容, 받들린대로 번 듯容乃公, 번듯ᄒ대로 임금公乃王, 임금대로 하늘王乃天, 하늘대로 길天乃道, 길대로 오램이오라道乃久). 몸이 빠진들, 나 죽지 않으오라沒身不殆.[24)]

다석은 모든 생명은 시간적인 한계를 가지고 살아가는 속성이 있다고 본다. 그는 그 흐름을 도의 자연적 항상성으로 설명한다. 이 무위자연의 흐름은 온갖 것이 나란히 일어나 자라고 변하는 영속적 항상성의 속성을 지닌다. 따라서 인간은 시작점인 도의 실마리로 돌아가 그 흐름을 좇는 것이 인간이 가야 할 존재 이유라고 밝힌다. 만물이 무성하고 빽빽하나 제각기 밑동인 근원과 하나로 연결되어 있다. 그러므로 점진적 성장·변화·쇠퇴를 거치면서 다시 왔던 곳으로 돌아가 그곳에서 나오는 섭생으로 자기의 자리를 회복한다.

다석은 이를 씨알의 복귀 지향성에 따른 사유의 과정으로 설명한다. 비어 있음으로 사물의 상태의 극치를 알 수 있다. 사물의 참되

---

23) 『도덕경』 22장: "不自見故明, 不自是故彰, 不自伐故有功, 不自矜故長."; 57장: "故聖人云 我無爲而民自化 我好靜而民自正, 我無事而民自富, 我無欲而民自樸."
24) 『늙은이』 16장.

고 바른 모습은 고요함을 지켜 늘 그러함을 체득하여 항상성에 이른다. 다석은 늘 그러함의 자리를 잃어버리면 만물의 본분을 떠나게 된다고 본다. 인간 지혜의 사특함이 작용했기 때문이다.[25]

다석은 인간의 자기중심적 사유로 인하여 사물의 분별심을 조장하는 기준에서 벗어나야 한다고 본다. 이러한 계기를 조성하는 것은 무위자연의 영역이다. 그리고 이 영역을 영아와 같은 '다투지 않는 속알是謂不爭之德'의 영속적 항상성의 흐름과 같은 것으로 이해한다. 인간이 부쟁의 덕을 간직하면 사물의 상대성을 포용하는 잘 삶의 움직임으로 이것과 저것의 분별이 없는 무사지無死地에서 자기를 이룬다.

다석은 생과 사의 간극이 없는 곳은 오로지 어머니의 품이며 비어 있는 가운데라고 말한다. 없이있는 하나와 함께하는 하늘의 도골검[26]는 영속적 항상성을 지닌다. 그것은 지금 여기 이어져 있는 불생불사谷神不死의 자리이다. 인간의 지향적 사유를 전환시키는 계기를 제공하는 이 자리는 무에 맞춰 사는 사유를 좇아야 보존할 수 있다. 무에 맞춰 사는 삶이라야 집착에서 벗어나게 되고 세상의 난관이나 어려움을 피하게 된다. 다석은 도의 자리를 회복하는 사유 방식을 스스로 이루려는 자기중심적 인식의 전환을 통하여 자연적 영역慈愛自然의 회복을 도모해야 한다고 본다. 인간 인식의 필연적 상대성을 긍정적으로 전환시켜 내적 자정自正한 빛이 고르게 펼쳐지는 공정共正한 세상 본보기天下式를 구현해야 하는 까닭이다.

---

25) 『도덕경』 16장: "常之爲物, 不偏不彰, 無歅昧之狀, 溫凉之象, 故曰: 知常曰明也 唯此復, 乃能包通萬物, 無所不容, 失此以往, 則邪入乎分, 則物離分, 故曰不知常則妄作凶也."(왕필 저, 임채우 역, 『왕필의 노자』, 서울: 예문서원, 2001, 87쪽 참조).

26) 다석은 '골검'의 골은 골짜기로 검은 신의 우리말로 번역하였으며 천도와 곡신의 별칭으로 해석한다. 류영모 번역, 박영호 풀이, 『노자와 다석』, 서울: 교양인, 2013, 66쪽 참조.

이러한 맥락에서 다석은 늘 그러함을 아는知常 도의 지혜로 '저 아는 게 밝아져自知者明' 자기를 사랑하고 포용하여 마음이 공평하게 되는 것으로 이해한다. 비움을 극에 이른다는 것은 분별심을 멈추게 하는 없음의 영역을 확보하여 항상성常의 긍정의 자리를 지키는 것이다.27) 긍정의 세계는 상대적 조건들이 소멸된 무의 영역을 말하며 이는 도의 자리이다.28)

노자철학에서 부정사의 개념은 매우 다양하게 전개된다. 붙여진 이름의 상대적 가치에 대한 욕구를 멈추고 그것을 하나로 포섭하고 덕에 편승하여 도의 자리로 돌아간다. 인간의 분별 의식의 작동을 포섭하는 부정사인 불감위의 단계에 이르면 자기를 낮추게 되고 부쟁의 덕을 확보한다.29) 이와 같이 노자의 부정사는 부정적 측면을 설명하는 것이 아니라 그 부정적인 면을 포섭하여 긍정적 사유로 전환하는 개념이다. 부정의 개념은 하고자 함을 없이하면 마음의 고요함이 찾아오는 것과 굽으면 펼칠 수 있고 펼치려면 굽혀야 되는 곡직의 사유와도 같다. 또한 도의 부정의 개념은 변증법적 발전 성향을 설명하는 것이며 이것과 저것은 혼재되어 그 우열을 가릴 수 없기 때문이다.30) 다석은 생득법·서원반·곡직·반동약용의 이

---

27) 『도덕경』 16장: "以虛靜觀其反復, 凡有起於虛, 動起於靜, 故萬物雖幷動作, 卒復歸於虛靜, 是物之極篤也, 歸根則靜, 故曰: 靜, 靜則復命 故曰: 復命也, 復命則得性命之常, 故曰: '常也.'"(왕필 저, 임채우 역, 『왕필의 노자』, 서울: 예문서원, 2001, 86-87쪽 참조).

28) 이종성, 「박세당의 『노자』 주해(註解)를 통해 보는 도가철학에 있어서의 '유무지변'의 문제」, 한국동서철학회, 『동서철학연구』 제15호, 1998, 134쪽 참조.

29) 『도덕경』 9장: "不可長保."; 14장: "此三者, 不可致詰, 繩繩不可名."; 15장: "深不可識"; 27장: "善閉無關楗, 而不可開, 善結無繩約, 而不可解."; 29장: "天下神器, 不可爲也."; 31장: "則不可得志於天下矣."; 36장: "魚不可脫於淵, 不可以示人."; 56장: "故不可得而親, 不可得而疏, 不可得而利, 不可得而害, 不可得而貴, 不可得而賤."

30) 『늙은이』 3장: "씨알이 훔침질을 않게(使民不爲盜), 하고잡 만한 건 보질 말아서(不見可欲), 맘이 어지럽지 안게 하여야(使民心不亂), 아래서 씻어난 이의 다르림은(是以聖人之治), 그 맘이 비고 그 배가 든든하고(虛其心, 實其腹), 그 뜻은 무르고 그 뼈는 세어야(弱其志, 强其骨), 늘 씨알이 (못된) 앎이 없게 (못된) 하고잡이 없게 하이금(常使民無知無欲), 그저 (못된 짓) 아는

론으로 대체하여 설명한다.

이 점에서 주목할 것은 노자의 부정사 개념을 다석이 감각의 단계에서 포용적 비움으로 가치의 기준을 없애는 이론을 전개하였다는 점이다. 무의 세계로부터 어떠한 것에도 제약을 받지 않는 항상성의 자리를 확보하는 것을 볼 수 있다. 만물의 발전 과정에서 일어나는 장애를 무의 계열로 포섭하여 절대긍정의 세계로 곧바로 진입하는 논리이다. 인간의 내적 수양 과정에서 발생하는 많은 장애를 무라는 도의 사유를 통해 모든 것을 동시에 해결한다. 따라서 노자와 같이 부정사 개념을 긍정적인 개념으로 보고 하나로 포섭하는 통전적 사유를 펼친다.

다석이 말하는 돌아간다는 것은 비어 있는 하늘 길을 따라至虛守中 자기의 뿌리를 굳건하게 하고 바탕을 튼튼하게 세우는 것을 말한다. 자기 수고慈己守固를 통하여 통나무와 같은 하루살이의 소박한 자리를 회복한다.誠全而歸 씨알의 관점에서 돌아감은 자기를 낮춤으로써 그 자리에 덕을 쌓게 되는 점진적 수양을 말한다. 국모의 품으로 복귀하여 적자와 같은 섭생이 쉼 없이 이어지게 되어 튼튼한 바탕 위에 곧게 설 수 있다.[31]

이러한 복귀는 도의 생명을 유지하기 위해 마음의 빛을 되돌려 자기를 돌아보고 몸의 허물을 훌훌 벗고 자연스러운 빛이 주는 얼의 숨을 쉬는 것으로 이해한다. 이를 뒷받침하기 위해서는 척제현람의 맑은 정기로 척제현람의 맑은 정기로 꿰뚫어 저절로 이어지는

이도 구태여 하지 않게끔 하여야(使夫智者不敢爲也), (딴 짓 하려)함 없이 하매 못 다스림이 없으리(爲無爲, 則無不治).”

31) 『노자』 16장: “致虛極, 守靜篤, 萬物竝作, 吾以觀復, 夫物芸芸, 各復歸其根, 歸根曰靜.”; 22장: “古之所謂曲則全者, 豈虛言哉, 誠全而歸之.”; 59장: “有國之母 可以長久, 是謂深根固柢, 長生久 視之道.”; 이부영, 『노자와 융』, 서울: 한길사, 2012, 225-226쪽 참조.

길 따라 이루어지는 그 자리를 지켜야 한다. 또한 도의 관점에서 돌아감은 대상 영속성의 흐름에 따라 늘 그 자리를 지키는 것으로 이해한다. 복귀란 아주 쉽고 언제든지 이루어지는 늘 그러한 평탄한 길이다.易知易行32)

다석은 무의 세계인 어머니를 알면 그 자식을 지킬 수 있고 그 자식은 식모의 품에서 도의 흐름을 아는 것으로 국모의 자리를 떠나지 않는다고 한다. 이는 그 자식을 아는 것知其子은 자연적 항상성을 지켜 나가 덕을 이루는 것이며 그 어미를 지키는 것守其母은 대상 영속성의 흐름을 알고 그것을 따르는 것이다. 이는 천지의 흐름과 내적 질서의 하나 됨을 아는 것을 현묘한 덕이라 설명한다.

무위자연의 덕으로써 내적 수양을 통한 사유의 전환에 따라 점진적으로 덕을 쌓아 전일적 존재를 이룸으로써 드러나는 선행이다. 어머니가 자식을 낳고 기름은 자연적 질서에 맡기고 그 자식에 머물지 않고 더 많은 것을 이루는 능성기대의 형태를 볼 수 있다. 큰 일을 이루는 것은 천지의 흐름을 알고 지켜 행하는 도에 따른 덕의 자승자강의 세력을 형성하는 덕신의 무상심을 가졌을 때만이 가능하다고 본다.

이는 대상의 영속적 항상성을 동시에 이루는 곡직사유의 체계인데 예컨대 큰 이룸의 대상은 작은 변화가 점진적으로 축적되어 발전하는 것이며 또한 덕을 쌓아 무불극의 영원함을 이어가는 장생구시長生久視之道의 형태와 묘사된다. 도의 쉼 없는 존재과정에 따른 무의 편용편익의 부득이한 곡직의 영속성을 말한다.

처음에는 미세함에서 출발하여 생성의 과정에서 닥치는 장애를

---

32) 『도덕경』 70장: "吾言甚易知, 甚易行, 天下莫能知, 莫能行."

적당할 때 그치게 하는 불감위의 사유전환을 거쳐 무의 세계로 진입하게 된다. 그리고 자기를 형성하게 되어 제자리를 회복한다. 이자리를 회복하려면 먼저 인간 감각의 불규칙한 흐름을 따라 일어나는 감정을 통하여 자기가 무엇을 수용해야 하는가를 알아야 한다. 이는 덕을 쌓는 점진적 수양을 통하여 알게 한다. 도의 무위자연의 흐름을 통해 자기의 존귀함吾貴身을 알고 자균의 내적 질서를 수용하여 건강한 섭생의 하루의 삶을 사는 것이다.

의식의 심화과정 속에서 쉼 없이 이어지는 사유의 경계에 서서 균형을 유지하는 길을 찾는다. 무와 유가 혼성된 미명의 단계에서 내재된 자연스러운 빛의 지혜인 습명으로 자기 스스로 허물을 볼 수 있는 자명함으로 내가 나를 사랑(자애)하는 것이다. 이러한 내면의 자연스러운 지혜의 빛은 늘 심신을 감싸안고 주관적 의식에서 벗어나吾無身 자기의 존재 의미를 제공하는 도의 중심에 도의 중심에 거하게 된다. 만물의 발전단계를 거쳐 복기초의 존재과정은 신종여시의 자연적 영역을 확보하게 되어 하늘과 짝하게 되므로 함덕지후의 적자와 같은 세력을 갖추게 된다.

함덕을 지닌 세력은 무위자연의 천지의 흐름이 내적 속알의 질서와 하나를 이룰 때 이것과 저것의 경합이 없는 무사지의 섭생의 사세를 지니는 것으로 말한다. 무사지의 다툼없는 사세를 지니게 되면 독 있는 벌레가 쏘지 못하고 맹수와 날짐승으로부터 자기를 보호하게 된다. 이는 곡선의 부드러운 자균의 자리에 처하여 있기 때문이다.[33] 이 자리는 빛과 어둠이 함께 있으며 음양이 아직 변화하기 전의 혼현한 자리이기도 하다. 어떤 사건의 추이가 완성되거나

---

33) 『도덕경』 55장.

소강상태로 있으며 변화의 계기가 시작되기 전의 흘황한 조화의 자리이다.

이 빈탕 가온의 자리는 천지의 무위자연의 흐름인 큰 이룸은 모자라는 것 같으나 그 쓰임은 끝없이 솟아난다. 큰 채움은 비록 비어 있는 것 같으나 그 쓰임은 다함이 없다. 큰 곧음은 마치 굽은 것 같고, 큰 기교는 서툰 것 같고, 크게 말 잘하는 것은 어눌한 것 같다. 또한 진정으로 흰 것과 검은 것은 자연스러운 것으로써 명백하게 규명하기 어렵고, 도법자연의 흐름은 귀퉁이가 없이 뻥 뚫린 대상 영속성의 흐름과 같으며, 인위적으로 만들어진 그릇은 그 크기를 정하기 쉽지만, 자연스럽게 만들어진 그릇의 크기는 정할 수 없다.

따라서 천지 사이의 중심에서 일어나는 도의 영속적 항상성의 사건은 어떠한 형식에도 구애받지 않으며 무한정이고 무규정이다. 이러한 형식에 의한 논리적 정의는 규칙으로 허용되지 않으며 이러한 측면에서 무위자연의 흐름을 포섭하고 있는 현묘한 덕玄德을 가진 자는 식모의 영아와 같은 소박한 섭생을 누리는 것과 같다.[34] 이처럼 도에 따른 덕의 섭생을 지니는 것은 보편적 일상으로서 평탄하여 굴곡이 없다.

하지만 이런 쉬운 길을 버리고 목적을 향하여 가는 길은 선명하게 보일지 모르지만 도가 펼치는 자균의 섭생 길은 매우 쉽고 평이하여 특별한 수단이나 목적이 없으므로 다툴 일이 없다. 그러므로 갑옷이나 병사가 필요 없다. 또한 평범한 일상으로서 땀 흘려 거둔 곡식으로 밥을 지어 맛있게 먹고 손수 지은 천으로 옷을 만들어 하

---

34) 『도덕경』 41장, 45장, 10장.

루 하루의 삶의 소박함을 드러낸다. 따라서 가정은 안정되고 마을은 평화롭고 이웃 나라와 다툴 일이 없어 이사할 일이 없게 된다.

다석은 이러한 하루를 사는 길은 길은 인간이 가야 할 길이며 이를 감각의 문을 닫고 도와 하나 되는 폐문현동의 질서로 말한다.[35] 인간은 자신의 몸을 귀하게 여기는 사유로 인하여 대환에 쌓이게 된다.大患若身 이를 속알의 지혜의 빛으로 감싸 안아 제자리로 되돌려 놓을 때 자기의 세력을 부드러운 기운으로 약화시켜 낮춤으로써 다 함께 하는 공생의 덕을 펼친다. 다석은 감각기관의 문의 안을 지키는 것은 수동적이고 유약해 보이지만, 진정으로 강한 것이라 설명한다. 문밖으로 부귀를 구하는 일은 강해 보이지만, 하는 일마다 걸려 넘어진다. 감각의 문을 닫으면 자기 안의 하나의 고른 어울림의 질서가 드러난다. 따라서 이 질서를 통하여 자신을 알고 지켜 자기를 수용하는 능수적 수양 방식으로 천지의 흐름을 아는 것이 세상 본보기를 아는 것이다.

다석은 만물은 자기 안에 서로 대립하는 음과 양이 있다고 보고, 그 가운데 비어 있는 기운으로沖氣 음양을 조화시키는 무위자연의 통전적 사유를 말한다. 사람이 질서를 지키며 살 수 있는 것은 속알이 한결같은 조화의 기운和氣이 있기 때문이다. 어울림의 기운이 늘앎의 다툼이 없는 삶으로 이르게 한다. 늘앎은 하늘의 법도를 아는 앎이다.[36] 이것은 알짬精으로 속裏이 꽉 찬 현덕의 성격을 띤다. 늘앎을 가진 자는 도와 하나가 된 상태로 이것과 저것의 분별심이

---

35) 『도덕경』 56장: "知者不言, 言者不知, 塞其兌, 閉其門, 挫其銳, 解其紛, 和其光 同其塵, 是謂玄同."; 52장: "復守其母, 沒身不殆, 塞其兌, 閉其門, 終身不勤, 開其兌, 濟其事, 終身不救, 見小曰明, 守柔曰强, 用其光."

36) 『도덕경』 65장: "古之善爲道者, 非以明民, 將以愚之, 民之難治, 以其智多, 故以智治國, 國之賊, 不以智治國, 國之福, 知此兩者, 亦稽式, 常知稽式, 是謂玄德."

없는 혼일한 상태를 지닌다.

　이러한 상태에 도달해 있는 사람은 자타를 확실하게 구별하지 않는다. 그래서 어리숙해 보인다. 어머니 품을 떠나지 않은 태아와 같이 아직 감정을 드러내지 않고 웃음기마저 없는 미조 상태이기 때문이다.其未兆 如嬰兒之未孩37) 조兆는 생각이 일어나기 전 마음의 안정 상태를 말한다. 감정이 발하기 전이므로 스스로 자신을 돌아볼 수 있는 자정 능력이 있다. 이는 인간의 생각이 들고 나는 것을 알 수 있어 세상을 바르게 보게淸靜爲天下正 하는 감안 속알玄德로 기쁨과 슬픔의 균형을 이룬다.

　다석은 인간의 의식이 도를 향해 있을 때 덕에 의하여 그 가치의 기준을 정하지 않는 혼기심의 상태를 유지할 수 있다고 설명한다.38) 도에 의하여 승화된 덕을 품고 있는 자는 자율적 사유 영역으로 모든 것을 바라봄으로써 사물의 가치보다는 그 자체의 의미를 더 중하게 본다. 이는 인간의 내적 질서를 부드러운 하늘 숨길을 따라 이루어지게 한다. 하늘의 한 치도 어긋남이 없는 참된 길 따라 이어지는 온 누리의 환한 선의 빛은 인간의 명관명지明觀明知의 곧바른 자세로 이어진다. 만물 그 자체를 도와 덕의 진실된 흐름을 따라 아름답게 보는 진선미眞善美의 중보 질서를 이룬다. 도를 좇음으로서 생기는 중보 질서는 인간의 낮은 자리에서 만물을 '깊은 뿌리로부터 활짝 핀 꽃의 과정을是謂深根固, 長生久視之道' 보는 무위의 선을 행하는 마음을 지니게 한다.

　다석은 인간이 도의 흐름을 알게 되면 무엇을 하고자 하는 목적

---

37) 성현영 저, 최진석, 정지욱 역, 『노자의소』, 서울: 소나무, 2007, 643쪽 참조.

38) 노자 원저, 감산덕청 주석, 심재원 역주, 『노자 도덕경, 그 선의 향기』, 서울: 정우서적, 2010, 419쪽 참조.

의식이 소멸無爲而無以爲되는 자정 영역을 품게 된다고 한다. 따라서 덕을 행하고 그것을 덕으로 보지 않고 당연한 것으로 볼 수 있는 지혜를 얻게 된다. 또한 잃으면 잃은 대로 얻으면 얻은 대로 도의 흐름에 따라 자기를 맡기게 된다. 이는 도의 쉽 없이 움직이는 자기 전개 과정에서 중심을 잃지 않고 거듭 쌓은 속알重積德에 의하여 가온인간이 자기 역할을 수행하기 때문에 가능한 일이다. 가온인간의 올바른 앎과 인간다운 삶을 위한 최상의 방편은 도를 향하고 있을 때 사물을 꿰뚫어 보는 형안炯眼이 열려 늘 열려 있는 천문의 밝음을 체험한다. 나의 자아에 의한 주관적 의지로 사물의 가치를 보는 것이 아니라 세상 본보기를 이루는 무위자연의 질서로 보게 된다. 다석은 이를 본받아 자기의 내적 보물을 발견하여 이에 순응하는 수신을 이루라고 말한다.39)

　다석은 도의 자리는 미세하여 작게 보이며 역설적으로 크다는 것은 서·원·반의 흐름에 따라 인·지·천·도의 도법자연의 사유가 전개되는 영역으로 이해한다. 도는 혼연하게 뒤섞여 이름을 붙일 수 없고 이름이 없으므로 주인 노릇을 하지 않으며 영속적 항상성의 변화를 조성한다. 이렇게 모든 것을 완전하게 존재할 수 있게 하는 그 능력은 말로써 표현할 수 없는 도의 보이지 않는 큰 공교大巧로부터 이루어지고 있다.

　다석은 도의 현묘한 공교天之道는 인간의 유욕을 채울 것은 채우고 버릴 것은 버리게 하는 '덜고 또 덜어서 함없음損之又損, 以至於無爲'의

---

39) 『도덕경』 59장: "治人事天, 莫若嗇, 夫唯嗇, 是以早服, 早服謂之, 重積德, 重積德, 則無不克, 無
　　不克則莫知其極, 莫知其極, 可以有國."; 33장: "知人者智, 自知者明, 勝人者有力 自勝者强, 知足
　　者富, 强行者有志, 不失其所者久, 死而不亡者壽."; 46장: "禍莫大於不知足, 咎莫大於欲得, 故知
　　足之足, 常足矣."

늘 하고자 함이 없는常無欲 사유로 천하를 취하는 본보기를 설정한다. 이러한 도의 대교大巧는 선행으로 이어져 때에 맞추어 인간과 사물의 질서를 통하여 세상 본보기의 공생공존을 지향하게 한다.40) 인간은 몸의 생각을 줄이고 마음의 잡념을 없이하는 손지우손의 흐름을 바탕으로 생명의 확장성을 갖는다. 양을 품고 그것을 지켜 유지하게 하는 음을 등에 지는 수용적 자세로 내적 자정을 이룬다. 덕의 선善으로 잘못된 질서를 바로잡게 된다.41) 이러한 질서, 즉 선행에 따른 균형을 유지하지 못하면 인간의 길흉으로 이어지는 것을 계사전에서 제시하고 있다. 인간의 길흉이란 '천지운행의 때를 얻고 잃음을 말하는 것이다. 길吉이란 때에 맞춰 원하는 바를, 즉 천지의 무위자연의 흐름을 아는 것이며, 흉凶이란 적당한 때를 맞추지 못하고 원하는 바를 얻지 못했거나 이미 잃었음을 말한다.42) 반면에 인간은 잃고 얻음의 균형을 이루는 천도의 흐름에 부응하지 못하고 인간 스스로 무엇을 하고자 하는 인위적인 기교는 대환을 불러오고 급기야 다툼으로 이어진다.

세상의 기교를 도의 공교로 고르게 함으로써 인간은 공평무사한 덕을 지녀 자기와의 싸움에서 이기고 전쟁을 치르지 않는 '부쟁의 대장부'로 살게 된다. 다석은 이러한 섭생의 기교로 사는 사람의 모습은 '잘 세운 것은 빠지지 않고善建者不拔', '잘 안은 것은 벗어나지 않는善抱者不脫' 감안 속알玄德을 지닌 것으로 본다. 따라서 그 덕을 가정으로부터 사회에 그리고 나라에 두루 어울리게 함으로써 '덕풍

---

40) 『도덕경』 8장: "水善利萬物而不爭,處衆人之所惡,…正善治, 事善能, 動善時, 夫唯不爭, 故無尤.";
　　77장: "天之道損有餘而補不足."

41) 『도덕경』 49장.

42) 『계사전』 상 3장: "吉凶者, 言乎其失得也, 悔吝者, 言乎其小疵也, 无咎者, 善補過也."

덕보德德德善'를 구현하는 중추적 역할을 담당한다.[43]

2) 본래적 인간으로의 전환 방식

(1) 불감위의 사유 전환 방식

다석은 일상적 인간의 불완전성을 해소하기 위하여 내적 수양을 통한 본연의 제자리를 회복하는 것을 말한다. 변화하는 세상 속에서 그 변화의 흐름을 제대로 보는 인간의 자정력을 배양하는 내적 수양이다. 이는 인간의 사유 전환에 따른 고른 앎을 통하여 중심축을 형성하고 도를 좇는 것이다. 인간의 본래적 길은 무위자연의 길을 따라 '내 함 없었서 씨알 제대로 되는我無爲而民自化' 공생의 잘된 길을 의미한다. 다석은 지금까지 이어져 내려오는 인류의 생명줄을 천지 사이의 변화에서 찾아내 인간의 내적 질서와 하나임을 알고 그것을 지키는 방식에 대하여 설명한다. 가온지킴에 따른 수신의 방법으로 도를 지키고 덕으로 하루를 준비하는 슬기로운 수비형守備形 인간세계를 구축한다. 그리고 풍요로운 삶으로 사회와의 순수하고, 안정적이며, 생산적인 새로운 균형으로 유기적 관계를 이룬다.

다석은 이러한 세상 변화에 대한 대응체계를 '길을 바싹 따름惟道是從'으로 '거듭 쌓는 속알謂之重積德'의 과정으로 본다. 그리고 영아와 같은 본래의 가온인간을 회복하는 데 그 중점을 둔다. 또한 무위자연의 현실적 '세상 본보기天下式'[44]가 이루어져 어머니 나라에서 먹

---

43) 『도덕경』 25장: "有物混成, 先天地生, 寂兮寥兮, 獨立而不改, 周行而不殆"; 34장: "大道氾兮, 其可左右, 萬物恃之, 而生而不辭, 功成不名有"; 54장: "修之於身, 其德乃眞, 修之於家, 其德乃餘, 修之於鄉, 其德乃長, 修之於國 其德乃豊, 修之於天下, 其德乃普, 故以身觀身, 以家觀家, 以鄉觀鄉, 以國觀國, 以天下觀天下, 吾何以知天下然哉, 以此"

44) 『늙은이』 22장: "하나를 품어 세상 본(보기)이 된다(抱一爲天下式), 제 뵈지 않으므로 밝고(不自見, 故明), 제 옳다않으므로 나타나고(不自是, 故彰), 제보라지 않으므로(치사하다간 없어지는) 공(이 그대로)있고(不自伐, 故有功) 제 자랑 않으므로 길리라(不自矜, 故長). 그저 오직 다

여주는 부드러운 생명을 먹고 사는 씨알백성의 세상이 이루어지는 것을 고대한다. 세상 본보기는 도를 품어 변화의 흐름을 좇음으로써 자연적 영역을 회복하여 전일적 존재를 이루는 사유 방식을 말한다. 그리고 천지 사이의 흐름과 인간의 현실적인 삶의 방향이 한 곳으로 향하고 있음을 알고, 그것을 지켜 행하라고 한다. 도의 자기동인에 의한 내적 삼보를 통하여 존재 의미를 회복할 필요가 있기 때문이다.

다석은 일상의 인간은 내적 수양을 통하여 '잘된 길을 받든 이古之善爲道者'45)의 뒤를 좇아야 한다고 본다. 내적 보물의 항상성을 발아시켜 전일적 존재로서의 역할에 충실할 필요가 있는 것이다. 여기서 도의 흐름을 나타내는 무의 생활화가 가능해진다. 이를 위해서는 세상에 펼쳐지는 모순을 도의 '공교巧巧'로 천지의 흐름에 순응하게 된다. 그리고 자신을 낮추는 현덕의 실천적 지혜가 필요하다. 그리고 덕을 널리 펼쳐 잘된 길을 따라 다투지 않을 수 있는不爭46) 삶의 방향 모색이 요청된다.

다석은 도로 멀어진 인간의 사유를 다시 돌아오게 하는 되먹임의 흐름을 서·원·반逝遠反의 과정으로 설명한다. 이러한 흐름을 따라 '도의 사랑을 가지고 싸우면 이기는夫慈以戰則勝' 본래적 인간의 고른 앎知和을 형성한다. 이는 도가 구부려서 곧게 펼치는曲則全. 枉則直 것과 같은 심신의 조화로서, 곡선적 사유의 보완의 성격이 있다. 세상과

투질 않는다(夫唯不爭)."

45) 도를 좇는 자는 천지 사이의 순리를 잘 따라 현덕을 이루는 것이다. 『늙은이』 65장: "옛날의 잘 길 받든이(古之善爲道者), … 잘 본보기를 알면(常知稽式), 이 일러 감안 속알(是謂玄德), … 이에 한 따름(큰 순합)에 이르오(然後乃至大順)."

46) 『늙은이』 68장: "잘 된 사나이는 칼부터 내밀지 않는다(善爲士者不武). 잘 싸우는 이는 성내지 않고(善戰者不怒), 잘 이기는 이는 다투지 아니하고(善勝敵者不與), 사람을 잘 쓰는 이는 (제) 내려서느니(善用人者爲之下), 이 일러 다투지 않는 속알(是謂不爭之德)."

의 건강한 관계를 형성하는 직선적 방법뿐만 아니라 자기를 수용할 수 있는 곡선적 지혜를 통하여 도를 좇는 일이다. 도의 무위자연의 흐름을 통해 자기의 존귀함을 알고 내적 질서의 잠재된 능력을 수용하여 도의 숨을 쉬는 섭생의 공익의 삶을 사는 것이다.

인간의 앞만 보고 향하는 전진적 사유에서 도의 흐름을 좇아 자기를 뒤로 두는 오무신吾無身의 곡선적 사유로 전환하여 마음과 몸의 합일을 이루고 자기를 존귀하고 사랑貴身·愛身하는 자세를 지닌다. 어머니 품에 담긴 존재의 근원인 서로 어우러져 현묘한 빛을 드러내는 하나ᅳ의 질서는 원심성陽과 구심성陰의 두 성격이 서로 상보하여 균형과 조화의 축을 이룬다.47) 만물의 시모의 품으로부터 조화의 세계를 형성하여 영아와 같은 섭생을 유지한다.

다석이 설명하는 없이있는 하나는 유와 무가 뒤섞인 채로 현상의 세계보다 앞서 있으며 무엇으로도 표현할 수 없는 혼현한 세계로 말한다. 하나의 움직임은 예부터 지금까지 이어져 내려오는 영속적 항상성의 도의 실마리이다. 이 없이있는 혼연함은 인간의 분별적 판단의 근거를 제거하고 소강상태로 접어들게 하여 무위자연의 흐름에 의지하게 된다.

또한 만물을 형성하고도 그것에 머물지 않는 것은 혼일하여 앞도 뒤도 없는 좌우범혜의 대상 무형으로써 쉼 없이 움직이기 때문으로 본다. 따라서 스스로 드러내지 않기 때문에 더 많은 일을 이루나 그 공을 뽐내지 않는다. 물과 같이 스스로 흘러 만물의 성장을 돕고 이로움을 주는 것으로 이해한다.48) 깊고 아득한 환빛 무리의 한

---

47) 류영모, 『노자와 다석』, 333쪽 참조.
48) 『도덕경』 25장, 14장, 22장.

길玄道은 움츠린 속알의 벽을 허문다. 그리고 천문을 활짝 열어 참된 길을 따라 얽힌 매듭을 저절로 풀어지게 하여 치인사천의 고른 관계를 형성하여 인간을 하루의 바른 삶의 길善行로 안내한다.

다석은 이를 통해 내적 항상성을 이루면 하루를 사는 인간의 참된 길에 들어서는 것으로 이해한다. 그는 또한 도에 의하여 확보되는 자연적 영역을 점진적으로 넓혀 나가는 수양 방법을 말한다. 이로부터 일상적 인간의 내적 질서를 이루게 함으로써 하나의 흐름에서 벗어나지 않아 선에 따른 부쟁의 덕으로 모든 일에 성실하게 임하고 최선을 다하는 선인의 자기 수고慈己守固의 사유 방식이 성립된다.[49]

다석은 도로부터 이탈된 인간의 사유를 무위자연의 질서에 따라 천지의 흐름을 알고 자신의 허물을 벗어버리는知常曰明 불감위의 사유로 전환시켜야 한다고 말한다. 인간씨알의 자기를 형성하면 자연적 영역으로부터 늘앎의 능력我獨이 확보되어 식모의 품에서 도의 생명을 유지한다.[50]

다석은 인간이 분노하여 화를 내면 그 노기가 얼굴에 나타나는 것이 상象의 꼴의 값으로 얼의 골이라고 설명한다. 하늘 기운의 상象이 땅의 인력에 의하여 응집되어 형체를 이루면 물체가 되고 분열하여 기화되면 상이라고 한다. 인간이 대자연이 펼치는 기미와 징

---

49) 『늙은이』 67장: "사랑은, 가지고 싸우면 이기고(夫慈以戰則勝), 가지고 지키면 굳다(以守則固). 하늘이 건지니 사랑을 가지고 둘러주리(天將救之, 以慈衛之)."

50) 『도덕경』 54장: "善建者不拔, 善抱者不脫, … 修之於身, 其德乃眞, 修之於家, 其德乃餘."; 59장: "治人事天, 莫若嗇, 夫唯嗇, 是以早服, 早服謂之, 重積德."; 22장: "曲則全, 枉則直, 窪則盈, 敝則新, 少則得, 多則惑, …古之所謂, 曲則全者 豈虛言哉, 誠全而歸之."; 50장: "道生之, 德畜之, 物形之, 勢成之, 是以萬物莫不尊道而貴德, 道之尊, 德之貴, 夫莫之命而常自然"; 67장: "夫慈以戰則勝, 以守則固, 天將救之, 以慈衛之."; 20장: "我獨泊兮, 其未兆, 如嬰兒之未孩, 儽儽兮, 若無所歸, 衆人皆有餘, 而我獨若遺, 我愚人之心也哉, 沌沌兮, 俗人昭昭, 我獨昏昏, 俗人察察, 我獨悶悶, 澹兮, 其若海, 飂兮, 若無止, 衆人皆有以, 而我獨頑似鄙, 我獨異於人而貴食母."

조의 상을 관찰할 줄 모르고 인간의 세속적 사욕에 가려져 알기 어렵고 인식되기 어려운 도의 흐름을 무물지상無物之象이라고 한다.[51)

혼현幽暗한 가운데로부터 일어나는 기미와 징조의 세미細微한 일은 그 흔적을 볼 수 없으나 기미幾微가 이미 동動하여 서서히 움직인다. 따라서 미세한 움직임은 천지의 흐름과 인간의 내적 질서, 즉 인체의 흐름을 통하여 쉽게 알 수 있고 행할 수 있다. 다석은 이러한 사계절 등의 기미와 징조를 상도의 저절로 된 길을 아는 늘앎을 통하여 자기만이 홀로 체득할 수 있는 것을 이지이행易知易行의 아독我獨이라 한다. 이는 천하의 일이 드러나 보이고 밝게 나타남으로 무욕의 세계로 인간을 이끈다.[52)

자연계의 흐름은 삶 전체를 통해 지속적인 평안·태평安平太의 질서를 보여주며 인간의 '늘 가진 맘이 없는無常心' 상태를 유지해 낸다. 그리고 세속의 인위적 행위로 일관되게 추구하는 용감성을 억제하는 불감위의 사유로 전환하여 욕심과의 전쟁을 승리로 이끌어 도의 자애로 호위를 받아낸다.[53)

다석은 인간의 지향적 마음은 몸으로 인해 가장 큰 걱정大患若身을 양산하는 것으로 본다. 이를 멈추기 위해서는 편안한 마음安心立命으로 돌아서 '잘 삶善攝生'을 사는 본래의 인간상을 유지해야 한다. 잘 삶의 섭생이란 일상적인 '몸나身我'의 지향적 사유로부터 벗어나는 것을 말한다. 덕분德分에 얻는 생명으로 받은 크고 넓은 되먹임德分愛의 사랑을

---

51) 만물을 형성하는 음양의 상대적 투쟁관계를 고른 어울림으로 각각의 세력을 완화시켜 다툼이 없는 영역을 제공하는 것이 무물지상이다. 이것과 저것의 화해와 중재를 이끄는 도의 덕분이다. 이 무물지상의 영역이 확보되면 인간의 고뇌와 갈등이 소멸되어 평안한 마음을 구축하게 된다.

52) 『중용』1장: "言, 幽暗之中, 細微之事, 跡雖未形, 而幾則已動, 人雖不知, 而己獨知之, 則是天下之事, 無有著見明顯而過於此者."

53) 『도덕경』73장.

세상에 되돌려 주는 것을 선도先導하는 반포反哺의 지혜이다.

다석은 일상적 인간의 삶을 더함益生을 스스로 평등하게 하는 자균적 생명으로 전환해야 한다고 말한다. 이는 무위자화의 생명이며 자연적 생명으로써 몸과 마음이 일체를 이루게 하는 늘 속裏이 알찬 현덕의 생명을 말한다. 이를 이루기 위해서는 먼저 마음을 비우고虛其心 내재적 질서를 고르게 해야 한다.實其腹 이를테면 몸은 늘 부지런히 움직이며 마음은 고요함을 유지하고 음식은 소식을 하고 생각은 적게 하여 무엇을 하고자 하는 욕심을 줄이는 것이다.少私寡欲

또한 천지의 무위자화의 흐름이 하나임을 알고 지켜 행하면 막힌 길이 환하게 뚫린 한길常道을 따라 만사가 저절로 이루어진다. 그리고 자신의 주관적 의지에서 벗어나 모든 사물을 객관적 사유로 대하여 사물의 가치와 결과보다는 그 과정에 더 의미를 둔다. 이는 자신의 주장을 뒤로하고 상대의 의견을 존중하는 부쟁의 덕을 펼치는 것이다. 그리고 상덕부덕上德不德의 되먹임의 사랑의 자세로 자신의 덕을 나누어 주고 그것에 머물지 않는다. 그 덕은 하늘로부터 얻은 자연적인 덕임을 알기 때문이다.

하상공은 성인이 심신을 다스림을 한가지로 말한다. 천지 만물의 생성과정이 인간의 개입함으로써 이루어지는 것이 아님을 아는 지혜이다. 그 늘앎의 지혜로 오로지 천지 만물이 도의 무간섭에 의하여 이루어짐을 알게 됨으로써 사물에 대한 집착과 천지의 흐름의 무지함에서 깨어난다. 이는 도를 품고 무위자연의 질서를 안아 인간 신체의 오장신五藏神을 지킴으로써 정신이 고요해지며 심신일체의 전일성을 확보하게 된다.

하상공은 오장신에 대하여 『도덕경』 6장의 곡신불사를 비유하여 설명한다. 이를테면, 하상공은 곡을 기른다는 의미로 해석하며 이하나의 기운一氣으로 오장의 신神을 양생할 수 있어야 사람의 목숨을 유지할 수 있다고 본다. 하상공은 오장신을 백魄-肝·혼魂-肺·심心-神·정精-腎·지志-脾로 보며 오장의 신이 다하여 상하게 되면 각각의 신神은 떠나게 된다고 말한다.54)

다석은 일기一氣를 무위자연의 흐름으로 보며 기의 흐름을 인체에 대입하여 설명한다. 인간의 혈액이 좌우로 도는 길은 자연스러운 질서를 유지하는 것이다. 인간 신체의 운영체계는 천지의 뜻이며 인간의 힘이 미치지 않는 무위자연의 질서라고 설명한다. 따라서 이러한 도의 기운은 부르지 않아도 저절로 와서 심신을 밝고 고르게 하여 늘 마음의 욕정을 억제시켜 무상심의 얼나를 이룬다.55) 다석은 이러한 현상을 몸나를 깨치는 중심 없는 중심의 늘 비어 있는 不盈 상도의 조화라고 말한다.

다석은 수신에 의한 '구태여 하지 않아도 되는' 불감위不敢爲 사유의 전환으로 상대성이 절제된 무의 영역 확장에 따른 자연적 내적 질서를 형성하는 것으로 본다. 몸으로부터 일어나는 행위를 하나로 감싸 안게 하는 불감위의 사유로 전환하여 멈추게 된다. 따라서 '그저 못된 짓을 구태여 하지 않게금使夫智者不敢爲也' 하는 속알이 솟아나 무의 세계로 진입하게 되는 통합적 사유를 볼 수 있다. 따라서 불감위의 사유에 따른 전환이 일어나면 하늘 길과 맞닿아 몸에 따

---

54) 이석명, 『노자도덕경하상공장구』, 서울: 소명출판, 2007, 75-76쪽 참조.

55) "갈앉일걸 갈아앉혀 도라갈걸 도라가게 어름판에 팽이치며 노는아이 늘삶 알거 갈앉아 한아빗 지고 보내시는 거를 옴."(류영모, 『다석일지』 1권, 서울: 홍익재, 1990, 655쪽) ("씨알이 늘 죽음을 두려워 않는다(民不畏死). 어떻게 죽음을 가지고 두려워 할까(奈何以死懼之). 다른 짓 하는 이를(而爲奇者), 내 잡아서 죽이겠다(吾得執而殺之). 누가 구태여 할꼬(孰敢矣), 늘 죽임 맡은 이 있어서 죽일 터인데(常有司殺者殺)." 『늙은이』 74장).

른 감각 사유는 뒤에 섬으로써 멈추고 덕의 선이 앞서게 된다.56) 조화로운 덕성을 품으면 식모의 품에서 벗어나지 않는 영아와 같이 부드러운 섭생으로 자승자강의 자기慈己를 이루게 되어 어려움을 극복하게 된다. 자기의 자명함을 알고 지키는 것이 도와 덕의 흐름을 아는 것이다. 이는 무위자화의 질서를 아는 것이며, 스스로 자기를 수용하는 자세이며 몸의 허물로부터 벗어나는 것이다.

다석은 하늘 길은 무엇을 하고자 하는 사유의 영역이 넓어지면 덜어내고 비워진 곳을 덕으로 채워 고르게 어울리게 하기 때문이라고 한다. 덜어냄損은 천지의 흐름과의 상합하기 위하여 돌아가는 것이며 돌아가서 자연유익自然柔益의 이로움으로 천하를 얻게 된다. 천지의 흐름을 아는 자기 삼보에 의하여 그 흐름을 좇아 늘 뒤에 서는 불감위적 사유를 통하여 씨알의 미분화의 혼연한 제자리를 회복하는 것이다.

도에 의한 통치는 나누지 않기에大制不割, 하나 됨으로써 공을 이루나 거하지 않는 주객미분의 세계로써 만물들은 각기 스스로 제 역할을 다하여 하루의 삶을 이루게 된다. 역동적으로 변화하는 속에서 중심을 잃지 않고 그 흐름을 좇는 자승자강의 자기를 형성한다. 인간은 한정된 삶의 여정을 망각하고 마치 영원할 수 있는 방법이 저기 어디에 있는 것으로 착각을 한다. 그것을 향해 용감하게 전진하는 것을 억제하는 불감위의 사유로 돌려 선을 이루는 섭생을 얻

---

56) 『늙은이』 제3장: "그 맘이 비고 그 배가 든든하고(虛其心, 實其腹), 그 뜻은 무르고 그 뼈는 세어야(弱其志, 强其骨). 늘 씨알이 (못된) 앎이 없게 (못된) 하고잡이 없게 하이금(常使民無知無欲), 그저 (못된 짓) 아는 이도 구태여 하지 않게끔 하여야(使夫智者不敢爲也), (딴 짓 하려)함 없이 하매 못 다스림이 없으리(爲無爲, 則無不治).";『늙은이』 64장: "잘몬의 제대로를 믿으라 함으로써요(以輔萬物之自然), 구태여 아니함(而不敢爲).";67장: "셋째 구태여 세상 먼저 되지 아니함이라(三曰不敢爲天下先)."

게 하는 것이다.

다석은 존재하는 그 어떤 것도 덕의 자균적 그물망 속에서 생명을 보존하기 때문에 존귀하다고 설명한다. 부자생不自生의 인간은 천연의 덕성을 지녀 아름다운 중보의 질서를 지닌다.

이에 반해 삶을 더하고자 하는 익생益生曰祥은 자기의 존재 의미를 상실한다. 밖에서 무엇을 얻고자 하면, 천지 변화의 흐름을 모르고 탈이나不知. 知. 病 도의 생명을 잃는다. 다석은 인간이 무엇이든 가득 채우려고 하는 용감함은 '함없이 저절로 됨'의 흐름을 자신의 능력으로 착각하게 만든다고 말한다. 이러한 마음을 가진 위정자는 특히 세상의 흐름을 자신이 이룬 것같이 하여 그것을 이용해 세금을 받고 그리고 자기 소유로 삼는다. 끝없는 자만심으로 죽음의 일까지도 가벼이 여겨 스스로 살려고 발버둥친다.

도의 자연적 하루의 길은 부드럽고 유익하여自然柔益 그 자체로 진실하고 자족적이며 어떠한 외부의 영향을 받지 않고 '잘못이 스스로 손님이 되어萬物將自賓' 고르게 조화를 이룬다.[57] 다석은 천지 만물은 인간의 힘으로 이루어지는 것이 아니라, 무위자연의 도의 흐름에 의해서 이루어지는 것임을 알고 지켜 행하라고 주지시킨다. 구태여 사람의 일을 좇는 용감함은 영속적 항상성의 흐름에서 벗어나 도의 생명을 잃게 한다.

다석은 도의 생명을 잃어버린 사람조차 인식을 전환하여 도를 좇고자 한다면 도의 생명안에서 살 수 있다고 본다.[58] 이를테면 인간

---

57) 『도덕경』 32장: "道常無名, 樸 雖小, 天下莫能臣也, 侯王若能守之, 萬物將自賓."; 35장: "執大象, 天下往, 往而不害, … 樂與餌, 過客止, 道之出口, 淡乎其無味"; 34: "常無欲, 可名於小, 萬物歸焉, 而不爲主."; 75장: "夫唯無以生爲者, 是賢於貴生."; 73장: "勇於敢則殺, 勇於不敢則活, 此兩者, 或利或害."

58) 『늙은이』 73장: "勇於敢則殺, 勇於不敢則活."; 12장: "馳騁田獵令人心發狂, 難得之貨令人行妨.";

의 거듭 쌓은 속알重積德의 내적 수양은 '몰려 달리는 사냥질이 사람 맘을 미치게 하고', '흔찮은 쓸 몬이[사물] 사람을 못되게' 하는 맘을 먹게 하는 제나自我를 벗어나게超克 한다.

다석은 이를 위해서는 무위無位·무주無住의 얼나만이 '남는 걸 덜어다가 모자라는 걸 채워損有餘而補不足' 고르게 조화시킬 수 있다고 본다. 다석은 얼나를 없이있는 세계의 도를 품고 덕을 세우는 어머니 품의 '밝안 아기赤子'59)로 표현한다. '밝안 아기'는 덕성德性의 인격을 이루게 하는 도의 씨를 담고 있는 존재이다.60) 어머니 품속의 한알의 씨알이 터져 속알이 우뚝 솟아 확연하게 드러나 막힌 길이 환하게 뚫려 두루두루 휘몰아쳐 걸리는 게 없어 모든 것을 어울리게 한다.

다석은 얼나를 통해 세상 본보기天下式의 슬기로 잘 삶에 맞춰 살게 되면 덕이 두텁게 쌓이면서 조화를 이루게 된다고 설명한다. 도를 좇는 잘된 자善爲者를 구현하는 길은 자기의 공을 이루고 그 흔적을 남기지 않는 자연적 길을 갈 때만 이루어질 수 있다. 다석은 인간은 스스로 살려고 집착하지 말고 흐르는 도법자연의 질서에 순응해야 함을 강조한다. 그리고 덕이 두터운 적자赤子와 같이 모두에게 쓸모 있는 무기인無棄人적 인생관에 맞춰 놀아야 된다고 주지시킨다.61) 이는 인간의 내적 자정 능력의 고른 앎의 배양에 의하여 가능하다. 그리고 이를 위해 '못된 짓은 구태여 하지 않게끔 하는 불감위不敢爲'의 사유로 전환하지 않으면 안 된다.62)

77장: "損有餘而補不足."

59) 『늙은이』 55장: "속알 먹음의 두터움을(含德之厚), 밝안 이기에게 비길까(比於赤子)."

60) 류영모 원저, 박영호 엮음, 『다석 류영모 어록』, 서울: 두레, 2002, 101-103쪽 참조.

61) 『도덕경』 67장: "我有三寶, 持而保之, 一曰慈, 二曰儉, 三曰不敢爲天下先."; 3장: "常使民無知無欲, 使夫智者不敢爲也. 爲無爲, 則無不治."; 27장: "是以聖人常善救人, 故無棄人, 常善救物, 故無棄物."

그렇다면 다석이 말하는 불감위의 전환 방식은 무엇인가? 이는 인간의 외적인 행위의 장애를 제거하는 사유의 형식을 말한다. 다석은 불감위의 사유는 인간의 감각적 사유를 뒤에 둠으로써 자연적 영역을 확보하여 조화의 세계를 구성하는 내적 보물의 흐름이다.63) 비어 있는 천지 사이에 존재하는 인간은 자신을 낮출 때 비로소 덕을 쌓을 수 있는 빈자리가 생겨 그 덕을 근거로 천도와 상합할 수 있다. '몸을 뒤에 두는 것'은 비어 있는 제자리를 찾아가는 것이며 그 자리는 없이있는 하나의 자리이다. '무위의 덕'에 따라서 모든 것이 저절로 이루어지고 못 이루는 것이 없는 도의 자리이다. 이는 아주 가까이에 있는데도 불구하고 인간은 그냥 지나치고 하찮은 것으로 여긴다. 다석은 이 자리를 품지 않으면 천하의 신기를 볼 수 없으며 천하를 얻을 수 없다고 한다.

> 셰상을 잡으려고 ㅎ다간將欲取天下而爲之, 그 못되스리금 맒을 내 보오라吾見其不得已. 셰상 거ㅁ64) 그릇, 사람 못홀 게天下神器, 不可爲也, ㅎ는 이 깨지고, 잡는이는 잃다爲者敗之, 執者失之. 므로 몬은 댕기기도 따르기도故物, 或行或隨, 호 블기도 혹 블리기도或歔或吹, 힘 셰기도 몸 마르기도或强或羸, 싣기도 떠루기도或挫或ㅎ오라, 이래서 씻어난 이는 넘으흠무를 떼버리고是以聖人去甚, 치렁차림을 떼버리고去奢, 더더커짐을 떼버이오라去泰.65)

---

62) 『늙은이』 3장: "씨알이 (못된) 앎이 없게 (못된) 하고잡이 없게 하이금(常使民無知無欲), 그저 (못된 짓) 아는 이도 구태여 하지 않게끔 하여야(使夫智者不敢爲也)."

63) 『도덕경』 64장: "復衆人之所過, 以輔萬物之自然, 而不敢爲."; 67장: "三曰不敢爲天下先 … 不敢 爲天下先, 故能成器長 … 舍後且先, 死矣, 夫慈以戰則勝, 以守則固."; 69장: "吾不敢爲主而爲客, 不敢進寸而退尺, 是謂行無行."

64) 다석은 검을 신(神)으로 해석하였으며 검 그릇은 신묘한 일이 벌어지는 세상을 말하고 있다.

65) 『늙은이』 29장.

다석은 위 인용문을 통해서 일상적 인간이 도를 좇음으로써 체현하게 되는 세상 본보기天下式의 흐름을 말하고 있다. 천하는 아래에 있으면서 자신을 낮추고 뒤에 섬으로써 하늘이 움직이는 길을 알 수 있다. 천하에 거처하는 본래의 인간은 억지로 무엇을 하려 하지 않아도 자신 안에 있는 보물을 잘 간직해야 함을 말한다. 그것을 사용하면 멀리 나가지 않아도 그 흐름을 알 수 있다. 이 흐름은 두루 널리 펼쳐 있어 잠시도 쉬지 않고 제자리로 돌아가는 이로움을 준다. 이를 행하는 것은 매우 쉽고 늘 우리 곁에 있으므로 알기 쉽다.

다석은 이것은 도의 실마리로써 인간을 신기라고 말할 수 있는 단초를 제공한다고 설명한다.66) 그렇다면 어떻게 자기 자신이 신기임을 알고 대응해야 하는 것일까? 다석은 도에 의탁하여 따르는 수밖에 없다고 말한다. 도를 좇으면 저절로 드러나는 자기삼보에 의하여 부드럽고 수용적인 어머니의 품에서 떠나지 않게 된다. 그 자리에서 자연적인 조화가 작동하여 하늘과 늘 짝하게 되면 무위자연의 흐름을 알게 하는 '푹 밝은是謂襲明' 늘앎의 지혜가 드러난다.

본래의 나를 형성하고 있는 신의 그릇인 인간은 도를 좇는 끄트머리에 있어야 된다. 그럼에도 사람들은 그것을 알지 못한다. 사람들은 이 세상의 처음[머리]이 되려고 너도 나도 다투며 일상을 전쟁터로 만든다. 그러나 도의 지혜를 가진 사람은 몸 살림을 성하게 하고 마음을 비우게 한다. 그래서 붙여진 이름에 연연하지 않고 무엇을 하고자 하는 마음도 놓아버린다.放心 따라서 이들은 덕으로 바

---

66) 『도덕경』 47장: "不出戶, (以)知天下, 不闚牖, (以)見天道, 其出彌遠, 其知彌少, 是以聖人, 不行而知, 不見而名, 無爲而成."; 66장: "是以欲上民, 必以言下之, 欲先民, 必以身後之, 是以聖人, 處上而民不重, 處前而民不害, 是以天下, 樂推而不厭 以其不爭, 故天下莫能與之爭."; 67장: "三曰不敢爲天下先, … 夫慈以戰則勝, 以守則固, 天將救之, 以慈衛之."; 70장: "是以聖人被褐懷玉."

탈을 이룰 뿐이다.成性67)

다석은 도의 빈 곳을 바탕으로 스스로 균형을 이루어 마음의 갈
등을 극복하지만 연속되는 환난을 극복하는 방법을 늘 도에 머물러
야 함을 강조한다. 인간의 과욕은 쉼 없이 삶을 전쟁터로 만들기
때문이라고 말한다. 따라서 자기중심에 의하여 이것과 저것을 선별
하는 생각을 곡선적 사유로 선회시켜 분별없는 자리로 돌아가기를
제언한다.68)

부득이한 변화에 따른 상대성을 무를 통하여 소멸하고 삶의 자연
성으로 그 중심을 세워 성실한 역할에 전념하는 것이다. 세상의 흐
름에 고정되지 않고 변화의 흐름에 맡겨 인간의 힘으로는 되지 않
는 불가득不可得의 제자리에서 나오는 긍정의 힘으로 이것과 저것을
구분해야 하는 갈등에서 벗어나 무난無難의 생을 이어가는 것으로
말한다.69)

그렇게 살고자 마음먹은 사람은 세상 사람들이 따르는 고정된 틀
로부터 벗어나야 한다고 본다. 무엇을 하고자 함의 유욕을 낮추어
불욕으로 그리고 무욕의 세계에서 펼치는 힘으로 존재하여야 한다.
이것이 바로 선을 행함으로써 오는 무위자연이다. 불선이라는 경계
를 벗어나 스스로 그러함이 펼치는 자균의 어울림은 치인사천의 질
서를 알고 세상 본보기의 소박함을 지켜 선행하는 길로 인도하기
때문이다. 고정된 틀의 주관적 의지를 내려놓고 선으로 조화를 이루
고 사는 법을 익힐 때 만물은 스스로의 법칙을 작동시켜 자기의 존

---

67) 류영모, 『다석일지』 1권, 서울: 홍익재, 1990, 260쪽 참조; 류영모 원저, 박영호 엮음, 『다석 류
    영모 어록』, 서울: 두레, 2002, 98쪽, 100쪽 참조.
68) 『도덕경』 8장, 27장, 49장, 68장, 80장.
69) 『도덕경』 56장.

재 의미를 깨우게 된다. 도가 있다는 것은 덕의 상이 두루 펼쳐지고 있다는 것이다. 이러한 대상의 영속성은 작위적 전쟁을 자균의 생명으로 만물은 자기가 맡은 역할을 성실하게 수행하게 하여 모든 것이 어긋남이 없는 대순大順의 하루의 길을 펼치게 한다고 본다.

다석은 자연적 생명을 취한 인간은 각자의 타고난 도의 씨알인 속알의 활약으로 제 역할을 다하는 것이 변화의 순리를 따르는 것이라고 언급한다. 변화에 순응하는 것은 곧 천지와 상합을 이루는 것이며 이는 스스로 변화하는 도의 흐름에 편승하는 것이다. 인간에게 쉼 없이 이로움을 제공하는 사계절도 자기의 본분을 망각하지 않고 성실이 이행하고 있다. 도와 덕의 쉼 없이 나오는 중묘지문으로부터 현묘함을 담는 신기인 인간은 생득법의 논리를 통하여 분별심을 소멸한다. 그리고 상대성이 절제된 도의 사유를 지키는 것이 존재 이유를 확립하는 것이다. 이로 인하여 천하의 어머니의 품을 취하면 무위자연의 길을 따라 못 이루는 일이 없는 자기를 형성한다.70)

다석은 천하의 신기를 통하여 무엇을 하고자 하면 상서롭지 못한 기물不祥之器로 바뀌므로 그곳에 처하지 말 것을 당부한다. 사람 사는 세상은 복잡하며 거대한 시스템으로 이루어져 있어 그 변화를 예측하기 매우 어렵기 때문이다. 인간의 몸은 하나의 질서가 자연스럽게 움직이는 신령스러운 기물과 같다. 많은 사물들이 그물망같이 얽혀 상호 영향을 미치고 있다. 변화를 예측할 수 없는 몸으로부터 일어나는 욕심에 사로잡혀 그 경계를 넘게 되면, 세상은 온통 전쟁

---

70) 『도덕경』 49장: "德善, 信者吾信之, 不信者吾亦信之, 德信, 聖人在天下, 歙歙焉 爲, 天下渾其心, 百姓皆注其耳目焉, 聖人皆孩之."; 59장: "有國之母, 可以長久, 是謂深根固柢, 長生久視之道."; 52장: "天下有始, 以爲天下母, 旣得其母, 以知其子, 旣知其子, 復守其母, 沒身不殆."

터로 변한다.

다석은 이러한 순환적 변화의 질서는 덕에 맡기고 인간의 힘으로 취하려고 하는 것은 상대성에 머물지 않는 불감위적 사유로 전환하라고 말한다. 도를 따르는 자는 늘 뒤에 서서 도가 제공하는 삼보를 통하여 덕을 쌓음으로써 비워진 곳을 선으로 채우게 된다. 사람은 자기 스스로 앞에 서서 세상을 자신의 것으로 만들려고 하는 자생적 의지로 인하여 환난을 자초한다.71) 다석은 이러한 인간의 앞서려고 하는 인위적 의식을 뒤로하라고 말한다. 내면의 밝은 빛으로 세상을 관하여 도의 서·원·반 흐름에 동참함으로써 제자리로 되돌아가야 함을 언급하고 있다.

다석은 '깨달아 온전한 이聖人'는 세상의 질서를 뒤로하고 도의 사유를 앞세운다고 말한다. 인간의 목적의식을 버리면, 하나 되는 질서인 삼보를 얻게 된다. 그리고 도의 무위자연의 사랑으로 자기慈己를 지켜 견고한 덕을 쌓으므로 수고守固를 이룬다.72) 자신의 존재를 드러내고 보이려는 지배의지를 내려놓는去奢 순간 천지의 흐름과 하나가 된다. 이것이 자기 수고이다. 자기 수고慈己守固가 가능해지면 자연적 잘 삶이 우리를 하루의 삶으로 이끌게 된다.

다석은 이것이 도의 흐름과 내적 질서가 동일한 하나의 상에 의하여 움직인다는 것을 터득하는 '푹 밝음襲明'의 자연스러운 지혜를 양상하는 늘앎으로 설명한다. 인간이 품고 있는 습명은 자기 스스

---

71) 『도덕경』 64장: "是以聖人欲不欲, 不貴難得之貨, 學不學, 復衆人之所過, 以輔萬物之自然, 而不敢爲."; 73장: "勇於敢則殺, 勇於不敢則活, 此兩者, 或利或害, …天之道, 不爭而善勝, 不言而善應, 不召而自來, 繟然而善謀, 天網恢恢, 疎而不失."; 29장: "將欲取, 天下而爲之, 吾見其不得已, 天下神器, 不可爲也, 爲者敗之, 執者失之, 是以聖人無爲, 故無敗, 無執, 故無失."

72) 자기 수고는 무위자연의 자기를 형성하여 그것을 지켜 나가면 하늘도 그 자애로움(무위자연)으로 호위한다는 의미다(『도덕경』 67장: "夫慈以戰則勝 以守則固 天將救之 以慈衛之.").

로 무엇을 하려고 하지 않는 무사함에 따라 늘 뒤에 서게 하는 지혜의 빛이다. '푹 밝음'의 상태와 함께하면 무위자연의 영역이 넓어진다. 또한 자신의 공이 헛되지 않고 능히 보존되어^{能成其私} 자기 씨알을 발양하는 데 이바지한다. 인간이 있어야 할 도의 자리는 무한하다. 그 조화의 자리가 제자리임을 알고 이를 지켜 만족함을 지녀야 한다. '푹 밝음'의 늘앎에 의해 스스로 존귀하게 되려는 욕망을 물리친다면[73] 심신의 장생을 얻게 된다.

다석은 이러한 거심·거사·거태는 나서기보다 따르고, 도를 좇아야 함을 강조한다. 강하기보다는 약함을 취하고, 앞으로 나아가기 위해서는 한 발 뒤로 물러서는 덕을 따라야 한다. 무위자연의 사랑과 함께하는 씨알의 자기 수고를 이루는 것이다. 이것이 곧 내 안에 쉬지 않고 움직이는 존재의 질서를 아는 것이다. 여기에서 무의 범주에 참여하는 섭생의 길로 복귀하는 일이 가능해진다.

다석은 이를 통하여 '오직 길의 뒤를 바싹 따름^{惟道是從}'을 추구하게 된다고 말한다. 굳이 밖을 나가지 않아도 자신의 몸에 체현된 덕을 알고, 도의 큰 변화의 흐름을 좇게 되는 것이다. 이러한 변화의 흐름을 따르는 수양 과정은 '사람 다스림과 하늘 섬김'의 사유방식이다.

> 사람을 다시리고 하늘 섬기는데^{治人事天} 애낌만흔 게 없오라^{莫若}
> ^嗇, 그저 오직 애낌^{夫唯嗇}, 이 일러 일직 도라 홀일흥 口^{是以早服}.
> 일직 도라감을 일러 거듭싼 속알 早服, 謂之重積德. 거듭싼 속알은

---

73) 『도덕경』 7장: "天地所以能長且久者, 以其不自生, 故能長生. 是以聖人後其身而身先, 外其身而身存, 非以其無私邪, 故能成其私."; 29장: "將欲取天下而爲之, 吾見其不得已, 天下神器, 不可爲也. 爲者敗之, 執者失之. … 是以聖人去甚去奢去泰."; 72장: "民不畏威 則大威至, 無狎其所居, 無厭其所生, 夫唯不厭, 是以不厭, 是以聖人自知 不自見, 自愛, 不自貴, 故去彼取此"

곧 익이지 못흘게 없 重積德, 則無不克. 익이지 못흘게 없으면 곧 그 꼭대기 알 수 없無不克, 則莫知其極, 그 꼭대기 알 수 없음을 가지고 나라를 둘수 있도다.莫知其極, 可以有國. 나라 둔 어머니는 가지고 길이 오랠 수 있도다有國之母, 可以長久. 이 일러 깊은 뿌리, 굳은 꽃밑이라是謂深根固. 길게살아 오래 보는 길長生久視之道.[74]

다석은 하늘 길은 사람의 일에 용감함을 덜어내게 하여 덕을 쌓는 것에 있다고 한다. '치인사천'은 사람이 하루를 살면서 이루어야 하는 조화의 삶이다. 이것은 도의 되먹임의 사랑德分愛을 실천하는 일이기도 하다. 사람이 하는 하늘사랑無爲自然이 가능하기 위해서는 몸의 욕망에 매여 힘들지 않게 하는終身不勤 무위의 공능에 참여하지 않으면 안 된다. 이를테면 혼백이 하나 되는 마음을 가지는 것이다.

'치인사천'은 먼저 자기를 이기는 것을 전제로 한다. 이긴다는 것은 자기삼보의 균화의 흐름을 알고 그것을 지키고 행하여 주관적 사유를 극복함으로써 무의 세계로 진입하여 모든 일이 공평무사하게 이루어지는 무극의 자리를 회복하는 것이다. 다석이 말하는 수양 방식은 도와 덕을 존귀하게 여기게 하는 불감위적 사유를 통하여 무를 생활화하는 것이다. 인간의 감각으로부터 휘둘림을 깨트려 움츠린 속알을 터트리면 얽힌 매듭이 저절로 풀린다. 그 자리에서 우러나는 환한 빛이 번져 한 무리로 뭉쳐和光同塵 환히 트여 맑은 빛 무리로 제 꼴을 돌아본다.滌除玄覽 도와 덕이 하나 되어 단 이슬이 솟아나는 가온샘의 현덕으로 자균의 자리를 지켜 공정한 세상 본보기를 통하여 세상과 함께하는 것을 말한다.[75]

---

74) 『늙은이』 59장.

75) 『도덕경』 56장.

그것은 도가 우리 안에 있음을 일찍 알아復復 지나쳐온 자리로 되돌아가는 것을 의미한다. 되돌아가기 때문에 늘 앞장서지 않는다. 그 결과 뒤에 섬으로써 잃어버린 덕을 찾아 쌓을 수 있는 것이다.76)

다석은 도의 늘앎으로 항상성을 찾는 궁신지화窮神知化의 과정을 따라가면 일체가 변화하는 것임을 알게 된다고 본다. 그 변화 속에서 자연적 어울림으로 생명을 유지시키는 것이 '없이있는 하나'의 질서라고 말한다.77) 인간의 사람 다스림과 하늘 섬김의 길을 좇는 궁신지화는 신과 인간이 현실에서 실존적 관계를 쌓아 하나가 되는 자율적 변화의 양상이다. 그것은 본래적 인간 스스로 자기를 발양하여 자연의 길을 좇는 파사일진破私一進의 여정이다. 예컨대 인간의 양면적 층위를 이루고 있는 '몸나'[육체]에 대한 성찰을 통하여 자신에게 붙여진 이름이라는 개념을 파사破私하여 '없이있는 하나'에 맞혀노는 삶을 지향하는 것이다. 이것은 인간이 이루어야 할 하루의 과업이며 이 하루의 길이 쌓이고 쌓여 삶의 기반을 제공한다. 없이있는 하나란 이것과 저것의 이해관계를 희석하여 화해와 중재로써 하나되게 한다. 따라서 인간은 사이적 존재로서 가정, 이웃, 나라와 조화로운 사이를 유지하고 사물의 차별을 두지 않고 귀하게 여기는 상선구인의 자세를 가지게 된다.

다석은 이러한 인간 본래의 하루의 삶을 삶을 찾기 위해서는 역설적인 모순을 곡직의 사유로 전환하는 길이 요청된다고 본다. 억지로 살려고 하는益生 직선의 사유를 포섭하여 도의 반동약용의 곡선운

---

76) 『도덕경』 58장: "其政悶悶, 其民淳淳, 其政察察, 其民缺缺, 禍兮福之所倚, 福兮禍之所伏, 孰知其極, 其無正, 正復爲奇, 善復爲妖, 人之迷, 其日固久, 是以聖人方而不割, 廉而不劌, 直而不肆, 光而不燿."

77) 류영모 원저, 박영호 엮음, 『다석 류영모 어록』, 서울: 두레, 2002, 39쪽, 43쪽 참조.

동으로 제자리에 되돌려야 한다고 본 것이다. 인간의 욕망을 충족시키기 위하여 쉼 없이 앞으로만 향한다. 이러한 욕망의 만족도를 똑똑히 알려면 그 욕망에 대한 수요가 작아졌는지를 뒤돌아보아야 그것을 볼 수 있다. 쉼 없이 솟아나는 욕망을 통하여 그 욕망의 멈춤을 발견할 수 있다. 이는 몸을 통하여 그 몸의 흐름을 보듯이外其身而身存, 後其身而身先 사물을 꿰뚫어 보는 형안炯眼이 열려 밝음을 체험하게 된다. 의식의 심화과정에서 일어나는 사유의 질서와 혼돈의 경계에 서서 균형을 유지하는 길을 모색하는 것이다. 물이 흐르듯이 선의 때에 맞춰 부드러운 도의 조화의 흐름에 순응해야 한다. 현람의 단계에서 마음의 정화를 이루고 늘 자기를 돌아보는 수비형 자세를 가진다. 이러한 조화를 지키고 늘 도를 좇는 자세를 가지면 자연의 한결같은 조화를 펼치는 현동의 단계에 진입한다. 고른 변화의 흐름에 중심을 잃지 않게 하는 현덕으로 하늘의 그러함에 맡기고 의지하여 무상심의 자세로 무의 생활에 맞혀노는 하루 철학의 인생관을 가져야 한다.

　다석은 도의 반동약용은 인간 내면의 빛을 비추어 억지로 하고자 하는 욕망을 멈추게 한다고 말한다. 이는 자신의 허물이 무엇인지를 돌아보고 그 허물의 세력을 약화시켜 도를 좇기 위하여 부드러움을 지니는 것이다. 부드러움을 지켜 '저절로 밝음習常'으로 돌아가 도의 흐름이 영속성을 갖는다는 것을 알게 된다. 다석은 인간의 내적 수양에 따른 사유의 전환에 따라 천지의 흐름을 알지 못하는 몸에 재앙으로부터 벗어나게 된다. 이는 도의 지혜를 터득할 때만이 무엇을 이루고자 하는 기세가 약화됨으로 저절로 된 길을 열 수 있다.[78]

---

78) 『도덕경』 52장: "天下有始, 以爲天下母, 旣得其母, 以知其子, 旣知其子, 復守其母, 沒身不殆, 塞

(2) 본래적 인간의 복귀처

다석은 만물을 함부로 대하지 않고 아끼는 것, 나아가 버리지 않는 것을 어머니의 되먹임의 사랑德分愛이라고 말한다. 어미를 얻고 그를 통해서 자식을 알고 다시 그 어미를 지킨다면 삶을 사는 데 일시적인 상대성으로부터 벗어나 위태롭지 않게 된다. 어떠한 환경에도 적응하는 자연적 항상성은 어머니 품으로부터 지족자부知足者富의 길을 활짝 열어 알게 해준다. 덕을 품고 있는 모습 그대로, 욕심을 절제하면 섭생의 길로 들어선다.

> 셰상 있 비롯을 가지고天下有始, 셰상 어머니 삼음以爲天下母. 인젠 그 어머니를 얻으니旣得其母, 써 그 아들을 앎以知其子. 인젠 그 아들을 아니旣知其子, 다시 그 어머니를 직히ᄌ復守其母 몸이 빠지도록 나죽지 않으리沒身不殆. 그 입을 막고 그 문을 닫으면塞其兌, 閉其門, 몸이 맞도록 힘들지 않겠고終身不勤, 그 입을 열고 그 일을 건너겠다면開其兌, 濟其事, 몸이 맞도록 빠져나지 못ᄒ리終身不救. 작은 봄을 밝다 ᄒ고見小曰明, 부드럼 직힘을 세다 ᄒ며守柔曰强, 그 빛을 써 밝게 도라감이여用其光, 復歸其明, 몸의 걱정 끼침 없으니無遺身殃, 이 일러 폭늘是爲襲常.[79]

다석은 무의 세계를 어머니의 품으로, 유의 세계를 자식의 존재로 비유한다. 어머니는 천지 사이에서 일어나는 무의 영속성으로 혼기심의 근거를 마련하여 이름 있음으로 자신의 존재를 드러낸다. 무명의 관점에서 보면 대상의 시작始이고 이름 있음의 관점에서 보

其兌, 閉其門, 終身不勤, 開其兌, 濟其事, 終身不救, 見小曰明, 守柔曰强, 用其光, 復歸其明, 無遺身殃, 是謂襲常."; 55장: "… 蜂蠆虺蛇不螫, 猛獸不據, 攫鳥不搏, 骨弱筋柔而握固, 未知牝牡之合而全作, 精之至也, 終日號而不嗄, 和之至也, 知和曰常, 知常曰明, 益生曰祥."; 3장: "不尙賢, 使民不爭. 不貴難得之貨, 使民不爲盜. 不見可欲, 使民心不亂."; 12장: "是以聖人爲腹不爲目."

79) 『늙은이』 52장.

면 자연적 조화의 어미이다. 조화의 어미가 품은 현묘한 문은 영속적 항상성의 질서가 이어지는 존재론적 지평이다.[80]

다석은 길을 내고 속알을 쌓는 생득법의 질서를 통하여 만물의 성숙된 모습을 이루는 것을 설명한다. 이를테면 어머니의 사랑德分愛을 먹여주는 식모食母의 품으로 되돌아가 도의 생명으로 그 자리를 지켜 이룬다. 천지 사이의 변화를 이루는 시모始母의 품을 떠난 자식은 떠날 때의 모습과는 달리 세상 풍파를 겪고 더 한층 순화된 모습으로 돌아와 영아 같은 잘된 길을 드러낸다. 없음에서 무엇을 더하고자 하는 욕심이 없으므로 더 많은 있음이 생긴다. 이러한 현상계의 천지 만물의 생성은 시모의 품으로부터 만물이 비롯되어 서로 어울려 세상을 이룬다.萬物竝作

다석은 이러한 흐름 속에서 항상 그대로의 질서를 유지하는 것을 몸의 걱정 끼침이 없는無遺身殃 영속적 항상성의 늘앎知常이라고 풀이한다. 그는 조화를 가능케 하는 충기를 통해 현상적 사물의 상호 소통의 가능성을 염두에 둔다. 그는 또한 하늘의 도와 상합하면 언제나 어머니의 나라에서 '하란 말 없이도 스스로 고르게 하는' 잘 삶을 유지하는常與善人 무상심의 세계로 진입할 수 있음에 주목한다. 다석은 무위자연의 길을 바싹 좇음으로써 세상의 올바른 길에 도달하고자道莅 한다. 그는 자애로움을 지닌 잘된 자善爲者의 호위가 있기 때문에 이것이 가능하다고 본다.

---

80) 『도덕경』 25장에서는 "뒤범벅으로 섞여 이루어진 큰 물건이 있으니, 하늘과 땅보다 먼저 생겨났다네. …가히 천하 만물의 어미라 하겠네"라 하였다. 41장에서는 "도는 하나를 낳고, 하나는 둘을 낳고, 둘은 셋을 낳고, 셋은 만물을 낳는다네"라고 하였다; 『늙은이』 52장: "그 어미를 얻었으니 이로써 그 자식임을 알겠네(既得其母, 以知其子)"라고 하였다. 이것이 곧 "도는 …만물을 낳는다"는 것이다. "만물"은 이미 구별되고 드러날 뿐만 아니라 "통나무(순박함)로 돌아가기"도 하고, "형체가 없는 사물로 돌아가기"도 하므로, "이미 그 자식임을 알았으니, 다시 그 어미를 지킨다(既知其子, 復守其母)"라고 한다."

다석은 제자리의 미세한 변화의 움직임을 살피는 것이 늘앎의 밝음이라고 보고, 또한 부드러움을 지키는 것을 변화에 응하는 것이라고 본다.[81] 그는 천지의 흐름을 아는 자연스러운 지혜로 인간이 무심코 지나쳐온 무극의 자리로 되돌아가는用其光, 復歸其明 일이 필요하다고 본다. 돌아감은 천지 만물의 고향인 어머니의 품으로 돌아가 덕분애德分愛의 사랑을 받기 위함이다. 그 사랑의 지혜인 자연적 고른 앎知和의 영속성을 회복할 수 있기 때문이다.無遺身殃 인간이 시모의 품을 떠나면서 길과 멀어지게 되었지만, 다시 그 품으로 돌아갈 때 도의 생명을 회복할 수도 있음을 강조한 것이다. 이는 알고知 지켜守 하나가 됨으로써 잘된 길을 따르는 사유 전환의 수양 방식이다.

예컨대 '그 수컷을 알고 그 암컷을 지키는知雄守雌' 것과, '그 희기를 알고 그 검은 것을 지키는 것은知白守辱' '어머니 품을 지키는復守其母' 지수知守의 사유 방식이다.[82] 이는 단지 암컷을 지키는 것에 국한되지 않고 반드시 수컷을 아는 것이 전제되어야만 한다. 암컷을 지킴으로써 수컷을 드러낼 수 있다는 것은 양을 품어 배를 튼튼하게 하고 음을 등에 지고 뼈를 강하게 하기 위함이다. 어머니 품속에 있는 영아가 종일토록 울어도 목이 쉬지 않는 것은 그가 온통 하나 됨故混而爲一의 조화 속에 있기 때문이다. 이것은 식모의 품에서 늘 떠나지 않고 섭생을 유지함으로써 가능한 일이다.

다석은 노자의 일관된 사유를 떠나지 않고 그 틀을 유지한다. 노

---

81) 『늙은이』55장: "고름의 지극함이라(和之至也). 고름 앎을 늘이라 하고(知和曰常), 늘을 앎을 밝이라 하고(知常曰明)."

82) 『도덕경』28장: "知其雄, 守其雌, 爲天下谿, 爲天下谿, 常德不離, 復歸於嬰兒. 知其白, 守其黑, 爲天下式, 爲天下式, 常德不忒, 復歸於無極. 知其榮, 守其辱, 爲天下谷, 爲天下谷, 常德乃足, 復歸於樸."; 52장: "天下有始, 以爲天下母, 旣得其母 以知其子, 旣知其子, 復守其母, 沒身不殆."

자는 지켜 행함을 강조하는데 이는 능동성과 수용성을 동시에 말하고 있다. 하늘의 움직임을 알고 지켜 그것을 도모하기에 손색이 없는 수비형 인간 세상의 관점으로 설명하고 있다. 시모天地之始, 萬物之母의 품은 모든 것의 생명을 잉태하고 있는 잠재적 가능태로서 만물에게 생명을 주기 위하여 언제나 열려 있다.貴食母 그리고 어머니의 무위자연한 사랑의 힘으로 인간 세상의 불균형을 통하여 균형을 유지하게 한다.有國之母, 長生久視之道 따라서 하늘의 움직임인 음양의 속성이 인간 세상에서 전개되는 것을 묘사하여 곡신·곡직·진퇴·흑백·자웅·영욕 등 주로 세상의 개념들을 사용하여 인간씨알의 제자리 지킴을 설명한다.

다석은 제자리를 지키는 방편을 씨알의 잠재적 저절로 됨의 속알의 발현으로 이해한다. 이를 이루기 위해서 인간의 생명이 유지되는 부득이한 변화의 흐름에 응해야 함을 강조한다. 이것과 저것을 나누지 않는 '대제불할大制不割'의 전일체復歸於樸의 자리를 떠나지 않는 것이다. 인간은 도의 숨을 쉬므로 스스로 강해지는 자승자강으로 존재 의미를 확보한다. 도의 생명이 인간의 제 모습을 지키기 위해서 몸에서 쉼 없이 이어지면서逝遠反 돌고 있기 때문이다.

다석은 이를 도의 숨으로 비유하면서 천지의 순환적 변화의 흐름으로 설명한다. 또한 마음의 생각을 비우면 '저 아는 게 밝아져自知者明' 저절로 된 길을 통하여 제자리로 돌아간다. 몸의 환난患身을 관觀하여 억지로 일을 꾸미지 않게 하는常以無事 불감위의 사유 전환에 따라 뒤에 섬으로써 적자와 같이 어머니로부터 무위자연한 사랑을 받아 늘 도를 떠나지 않는 자기 수고를 통하여 하루의 삶을 구현한다.83)

다석은 도의 숨을 쉬는 정신의 골짜기를 영곡靈谷이라고 말하며 이를 곡신으로 묘사한다. 사람은 자기 얼의 골짜기에 곡신이 살 수 있도록 늘 하늘과 짝해야 한다고 언급한다. 혼연한 무극의 원주의 가운데에서 미세한 움직임은 천지 만물의 사이를 이어주고 변화를 조성하며 인간에게 필연적 상대성을 제공하여 생명을 유지하게 한다.

반면에 다석은 천지 사이의 변화 속에서 고정된 무엇을 이루려고 하는 인간의 과욕은 고통과 우환이 수반되어 대환약신大患若身의 고난을 맞게 되는 것으로 본다. 이러한 지나침은 심신의 부조화로 이어져 사람의 일에 용감하고 무위자연의 덕을 알 수 없어 어머니 품으로부터 벗어났기 때문에 발생한다.[84] 이름에 머물지 않고 하나를 좇게 되면 꽃이 피는 것에 머물지 않고 그 테두리의 오묘함을 명관함으로써 사물은 사물다움을, 인간은 내적 자정 능력으로 자연적 영역을 회복한다.

다석은 혼연한 무에서 유로 이어진 상태는 황홀하고 요명하여 형체가 나타나기 전 구별되지 않는 전체이기 때문에 모든 것을 수용할 수 있다고 본다. 개별 존재자로 구분하는 사적 관점이 아니라, 모든 것을 하나로 보는 공리적 관점을 유지한다고 본 것이다. 인간은 그 자균의 이로움으로 무욕의 제자리를 찾게 되는 슬기로운 자기 수고慈己守固를 이룬다. 그러므로 변화 속에 여상함의 자리에 안착하게 되어 자족자부自足自富의 자연적 존재 의미를 실현한다.

---

83) 『늙은이』 33장: "남 아는 것이 슬기, 저 아는 게 밝음(知人者智, 自知者明)."; 67장: "구태여 세상 먼저 안되므로(不敢爲天下先), … 사랑은, 가지고 싸우면 이기고(夫慈以戰則勝), 가지고 지키면 굳다(以守則固). 하늘이 건지니 사랑을 가지고 둘러주리(天將救之, 以慈衛之)."

84) 『도덕경』 13장: "何謂貴大患若身, 吾所以有大患者, 爲吾有身, 及吾無身, 吾有何患.."; 73장: "勇於敢則殺, 勇於不敢則活, 此兩者, 或利或害, … 天之道 不爭而善勝, 不言而善應, 不召而自來, 繟然而善謀."

이는 무엇에 의존하지 않는 도의 자기 전개에 따른 '편용편익偏用偏益'85)의 천하모天下母의 품으로 돌아가 선을 행하는 것이다. '편용편익'은 도의 자기 전개를 펼치는 과정을 말한다. 도의 움직임은 두루 펼쳐지면서 쉼 없이 뻗어 나가며 멀리 나갔다 다시 돌아오기를 반복한다. 그리고 모든 것에 저절로 이루어지는 이로움을 펼친다. 큰 상을 펼치는 도의 때에 맞춰 스스로 찾아와 응하는 자래선응自來善應의 질서를 알면 천하를 취할 수 있고 도의 상은 두루 편만하여 무형이며大象無形 도의 효용에 따른 무위자연의 질서를 통하여 천하가 태평하게 되고 인간은 안정된 하루의 삶을 누리게 된다.86)

그러므로 독생獨生하는 무위자연의 잘된 길은 하늘의 도와 늘 함께하는 현덕의 세계로 이어진다.87) 이러한 점에 초점을 맞추어 다석은 도와의 사이가 끊어진 일상적 인간의 길을 되찾아 원점으로 되돌리기 위한 전환 방법에 대하여 주목한 것이다.

---

85) 『늙은이』 25장: "두루 다닌다고 나죽지 않으니(周行而不殆), 억지로 하여 이름 크다 하자(强爲之名曰大). 크면 간다 하자(大曰逝). 가면 멀다 하자(逝曰遠). 멀면 돌아간다 하자(遠曰反).": 34장: "길이 둥 떴음이여(뚫렸음이여)(大道氾兮), 외게도 옳게로로다(이렇게도 저렇게로로다)(其可左右). 잘몬이 믿으라고 나(오)는데 말리지 아니하고(萬物恃之而生而不辭)"; 35장: "잡고 하늘 아래로 가도다(執大象, 天下往). 가되 언짢지 아니하니(往而不害), 편안, 평안, 태평하도다(安平太).": 40장: "돌아가는 이, 길 가 움직이오(反者, 道之動). 무른 이, 길 가 쓰오(弱者, 道之用).": 41장: "큰 그림은 꼴(뵘) 없고(大象無形), 길은 숨어 이름 없어(道隱無名).": 45장: "그 쓰임이 묵지 아니하고(其用不弊), … 그 쓰임이 다하지 아니한다(其用不窮)."

86) 『도덕경』 73장.

87) 『도덕경』 21장: "惚兮恍兮, 其中有象. 恍兮惚兮, 其中有物. 窈兮冥兮, 其中有精. 其精甚眞, 其中有信."; 25장: "有物混成, 先天地生, 寂兮寥兮, 獨立而不改."; 65장: "玄德深矣, 遠矣, 與物反矣, 然後乃至大順."

2. 유무상보有無相補의 논리와 '하늘과 짝짓기配天'

1) 유무상보의 지유론至柔論

(1) 유무상보의 논리

다석은 '있이 없고, 없이있는 현상이 번갈아 가며有無相輔' 돕는 상보관계의 실마리를 모든 것이 구분과 경계가 없이 혼재되어 있는 상태의 무명의 세계로부터 찾는다. 길은 '늘 이름 없어 목적의식이 없으며常以無事' 인간씨알을 제대로 되게 하고, 마침내 어려움이 없게 하는 혼일한 세계를 이룬다. 인간은 유무의 상보논리를 통하여 혼성한 가능태에서 벗어나 무를 바탕으로 구체적 존재로 드러나는 과정에서 도의 실마리를 찾는다. 옛 도의 무위자연의 흐름을 알고 지켜 제자리로 도와 하나 되는 현덕의 심신상태로 돌아가면 지금 여기의 현상을 통하여 도의 영속적 항상성의 실마리를 풀 수 있다.

다석은 한 알의 씨에서 터져 나오는 존재 의미의 명료함은 생명을 얻고자 할 때, 때에 맞춰 도의 작용이 일어난다고 이해한다. 그것을 있게 하는 근거를 제공하는 자연적 현묘함은 시비와 분별의 경계를 벗어난 무명의 세계로부터 일어난다.觀其妙. 觀其徽 다석은 이러한 유와 무는 인식하는 관점의 차이일 뿐 혼재되어 있는 도의 시작점에서 비롯되어 역할만 다를 뿐 동일하고 일관된 질서를 가지고 있다고 설명한다. 자연의 도가 펼쳐지는 과정에 따라 만물의 표상을 구성하는 것은 그 이름만 다를 뿐 조화가 일어나는 한 곳에서 그 실마리를 찾을 수 있다.

다석은 사계절의 운행과 인간의 신체적 활동을 비유하여 설명한다. 천지 사이에서 일어나는 생명 활동의 흐름을 알 수 있어야 없이있는 무의 세계로 진입할 수 있다. 인간의 내적 질서를 이루는 덕의 흐름은 천지를 이루는 도의 자기 전개와 같다. 인간은 능수能守의 사유[88])로 천지 사이에 존재하고 있는 이 흐름을 알고 능히 지켜 행해야 한다. 도는 움직이기 전 무의 빈 곳을 제공받아 유와의 상보관계를 형성하고 만물이 존재할 수 있는 근거의 원인을 제공한다.

다석은 도는 텅 비어 있는 것으로서, 공을 이루고도 머물지 않으므로 만물을 존재하게 하는 원리를 제공한다. 덕은 그 근거를 바탕 삼아 만물이 만물답게 자기를 실현한다고 본다. 만물의 자기본성과 처해진 용도에 따라 저절로 전개되게 그대로 도와주고輔萬物之自然 무의 생활을 기반으로無離·無堅·無疵·無知·無雌·無爲 모든 것의 가치를 초월하여 하나로 꿰뚫는 현덕의 제자리로 되돌아감을 본받는다. 다석은 유의 지향적 장애 사유를 무의 이로움으로 순화시켜 제자리를 찾는 것으로 보고, 이를 알짬精으로 속裏이 꽉 찬 현덕으로 설명한다.[89]) 자기 수고慈己守固를 통하여 심신의 자연 질서의 상태를 자율적인 균화 작용으로 심신의 조화가 최적화되는 성전체誠全體를 구현한다. 이는 천지 사이의 도의 작용이 인간의 수신에 따른 상합을 이루고 단 이슬이 솟아나는 가온샘으로부터 속알이 우뚝 솟아 확연하게 드러나는 것이다.

다석은 유와 무의 상보관계는 인간의 사유를 통하여 욕망에 가려 있는 씨알의 테두리를 무의 세력으로 뚫고 나오게 한다고 말한다.

---

88) 『늙은이』 32장: "임금들이 지킬 수(있을 거) 같으면(侯王若能守之), 잘몬이 스스로 손 오듯 하리라(萬物將自賓), 하늘 땅이 맞아서, 단 이슬을 내리고(天地相合, 以降甘露), 사람은 하란 말 없이도 스스로 고르리(民莫之令而自均)."

89) 『도덕경』 10장: "載營魄抱一, 能無離乎? 專氣致柔, 能嬰兒乎? 滌除玄覽, 能無疵乎? 愛民治國, 能無爲乎? 天門開闔, 能爲雌乎? 明白四達, 能無知乎? 生之畜之, 生而不有, 爲而不恃, 長而不宰, 是謂玄德"; 51장: "道之尊, 德之貴, 夫莫之命而常自然, … 生而不有 爲而不恃 長而不宰 是謂玄德"; 이태호, 「노자의 존재론적 구조의 관점에서 『도덕경』 10장, 11장 번역과 해설」, 한국동서정신과학회, 『한국동서정신과학회지』 제15호, 2012, 5쪽 참조.

이 생명은 자기 본래의 밝음을 비추어 본모습을 드러낸다. 생명의 통일체는 모든 것을 갖춘 온전함과 끊이지 않고 이어지는 영속적 항상성을 가진다. 인간은 무위자연의 지향적 과정 속에서 유와 무의 상보 작용에 따른 영속적 항상성의 구조적 체계를 지켜 수신의 수양을 거쳐 심신을 안정태로 이끈다.

다석은 이러한 온전함 속에서 인간은 이원론의 사고를 담고 생명의 활동을 이어가고 있음을 언급한다. 이것은 부득이한 변화의 흐름으로써 이 사이에서 인간은 필연적 상대성을 포섭하는 무를 좇아 그 길을 따라야 한다. 그리고 유와 무의 상보관계는 어느 한쪽이 다른 쪽을 가능하게 한다.

다석은 어둠이 있으면 밝음이 있고 어둠 속에 밝음을 잉태하고 있듯이 직의 발전성향에 따른 곡의 자균자화는 일으키고,相生 채워주며,相成 형성하고,相形 기대며,相傾 조화를 이루면서,相和 따르도록相隨 하는 자연의 영역을 이루는 것으로 본다. 왕필은 이 여섯 가지는 스스로 균형을 이루는 것으로서 그 가치의 기준은 인간의 인위적 행위로부터 비롯되는 것으로 말한다.90)

> … 그게 못쓸 거만이고斯惡已, 착흔 게 착흐다고는 다 알지만皆知善之爲善, 그게 착흐지 못흐기만 흐기만 하다斯不善已, 므로 있단 없고, 없단 있어 번갈며故有無相生, 쉽고 어렵이 되돌고難易相成, 기니, 짜르니가 한꼴 채림長短相較, 높은덴 아레로 기웃, 아레선 높은데을 홀깃高下相傾, 소리와 울림이 맞어우름音聲相和.앞은 뒤 따리, 뒤는 앞 따름이라(前後相隨).아래서 씻어난 이는 흐줍 없이

---

90) 『도덕경』 2장: "美者, 人心之所進樂也, 惡者, 人心之所惡疾也, 美惡, 猶喜怒也, 善不善, 猶是非也, 喜怒同根, 是非同門, 故不可得而偏擧也, 此六者, 皆陳自然, 不可得而偏擧之明數也." 왕필 저, 임채우 역, 『왕필의 노자』, 서울: 예문서원, 2001, 52쪽 참조.

일을 봐내고是以聖人處無爲之事, 말 않고 가르쳐 온대로가오라行
不言之敎. 잘몬이 이는데 말라지 않고萬物作焉而不辭, 낳나, 가지
지 않고生而不有, 흐고, 절 믿거라 아니하며 爲而不恃, 일 이룬 데
붙어 있지 않으오라功成而弗居. 그 붙어 있지 않을라만에夫唯弗居,
그래서 떠러져 가지를 않으오라是以不去.[91]

다석은 인용문의 내용을 통하여 천지로부터 이어지는 현상세계
의 모든 것은 변화 속에 있으므로 어느 것 하나도 고정된 것이 없
다고 말한다. 존재하는 것들과 그것을 있게 하는 없음은 서로 번갈
아 가며 나타난다. 길고 짧다는 개념도 잠시의 인간의 판단에 이루
어져 그 정의가 내려질 뿐, 영원한 것은 없다. 다석은 인간이 사물
을 보는 관점은 어느 한쪽만을 보기 때문에 그 주관적 사유는 더욱
차별성을 낳는 것으로 설명한다.

다석이 설명하는 필연적 상대성은 만물의 전개과정에서 나타나
는 현상이다. 이는 무를 통하여 본래의 존재적 의미를 회복하는 기
초 자료이다. 도의 '말 않고 가르쳐 온 대로 따라가는行不言之敎' 자연
계의 흐름을 늘앎으로 보면 저절로 알 수 있다. 다석은 이러한 흐
름은 해와 달이 뜨고 지는 거와 같이 자연계의 현상들이 일어났다
저절로 사라지는 순환의 고리를 반복하는 것을 그 예로 설명한다.

다석은 세상의 모든 만물은 자연의 법칙을 거역하지 않는다. 그
러므로 모든 생명은 도의 생명의 그물에 포섭되어 있어 인간의 힘
으로 어떻게 할 수 없는 자연적 사건으로 이해한다. 이처럼 도의
자기 전개에 따른 무위자연의 흐름은 일상에서 다반사로 일어나는
사건이다.

---

91) 『늙은이』 2장.

다석은 천지 변화에 따른 필연적 상대성은 인간의 생명유지의 조건으로 연관 지어 이해한다. 따라서 천지 사이의 중심에서 일어나는 무위자연의 미세한 움직임의 질서로 대상의 영역을 넓혀 나간다. 이는 인간의 인위적인 힘이 아닌 '길의 법은 받은 대로 잘된 길'의 사세를 이루고 만물을 자연적 상태로 돌아가게 된다.[92] 따라서 무의 생활은 알짬精으로 속裏을 하나 되게 채우는 현덕의 이론을 터 삼아 존재하는 현상세계의 질서를 이끌게 된다. 그리고 유무의 대립 관계를 상보하고 무위자연의 흐름을 통하여 존재 의미의 영역을 더 한층 넓게 확보한다. 도의 항존성과 편재성은 만물이 도를 의지하고 발전하고 성숙하지만 도는 언제나 그들을 스스로 그러한 원리自然에 맡길 뿐이다. 일을 이루고도 자기 이름을 드러내지 않고 만물을 늘 무위자연으로 감싸고 존재 근거를 제공하지만 공을 이루고 그것에 머물지 않는다. 따라서 더 많은 하루의 일을 이룰 수 있다.[93]

다석은 도는 덕을 드러내고 덕은 유의 세계를 드러내는 순환의 고리가 곡직의 사유로 이어져 내려오고 있다고 이해한다. 이러한 생명의 고리는 곡선의 흐름을 따라 쉬운 것을 통하여 어려움을 얻고 긴 것과 짧음의 기준은 서로 상응하고 포섭하여 그 가치를 드러낸다. 소리와 울림은 서로 어우러져 균형을 이룰 때 아름다운 조화로 마음의 균형을 이룬다. 따라서 도 안에 있으면 앞뒤·전후·위·아래를 분간할 수 없는 홀황한 세계에서 상대적 분별의식을 자연 그대로 보게 된다.

---

92) 『도덕경』 51장: "道生之, 德畜之, 物形之, 勢成之, 是以萬物, 莫不尊道而貴德, 道之尊, 德之貴, 夫莫之命而常自然."; 64장: "復衆人之所過, 輔萬物之自然."
93) 『도덕경』 34장.

다석은 이렇게 자연 그대로 보면 어느 한 부분에 머물지 않으니 집착할 일이 없게 된다고 말한다. 그는 이것을 가고 오는 것도 없는 늘 비어 있는 제자리를 잃지 않는 무에 맞춰 사는 것이라고 설명한다. 자연은 스스로 이루어지니 못 이루는 일이 없다. 다석이 말하는 '상보성의 도'는 무의 세계를 통하여 인간의 사유를 계기로 존재할 수 있는 근거를 제공한다. 그리고 인간의 모순과 갈등을 통합하여 다시 본래의 자리로 돌아가 모든 것을 다툼이 없이 하나되게 하는 공일복共一輻의 세계관을 구현한다.

수레가 움직이려면 먼저 삼십 개의 바큇살이 바퀴의 중심이 비어 있어야 굴대를 끼워 바퀴와 하나가 되어 수레가 굴러간다. 이는 비어있음으로 모든 것의 화해와 중재가 가능하게 되는 당기무용當其無用의 이로움으로 인하여 모든 것이 하나가 되는 공정의 세상 본보기를 이루는 것이다. 이처럼 도의 중심의 빈 곳을 축으로 하여 천지만물의 운행하고 있음을 말한다. 비어 있음으로 목적의식이 없는 무명의 세계를 이루며 그 중심축을 유지하는 자연의 흐름은 모든 것의 생성할 수 있는 바탕을 이루는 무의 이로움無爲之益을 말한다. 무의 이로움은 부드러운 변화의 흐름至柔을 말하며 이는 만물의 허와 실을 잠시도 틈이 없게 하는無有入無間 공일곡의 세계관을 이룬다.

다석은 도를 아는 자는 쉼 없이 변화하는 흐름을 알고 지켜 내면의 질서와 하나 됨으로써 사물의 스스로 그러함에 맡기고 집착하지 않는 것으로 이해한다. 하늘과의 상합에 따른 인간의 내면적 수양 방식을 점진적 단계로 설명하고 있다. 그러므로 유무의 혼일함 속의 대상은 서서히 움직이는 하나의 질서를 통하여 필연적 상대성에 의하여 만물의 형상에 따른 형체를 구성한다. 이러한 현상을 다석은 순환반복의 곡직의 흐름을 타고 자정自定의 자리로 돌아오는 것으로 말한다. 도의 자기 전개는 인간의 스스로 변화할 수 있는 계기를 제공한다. 하지만 인간의 성숙 단계에서 더 얻고자 하는 지향성은 일을 그르치고 또 다른 욕심을 낳는다.

다석은 인간의 전진적 의식은 사물을 주재하는 용감함을 무명의 세계를 통하여 그 장애를 포섭하는 것으로 이해한다. 그리고 욕망의 배제를 통해 무의 세계로 진입함으로써 스스로 자정 능력을 찾는다. 이는 불욕의 상태가 될 때 그 묘한 없이있는 세계인 무욕을 볼 수 있고 무엇을 하고자 하는 목적의식이 일어날 때 인위적 상대성이 생기게 된다. 이 움직임은 생명유지의 필연적 상대성을 불러옴으로써 이를 음양충기의 고른 어울림으로 포섭하여 도법자연의 오묘함을 볼 수 있는 영역을 회복한다.

다석은 무의 세계는 황홀한 그 속에 형상이 있고, 그윽하고 어렴풋하지만 그 속의 세상 물정의 본질이 있음을 본다. 그 미세한 움직임은 지극히 순수하여 유의 세계를 있는 그대로 진실되게 하는 자정자화의 질서에 바탕을 둔다.94) 예부터 지금까지 무와 유의 상보적 관계를 통하여 만물의 아름다움은 이어져 내려와 사라지지 않음을 우리는 자연계를 통하여 볼 수 있다. 이로써 만물의 처음과 끝을 살펴 도의 실마리를 찾아 전개하는 중보질서가 펼치는 현상의 아름다움을 볼 수 있다.

다석은 유무가 동일한 질서에 의하여 펼치는 길 따라 속알 쌓고 道生之. 德畜之 그 속알을 통하여 양육되어 물체를 이루게 되는 것으로

---

94) 『도덕경』 21장: "惚兮恍兮, 其中有象. 恍兮惚兮, 其中有物. 窈兮冥兮, 其中有精. 其精甚眞, 其中有信."

설명한다. 만물의 존귀함은 주어진 사회적 환경에 따라 저절로 존재하게 된다. 도의 만물 형성과정은 자연적 중보질서를 이루어 상대성에 머물지 않는 무제약성의 포월적 사유의 세계를 전개한다.[95]

다석은 중보의 아름다움이 펼쳐지는 한길로 된 태극의 창조의 흐름은 쉼 없이 돌고 돌아 환순의 궤적을 그리며 인간의 심신을 한아 되게 하는 것으로 설명한다. 용오름과 같은 힘찬 태극의 역동적 기운은 우주 전체의 기운을 휘몰아 하나로 된 길을 만들어 만물의 씨 알을 움터 솟아 올라오게 한다. 그리고 인간의 내면의 속알을 터트려 세상의 얽히고 매듭진 사건들은 저절로 풀려 한 무리의 빛이 온 누리에 번져 환하게 비춘다.

다석은 유와 무가 드나드는 한 무리의 빛을 머금고 있는 하늘 문天門開闔은 혼연한 상태에서 늘 열려 있어 무엇이든 쉼 없이 출입하는 중묘지문이라고 설명한다. 하지만 이 문을 나서는 순간 이것과 저것의 장벽이 생기게 되며 이 장벽은 도의 작용인 유의 활동을 막고 있다. 도의 흐름인 무의 계열로부터 제공받는 무명·무욕·무사의 근거로 이것을 허물 수 있다. 이러한 무의 세계는 유의 현상계를 하나로 이어서 목적을 이루고도 그 상대성에 머물지 않고 주인 노릇을 하지 않기 때문에 모든 것이 저절로 이루어진다.

다석은 인간의 욕심에 의하여 열린 문은 반드시 닫아야 한다고 언급한다. 이 문을 닫음으로써 주관적 사유가 닫히고 불욕에서 무

---

95) 『늙은이』 1장: "므로 늘 하고잡 없어서 그 야믈ㅁ이 뵈고(故常無, 欲以觀其妙), 늘 하고잡 있어서 그 돌아감이 보인다(常有, 欲以觀其徼). 이 둘은 한께 나와서 달리 이르부르니 (此兩者, 同出而異名)"; 21장: "… 옛부터 이제껏 그 이름이 (떠나)가지를 않아(自古及今, 其名不去), 뭇 비롯 뭇 아름다움을 보아 보낸다(以閱衆甫)."; 51장: "길이 내고, 속알이 치고(道生之, 德畜之), 몬이 꼴해, 힘이 이룸(物形之, 勢成之), 이래서 잘몬이(是以萬物) 길을 높이와 속알을 고임은(道之尊, 德之貴), (잘한다면)술잔 주는 벼슬아치 없이 늘 저절로로다(夫莫之命而常自然)."

욕으로 전환이 이루어지면서 현덕의 세계를 구성한다. 따라서 인간의 사유 전환으로 내 안의 속알의 작동으로 내적 삼보를 알고 만족하여 문밖을 나가지 않아도 천지간 무위자연의 질서를 아는 '늘앎의 마음'을 가질 수 있다.

> 지게문을 나지 않고 셰상을 알며不出戶, 知天下, 창문을 내다 안보고 하늘 길을 볼 거니不窺牖, 見天道 그 더 멀리 나갈수록其出彌遠, 그 앎이 더 적음其知彌少 이래서 씻어난이是以聖人不行而知 가지않고 앎, 보지않고 이름不見而名 흐지않고 됨不爲而成.[96]

이 인용문에서 다석은 인간의 사유가 늘 한길로 향해 있을 때 내면에 무위자연의 흐름이 작동된다는 것을 알고 지켜야 함을 말한다. 천지상합에 따른 속알의 유익함을 체득할 수 있기 때문이라고 본다. 이는 인간이 도를 좇을 때만이 내면의 씨알이 터져 속알이 우뚝 솟아 그 질서를 확연하게 알게 됨으로써 지킬 수 있다. '다투지 않는 속알'로 '저 아는 게 밝아져' 그것을 지켜 늘앎의 잘된 길을 좇는 것임을 밝힌다. 이는 자연계의 흐름을 통하여 멀리 나가지 않아도 무위자연의 흐름을 앎으로써 만물과 하나가 됨으로서 자신의 '하루의 얼' 즉 한얼을 지키게 된다.

다석은 '얼의 나'는 무한한 가치를 자각하는 것으로 이해한다. 그리고 비어 있는 천지 사이의 중심을 화살로 쏘아 맞히듯이 마음의 한복판을 꿰뚫는 지혜를 불러일으키는 토대를 마련한다. 이러한 바탕을 근거 삼아 내적 고른 앎의 지혜로 가온인간의 하루의 삶을 구현하게 된다. 다석은 상대적 존재인 인간의 제나는 없이있는 존

---

96) 『늙은이』 47장.

재인 얼나를 찾기 위하여 맨 처음과 끝을 잇고 있는 생명줄인 없이 있는 하나의 길을 좇아야 함을 주지시킨다.[97]

　다석은 하늘의 숨결을 따라 사는 잘 삶攝生의 하루 생명으로 인간의 내적 질서를 자연스럽게 이루고 자기의 삼보를 밝게 비치게 한다고 말한다. 심신의 수양을 통하여 내적 삼보를 바르게 세워 덕을 품는 것이 삼보를 지키는 것이다. 정精·기氣·신神은 내삼보內三寶이고, 이耳·목目·구口는 외삼보外三寶가 되는데 내삼보는 외물外物에 끌려서 유출되지 말아야 하고, 외삼보는 사물의 가치에 유혹되어 흔들려서는 안 된다. 정精은 정신의 근본이며, 기운은 정신의 주인이고, 형체는 정신의 집이다.[98]

　이 고른 앎으로 심신의 굳건해져 천지의 흐름을 알게 되면, 굳이 밖을 볼 필요가 없다.不覘 이 덕의 지혜는 저절로 모든 것을 이루게 함으로로不爲而成 인간 스스로 무엇을 하려고 하는 용감성을 억제하는 불감위의 사유로 전환시킨다.[99] 이는 무위자연의 도를 갖추고 있음을 늘앎으로써 알고 그것을 지켜 행하면 잘 삶에 의하여 세상 본보기의 현덕을 구현하여 공생의 흐름을 따라 살아가는 데 부족함이 없다. 세상의 온갖 것을 아우르고 온통 하나로 감싸 휘휘 돌고 돌아 미치지 않음이 없다. 늘 만족함으로써 '몸의 욕망에 매여 힘들지 않게 되고終身不勤' 어떠한 고난이 닥쳐도 의연하게 대처할 수 있다.[100]

---

97) 류영모, 『다석일지』 제2권, 서울: 홍익재, 1990, 368쪽 참조.

98) 洪萬選, 『山林經濟』: 精氣神爲內三寶, 耳目口爲外三寶, 當使內三寶不逐物而流, 外三寶不誘中而擾. …精充則氣裕, 是謂道家三寶, 精者神之本, 氣者神之主, 形者神之宅.

99) 김경수, 『노자역주』, 서울: 문사철, 2010, 582쪽 참조.

100) 성현영 저, 최진석, 정지욱 역, 『노자의소』, 서울: 소나무, 2007, 477-479쪽 참조.

다석은 고른 앎으로 속알을 쌓아 두터이 지니고 있는 사람은 영아와 같이 부드럽지만 움켜쥐는 힘이 단단하고 유연한 사고를 지닐 수 있다고 말한다. 이는 수컷을 알고 암컷을 지키는 자연의 이치에 순응함으로써 천도의 자위慈衛함으로 자기 수고를 확립했을 때 가능하다.[101] 유로부터 이어지는 만물은 이로움인 자연적 질서로 자기 전개를 펼친다. 도가 제공하는 저절로 뚫어진 길을 따라 유와 무가 섞여서 존재하는 큰 물건인 혼성의 도가 본원 존재로서 자리 잡게 된다. 그것은 뿌리가 깊고 단단히 뻗어 치인사천治人事天의 근거를 마련해 주는 어머니와도 같다.

다석은 이러한 치인사천의 무의 생활은 심신의 건강함으로 세상과 고르게 어울리게 하는 슬기를 쏟아내는 현동의 상태라고 말한다. 그리고 현동의 세계를 갖추게 됨으로써 인간의 다툼과 갈등이 일어나지 않는 공정한 도를 본보기로 삼아 청정한 세상을 구현하는 계기를 도모한다. 이 도와 덕이 하나 된 현묘한 덕의 지혜를 통하여 하늘의 흐름을 알고 사욕을 멈추게 됨으로써 저절로 수신의 수양 체계에 몰입하게 한다.修之於身, 其德乃眞 이는 온전한 내적 생명이 드러나면 자연한 인간을 이룰 수 있기 때문이다.[102] 다석은 덕이 확충되고 만물이 제대로 되면,萬物將自化 세상은 저절로 밝아지는 것으로 본다. 그리고 모두가 바른 질서를 향하는 공정한 세상을 구현한다.天下將自正

---

101) 『늙은이』 67장: "사랑은, 가지고 싸우면 이기고(夫慈以戰則勝), 가지고 지키면 굳다(以守則固). 하늘이 건지니 사랑을 가지고 둘러주리(天將救之, 以慈衛之)."
102) 『늙은이』 17장: "맨 위에는 가진 줄을 모름이요(太上下知有之), … 씨알들이 다 이르기를, 우리 다 저절로로다(百姓皆謂我自然)."

(2) 지유론至柔論에 따른 선행

다석은 인간의 바른 삶'善行'으로 하루의 길을 이루는 것은 무위 자연의 열매를 맺어 무엇을 하지 않아도 고르게 조화되는 것이라고 설명한다. 천지 사이의 잘된 하루의 길을 펼치게 되면 잘몬은 저절로 이루어지는萬物將自化 자균자화의 길이 내적 질서를 이룬다. 내재적 하나의 길을 펼치는 덕은 인간 마음의 주인 행세自實를 하지 않는다. 이를테면 무위자연의 목적을 이루었으나 그것에 머물지 않고 자랑하지 않으며 교만하지 않는 무공덕無功德의 자리를 지킨다.

다석은 도의 흐름은 잠시도 멈추지 않고 만물이 존재할 수 있게 근거를 제공한다고 이해한다. 도의 미세한 움직임은 극에 다다르면 다시 되돌아가는 부드러운 곡선의 현상을 보인다. 이에 반해 인간의 지나친 감정은 앞으로만 나가는 전진적 성향에 의하여 열매를 맺지 못하고 쉽게 쓰러진다. 천지의 흐름은 잠시도 머물지 않고 쉼없이 흐른다. 소나기는 잠시뿐이며 회오리바람도 오래가지 못하는 것이 도가 펼치는 부드러운 자연의 이치이다.

다석은 하루를 사는 인간이 펼치는 '부드러운 변화'의 질서에 선응하는 것에 대하여 다음과 같이 설명한다.

> 셰상의 가장 부드럼이天下之至柔, 셰상의 가장 굳은 데를 달리어 뜀달리도다馳騁天下之至堅, 아무끗이 없는 없이 틈없는데 드러갈 거니 無有入無間. 내 이래서 흠 없는 유익한 것을 아노라 좀是以知無爲之有益 말아니ᄒ고 가르친 가르침과 흠없이 흔낧은不言之敎, 無爲之益 셰상에 밋기 드믈리라天下希及之.[103]

---

103) 『늙은이』 43장.

다석은 부드러움을 물에 비유하여 설명하고 있다. 물은 세상에서 가장 견고한 것을 마음대로 부릴 수 있다. 위치 에너지를 가지고 있는 것 외에도 어떤 고정된 형태를 고집하지 않고 사물에 따라 모양을 취한다. 모를 만나면 모가 되고 원을 만나면 원이 된다. 혹은 가로질러 경계를 없이한다. 물은 아주 미세한 곳까지 흘러 들어가니 다다르지 못할 곳이 없다. 이것은 인간이 사물에 집착하여 도와 벌어진 틈을 없애는 것과 같다. 물의 흐름은 덕이 펼치는 존재 방식과 같은 방향으로 흐르고 있다.

덕은 곧은 마음眞心을 실천해 가는 것行이며, 이는 도를 득得하는 것을 말한다. 욕欲은 골짜기가 비었다는 의미이여 신을 형용하는 곡신을 말한다. 빈 골짜기에 물을 채우듯이 사람의 빈 마음에도 덕을 채우는 것이 큰 사람인 대장부를 말한다.104)

다석은 물의 속성처럼 집착이 없어져야만 도와 함께할 수 있고, 다다르지 못할 곳이 없다고 말한다. 그는 덕의 흐름을 물과 같은 것이라 본다. 어느 곳에도 집착하지 않고 함이 없이 흘러 막힘이나 걸림이 없기 때문이다. 덕의 선을 통한 자기활동은 매일매일 숨을 쉬듯이 자기 생명을 유지한다. 인간의 몸은 빔 사이에 존재하며 마음은 사람과 사람 사이의 관계를 부드러운 물과 같은 선으로 이어간다. 이러한 관계적 상대성의 틈을 곡직에 따른 사유로 전환하면 흔적을 남기지 않는105) 무의 살림살이가 가능해진다. 다석이 설명

---

104) 류영모, 『다석일지』 제1권, 서울: 홍익재, 1990, 193쪽 참조. ("道(言)者, 人之所(濟演), 使萬物不知其所由, [素書] 德者人之所得, 使萬物各得其所欲, 直心行之之 謂德, 日行之 謂得, 谷火之謂欲. 谷者神容也, 容者 人子象 無不包攝也, 谷神不死, 欠谷必得至, 充滿盛德, 大道日也, [素書] 天道仁義禮德 五者一體也." 김흥호, 『다석일지 공부』, 서울: 솔출판사, 2001, 553-554쪽 참조).

105) 『도덕경』 27장: "善行無轍迹, 善言無瑕適, 善數不用籌策, 善閉無關楗, 而不可開, 善結無繩約, 而不可解."

하는 살림살이는 건강한 몸과 탐욕이 없는 마음으로 하늘의 생명인 없이있는 하나에 맞혀노는 인생관을 말한다.[106] 하나에 맞혀노는 삶이란 세상의 막힌 길을 환하게 뚫어 두루두루 휘몰아쳐 걸리는 게 없이 모든 것을 어울리게 한다.

다석은 우주 만물은 환하게 뚫린 한길을 따라 운행되고 있음을 말한다. 다석은 이 길의 중심을 혼현한 무극의 빈탕이며 한 무리의 빛이 모여 있는 하나로 본다. 하나의 빛무리가 모여 있는 한계가 없는 허공이니 밑 뚫린 그릇처럼 채워도 채워지지 않는 늘 빔의 불영의 하나로 말한다. 그것이 무의 세계이며 환빛 모인 늘 빔이며 하나는 하나지만 없이있는 하나다. 태극은 단 이슬이 솟아나는 가온샘이다. 이 샘에서 솟아나는 양의兩儀는 하나이면서 둘인데 하늘과 땅을 말한다. 가온샘은 하나로부터 해와 달과 별을 움직이는 역동적인 기운이 솟아난다. 이 기운은 다시 여덟 개의 기운으로 하늘·땅·물·불·우레·바람·산·바다의 기운을 솟아나게 한다.[107]

다석은 무의 세계에서 유의 세계로 이어지는 보이지 않는 힘이 계절을 순환시킨다고 본다. 천체의 운행도 알 수 없는 힘에서 발생한다고 말한다. 물은 계속 흘러내려 수평을 이루어 법이 되고, 수직으로 하늘을 오르고 구름이 되어 돌아다니다가 비가 되어 땅에 떨어져 또 강물이 되어 흘러 내려가 한 바퀴를 원만하게 돌아간다. 해도 돌고 달도 돌고 별도 돌고 땅도 돌고, 안 돌아가는 것은 없다. 허공 속에 휘몰아치는 역동적 기운이 가득 찬 일체가 돌아가고 있

106) "몸성히 남주기로 몸티히 챔말기로 바탈조히 늘사리는 죽기너메 맑기까지 늘사리 한늘사리란 한월살림 나남직."(류영모, 『다석일지』 제1권, 서울: 홍익재, 1990, 260쪽 참조).

107) 김흥호, 『다석일지 공부』 2권, 서울: 솔출판사, 2001, 156-158쪽 참조; 이기상, 『다석과 함께 여는 우리말 철학』, 서울: 지식산업사, 2003, 196쪽 참조.

다.108) 그리고 다석은 형체가 없는 대상大象의 자연계가 응달진 씨는 솟구치고 그늘진 씨는 응집하며 이를 충기의 조정 역할을 하는 조화에 의하여 만물의 온전한 제 역할을 할 수 있음에 주목한다. 생명 속에는 늘빔不盈과 때動善時와 됨不爭無尤의 기운이 순환하고 있음을 말한다.

다석은 내적 질서를 유지하는 덕의 지킴을 논의한다. 그는 천지 흐름과 내재적 질서가 하나로 움직인다는 것을 아는 잘된 자의 마음에는 조화의 세계를 구성하는 세 보배我有三寶가 있다는 것을 제시한다. 이는 덕의 내재화로서 무위자연의 힘이기도 하다. 이것이 인간을 감싸고 호위하고 있는 것이다.109) 이러한 내재화된 덕은 무의 자기 전개를 통하여 균형을 이룬 조화로운 마음의 저절로 된 길을 좇는 잘 삶으로 나타난다.

무의 자기 전개는 생명의 쉼 없는 움직임 속에 틈입闖入되어 있는 생사·낮밤·빛과 티끌 등 일체의 상대적인 것들의 현전화이다. 이러한 점 때문에 다석은 양극단 사이의 틈새가 무간의 소통을 이룬다고 본다. 무간의 소통 속에서는 심신의 대립도 사라진다. 인간의 내적 질서를 이끄는 없이있는 하나의 질서가 보이지 않는 무의 활용을 통하여 몸과 마음의 대립을 해소하기 때문이다.

다석은 이러한 심신의 절로 화합하고 합일하는 조화를 통하여 감각의 문을 닫아 간극이 없는 현동의 자리에 돌아감을 이야기한다.110) 도를 좇는 자는 늘 뒤에 섬으로써 점진적 단계를 거쳐 덕을

---

108) 김흥호, 『다석일지 공부』 3권, 서울: 솔출판사, 2001, 135쪽, 375-378쪽 참조("乾坤一擲氣力錘. … 天地位焉, 水去法輪圓滿運, 一陽初動時處在, 一正正直重力動, 萬有小運化育同.").

109) 『도덕경』 62장: "道者萬物之奧, 善人之寶, 不善人之所保, 古之所以貴此道者何, 不曰以求得, 有罪以免邪, 故爲天下貴."

110) 김흥호, 『다석일지 공부』 3권, 서울: 솔출판사, 2001, 65-66쪽 참조.

쌓으므로 그 가운데에서 일어나는 조화점을 붙잡고 지킨다. 천지 변화를 알고 그 흐름에서 이탈되지 않는 인간은 '몸의 욕망에 매여 힘들지 않게 돼終身不勤' 어려움을 겪지 않는다. 이러한 미묘현통한 세계는 보이지 않는다. 보인다 하더라도 어눌하고 작게 보이며 더디게 보이며 또한 서툴게 보인다.[111]

다석은 무의 세계를 통하여 제자리를 회복함으로써 이루게 되는 선의 영역은 대립되는 양극성을 만날 때, 귀함은 천함을 바탕 삼고 천함은 귀함을 포용하는 자연적 상보성을 갖는다고 설명한다. 자연적 상황 안에서 만물은 고르게 어울리는 사이 없음의 관계로 발전한다. 객관과 주관의 차별적 대립은 나에게 좋음이 상대에게는 나쁨일 수 있고 나에겐 기쁨이 상대에겐 슬픔일 수 있다. 이러한 것들은 모두 저절로 이루어졌다가 소멸한다.

다석은 상대성이라는 공간을 점유하지 않고不居 객관적 영역을 허용해 주면서 서로를 배척하는 일을 하지 않는 것으로不去 본다. 이러한 점 때문에 너와 나가 한 곳으로 모이는 무위자연에 따른 '세상 본보기天下式'의 모범에 관심을 갖는다. 도의 비어 있음의 쓰임은 무의 계열로부터 존재 근거인 덕을 제공받아 선으로 발양된다. 이는 본래적 인간의 흔적을 남기지 않고 머물지 않는 인간의 하루의 삶을 영글게 하는 선행이다. 그 결과 이것과 저것을 구별하지 않고 늘 낮은 곳에서 모든 것을 포용한다. '몸과 마음을 하나 되게載營魄抱

---

111) 『늙은이』 15장: "옛 간 잘된 선비는(古之善爲士者), 뭣 야믈(계) 감 뚫렸음이여(微妙玄通), (그) 깊이 모르겠어라(深不可識). … 엄전하니 손님(이나) 같고(儼兮其若容), … 텅비기는 그 골같고(曠兮其若谷), 왼통(스럽)기는 그 흐리(터분)함같음(混兮其若濁)."; 4장: "길은 고루 풀렸해 쓰이고(道, 沖而用之), 아마 채우지 못할지라(或不盈), … 그 빛에 타번지고(和其光), 그 티끌에 한데 드니(同其塵), 맑음이여, 아마 있을지라(湛兮似或存)."; 2장: "잘몬이 이는데 말라지 않고(萬物作焉而不辭), 일 이룬 데 붙어 있지 않는다(功成而弗居). 그저 붙어 있지 않기로만(夫唯弗居), 그래서 떨어져 가지는 않는다(是以不去)."

一' 하는 늘 밝은 잘 삶으로부터 비롯된다. 천지의 저절로 된 길을 따라 몸을 의지하고 내적 속알의 자균자화의 조화로 마음을 하나로 모아 무를 생활화한다. 몸의 감각적 사유를 뒤로하면 마음은 저절로 변화된다.

다석은 하나를 품은 도는 모든 것을 전체로 묶음으로써 무위자연의 그물망 속에 가두어 어느 것 하나 빠져나가지 못한다고 언급한다. 이런 도로 만물이 하나라는 점을 인식하고, 사심을 가질 수 없음을 알게 하여 그것을 힘써 지켜 행하게 한다. 이에 만물을 대상적 가치로 보지 않고 그 자체의 존재로서 보게 하여 소유하거나 재물로 삼지 않게 한다. 그럼으로써 어느 것 하나도 버리지 않고 존귀하게 여기는 지유론至柔論에 입각한 삶의 방식을 전개한다.

도를 세워 덕을 품은 가온인간은 지유론에 입각한 자연유익自然柔益의 흐름으로 자율적 성전체誠全體를 형성한다. 이는 인간씨알의 덕을 확장하는 양을 품고 그것을 지켜 보존하게 하는 음을 등에 지는 수용적 자세를 갖는 것이다. 하지만 일상적 인간은 외형에만 치중한 나머지 자기중심적이며 외관을 지키는 규범과 예절을 우선시하고 보이는 것에 치중하는 삶을 유지하고 있다.

따라서 지금 여기 현실적 인간은 도를 좇아 덕을 지키는 수비형守備形의 가온인간을 구현해야 할 과제를 안고 있다.

2) 가온인간의 '하늘과 짝짓기配天'

(1) 체도자로서의 가온인간

다석은 도의 자리는 어느 한 곳에 머무는 것이 아니라 영속적 항상성을 지닌다고 본다. 그것은 밝은 듯하면서도 어두운 듯하게 존재한다. 그것은 어떠한 것도 차별하거나 나누는 법이 없다. 그것은 늘 비어 있을 뿐만 아니라 쉼 없이 변화한다. 또한 그것은 언제나 채워지기를 원치 않듯 자신을 낮춘 모습 그대로 존재할 뿐이다.[112]

이러한 존재성을 체득하는 주체가 '가온인간常善救人[113]이다. 상도를 알고 좇아 현덕의 공평무사의 이로움을 세상에 구현하는 자이다. 가온지킴의 수양을 통하여 환히 트여 맑은 빛무리로 제 꼴 돌아滌除玄覽봄으로써 이루는 슬기로운 수비형守備形 인간이다. 다석에 의하면 얼나의 존재가 바로 가온인간이라고 할 수 있다.[114] 가온인간은 천지 사이의 한 끄트머리의 한 점 영명靈明한 얼의 나를 의미하며 도의 생명줄은 예부터 지금 여기에 이어져 내려온 본래적 인간이다. 어제도 각자各自가 여기에 점 찍고, 그제도 여기에 줄을 이어, 가고 오고 가는 시공간 중심에 점을 찍어 도의 생명을 이어간다. 얼나이기 때문에 가온인간은 체도자가 될 수 있는 것이다. 가온인간은 도가 그렇듯이 스스로를 앞세우지 않고 모든 것을 포용하고,不自是. 故彰 자기 자신의 공덕을 내세우지 않음不自伐. 故有功으로써 참 좋은 하루의 길善行을 이루는 존재이다.

존재의 세계를 보더라도 두루 편만한 도는 자기 자신을 덕에게 빌려준다. 그리고 그 덕은 만물의 속알인 씨를 터뜨려 선을 이루게 함으로써 섭생을 유지케 한다. 이러한 존재의 이법을 체득한 인간상이 가온인간인 것이다. 그렇다면 다석이 말하는 가온인간은 어떠

---

112) 『도덕경』 41장: "明道若昧, 進道若退…大象無形, 道隱無名, … 善貸且成."; 4장: "道沖而用之, 或不盈."; 15장: "不欲盈, 夫唯不盈"; 45장: "大成若缺, 其用不弊, 大盈若沖,其用不窮."

113) '가온인간'이란 개념은 연구자가 논의의 필요성에 의해 새롭게 생성한 조어이다. 그것은 다석이 말한 '가온'의 개념에 '인간'을 덧붙인 것이기 때문에 개념 활용에 큰 무리가 없을 것이라 본다.

114) 류영모 원저, 박영호 엮음, 『다석 류영모 어록』, 서울: 두레, 2002, 223-224쪽 참조.

한 특성을 가지고 있는지 살펴보기로 한다.

> 잘 된 산아이는 칼브터 내밀지 않는다善爲士者不武. 잘 쌓오는 이
> 는 성내지 않ㅎ고善戰者不怒, 맞인짝을 잘 이길 이는 다투지 아니
> ㅎ고善勝敵者不與, 사람을 잘 쓰는 이는 때문에 내리느니善用人者
> 爲之下, 이 일러 다투지 않는 속알是謂不爭之德. 이 일러 사람 쓰
> 는 힘是謂用人之力, 이 일러 하늘에 맞는 옛날로 가는 맨 꼭대기라
> 是謂配天古之極.115)

이 인용문을 통하여 다석은 제자리를 잘 지키는 가온인간에 대하
여 설명한다. 무엇보다 가온인간은 하늘과 짝한다는 특성이 있다.
하늘과 짝한다는 말은 본래 천명禪生을 통해 깊고 아득한 한 무리의
속알의 빛으로 소통한다는 의미를 갖는다. 그런데 그 천명의 내용
이 주재적이고 인격적인 특징을 가지고 있다. 일찍이 노자는 이러
한 주재적 인격성을 가진 천명의 의의를 부정하고, 무위자연의 흐
름 그 자체를 하늘의 이법이라고 이해한 바 있다.

다석 역시 노자의 무위자연의 흐름 그 자체를 체도의 대상으로
본다. 체도의 대상인 하늘이 주재적 인격성으로부터 멀리 벗어나
있기 때문에 다투지 않는 덕不爭之德을 얻기가 용이하다. 다석은 가온
인간이 무위자연의 흐름에 따라 낮은 자리爲之下에 있기 때문에 덕을
쌓아 하늘에 효를 다하고 인간을 사랑하는 덕분에德分 세상 본보기孝
天慈人를 이루기가 용이하다고 본 것이다.

가온인간은 세속적 인간보다 타자와의 관계를 잘 이어간다. 가온
인간이 자신을 낮추고 모든 것을 포용하기 때문이다. 가온인간이

---

115) 『늙은이』 68장.

체득하고자 하는 하늘의 도나 가온인간 자신에는 대립이 전제되지 않는다. 이것과 저것을 분별하지 않으므로 다툴 일이 없다. 하늘의 도는 인간의 행위와는 달리 다투지 않고 잘되는 길을 펼쳐 보인다.

다석이 체도자로 제시한 가온인간은 용감함을 드러내지 않고, 자신을 낮추고, 노기를 드러내지 않는 특성이 있다. 그것은 가온인간이 어느 곳에도 머물지 않는 자빈자화自賓自化의 사유를 지녔기 때문이다. 상선약수와 같이 만물을 이롭게 하면서 저절로 흐르며 이것과 저것에 머물지 않고 다투지 않는 특성을 가지는 것이다. 가온존재는 이러한 특성을 '하늘과 짝 짓기'를 통해 얻게 된다.

다석의 배천 사상은 인간의 타고난 존귀함을 알고 지켜 천지조화의 흐름을 따라 제 역할을 다하기 위하여 지나쳐온 도오道奧의 자리로 돌아가는 것을 말한다. 사람의 길을 좋음으로써 도의 흐름을 따르지 못하고 각각의 맡겨진 제 역할을 다하지 못함으로 무위자화의 흐름에 의지하여 존재할 수 있는 기틀을 제공받기 위한 것이다.

다석은 가온인간의 존재 상태에 대하여 설명한다. 그는 고른 앎으로 하늘과 짝하고 몸으로부터 일어나는 타자 지향적 사유를 멈추게 하는 자정 능력을 발휘한다. 인간의 자정력은 천·지·인 사이의 균형을 이루게 하는 하나로 꿰뚫는 속알玄德로 안내한다. 이 점에서 균형을 이루는 것은 무위자연의 편용편익의 흐름으로 스스로 그러한 이치에 따라 변화하는 것을 말한다. 그리고 도에 일찌감치 편승하여 그 길을 따라 하루를 살기 위한 덕을 쌓는다. 그 결과 어머니 나라에 속하게 됨으로써 심근고저의 자기 수고를 형성하여 무의 생활화에 따른 공정한 세상을 구현하는 길을 열게 된다.

다석은 가온인간이 부쟁의 선행을 이루기 위해서는 도의 밝음으로 살펴서 그것에 머무는 명관명지의 사유전환에 따른 무의 생활화가 필요함을 역설한다. 이에 따른 무의 이로움은 상선약수와 같은 자연적 영역을 넓혀 만물을 이롭게 하여 천하의 질서를 평화롭게 하는 것으로 나타난다.116)

다석은 도가 펼치는 존재과정은 쉼 없이 변화하므로 얻을 것도 잃을 것도 없는 것이라고 본다. 그것은 늘 비어 있기 때문에 언제든지 돌아갈 수 있는 길을 열어준다. 도를 좇으면 얻으려 하지 않아도用之不勤 저절로 영아와 같은 자균의 섭생을 이루어 혼연한 마음의 상태渾其心를 이루게 된다. 도의 자기 전개는 모든 것을 존재케 하는 하나로 꿰뚫는 속알抱一玄德의 이로움을 제공하여 무위자연의 사세를 따라 고뇌와 갈등에 휩싸여 있는 인간의 고통으로부터 벗어나게 된다. 그리고 하루의 삶을 통하여 각각의 역할을 다할 수 있다.

다석은 도의 실마리를 품고 있는 가온인간의 자리는 어떤 형태를 지니고 있는지 다음과 같이 설명한다.

> 앎이가 말 못하고知者不言, 말하는 이가 다 알지 못하니言者不知 그 입은 맥히고塞其兌, 그 문은 닫히고閉其門, 그 날카롬이 무디고 挫其銳, 그 얼킴이 플리고解其分, 그 빛에 타퍼졌고和其光, 그 티끌에 가치드니同其塵, 이 일러 깜은 같음이로다是謂玄同. 흐라스리금 아름 알 수 없으며故不可得而親, 흐라스리금 버성길 수 없으며 不可得而疏, 흐라스리금 좋게 흘수 없으며不可得而利, 흐라스리금 언잖게 흘수 없으며不可得而害, 흐라스리금 치키울 수 없으며不可

---

116) 『도덕경』 37장: "道常無爲而無不爲."; 3장: "虛其心, 實其腹, …常 使民無知無欲, 使夫智者不 敢爲也, 爲無爲則無不治."; 8장: "正善治, 事善能, 動善時, 夫唯不爭, 故無尤."; 52장: "天下有 始 … 旣得其母, 見小曰明, 守柔曰强…是爲習常."; 59장: "治人事天莫若嗇 … 重積德…有國 之母, 是謂深根固柢, 長生久視之道."

得而貴, 흘라스리금 내리칠 수 없오라不可得而賤. 므로 셰상 기 되도다故爲天下貴.[117]

다석은 이 인용문을 통하여 도와 덕이 함께하는 현지우현의 늘 한길玄同의 현상은 도를 좇는 자에게는 매우 알기 쉽고 행하기 쉽다고 설명한다. 하지만 그렇지 못한 자에게는 볼 수 없고 들을 수 없으며 알 수 없고 또한 표현할 수 없다고 한다. 이 자리를 무심코 그냥 지나칠 경우 또한 많다. 그렇다면 무심코 지나치는 이 자리를 왜 찾아야 하는 것일까?

다석은 다툼이 없는 이 자리를 통해서 부드러운 섭생을 제공받아 가온인간을 구현할 수 있기 때문이라고 설명한다. 인간이 각기 바라는 바를 섭생을 얻으려면所欲 어머니 품으로 돌아가야 한다. 어머니의 품은 늘 비어 있으므로 수용성인 음의 성향이 있으며 양을 수용하여 충기로 자연적 균형을 이루어 만물이 쉼 없이 생성되기 때문이다. 일상적 인간의 목적의식을 멈추고 돌아보게 되면 도의 오묘함을 체득할 수 있는 곳이기도 하다. 이는 무의 세계를 통하여 유의 현상적 황홀함을 느낄 수 있다. 따라서 보이지 않던 것이 저절로 보이게 되고, 들리지 않는 것을 듣게 되므로 도의 실마리를 좇아 덕을 쌓아 도덕이 함께하는 현덕의 생명을 얻게 된다.

인간의 육체로 사는 무상생의 생명은 마음을 서서히 맑게 하여 건강한 몸을 생동하게 하는徐淸徐生 하나의 흐름을 따라 움직인다. 하지만 때에 따라 그 생명은 강함을 나타내 자신의 생명을 단축시키기도 한다. 인간은 생존 본능에 의한 감정이 있는 반면에 외물에 이

---

117) 『늙은이』 56장.

끌려 동작하는 욕정을 가지고 있다. 외물에 의한 욕망은 자기의 순박함을 벗어나 분별심에 의하여 일어난다. 이러한 이유 때문에 속알의 부드러운 빛으로 자신을 뒤돌아봄으로써 제자리를 찾게 하는和其光同其塵 불감위의 사유 전환을 통하여 잘못된 인식이 들어오는 문을 닫아야 한다. 그러므로 황홀한 세계의 쉼없이 움직이는 비상명非常命의 생명을 맛볼 수 있다. 이것은 도가 선사하는 덕의 늘 밝은 삶의 배천명配天命으로써 천문을 자유롭게 드나드는 개합開闔의 문이다. 이는 도의 아늑한 곳으로부터 일어나는 섭생의 문이기도 하다.

다석은 인간이 스스로 살려고 하는 자생의 의지가 있는 반면에 천지상합에 의한 자화·자균의 질서를 스스로 지니고 있다고 말한다.[118] 전자는 인위적인 행위가 뒤따르는 것이며, 후자는 도를 따르는 과정에서 이루어진다. 사람의 일을 좇는 것으로부터 벗어나 무위로 균형을 이루고 자연으로 생명의 고요함을 가지게 된다면 자명한 빛을 지닌 자기 자신을 얻게 된다. 바로 가온존재의 존재성을 확립하는 것이다.

그렇다면 이 자리를 어떻게 찾아야 하는 것일까? 다석은 척제현람滌除玄覽 수신관신修身觀身의 하루를 사는 사유방식을 제시한다. 먼저 자신의 눈에 보이는 상대성의 세계를 통해서 찾는다. 그리고 자기를 통해 자기의 존귀함을 들여다보는 것이다.身觀身 이는 감각의 문을 통하여 천지의 흐름과 인간의 내적 질서가 곡직사유에 의하여 환순함에 따라 귀착지에서 무위자연성을 보는 것이다. 인간의 의식 지향적인 태도를 멈추고 그 안에 있는 보물을 관하면 저절로 드러난다. 그리되면 친소·이해·귀천 등의 사이의 경계가 허물어져 하

---

118) 김경수, 『노자역주』, 서울: 문사철, 2010, 667-668쪽 참조.

나로 꿰뚫는 속알抱一玄德로 천지인이 하나 되는 삼재의 섭생을 품게 된다. 따라서 일체의 사물을 시비와 차별이 없는 도의 평등함으로 보게 되는 것이다.

가온인간이 체득한 도의 평등함은 불교의 선 사상에서 인간의 평등성을 보여주는 무념無念·무상無相·무주無住의 이론과 유사성이 있다. 사물을 보는 관점에서 그 상으로부터 벗어나니無相 분별하지 않게 되고, 그것을 사유하는 가운데 집착하지 않아無念 소유하고자 하는 마음을 버리게 되고, 이 생각과 저 생각에 머무르지 않게 됨으로써無住 전과 후前念·後念의 생각과 지금의 생각[今念]은 하나로 이어져 있음을 알게 된다.119)

멈출 곳을 모르고 앞으로 전진하면 얻지 못하고不可得 얽히고설킨 생각을 풀지 못하여 환난에 처한다.120) 다석은 도를 체득한 가온인간은 스스로 살려고 하지 않으므로 자기 내부에 있는 보이지 않는 천지의 흐름을 드러내는 미명과 화합하여 대립의 경계를 넘어서 상명의 세계로 들어선다고 한다.

노자에게 있어 부정형식은 존재론을 전개하는 것이 아니라 형이상적 사유로 전환하여 인간의 '존재에 대한 망각'이나 돌아가야 할 '고향의 상실' 등의 명제를 진술하여 형이상학의 존재를 사유하기 위함이다.121) 이는 현상적 존재를 통하여 그 근거를 마련해 주는 사유를 좇아 무의 세계를 체험함으로써 도의 자리에 돌아가고자 하

---

119) 김방룡, 「양명학과 선학의 현대적 만남에 대한 일고찰」, 충남대학교 유학연구소, 『유학연구』 제19집, 2009, 10-11쪽 참조.

120) 『도덕경』 56장: "因自然也, 造事端也, 含守質也, 除爭原也, 無所特顯, 則物無偏爭也, 無所特賤則, 物無偏恥也, 可得而親, 則可得而疎也, 可得而利, 則可得而害也, 可得而貴, 則可得而賤也, 無物可以加之也."(왕필, 『왕필의 노자』, 임채우 역, 서울: 예문서원, 2001, 205-207쪽 참조).

121) 윤병렬, 「노자와 하이데거의 사유에서 부정존재론에 관한 소고」, 한국하이데거학회, 『현대유럽철학연구』 제30호, 2012, 163쪽 참조.

는 부쟁의 덕不爭之德을 쌓게 한다. 따라서 인간의 공을 이루고도 그 흔적을 남기지 않는 현덕의 하루의 삶을 이루게 된다.

다석은 이러한 도의 전개에 따른 형이상적 사유의 분화 과정을 유무의 상보 방식으로 인간의 한 생각 한 생각이 교직되는 현상으로 이해한다. 인간의 인식 속에서 자기의 심상心象을 통하여 도의 접점을 형성하여 생명에 대한 사유의 그물망을 엮어 나간다. 그 한 올이 다른 것으로 변하는 것이 아니라 도의 사유로 변화하여 자연적 현상의 하나로 꿰뚫는 속알玄德의 세계를 펼친다.

다석은 도의 오묘한 이치를 깨달아 심신이 하나가 되는 것은 시모의 품에 있는 고른 어울림의 충화의 현묘한 빛의 지혜로 본다. 친소 사이를 자연스럽게 하고, 이해관계와 귀천의 간극이 스스로 없어지는 늘 한길玄同이 펼쳐지는 하루의 세계이다. 인간 속알의 되새김의 슬기知和에 의하여 지금 여기에 드러낼 수 있다. 이 자연스럽게 펼쳐지는 심상自然心象의 한길의 자리를 지키고 행하면 구태여 자신을 드러내려고 하지 않아도 서서히 드러나 더 많은 것을 이룬다. 인간의 각각 자신各各 自身의 적성適性에 맞는 덕량德量을 키우고, 제자리에서 자신의 역할을 다할 수 있게 해주는 현덕의 지혜智慧가 솟아난다.

이러한 세계는 멀지도 가깝지도 않고, 이롭지도 해롭지도 않고, 귀하지도 천하지도 않은 영속적 항상성을 지니고 있다. 그것은 편애하지 않고 치우치지 않으므로 천하 모든 사람들이 귀하게 여기는 도와 덕이 하나 됨의 황홀한 세계이다. 세상이 흐름은 상대성에 의하여 이로운 것이 있으면 반드시 해로운 것이 뒤따르고 귀한 것은 곧바로 천한 것이 될 수 있다. 또한 언제나 친할 수 없고 멀리하는 것이 있기 때문에 가까워질 수 없기도 한다.

도의 쉼 없는 변화의 조화 속에 존재하는 것들은 이것과 저것의 구별이 없이 모두 존귀한 것이다.[122] 가온인간은 삼라만상이 모두 존귀하다는 것을 깨달아 이들과 간극 없는 소통을 이루어내야 하는 존재인 것이다.

(2) '하늘과 짝짓기' 또는 무명세계와 소통하기

다석은 '도를 잘 세운 것은 빠지지 않고善建者不拔', '덕을 잘 안은 것은 벗어나지 않게 하는善抱者不脫', '수신관신修身觀身'의 필요성을 요청한다. '도를 알지 못하는 사람들이 지나쳐 버린 제자리를 덕으로 다시 돌려놓아修身觀身' 저절로 바르게 되는自正 영역에 의하여 인간씨 알을 회복하여야 함을 밝힌 것이다.

'수신관신'은 자신의 몸의 감각에 따른 장애를 도를 통하여 뒤돌아보는 수양 방식을 말한다. 따라서 점진적 단계의 수양 과정을 통하여 풍성한 덕을 쌓게 된다. 그리고 척제현람의 심신으로 세속적인 온갖 욕심을 없애고 또 없애 마침내 무위無爲의 경지에 도달하는 것이다. 수양된 심신으로 가家·향鄕·국國·천하를 도와 덕으로 감싸 안아 삶의 본래 모습을 스스로 똑바로 쳐다볼 수 있는 인간에게 주어진 근본적인 앎이 솟아난다. 이것과 저것을 하나로 모으는 곡中轂中[123]의 고른 앎을 통하여 천지상합에 따른 회통會通의 길을 관찰하고 그 길을 좇아 자균자화의 늘 새롭게 변화하는 현동의 하루의 세계관을 가지게 된다.[124]

---

122) 김경수 역주, 『노자역주』, 서울: 문사철, 2010, 672쪽 참조.
123) 곡중은 『도덕경』 11장의 하상공주에서 차용한 것이다. 하나의 바퀴로 모아진다는 말은 바퀴의 가운데가 비어 있어 여러 개의 바큇살이 함께 모아진다는 의미를 가지고 있다.

이러한 도의 균화작용에 따른 큰 기교는 만물이 존재할 수 있는 근거를 제공하고 덕에게 만물의 육성育成을 맡긴 채 자기는 공을 이루고도 그것에 머물지 않고 더 많은 일을 이룬다. 만물의 형상을 드러내는 자연적 기교는 인간의 눈으로 보면 극히 알기 쉽고 너무나 평범하여 쉽게 알 수 있어 자연스럽게 따를 수 있다. 우리가 살면서 쌓아온 모든 관습을 버리면 무의 세계가 드러나 자연적 조화가 일어나는 늘 밝은 삶을 제공하는 섭생으로 하루의 활력이 회복된다.

다석은 도의 쉼 없는 움직임은 곧게 펼치면서 그 뒷자리는 늘 비어 있게 하여 덕으로 채울 수 있게 한다. 따라서 이 빈 곳은 도를 좇은 용감함으로 채워야 하며 인간의 사심이 개입할 수 없는 무사심의 자리라고 말한다. 다석은 인간의 막연한 미래에 대한 기대심에 의존하여 삶은 늘 두려워하게 되므로 대환에 쌓이게 된다고 말한다. 따라서 무엇을 하고자 하는 것이 지나쳐 용감한 사유를 낳게 된다.

다석은 혼魂에 백魄을 싣고 도와 덕이 하나 되게 하는 현덕을 구현하는 방법을 생득법의 질서를 따라 채워지면 저절로 자기를 낮춰 비운다. 빈 가온지킴의 수양으로 하늘 섬기는 것에 효를 다하고 자기를 사랑하는孝天慈人 세상 본보기로 전일체를 실현하는 것으로 설명한다. 생득법의 존재과정은 천지 사이의 중심축이 펼치는 곡직의 환순 방식에 의하여 모든 것이 저절로 존재할 수 있게 하는 사유 구조이다.

도의 중심축으로부터 곧게 뻗어나가는 직선적 발전 성향은 그 경

---

124) 『도덕경』 54장, 64장.

계를 넘지 않고 공평성을 이루고 어머니의 품으로 돌아가는 곡선의 사유를 이룰 때 자율적 영역이 확보되어 자기의 존재 의미를 얻을 수 있다고 설명한다. 하지만 하고자 함의 유욕이 지나치면 도와 멀어지게 되는데 이를 도의 반자 운동에 의하여 제자리를 회복하게 하는 것으로 본다.[125]

다석은 이 세상의 존재하는 모든 것은 존귀하다고 한다. 왜냐하면 그것은 도와 덕에 의하여 생축되었기 때문이며, 이는 도와 덕이 존귀하므로 그 사물 역시도 버릴 것이 없다고 말한다. 성인은 모든 사물 자체의 저절로 됨의 하나의 모습으로 보기 때문에 이것과 저것을 구별하지 않는 무에 소속되어 선을 행하게 된다.[126]

다석은 무의 세계에서 제공하는 존재 근거를 제공받아 '도를 늘 사유하여長生久視' 선으로써 균형을 이루고 부쟁의 덕을 얻는善勝不爭 무의 생활화를 실천하는 것의 중요함을 역설한다.[127] 도를 오랫동안 사유하는 것久視은 '유무의 상보'에 따른 거듭 쌓은 속알重積德의 점진적 과정으로서 가온인간을 이루어 나가는 하나의 방편이다.

반면에 가온인간이 세속화되는 것은 거듭 쌓은 속알의 수양 방식을 등한시하는 데서 비롯된다. 그럼으로써 그 자리에 사물의 상대적 대립이 자리를 잡고 그 사물의 가치관에 매몰되기 때문이다. 따라서 이를 되돌리기 위한 사유의 전환이 필요하다.

장자는 천하 만물을 잊고 마지막으로 자신을 잊은 후에 이 자리를 회복할 수 있다고 한다.外天下 → 外物 → 外生 → 朝徹 → 見獨 → 無古今 → 入於不死不生[128] 또한 다석은 선을 세우고 품어 천하 → 나라 → 마을

---

125) 『도덕경』 77장.
126) 『도덕경』 19장, 27장.
127) 『도덕경』 68장: "善勝敵者不與, 善用人者爲之下, 是謂不爭之德, …是謂配天古之極."

→ 가정을 덕으로 수신하여 맑은 빛무리로 제 꼴을 되돌아보는滌除玄覽 신관신의 수양 방식을 확립한다.

　자기 심신을 통하여 심신의 흐름을 알고 천하가 내 안에 있다는 것을 지켜 내적 자연 질서의 상태를 최적화하는 성전체誠全體를 이룬다. 이러한 과정을 다석은 먼저 몸으로부터 환난을 겪고 그 환난을 통하여 어머니 품으로 돌아가는 길을 찾아서 자기의 귀함을 알고 무위자연의 사랑으로 자기를 지켜 나간다고 설명한다.貴大患若身-吾有身-吾無身-吾貴身-吾愛身129)

　이 밖에 다석은 나 → 가정 → 마을 → 나라 → 천하가 내 안에 있음을 알고 명관의 사유를 통하여 모든 것을 아름답게 보는 중보관을 가지라고 한다. 도를 아는 자는 자연의 흐름을 알기 때문에 다툼의 근원을 멈출 수 있다. 내면의 빛으로 자신을 관하여 그것을 멈추면, 존재 자체와 절로 어울려 하나 됨으로써 자연의 도를 얻을可得 수 있음을 설파한다.

　도의 조화 속에 하나로 이어진 하늘의 세계는 도와 덕이 함께하여 혼연한 형태를 이루고 있다. 친소·이해·귀천親 ↔ 疏·利 ↔ 害·貴 ↔ 賤의 여섯 가지 공효가 나타나는 형이상적 사유 세계를 보여준다.130) 이 현상은 청정하여 친할 수 없고 충화됨으로써 소원할 수 없고 무엇을 하고자 하는 목적이 없기 때문에 이로움이나 해로움이 없다. 또한 공을 이루고 상대성에 머물지 않기 때문에 해칠 수도 없다.131)

---

128) 『장자』, 「大宗師」: "叁日而後能外天下, 已外天下矣, 吾又守之, 七日而後能外物, 已外物矣, 吾又守之, 九日而後能外生, 已外生矣, 而後能朝徹, 朝徹, 而後能見獨, 見獨, 而後能無古今, 無古今, 而後能入於不死不生."

129) 『도덕경』 13장.

130) 서명응 저, 조민환, 장원목, 김경수 역, 『도덕지귀』, 서울: 예문서원, 2009, 391-392쪽 참조.

다석이 본 하늘의 세계는 도와 덕의 합일하여 일어나는 것으로써 이는 곧 무위자연의 흐름으로 볼 수 있다. 또한 그것은 홀황하여 앞을 보자니 모양이 없고 뒤를 좇아도 그 뒤를 볼 수 없는 태고의 도기道紀이다. 쉼 없이 이어져 지금 여기의 가온인간의 마음자리에 두루 펼쳐져 있을 뿐이다.[132] 만물이 존재할 수 있는 것은 무의 이로움이 그 없는 구석을 쓰기 때문이다. 무유의 없이있는 홀황하고 황홀한 공덕을 체득하기 위해서는 인간의 인위적 행위를 '덜고 또 덜어서 함없음에 이른 뒤損之又損. 以至於無爲' 무의 생활화로 함이 없어도 심신의 전일함을 절로 이루는我無爲. 我自然 가온인간을 이룬다.

이러한 무의 세계는 가온인간이 무엇을 하고자 함이 없어도 씨알이 저절로 되는 천지상합에 따른 인간의 사유 형태를 이룬다. 무의 사유분화 과정에서 얻게 되는 늘앎으로 현상의 영원함이 없음을 알고 무위자연의 영역을 좇는 일이 필요하다. 도의 자기 전개에 따른 무의 영역은 인간의 감각적 사유를 억제하는 불감위 사유에 따라 그 감각을 뒤로 돌린다. 그럼에도 역설적으로 얻게 되는 것은, 덕의 낮은 자리 때문이다.

다석은 인간의 마음은 비어 있음으로 주인이 없고 없이있는 하나의 질서인 속알에 의하여 자연 발생적으로 운영되고 있음을 설명한다. 속알은 비어 있으며 없이있는 무요 그 속의 작용을 하나의 흐름이라고 말한다. 인간의 사유과정에서 빈탕[天]한데[地]에 무화無化된 것을 점찍어 실존의 형상을 이루어 가는 것이 바로 가온인간이 이루어내는 하루 철학의 구현이다.[133]

---

131) 서명응 저, 조민환, 장원목, 김경수 역, 『도덕지귀』, 서울: 예문서원, 2009, 391쪽 참조.
132) 『도덕경』 14장: "其上不皦, 其下不昧, 繩繩不可名, 復歸於無物. 是謂無狀之狀, 無物之象, 是謂惚恍. 迎之不見其首, 隨之不見其後. 執古之道, 以御今之有. 能知古始, 是謂道紀."

다석은 무의 생활화 덕분德分에 저절로 난 길을 따라 되먹임의 생명을 제공하는 없이있는 하나와 더불어 같이 하루를 살 수 있음을 강조한다.[134] 무를 좇아 오고 가는 시공간의 흐름의 중심을 현도로 설정하여 이해한다. 이 중심의 현도의 자리는 환한 지혜의 빛이 모인 늘 빔으로 상도로 막힌 길을 환하게 뚫어 현통의 길을 밝힌다. 그 길을 따라가면 움츠렸던 속알이 곧게 서게 되고 몸으로부터 일어나는 얽히고설킨 매듭은 저절로 풀려 단 이슬이 솟아나는 현덕의 자리를 확보한다.

다석은 이러한 도의 작용을 '빈탕한데 가온점 찍기'로 해석한다. 도는 자기분화 과정에서 고정된 것이 없고 쉼 없이 이어져 내려온다. 도는 영속적 항상성을 갖는다. 이것을 아는 것이 늘앎이며, 이것을 좇아 무위자화의 질서로 소통하는 것이 바로 가온인간이 '하늘과 짝짓기配天' 하는 방식이다.

다석이 설명하는 '하늘과 짝짓기'란 추상적 의미를 말하는 것이 아니다. 지금 여기의 감정의 소용돌이 속에서 중심을 잃지 않고 도의 자리를 지켜 인간의 제 역할을 성실하게 수행하는 것이다.[135] 무위의 공리에 의하여 모든 것은 저절로 갖추게 되어 있으므로 무엇을 더 얻고자 할 필요가 없다.

하지만 인간은 자생적 의지에 따라 모순과 투쟁과 갈등을 드러낸다. 이러한 문제점을 해소하기 위하여 다석은 사유의 전환을 통하여 모든 것이 변화하기 때문에 고정 관념을 가져서는 안 된다는 점

---

133) 류영모, 『다석일지』 제1권, 서울: 홍익재, 1990, 85-86쪽 참조.
134) 류영모, 『다석일지』 제1권, 서울: 홍익재, 1990, 339-340쪽 참조.
135) 김용섭, 「노자에서의 이상적인 인간과 사회」, 대한철학회, 『철학연구』 제46호, 1990, 2장 이상적인 인간과 3장 '이상적인 사회' 참조.

을 강조한다. 그 변화 속에서 영속적 항상성과 함께하는 '하늘과 짝짓기'를 행하라고 한다. 어머니의 품에서 일어나는 '길을 내고 속 알 쌓는道生之. 德畜之' 사건을 좋아 알고知常 지키면 자연적 영역이 넓어져 변화의 중심에서 균형을 잃지 않는 수비형 가온인간이 된다고 본 것이다.

결국 인간은 불가사의한 변화 사이에 존재하고 있는 만물의 하나이며 공간과 시간 사이에서 삶을 영위하는 유한성을 벗어나지 못한다. 그렇다면 쉼 없이 흐르는 변화 속에서 인간은 어디에 머물러야 하는 것일까? 다석은 하루 철학의 요지를 '오~늘'이라는 지금 여기의 현재성을 제시한다. 그렇다면 또한 어떤 사유 방식으로 지금 여기의 현재성에 머물러야 하는 것일까? 그것은 오로지 빈탕한 도의 조화의 자균자화의 자리일 뿐이다.

도가 펼치는 조화의 자리는 공평무사의 세상 본보기가 펼쳐지는 선행에 따른 분별없는 무철적無轍迹의 자리요, 이는 인간의 힘으로 얻을 수 없는 불가득不可得한 천하의 귀한 자리이다. 또한 심신의 장애를 벗어나 무의 세계로 진입하면 내 몸의 사심들이 저절로 뒤로 물러나는 무위자화의 자리이기도 하다. 이렇듯 나를 뒤로하고 존도귀덕尊道貴德에 따라 나를 귀하게 여기고 사랑하게 되면吾無身·吾貴身·吾愛身 물 흐르듯 일상의 자연스러움을 체현할 수 있는 어머니의 품에서 노니는 영아와 같다.136) 이 자리를 알고 지켜 행하는 것이 가온인간의 존재 이유이다.

하늘은 인간과 항상 함께하지만 늘 그 자리에 있지 않고 무위자연에 따라 쉼 없이 움직인다. 인간도 절로 이루어지는 효능의 흐름

---

136) 『도덕경』 27장, 51장, 57장, 58장, 68장, 69장.

에 편승하면一乘 용오름 치듯 힘찬 태극의 기운을 품고 곧게 세워 하나로 된 길을 만들고 생명의 씨가 움터 곧게 뻗어 오르는 상덕으로 하늘에 효를 다하고 사람을 사랑하는 무위자연孝天慈人 사랑이 넘쳐난다. 이러한 자애로움으로 전쟁을 하면137) 이길 수 있는 지혜가 솟아나고 그 지혜로 몸과 마음을 도의 자애로 호위받고 그 덕으로 수비를 하면 견고해진다.慈己守固 여기서 말하는 전쟁은 국가와 국가와의 전쟁만을 의미하지는 않는다. 일체의 반자연한 것들과의 대항을 전쟁으로 비유하고 있다고 보는 것이 좋겠다. 이는 세상을 사는 가온인간이 갖추어야 할 덕목인 동시에 천지의 흐름에 선응하는 자세이기도 하다.138) 이러한 인간의 자명함으로 자기 수고慈己守固의 자세를 갖추면 하늘의 자애로움이 호위해 주고 진을 쳐 도의 지혜로 에워싸기 때문에 세속적 사건들과 전쟁을 치르면 선승하여 하나로 어울리게 된다.善勝不爭 이 모두 도로부터 이어져 내려오는 배천의 지극한 효천자인의 사랑을 말한다.139)

인간은 무위자연한 도의 자애로움이 없으면 존재할 수 없고 성장할 수 없다. 인간은 '길의 법 받은 대로 저절 됨道法自然'의 바른 삶의 잘된 길善行을 좇아 자신에게 부여된 도덕의 존귀함을 지켜야 한다. 따라서 자기의 귀함을 알고 사랑自愛하는 것이 제 역할을 수행하는 것이다. 가온인간이야말로 이에 충실한 존재이다. 그는 내적 자정自正에 따른 도의 지혜로 몸과 마음을 도의 자애로 호위받고 덕으로

---

137) 『도덕경』 30장, 46장 참조. 도는 만물에게 이로움을 주는 목적을 이루되 머물지 않으며, 무엇을 얻고자 전쟁을 치르되 무력으로 하지 않는 것을 말한다.

138) 김경수 역주, 『노자역주』, 서울: 문사철, 2010, 759-761쪽 참조.

139) 『도덕경』 67장: "且, 猶取也, 相憨而不避於難 故勝也."; 68장: "善爲士者不武, 善戰者不怒, 善勝敵者不與, 善用人者爲之下, 是謂不爭之德, 是謂用人之力, 是謂配天古之極."(왕필 저, 임채우 역, 『왕필의 노자』, 서울: 예문서원, 2001, 239쪽 참조).

가정·마을·나라·사회의 흐름이 무위자연의 질서로 움직이고 있음을 알고 공정한 세계관으로 만물의 공생공존을 현실화할 수 있는 가능적 존재이다.

다석은 노자의 관점을 좇아 무는 도를 형용하는 것으로 보고 언어로 표현할 수 없기 때문에 이름 없는道常無名 무명이라고 묘사한다. 그리고 유는 무의 비어 있음의 이로움을 활용하여 자신의 존재 의미를 드러내는 것으로 이해한다.[140] 또한 그것은 천하 만물이 있게 하며, 각각의 운행원리인 늘앎으로 자연적 길을 내고 속알을 쌓는 생득법의 과정을 이룬다.[141]

다석은 도는 어떠한 목적이나 사심이 없이 행함으로써 이름을 붙일 수 없다고 언급한다. 이름이 없는 것은 보이지 않고 들리지 않고 만질 수 없다. 무엇보다 쉼 없이 움직이며 변화하기 때문에 일정한 목적을 정할 수 없다.[142] 이러한 측면에서 도는 무이다. 무의 세계는 장소도 없고 시간도 넘어선 만물제동萬物齊同의 현도의 세계이다. 두루두루 휘몰아쳐 걸리는 게 없는 가온뚫림의 환히 트여 맑은 빛무리가 가득하게 머금고 있는 현통의 영역이다.

천지 만물도 하나의 휘몰아치는 가온의 기운으로부터 텅 빔 속에서 나누어진 것이고 음양도 결국 일기一氣에 불과한 추상적 개념일 뿐 인간의 필요에 의해서 정해진 것이다. 따라서 낮과 밤이라 하는 것도 곧게 뻗어나가다 때가 이르면 되돌아가 새로운 것을 드러내는 곡직의 흐름으로 볼 수 있다. 있음과 없음의 무의 질서가 꼬리에 꼬리를 물고, 무명의 세계에서 이것과 저것의 서로 돕고 의지하여

---

140) 김홍경, 『노자』, 서울: 도서출판 들녘, 2017, 76-77쪽 참조.
141) 풍우란 저, 박성규 역, 『중국철학사 상』, 서울: 까치글방, 2010, 287-289쪽 참조.
142) 『도덕경』 1장, 32장, 37장, 40장.

유명의 현상을 드러낸다. 이를 인간세계와 잇는 것이 덕의 지혜로서 선이며德善 그것을 이루는 것은 도와 덕이 함께 어우러지는 현덕의 지혜이다.

하늘의 도天道가 펼치는 것은 알기 쉽고易知易行 이에 따른 땅의 덕地德이 펼치는 것은 인간의 사는 세상의 해가 지면 달이 뜨고 낮이 가면 밤이 오는 것과 같이 쉽게 따를 수 있다. 이것이 바로 이간易簡의 무위자연의 흐름이다.[143] 이러한 천지의 흐름을 알고 지켜 행하는 것이 예측하기 어려운 변화에 흐름에 순응하고 그것에 대하여 대비하는 수비형 인간이다.

무는 어떠한 상대적 의식이 없이 무엇을 하고자 함이 없는 순수한 세계로서 유의 세계를 드러내는 바탕을 이룬다. 유는 이 순박한 무위자연을 근거로 하여 표상의 영역을 드러낸다. 이것과 저것의 경계가 혼미한 통일자로서의 도가 다양한 현상으로 분화되는 것이며 인간의 심신에 의하여 의식에 포착된다는 논리이다.[144]

다석은 중보의 아름다움이 펼쳐지는 한길로 된 태극의 창조의 흐름은 쉼 없이 돌고 돌아 환순의 궤적을 그리며 인간의 심신을 외부의 분쟁으로부터 벗어나게 하여 한아되게 하는 것으로 설명한다. 용오름과 같은 힘찬 태극의 역동적 기운은 우주 전체의 기운을 휘몰아 하나로 된 길을 만들어 만물의 생명의 씨알을 싹트게 한다. 그리고 인간의 내면의 속알을 터트려 몸으로부터 일어나는 세상의 얽히고 매듭진 사건들은 저절로 풀려 한 무리의 빛이 온 누리에 번져 환하게 비춘다.

---

143) 『도덕경』 70장.

144) 이종성, 「박세당의 『노자』 주해(註解)를 통해 보는 도가철학에 있어서의 '유무지변'의 문제」, 한국동서철학회, 『동서철학연구』 제15호, 1998, 133쪽 참조.

다석은 도의 자기 전개 방식으로 무의 이로움을 제공하여 모든 것의 상대성을 포섭하는 근거를 마련하는 과정을 다음과 같이 설명한다.

> 이름 없에 하늘 따의 비롯無名 天地之始 이름 있에 잘몬의 엄이有名 萬物之母, 므로 늘 흐고줍 없에 그 야믊이 뵈고故常無, 欲以觀其妙, 늘 흐고줍 있어 그 도라감이 뵈와라常有, 欲以觀其徼. 이 둘은 한거 나와서 달리 부르이르니此兩者, 同出而異名, 한거 닐러 감 ᄋ, 감ᄋ 또 가믊이同謂之玄, 玄之又玄, 뭇 야믊의 문오래이오라衆妙之門.····컴 컴흐고 환데 그 근듸 거림이 있恍兮惚兮, 其中有象, 환흐고 컴흔데 그 근듸 몬됨이 있惚兮恍兮, 其中有物, 아득 앗득 그 근듸 알짬이 있窈兮冥兮, 其中有精, 그 알짬이 아조 참, 그 근듸 믿음이 있其精甚眞, 其中有信, 예브터 이제껏 그 이름이 가지를 않아 自古及今, 其名不去, 뭇 비롯 아름답을 봐넘기오라以閱衆甫.[145]

다석은 상대성이 배제된 무명의 사유로부터 다양한 현상으로 분화되는 인간 심신의 표상 과정에 대하여 설명한다. 그리고 비어 있는 무의 세계를 통하여 이루는 '함 없어도 못 이루는 것이 없는道常無爲而無不爲' 현덕의 심신으로 무엇에 의존하지 않고 저절로 모든 것을 이룬다는 점을 언급한다. '무명'의 도는 어떠한 목적도 없고 사심도 없다. 또한 무위함으로써 모든 것이 자연적으로 생겨날 수 있는 근거를 제공하여 만물을 스스로 이루어지게 한다.

다석은 이러한 도의 추상적 세계를 '가온찍기'라는 개념으로 설명한다. 보이지 않는 그 중심에서 일어나는 사건은 도의 생명 활동이며, 이 생명 활동은 구별의 경계를 허무는 힘이기도 하다. 다석은

---

145) 『늙은이』 1장(하), 21장(하).

이를 통하여 존재 질서의 자정自正함을 확인한다. 다석은 가온인간의 생각의 '긋점'들이 하늘땅 사이의 비어 있는 중심에 모여 도의 생명이 쉼 없이 이어지고 있다고 언급한다. 이 생명은 인간의 중심축을 잡게 하는 얼나의 섭생이며, 일점광명一點光明의 한 점이다. 이것은 빈탕한 대로 솟아올라 내 속의 속알을 드러내 중심에 점을 찍는 존재론적인 사건에 해당한다.

다석은 일상적 인간이 옹근 속알德을 자각하여 그 속알의 중심에 점을 찍는다면, 가온인간으로의 전환이 가능하다고 본다. 일상적 인간의 '제긋'을 얼나의 내적 질서로 전환함으로써 영속적 존재의 항상성에 의하여 '알 수 없는 그 맨 꼭대기로써 어머니의 나라'莫知其極, 可以有國를 이룰 수 있다고 본다.146) 다석은 무의 빈 곳의 중심에서 존재의 상象·물物·정精이 존재할 수 있는 근거가 혼일성에 있다고 보고, 유적 존재의 현상화를 중보질서로 설명한다.147)

존재는 사물의 관점에서 보면 없음이요, 도의 관점에서 보면 무언가 있음이다. 다석은 이를 총체적 원리의 없이있는 하나의 질서로 이해한다. 다석은 유와 무의 혼성체를 한 무리의 현묘한 빛이라 칭한다. 이 하나는 전체요, 없이있는 무의 세계이다. 또한 이 하나에 님ㅋ을 붙여 하느님靈我으로 표현한다. 이 하나는 참 나眞我이며 길·진리·생명의 님이다. 이 님은 인간의 각자各者의 내면의 질서를 담당하는 속알로 본다.148) 다석이 말하는 없이있는 존재는 무로서, 그

---

146) 류영모 원저, 박영호 엮음, 『다석 류영모 어록』, 서울: 두레, 2002, 224-225쪽 참조; 『늙은이』 59장: "거듭 쌓은 속알은 곧 이기지 못함 없음(重積德, 則無不克). 이기지 못함이 없으면 곧 그 맨 꼭대기 알 수 없음에(無不克, 則莫知其極), 알 수 없는 그 맨 꼭대기로 써 나라를 둘 만 (莫知其極, 可以有國)."

147) 『도덕경』 21장: "惚兮恍兮, 其中有象. 恍兮惚兮, 其中有物. 窈兮冥兮, 其中有精. 其精甚眞, 其中有信, 自古及今, 其名不去, 以閱衆甫. 吾何以知衆甫之然(?狀)哉. 以此."

148) 류영모 원저, 박영호 엮음, 『다석 류영모 어록』, 서울: 두레, 2002, 제2편 '하느님'을 참조.

것은 만물을 포용하는 어머니이다. 이에 비해 유의 세계는 그 자식으로 표현된다.

다석이 설명하는 무는 길·진리·생명이다. 무는 타자와의 소통을 가로막는 장애를 자각하게 할 뿐만 아니라 이를 소멸시키는 지혜의 근거가 된다. 인간이 늘앎을 통하여 천지 사이에서 일어나는 조화를 관한다면, 그 뜻의 궁구함窮神知化을 알게 된다. 또한 무위자연의 흐름에 따라 덕을 쌓아 자기통제를 할 수 있는 현동의 세계를 실현하여 자기를 바르게 하고 더 나아가 공동체의 중추적 역할을 담당하게 된다. 인간의 속알은 사물의 신묘함을 궁구하여 사물의 변화를 알게 한다. 덕을 통하여 천지의 조화를 알면 그 일을 잘 따르고, 천지의 신묘함을 궁구하면 그 뜻을 잘 이을 수 있다. 내적 질서의 쓰임을 이롭게 하여 몸을 편안히 함은 덕을 높이기 위해서이다. 이를 지난 이후는 알 수 없으니 신을 궁구하여 조화를 앎이 덕의 선행이다.[149]

다석은 천지 사이는 광대하지만 만물의 생성 변화는 조화와 균등한 작용이 쉼 없이 일어난다는 사실을 하나의 동일한 원리로 설명한다. 예컨대 인간 세상을 다스리는 위정자는 하늘의 길을 따라 무위의 덕을 펼친다. 그 결과 백성은 아무런 일을 하지 않아도 덕에 의해서 자연스럽게 하고자 하는 일을 이루어낸다.[150]

다석은 세계의 존재질서가 현묘한 문에 의해서 들고 난다고 본

---

149) 류영모 원저, 박영호 엮음, 『다석 류영모 어록』, 서울: 두레, 2002, 제4편 '얼나'를 참고하라;
『주역』, 「계사전」: "知化則善述其事 窮神則善繼其志,利用安身 以崇德也 過此以往 未之或知也
窮神知化 德之盛也."; 정은숙, 「『주역(周易)』의 궁신지화(窮神知化)에 대한 일고찰(一考察)」,
한국공자학회, 『공자학』 제17호, 2009, 참고.

150) 『莊子』, 「天地」: "天地雖大, 其化均也, 萬物雖多, 其治一也, 人卒雖衆, 其主君也, 故曰, 玄古之
君天下, 無為也, 天德而已矣."

다. 그는 이 현묘한 문이 무유혼성·무유혼일·유무포일의 현상적 흐름을 구성하는 것이라고 이해한다. 일체 현상적 존재의 유무상보의 흐름 속에서 인간은 내재적 덕의 힘에 의하여 자연적 영역이 발원된다. 다석은 이것을 현묘한 문에 의하여 가능하다고 본 것이다. 즉 이러한 현묘한 문, 즉 천문을 도의 지혜로 열고 닫는天門開闔 일의 중요함을 역설하고 있다.

다석은 도는 심연으로서 쓸 때는 비어서 없는 것 같고 너무 깊어서 보이지 않지만 막상 때에 맞춰 쓰려고 하면 저절로 찾아와 응한다고 말한다. 그것은 때에 맞춰 함이 없이 저절로 모든 것을 이루게 하는 힘을 갖는다. 인간이 각각의 제 역할을 도모할 때 도의 상은 멀리 있지 않으며 가까이에서 때에 맞춰 돕는다. 다석은 이러한 힘을 담고 있는 무의 세계는 미묘현통하여 그 깊이를 알 수 없고 미세한 움직임만 있는 불가식不可識의 세계라고 설명한다.151)

다석은 무의 세계가 무극의 성격을 띠고 있다고 이해한다. 그 세계는 감각의 문을 통해서는 절대 밖으로 드러나지 않으며, 어떤 경로로 체득되는지조차 파악할 수 없다고 한다. 그것은 현상으로부터 어떠한 제약도 받지 않는 항상성을 유지하고 있다고 본 것이다. 그것은 드러나지 않기 때문에 언어로 개념화할 수 없는 '무명'의 세계이다.152) 드러나지 않는 것은 아직 도가 변화하기 전 무극의 세계로서 상象·물物·정精으로 존재하고 있을 뿐 아무런 조짐이 없는 미조未兆의 상태이다. 변화가 시작되면 상은 형으로 그리고 그것은 다시 현상으로 드러난다.

---

151) 『도덕경』 12장, 35장, 49장, 55장.

152) 이권, 「노장과 『주역』의 천인합일관 비교연구」, 연세대학교 대학원 박사학위논문, 1999, 12-13쪽 참조.

다석은 이러한 도가 무의 계열화無爲·無知·無欲 등에 따라 쓰이게 될 때 인간의 사유에서 미묘현통의 상태로 체득되어 형상을 이끄는 것이라고 본다.153) 이것이 인간의 선행으로 나타날 때는 곡직의 사유전환에 따라 '다투지 않는 속알是謂不爭之德'에 이은 도의 생명으로 사유 세계를 전일체로 통합시킨다. 도의 상보질서는 필연적 상대성의 관계相生·相成·相較·相傾·相和·相隨를 포섭하여 주객미분의 전일체를 형성한다. 이는 너와 나가 하나가 되고, 이로부터 가정·마을·나라·천하가 밝은 세계를 이루는 공정한 세상 본보기天下式를 구현하는 것으로 이어진다.154)

---

153) 『도덕경』 15장: "古之善爲道者, 微妙玄通, … 敦兮其若樸, 曠兮其若谷, 混兮其若濁, 孰能濁以靜之徐淸, 孰能安以久動之徐生."; 21장: "惚兮恍兮, 其中有象, 恍兮惚兮, 其中有物, 窈兮冥兮, 其中有精."

154) 『늙은이』 37장: "잘몬은 제대로 되리로다(萬物將自化), 세상은 제대로 바르리로다(天下將自正)."

제4장

늘 밝은 삶을 위한 속알의
'가온지킴守中'의 수양 체계

1. '늘 밝은 삶善攝生'의 근거로서의 '속알德'

1) 속알의 자기慈己 세 보배三寶

(1) 자기 세 보배

다석은 인간이 가야 할 길의 지표를 가온인간의 사유 영역을 펼쳐 무를 생활화하는 것을 이정표로 삼는다. 다석에게 있어 천·지·인의 자연적 관계는 때에 맞춘 덕의 선행으로 이음으로써 공간처, 즉 가온인간의 '존재의 집自己方今居'을 제공하는 역할을 담당한다.[1] 가온인간이 거처하는 곳은 하늘의 비어 있음을 근거로 한다. 땅 위의 하루를 사는 인간은 천지상합의 자연적 기운을 통하게 하는 중심이 필요하다. 그 중심은 지금 여기의 빈탕 가온의 얼이 거처하는 곳이며 절로 화합하고 합일하는 자균자화自均自化의 작용이 일어나는 곳이기도 하다. 인간의 마음 바탕은 생명줄인 도의 그물망으로 이어져 있다. 속알은 그 사이와 사이를 잇는 매개체이다. 속알은 천지상합의 작용을 통하여 인간의 장애를 걷어내는 과정에서 솟아나는 고른 앎으로 도의 싹을 틔워 무위자연의 열매를 맺을 수 있다.[2]

이 점에서 다석은 도의 형이상적 인식의 분화과정을 통하여 천지

---

1) "暫託地心重, 永慕天性虛, 上虛下重中, 自己方今居."(류영모 원저, 박영호 풀이, 『多夕 柳永模 명상록』, 서울: 두레, 2001, 539쪽 참조).

2) 류영모 원저, 박영호 엮음, 『다석 류영모 어록』, 서울: 두레, 2002, 78쪽 참조.

의 흐름을 알고 지켜 나가 하루의 삶을 이어가는 능성기사能成其私 |
의 자기 수고慈己守固를 실현하는 것으로 설명한다. '자기 수고'는 도
의 자애로 호위를 받는 것인데 이는 무위자연의 삼보를 통하여 자
승자강의 전일체를 실현하는 것이며, 심근고저의 어머니의 나라에
있는 적자와 같은 함덕의 심신의 상태를 유지하는 것이다.[3]

　이를테면 몸성히 · 맘놓이 · 뜻태우의 심신일체의 사유 방식을 채
택한다. 그리고 몸의 나에서 얼의 나로 변화하여 저절로 된 하루길
을 열어 점진적 수양 점진적 수양을 상선약수의 흐름과 같이 선을
통하여 수행한다.[4] 가온인간의 하루 하루의 삶에서 제 역할을 찾기
위해서는 식모의 품에 있는 영아와 같은 섭생으로 사물의 분별력을
멈추고 사유의 지평을 넓혀야 한다.

　다석은 인간이 수양을 해야 하는 이유를 몸 생명의 생존 욕구에
의해 자신만의 전유 공간을 도에 따른 덕으로 채워 저절로 이루어
지는 무위의 자리를 확보해야 함을 강조한다. 또한 변화무쌍한 천지
의 흐름에 늘 심신의 균형을 잃지 않는 수비형 인간의 위치를 확립
하기 위함이다. 이는 스스로 채우려는 자생적 사유를 펼치는 것을
멈추기 위한 것으로 이해한다. 인간은 자생적 사유의 결과로 도와
멀어져 환란을 겪게 된다. 인간의 이기적 사유를 없애는 방법은 '거
듭 쌓은 속알重積德'의 자연적 활동에 의하여 그 장애가 소멸된다. 상
대방의 의식 상태와 삶의 상황에 맞추어서 자연스레 표현하는 것으
로서 저절로 자신의 흐름에 맡김으로써 부쟁의 덕을 쌓는 것이다.

---

3) 『도덕경』 55장, 59장, 67장 참조.
4) 김흡영, 『가온찍기』, 서울: 도서출판 동연, 2016, 24쪽 참조.

세상 다 일러天下皆謂 내 길이 크게 비슷ᄒ고 같지 않다 ᄒ다我道
大, 似不肖. 그저 오직 크다. 므로 비슷 같지않다夫唯大, 故似不肖.
같을 거 같으면 벌서다 그 자리 슬것이若肖久矣, 其細也夫, 내게
셋보배가 있으니我有三寶. 보배로 가지다持而保之, 첫째 사랑이라
고一曰慈, 둘째 들 씀이라고二曰儉, 셋째 구태여 셰상 먼저 되지
아니흠이라ᄒ다三曰不敢爲天下先. 그저 사랑ᄒ므로 날랠 수慈故
能勇, 뒬 쓰므로 넓을 수儉故能廣, 구태 셰상 먼저 않됨므로不敢爲
天下先, 이루는 그릇이 길 수 있음故能成器長, 이제 그 사랑을 버
리고도 날래며今舍其慈且勇, 그 뒬 씀을 버리고도 넓으며舍其儉且
廣, 그 뒤섬을 버리고도 먼저라면 죽는다舍其後且先, 死矣. 그저 사
랑은, 가지고 쌓오면 이기고夫慈以戰則勝, 가지고 지키면 굳다以
守則固. 하늘이 건질데 사랑을 가지고 둘러줄ᄃ天將救之, 以慈衛
之.5)

다석은 위의 인용문을 통하여 인간의 불초不肖함에 대한 부분을
언급한다. 불초한 것은 못나고 어리석음을 말하며 도를 좇을 수는
있으나 자기 스스로 이어가지 못하는 한계가 있다. 인간의 마음 작
용은 덕에 의지함으로써 불초함을 뒤로할 수 있다. 그러므로 자신
을 스스로 높이지 않는 되새김의 슬기知和를 지녀 세 보배를 드러낼
수 있다. 하지만 인간은 스스로 무엇을 이루고자 하는 자생적 의지
에 의하여 도의 길이 가로막혀 있다. 이 길은 덕을 쌓는 점차적인
수양 과정을 통해서만 이룰 수 있다.6)

만일 통치자가 도를 기반으로 한 자애로 마음의 진陣을 치게 되
면 내실을 견고하게 되고 자신의 검소함으로 천하를 넉넉하게 할

---

5) 『늙은이』 67장.
6) 『도덕경』 15장: "古之善爲士者, 微妙玄通, 深不可識, 孰能濁以靜之徐淸, 孰能安以久動之徐生, 保
此道者不欲盈, 夫唯不盈, 故能蔽不新成."; 67장: "不敢爲天下先 故能成器長."

수 있다. 백성들이 굳이 나설 일이 없이 뒤에 섬으로써 안정된 생활을 누린다. 앞서고 뒤에 서는 것은 위치를 말하는 것이 아니며 사유의 논리를 설명하는 것이다.[7] 도를 담은 사람은 천하보다 앞서지 않아야 모든 것이 넉넉하게 되어 일상생활이 편안하게 된다.[8] 자기 통제를 할 수 있는 자연적 영역을 확충하여 타인의 의견을 수렴하고 나아가 덕을 나누는德分 세상 본보기를 구현하기 위하여 저절로 된 길을 좇는 일이다.

다석은 도가 앞에 서서 길을 비워주면 덕을 채워 열매를 맺는다고 한다. 이를 가온인간의 가온인간의 하루의 삶을 성실히 수행하는 대장부大丈夫로 이해한다. 이 대장부는 '세상의 사랑을 버리고도 날래며今舍其慈且勇', '세상 것을 덜 씀으로 넓은舍其儉且廣' 천도와 상합하여 조화로움을 지킨다. 자칫 인간의 자생적 사유가 개입하면 용감함이 지나쳐 무력으로 이어지게 된다. 그 결과 몸과 맘이 환난에 쌓이게 된다. 그러므로 불초한 인간이 '함 없어도 못 이루는 것이 없는道常無爲而無不爲' 가온인간을 구현하기 위해서는 덕을 쌓아야 한다. 이러한 수양과정을 이루기 위해서는 자승자강의 '세 보배三寶'가 있다는 것을 알아야 되는데 이것의 용례에 대해서 설명한다.

다석은 세 보배 중 첫째 '사랑'에 대하여 설명한다. 도가 펼치는 사랑은 '하늘 길은 가깝게 하지 않음天道無親'으로써, 그것은 인간의 내적 속알에 따라 스스로 성숙하는 존재 과정의 자연적 사랑이다.

---

7) 『도덕경』 51장: "物生而後畜, 畜而後形, 形而後成, 何由而生, 道也, 何由而生, 道也, 何由而形, 物也, 何使而成, 勢也." 67장: "夫慈以陳則勝, 以守則固, 故能勇也."(왕필 저, 임채우 역, 『왕필의 노자』, 서울: 예문서원, 2001, 191쪽, 237-238쪽 참조). 왕필은 기(器)를 사물로부터 일어나는 사건의 본질적 결과 내지 현상적으로 발현된 존재로 본다(왕필 저, 임채우 역, 『왕필의 노자』, 서울: 예문서원, 2001, 146쪽 참조).

8) 서명응 저, 박원숙 역, 『도덕지귀진석』, 부산: 도서출판3, 2017, 426쪽 참조.

하나의 무위자연의 질서가 펼치는 만물의 존재 과정을 저절로 이루어지는 사랑으로 본 것이다. 이는 식모가 영아에게 베푸는 무위자연의 사랑孝天慈人과 같은 의미로 해석한다. 다석은 인간을 나그네로 비유하면서 무위의 선행적 질서의 흐름과 함께하면 사물의 가치에 머물지 않고 도를 좇음으로써 자유로운 나그네가 된다고 말한다. 또한 어머니를 하늘나라로 표현하며 그 하늘의 움직임을 자연적 사랑으로 표현한다.9)

둘째 '검儉'은 도를 좇기 위하여 세상의 모든 것을 멈추고 늘 낮은 곳에 처하는 것이다. 도를 좇는 인간은 순차적 과정을 통하여 항상성의 '속알의 질서를 믿음으로써德信' 그것에 의지하여 자기를 실현한다. 이는 인간의 도와 덕을 존귀하게 여기게 하는 불감위의 사유 전환에 따른 자균의 사유 영역을 확보하는 검의 기능이다.

다석에게 있어 자기를 형성하는 수양 방식은 무에 맞혀노는 삶無爲·無事·無欲이다. 이는 도의 흐름을 좇음으로써 인간은 스스로 변화되어 자연적 영역自化·自富·自樸이 넓어져 고요한 곳으로 되돌아간다. 인간은 덕이 곧게 세워지고 도를 품게 되어 세상의 어려움을 능히 이겨 나가는 능성기대能成其大의 가온존재를 실현한다.10) 도에 따른 덕이 흐르는 빈탕 가온에서는 늘 안정화自均自化를 꾀하기 위하여 곡과 직의 작용으로 유와 무의 상보적 관계를 형성한다. 인간의 인위적 생각이 발생하면 에너지가 소모되고 그것을 보충할 때 반대 방향의 힘이 서서히 작용하여 안정화를 이룬다.

---

9) 류영모, 『다석일지』 제1권, 서울: 홍익재, 1990, 78-79쪽.

10) 『도덕경』 57장: "我無爲而民自化, 我好靜而民自正, 我無事而民自富, 我無欲而民自樸." 63장: "爲無爲, 事無事, 味無味, … 大小多少, 報怨以德, … 天下難事 必作於易, 天下大事, 必作於細, 是以聖人終下爲大, 故能成其大."

이는 물이 위에서 아래로 흐르는 것은 아래가 더 안정하기 때문으로 자율적인 상선약수의 균화 작용을 펼쳐 제 역할을 다한다. 도가 덕을 부드러운 자애로 호위하고 덕은 성장을 위하여 앞으로 향해 나가는 곡직의 흐름과 같음을 볼 수 있다. 자식과 같은 덕이 만물의 성장을 위하여 어머니로부터 생명을 얻고 소모해도 어머니의 품에서 나오는 섭생은 변함이 없이 언제나 풍요로운 안정된 질서를 유지한다.

다석은 천하의 모든 일이 어머니 품으로부터 시작되고 유의 현상^{有始}은 자식과도 같아 천하모^{天下母}로부터 생명을 부여받고 형체를 구성한다. 따라서 그것을 유지하기 위해서는 안정된 어머님 품을 지켜야 한다고 말한다. 이 품을 지키기 위해서는 인간의 내적 질서를 유지하게 하는 세 보배를 알아야 하고 그것을 행해야 함을 전언한다.[11]

다석은 세 보배에 의하여 그 변화하는 속에 변하지 않는 물과 같은^{上善若水} 도의 흐름이 만물에게 참 좋은 잘된 길을 제공한다고 말한다. 인간이 물과 같은 심성을 갖게 되면 이것과 저것의 상대성을 벗어나 경쟁하지 않고 자연스러움으로 다투지 않는^{水善利萬物而不爭} 무위의 선행에 의하여 도의 생명을 유지한다.[12]

다석은 도가 변하지 않음은 무규정의 계열로부터 존재할 수 있는 근거를 제공하는 원인 때문이라고 본다. 이는 인간에게 이로움으로 변화되어 사계절을 통하여 육신의 유익함을 제공한다. 더불어 마음의 풍요로움으로 인간 스스로 무엇을 얻고자 하는 사유로부터 멀어지게 된다. 이러한 도의 주된 작용은 무위자연의 이로움으로써 무

---

11) 『도덕경』 52장.
12) 『늙은이』 8장: "물은 잘몬에게 잘 좋게 하고 다투질 않으니(水善利萬物而不爭), 뭇삶 싫어하는 데서 지냄(處衆人之所惡). 므로 거의 길이로다(故幾於道)."

엇을 하고자 함이 없이 모든 것이 저절로 이루어짐을 알게 되는 순간 인간은 무욕의 세계로 진입하게 된다. 이로부터 인간은 인간다움을 영위할 수 있게 된다. 세상 분쟁에 얽매이지 않고 도가 만들어내는 저절로 된 길을 따라 자기를 낮추고 욕심으로부터 멀어지는 검색儉嗇의 수용성 자세를 갖는 것이다. 어떤 일의 기미가 서서히 보이기 시작할 때 일찍이 도의 흐름을 곧바르게 세운다. 그 여세餘勢를 몰아 잘못된 생각의 방향성을 간파하고 그것을 되돌리게 하는 현덕의 사유로 그 징조를 뒤로하는 것이다.13)

가온인간은 무위자연의 부드러운 빛을 통하여 세 보배我有三寶가 있음을 드러낸다. 그 빛의 고른 앎으로 무엇을 가까이하지도 않고 그렇다고 멀리하지도 않는 가온지킴의 무사지의 선행으로 자기 수고慈己守固를 확립하여 자연성을 회복한다.14) 이는 때에 맞춰 나아가고 그 때에 따라 물러설 줄 아는 무위자연의 늘앎의 지혜이다.

위의 인용문에서 다석은 인간의 내적 세 보배三寶는 몸을 뒤로하고 마음을 비워 인간이 제대로 되게 하는 '함없음에도 저절로 됨無爲自然'의 길을 좇는 것이라고 본다. 속알을 잘 세우는 수신관신이 필요한 까닭이다. 반면에 노자는 치자의 통치철학을 사유의 근거로 본다. 결국 통치와 수양의 방향은 도를 좇아야 이룰 수 있다. 외적 통치에 따른 내적 수양은 인간 심신의 뿌리를 굳건하게 하여 줄기를 세워 선이라는 열매를 맺는다.

다석은 내적 세 보배를 알기 위해서는 천지와의 교류로 속알을 일깨우면 저절로 빛이 드러나 알 수 있다고 한다. 밝은 속알이 있

---

13) 『도덕경』 64장, 65장.

14) 『도덕경』 59장: "重積德, 則無不克, 無不克, 則莫知其極, 莫知其極, 可以有國, 有國之母, 可以長久, 是謂深根固柢, 長生久視之道."

어 보지 않고도 모든 것을 알 수 있고 억지로 하지 않고도 모든 것을 '스스로 고르게 하는自均' 길을 따라 사는 잘 삶을 실현한다. 하늘의 사랑으로 호위를 받아 부드러운 덕의 기운으로 감싸고 늘 비운다. 또한 언제든지 뒤에 섬으로써 낮은 곳을 덕으로 채울 수 있고, 선을 차곡차곡 쌓아 천지와 상합하여 조화로움을 이루어내는 것은 내적 '자기 세 보배慈己三寶'의 덕분이다.

(2) 낮은 자리에서 잘하기善下

다석은 인간이 잘못된 탐욕에 치우쳐 사람의 일을 좇는 데 용감하면 도와 멀어진다고 말한다. 이를 위한 방책은 수컷을 알고 암컷을 지키는 것이다. 일상적 인간의 목적의식에 사로잡혀 때를 놓치면 균형을 잃어 조화의 영역에서 멀어지게 된다. 이러한 현상을 장차 도를 좇기 위해서는 덕을 쌓게 하는 불감위의 사유전환을 통하여 극복한다. 그리고 하고자 함을 없이하고 마음의 고요함이 찾아오게 하는 무사지無死地의 섭생으로 어머니 품을 떠나지 않는 것이다.

> 잘 된 산아이는 칼브터 내밀지 않는다善爲士者不武. 잘 쌓오는이는 성내지 안ᄒ고善戰者不怒, 맞인짝을 잘 이기는 이는 다투지 아니ᄒ고善勝敵者不與, 사람을 잘 쓰는 이는 때믄에 내리느니善用人者爲之下, 이 일러 다투지 않는 속알是謂不爭之德. 이 일러 사람 쓰는 힘是謂用人之力, 이 일러 하늘에 맞는 옛날로 가는 맨 꼭대기라 是謂配天古之極.[15]

다석이 위의 인용문에 대하여 설명하고자 하는 것은 하늘 길이

---

15) 『늙은이』 68장.

펼친 저절로 된 길을 따라감으로써 세상과의 다툼에서 벗어나 자유로운 마음을 가지게 되는 무위의 선행을 말한다. 이러한 선을 행함으로써 자기를 지키게 하는 불감위의 사유 전환에 따른 다투지 않는 속알을 얻는 방법이다. 요컨대 '구태여 나서는 것에 날래면 죽게 되고勇於敢則殺' 도의 흐름을 따라 '나서지 않으면 살게 된다.勇於不敢則活' 따라서 천도의 부드러운 조화의 그물망 안에서 벗어나지 않으므로 안정된 상태를 유지하는 것으로 본다.[16] 늘 변화하는 속에 변하지 않는 여상함의 영원한 생명[얼나]은 늘 변화 속에 있으므로 고정될 수가 없다. 모든 것은 도의 반동약용의 되먹임反哺之敎의 흐름에 의하여 쉼 없이 변화하여 생명의 부드러움을 늘 유지해야 한다. 다석은 사람이 가는 길은 덧없는 삶의 무상한 길이지만 도의 생명인 섭생은 여상함의 자연성을 지니고 있다고 말한다.

인간은 심신의 양생을 위한 신진대사가 원활하게 이루어져야 한다. 이를 위해서는 도에 따른 덕의 생명으로 늘 몸과 마음에 영양 섭취를 해야 한다. 인간의 몸 안에 저장된 에너지는 변화의 흐름에 따라 소모되고 모자라는 것을 보충하여 축적된다. 이 과정에서 과過한 것은 피하거나 적게 먹어 영양소의 균형을 맞추지 않으면 장기臟器 간의 부조화로 인하여 외부의 균에 대항하는 면역성이 저하되고 병을 얻게 된다. 따라서 천지의 흐름과 내적 질서의 동일한 흐름임을 알고 자기를 곧바르게 하는 섭생으로 모든 것을 고르게 어울리게 한다.

무상한 인생을 덧없이 살지 않고 늘 밝은 삶을 구현하기 위하여 명관명지의 지혜로 상도와 하나 되어 한 무리 빛을 드러내는 현덕

---

16) 성현영 저, 최진석, 정지욱 역, 『노자의소』, 서울: 소나무, 2007, 696쪽 참조.

의 선행을 드러내야 한다. 도의 숨을 쉬며 사는 섭생의 속성은 어느 곳에 머무는 순간 그 본질을 잃고 기능을 상실한다. 매일매일 자기를 변화하여 발전해 가는 것에는 고정된 이름을 붙일 수 없으며 이름을 붙이는 순간 그것의 본질에서 멀어진다.

다석은 지금까지 이어져 내려오는 도의 세계는 이름을 붙일 수 없는 무명의 세계라고 설명한다. 이름을 붙이는 순간 그것은 '도'가 아닌 동시에 벌써 '다른 것'으로 변화된 상태로 존재한다.[17)

다석은 변화로부터 일어나는 인간의 희로애락의 생명은 임시로 있는 무상생無常生의 속성을 가진 것이라고 이해한다. 잘된 길을 잃고 허우적대는 제나의 사유를 멈추면 그것은 사라진다. 이것은 인간의 심신을 도의 영속적 항상성의 생명을 유지하고 마음放心의 중심을 이뤄成性 씨알 제대로 되고我無爲而民自化 마침내 어려움이 없는故終無難矣 가온인간을 구현하는 방법이다.[18)

다석은 이러한 늘 밝은 잘 삶의 생명을 얻기 위하여 도를 좇는 과정에서 일어나는 부득이한 사건, 즉 유의 필연적 상대성을 선회시켜 무의 세계로 진입해야 함을 강조한다. 무를 생활화하기 위해서는 먼저 이것과 저것을 분별하지 않는 불감위의 사유에서 총화적 사유가 이어질 수 있도록 현덕의 심신을 유지해야 한다.

비어 있는 하늘의 중심에서 오는 상합의 감로甘露인 절로 어울려 하나 됨의 기운을 얻었을 때 자연스럽게 현덕에 따른 선을 이룬다. 다석에게 있어 선의 흐름은 만물에게 주는 이로움이기도 하며 선을

---

17) 류영모 원저, 박영호 엮음, 『다석 류영모 어록』, 서울: 두레, 2002, 101-102쪽 참조.
18) 『늙은이』 54장: "잘 안은 것은 벗어나지 않아(善抱者不脫), 잘 세운 것은 빠지지 않고(善建者不拔), 몸에 닦아서 그 속알이 이에 참하고(修之於身, 其德乃眞), … 세상에 닦아서 그 속알이 이에 너르리(修之於天下, 其德乃普). 므로 몸을 가지고 몸을 보며(故以身觀身)."

행함으로써 잘 삶의 생명을 얻는 것이다. 선을 이루는 가온인간은 자기를 낮추고 뒤에 섬으로써 덕을 쌓게 되어 천지의 흐름을 안다. 모든 것이 비어 있는 그 중심으로 모여 상대적 분별심을 떠나므로 일상적 인간의 주관적 사유에 머물지 않는다.

가온인간은 선의 행위로 인하여 속알의 '낮은 자리'를 잘 지킨다.[19] 낮은 자리란 세상 모든 것이 한 곳으로 모이는 곳이며 이는 비어 있는 중심, 즉 도의 조화의 세계가 이루어지는 곳을 말한다. 하늘 길이 곧바르게 움직이면서 부드러운 기운을 통하여 덕을 세상에 선사하여 합일점을 이룬다. 도가 천하에 존재하는 모든 것의 중심이 되는데 만물은 음을 등에 지고 양을 품은 상태의 중심의 비어 있는 충기의 조화로 생명을 부여받는다. 따라서 낮은 자리는 세상의 중심으로서 마치 강과 계곡의 물이 바다로 흘러드는 것과 같은 이치이다.

인간의 사람의 일을 좇음으로써 생기는 온갖 욕심을 없애고 또 없애 마침내 무위無爲의 경지에 도달하면 모든 일은 저절로 이루어지는 낮은 자리를 확보한다. 이 자연적 영역에 진입하게 되면 저절로 하늘과 짝하게 되고 선을 행함으로써善勝·善戰·善用·善爲 공(무용)을 이루고도 머물지 않고不武 화를 내지 않고 상대를 포용하여不怒 다투지 않는다.不與 이와 같이 선을 행하면 흔적을 남기지 않고 사물과 인간을 존귀하게 여겨 늘 소중하게 그 관계를 형성한다. 이는 천지 사이의 처해 있는 인간이 행하여야 할 한길을 좇는 선용인善用人의 현덕으로부터 얻는 지혜이다.[20]

---

19) 『도덕경』 32장: "道常無名, 樸 雖小, 天下莫能臣也, 侯王若能守之, 萬物將自賓, 天地相合, 以降甘露, 民莫之令, 而自均."; 68장: "善爲士者不武, 善戰者不怒, 善勝敵者不與, 善用人者爲之下, 是謂不爭之德, 是謂用人之力, 是謂配天古之極."

왕필은 치자의 몸을 백성의 뒤로할 때 천하가 이롭게 되고 백성이 되돌아옴으로써 그릇됨을 이루게 된다고 한다. 또한 무지무욕의 저절로 그러한 바를 따라 마음으로부터 일어나는 자의적인 꾀를 버리라고 한다. 이러한 종류의 사유는 자신의 슬픔을 돌아보고 멈추면 그 자리에 기쁨의 덕이 솟아나는 호환적 불감위의 특성을 가지고 있다.[21]

다석은 몸의 감각으로부터 일어나는 분별을 부정 형식의 사유로 전환하여 무의 세계가 드러나 절대자유를 실현하는 것으로 설명한다. 노자철학에서 '부不'는 무의 세계에 진입하기 전 반드시 거쳐야 할 관문이다. 부에 따른 사유와 사건들을 비우고 덜어내 텅 빈 고요함에 이르면, 늘 물 흐르듯 일상이 자연스러워진다. 이 관건을 해결한 선위자는 자신을 있는 그대로 드러낼 뿐 포장하지 않으며, 순리에 따를 뿐 자기 주관이나 욕심에 머물지 않는다.

그 결과 그의 모든 행위는 세상 욕망의 그물에 걸리지 않는 바람처럼 항상 자유롭고 여유롭다. 도의 가온샘은 자꾸 비워야 맑고 깨끗한 물이 샘솟는 것과 같다. 만약 비우지 않고, 가득 채우고 있으면 그 샘은 썩어간다. 그러다 결국은 더 이상 맑은 물이 샘솟지 않게 된다. 이처럼 부정 형식의 부에서 정定으로 옮겨 타면 천도 호환에 따른 무위자정無爲自定의 세상 본보기를 실현할 수 있다. 도와 덕에 따른 자정의 본보기는 만물이 생축할 수 있도록 모든 것을 제공

---

20) 『도덕경』 68장.

21) 『도덕경』 3장: "賢, 猶能也, 尚者, 嘉之名, 貴者, 隆之稱也, 唯能是任, 尚也曷爲, 唯用是施, 貴之何爲, 尚賢顯名, 榮過其任, 爲而常校能相射, 貴貨過用, 貪者競趣, 穿窬探篋, 沒命而盜, 故可欲不見, 則心無所亂也, 心懷智而腹懷食, 虛有智而實無知也, 骨無知以幹, 志生事以亂 (心虛則志弱也) 守其眞也, 智者, 謂知爲也."(왕필 저, 임채우 역, 『왕필의 노자』, 서울: 예문서원, 2001, 55-57쪽 참조).

하지만 정작 상도는 만물을 주재하지 않고 스스로 변화하도록 도와준다.無爲而無不爲 외적 행위에 따른 분별적 사유를 되새김의 슬기知和로 전환하는 곡직의 사유를 제공한다. 그러므로 무의 영역이 저절로 드러나 내적 수양을 이루는 심신의 일체화를 꾀하게 된다.

다석은 천·지·인 사이에 존재하는 가온인간의 사유에 대한 전환 과정을 이중적 구조로 해석한다. 노자의 일원론적 사유 방식은 인간의 이원적 인식 현상으로 분화되어 필연적 상대성을 낳고 긴장 관계를 형성하기 때문에 존재와 인식의 이중적 맥락에서 설명해야 하는 구조적 모순을 갖고 있다.22)

다석은 도를 좇는 잘된 자善爲者, 즉 가온인간의 선을 행함은 자신의 무용을 드러내지 않고 자정에 따른 세상 본보기天下式의 현덕을 드러내는 것으로 본다. 이를테면 자연적 영역으로부터 행하는 것은 그 흔적을 보이지 않고 자랑하지 않는 불무不武의 상을 보인다. 그리고 목적을 이루려고 함부로 용감하게 나서지 않는 불로不怒의 상을 드러낸다. 또한 몸의 재앙을 없애는 불감위의 사유 행위는 마음으로 이어진다. 그러므로 무의 세계를 드러내, 덕은 때에 맞춰 잘된 자에게 존재할 수 있게 근거를 제공한다. 인간의 속알이 서서히 움직여 더 많은 공을 이루고 선의 영역을 통하여 자기를 현실화한다.

다석은 잘된 자의 아름다움을 드러내는 일은 때를 '잘 맞춰動善時'23) 마음의 동요를 일으키지 않는 것이라고 말한다. 이는 어떤 상황에서도 평정심을 잃지 않으며, 자연의 한결같은 조화로 감정의 균형을 잃지 않는 것이다. 가온인간은 어떠한 환경 속에서도 마음

---

22) 이종성, 「노자철학에 있어서 존재와 인식의 상관성」, 대동철학회, 『대동철학』 제10집, 2000, 50쪽 참조.

23) 『중용』 2장: "君子之中庸也, 君子而時中, 小人之中庸也, 小人而無忌憚也."

의 균형을 잃지 않고 덕으로 도를 곧게 세워 세상 허물과 '잘 싸우는 사람善戰者'의 면모를 보여준다.

다석은 잘됨善爲을 행하는 것은 늘 밝음을 잃지 않고 무엇을 하든 자신을 낮추고 그 빛을 감춰 마음의 중심을 잃지 않고 지켜 나갈 수 있다고 본다. 선을 이루는善爲 잘된 길善行은 흔적이 없다. 이는 다투지 않는 덕으로써 스스로 고르게 하는自均 모든 것들의 근거를 제공하는 원인이다. 이것이 하늘과 짝하는 자균자화의 작용으로 지금까지 이어져 내려온 영속적 항상성의 흐름이다.

> 귀태여에 날래면 죽이고勇於敢則殺, 귀태안흠에 날래면 살린다勇於不敢則活. 이 두 가지는 좋게도 언짢게도此兩者或利或害, 하늘의 미워흐는 바天之所惡, 누가 그 까닭을 알리孰知其故.이래서 씻어난 이, 오히려 어려워흠 같다是以聖人猶難之. 하늘의 길은 다투지 않되 잘 이기고天之道, 不爭而善勝. 말 안흐되 잘 맞들고不言而善應.브르지 안흐되 절로 오도다不召而自來. 헝덩그러흐되 잘 꾀흐니繹然而善謀, 하늘 그물은 넓직 넓직 섬글되잃지 안누나天網恢恢, 疏而不失.24)

이 인용문에서 다석은 '못된 짓은 구태여 하지 않게끔 하는' 불감위不敢爲의 행위에 대하여 설명한다. 인간의 인위적 의지에 의한 욕망을 멈추게 되면 무의 세계가 펼치는 그물망에 의하여 자정의 영역을 회복한다. 용감하다는 것은 앞으로 나아가는 지향적 사유를 말한다. '용勇'은 진취적 사고를 말하는 것이며 '감敢'은 이것과 저것을 확실하게 나누는 과감성으로 해석한다.

---

24) 『늙은이』 73장.

다석은 일상적 인간의 진취적이고 분별하는 용감성을 멈추면勇於敢則殺 불감위의 영역勇於不敢則活에서 어머니의 품으로 들어서게 된다고 설명한다. 이것은 무의 계열화, 즉 무명·무사·무위 등에 따라 인간의 사유를 전환하는 원인을 제공한다. 이러한 전환의 결과 인간의 사욕은 저절로 소멸되고 자정의 영역이 회복된다. 이로부터 유연한 섭생으로 이것과 저것을 구별하지 않는 현덕으로 심신의 사유가 하나가 됨으로써 어떠한 일에도 어려움에 처하지 않는 적자와 같은 몸과 마음을 유지한다.25)

이처럼 자식을 알고 어머니를 지키게 하는知其子, 守其母 불감위의 사유는 하늘의 자애로움을 버린 상황, 그리고 세상일에 맹목적으로 용감한 상황으로부터 사유의 전환을 가능하게 하여 도의 자리로 돌아가는 근거를 제공한다. 즉 몸의 장애를 뒤로하여 비어 있는 마음을 유지하고 도의 자리를 확보하는 것이라고 할 수 있다.26)

다석은 도의 자리는 하늘이 장차 도를 세워 자애로움으로 호위하고 있는 자리이며, 가온인간이 덕을 쌓는 낮은 자리善下라고 말한다.27) 이를 지키는 방식은 먼저 수컷을 알고 암컷을 지켜 영백이 하나 되는 심신의 일체를 말한다. 그 결과 덕이 떠나지 않고 식모의 품에 있는 영아와 같은 부드러운 섭생을 얻게 된다. 이는 부음포양의 충기에 의한 삼생만물의 덕을 쌓아가는 과정과 같다.

다석은 가온인간이 처하는 낮은 자리는 곧게 펼쳐지는 직선 방향

---

25) 성현영 저, 최진석, 정지욱 역, 『노자의소』, 서울: 소나무, 2007, 696쪽 참조.

26) 불감위의 사유는 『도덕경』 3장: "常使民無知無欲, 使夫智者不敢爲也."; 64장: "是以聖人欲不欲, 不貴難得之貨, 學不學, 復衆人之所過, 以輔萬物之自然, 而不敢爲."; 67장: "三曰不敢爲天下先 … 不敢爲天下先, 故能成器長, 今舍慈且勇, …舍後且先, 死矣."; 69장: "吾不敢爲主而爲客, 不敢進寸而退尺."

27) 『도덕경』 66장: "江海所以能爲, 百谷王者, 以其善下之, 故能爲百谷王, 是以欲上民, 必以言下之, 欲先民 必以身後之."

을 따라 만물이 성장하고 극에 이르면 저절로 돌아가는 곡선의 조화의 자리라고 본다. 돌아간다는 것은 변화에 대처하는 유연함과 부드러움의 생명으로 가능하다. 인간은 현묘한 덕을 쌓아 마음을 한 곳으로 모아 자정 능력을 함양하여 거듭나게 하는 섭생의 자리로 갈 수 있다.

다석은 하늘의 도는 선하고 불선함을 다 함께 품은 미명과도 같다고 본다. 인간이 선을 행하고 무를 바탕으로 늘 덕에 의지하여 믿고 맡길 수 있는 까닭이다. 이것은 자신의 힘으로 안 되는 일을 억지로 하려 하면 불선이 되며, 그러므로 세상 본보기의 공정함을 잃게 된다.[28] 인간은 불감위의 행위를 통하여 사욕을 멈추게 되면 저절로 솟아나는 고른 앎으로 그 길을 갈 수 있다. 세상을 밝게 보는 습명의 고른 빛으로 선을 따르면 도의 생명이 스스로 찾아오게 된다. 도의 숨을 쉬며 사는 잘 삶의 생명은 가온인간을 이루어주고 온갖 것을 입히고 먹이나 그것에 머물지 않는 손님과 같다.

다석은 가온인간의 마음은 어린아이와 같아 다툼이 없는, 즉 죽지 않는 무사지의 섭생체를 이루는 것과 같다고 언급한다. 인간의 마음은 도의 혼일한 흐름이 현상계를 통하여 밝게 비치는 미명과 같다. 도는 만물을 존재할 수 있게 조금도 빈틈이 없는 계획을 도모하여 만물을 자연스럽게 인간을 인간답게 한다. 도와 덕의 그물로 만물을 감싸 안고 생육하는 선에 따른 사유 방식은 진실하여 그 어느 것 하나도 헛되이 버리지 않고 존귀하게 자라게 한다.[29]

---

28) 『도덕경』 40장: "反者道之動, 弱者道之用, 天下萬物生於有, 有生於無."

29) 『도덕경』 34장: "衣養萬物 而不爲主 常無欲 可名於小 萬物歸焉 而不爲主."; 50장: "善攝生者 陸行不遇兕虎, 入軍不被甲兵 兕無所投其角 虎無所措其爪, 兵無所用其刃 夫何故 以其無死地."; 27장: "是以聖人常善救人, 故無棄人, 常善救物, 故無棄物."

다석은 인간을 도가 행함에 따라 나타나는 덕에 의하여 움직이는 신비하고 오묘한 그릇으로 묘사한다. 천지의 변화 사이에서 존재하는 가온인간은 자신에게 내포되어 있는 세 보배에 의하여 자기를 구축한다. 하늘과 짝함으로써 스스로 변화할 수 있게 하는 수양에 따른 현덕의 기능我無爲-民自化으로 하여금 자연적 하루의 생명을 얻어낸다. 인간이 자연적 생명을 얻게 되면 지나침과 사치스러움을 버리게 되고, 과분한 것을 버리는 자정능력이 솟아난다. 자신 안에 천지를 아는 습명의 되새김의 슬기知和로 만족함을 안다. 자신의 주장主見을 뒤로하고 타인의 의견을 수렴함으로써 멀리 볼 수 있고 대자연의 흐름을 볼 수 있는 자명한 공간을 확보한다.

다석은 인간이 따라야 할 길을 설명한다. 이를테면 습명의 무위 자연의 빛을 통해 자기를 아는 고른 앎으로 척제 현람의 심신을 유지한다. 이를 늘 낮은 자리에 있으며 스스로 만족할 줄 아는 선위자로 설명한다.30) 인간의 내적 세 보배는 도의 저절로 된 길을 되새기게 하는 덕의 고른 앎을 제공한다. 이 변화의 흐름은 주변에 가장 보편적인 것으로서 바른 삶의 잘된 길善行을 따라 저절로 됨道法自然의 속성을 갖는다. 이는 인간이 소유할 수 없는 존귀한 현덕의 불가득의 성격을 가지고 있다. 천지의 흐름은 알기 쉽고 인간이 행하기 쉬운易知易行 흐름이다. 이것은 소유하는 것이 아니고 체득하는 것으로서, 하루의 삶 속에서 타자의 다양성을 보장하는 일종의 조화의 힘이다.

도의 황홀한 조화의 세계를 알기 위해서는 광활한 우주의 중심 자

---

30) 『도덕경』 33장: "知人者智, 自知者明, 勝人者有力, 自勝者强, 知足者富, 强行者有志, 不失其所者久, 死而不亡者壽."; 29장: "是以聖人無爲, 故無敗 無執, 故無失凡物(故物), 或行或隨, 或歔或吹, 或强或羸, 或載或隳, 是以聖, 人去甚去奢去泰."

리인 이제 여기라는 곳에 가온인간의 자리를 찾아 점을 찍는 것이 중요하다. 인간은 점을 찍는 것에 국한하지 않고 천지의 흐름에 편승하여 인간이 역할을 알고 지켜 행하는 지수知守의 사유관으로 그 점의 영역을 넓혀 나간다. 이는 다석의 '관계론적 실존 사상'을 보여준다. 시공간 사이의 교차점에 한 점을 순간적으로 찍어 있는 그대로 보고 느끼는 실존적 사유가 다석의 가온인간론에서 발견된다.[31]

다석은 예부터 지금까지 이어져 내려오는 변화의 흐름 속에 변하지 않는 보물인 속알의 선을 통해 가온인간이 천지 사이의 비어 있는 중심에서 일어나는 조화의 낮은 자리卑下에 관해 깨닫고, 이를 지켜 나가야 한다고 언급한다. 이로부터 모든 만물의 시작점인 미세한 움직임을 보고, 그 선에 따른 무위자연의 흐름을 알아간다. 그러므로 욕심이 사라지고, 마음이 저절로 비워지게 되어 낮은 자리에서 일어나는 이지이행易知易行의 천지 흐름을 알게 하는 현덕의 선행으로 자기 삼보를 실현한다. 가온인간이 무의 생활에 맞춰 사는 자화자정의 세상 본보기를 이루는 것이다. 그것은 제자리를 떠나지 않기 때문에 성립된다.[32]

다석은 가온인간이 스스로 고르게 하는 잘 삶은 도에 의지하여 덕을 후하게 지님으로써 영아의 심신과 같다고 이해한다. 그것은 이것과 저것의 분별이 없는 무사지의 영역에 거주하는 것이다. 역동하는 생명의 변화 속에서도 언제나 늘 그 자리를 지켜야 하는 까닭은 인간이 늘 수양을 해야 하는 이유이다.

다석은 일상적 인간은 상도의 곡직의 조화에 의하여 제자리에서

---

31) 김흡영, 『가온찍기』, 서울: 도서출판 동연, 2016, 35-37쪽 참조.
32) 『도덕경』 10장, 21장, 32장, 69장.

일어나는 도의 섭생으로 존재할 수 있는 무위자화의 원인을 공급받을 수 있다고 본다. 선에 의한 섭생은 세상의 어떠한 우환도 분쟁도 부쟁의 덕으로 부드럽게 하여 인간의 존재를 강하게 하는 자승자강의 생명이다.

다석은 도의 숨을 쉬는 섭생의 무한한 잠재력을 알고 지켜 행하는 것은 수양을 통하여 허정심을 가지는 것이라고 말한다. 자기의 자명함으로 천지 사이의 중심축을 지켜守中 함이 없으나 못 이루는 것이 없는爲無爲 하나의 흐름으로 어울림의 선을 행하는 것이다. 덕의 씨를 통하여 자기를 형성하는 것은 하늘의 도가 비워주는 그 길을 따라 덕으로 채워 나가는 치인사천의 하루 철학의 사유 방식으로 설명한다.

이는 덕의 점진적 수양에 따라 하늘의 흐름을 좇아 인간과의 관계를 원만하게 하는 무위자연孝天慈人의 자리를 지키는 것이다. 인간의 가장 큰 장점은 돌아볼 수 있는 사유적 체계를 지녔다는 것을 입증해 주는 것으로 이해한다. 인간의 사적인 일을 멈추게 함으로써 사유전환의 계기를 마련해 주는 무의 세계가 열림으로 가능하다고 말한다. 도의 사유를 지니면 앞으로 향하는 마음을 되돌려 스스로 고르게 하며, 싸우지 않고도 잘 이기고 말하지 않아도 잘 응하고 스스로 찾아와 모든 것을 아름답게 이루게 한다고 본다.33)

이는 영아의 순박한 상태를 유지하는 어머니의 생명과도 같다. 이 마음을 지닌 자는 소박함을 그대로 지녀 점차 자라나면서 늘 한 길을 따라 살게 하는 현덕의 완숙한 경지에 이르러 존재 의미를 회복한다. 반면에 상도의 흐름에 반하여 자생적 생을 이어가는 자는

---

33) 『도덕경』 73장.

마음의 기를 강하게 함으로써 욕망의 세계로 진입하여 결국은 자신의 욕정과 같은 용병을 매수하여 분쟁을 일으켜 대환에 휩싸이게 된다.[34]

몸으로부터^{吾有身} 일어나는 환난의 사유를 전환하기 위해서는 덕을 많이 쌓은 부자가 되어^{知足者富} 먼저 나를 이김으로써 무위의 삶으로 나를 사랑하는 법^{吾無身-貴以身-愛以身}을 알아야 한다. 그리고 자승자강의 나를 통하여 세상 본보기를 곧게 세워 올바른 하루의 삶을 사는 수신의 방법을 찾아야 한다.

따라서 수신의 방법에 의하여 나를 아는 밝음으로 올바른 하루의 삶을 사는 방법은 무엇인가에 대하여 살펴본다.

2) 속알의 균화^{均化} 작용과 '늘 밝은 삶^{善攝生}'의 방식

(1) 자균자화의 작용

다석은 일상적 인간을 쉼 없이 솟아나는 생각과 감정에 사로잡혀 도의 자리를 벗어나 있는 현상적 상태로 설명한다. 개별적 인간은 사회적 환경에 따른 삶의 욕망으로 자생적 의식을 낳고 보이는 현상세계에 매몰되어 도의 자리를 잊고 산다. 인간의 자생적 의지는 천지의 무위자연의 흐름을 부정하고, 내면에서 잠시도 다툼이 멈추질 않는다. 이것이 인간의 부정 사유를 통하여 긍정의 방법으로 전환해야 하는 이유이다. 또한 심신의 수양 방식으로 욕정을 도의 자리에서 멈추게 하여 가온인간을 실현해야 할 필요성이다.

다석은 도의 곡직사유 체계의 기능에 따라 지향적 생존욕구의 지

---

34) 『도덕경』 55장: "終日號而不嗄, 和之至也, 知和日常, 知常日明, 益生日祥, 心使氣日强, 物壯則老, 是謂不道, 不道早已."

나침을 도에 멈추는 순간 그것은 곡선의 방향에 따라 몸의 환난은 저절로 소멸되는 것으로 말한다. 소멸된 그 자리는^{吾無身} 도의 자애로 호위 받게 되고 몸으로부터 일어나는 생각과 관념은 뒤에 서게 된다. 그리고 속알의 활약으로 드러나는 내적 세 보배를 통하여 도를 좇게 된다고 한다. 만물과 공생하려면 존재할 수 있는 늘앎의 근거를 체득하여 세상의 기준과 가치로 무장된 '나'를 버리고^{吾無身} 존재 근거를 제공하는 무의 생활화에 따른 섭생을 통하여 자기를 사랑하는 선행을 알게 된다.^{愛以身} 선이 행하는 고른 이로움은 목적을 향해 가는 자신의 행적을 뒤로하고 변화의 흐름을 좇아 그 흔적을 남기지 않는 무철적의 하루의 길을 이룬다.

인간은 각자 자기의 다양한 길이 있기 때문에 도의 생명이 숨 쉬고 활동하는 조화의 자리로 쉽게 다가설 수 없다. 무엇을 하고자하는 전진적 사유는 인간욕정을 충동질하여 사물의 가치를 향해 가게 하지만 도의 중심축은 쉼 없는 변화 속에서도 모든 것을 한 곳으로 모아 제 역할을 하게 한다. 도의 비어 있는 중추적^{道樞} 질서로부터 나오는 부드러움의 소통(유화)은 천문을 열고 닫는 지도리의 중심 역할을 통하여 천도와의 상합으로 자균의 자리로 돌아갈 수 있다고 말한다.35) 도를 좇는 자는 평상시 한결같은 상태, 즉 제용^{諸庸}의 상태에 자신을 놓아두었기 때문에 자신의 판단을 내세우지 않는다.

인간 스스로 본위의 방법을 쓰지 않고 틈이 없는 늘 그대로의 빈 중심의 질서에 맡기면 무위무불위의 밝은 빛으로 무상심의 나를 찾는다. 대환에 시달리는 인간일지라도 '늘 이름 없는^{道常無名}' 세계로

---

35) 『莊子』 內篇, 齊物論.

부터 이어지는 '고른 어울림自均自化'(이하 '균화'라고 한다)36)을 얻을 수 있는 가능성이 열려 있다.

선천은 세상 만물이 생기기 전의 유물혼성의 상태를 말한다. 세상 만물이 존재하지 않으므로 텅 비어 있다. 비어 있으므로 만물을 생성할 수 있다. 그 빈 곳에는 틈이 없이 충기로 꽉 차 있다.大盈若沖 단지 보이지 않으며 들을 수 없으며 만질 수 없을 뿐 이 충기는 태허이고 세상 만물의 조화처이다. 유물혼성의 충기는 스스로 움직여 상도의 조화에 따라 모든 것이 스스로 변화될 수 있도록 근거를 마련하는 촉진제 역할을 한다. 만물의 일부인 인간의 내적 삼보인 정기신의 흐름도 이와 마찬가지이다.

음양의 기는 흩어지고 뭉치는 작용에 의하여 조화의 충기로 되돌아왔다 다시 서원반의 순환 반복운동을 하면서 만물을 생성한다. 그 만물은 부음포양하여 충화를 이루고 천지인의 무위무불위의 활동을 이루게 된다. 분열된 음양은 충기의 고른 어울림의 작용으로 천지를 가로질러 온 길로 되돌아간다. 음과 양의 각각의 세력은 저절로 된 길의 조화를 따라 자기를 약화시켜 화합하고 합일하는 상보의 자세로 세상 만물이 계속 생겨나게 순환반복 한다. 도의 충용 충화의 자리는道之尊 저절로 이루게 되는 미명의 미세함을 유지하게 한다. 특출나게 솟아나지도 않고 평탄함을 머금고 있는 미세한 무위함에 힘입어 저절로 이루어진 길을 따라 씨를 뿌린다. 이 씨에서 솟아나는 덕은 씨를 발아시켜 싹을 내고德之貴 잘 자란 싹은 스스로 성장하여 열매를 맺는다.常自然

---

36) 『늙은이』 32장: "하늘 땅이 맞아서, 단 이슬을 내리고(天地相合, 以降甘露), 사람은 하란 말 없이도 스스로 고르리(民莫之令而自均)"; 37장: "길은 함 없어도 늘 아니하는 게 없으니(道常無爲而無不爲) … 잘몬은 제대로 되리로다(萬物將自化)."

도의 움직임은 굽으면 온전할 수 있는 기틀을 마련할 수 있는 길로 되돌아가게 하고反者道之動 도의 품은 늘 비어 있어 구부리면 곧아질 수 있게 그 빈 곳을 사용한다.弱者道之用 곧은 것은 이미 변화가 상당히 진행된 것이고, 굽은 것은 이제 변화가 시작되려는 것이다. 곧은 것과 굽은 것은 도의 되돌리는 반동反動의 움직임과 자기의 세력을 약화하여 약용弱用의 빈 곳을 내줌으로써 변화가 이루어질 수 있다. 아무리 구부러진 소나무라도 반드시 위로 자라는 것과 같다. 가장 강한 것은 이미 충분히 변화한 것이기 때문에 더 이상 발전할 가능성이 없는 것이고, 가장 부드러운 것은 이제 막 발걸음을 내딛은 것이기 때문에 발전 가능성이 높은 것이다. 이는 도가 자기 영역을 부드러운 자애로 내어주고 덕은 그 영역을 사용함으로써 만물의 성장을 돕는 곡직의 흐름이다.

무와 유의 대립적 상보전환 과정이 무한히 반복됨으로써 천도의 부드러움과 땅의 강함의 상보상합의 중심에서 만물은 생축된다. 도와 덕의 생축과정에 따른 곡직사유는 굽은 것은 곧바로 온전하게 할 수 있다. 하지만 도와 멀어진 자는 곡과 전을 분리하여 보는 대립적 사유를 지니게 된다.曲則全 따라서 사물의 가치에 매몰된 사유를 지니기 때문에 구제 받기 위하여 사유의 전환이 필요하다.37)

해가 지면 달이 뜨고 달이 지면 해가 떠올라, 서로 번갈아가며 돕고 의지함으로써 밝음이 생겨나는 것이다. 추위가 가면 더위가 오고 더위가 가면 추위가 와서, 서로 번갈아가면서 오고 하는 과정에서 서로 의지함으로써 한 해를 이루게 한다. 가는 것은 움츠리는 것屈(기세가 꺾임)이고 오는 것은 활개를 펴는 것이니伸(기세가 당당해

---

37) 『도덕경』 22장.

짐), 굴신屈伸이 서로 번갈아 가며 감응함으로써 이로움이 생긴다.38)

다석은 인간은 물 흐르듯이 흐르는 이제 여기의 생명의 한 점에 순간적으로 접촉할 뿐 머물게 되면 생명을 유지할 수 없으므로 쉼 없이 움직여 나가야 한다고 말한다. 변화하는 질서 속에 인간이 해야 할 일은 아무것도 없으며 어느 곳에도 머물지 않고 단지 도를 좇아 덕의 영역을 넓혀 무에 따른 섭생화를 이루는 것이다.

따라서 천지 만물은 무의 쓰임에 의하여 저절로 됨으로써 이루어지지 않는 일이 없다고 한다. 누구든지 하루의 삶을 직시하고 자연성을 발전시키며 각각의 환경과 사회성의 욕구로부터 조화와 균등을 이룰 수 있는 무의 생활을 이어가기를 고대한다. 이 자리를 떠나서는 생명을 유지하기가 어렵기 때문이다. 무의 세계에서 일어나는 허굴의 기운은 쉼 없이 뻗어나가는 자연적 서원반 운동으로 팽창과 수축의 사유의 분화를 자유롭게 하여 인간의 사유를 전환하는 계기를 마련한다.

도의 존재 과정에서 드러나는 무의 쓰임에 따른 절로 어울리는 이로움으로 본연의 제자리를 회복하여 그것으로부터 일어나는 내적 삼보를 통하여 섭생을 전개하여 자기의 역할을 담당하게 한다. 다석은 자균자화를 천지의 자연스러운 변화활동에 따른 내적 질서의 사유전환을 통하여 무위자연의 흐름을 수용하여 변화되는 것으로 말한다.

세상 만물은 변화 속에 존재한다. 변화할 수 있다는 것은 비어 있음으로 가능하고 또한 만물이 생성될 수 있는 근거를 제공한다.

---

38) 『繫辭傳下』第五章: 天下何思何慮. 日往則月來, 月往則日來, 日月相推而明生焉. 寒往則暑來, 暑往則寒來, 寒暑相推而歲成焉. 往者 屈也, 來者信也, 屈信相感而利生焉. 尺蠖之屈, 以求信也.

따라서 늘 비어 있는 상도의 길은 스스로 그러함으로 만물을 생성하고 그곳에 머물지 않으며 쉼 없이 흐른다. 이는 도의 조화의 길로써 스스로 무위자연의 균형을 이루고 경계가 없이 고르게 흐르는 영속적인 한결같음을 말한다.

인간의 내적 질서인 속알의 균화 작용이 현실화되면 잘 삶의 자연적 영역으로 돌아가게 된다. 잘 삶을 실현하는 길은 천지의 역동적 변화 속에 중심을 잃지 않는 것이다. 그것은 인간됨을 실현하는 것이다. 그 결과 비어 있는 중심으로부터 나오는 '길의 법은 받은 대로 저절로 됨'의 잘된 길에 의하여 존재 의미를 회복하게 된다.[39]

다석은 천지 사이의 역동적 흐름의 균화작용에 의하여 욕망의 구멍과 감각의 문이 저절로 닫히게 된다고 설명한다. 잘 삶의 균화에 따른 되새김의 슬기知和의 빛을 내 안에 비치게用其光. 復歸其明 하면 자승자강의 자기를 성취한다. 어머니를 얻음으로써旣得其母, 그 아들을 아는以知其子 일관된 원칙, 즉 고른 앎知和으로 저 아는 게 밝아져自知者明 어머니 나라를 지키게 된다.

다석은 어머니가 주는 섭생으로 작은 것을 볼 수 있는 밝은 지혜의 문이 열리게 된다고 한다. 그 문으로 자신이 저지르는 욕망을 볼 수 있는 여지가 생겨 그 길에서 벗어날 수 있음을 강조한다. 이는 어머니 품에서 나오는 부드러운 무위자연의 기운에 따른 균화의 조화로움으로 설명한다. 이 기운은 천지 사이에서 풀무와 같이 쉼 없이 이어져 나온다. 균화의 기운은 만물이 스스로 자라게 하는 자연적 조화의 기운이다. 이는 사이와 사이를 현묘한 빛으로 이어서

---

39) 『늙은이』 25장: "사람이 법 받은 땅(人法地), 땅이 법 받은 하늘(地法天), 하늘이 법 받는 길(天法道), 길이 법 받은 저절로 로다(道法自然)."

분별심에 따른 욕심을 무욕으로 전환시키는 내적 동력이다. 강한 것은 부드럽게 구부리게 하고 부드러운 것은 곧게 펼칠 수 있게 잘 된 길을 유지하는 존재의 힘이다. 천체의 휘몰아치는 역동적 나선 형 회선운동의 가온에서 일어나는 한 무리의 율동의 부드러운 속성 은 없음과 있음의 두 측면으로부터 세계화가 이루어지게 늘 중심축 을 유지하게 한다.

다석은 인간이 스스로 자의적으로 하려고 하는 목적의식은 도의 균화의 조화로움에서 벗어나게 하는 인간의 잘못된 방향성을 제시 한다고 본다. 인간이 달리고 뛰는 치빙심馳騁心에 의하여 벌어진 틈 새를 그 없는 구석을 씀으로當其無用 자연스러움으로 회복시켜야 한 다. 무위의 부드러움天下之至柔을 아는 늘앎으로 그 자리를 도의 생명 善攝生으로 채워야 한다.

천지 사이의 풀무에서 나오는 균화의 기운은 만물의 생명을 보존 할 수 있게 늘 밝은 빛常明으로 우리를 호위한다. 인간은 이 밝음으 로 변화 속에서 중심을 지켜 자승자강의 자기를 형성한다. 그리고 균형 잡힌 일정한 질서가 유지되면 각자의 자유가 보장되는 조화의 공간이 저절로 펼쳐지게 된다.

다석은 인간이 도의 숨을 쉬는 공간은 늘 밝은 빛이 비추어 천지 의 흐름을 알게 하고 그것과 내적 질서가 균형을 이루어야 한다고 설명한다. 균화의 기운은 낮은 곳에 처해 있으며 가득 차지 않고 소용돌이치면서 계속 흐르고 있다. 인간을 어느 곳에도 머물지 않 게 하고 저절로 변화의 흐름에 따르게 한다.自賓自化 인간이 도에 따 른 균화의 기운을 체득하면 자정 영역을 회복한다. 무엇을 보지 않 고도不見, 하려고 하지 않아도不爲而成 이루어지게 된다. 도의 섭생은 낡은 것은 그대로 두고 스스로 그러함으로 변화시켜 그 완전함을 이룬다. 또한 극에 이르면 다시 본래의 자리로 돌아오게 하는 명관 명지로 전이轉移의 틈새를 확보한다.

다석은 이러한 빈틈이 천지 사이와 사람과 사람 사이의 물리적 시간과 공간의 틈새가 아닌 것으로 본다. 이는 인간의 관점에서 보는 공간적 틈새가 아닌 도의 숨을 쉬는 제3의 빈틈이다. 이 틈에서 제공되는 덕을 통하여 가온인간의 자기가 형성된다.[40]

또한 인간의 잘못된 인식에 의하여 벌어진 사이의 간극은 속알의 고른 어울림으로 상대적 틈을 없게 한다. 이로부터 인간의 상대적 의식이 소멸된 무사지以其無死地의 늘 밝은 하루의 삶을 사는蓋聞善攝生者 본래 인간을 회복한다. 사이의 비어 있음은 단 이슬이 솟아나는 가온샘으로부터 역동적 생명의 범위를 끊임없이 확장시켜 공평무사를 이루고 수신에 따른 선을 행하여 자기를 실현한다.

다석은 인간이 자신의 제자리를 회복하는 것은 허를 지극하게 하고 고요함에 이르게 되면 만물 병작의 과정 속에서 도의 흐름을 저절로 알게 되고 지켜 나가게 된다고 설명한다. 인간은 본래의 조화의 자리로 되돌아가 변화에 순응하는 복명을 회복한다. 이 복명은 인간의 필연적 생명으로써 몸과 마음을 하나 되게 한다. 인간은 덕을 쌓음으로써 잘된 길을 이루고 그것을 행한다. 그러므로 도의 숨을 쉬고 사는 잘 삶의 생명을 얻게 되어 대환의 심신에서 벗어나 무난無難한 하루의 삶을 영위하는 가온인간을 구현한다.

다석은 이를 이루기 위한 방편을 하늘땅이 맞닿아서, 고르게 내리

---

40) 『도덕경』 4장: "道沖而用之, 或不盈, 淵兮似萬物之宗."; 42장: "萬物負陰而抱陽 沖氣以爲和, 人之所惡唯孤寡不穀, 而王公以爲稱, 故物或損之而益, 或益之而損, 人之所敎, 我亦敎之, 强梁者不得其死, 吾將以爲敎父."; 27장: "是以聖人常善救人, 故無棄人, 常善救物, 故無棄物."

는 단 이슬天地相合. 以降甘露과 같은 고른 앎의 지혜로 설명한다.41) 천지의 흐름과 내적 속알의 질서가 동일함을 되새김의 슬기知和를 통하여 알아야 한다고 본 것이다. 천·지·인 사이의 공생공존의 덕으로 공정한 세상 본보기가 구축된다. 변화의 흐름에서 공평해짐은 도의 큰 덕으로써 무엇을 이루고도 머물지 않고 저절로 모든 것이 존재한다는 것을 의미한다. 그것은 균화 작용의 질서로 가능하다.

다석은 이러한 공정한 세상 본보기를 구축하는 것이 '빔道'과 '때에 맞춤德' 그리고 '잘됨善'의 질서라고 말한다. 이는 시모의 품으로부터 얻는 하늘 생명을 먹고 저절로無爲自然 양육되는 것食母은 귀하고 독자적인 도의 숨을 쉬기 때문이다. 곡직사유의 흐름에 따라 만물은 순간순간 일어나는 사이의 생명을 통해 선위도자善爲道者의 자기만이 영위할 수 있는 아독我獨의 자연적 영역으로 자유로운 사유를 누리는 존재로 성장한다.

도를 좇는 자는 세상 사람들이 추구하는 부귀와 영화, 인의와 예, 희로애락을 좇지 않는다. 오직 도의 조화의 세계에 순응하고 모체인 도가 주는 것만을 먹고 자라기 때문에 아독의 오직 한길인 무위자연의 길을 따라 늘 밝은 하루의 삶을 산다. 도의 자애로 만물을 먹여주면 만물은 스스로 도의 숨을 쉬게 된다.食母自息 도의 자애로 자기의 영역을 내어주면 덕은 그것으로 만물을 호위한다. 도의 비어 있음을 내주고 덕은 이로움을 발휘하여 만물을 자족자부하게 한다.

빔은 곡선의 길을 따르면 무엇을 하고자 함이 없어도 도에 의하여 못 이루는 것이 없는 무위의 상태로 있는 것이다. '잘됨'은 하고

---

41) 『도덕경』 16장: "致虛極 守靜篤,萬物竝作, 吾以觀復, 夫物芸芸, 各復歸其根,歸根曰靜 靜曰復命 復命曰常 … 知常容, 容乃公, 公乃王, 王乃天, 天乃道, 道乃久, 沒身不殆."

자 함이 없이 천지의 자연적 질서에 응하는 것으로 인간의 지향적 의식이 배제된 상태를 말한다. 이것이 어떠한 인위적 행위가 작용할 수 없는 무간의 자율적 질서이다.[42] 도의 늘 빔不盈은 자기의 영역을 내어주는 것이며 때에 맞춰 반동反動의 역할을 하는 것이다. 이로써 자기의 영역은 늘 혼성混成한 약용弱用의 상태로 언제든지 때에 맞춰 도울 준비가 되어 있는 늘 빔의 상태를 유지한다.

다석은 도는 변화의 사이에 일어나는 절로 이루어지는 효능의 작용으로 한결같은 조화의 영역을 넓혀 도의 기교가 가득한 세상 본보기를 이루는 것이라고 말한다. 이는 길 따라 저절로 됨道法自然의 잘된 길善行로 설명한다. 후덕한 속알로 선을 행함으로 그 덕이 점차적 과정에 의해 쌓여 가면서 참된 나를 실현한다. 자기의 참된 덕·넉넉한 덕·풍성한 덕으로 적자와 같은 마음을 가질 수 있다.[43]

그렇다면 잘 삶을 실현하기 위하여 선의 영역으로 돌아가는 방식은 무엇인가? 이에 대해 다석은 다음과 같이 말한다.

> 배우길 ᄒᆞ면 날로 더ᄒᆞ고爲學日益, 길가길을 ᄒᆞ면 날로 덜흠爲道日損. 덜고 덜ᄒᆞ야서 흠없음에 니름損之又損, 以至於無爲. 흠없어 ᄒᆞ지 않음이 없으리無爲而無不爲므로 셰상을 집는 데는故取天下, 늘 일없음을 써야지常以無事. 그 일이 있게되면 넉넉스리 가면及其有事, 셰상을 집지 못흠不足以取天下.[44]

42) 『늙은이』 20장: "나 홀로 남보다 달라서(我獨異於人), 어머니 (젓) 먹기를 높이노라(而貴食母)."; 57장: "내 함 없어서 씨알 제대로 되고(我無爲而民自化), 내 잘 고요하자 씨알 제 바르고(我好靜而民自正)."

43) 『도덕경』 51장: "故道生之, 德畜之, … 生而不有, 爲而不恃, 長而不宰, 是謂玄德."; 54장: "修之於身 其德乃眞 修之於家 其德乃餘."; 55장: "含德之厚, 比於赤子, 蜂蠆虺蛇不螫, 猛獸不據, 攫鳥不搏, 骨弱筋柔而握固, 未知牝牡之合而全作, 精之至也."

44) 『늙은이』 48장.

다석은 인용문의 내용에서 인간이 '덜어내는 것'은 자신의 욕망을 멈추게 하는 도를 향해가는 것으로 이해한다. 앞서는 도를 좇기 위해서는 자기를 낮춰야 한다. 인간이 자신을 '잘 낮추는 것善下'은 지금 여기에서 일어나는 사건에 머물지 않고 도의 숨을 쉬는 균화의 자리를 지키는 것이다. 이를테면 무위무불위의 경지에 도달하여 다투지 않는 속알是謂不爭之德을 쌓는 것이다. 천하를 취하려고 언제나 세상일에 얽매여 분주한 사람은 결코 천지의 흐름을 읽지 못하여 도를 앞서려고 하여 환란에 처한다.

다석은 낮춤은 인간의 쌓아놓은 것을 덜어내고 덜어내 낮은 자리인 삼보로부터 얻는 도의 대교를 보유하게 된다고 말한다. 그러므로 잘된 길善行을 이루게 되고 이것과 저것의 손익 계산을 따지지 않는다. 낮춤은 돌아감이요, 상도의 머물지 않음不盈으로써 자기의 영역을 덕에게 내어주는 반동反動의 역할을 하는 것이다. 막힌 길을 환하게 뚫어 모든 것에 두루 미쳐 공평무사함으로 어울리게 한다. 세상의 학문적 기교로 계산을 하면 손익의 차이가 명확하게 드러나지만, 자연적 선善으로 셈을 하는 사람은 이해관계에서 자유롭다.

이것과 저것의 분별을 떠나 자유로움은 곧바르게 뻗어나가 생하면 때에 따라 본래의 자리로 돌아가는 곡직전曲直全의 흐름이다. 곡직은 부득이한 변화에 순응하며 때에 맞춰 곧게 뻗기도 하고 때가 이르면 굽기도 휘기도 하는 천도호환天道好還의 흐름이다. 만물이 되돌아감은 무의 그 없는 구석을 씀으로 미명과 같이 어떤 것도 분별하지 않는 어눌함으로 보이게 되는 무위의 자리를 유지하는 것이다.

이 점에서 다석은 덜어내는 것은 상대성에 머물지 않고 자연계의 흐름에 편승하여 무위자연의 경지에 도달하는 것으로 이해한다. 덜어내는 것은 쉼 없이 움직이는 도의 흐름에 앞서지 않고 나를 뒤로 하여 무의 영역으로써 덕으로 채워 나가는 낮은 자리이다. 이것이 인과응보의 순환논리에 따른 안정화를 이루는 균화의 섭생을 실현 하는 존재 방식이며, 무의 생활을 통한 가온인간의 자정 능력을 함 양하는 하루 철학의 수양 방식이다.

도의 자리는 변화하는 과정에서 일어나는 부득이한 상대성의 사 유를 섭생으로 전환하여 '없음은 있음의 틈을 없이無有入無間' 하는 현 상적 과정의 홀황惚恍한 세계상을 드러낸다. 마주 보아도 앞을 볼 수가 없고, 뒤를 따라가도 그 뒤를 볼 수가 없다. 지금까지 전해지 고 있는 '지금 여기'의 선을 이루는 자는 분별의 세계를 벗어나는 미묘현통한 무극의 세계에 머문다. 그리고 사고의 깊이가 깊어 이 것과 저것을 구분하지 않고 혼일한 불가식深不可識의 마음을 지닌다.

다석은 도를 품고 있는 자는 자기를 수용할 수 있게 늘 마음을 비워 두어야 함을 강조한다. 그 빈 곳은 덕을 쌓아 전일체를 이루 고, 그것에 머물지 않고 덕의 선을 행함으로써 자신을 보존할 수 있다. 인간의 마음에는 삶과 함께 한계를 극복하고자 하는 목적 지 향적 의식이 있는데 이러한 사유가 무한을 동경하면 욕망으로 이어 지게 된다.

다석은 하고자 함의 지나침을 곡선 방향으로 선회시켜 제자리를 회복하는 사유 방식을 제시한다. 인간의 인위적 사유의 방향을 막 힌 길을 환하게 뚫어 걸리는 게 없이 모든 것을 하나로 어울리게 한다. 따라서 늘 안정화를 이루기 위한 자균의 작용으로 선회시킴 으로써 점차적인 수양에 따라 덕이 쌓이게 된다. 덕의 변화의 조성 을 돕는 쓰임을 인간의 자생적 삶을 위해 쓸 것인가, 아니면 천지의 흐름을 알기 위한 것인가에 따라 그 주체는 불선자와 선위자로 나뉘게 된다. 선위자는 천지의 곧게 펼쳐 어울리게 하는 곡직의 흐름을 알고 집착을 내려놓는 주체이다. 본래의 속알이 드러나 선에 의하여 마음의 평정을 찾는 존재이다.

이와 관련하여 다석은 다음과 같이 말한다.

> 다스리는 이는 늘 가진 몸이 없다聖人無常心. 온 씨알 몸을 가지고 몸 ᄒ기에以百姓心爲心, 잘ᄒ 이게 내 잘ᄒ였다 ᄒ고善者吾善之, 잘못ᄒ 이게 내또 잘ᄒ라려니不善者吾亦善之, 속알 잘이로다德善. 믿이를 내 믿거라 ᄒ고信者吾信之, 못믿이를 내 또 믿어라려니不信者吾亦信之, 속알 믿이로다德信. 다스리느 이, 셰상에서聖人在天下, 섭섭이도, 셰상 때문에 그 몸을 왼통ᄒ니歙歙焉爲天下渾心焉, 온씨알은 다 귀와 눈을 그리로 물 따르듯 따르누나百姓皆注其耳目. 다스리는 이는 다 어린이 달래듯이 달래누나聖人皆孩之.45)

이 인용문을 통하여 다석은 인간 본연의 제자리를 회복하는 '늘 가진 맘이 없는' 무상심無常心의 마음 상태를 설명한다. '무상심'의 상태는 변화의 흐름에 동참하여 모든 것을 한시도 고정하지 않는 특성이 있다. 그리고 쉼 없이 흘러 돌아갈 데가 없는 무소귀無所歸의 조화상태를 형성한다는 특성이 있다. 이는 덕의 선으로 세상의 관념들과 승리하여 부쟁의 덕으로 선회하는 것이다.善勝不爭

다석은 만물은 모두 천도의 그러함에 맡기고 의지하는 것天然에 의하여 생성되므로 그 자체가 무엇을 더할 것 없이 아름다운 것으로 본다. 인간이 생존하기 위한 강한 의지는 천도의 오롯한 하나에

---

45) 『늙은이』 49장.

서 고른 어울림의 숨이 쉼 없이 샘솟는 균화의 중재에 의하여 섭생을 얻게 돼 저절로 소멸된다. 인간의 무상심의 상태는 상대성을 뛰어넘는 길의 법 받은 대로 절로 됨의 늘앎을 형성하여 더 큰 뜻을 얻을 수 있다. 이를테면 영아의 마음처럼 부드러운 섭생을 가져 덕을 두텁게 하여 어머니를 지킬 수 있는 것과 같다.46)

다석은 인간의 마음 상태를 '씻어난 이罷人'의 마음처럼 고정된 바가 없는 잠시 쉬었다 가는 과객과 같은 마음으로 언급한다. 이것이 '무상심'이다. '무상심'은 관념, 습관, 개인의 편파적인 생각을 넘어서 보편적인 우주적 의식, 곧 하늘의 소리를 듣고 따르는 경지에 도달한 인간의 마음 상태이다. 또한 그것은 역동적 변화 속에서 잘몬萬物에게 좋게善爲 하고 다투질 않게 때를 잘 맞추는動善時 마음의 속성을 갖는다. 그리고 지금 여기에 조화의 점을 찍어 어느 곳에도 머물지 않고 고르게 어울리게 하는 흐름과 함께하는 '자빈자화自賓自均'의 마음이다.

다석은 인간이 어느 곳에도 머물지 않는 늘 가진 맘이 없는 상태를 이루는 방법을 언급한다. 이를테면 천지의 흐름과 내적 씨알의 자연적 발아의 접점인 스스로 고르게 하는自均 잘 삶을 이루는 것이다. 선을 세우고 품어 그 뒤를 따르면, 그 결과 날마다 마음속에 있는 집착이 하나씩 줄어든다. 따라서 성인은 무욕·무심함으로써 모든 것을 진실하게 본다. 이렇게 되면, 내 몸의 감각을 뒤로하고吾無身 자기의 귀함을 알고 지켜吾貴身 선을 이루는 씨알의 자기 수고의 상태가 된다.吾愛身 내가 하는 것은 도가 하는 일이 되고, 그 결과 자연

---

46) 『도덕경』 77장: "天之道, 損有餘而補不足, 人之道, 則不然, 損不足以奉有餘."; 59장: "有國之母, 可以長久, 是謂深根固柢, 長生久視之道."

적 영역이 넓어져, 무엇을 해도 막힘이 없이 이룰 수 있다.

다석은 천지의 쉼 없는 움직임은 어느 곳에도 머물지 않고 '고루 뚫려 있음으로 쓰이고^{道. 沖而用之}', '빔 뚫린 김으로 고르게^{沖氣以爲和}' 하는 것으로 본다. 이는 생명의 풀무질이 멈추지 않고 막힌 길이 환하게 뚫려 모든 것을 어울리게 하는 균화의 작용에 의해 끊임없이 이어지고 있음을 말한다. 물과 같이 흐르는 무위자연의 잘된 길의 흐름을 덕에 의지하여 잘된 자의 늘앎으로 존재 의미를 회복하는 것이다.47)

다석은 무의 세계에서 일어나는 천지 사이의 변화의 사건을 풀무질로 보았다. 이 풀무에서 나오는 바람은 움직일수록 오묘함을 쏟아내는 중묘지문과 같다고 말한다. 혼성한 문으로부터 천지가 생겨나고 그 사이에서 수많은 이름이 생겨난다. 혼현한 도의 문은 천지의 시작점이며 이름 있는 모든 것의 바탕을 제공하는 시모의 품^{天地之始. 萬物之母}으로 비유한다. 다석은 인간이 지켜야 할 무상심을 도의 숨을 쉬며 그것을 지켜 행하는 식모의 품속의 세속의 때가 묻지 않고 아직 감정을 표현하지 못하는 순수한 영아의 해심^{嬰兒之未孩}으로 비유하여 설명한다. 하늘 양식을 먹여주는 귀식모^{貴食母}는 자식 같은 속알을 통해서 만물의 존재과정을 돕는다. 도의 무위자연의 사랑으로 자기의 영역을 내어주면 덕은 그것으로 만물을 양육한다. 따라서 도는 빈약한 늘 빔의 상태를 유지하고 덕은 만물을 자족자부하게 한다.

다석은 이것이 씨알을 저절로 바르게^{我好靜而民自正} 하여 성숙한 단

---

47) 『도덕경』 49장: "聖人無常心, 以百姓心爲心, 善者吾善之, 不善者吾亦善之, 德善 信者吾信之, 不信者吾亦信之, 德信, …爲天下渾其心, 百姓皆注其耳目焉, 聖人皆孩之."; 5장: "天地之間, 其猶橐籥乎, 虛而不屈, 動而愈出. 多言數窮, 不如守中."

계에 도달하게 하는 것이라고 말한다. 인간은 도의 일관된 흐름이 빈틈없이 펼치는 현묘한 작용을 좇아 이를 지키고 행해야 한다. 그럼으로써 인간의 고른 앎은 도와 덕의 이치를 알고 지켜 행하는 가온지킴의 수양에 따른 슬기로운 수비형守備形의 자기慈己를 형성한다. 도와 이어져 있는 밝음은 조화를 따르는 자와 따르지 않는 자를 구별하지 않는다. 따라서 모두를 감싸 안는 변화의 흐름과 잘 적응하고常善求人, 늘 사물을 잘 구제함으로써常善救物 잘된 자의 하루를 실현한다.

다석은 인간이 태어날 때부터 갖는 고유의 습성을 도를 좇음으로써 얻는 내적 삼보로 잘 다스려 나가는 것으로 본다. 덕의 자애로 호위 받으며 가온에서 일어나는 부드러운 기운均化으로 도를 따라가는 방향으로 선회시킨다. 미명의 혼연한 상태에서 내 안에 덕을 쌓아 천지의 흐름을 알고 지켜 행하여 고른 어울림의 숨이 쉼 없이 샘솟는 '푹 밝음襲明'의 늘앎으로 변화에 대처해야 한다.

결국 다석은 상도의 자애로 자기의 영역을 내어줌으로써 인간에게 덕의 때와 장소를 알게 한다. 절로 됨의 흐름의 속도를 맞춰 나가는 고른 어울림의 숨은 만물을 공평하게 성장하게 하는 것으로 이해한다. 이것을 다석은 사람과 사물에게도 집착하지 않아 버리는 일이 없는 '무기인故無棄人'으로 설명하고 있다. 그러므로 도의 낮은 자리의 섭생으로부터 무위·무사함이 일어난다. 도의 자기 전개에 따른 사유의 분화 과정에서微明 무의 세계를 통하여 사유의 전환을 꾀하는 것이다. 이는 내 안에 천문개합을 통하여 천지의 흐름을 아는 것이며 이를 통하여 선을 이루고 행하여 현상세계로부터 제약을 받지 않는 부쟁善勝不爭의 자리를 확보하는 것이 제자리魚不可脫於淵를

지키는 것으로 설명한다.[48)

(2) '늘 밝은 삶善攝生'의 전개 과정

다석은 도는 무를 통하여 자기 전개를 하는 것으로 설명한다. 무의 세계는 '길의 법 받은 대로' 저절로 잘된 길을 좇게 하는 늘앎으로 가온인간을 이룬다. 이를 다석은 모든 것을 공평하게 처세하는 잘된 자의 역할을 다하는 것으로 본다. 전체와 하나 됨은 천지조화의 기운이 솟는 가온 샘으로부터 널리 퍼지는 가득한 빛의 길을 좇음으로써 도가 앞서고 자기를 뒤에 있게 된다. 뒤에 섬은 천지변화의 순환이치에 순응하는 것으로서 이는 직의 발전 성향을 좇아 덕의 곡선의 위치에 편승하는 것이다.

덕에 의한 가온인간의 함이 없어도 저절로 드러나는 길의 늘앎은 세상에 감춰진 날카로운 무기인 갈등과 대환으로부터 벗어나게 한다. 어떠한 분쟁이 닥쳐도 그 전쟁을 피할 수 있는 지혜가 필요하다. 인간은 거듭 쌓은 속알重積德로 속裏을 꽉 차게 하는 현덕의 지혜로부터 사물을 분별하는 날카로움과 자기가 주인이 되려 하는 욕심에 의한 전쟁으로부터 피할 수 있다.49) 다석은 세상의 생존경쟁의 전쟁터에서 싸우는 용병의 용감성을 다스리는 법을 도와 덕을 존귀

---

48) 『늙은이』 27장: "이래서 씻어난 이는 늘 잘 살 사람을 건짐(是以聖人 常善求人), 므로 사람을 버리는 (일이)없고(故無棄人), 늘 잘 몬을 건짐(常善救物), 므로 몬을 버리는 일이 없어라(故無棄物), 이 일러 폭 밝음(是謂襲明)."; 36장: "이 일러 뭣 밝음(是謂微明), 부드러움이 굳셈을 이김, 무른 게 센 걸 이김(柔弱勝剛强), (물)고기가 (물) 깊음을 벗어나지 못(하듯이)(魚不可脫於淵), 나라의 날카로운 그릇을 가져(國之利器)."; 16장: "늘 아는 걸 밝다 한다(知常曰明)."; 1장: "므로 늘 하고잡 없어서 그 야믈ㅁ이 뵈고(故常無, 欲以觀其妙), … 한께 일러 감아, 감아 또 감암이(同謂之玄, 玄之又玄), 뭇 야므짐의 오래러라(衆妙之門)."

49) 『도덕경』 54장: "善建者不拔, 善抱者不脫, … 修之於身, … 故以身觀身, 以家觀家 以鄕觀鄕, 以國觀國, 以天下觀天下."; 61장: "大國者下流, 天下之交, 天下之牝, 牝常以靜勝牡, 以靜爲下."; 68: "善爲士者不武, 善戰者不怒, 善勝敵者不與, 善用人者爲之下."

하게 여기게 하는 불감위의 사유로 멈추게 해야 한다고 강조한다. 그럼으로써 자연적으로 드러나는 덕으로 몸과 마음을 보다 건강하게 가꾸는 '늘 밝은 하루의 삶善攝生'을 생활화한다.

그렇다면, 다석이 설명하는 분별력을 포섭하고 하나로 감싸는 부드러운 도의 올바른 삶을 유지하게 하는 섭생은 어떻게 얻을 수 있는 것일까? 다석은 다음과 같이 말한다.

> 나와 살고, 드러 죽음出生入死, 열 있으면 살아가는 이들이 셋이고 生之徒十有三, 열 있으면 죽어가는 이들이 셋이고死之徒十有三, 열 있으면 사람으로 나서 人之生, 動之死地, 죽을 터로 움직여 가는 이 또 셋이다亦十有三. 그저 어찌면고夫何故 그 살림을 살기를 두텁게만 ᄒ랴므로다以其生生之厚, 그런데 드르니 삶을 잘 가지고 가는이는蓋聞善攝生者, 뭍에 가도 물소나 범을 만나지 아니ᄒ고陸行不遇兕虎, 싸우는 데 드러가도 병기를 사리지 아니ᄒ다니入軍不被甲兵, 물소가 그 뿔을 던질 데가 없고兕無所投其角, 범이 그 발톱을 댈 데가 없고虎無所措其爪, 병기가 칼날을 드리밀 데가 없다ᄒ다兵無所容其刃. 그저 어찌인고夫何故 그 죽을 터가 없음므로다以其無死地.[50]

다석은 이 인용문 내용을 통하여 길을 내고, 속알 쌓는 잘 삶의 과정을 설명한다. 즉 꽃의 테두리를 형성하고 있는 허공과 하나를 이룰 때 그 사물의 전체를 볼 수 있는 늘앎을 표현하고 있다. 사물의 전체를 보는 늘앎은 현덕을 품은 자로서 그 가치에 머물지 않고 이름 없음의 무명의 도에 따라 스스로 변화되는 지혜를 확보하는 것으로 말한다.

---

50) 『늙은이』 50장.

다석은 세상의 사물은 있음에서 나고, 있음이 없음에서 나게 하는 빔 뚫린 김의 고른 조화의 덕분德分에 인간의 세상을 보는 관점이 공생공존의 세계관을 형성한다.51) 이러한 공정한 세상 본보기를 이루는 없이있는 무극의 혼일한 세계는 천·지·인 사이의 경계를 초월한 없이있는 세계로서 그 실체를 알 수 없는 홀황한 조화의 세계이다. 세긋三極의 저절로 된 길天地人法自然을 따라 돌고 도는 돎의 세계는 이것과 저것이 뒤섞여 황홀한 세계를 구성한다. 인간은 이러한 혼현한 세계 속에서 무위자연의 늘앎知常으로 도의 흐름을 알고 선을 행하면 황홀한 세계를 체득한다. 휘몰아치는 돎의 세계로부터 솟아나는 가온기운으로 우뚝 솟구쳐 덕이 안내하는 대로 제 꼴 따라 사는 삶을 말한다. 이때 변화에 대처하는 자화자균의 능력 함양은 필수적이다. 고른 앎知和은 육체를 동일시하고 있는 관념적 사유를 전환시키는 지혜이다. 이러한 지혜로부터 새것이 나오는新陳代謝 진공묘유眞空妙有의 가온으로부터 잘 삶善攝生의 속성을 알게 된다.52)

장자는 천지 변화의 흐름과 같이 맞물려 서로 꼬리를 물고 순환하는 흐름에 맞춰 사는 것을 자연의 법칙에 따라 사는 것이라고 한다.53) 무엇을 위하여 사는 것이 아닌 자연의 흐름인 생사는 하나의 질서이며 죽음도 삶의 변화의 한 과정이다. 도의 생명은 이러한 변화의 동일한 과정에서 병기와 같이 날카로운 분쟁으로부터 벗어나

---

51) 『늙은이』 28장: "그 희기를 알고 그 검기로 지키니(知其白, 守其黑), 세상 본 되리(爲天下式). 세상 본 되어 늘 속알이 틀리지 않으니(爲天下式, 常德不忒), 다시 없꼭대기로 돌아가리(復歸於無極)."

52) 류영모, 『다석일지』 제1권, 서울: 홍익재, 1990, 41쪽, 429쪽 참조; 김흥호, 『다석일지 공부』 제2권, 서울: 솔출판사, 2001, 562쪽 참조; 『늙은이』 55장: "… 해가 마치도록 울어도 목이 쉬지 않음은(終日號而不嚘), 고름의 지극함이라(和之至也). 고름 앎을 늘이라 하고(知和日常), 늘을 앎을 밝이라 하고(知常日明)."

53) 『장자』, 「知北遊」: "生也死之徒, 死也生之始, 孰知其紀, 人之生, 氣之聚也, 聚則爲生."

생과 사에 제약을 받지 않고 영속적 항상성의 흐름을 갖는다.

다석은 천지의 조화를 좇으면 분별력에서 벗어날 수 있으며, 불응하면 유한성에 매몰돼 죽음으로 가는 길死之徒이 있다고 밝힌다. 도의 저절로 된 길을 따라 순환하는 탄생 → 삶 → 죽음의 여정은 한결같은 하나의 이치에 의하여 일어난다. 자연적 섭리 속에 오래 사는 사람이 열 명 중에 세 명쯤 있고, 일찍 죽는 사람도 열 명 중에 세 명쯤 있다. 우주 만물의 역동적 변화 속에서 삶에 집착하여 죽음으로 가는 사람도 열 명 중에 세 명쯤 있다.

열 명과 세 명이라는 숫자도 오래 사는 자와 일찍 죽는 자 그리고 삶에 집착하여 일찍 죽는 자 등도 모두 한결같은 하나의 흐름에 의해서 살고 죽고 또다시 탄생된다. 시방삼세十方三世의 과거·현재·미래의 시공의 흐름도 하나의 흐름일 뿐 다 같은 순리에 따라 질서 있게 일어났다 사라진다. 도의 저절로 된 길 따라 질서 있게 순환하는 천지인의 흐름이다.

다석은 없이있는 하나의 흐름은 한결같고 다함이 없으며 한 치의 오차도 어긋남이 없이 우주 만물을 움직이는 영속적 항상성의 질서라고 설명한다. 이 흐름은 소리도 없고 형체도 없으며 무엇에 의존하지도 않고 변하지 않는 두루 편만하여 미치지 않는 곳이 없고 없어질 위험이 없는 독립불개獨立不改의 유물혼성-혼일-포일의 질서라고 말한다.54)

인간의 생과 죽음은 하나로부터 연원하여 이름만 다를 뿐 어느 한쪽에 치우쳐 더 살려고 집착하면 오히려 명을 재촉하는 것이다. 도의 흐름인 선을 이루면 섭생이요, 이 선이 지나치면 불선으로 이

---

54) 『도덕경』 25장.

어져 죽음을 앞당기게 된다. 인간 생존 요소가 십의 삼이면 죽음의 요소도 십의 삼이요, 태어남도 십의 삼의 늘 한길을 따라 이루어진다. 이 모두 덕에 의지하여 저절로 된 길을 따라 얻는 도의 생명이다. 자연계의 흐름을 잘 따르는 자는 도와 덕이 함축하고 있는 무위자연의 생명의 기운을 품고 어린아이와 같은 해심孩心을 지니게 된다. 이는 점차적으로 자라면서 적자와 같은 무상심으로 생에 애착을 보이거나 자신이 맡은 역할을 소홀하게 대하지 않고 덕이 제공하는 제 꼴의 값으로 자연스럽게 사는 자이다. 따라서 천지의 무위자연의 한결같은 하나의 길을 따라 늘 변화하여야 생명을 유지한다. 천도는 늘 호환하며(곡직·서원반·반동약용) 불인不仁하여 인간의 사는 세상의 흐름에 관여치 않는 천도무친의 능변여상의 질서로 흐르기 때문이다.

하상공은 인체의 사지와 아홉 구멍을 합해서 13이라고 설명하면서 도의 자리에서 보면 생사의 구분이 없으며, 인간의 욕심의 자리에서 보면 생과 사를 구분하여 본다고 설명한다.[55]

다석은 인간이 스스로 살려고 하는 '익생'의 마음으로 기를 사용하는 것은 강한 것으로 죽음의 길로 가는 것이라고 본다. 만물은 그 기세가 극에 다하면 기세등등氣勢騰騰하여 쇠퇴하는 순환원리를 갖는다. 그것은 변화 속에 저절로 이루어진 것이 아니다. 세긋三極이 저절로 된 길天地人法自然을 따라 돌고 돌아야 제 꼴값을 갖추고 제자리를 지켜 제 역할을 다할 수 있다. 인간의 인위적 행위에 의하여 만들어진 것은 그 수명이 짧다. 사물의 극에 이르면 지금까지 지녔던 습성은 사라지고 새로운 환경에 적응하기 위하여 다른 형태의

---

55) 이석명, 『백서 노자』, 서울: 청계출판사, 2003, 130쪽 참조.

형상을 이룬다.

다석은 인간이 죽음의 두려움에서 벗어나는 길은 후덕한 덕에 따른 고른 어울림의 넉넉함을 알아 늘 부자와 같은 여유로운 마음을 지녔을 때 가능하다고 본다. 그럼으로써 역동하는 생명의 변화의 흐름에 의연하게 대처할 수 있는 섭생의 사유를 통하여 자기의 역할을 다한다.[56] 인간은 생로병사의 거슬릴 수 없는 자연적 순리 속에 존재하고 있다. 이러한 과정에서 도덕적 생명에 의지하는 무리가 있는가 하면 도와 관계없이 스스로 사는 자생적 무리가 있다.

다석은 스스로 변화하는 생명의 흐름을 잡을 수 없는 것인데도 불구하고, 인간의 착오에 의하여 유한한 생에 대한 애착을 보이게 됨을 주지시킨다. 따라서 자생적 의지를 사유의 전환으로 해소하는 방식을 제시한다. 그는 늘 밝음 속에 사는 잘 삶을 '그 죽을 터가 없는以其無死地' 즉, 삶 속에서 분별심이 유발되지 않도록 무상심을 유지하는 무위의 생명으로 설명한다. 역동적 변화의 흐름 속에는 조화로움이 담겨 있다. 이러한 생명의 흐름을 고르게 어울리게 하여 만물을 만물답게 하고 사람을 사람답게 하는 것이 길 따라 저절로 됨의 잘 삶이다.

다석은 인간의 육체적 생명은 생로병사의 법칙에 따라 산다고 하지만, 도의 생명은 육체의 생명과는 달리 인간의 정신을 유지하고 잘된 길을 갈 수 있도록 하여 변화의 흐름에 대처할 수 있다고 본다.[57] 잘 삶의 속성을 아는 가온인간은 변화하는 생명의 흐름 속에

---

56) 『도덕경』 55장: "含德之厚, 比於赤子, 蜂蠆虺蛇不螫, 猛獸不據, 攫鳥不搏, 骨弱筋柔而握固, 未知牝牡之合而全作, 精之至也, 終日號而不嗄, 和之至也, 知和曰常, 知常曰明, 益生曰祥."; 33장: "知人者智, 自知者明, 勝人者有力, 自勝者強, 知足者富, 强行者有志, 不失其所者久, 死而不亡者壽."

57) 『도덕경』 51장: "道之尊, 德之貴, 夫莫之命而常自然."; 57장: "故聖人云, 我無爲而民自化, 我好靜而民自正, 我無事而民自富, 我無欲而民自樸."; 64장: "民之從事, 常於幾成而敗之, 愼終如始,

서도 길을 잃지 않고 외부의 어떠한 어려운 일이 닥쳐도 모든 것을 수용하는 자기를 이룬다. 다석은 도와 덕은 심신의 조화를 통해 윤택한 삶을 추구하는 '참삶善攝生-wellbeing'의 생활화를 유지하게 한다고 본다.58) 도를 세우고 선을 행하는 섭생을 지닌 자는 죽음을 두려워하지 않는 무난의 사유를 품게 된다. 죽음을 두려워하는 대환의 사유를 '무위의 덕'으로 전환하여 변화할 수 있는 도의 전이공간을 확보한다. 이 지혜의 공간을 통하여 공을 이루고도 머물지 않으며 더 많은 일을 이루는 현덕의 지혜로 천도와 합일을 이룬다. 그러므로 생과 사의 변화에 초연한 무사지의 영역에서 안정을 누릴 수 있다.

다석은 지금 이대로의 모습으로 수컷의 성질이 어떠한 것인가를 알고 암컷의 유연함을 지켜 나가면 '혼백이 하나 됨으로써載營魄抱一' 능히 도에서 떠나지 않을 수 있다고 설명한다. 도에 따른 저절로 도는 돌숨循環氣運의 아주 부드러운專氣致柔 고른 앎으로 변화의 흐름을 알면 길 따라 저절로 됨의 생명을 지킬 수 있다.59) 이러한 도의 생명善攝生을 유지하고 보존하는 사람은 삼독의 해를 입지 않는다. 마음은 늘 비어 평탄하여 세상으로부터 일어나는 생각에 물들지 않는다. 인간의 갈등과 집착이 끼어들지 않으며, 보이는 사물의 '상想'에 현혹되지 않는다. 왜냐하면 세간의 '탐·진·치'에서 벗어나는 도

則無敗事, 是以聖人欲不欲, 不貴難得之貨, 學不學 復衆人之所過, 以輔萬物之自然而, 而不敢爲."

58) 참삶은 '참살이'[善攝生-wellbeing]라는 우리말을 필자가 『늙은이』의 흐름에 맞춰 그 개념을 도입한 것이다. 참살이는 육체적, 정신적인 건강의 조화를 통해 윤택한 삶을 추구하는 삶의 유형이나 문화를 의미하는 국립국어원에서 권장하는 우리말이다. 물질적인 풍요에 치우치는 첨단화된 산업 사회에서 육체와 정신의 건강하고 조화로운 결합을 추구하는 새로운 삶의 방식이나 문화 현상으로 볼 수 있다. 참살이(참삶)를 생활화하면 몸과 마음이 건강해진다.

59) 『도덕경』 28장: "知其雄, 守其雌, 爲天下谿, 爲天下谿, 常德不離, 復歸於嬰兒, …知其榮, 守其辱, 爲天下谷, 爲天下谷, 常德乃足, 復歸於樸, 樸散則爲器 聖人用之 則爲官長, 故大制不割"; 43장: "天下之至柔, 馳騁天下之至堅, 無有入無間, 吾是以知無爲之有益, 不言之教, 無爲之益, 天下希及之."; 10장: "載營魄抱一, 能無離乎? 專氣致柔, 能嬰兒乎?"; 49장: "德善, 信者吾信之, 不信者吾亦信之, 德信, … 百姓皆注其耳目焉, 聖人皆孩之."

의 생명을 지녔기 때문이다.60)

다석은 천지의 사이 가온샘으로부터 나오는 생명의 기운은 인간 몸의 환난을 환하게 뚫어 모든 것을 어울리게 하는 것으로 이해한다. 이 생명은 어떠한 것에도 머물지 않고 펼쳐지며, 곧게 자기 전개를 통하여 만물을 이룬다. 또한 살고 죽는 불사의 현묘한 문을 통하여 끊임없이 비워서 고요함에 이르게 한다. 그 고요함을 착실하게 지켜나가야 내 안의 천도가 있음을 알게 되고 내 몸의 장애를 '하나로 꿰뚫는 속알玄德'로 선을 이룬다.61)

하상공은 자연의 흐름대로 사는 것이 섭생이며 이러한 도의 생명을 잘 보존하는 사람은 맹수나 병기와 같은 날카로운 것으로부터 벗어날 수 있다고 말한다. 왕필은 이러한 것들이 자기를 해칠 곳이 없으니 죽음이 없는 무사지의 영역에 있는 것이며, 인간들은 미물들과 같이 신체를 위하여 먹을 것을 찾지 말고 도의 생명을 얻기 위해 노력하라고 말한다. 하상공은 섭攝을 기를 양養으로, 진고응은 양생으로, 왕필은 육신의 삶을 생으로 여기지 않기 때문에 섭생을 하는 자는 죽을 곳이 없다고 한다.62) 인간의 삶이란 잠시 쉬었다가는 나그네와 같으며 생로병사의 질곡을 덕에 맡기고 자승자강의 자기를 확립하면 생의 두려움으로부터 벗어나게 된다.63)

다석은 도를 품어 덕이 쌓여 선을 행하는 자는 생과 사를 의식하지 않으며 그 경계를 넘나드는 자유로움을 보인다고 한다. 스스로

---

60) 성현영 저, 최진석, 정지욱 역, 『노자의소』, 서울: 소나무, 2007, 503쪽, 507-509쪽 참조.

61) 『도덕경』 47장: "不出戶, (以)知天下, 不闚牖, (以)見天道, 其出彌遠, 其知彌少, 是以聖人不行而知, 不見而名, 無爲而成."; 48장: "爲學日益, 爲道日損, 損之又損, 以至於無爲, 無爲而無不爲, 取天下常以無事, 及其有事, 不足以取天下."

62) 서명응 저, 박원순 역, 『도덕지귀전석』, 부산: 도서출판3, 2017, 329-330쪽 참조.

63) 김학목, 『초원 이충익의 담노 역주』, 서울: 통나무, 2014, 151쪽 참조.

고르게 하는 생명은 덕이 두터워 정기가 지극하여 굳이 수명을 더 얻고자 마음의 기를 강하게 하지 않는다. 다석은 조화를 지극히 하여 영백포일의 심신을 유지하여 도를 세우고 덕을 품은 자를 '잘된 자善爲者'로 이해한다.64)

다석이 설명하는 잘된 자는 상덕의 작용에 의하여 세속의 흐름에서 벗어나 도의 길에 접어들어 심신의 수양을 통하여 현덕을 전개하는 자를 말한다. 먼저 자기의 자명함으로 세상을 밝고 바르게 하여 공생공존의 사회망을 형성한다. 이러한 자는 생사에 연연하지 않고 묵묵히 하루 하루의 삶 속에서 도의 흐름을 좇을 뿐이다.

다석은 생과 사는 이름만 다를 뿐 하나에서 일어나는 사건이며 자연의 변화에 지나지 않는다고 말한다. 이것에 집착하는 것은 어리석음이며, 자칫 이로 인하여 자신의 생명을 해치게 된다. 이는 무위자연의 섭리를 알지 못하기 때문이다. 다석은 이러한 문제를 인간이 자신의 개별적 삶을 살면서 생과 사를 지키려는 지향적 사유로 인하여 대환을 겪게 되는 것으로 이해한다. 인간이 두려움과 고통에 쌓이게 되는 이유는 몸으로부터 일어나는 소유욕으로 사물을 바라보기 때문이다. 여기에서 몸을 뒤로하고 낮은 자리에 처하면 깊은 곳에 있는 '본래의 자기'를 만나게 된다.65)

가온지킴에 따른 슬기로움으로 어떤 일에 대처할 수 있는 해결 방안인 천지의 무위자연의 흐름을 알고 지키는 준비備가 되어 있으면有 걱정할 것患이 없는無 유비무환有備無患의 수비형守備形 가온인간을 말한다.

---

64) 『도덕경』 10장: "載營魄抱一, 能無離乎? 專氣致柔, 能嬰兒乎?"; 54장: "善建者不拔, 善抱者不脫, 子孫以祭祀不輟, 修之於身, 其德乃眞, 修之於家, 其德乃餘."

65) 성현영 저, 최진석, 정지욱 역, 『노자의소』, 서울: 소나무, 2007, 509-511쪽 참조.

본래의 자기는 독생獨生하는 도의 무위자연의 질서로 현덕의 자리를 확보하여 가온인간을 구현하는 것을 말한다. 인간의 인위적 사유로 사물의 가치를 주재하지 않고 목적의식에서 벗어나면 더 많은 일을 이루게 된다. 수레의 바퀴통 속이 비어 있으므로 그 수레가 제 역할을 하고 그릇이 비어 있으므로 그릇으로 그 용도를 다할 수 있다. 이는 수레와 그릇의 가치에 머물지 않는 무위함이며 그 흐름에 순응하여 본래의 그대로의 제 역할을 할 수 있는 것은 자균자화의 작용에 의해서이다.

이 부드러운 기운의 작용은 용솟음치듯 힘찬 태극의 기운으로 하나로 된 길을 만들어 부드러운 기운을 쉼 없이 쏟아낸다. 이 균화의 기운은 생명의 씨가 움터 솟아오를 수 있도록 고르게 어울리게 한다. 성숙된 생명을 기반으로 천지인 세큰긋三太極이 무위자연의 수레一乘에 편승함으로써 심신의 건강을 유지하는 현덕의 '참삶善攝生'의 바른길을 추구한다. 섭생에 따른 선을 생활화하면 천지의 흐름과 인간의 내적 질서와 같음을 알고 지켜 도와 덕이 함께함으로 우리의 몸과 마음이 건강해진다. 인간의 집착은 마음의 무상심을 잃게 한다. 따라서 사물의 가치에 머물지 말고 자기를 강하게 하는 도의 섭생으로 배를 채운다. 이는 음을 등에 지고 양을 품는 역동적 심신을 유지하는 것이며 무엇을 하고자 함의 뜻을 늘 억제시켜 심신의 가온을 지켜 무를 생활화하는 것이다.[66]

결국 다석이 설명하는 도와 함께 올바르게 사는 잘 삶은 심신의 절로 화합하고 합일하는 치인사천의 고른 관계를 형성하는 자연 생명으로 설명한다. 그것이 내적 수양에 따른 사유의 전환으로부터

66) 『도덕경』 3장: "不見可欲, 使民心不亂, …虛其心, 實其腹, 弱其志, 强其骨, 常使民無知無欲."

얻는 밝은 생명이라고 본다. 이는 '구태여 하지 않아도 되는' 불감위적인 사유로 전환하여 도의 형이상적 인식의 접점을 이루어 늘 어머니 품을 떠나지 않는 특성으로 드러난다.67)

다석은 마음의 문으로부터 의식이 나오는 순간 인간은 필연적 상대성으로 세상을 바로 보게 된다고 한다. 이에 따른 분별심으로 목적을 향해 가는 무리가 있는 반면에, 우주 만물의 자연적 이치를 알고 선의 생명으로 삶을 사는 무리가 있다.68) 만물생성의 질서인 무위자연의 도를 통하여 인간의 속알이 있음을 아는 넉넉함으로 세상을 살아가는 데 부족함이 없게 된다. 선을 행하면 세상이 정해 놓은 법을 사용하지 않아도 저절로 천문이 열리게 된다. 이 문을 통하여 선함이 불선을 바탕 삼고 불선은 선함을 포용하여 하나가 되어 선위자의 위용이 드러난다. 자기의 주관적 세력을 약화시켜 다 함께 하는 공생의 덕을 이룬다.

다석은 잘 삶의 관점에서 보면 선이나 불선은 어느 것 하나도 차별하지 않으므로 만물을 모두 귀하게 볼 수 있다고 한다. 그러므로 잘 삶을 가진 자는 변화 속에서 본래의 참모습으로 돌아갈 수 있다. 잘 삶의 지혜에 의하여 치허의 천도와 수정의 덕이 합쳐지는 전일적 생명체를 유지한다. 모든 것을 포용하고 공평해져 '부쟁의 현덕'을 품고 있는 전일적 존재를 실현한다. 인간이 섭생을 취하려면 스스로 살려고 하는 사건과 주관을 덕에 의지해야 한다. 그러므로 인간의 사유는 선으로 전환되고 늘 도와 함께하는 허정심을 지

---

67) 『늙은이』 3장: "늘 씨알이 못된 앎이 없게 못된 하고잡이 없게 하이금(常使民無知無欲), 그저 못된 짓 아는 이도 구태여 하지 않게끔 하여야(使夫智者不敢爲也)."

68) 『도덕경』 2장: "天下皆知美之爲美, 斯惡已. 皆知善之爲善, 斯不善已."; 64장: "是以聖人欲不欲, 不貴難得之貨, 學不學, 復衆人之所過, 以輔萬物之自然而不敢爲."; 65장: "古之善爲道者 … 常知稽式 是謂玄德, 玄德深矣, 遠矣, 與物反矣, 然後乃至大順."

닌다.

다석은 덕을 행하는 선의 밝은 지혜가 감각과 욕망의 문을 닫게 한다고 언급한다. 선의 늘앎은 도의 문을 열어 본래의 밝음을 회복한다. 사유의 전환에 따른 세상 본보기天下式를 실현하여 자연적인 이상향을 이룬다.69) 덕을 두터이 품은 자는 선천적으로 타고난 속알에 몸을 맡기고 고른 어울림의 현덕으로 발전시켜 나간다. 이러한 현덕으로 심신의 하나 됨을 이루게 되며 부쟁의 덕으로 감싸 안아 외물에 의해 해를 당하지 않고 맹수와 같은 세상 환란으로부터 자유로워진다.

다석은 살아 있으면서도 죽음이 없는 곳을 이루려면 무에 맞춰 살아야 함을 언급한다. 도가 펼치는 자연적 영역에서 생활하면 죽음, 즉 무욕·무사·무위하게 되어 상대적 분별을 떠나게 된다. 탐욕과 집착에 머물지 않고 덕의 생명으로 분별심이 소멸된 잘 삶善攝生으로 하루의 삶을 편안하게 살 수 있다. 선의 생명으로 산다는 것은 자연적 영역이 넓어진 상태에서 사람을 구별하지 않는다. 만물은 도와 덕이 함께하는 선의 영역에 머물게 되면 저절로 이루어지기 때문에 만물 그 자체로 존귀하다.

이러한 사실을 통해 다석은 길의 법은 받은 대로 저절로 됨道法自然의 잘된 길善行을 이루게 된다고 말한다. 뿐만 아니라 덕에 따라 선을 행하면 스스로 고르게 하는自均 늘 밝은 삶善攝生의 가온인간이 구현된다는 다석의 생각이다.

---

69) 『도덕경』 52장: "開其兌, 濟其事, 終身不救. 見小曰明, 守柔曰强, 用其光, 復歸其明, 無遺身殃, 是謂襲常."; 56장: "知者不言, 言者不知. 塞其兌, 閉其門, 挫其銳, 解其紛, 和其光, 同其塵, 是謂玄同."

2. '잘된 자善爲者'의 지평 확장

1) '잘된 자'의 '가온지킴守中'

(1) 가온지킴에 따른 수양 방식

다석은 가온인간善爲者은 천지 사이의 변화에 따른 필연적 상대성을 자연스럽게 수용해야 하는 능수能守의 사유관을 지녀야 한다고 말한다. 인간은 이러한 흐름을 좇기 위해서 무유 사이에 고르게 어울리게 하는 조화의 세계 속에 진입하여 잘된 하루의 길을 펼쳐야 함을 언급한다. 가온인간은 천지간의 상합에 따른 내적 질서와의 관계를 도모키 위해서 전일적 존재善爲者로서 그 역할을 담당한다. 특히 변화 사이에 있으면서 그 흐름에 적응해야 하는 곡직의 사유를 통하여 조화 속에 심신을 의지한다. 이런 사이의 조화로움을 선의 자균자화의 흐름으로 균형을 이루게 하여 적정의 생명 공간을 유지함으로써 삶을 이어가는 것이 중요하다.[70] 가온인간은 자연 생명을 이루고 있는 중추적 역할자로서 생명의 본질을 천리로 삼는다. 그는 영명한 마음의 고르게 어울리게 하는 슬기로 도의 참뜻을 꿰뚫어 저절로 이어지는 잘 삶의 길 따라 자기를 전개시켜 나아가는 존재이다.[71]

다석은 인간의 처해 있는 세상의 흐름은 어떤 목적을 세울 수 없는 영속적 항상성의 흐름으로 본다. 순간적 시간의 흐름은 도가 무엇을 하고자 함이 없어도 인간씨알을 저절로 된 길을 좇게 하는 존재 방식이다. 이름 붙인 것의 인위적인 일을 멈추게 되면 내적 속

---

70) 이기상, 『다석과 함께 여는 우리말 철학』, 서울: 지식산업사, 2003, 192-196쪽 참조.

71) '자연생명'은 천지 만물 또는 우주를 자연으로 보고 천지 만물 일체 사이에 처해 있는 인간을 중심으로 하는 유적 생명을 말한다(김세정, 「왕양명의 심리일원론적 체계와 생명의 창출·전개」, 동아시아문화포럼2000, 『동아시아 문화와 사상』 제4호, 157-158쪽 참조).

알이 드러나 분절되지 않은 소박함을 유지한다.[72] 이는 부득이한 변화를 이루는 무위자연의 결과를 아는 것이며, 그것은 알기 쉽고 행하기 쉬운 것이다.

다석은 무위의 도를 통하여 얻은 결과는 저절로 된 상태이기 때문에 교만하거나 집착해서는 안 되는 불감위성을 갖는다고 설명한다.[73] 도를 좇아야 하는 인간은 몸의 습식과 관습을 뒤로하고 '길은 고루 뚫려 있음으로 쓰이고', '빔 뚫린 김으로 고르게 하는' 상도의 충용충화 작용은 인간의 내적 질서를 덕으로 채워 나간다.

상도의 자리는 비어 있어 자연스럽게 이루어지는 동일한 영속성을 지닌다. 이 도는 인간의 의식보다 앞설 때도 뒤에 설 때도 있으며 늘 혼연한 한 덩어리로 존재한다. 이러한 현상은 인간의 도를 좇는 과정에서 체득할 수 있는 변화의 불가득한 현상이다. 다석은 선을 이루는 인간의 수양 방법을 『늙은이』 54장을 제시하면서 도를 좇음으로써 확보되는 덕의 영역을 넓혀 나아가는 것으로 설명한다.

다석은 '제나'[환체]로부터 일어나는 탐·진·치의 감정들이 수시로 대환의 고통을 안겨주는 것이라고 말한다.[74] 인간의 고통에서 벗어나는 길은 마음의 중심을 지켜 행하는 것이다. 하늘 문을 열고 닫아 '길을 내고, 점진적 속알을 쌓는' 생득법의 질서를 통하여 저절로 됨의 잘된 길善行로 돌아간다.

선을 행하여 본래의 자리로 돌아간다는 것은 그것에 머물지 않고

---

72) 『도덕경』 57장: "我無爲而民自化, 我好靜而民自正, 我無事而民自富, 我無欲而民自樸."

73) 『도덕경』 3장: "不見可欲, 使民心不亂. 是以聖人之治, 虛其心, 實其腹, 弱其志, 強其骨. 常使民無知無欲, 使夫智者不敢爲也. 爲無爲, 則無不治."; 30장: "故善者果而已, 不敢以取强焉, 果而勿矜, 果而勿伐, 果而勿驕, 果而不得已, 果而勿强, 物壯則老, 是謂不道, 不道早已."

74) 『도덕경』 13장: "得之若驚, 失之若驚, 是謂寵辱若驚, 何謂貴大患若身, 吾所以有大患者, 爲吾有身, 及吾無身, 吾有何患, 故貴以身爲天下, 若可寄天下, 愛以身爲天下, 若可託天下."

실체가 없는 무명의 세계에 복귀하는 것을 말한다. 인간에게 마음이라는 그릇을 통하여 덕을 쌓으면 언제든지 다시 되돌아올 수 있는 길이 항상 열려 있다. '마음의 중심心樞'을 잃지 않는 길은 인간이 무엇이든 채우려고 하는 소유욕을 '길의 고루 뚫려 있음으로 쓰이고. 道. 沖而用之', '빔 뚫린 김으로 고르게沖氣以爲和' 하는 무욕의 마음으로 전환시키는 것이다.

다석에게 있어 인간의 자명한 자기를 이루게 하는 방편은 되새김의 슬기知和를 가지고 '가온을 지켜守中' 그곳에 점을 찍는 것이다. 이로부터 가온인간이 생겨난다. 천지 사이의 도가 흐르는 '가온'을 지키지 못하면 심신의 부조화를 겪게 된다. 속알의 부드러움이 욕망에 가려지고 그 장애로 말미암아 인간의 사유는 날카로운 무기로 변하여 대환의 고통을 겪게 된다.

다석은 이러한 인간의 장애를 멈추면 변화에 응하는 부드러운 기운沖氣以爲和의 무의 이로움으로 늘 한길을 좇는 선행을 펼치게 된다고 본다. 다석은 도의 자연적 움직임의 선행은 크게 모난 것은 모서리가 없어 다투지 않고 자연스럽게 흘러가며, 곧게 뻗으나 어떤 목적을 가지지 않는 곡선의 흐름이며, 빛이 있으나 없는 듯하다.

이는 곧게 펼치면서 굽혀지지 않는 허이불굴의 곡직光而不耀의 사유를 아는 것이며 제자리로 되돌아가不割·不剌·不肆·不耀 암컷을 지키는 가온지킴의 사유로 설명한다. 또한 하늘 길의 매일매일 덜어내 비어 있는 길을 열어, 자애로움으로써 지켜 주는 것은 곧게 뻗는 강함과 동시적으로 변화의 곡선을 그리며 생성·발육의 만물의 질서를 이루는 것으로 본다. 다석은 늘 이어지는 곡과 직의 처음과 끝이 동일한 중심축을 유지하는 자연적 운동으로 설명한다.

다석은 충화의 과정을 다음과 같이 설명한다. 유무혼성의 도는 표면적으로 드러나지 않는 가운데 내면적으로는 쉼 없이 움직이고 靜中動 있으며 하나의 질서를 통하여 무엇을 이루는 강함이 드러나지만 속으로는 끊임없이 조화를 추구하는 동중정動中靜의 운동은 비어 있음의 부드러움으로 음양충기의 삼기로 만물을 생축하면서 도의 중심축을 유지시키며 쉼 없이 흐른다.75)

이것은 내적 수양에 따른 자정능력을 함양하여 지나쳐 온 빈 가온의 자리를 회복하는 것이다. 이에 따른 사람 다스림과 하늘 섬김의 존재 방식은 시모天地之始, 萬物之母의 품안에 있는 영아가 식모貴食母의 젖을 먹고 무럭무럭 자라는 것으로 표현된다. 이를테면 '잘 세운 것은 빠지지 않고', '잘 안은 것은 벗어나지 않는', '깊은 뿌리와 굳은 꽃을 받치는 받침是謂深根固柢'과 같은 깊고 두터운 도의 중심을 품은 심신의 상태를 유지한다. 무의 생활을 통하여 척제현람의 심신의 수양을 거쳐 욕심에 머물지 않는 적자처럼 되어 자식과 같은 도리를 다하는 것이다.

다석은 속알을 알고 지켜 외형적 사유의 부조화를 원시적 상태로 전환하는 사유 방식을 가질 것을 제창한다. 인간의 전환된 사유로부터 저 아는 게 밝아져自知者明 자승자강의 자기 수고를 이룬다. 인간의 힘으로 하지 않고 도의 자연 질서를 따르는 것만이 천지의 흐름에 부합하여 가온을 지키는 방도이다. 늘앎으로 모든 것이 이루어짐을 알고 선을 행하면 거듭 쌓은 속알에 의하여 이기지 못하는

---

75) 『늙은이』 25장: "잘몬은 그늘을 지고 볕을 (품) 안음(萬物負陰而抱陽)빈 뚫린 김으로서 고르렀음이여(沖氣以爲和)." 만물은 음을 지고 양을 안으며 충기로써 조화를 삼는다.; 51장: "길이 내고, 속알이 치고(道生之, 德畜之), 몬이 꼴해, 힘이 이룸(物形之, 勢成之), 이래서 잘몬이(是以萬物) 길을 높이고 속알을 고이지(귀하지) 않음이 없으니(莫不存道而貴德), 길을 높이뫄 속알을 고임은(道之尊, 德之貴), (잘한다면)술잔 주는 벼슬아치 없이 늘 저절로로다(夫莫之命而常自然)."

것이 없는重積德. 則無不克 수신양덕修身養德의 가온인간에 이를 수 있다.76)

수신을 위한 수양 방법 중 하나인 치양지는 인간을 비롯한 자연계의 모든 존재물들과 감응할 수 있는 기능으로서 역동적 변화의 흐름에 대응하여 고정된 질서에 규합되지 않고 총체적 관점을 제공한다.77) 다석은 이러한 전일적 존재善爲者의 '가온지킴守中'은 굳이 이루려고 하지 않아도 저절로 이루어지는 무위자연의 흐름이라고 본다. 이는 덕의 곡직의 흐름을 통하여 어머니의 나라로 돌아가는 것인데, 이를 위해서는 먼저 '자승자강의 가온인간'을 회복해야 한다.

> 남 안이는 슬기오, 저를 아는이는 밝음知人者智, 自知者明, 남 익인이는 힘 있고, 스스로 익이는이가 세오勝人者有力, 自勝者强, 그만 늑ᄒ다는 이기다 멀이며 억지로 가는이 뜻있음知足者富, 强行者有志, 그 자리를 잃지 않은이 오래고不失其所者久, … 므로 있(는 것)이 좋음이 되는 건故有之以爲利, 없는 것을 씀으로 써라無之以爲用. … 하늘 길은 좋게 ᄒ고 언짢게 안ᄒ며天之道, 利而不害, 씻어난 이, 길은 ᄒ고 다투지 아니해聖人之道, 爲而不爭. … 잘몬이 스스로 손 오듯 ᄒ리라萬物將自賓, 하늘 따이 맞아서, 단 이슬을 내리고天地相合, 以降甘露, 사람은 ᄒ란 말 없이도 스스로 고르리民莫之令而自均, … 부드러움 찌킴을 세다 함守柔曰强, 그 빛을 써 다시 그 밝음에 도라감이여用其光, 復歸其明, … 이젠 그 어미를 얻으니旣得其母,다시 그 어미를 직ᄒᄌ復守其母몸이 빠지도록 나

---

76) 『도덕경』 64장: "爲者敗之, 執者失之, 是以聖人無爲, 故無敗 無執故無失, 民之從事, 常於幾成而敗之, 愼終如始, 則無敗事, 是以聖人欲不欲, 不貴難得之貨, 學不學 復衆人之所過, 以輔萬物之自然, 而不敢爲."; 59장: "重積德則無不克, 無不克則莫知其極, 莫知其極, 可以有國, 有國之母, 可以長久, 是謂深根固柢, 長生久視之道."; 54장: "修之於身, 其德乃眞, 修之於家, 其德乃餘, 修之於鄕, 其德乃長, 修之於國, 其德乃豊, 修之於天下, 其德乃普."

77) 김세정, 「왕양명 양지론의 형성 과정에 대한 고찰」, 대한철학회, 『철학연구』 제62호, 1997, 21쪽 참조.

죽지 않으리沒身不殆.[78]

다석은 인용문을 통하여 인간이 자신을 아는 것은 천하의 이치를 아는 것이라고 본다. 인간의 속알의 되새김의 슬기知和로 도의 흐름이 내적 질서임을 아는 것이다. 그러므로 언제나 넘치지도 않고 모자라지도 않은 세 보배를 가지고 있음을 알게 된다. 일상적 인간은 이것의 자리를 지나치고, 사람의 일을 따름으로써 만족함을 느끼지 못하고 늘 결핍에 허덕이고 있다. 만물의 시작점을 알려주는 어머니의 품속에 있는 자식은 그 어머니가 가르쳐주는 뜻을 알게 하는 되새김의 슬기知和를 유지해야 한다. 인간은 이러한 어머니의 품을 떠나지 말고 지켜야 한다. 인간의 내적 수양에 따른 사유 전환을 통하여 어머니를 지키고 그곳에 머물러 생명을 유지하고 보존할 수 있다.

다석은 천지 사이의 무한한 공간 안에 무위자연의 불언지교의 축을 통해서 어머니 품을 지킬 수 있다고 말한다. 인간은 없이있는 하나로부터 발현되는 늘앎이 주는 불언지교에 의하여 수성獸性을 버리게 된다. 인간은 마음의 성화로聖火爐에 생각이라는 향불을 피워 불사르는 점진적 수양을 통하여 예부터 이어지는 도의 생명의 축을 얻을 수 있다.[79] 이는 고른 앎으로써 도의 실마리를 찾는 사유 방식을 말한다. 알기 쉽고 따르기 쉬운易知易行 세상 본보기의 자균자화의 흐름을 알아 체득하는 것이다. 따라서 인간의 대환에서 벗어나 무난無難의 일없음事無事의 길로 들어서게 된다.

---

78) 『늙은이』 11장, 32장, 33장, 52장, 81장.
79) 류영모 원저, 박영호 엮음, 『다석 류영모 어록』, 서울: 두레, 2002, 76-79쪽 참조.

다석은 천하의 법도를 품으려면 먼저 감각의 통로를 폐문하여 하늘 길이 펼치는 충화의 조화를 알아야 한다고 말한다. 인간이 하고자 함을 멈추고 제자리로 돌아가는 도의 서·원·반 운동을 좇아야 한다. 인간은 어머니를 알고 지켜 그곳으로 돌아가는 유연한 사고를 가져야 한다. 그리고 도의 섭생으로 덕의 영역을 확장시킴으로써 균형 잡힌 삶을 살 수 있다. 다석은 마음의 중심축을 잃지 않고 지켜 나가는 것을 내면의 조화로움의 빛을 드러내는 것이라고 말한다. 그는 인간 내면의 되새김의 슬기知和의 빛으로 감각의 문을 닫고 현동의 사유를 통하여 도가 떠나지 않는 심신의 수양修身養德에 대하여 설명한다. 다석은 인간의 '환체'로부터 일어나는 갈등과 고통을 소멸시키는 방식은 무의 생활화를 통해서 가능하다고 본다.

다석은 그 없는 구석을 씀으로當其無用 빔 뚫린 김으로 고르게沖氣以爲和 하는 인간의 수양 방식을 무에 맞춰 사는 것으로 설명한다. 그늘을 지고 볕을 품에 안은 상태에서 빔 뚫린 김으로 고르게 하는 섭생으로 도덕의 줄이 잘 묶여善結無繩約 도의 길善行을 좇는 것이다.80) 덕을 신임하는 마음을 가지면 저절로 무위자연의 허정심으로 돌아가게 되어 생생지후의 섭생을 누리게 된다. 잘된 길善行의 법 받은 대로 저절로 심신에 흐르는 것은 점차적으로 덕을 쌓는 상선의 흐름이다.

　　옷 잘은 물과 같구나上善若水, 물은 잘몬에게 잘 좋게 히고 다투질
　　않으니水善利萬物而不爭, 뭇사람 시려ᄒᆞ는데로處衆人之所惡, 가오

---

80) 『늙은이』 27장: "잘다닌 데는 바퀴 자국이 없고(善行無轍迹), 잘한 말에는 티 뜯긴 데가 없고(善言無瑕讁), 잘 센 셈에는 셈가지를 안쓰고(善數不用籌策), 잘 닫은 데는 빗장, 곧장이 없어도 못 열겠고(善閉無關楗 而不可開), 잘 맨 데는 줄 졸름이 없어도 못 풀리라(善結無繩約 而不可解)."

므로 거의 길故幾於道, 있기는 따에 잘居善地, 속은 깊기 잘心善淵, 주기는 어질기 잘與善仁, 말은 믿브게 잘言善信, 바로잡는데 잘 다시리고正善治, 일은잘事善能, 움지기는데 때 잘맞이動善時, 그래 다투지는 않흠夫唯不爭, 므로 허믈이 없오라故無尤.[81]

위 인용문을 통하여 다석은 다툼이 없이 모두에게 이로움을 주는 善利不爭 물의 편용편익偏用偏益 [82]에 대하여 설명한다. 물은 생명의 보고이며 모든 더러움을 '치우고 씻어내어 가만히滌除玄覽' 자신을 볼 수 있는 기능을 가지고 있다. 다석은 지금 여기에 있는 물의 흐름을 보고 눈에 보이지 않는 것을 증거하는即有證無 선의 흐름을 물로 비유한다.

다석은 많은 생각이 오고 가는 마음을 그대로 두면 스스로 없어지게 된다고 본다. 탁한 물도 그대로 두면 저절로 맑아진다. 흐르는 대로 두는 것이 자연의 도이다. 그것은 모든 맛을 내는 잠재적 능력이 내포되어 있는 아무런 맛이 없는 상태에서 맛을 내는 중화의 질서味無味에 순응하여 본연의 고른 제자리를 찾게 한다. 물은 잘몬萬物에게 좋게 하고 다투지 않게 하는 무위자연의 흐름이다. 이것과 저것의 다툼으로 인하여 얻어지는 이로움을 고르게 조화시켜 적정한 용도에 맞게 사용되게 한다. 이러한 무위의 이로움은 부드러움으로 이것과 저것의 분별심이 저절로 소멸되는 사유공간을 제공하고 또 다른 일을 위하여 움직인다. 선은 심신의 전일체를 형성하는 도의 흐름으로써 이것과 저것의 경계가 없는 혼연함 속에서 밝은 곳으로 향하게 하는 도의 길잡이다.

---

81) 『늙은이』 8장.

82) 『도덕경』 43장: "天下之至柔, 馳騁天下之至堅, 無有入無間, 吾是以知無爲之有益, 不言之敎, 無爲之益, 天下希及之."

이처럼 다석은 물의 흐름은 탁하면 탁한 대로 맑으면 맑은 대로 흐르는 그대로 둠으로써 모든 것을 아우르게 되는데 이를 선이라고 설명한다. 물이 머무는 곳은 하류에 있는 강과 바다이며 사람이 머무를 곳은 선의 낮은 자리로 본다. 이곳에 처하면 스스로 흐르기 때문에 더러워질 수 없다.[83]

왕필은 사람이 처하지 않는 곳에 머물기를 좋아하는 물은 자기를 모두 내줘 땅·연못·하늘처럼 넓고 깊은 곳에 몸과 마음을 머물게 하는 것으로 말한다. 그곳으로부터 나오는 언사는 선을 행하는 것으로 다투거나 무엇에 집착하지 않고 때에 맞춰 유연함을 갖추게 된다.[84]

물은 비천한 곳을 생명과 조화의 영역으로 만들며, 최악의 환경을 최적의 무불위의 효과를 거둘 수 있게 한다. 이를테면 때에 맞춰 어느 곳에서나 응하는 선의 움직임을 통하여 마음의 때를 씻어내는 성인의 비어 있는 마음과 같이 사물을 살펴야 한다. 그 결과 사심이 개입되지 않아 보이는 그대로 볼明觀 수 있는 명관명지의 총명함을 지닐 수 있다.聖智虛察[85]

다석은 도를 아는 자는 이러한 흐름을 알고 지키는 능수의 사유관으로 선·악 등을 정하지 않는 것으로 본다. 사물의 스스로 그러함에 맡기고 그것에 집착하지 않는다. 물이 이러한 속성을 이룰 수 있는 것은 선의 흐름이 없이는 불가능하다. 다석은 '선'을 물 흐르듯 '잘'이라는 부사적 용법으로 사용한다. 또한 선행은 '잘하는' 또는 상도

---

83) 김흥호, 『다석일지 공부』 제1권, 서울: 솔출판사, 2001, 42쪽, 45쪽 참조.

84) 『도덕경』 8장: "人惡卑也, 道無水有 故曰: '幾也.' 言人(水)皆應於此道也."(왕필 저, 임채우 역, 『왕필의 노자』, 서울: 예문서원, 2001, 65-66쪽 참조).

85) 박혜순, 「도가의 관점에서 본 물에 관한 생태 철학적 연구」, 서강대학교 대학원 박사학위논문, 2011, 162-163쪽 참조.

의 황홀한 조화를 좇는 '잘된 길善行'이라는 형용어로 이해한다.

이는 물의 흐름과 같이 흔적을 남기지 않는 것을 선의 개념으로 본 것이다. 선은 다툼이 없이 저절로 됨의 속성을 설명하기 위한 개념이다. 선을 도의 길을 밝히고 덕으로 채워 잘 삶을 이루는 수양 방식으로 설명한다.[86] 다석이 설명하는 선이란 인간의 개념, 구성, 판단 등의 지적 작용을 때에 맞춰 도의 밝은 지혜로 전환시키는 역할을 담당하는 것으로 말한다. 그리고 이에 따른 지향적 사유로 선회시키는 계기를 마련하는 도에 따른 덕의 총체적 흐름을 말한다.[87]

다석은 잘된 길은 자연스러운 질서에 순응하는 물의 속성처럼 아래에 처한다고 본다. 그것은 넘치지 않고 항상 여분의 빈 곳을 유지한다. 물은 겉으로는 매우 안정되게 흐르는 것 같지만 그 속을 들여다보면 소용돌이를 만들면서 휘몰아치듯 흐른다. 이러한 소용돌이 흐름 속에서도 이런 모양과 저런 모양을 구분하지 않고大直若屈 모두 포용하며 주변과 겨루는 일이 없이 흐른다.夫唯不爭 물의 흐름과 같은 선행은 억지로 변화시켜 그 완전함을 이루려고 하지 않는다. 그러므로 만물이 극에 이르면 가득 채우기를 원하지 않고 자유롭게 이룰 수 있는 공간을 제공한다. 따라서 새로 이루는 게 아니라 다시 본래의 조화의 자리로 돌아오게 한다.[88]

---

86) 류영모, 『다석일지』 제1권, 서울: 홍익재, 1990, 103쪽, 283쪽 참조.

87) 『도덕경』 8장: "썩 잘은 물과 같구나(上善若水), 물은 잘몬에게 잘 좋게 하고 다투질 않으니(水善利萬物而不爭)."; 15장: "옛 간 잘된 선비는(古之善爲士者)."; 27장: "잘다닌 데는 바퀴 자국이 없고(善行無轍迹)."; 50장: "그런데 들으니 삶을 잘 가진 이는(蓋聞善攝生者)."; 54장: "잘 세운 것은 빠지지 않고(善建者不拔), 잘 안은 것은 벗어나지 않아(善抱者不脫)."; 68장: "잘 된 사나이는 칼부터 내밀지 않는다(善爲士者不武). 잘 싸우는 이는 성내지 않고(善戰者不怒), 잘 이기는 이는 다투지 아니하고(善勝敵者不與)."

88) 『도덕경』 15장: "孰能濁以靜之徐淸, 孰能安以久動之徐生, 保此道者不欲盈, 夫唯不盈, 故能蔽不新成."

다석은 물의 속성을 인간의 수양 방식으로 비유한다. 이를 테면 무의 생활에 따른 인간씨알의 자균자화의 내적 질서를 함양하는 것이다. 그는 물이 만물을 이롭게 하는 것은 부드럽기 때문이며, 이는 무위자연의 조화를 이루는 것이라고 설명한다.[89] 물이 지닌 부드러움의 선행은 자연스러운 존재 방식으로서, 그것은 모든 것의 유익함을 제공함으로써 다투지 않는다. 또한 무욕의 낮은 자리에서 마음을 고요하게 하며 천·지·인 사이의 관계를 언제나 치인사천의 고른 관계를 형성하는 선을 이룬다. 그러므로 다석은 인간은 비어 있는 천지 사이의 가온을 지키는 수양 방식을 통하여 만물의 자연스러움을 펼칠 수 있는 바탕을 마련한다고 설명한다.

다석이 설명하는 가온지킴의 수양 방식은 무욕의 상태로서 무엇을 하고자 하는 미명의 세계로부터 비롯된다. 이 미명의 세계는 유연한 사고를 동반하는데 주객의 경계선이 없는 빈탕 가온으로부터 일어나는 상선上善의 흐름과 같다. 가온지킴의 내적 수양 방식을 물의 무자성적 능동성에 비유한 것이다. 물의 유연성은 늘 낮은 곳에 爲下 처하여 하늘의 도와 짝함으로써 그 흔적을 남기지 않는 선행의 특성이 있다. 또한 그것은 이해관계를 따지지 않고 늘 상보관계를 유지하면서 항상 타자에게 개방적으로 열려 있다.

다석은 섭생을 지닌 전일적 존재의 삶에서 찾아지는 물과 같은 상선上善의 작용善地·善淵·善仁·善信·善治·善能·善時에서 수양의 필요성을 요청한다. 수양이 함양되면 자정능력 또한 자연스러워질 것이기 때문이다. 물이 샘물에서 솟아 바다로 흘러가는 것처럼 전일체에서

---

89) 『도덕경』 10장: "上善若水. 水善利萬物而不爭, 處衆人之所惡, 故幾於道."; 27장: "善行無轍迹, 善言無瑕讁, 善數不用籌策, 善閉無關楗. 而不可開 善結無繩約. 而不可解."; 61장: "大國者下流, 天下之交, 天下之牝, 牝常以靜勝牡, 以靜爲下, … 小國不過欲入事人, 夫兩者各得其所欲, 大者宜爲下."

일어나는 선행은 항상 도의 중심으로 흘러들어 서로 감응한다. 섭생의 부드러움이 이끄는 대로 자기를 맡기면 점차 알짬精으로 속裏이 꽉 찬 현덕의 바다로 다가가, 그것이 점점 깊어지고 넓어진다는 것을 체험하게 된다. 그 결과 인간의 내면적 조화의 빛을 하나 되게 하여 이것과 저것의 분별이 없는 화광동진和光同塵의 현람의 단계를 거쳐 현동의 세계를 펼쳐내게 되는 것이다.

(2) '잘된 길善行'의 전개 과정

다석은 천지 만물은 변하지 않는 것이 없으며 이 변화를 좇지 않고 변화하는 이름에 매달리면 사물의 겉만 보게 된다고 말한다. 변화하는 도의 영속적 항상성을 좇아야 덕을 쌓을 수 있고 그 덕으로 사물의 잘된 길을 따를 수 있다. 그 이름에 머물지 않고 깊고 아득한 한 무리의 빛을 좇으면 현지우현의 문을 열 수가 있음을 강조한 것이다.

인간의 인식은 상황에 따라, 관점에 따라 상대적 가치가 변하게 마련이다. 절대가치는 없이있는 하나의 질서라는 점에서 상대적 가치와 차별된다. 이러한 차별을 명확히 하여 잘된 길의 흐름을 알고 따르면 스스로 밝음自明을 찾을 수 있다. 그 밝음의 고른 앎明知으로 사물을 보게 되면明觀 스스로 고르게 하는自均 잘 삶의 현상을 느낄 수 있다. 도는 때에 맞춰 스스로 찾아와 인간의 잘못된 사유를 전환하여 늘 자기를 명관명지하는 습명으로 인간의 사유를 무의 생활에 익숙하게 한다. 따라서 인간은 무의 생활을 통하여 하루의 삶을 뒤돌아볼 수 있는 능수적 사유관이 배양된다. 천지 사이의 빈탕 가온에서 일어나는 부드러운 기운으로 자신을 먼저 알게 하는 자기 수고慈己守固를 통하여 올바름이 온통 가득한 심신의 조화로 윤택한 하루살이의 삶을 추구한다.

　다석은 천지 만물은 모두 하나의 질서에 의하여 변화되고 만물은 목적 없이 이루는 저절로 됨의 산물로 이해하며,[90] 물과 같이 흐르는 덕의 길을 따라 선을 이루는 것에 대하여 설명한다.

　　잘댕긴데는 바퀴 자국이 없고善行無轍迹, 잘흔 말에는 티 뜯긴 데가 없고善言無瑕謫, 잘 센 셈에는 셈가지를 않고善數不用籌策, 잘 닫은 데는 빈장, 곧장이 없어도 못 열겠고善閉無關楗 而不可開, 잘 맨 데는 줄 졸른게 없어도 못 풀리라善結無繩約 而不可解, 이래서 씻어난 이는 늘 잘 살 사람을 건짐是以聖人 常善求人, 므로 사람을 버리는 일이없고故無棄人, 늘 잘 몬을 건짐常善救物, 므로 몬을 버리는 일이 없오라故無棄物, 이 일러 푹 밝음是謂襲明. 착흔 이는 못착흔 이의 스승이고故善人者, 不善人之師, 못착흔 이는 착흔 이의 거리감不善人者, 善人之資, 그 스승을 높이지 않고 그 가리를 사랑 않으면不貴其師, 不愛其資, 비록 안대도 크게 흐림이오라雖智大迷, 이 일러 요음야묘이되오라是謂要妙[91]

　다석은 위의 인용문을 통하여 길을 내고 속알 쌓는道生之. 德畜之 잘 된 자善爲者의 수신을 이루는 과정을 설명한다. 인간이 각기 바라는 바를 얻으려면所欲 타고난 존귀함으로 천지조화의 흐름을 따라 제 역할을 다하는 것이다. 인간은 이를 이루기 위해서 먼저 도를 품고 내면의 속알을 깨우쳐야 된다. 자신을 낮추고 욕망을 절제하여 전

---

90) 『도덕경』 1장: "故常無欲以觀其妙, 常有欲以觀其徼, 此兩者同出而異名, 同謂之玄, 玄之又玄, 衆妙之門."; 33장: "知人者智, 自知者明, 勝人者有力, 自勝者强, 知足者富, 强行者有志, 不失其所者久, 死而不亡者壽."

91) 『늙은이』 27장.

일적 자기를 실현하는 수양을 돈독히 하여야 한다. 인간은 이 내적 수양을 통하여 어떤 것에 얽매이거나 묶이는 것이 아니라 자유자재한 덕에 힘입어 자기를 나타내는 것이다.

자기 자신의 자명한 고른 앎을 통하여 자기를 돌아보는 척제현람의 수양으로 혼성한 도의 잠재적 가능성 속에서 생성을 위하여 먼저 천지 흐름을 알고 나를 지켜 경계에 서는 것이다. 미명의 세계 속에서 자기의 나아갈 바가 도를 좇는 것임을 알고 덕에 의하여 무엇을 이룰 것인가를 명확히 알면 덕의 도움으로 무위자화의 길을 찾게 된다. 이 길은 이것과 저것의 구별을 벗어난 자연스러운 길이며 흔적을 남기지 않는 선행으로 사물의 가치를 벗어나게 한다.

다석은 자연스러운 수양에 따른 행위는 흔적이 없고 자연스럽다고 한다. 선언善言은 부드럽고 고른 말로써 무기를 가진 용병과 같이 자신의 날카로운 주장으로 상처를 남기지 않는다. 왜냐하면, 인간의 언어는 소통에 정당성이 있는 것이 아니라 진정성에 근거하기 때문이다. 가온지킴에 따른 수양 방식에 의하여 드러나는 잘된 길善行은 이해관계에 얽매이지 않고 계산을 할 필요가 없는 무위자연의 행함이다. 스스로 고르게自均 조화를 이룬 자는 늘 문이 열려 있어 자기의 하루 삶에 대하여 만족함을 알게 된다.

또한 선의 조화로움은 어떠한 것에도 묶이지 않은 선의 고른 어울림으로써 무엇이든 어떤 용도이든 그것에 잘 적응할 수 있다. 선행善行, 선언善言, 선수善數, 선폐善閉, 그리고 선결善結은 그 어떠한 외부적인 장치와 도구, 혹은 외적인 규칙이나 제도와 같은 수단적인 것에 의해 이루어지는 것이 아니고 저절로 이루어지는 것을 말한다. 자연의 자기 전개에 따르게 되면 인위적인 것은 스스로 사멸되고 선의 행함은 흔적이 없다. 구별하거나 분석하지 않는 하나의 법에 의지하여 이원적 대립을 해소하는 방편을 갖춘다. 도를 좇는 자는 내적 질서에서 천지의 이치를 볼 수 있는 내면의 자연스런 지혜인 습명이 있다. 따라서 문밖을 나가지 않고도 알기 쉽고 행하기 쉬운 易知易行 무위자연의 흐름을 볼 수 있다. 이는 대자연의 흐름을 통하여 자연스럽게 적용되는 것을 알 수 있다.92) 인간의 세 보배의 내적 자원을 통한 성찰로 도의 흐름을 알고 도의 존재의 힘으로부터 솟아나는 부드러운 기운에 의하여 자기를 귀하게 여기고 사랑하게 된다.

다석은 인간이 도의 숨을 쉬며 사는 하루살이의 잘 삶을 유지하면 내면에 일관된 진실성을 잃지 않는 것으로 본다. 이러한 도의 사유로 늘 그러함의 순리에 어긋남이 없이 사람과 사물을 구분하지 않는다. 인간의 분별심을 벗어나 하나에 맞춰 사는 수양 방식으로 덕을 현실에서 구현한다. 이로부터 선을 통하여 스스로 드러나게 하는 밝음襲明의 지혜를 지닌 전일체의 인간관을 실현한다. 본래의 제자리에서 드러나는 밝음은 자기의 존재 의미를 의식하지 않는다. 이에 사물을 얻고 잃는 것에 상관하지 않으며 늘 그대로의 하나 된 마음으로 말없는 자연의 도를 따른다.93)

다석은 인간이 인위적인 것을 벗어나는 길은 무불위의 영역 속으로 직접 들어가는 것이라고 본다. 인간의 세 보배의 영역 속에서

---

92) 『도덕경』 27장: "因物自然, 不設不施, 故不用關楗繩約, 而不可開解也, 此五者, 皆言不造不施, 因物之性, 不以形制物也, 聖人不立形名以檢於物, 不造進向以殊棄不肖, 輔萬物之自然而不爲始, 故曰: 無棄人也, 不尙賢能, 則民不爭, 不貴難得之貨, 則民不爲盜, 不見可欲, 則民心不亂, 常使民心無欲無惑, 則無棄人矣."(왕필 저, 임채우 역, 『왕필의 노자』, 서울: 예문서원, 2001, 123쪽).

93) 『도덕경』 27장: "是以聖人常善救人, 故無棄人, 常善救物, 故無棄物, 是謂襲明 故善人者, 不善人之師, 不善人者, 善人之資, 不貴其師, 不愛其資, 雖智大迷, 是謂要妙."

드러나는 하늘의 사랑은 인간의 허물을 감싸는天將救之, 以慈衛之 현묘한 덕으로 자기 자신을 사랑했을 때 가능하다. 무엇이 담겨 있는 것을 비우는 불욕의 차원에서 무욕으로 전환될 때 그 자리를 사랑으로 호위하는 도의 생명이 작동하여 제자리를 회복한다.94)

다석은 여기서 선을 자연적 조화로움으로 설명한다. 이는 도를 잘 좇아 덕을 세우면 하늘과 짝하게 되어 스스로를 잘 이룬다. 이러한 잘된 길善行은 도와 부합함으로써 자신이 이룬 덕에 얽매이지 않는다. 도에 부합한 인간의 자연스러운 사고는 어느 것에도 집착하지 않는 무위의 현덕을 행하는 결과로 나타난다. 천지의 흐름의 주재함이 없이 작용하는 무위에 의한 저절로 됨의 길은 보이는 궤도에 따라 움직이는 것이 아니며 외적인 증거를 따르지 않는다. 왜냐하면 길이란 외적으로 표시되는 것이 아니라 도에 따른 덕으로부터 일어난다. 또한 다툼을 조장하는 분별력은 굳이 무력을 쓰지 않아도 그대로 두면 저절로 사라진다.

다석은 이러한 저절로 이루는 길은 두루 펼쳐있고 뚫려 있는 김으로 고르게 하는 '잘된 이善爲士者不武'가 행하는 사람 다스림과 하늘 섬김治人事天의 실천 수양에 그 의의가 있다고 설명한다. '잘된 사나이'는 무용을 뽐내지 않고, 노여움을 보이지 않으며, 적과 맞서 싸우지 않아도 능히 이길 수 있는 도의 지혜를 지닌 자를 말한다. 그는 자기를 낮추고 다투지 않는 덕을 통하여 선을 이룬다.95)

---

94) 『도덕경』 16장: "夫物芸芸, 各復歸其根, 歸根曰靜, 是謂復命, 復命曰常, 知常曰明."; 67장: "我有三寶, 持而保之, 一曰慈, 二曰儉, 三曰不敢爲天下先."; 33장: "知足者富, 强行者有志, 不失其所者久."; 32장: "夫亦將知止, 知止可以不殆, 譬道之在天下, 猶川谷之於江海."

95) 『늙은이』 68장: "잘 된 사나이는 칼부터 내밀지 않는다(善爲士者不武). 잘 싸우는 이는 성내지 않고(善戰者不怒), 잘 이기는 이는 다투지 아니하고(善勝敵者不與), …이 일러 하늘에 짝지어 옛 가는 맨 꼭대기(是謂配天古之極)."; 30장: "착한 이는 열매 맺고 뿐(善有果而已), 구태여 가지고 세려 들지 않는다(不敢以取强). …이 일러 길 아니니(是謂不道), 길 아니면 일찍 그만(不

다석은 선을 행하는 과정에 대하여 다음과 같이 설명한다.

> 잘 세게 빠지지 않고善建者不拔, 잘 않은게 버서지지 않고善抱者
> 不脫, 아들, 아아들의 받들리이 거치지 안흐니子孫以祭祀不輟. 몸
> 에 닦아서 그 속알이 곧 참흐고修之於身, 其德乃眞, 집에 닦아서
> 그 속알이 곧 남고修之於家, 其德乃餘, 시골에 닦아서 그 속알이
> 곧 길고修之於鄕, 其德乃長, 나라에 닦아서 그 속알이 곧 녁녁흐고
> 修之於國, 其德乃豊, 셰상에 닦아서 그 속알이 곧 넓다修之於天下,
> 其德乃普. 므로 몸을 가지고 몸을 보며故以身觀身, 집을 가지고 집
> 을 보며以家觀家, 시골을 가지고 시골을 보며以鄕觀鄕, 나라를 가
> 지고 나라를 보며以國觀國, 셰상을 가지고 셰상을 본다以天下觀天
> 下, 내 어찌서, 셰상의 그런 줄 알가吾何以知天下然哉. 이를 가지고
> 다以此.[96]

　다석은 인용문의 내용을 통하여 인간의 덕의 수양 과정을 설명한
다. 이것은 곧 도를 굳건하게 세워 점진적으로 덕을 품어 확장시켜
나가 바르게 보고 알게 하는明觀明知 수양이라고 할 수 있다. 이는 더
나아가 무엇을 주재하지도 않는 흐름에 반해 저절로 이루는 무위자
연의 영역을 통하여 그 외연적 범주를 넓혀 나간다. 인간은 이러한
유연한 사유를 통하여 선행을 지켜 내적 자정능력을 확충시킨다. 인
간의 생존하기 위한 역기능적인 패턴을 자연스럽게 긍정하면 무의
개입에 따라 자균의 작용이 일어나 그 자리를 덕의 사유로 메꾼다.
이는 자기의 몸에 익숙했던 하루의 삶의 행동 방향이 더 이상 자기
를 본분을 지키지 못하고 다른 길로 안내할 때 즉시 그것을 알고 긍

道早己).”
96) 『늙은이』 54장.

정하는 것이다. 극한 긍정을 할 때, 즉 부정이 극에 다다를 때 불감
위의 사유는 저절로 무를 개입시켜 비로소 지혜의 문이 열린다.

다석은 하늘 문을 열어 '길을 내고 속알 쌓는 잘된 자善爲者'의 구
현 방식을 제사로 표현한다. 그가 말하는 제사 의식은 덕을 쌓는
내적 수양과 같은 의미이다.97) 인간의 존재 이유를 자강불식의 자
기를 통하여 하늘의 뜻을 이어가는 진덕수업進德修業으로 본다. 길의
법 받은 대로 저절로 잘된 길善行을 이루는 것이다. 이를테면 인자
유친人子有親에서 부자유친父子有親의 마음 자세로 본다. 그리고 하늘과
짝하기 위해 제사를 지내는 것을 천자효친天子孝親이라고 말한다.98)
사람의 일을 좇는 일을 멈추고 하늘에 효를 다하고 사람과 사람 사
이를 도의 사랑으로 호위하여孝天慈人 공평무사함이 펼쳐지는 치인사
천의 세계관을 이루는 것이다.

왕필은 자손子孫을 만물로 설명하며, 제사祭祀는 만물에 내재되어
있는 덕이 지금까지 이어져 내려오는 영속성으로 설명한다. 이 덕
이 자신·집·마을·나라·천하로 이어져 두루 펼쳐지고 있음을 말
한다.99) 다석이 설명하는 사람·부자·천자로 이어지는 덕의 영역
이 순차적으로 펼쳐지는 것과 유사함을 볼 수 있다. 이러한 점진적
수양을 통하여 부모에 대한 효보다는 하늘을 섬기는 효를 더 소중
하게 여기게 된다.孝神觀記100)

---

97) 류영모 원저, 박영호 엮음, 『다석 류영모 어록』, 서울: 두레, 2002, 하느님 편 참조.

98) 김흥호, 『다석일지 공부』 제6권, 서울: 솔출판사, 2001, 335-336쪽 참조.

99) 『도덕경』 54장: "子孫傳此道 以祭祀則不輟也, 以身及人也, 修之身則眞, 修之家則有餘, 修之不
廢, 所施轉大, 彼皆然也, 以天下百姓心, 觀天下之道也, 天下之道, 逆順吉凶, 亦皆如人之道也, 此
上之所云也, 言吾何以得知天下乎, 察己以知之, 不求於外也, 所謂不出戶以知天下者也."(왕필 저,
임채우 역, 『왕필의 노자』, 서울: 예문서원, 2001, 199-200쪽 참조).

100) 류영모, 『다석일지』 제1권, 서울: 홍익재, 1990, 15쪽 참조.

이러한 수양 방식을 다석은 몸·마음·부모·천지·신명 모두 하나로부터 이루어졌으므로 하늘을 향하여 마음의 정성을 다하는 것이 효의 근본이라고 본다. 이는 천지와 상합으로써 인간의 사유 전환을 통하여 심신을 수양하는 것과 같은 논리이다. 인간이 심신을 곧바로 세워 하늘에 정성을 다하여 제사를 지내는 것은 하나의 수양 방법으로서, 현덕이 펼치는 '치인사천治人事天'의 세상 질서를 세워 자승자강의 자기를 형성한다는 의미를 갖는다.

다석은 '잘 세운 것은 빠지지 않고', '잘 안은 것은 벗어나지 않는' 수양 방식을 심근고저의 국모의 품에서 도를 펼치는 적자의 상태로 묘사한다. 하늘의 도를 통하여 덕을 품으면 어떠한 것에도 얽매이지 않는다. 그리고 도는 하나의 무위자연의 질서를 통하여 움직이는데 이 조화로움의 질서는 음양을 고르게 어울리게 함으로써 만물을 하나가 되게 한다. 만물은 '그늘을 지고 볕을 품에 안고, 비어 있는 뚫린 김으로 고르게' 조화萬物負陰而抱陽. 沖氣以爲和를 유지하기 위해서 늘 하늘과 짝한다. 이 천도로부터 연유되는 스스로 고르게 하는自均 잘 삶의 속성은 도의 자기 전개에 따른 생명으로서 덜어내고 줄어들게 하여 음과 양을 고르게 어울리게 한다.

다석은 이러한 과정을 하루의 길이 펼치는 덕분德分에 내적 질서의 속알이 전개되는 과정을 생득법에 의한 중보 질서로 설명한다. 하나의 질서는 만물을 통하여 지금까지 영속적 항상성의 구조질서를 가지고 있다. 이를 실행하기 위해서는 먼저 내면에 있는 속알의 존재를 알아야 한다. 이것을 알게 되면 저 아는 게 밝아져 다투지 않는 속알로 한 치의 오차도 없이 천지의 흐름과 하나 될 수 있다. 그 참된 덕은 점차적으로 확충되어 집·마을·사회를 다 함께 하는 공생의 덕으로 하나로 보게 된다. 그 덕분德分에 도의 사랑이 널리 퍼져 나가 풍요로운 세상을 실현하는 근거를 마련하는 원인을 제공한다. 또한 덕에 따른 선은 만물의 위치를 있는 그대로 드러나게 한다. 이러한 덕의 분화德分 과정으로 사람들은 더 이상의 욕심을 내지 않게 하여 무욕의 제자리로 돌아갈 수 있게 한다.

다석은 이 점을 통하여 식모의 품에서 나오는 섭생의 온화한 기운은 자신을 낮추게 하는 것으로 이해한다. 선을 이루면 미세하게 움직이는 부드러운 천도를 품게 된다. 이러한 현상은 본연의 자리에서 드러나는 조화의 빛을 유지하는 것으로 드러난다. 그러므로 몸의 감각의 용병들로부터 붙잡힌 의식들을 도와 덕으로 하나가 되게 하고 마음載營魄抱一은 도의 현묘한 밝음이 두루 퍼져 나가明白四達 무위자연의 선행을 펼치게 된다.

다석은 잘된 길은 도덕이 함께하는 현동의 사유를 지니게 되어 세상을 그대로 보게 되고 무엇이든 분쟁이 없게 됨을 설명한다. 천하에 덕이 두루 퍼져 날카로운 감각의 무기로 상대를 해치는 다툼이 없는 공생의 세계를 이루어야 함을 강조한다.[101] 인간은 도가 곧게 펼치는 길을 좇고 덕은 늘 뒤돌아보게 하는 곡선의 사유를 통하여 서서히 덕을 쌓아 나가 선을 이루고 어머니의 나라를 지켜야 한다. 이는 인간이 만물을 자기의 이로움에 편입시키는 것이 아니라, 도를 좇음으로 확보하는 자연의 영역에 다가서는 일이다. 그러므로 날카로운 감각의 무기로부터 자신을 돌아보게 하고 어머니의 부드러운 기운으로 늘 안정된 하루의 삶을 누리게 된다.

다석은 이로 인해 내 안에 천지의 흐름이 흐르고 있다는 것이 드

---

101) 김흥호, 『다석일지 공부』 제3권, 서울: 솔출판사, 2001, 304-305쪽 참조.

러나게 된다고 본다. 그러므로 집·마을·나라·천하를 모두 하나
의 세계로 볼 수 있는 사유를 지니게 된다.[102] 천지 사이와 인간
사이의 경계가 없어지는 것이다. 이는 허정심에 근거하여 귀근복명
의 제자리로 돌아가는 일이다. 그 자리에 있으면 이사 갈 일이 없
어지게 되고 이웃나라에서 들리는 소리는 멀리 나가지 않아도 내
안에서 들을 수 있다.

다석은 잘된 하루의 길의 질서가 내면에서 펼쳐지는 것은 우주의
신비가 인간의 몸속 깊은 곳에 흐르고 있기 때문이라고 설명한다.
그리고 천지 사이에 펼쳐지는 대상 속에는 생명의 율동이 있으며
이 율동에 의하여 우주 만물이 모두 상을 이루고 있다. 이 상을 통
하여 우리 몸과 같은 악기에서 생명의 음률과 같이 선의 율동이 흘
러나와 우리 몸속에서 일정한 질서를 지키며 흐른다.[103] 이 모든
것이 함이 없음에도 저절로 이루어지는 무위자연의 영역 안에서 일
어나는 사건으로서, 그것은 일상적인 한결같음을 유지한다. 이것이
도가 우리에게 부여한 존재 이유이며 지켜야 할 자리이다. 다석은
씨알의 자기 수고를 통하여 식모의 품에서 노는 영아와 같은 마음
을 지녀야 하는 것이 수신에 의한 선행이라고 말한다.[104]

다석은 내적 수양 방식으로 생각의 전환을 꼽는다. 이를테면 몸
과 마음의 수양 방식을 통하여 축적된 자정력으로 제나의 탐·진·
치를 멈추게 한다. 요컨대 이것은 몸을 벗어던지는 심신탈락진心身脫

---

102) 『늙은이』 54장: "므로 몸을 가지고 몸을 보며(故以身觀身), 집을 가지고 집을 보며(以家觀家),
    시골을 가지고 시골을 보며(以鄕觀鄕), 나라를 가지고 나라를 보며(以國觀國), 세상을 가지고
    세상을 보니(以天下觀天下), 내 어찌 써, 세상의 그런 줄 알까(吾何以知天下然哉)."

103) 류영모, 『다석일지』 제1권, 서울: 홍익재, 1990, 13쪽.

104) 『도덕경』 67장: "夫慈以戰則勝, 以守則固, 天將救之, 以慈衛之."; 59장: "治人事天, 莫若嗇, 夫
    唯嗇, …有國之母, 可以長久, 是謂深根固柢, 長生久視之道."; 57장: "我無爲而民自化, 我好靜而
    民自正, 我無事而民自富, 我無欲而民自樸."

落盡의 영아와 같은 마음으로 어머니의 젖을 먹고 하늘과 상합하는 것이다. 이와 같은 수양 방식은 '없이있는빈탕, 一食' 하나한데, 一坐의 가온에 점 찍기를 하여 무를 생활화하는 것이라고 설명한다. 따라서 다석은 그곳으로부터 나오는 불언지교一言의 늘앎知常을 따르는 가온인간이 되기를 희망한다.

마음의 본질은 무의 세계, 즉 빈탕한데를 말하며 마음은 텅 비고 그 작용은 어디에나 펼쳐져 있으며 한없이 밝은 곳이며 어느 곳에 머물지 않고 쉼 없이 흐른다. 욕심이 없으면無欲 드러나는 빈탕한데이니 허령지각無欲·無知이라고 한다. '빈탕'은 없이있는 하나요, '한데'는 그 하나가 펼쳐지는 곳이며 '빈탕한데'는 없이있는 하나의 뜻이 담겨 있는 곳이다.105)

다석이 추구하는 일식一食의 하루살이의 수양법은 하늘의 뜻을 먹는 것으로 제나의 생각을 제물 삼아, 제사를 지내는 것을 의미한다. 그리고 이것은 하늘의 뜻과 닿기 위한 수양 방편이다. 일좌一坐의 좌망은 천·지·인의 중심을 꿰뚫어 우주 변화의 중심에 자리를 잡고 앉는 것이다. 비어 있는 중심에 점을 찍어 안정된 마음을 유지하는 가온인간의 심신 상태는 일좌의 좌망으로부터 비롯된다.

다석은 심신의 생각을 멈추게 하고 도와 하나 되어 낮에는 나를 잊은 무아의 상태에서 늘앎知常의 뜻을 새기는 것을 강조한다. 그리고 밤이 되면 안정된 마음 상태를 유지하고 새벽이 오면 본래의 자리에서 나오는 고른 앎知和의 생각으로 하루살이의 인생관을 전개한다.106)

---

105) 류영모, 『다석일지』 제1권, 서울: 홍익재, 1990, 238-241쪽 참조; 김흥호, 『다석일지 공부』 제2권, 서울: 솔출판사, 2001, 34쪽, 38-44쪽 참조.

106) 류영모, 『다석일지』 제1권, 서울: 홍익재, 1990, 107쪽 참조. "元通天地一坐天地安, 亨達晝夜

이와 같은 다석의 일일一日 수양 방식은 하루하루를 길 덕분에 참되게 사는 것이며 늘 없이있는 하나와 함께하는 '하루살이'이다. 어제를 사는 것도 아니고 오늘을 사는 것도 아니며 내일을 사는 것도 더욱 아닌 지금 여기 없이있는 하나의 뜻과 함께 하루를 사는 것이다. 영원함은 하루로부터 시작되고 한 해는 하루로부터 이루어지며 하나님을 만나는 순간이 하루살이이다. 또한 공생공존의 삶으로 타인에게 감화를 주고 사회를 하나로 보는 것이 하루살이의 참삶이다.107)

이는 길을 내고, 스스로 고르게 하면 저절로 이루어지는自化 잘삶의 가온인간을 이루는 방편이다. 다석이 주장하는 길의 법 받은 대로 절로 됨의 길을 이루는 것은 점진적 내적 수양을 통하여 '지금-여기'에서 현재 일어난 일에 감사하고 만족하는 일이다. 다석은 이로부터 전일한 존재가 실현된다고 본다.

2) '잘됨善爲'의 전일성 확보

(1) 전일체의 형성

다석은 선의 고른 어울림을 담고 있는 영백포일의 전일체善爲를 선을 행하는 선위자로 설명한다. 선을 행하는 자는 감각의 문을 닫음으로써 드러나는 내면의 밝은 지혜의 빛이 마음의 날카로움과 얽힌 생각을 하나로 어울리게 한다. 그 혼연한 빛은 밖으로 드러나지 않는 미명의 빛이다. 이 미묘하고 명료함을 동시에 품고 있는 미명

一食晝夜閑, 利和生死一言生死知, 貞徹有無一見有無觀." 김흥호, 『다석일지 공부』 제1권, 서울: 솔출판사, 2001, 283-284쪽 참조; "坐忘消息晝, 複性不息課, 寢恩安息宵, 至誠成言曉."(류영모, 『다석일지』 제1권, 서울: 홍익재, 1990, 85쪽).

107) 류영모, 『다석일지』 제1권, 서울: 홍익재, 1990, 11-12쪽 참조(김흥호, 『다석일지 공부』 제1권, 서울: 솔출판사, 2001, 21-23쪽 참조).

의 빛은 사물의 상대적 가치에 머물지 않고 자균의 제자리를 지키는 현동의 세계를 구성한다. 나의 자아에 의한 주관적 의지로 사물의 가치를 보는 것이 아니라 상도의 흐름에 따라 되새김의 슬기知和로 사물을 관찰하여 보는 것이다. 자기를 객관적 관점에서 보는 현람의 단계를 거쳐 자신을 몸을 통하여 몸을 조명해 보는 명관명지의 현동의 단계를 지닌다. 그리고 사물과 내가 하나임을 아는 현덕의 자기 수고慈己守固의 단계로 마음의 안정단계를 접어들게 된다.

천지 사이의 변화 속에 그 없는 구석을 씀當其無用으로 주관적 의지가 멈추게 되고 자기 자정능력이 함양된다. 여기에서 얻게 되는 무의 영역이 대환에 휩싸인 인간의 중심을 잃지 않게 하고, 또한 무의 생활화로 제자리를 지키는 '잘됨善爲'을 위한 수양의 필요성을 요청한다. 무의 생활에 따른 사유의 전환은 인간의 과오를 돌아보게 하고 반성하는 마음을 가짐으로써 이것과 저것의 경계가 허물어진 무극의 상태인 어머니 품으로 돌아간다.

다석은 인간은 상대 세계에서 '큰 환난吾所以有大患者'으로부터 벗어나기 위한 길은 사유를 전환하는 것이라고 본다. 큰 환란에 빠질 수 있는 상황에서 벗어나기 위한 사유의 전환을 통해 '마침내 어려움이 없는故終無難矣' 무난無難의 전일체의 심신을 형성할 수 있다.108) 선이 행해지는 것은 미세함 속에 감춰져 있는 고른 앎이 저절로 드러나 인간의 내면에 담겨 있는 습명의 빛이 밝게 비추는 것이다. 이 밝은 지혜는 자기를 알게 하고 이것과 저것의 경계가 없는 무사

---

108) 『도덕경』 13장: "何謂貴大患若身, 吾所以有大患者, 爲吾有身, 及吾無身, 吾有何患."; 76장: "人之生也柔弱, 其死也堅强, 草木之生也柔脆, 其死也枯槁, 故堅强者死之徒, 柔弱者生之徒."; 78장: "天下莫柔弱於水, 而攻堅强者, 莫之能勝, 以有無以易之, 弱之勝强, 柔之勝剛, 天下莫不知, 莫能行."; 32장: "道常無名, … 萬物將自賓, 天地相合, 以降甘露, 民莫之令而自均."

지無死地로 복귀하여 늘 반성의 지혜가 솟아나는 마음으로 돌아가게 한다. 도는 늘 빔의 영역을 덕에게 되돌려 주면反動 덕은 반동의 역할을 인간에게 이어주면 인간은 섭생의 부드러운 기운弱用으로 도를 세우고 덕을 품어 선행이 떠나지 않게 된다.

다석은 『노자』의 말을 인용하여 덕을 쌓으려면 먼저 자기를 알고 사심이 없는 곳으로 돌아가 그것을 지켜내야 한다고 말한다. 이를 지키고 양육하기 위해서는 하늘 길에 의지해야 함을 조언한다. 그래야만 더 큰 덕을 이룰 수 있다고 설명한다.[109] 하늘 길은 하루하루 자기를 비워 낮은 곳에 있는 인간이 덕을 채울 수 있는 길을 열어준다. 다석은 이와 같이 버리고 비우는 방식의 노자의 수양 방법에 공감하고, 또한 이를 적극 실천한다.

큰 근심을 귀하게 여기는 것은貴大患身 자신의 몸을 사랑하고 그 근심을 통하여 덕을 쌓는 명분을 얻어, 대환의 몸을 섭생의 몸으로 전환시키는 계기를 마련한다. 이것을 성취하기 위해서는 먼저 자신의 몸을 사랑하는 수신을 함으로써 덕을 쌓게 되고 그 덕에서 우러나오는 고른 앎의 자명함으로 자승자강의 자기를 이룬다. 이는 천지의 무위자연의 흐름을 앎으로써 가능한 일이며 도의 반동약용의 작용에 의하여 귀근복명의 자리로 돌아가야 이룰 수 있다. 만물의 존재 가치를 부여하는 이름이 있게 되면 그에 따르는 탐욕이 뒤따르고 그 이름에 의하여 한계가 있게 된다. 이것을 멈출 줄 알아야 도의 자리로 돌아가게 되며 그곳으로 돌아가 무를 생활화할 수 있다. 이것은 도가 천하에 존재하는 방식이며 인간이 좇아야 할 하루

---

109) 『도덕경』 52장: "見小曰明, 守柔曰强, 用其光, 復歸其明, 無遺身殃, 是謂襲常."; 56장: "和其光, 同其塵, 是謂玄同."; 55장: "終日號而不嗄, 和之至也, 知和曰常, 知常曰明, 益生曰祥."

살이의 길이기도 하다.110)

이 자리는 늘 혼성混成한 약용弱用의 상태로 언제든지 때에 맞춰 도울 준비가 되어 있는 늘빔의 상태를 유지한다. 역동적 변화 속에서 중심을 잃지 않는 균화의 선행으로 자신이 저지른 잘못(악-부조화)을 반성하고 회복(용서-포용)할 수 있는 지혜가 솟아난다. 이것은 인간이 늘 돌아볼 수 있는(신관신-척제현람) 사유전환의 여지를 지니고 있기 때문이다. 더불어 자신을 도와 덕으로 강하게 함으로써 상대방의 허물을 용서하고 감쌀 수 있는 마음의 여유가 생긴다. 이와 같이 선을 행하는 자는 때와 조건에 맞춰 도가 스스로 찾아와 돕는다.

다석은 도에 따른 덕을 쌓기 위해서는 자신을 낮출 때 비로소 빈 자리가 생기는 것이라고 이해한다. 이 빈 곳은 '하늘땅이 맞닿으므로 단 이슬을 내려天地相合, 以降甘露', '무엇을 하려고 하지 않아도 씨알이 저절로 되게我無爲而民自化' 한다. 도의 늘빔不盈은 자기의 영역을 내어주는 것이며 반동反動의 역할을 통해 덕이 충만된 모습으로 다시 돌아오기를 기다린다.

도의 영역은 깊고 아득한 미명의 혼현한 상태로 언제든지 때에 맞춰 도울 준비가 되어 있는 늘빔의 상태를 유지한다. 따라서 인간은 몸의 감각적 사유를 뒤에 둠으로써 이 자리를 유지하게 된다. 이 자리는 미세하여 잘 보이지 않고 드러나지 않아 어눌하게 보이는 없이있는 하나의 자리이기도 하다. 이 자리는 무엇을 주재하지 않으며 어떠한 목적이 없이 모든 것을 저절로 이루어지게 하는 무

---

110) 『도덕경』 13장: "貴大患若身, …吾所以有大患者, 及吾無身, 故貴以身爲天下, 若可寄天下, 愛以身爲天下, 若可託天下." 32장: "始制有名, 名亦既有, 夫亦將知止, 知止可以不殆, 譬道之在天下."

위자연의 자리이기도 하다. 인간은 이 자리 덕분德分에 분별심이 소멸된 전일함을 전개한다.

그러므로 다툴 것이 없는 무위자연의 덕이 두루 펼쳐져 '함 없는 듯한데 하지 못하는 것이 없게 된다.道常無爲而無不爲' 다석은 잘됨의 사유에 의하여 덕이 행하여지는 방향은 두루 넓게 그리고 곧게 펼쳐져 있으며, 쉼 없이 이어져 변치 않는 질서를 유지하는 것으로 이해한다. 또한 늘 비어 있으므로 어디든 갈 수 있어 사통팔달의 자기 전개를 한다.

다석은 인간이 덕을 쌓아 잘됨을 행하여 최종 목적지에 도달하면 자연스럽게 제자리로 돌아오는 것을 말한다. '전일체善爲'의 늘앎을 형성하는 무극의 세계는 유와 무가 혼성으로 하나를 이루고 있는 현묘한 세계이다. 그것은 '선천지생'의 세계로서, 또한 본래부터 섞어져 있는 것이기 때문에 어떠한 방식으로도 대상화할 수 없는 '무명'의 세계이다.111)

다석은 뒤섞여 이루어진 유물혼성의 도를 '없이있는 하나'라는 개념을 차용하여 무의 사유의 분화 과정을 설명하고 있다. 이러한 도의 유물혼성의 상태의 혼混은 '없이있는' 개념으로 대체시켜 이해한다. 성成은 모든 것의 존재할 수 있는 근거를 제공하는 '하나'이다. 없이있으면서 어우러져 완성된 하나의 혼성체는 그 어떠한 것도 발현되기 전의 혼일한 상태에서 선의 조화를 통하여 포일의 전일체를 실현한다.112)

용솟음치듯 힘찬 없이있는 하나의 기운은 인간의 감각의 용병들

---

111) 김흥호, 『다석일지 공부』 제3권, 서울: 솔출판사. 2001, 260쪽.

112) 『늙은이』 14장: "왼통으로 하나됨이여(混而爲一)."; 22장: "하나를 품어 세상 본(보기)이 된다(抱一爲天下式)."; 54장: "善抱者不脫."

로부터 붙잡힌 의식들을 하나로 휘감아 덕의 씨가 움터 솟아오르게 한다. 움츠린 속알이 터져 열려진 길 따라 세상과 인간 간의 얽힌 매듭은 저절로 풀려 도와 덕의 빛이 한 무리로 뭉쳐 심신을 밝게 비쳐 지혜의 문을 활짝 연다.

없이있는 혼일한 세계를 다석은 다음과 같이 설명한다.

> 보아 못 보니 이르자면 뭐視之不見, 名曰夷. 들어 못 들으니 이르자면 뭘聽之不聞, 名曰希. 쥐어 못 쥐니 이르자면 뭘搏之不得, 名曰微. 이 셋이란 땋아서 될 게 아니오라此三者, 不可致詰. 므로 왼통으로 하나됨이여故混而爲一. 그 우이레 훗금도 않고其上不皦, 그 아레래 어슴프레도 않으오라其下不昧, 줄줄 닿았으나 이름 못ㅎ겠으니繩繩不可名, 다시 없몬으로 도라감이여復歸於無物, 이 일러 꼴없는 꼴, 없몬의 거림是謂無狀之狀, 無物之象, 이 일러 환컴얼떨떨是謂惚恍, 맞아 그 머리 못 보고迎之不見其首, 따라 그 궁둥이 못보오隨之不見其後, 옛 가는 길 잡아 온대로서執古之道, 이제 가는 있을 거느림이以御今之有, 옛비롯을 아는 나위니能知古始, 이 일러 길날(벼리·줄)이여是謂道紀.[113]

다석은 위의 인용문에서 도의 자기 전개의 혼일한 흐름을 설명한다. 도가 펼치는 전일한 영역은 너무 커서 볼 수 없으나 그 안에 들어가면 아무런 사심이 없이 무욕의 영역을 펼친다. 이 없음의 영역은 늘 자기를 돌아보게 하고 언제든지 덕의 품으로 돌아갈 수 있는 공간을 열어준다. 이러한 '이름 붙일 수 없는 곳'으로부터 일어나는 불언지교의 늘앎知常은 우리를 듣게 하고, 보게 하고, 체득할 수 있게 한다. 이것의 움직임은 너무 미세하므로 감지할 수 없으나,

---

113) 『늙은이』 14장.

그 움직임은 너무 커서 못 이루는 것이 없다.

다석은 도가 펼치는 자연적 영역은 인간의 욕심을 버리고 무욕한 마음을 가질 때 작게 보인다고 말한다. 이러한 자연적 영역은 모든 것을 이루고도 머물지 않고 더 많은 것을 이룰 수 있게 그 영역을 비워 둔다. 이러한 세계에서 펼쳐지는 일은 의식적으로 보려고 해도 보이지 않는다. 인간이 사물에 집착하지 않고 마음을 비우면 고요해져 들게 되고 알 수 있게 돼 그 움직임을 체득한다.

도의 온통 하나 됨의 흐름은 인간의 의지를 넘어 은밀함의 영역으로, 그것은 우리의 이해와 지성의 밖에 놓여 있다. 그것은 또한 궁구하여 밝힐 수 없다. 그것은 혼합되어 전체의 하나로서 존재하기 때문이다. 동일한 하나의 움직임이 전체성으로 펴져 있기에 그 위가 밝지도 않고 그 아래가 어둡지도 않은 혼연한 세계이다. 그것은 밝음과 어둠이 나누어지지 않고 서로 이어져 있는 까닭에 이름 붙일 수 없는 무명의 세계이다. 서로 이어져 곧게 펴져 있는 그 안에 들어가면 무의 시원적 근원을 만난다. 이것이 경계와 구분이 없어진 도의 흐름에 따라 덕과 하나가 된 전일한 상태의 홀황惚恍한 세계이다.

다석은 온통 '하나'가 되게 하는 지혜를 '대동정의大同正義'로 이해하며, '대동'이라는 말을 하나ㅡ라는 뜻으로 설명하고 없이있는 하나의 조화의 자리라고 말한다. 그리고 때가 되면 다시 하나로 돌아가야 하는 것을 정의正義라고 설명한다. 다석이 설명하는 대동세계는 노자의 현동의 세계와 같음을 볼 수 있다. 도를 알지 못하는 자는 자신의 지나친 욕구를 닫음으로써 무의 세계가 열려 얽힌 것을 풀어주고 내면의 밝은 빛으로 분별이 없는 하나의 세계를 이룬

다.114) 이는 현상적 세계의 서로 다른 개념들을 온통 '하나 됨大同'
의 세계로 귀일시켜 자신의 역할을 담당하게 한다는 취지를 가지고
있다.115)

이 하나 되는 세계는 하늘의 기운과 땅의 기운을 하나로 묶어 인
간에게 제공한다. 하늘 기운은 산을 통해 땅으로 내려오고 땅의 기
운은 연못澤을 통하여 위로 솟구친다. 우레雷·바람風·물水·불火·
산山·연못澤 서로 돕고 의지하는 가운데 조화를 이루어 만물을 생
성한다.116) 도는 씨를 낳아주는 생의 역할을 담당하고 덕은 그 씨
를 성장하게 하여 열매를 맺게 한다. 씨를 낳아주는 천지의 시작점
의 상생의 흐름은 시계 방향으로 돌고 그 씨를 받아 양육하는 덕의
상극의 흐름은 시계 반대 방향으로 돈다. 그리고 성숙된 모습으로
본래의 자리로 돌아가 도와 덕이 함께하는 섭생으로 현덕의 세계를
펼친다.

천지의 흐름과 맞물려 선응하며 살아가야 하는 인간은 성주괴공
成住壞空·생주이멸生住異滅의 대자연의 저절로 된 길의 순환의 흐름과
어울리며 생로병사의 질서 속에 살고 있다. 모든 존재는 왕성한 생
존작용을 펼치다 극에 이르면 처음의 시모의 품으로 돌아가 도의
생명을 회복하고 안정된 생활을 이어간다.歸根始母 인간의 생존하기
위한 역기능적인 패턴을 자연스럽게 긍정하고 도의 밝은 지혜로 그
것의 지나침을 억제시키면 무의 개입이 저절로 일어나 자균의 작용
으로 현덕의 사유로 전환하는 존재의 힘이 드러난다.117)

---

114) 『도덕경』 56장: "知者不言, 言者不知, 塞其兌, 閉其門, 挫其銳, 解其紛, 和其光 同其塵, 是謂玄
同."

115) 류영모, 『다석일지』 제1권, 서울: 홍익재, 1990, 263쪽 참조; 다석학회, 『다석강의』, 서울: 현
암사, 2006, 106-109쪽 참조.

116) 김흥호, 『다석일지 공부』 제1권, 서울: 솔출판사, 2001, 155-156쪽.

이러한 지혜를 제공하는 도상무명의 현도의 세계는 두루 펼쳐 있어 어느 것에도 머물지 않으므로 크고 이것과 저것의 상대적 가치에서 벗어나 있으므로 작게 보인다. 그것은 앞뒤 전후를 분별할 수 없는 혼현한 세계로써 천지인 세긋三極이 저절로 된 길天地人法自然을 따라 돌고 도는 돎의 세계이다. 인간은 휘몰아치는 돎의 세계로부터 솟아나는 가온기운으로 우뚝 솟구쳐 올라 제 꼴 따라 사는 전일한 가온인간의 삶을 구현한다.118)

그렇다면 이제 전일한 세계가 펼쳐지는 '없이있는 무의 세계'에 대한 다석의 설명을 들어보기로 한다.

(2) 전일체의 자기 전개

다석은 전일적 존재자는 늘 있어 온 도에 연결되어 있으면서 지금에 일어나는 유의 세계를 통하여 본래적인 실재에 머물러 있는 것으로 설명한다.執古之道 이러한 무의 분화 과정은 아련하고 희미하고 은밀하다. 만물의 상보관계를 통하여 서로 이어주는 구실을 얻는다. 또한 도의 시작을 능히 알 수 있도록 실재를 열어 인간에게 하나 됨의 세계를 체득할 수 있게 한다. 다석은 이를 일러 도의 '스스로 고르게 되게 하는自均自化' 작용에 따라 생명을 유지하는 것이라고 설명한다. 다석은 도의 자기 전개를 알게 하는 늘앎知常의 천지의 흐름을 따라 내 안의 속알을 깨워 알 수 있다고 한다.

다석은 인간의 감각적 인식으로 도의 역동적 흐름인 자연적 사유의 영역을 좇는 것은 한계가 있음을 말한다. 도의 자기 전개에 따

---

117) 『도덕경』 50장, 51장, 67장.
118) 『도덕경』 14장, 25장.

른 인식의 분화 과정에서 사유의 전환의 계기를 마련해 주는 무의 세계로 진입하지 않으면 안 되기 때문이다.

　다석은 이와 관련하여 인간은 지금까지 이어져 내려오는 혼일한 도의 자리에 머물러 있어야만 세상 본보기의 청정함을 알고 지킬 수 있음을 다음처럼 주지시킨다.

> 여섯 빛넋을 실고 하나를 품 안은 것이載營魄抱一, 떠러짐이 없는 수여能無離乎, 김은 오로지고 아주 부드럽기의專氣致柔, 으기 같을 수여能如嬰兒乎, 치우고 씻어내여 깜안히 보기의滌除玄覽, 티 없을 수여能無疵乎, 씨알 사랑, 나라 다싦의愛民治國, 내가 흠 없을 수여能無知乎 하늘 굼을 열고 닫는데天門開闔, 숳 않되고 않될 수 여能無雌乎, 밝고 희어 네 갈래로 사모친데明白四達, 내 앎이란 게 없을 수여能無爲乎, 낳고 치오라生之畜之, 낳되 갖이질 않고生而不有, 흐되 절 믿거라 않오라爲而不恃, 길다고 어룬 노릇을 않흐니 長而不宰, 이 일러 깜아흔 속알이오라是謂玄德.119)

　앞 장에서 전일적 존재의 자기 형성을 이루는 도의 자리를 고찰했다면, 다석은 위의 인용문을 통하여 도가 자기 전개를 어떤 방식으로 이어 나가는가에 대하여 설명한다. 심신魂魄을 하나로 모이게 하는 것은 부드러운 자균자화의 기를 통한 절로 이루어지는 효능이다. 인간의 신체적 기운인 음양의 기운이 하나 됨으로써 전일체를 형성한다. 하나 됨은 그 자체의 역동적 움직임과 고요함을 그대로 자각하여 함께 필연적 상대성을 감싸 안고 있는 전일적 존재의 상태이다. 도를 좇아 덕을 쌓으면 선을 행하여 감각적 의식을 떠나게 되고 곧은 하루의 삶은 하늘 길의 자균자화의 이로움으로 균형을

---

119) 『늙은이』 10장.

잃지 않는다. 이러한 스스로 고르게^{自均} 하는 자연적 길^{善行}의 부드러움으로 감싸 안아야 어머니 품에서 떠나지 않게 되며 언제나 영아의 마음을 유지하게 된다. 이것이 전일체의 존재 상태이다. 어머님 품으로부터 일어나는 부드러운 기운은 사람의 일에 용감성을 발휘하는 강한 자기를 억제시켜 자기를 수용할 수 있게 안내한다. 내적 자연 질서의 상태를 최적화하여 도의 무위자연의 사랑으로 호위를 받아 장생구시의 자기 수고^{慈己守固}를 이룬다.

다석은 어머니 품을 지키는 것은 연못 속 물고기를 물이 감싸고 있는 것과 같다고 본다. 도의 사랑을 알고 지켜 그것을 먹고 사는 식모의 품의 영아가 있는 반면에 사람의 일을 좇기 위해 시모의 품을 벗어나 생명이 고갈된 자식도 있다. 심연과 같이 깊은 어머니의 품은 세상의 모순을 씻어 멈추게 하고 어떠한 상황에서도 흔들리지 않게 심근고저의 중심축을 견고하게 한다. 이와 같은 방식으로 모든 것을 품고 있는 도는 만물을 덕으로 감싸 안고 있다. 그리고 자연 그대로 볼 수 있게 하늘 문을 활짝 열어 명백사달의 길을 안내한다. 인간의 심신은 천지의 흐름과 내적 질서의 덕이 하나가 됨으로써 자승자강의 자기를 통하여 하루의 길을 전개한다. 그 전개 과정은 홀황한 빛무리의 없이있는 하나의 기운으로 천지 사이를 용솟음치듯 솟구친다. 이 기운은 온 누리의 빛을 펼쳐 모든 것의 생성 과정을 주재하지 않은듯 하나 저절로 이루어지는 현묘한 무위자연의 성격을 띤다.

다석은 도의 모든 것의 하나로 어우러짐의 존재 방식은 혼성한 무극의 미세한 움직임인 혼일한 운동으로 만물을 이루게 한다고 말한다. 또한 만물이 성숙단계를 거쳐 극에 이르면 순화된 포일의 상태에서 도의 자리로 돌아온다고 한다.

무한우주의 허공을 허무虛無한 것으로 느끼는데 이 둘을 하나로 합친 전체가 하느님이시다. 허무는 무극無極이요, 고유固有는 태극太極이다. 무극·태극은 하나인데 하나가 하느님이시다. 무극에 태극이라 전체로는 하나인 것이다. 없이있는 하느님은 없이있는 하나―이다. 무극이태극無極而太極이라 오직 하느님뿐이다.120) 용오름의 힘찬 태극의 기운으로 휘돌아 하나로 된 길을 만들어 생명의 씨가 움터 솟아 올라오게 한다. 없이있는 하나의 작용으로 인하여 부음포양의 만물은 충기의 조화로 고르게 어울리게 하여 움츠린 속알이 터져 자연스럽게 열리는 길 따라 얽힌 매듭을 풀어 유무혼성의 자리로 돌아가게 된다.

이 자리는 하나의 부드러운 질서를 통하여 인간의 속알을 드러내 선을 이루고 잘된 길善行을 따라 저절로 됨道法自然의 심신을 이룬다. 선의 점진적 과정을 따라 이루어진 것은 도의 생명의 그물망으로 촘촘히 이어져 있어 빠져나갈 상대적 틈이 없는 하나의 기운으로 인간의 하루의 삶을 이루게 돕는다.

다석은 인간은 이러한 하나로 이어지고 있는 도를 품고 덕을 세우면 심신은 하나가 되어 필연적 상대성에서 벗어나 자기를 고집하는 집착에서 벗어날 수 있다고 한다.121) 그러므로 인간의 장애를 벗어나게 되면 속알의 세계가 열리면서 다툼이 없는 세상 본보기를

---

120) 류영모 원저, 박영호 엮음, 『다석 류영모 어록』, 서울: 두레, 2002, 65-67쪽 참조.

121) 『도덕경』 42장: "萬物負陰而抱陽, 沖氣以爲和, … 故物或損之而益, 或益之而損"; 55장: "含德之厚, 比於赤子, 蜂蠆虺蛇不螫, 猛獸不據, 攫鳥不搏, 骨弱筋柔而握固, 未知牝牡之合而全作, 精之至也, 終日號而不嗄, 和之至也, 知和曰常, 知常曰明"; 4장: "道沖而用之或弗盈."; 15장: "保此道者不欲盈, 夫唯不盈, 故能蔽不新成."; 79장: "天道無親 常與善人."; 54장: "善建者不拔, 善抱者不脫, …故以身觀身, 以家觀家, 以鄉觀鄉, 以國觀國, 以天下觀天下."

이룬다. 인간은 다투지 않는 속알^{是謂不爭之德}에 의하여 무극의 세계로
돌아간다.

제자리로부터 일어나는 도의 생명을 통하여 가온인간^{善爲者}의 잘
된 길^{善行}을 따라 저절로 됨^{道法自然}의 하루의 영역을 넓혀 나간다.

> 옛 간 잘된 선비는[슨보이]古之善爲士者, 뮐 야믈게 깜ᄒ니 뚤렸음
> 이여微妙玄通, 그 깊이 모르겠어라深不可識. 그 모르겠을 뿐夫唯
> 不可識, 므로 억지로 꼴 짓자ᄒ니故強爲之容, 코끼리가 겨울에 내
> 를 거너는 것이나같댈가豫焉若冬涉川. 개가 네 켠을 두릿두릿ᄒ는
> 거나 같댈가猶兮若畏四隣, 엄전ᄒ니 손님이나같고(儼兮其若容), 환
> ᄒ니 어름이 풀릴 듯이나 같음이여渙兮若氷之將釋, 도탑기는 등걸
> 같敦兮其若樸, 텅비기는 그 끌작같曠兮其若谷, 왼통스럽기는 그
> 흐리터븐함같混兮其若濁, 누가 흐리어서 고요히 천천히 맑힐 수
> 있으며孰能濁以靜之徐淸, 누가 편안히 오래도록 움직이어 천천히
> 살릴 수 있는가孰能安以久動之徐生이 길을 봐가는 이는 가득찰려
> 않으오라保此道者, 不欲盈, 그 차지 않으므로 만夫唯不盈, 므로 묵
> 을 수 있어서, 새로 이루는게 아니여라故能蔽不新成.[122]

이 인용문에서 다석은 도를 설명하는 것에 중점을 두지 않고 도
를 체득하는 것에 그 요지를 두고 설명하고 있다. 도는 본래 말로
표현하고 전달할 수 없는 것이다. 도는 역설적 모순 논리로 체득된
다. '선의 밝음'으로 도의 저절로 된 길을 관하면 되새김의 슬기^{知和}
를 체득하는 과정에서 늘앎의 지혜를 터득할 수 있다. 그것은 점진
적인 수양 단계를 거칠 때 비로소 이룰 수 있다.

다석은 도를 좇아 덕을 품은 가온인간의 잘된 길을 행함은 인간

---

122) 『늙은이』 15장.

의 기교보다 뒤에 있어 어리숙해 보인다고 말한다. 이는 생명이 발현되기 전의 미세한 영역의 혼연한 상태를 말한다. 인간의 인위적인 기교는 이해관계에 얽매여 이것과 저것을 분명하게 가른다. 인간에 의하여 가려지는 상대성은 생존을 위한 자구책으로서 이것을 가치적 관점에서 판단하여 자신의 유리함에 이용하기 때문에 환난을 겪는다.

하지만 전일적 존재인 가온인간은 유무혼성의 관점에서 보기 때문에 무사심의 상태로서 서툴러 보이고 어눌해 보인다. 이것과 저것의 경계를 벗어난 혼일한 관점에서 사람과 사물을 보기 때문에 가치보다는 존재의 의미를 존귀하게 여긴다. 다석은 이와 같은 가온인간의 상태를, 하고자 함을 내려놓고 도의 미묘현통한 세계에 진입하는 잘된 자로 설명한다.123)

그렇다면 미묘한 이 세계를 통하는 자는 어떤 모습을 가지고 있을까? 다석은 약족약망의 도를 설명하면서 때에 따라 자기를 전개하는 것으로 설명한다. 가온인간이 선을 행하는 과정은 그 공을 이루고도 그곳에 머물지 않고 다시 복귀하여 있는 듯 없는 듯한 혼연한 상태로 존재한다. 이 혼연한 상태의 무의 분화 과정은 밝은 것 같으나 어두운 것 같고 앞으로 나아가는 것 같지만 뒤로 물러가는 것과 같은 혼일한 상태이다. 무와 유의 상보적 짝짓기를 통하여 드러나는 생명의 질서이다.

다석은 혼연한 상태로 펼쳐지는 태극의 창조의 흐름은 쉼 없이 돌고 돌아 환순의 궤적을 그리며 인간의 심신을 한아되게 하는 것

---

123) 『늙은이』 15장: "옛 간 잘된 선비는(古之善爲士者), 뭣 야믈(게) 감 뚫렸음이여(微妙玄通), 그 깊이 모르겠어라(深不可識). 그저 오직 모르겠으니(夫唯不可識)."

으로 설명한다. 용이 하늘로 승천하는 것과 같은 힘찬 태극의 역동적 기운은 천지의 도법자연의 기운을 휘몰아 하나로 된 길을 만들어 만물의 씨알을 움트게 하여 솟아 올라오게 한다. 그리고 인간의 내면의 덕의 씨를 터트려 세상의 얽히고 매듭진 사건들은 저절로 풀어 제치게 하여 자승자강의 자기를 이룬다. 이 자명한 고른 앎의 빛은 온 누리에 두루두루 번져 빈틈없이 환하게 비춘다.

비우고 덜어내 텅 빈 고요함에 이르면, 늘 물 흐르듯 일상이 자연스러워진다. 그런 사람은 자신을 있는 그대로 드러낼 뿐 포장하지 않고 자연의 순리에 따를 뿐 자기 주관이나 욕심을 고집하지 않는다.善利不爭 이러한 선위자의 모든 행위는 세상의 욕망의 덫에 걸리지 않는 바람처럼 항상 자유롭고 여유롭다. 가온샘은 자꾸 비워야變易 맑고 깨끗한 단 이슬이 샘솟는 것과 같은 불역不易의 이치이다. 만약 비우지 않고, 가득 채우고 있으면 그 샘은 썩어간다. 겉만 변하고 속은 변하지 않는다면 결국은 더 이상 단 이슬이 샘솟지 않게 된다.

사람은 도로부터 씨를 받고 덕으로부터 심신이 양육되는 자연스러운 질서가 흐르는 존귀한 몸을 받고 태어났으며 생과 사는 도덕의 질서에 맡기고 자연스러운 흐름에 따라야 한다. 공연히 무엇을 하고자 사물과 더불어 서로 다투면서 용감성을 발휘하는 것은 말 달리는 것과 같다.124) 달리는 말 등에서는 곧바로 멈출 수가 없듯이 천지 사이의 가온을 지킴으로써 심신의 안정화를 꾀할 수 있고 자신의 삶을 뒤돌아보고 생과 사가 함께 있는 무사지의 쉴 곳을 곧

---

124) 『장자』 제물론 편: "一受其成形, 不忘以待盡, 與物相刃相靡, 其行盡如馳, 而莫之能止, 不亦悲乎, 終身役役而不見其成功, 苶然疲役而不知其所歸, 可不哀邪."

바로 알아차려 지켜야 한다. 이러한 함이 없음에도 저절로 이루어지는 미묘현통한 무사지의 안식처는 무를 생활화함으로써 얻을 수 있다.125)

다석은 없이있는 무의 세계는 광대하며 모든 것을 바르게 설 수 있는 무한대의 교역交易의 덕을 지니고 있는 것으로 본다. 그러므로 만물에게 존재할 수 있는 바탕을 마련해 주는 원인을 제공한다. 모든 것을 있게 하고 그 공은 덕에게 맡기고 다시 혼연한 자리로 돌아간다.126) 이와 같은 대상무형의 도와 함께하는 가온인간은 덕을 베풀고도 그 덕에 머물지 않는 현덕의 사유를 펼친다. 이를테면 마음의 욕정이 일어나기 전에 여유를 가지고 미리미리 조심하고 무엇을 곧바로 판단하지 않고 늘 뒤에 선다.

다석은 인간이 하늘의 도를 맞이하기 위하여 땅의 덕은 자신을 낮춰 비워 두면 도는 저절로 찾아와 응하고 모든 것을 조화로움으로 이루게 하는 것으로 본다. 전일적 존재의 자기 전개는 미묘현통의 세계에서 일어나는 사건이다. 이 일은 불가득의 사건으로써 무엇으로도 표현할 수 없다. 이러한 존재의 흐름을 알려면 불감위의 사유전환을 통하여 '그 없는 구석을 씀으로當其無用', '함 없어서 씨알 제대로 되는我無爲而民自化' 영역으로 환순해야 체득할 수 있다. 여기에서 도의 자리를 회복하고 씨알의 전일적 자기를 실현한다.

다석은 이러한 점을 통하여 하루를 사는 인간이 도를 좇음으로써 얻은 생명은 가온인간의 자기의 삼보가 드러나는 것이라고 본다.

---

125) 『도덕경』 15장, 20장, 51장.

126) 『도덕경』 41장: "故建言有之, 明道若昧, 進道若退, 夷道若纇."; 14장: "其上不皦, 其下不昧, 繩繩不可名, 復歸於無物, 是謂無狀之狀, 無物之象, 是謂惚恍. 迎之不見其首, 隨之不見其後. 執古之道, 以御今之有. 能知古始, 是謂道紀."

그 삼보를 통하여 무에 따른 생활의 실천 수양 방식으로 자정의 영역을 넓혀 나간다. 천지상합에 따른 무위자연의 덕을 두터이 쌓기위한 내적 수양을 이루는 목적은 바로 이 자리를 회복하기 위한 것이다. 이 없는 구석當其無의 근원자리를 좇기 위해서 다석은 수양의단계를 여러 방식으로 설명한다.

먼저 다석은 이 자리를 떠나지 않는 영아와 같은 상태를 지녀야하는 것에 대하여 주목한다. 다석은 『늙은이』에서 어린아이를 '해심'- '영아'- '적자' 등으로 설명하면서, 어머니 품에서 일어나는 생명 활동으로 묘사하고 있다. 왕필은 형상이 없어 이름 붙일 수 없고 기미가 없는 무명의 천지 지시의 세계를 어린아이가 옹알거릴줄 모르는 상태로 묘사한다.如嬰兒之未能孩也

해孩는 영아의 움직이기 전 상태를 말하며 영아미해嬰兒之未孩는 도가 자기 전개를 하기 전未兆의 혼연한 상태로 설명한다. 영아는 전기치유專氣致柔에 의하여 부드러운 조화를 이룬 자연적 본성의 상태로 비유하며, 수컷은 앞서고 암컷은 뒤에 서는 천하 이치를 영아는꾀를 쓰지 않고 그대로 받아들여 고른 앎으로 덕이 쌓이는 것으로이해한다. 마음의 상태를 무상심에서 '혼기심'으로, 그리고 자연 그대로 받아들이는 해심으로 설명하며, 후덕한 덕을 품어 심신의 상태를 온전케 하여 무극의 자리를 지키는 적자로 설명한다.127)

다석은 해심과 영아 그리고 적자를 통한 수양 과정에서 어머니품을 강조한다. 해심은 식모의 품에서 일어나는 도의 씨를 품은 영아의 상태로 설명한다. 그리고 이 씨가 발아되어 적자와 같은 전일

127) 왕필 저, 임채우 역, 『왕필의 노자』, 서울: 예문서원, 2001, 69-70쪽, 98쪽, 126쪽, 186-187쪽, 202-204쪽 참조.

적 존재를 실현하는 단계로 본다. 결국 다석은 도의 품속을 어머니의 품으로 보며 이를 점진적 수양단계로 세분화하여 설명한다. 이를테면 만물의 어머니라는 시모의 단계에서 만물의 생명을 공급하는 식모貴食母의 단계를 거쳐 심근고저의 자기를 형성하여 어머니 나라有國之母를 지키는 것이 그것이다.

다석은 도를 체득하여 절대적 사유의 차원으로 깊숙이 들어가는 심불가식深不可識의 자리를 회복하는 것은 무의 생활화를 통해서 점진적 단계를 거치는 수양 방식이라고 말한다. 인간의 의식으로는 알지 못하고 느끼지 못하는 형이상의 세계를 체득하여 하루의 삶을 통하여 생활화하는 것이다. 지금 이 순간 여기에 펼쳐져 이루어지고 있는 현상계를 외면하지 않음을 알 수 있다.[128]

다석은 인간이 늘 접하는 시간은 선형적이고 비가역적이며 그 시간 속으로 다시 되돌아갈 수 없는 것이라고 말한다. 단지 덕의 도움을 받아 사유전환을 일으키는 되새김의 슬기知和 덕분에 자기의 과오를 반성할 수 있고 그것을 통하여 올바름을 지킬 수 있다. 그렇다면, 이러한 흐름 속에 인간이 존재할 수 있는 곳은 어디인가? 다석은 오고 가는 지금 여기 비어 있는 중심에 점을 찍는 순간 도의 생명이 이어지고 조화가 일어난다고 본다. 인간은 이러한 현상으로부터 아무런 제약을 받지 않는 조화의 자리인 자연적 영역에 존재해야 한다. 사물의 가치에 머물지 않는 무위함은 인간에게 명관명지의 지혜를 제공한다. 이 밝은 빛으로 늘 자신을 통해 자명한

---

128) 만물의 병작활동을 통해서 도의 전개에 따른 종지와 중심을 볼 수 있으며 인식의 분화과정을 따라 무의 세계를 통하여 허정심의 자리에 도달할 수 있음을 알 수 있다(『도덕경』 16장: "致虛極, 守靜篤, 萬物竝作, 吾以觀其復."; 21장: "自古及今, 其名不去, 以閱衆甫."; 70장: "吾言甚易知, 甚易行, … 言有宗,事有君.").

자기를 보게 되면 때에 맞춰 도가 스스로 찾아와 모든 것과 하나 되게 한다.

다석은 인간이 머물러 있어야 할 곳은 무엇으로도 설명할 수 없는 '지금 여기' 스스로 변화하는 조화의 세계라고 한다. 만물이 무엇을 이루고자 스스로 머물지 않아도^{萬物將自賓} 씨알을 제대로 되게^{我無爲而民自化} 하는 도의 자기 전개가 이루어지는 자리이다. 도의 생명 줄이 이어져 있을 때 그 생명으로 씨알이 바르게 된다. 그리고 저절로 그 생명에 의하여 만족함을 알게 되고 어느 것에도 머물지 않는 무위함으로 본연의 자리를^{自正·自富·自樸} 129) 얻을 수 있다.

---

129) 『늙은이』 57장: "내 함 없었서 씨알 제대로 되고(我無爲而民自化), 내 잘 고요하자 씨알 제 바르고(我好靜而民自正), 내 일 없자 씨알 절로 가멸(我無事而民自富) 내 하고잡 없자 씨알 스스로 등걸(我無欲而民自樸)."

무의 생활화와
'세상 본보기'의 구현

1. 자연성 회복에 근거한 무의 생활화

1) 무의 쓰임과 무의 생활화

(1) 무의 활용과 유적 장애의 극복

다석은 무의 생활화를 혼성한 도의 세계를 통해서 주재함이 없이 작용되는 자연적 지혜를 얻고 그 지혜로 덕을 좇는 선행의 수양으로 설명한다. 『늙은이』 25장의 '몬 있어 온통으로 뒤섞여 이루는有物混成' 도를 움직이기 이전의 천지 만물의 시모로서 무유의 혼일한 상태라고 설명한다. 이는 보이지 않는 은미한 세계로서 소리도 없고 형체도 없으며, 아득히 멀고 그윽이 어둡지만, 우주와 만물을 창생하는 흐름이라고 본 것이다. 도의 흐름은 비어 있는 가운데 있어 만물을 만물답게 하는 하나의 질서이다. 도의 움직임으로 인해 하나를 얻고 삼생만물로 펼쳐지는 유를 생하고 무와의 상보적 관계를 통하여 전일적 존재를 실현한다.[1)]

다석은 사람의 목적의식은 늘 마음의 저항심을 유발시킨다고 말한다. '인심발광'에 따른 외계사물의 내적 투사는 욕망과 쾌락으로 치닫게 된다. 이 감각적 욕망이 삶의 전부인 것처럼 자기를 동일시하여 마음의 고요함을 흩뜨려 놓는다. 또한 사람은 늘 부족한 틈을

---

1) 『도덕경』 21장: "惚兮恍兮, 其中有象. 恍兮惚兮, 其中有物. 窈兮冥兮, 其中有精. 其精甚眞, 其中有信."; 42장: "道生一, 一生二, 二生三, 三生萬物, 萬物負陰而抱陽, 沖氣以爲和."; 51장: "道生之, 德畜之, 物形之, 勢成之, 是以萬物, 莫不尊道, 而貴德, 道之尊, 德之貴, 夫莫之命而常自然."

느낀다. 뿐만 아니라 무엇을 하고자 하는 전진적 사유로 인한 삶의 저항을 멈추지 않고 끝없이 다툼을 일으킨다.

다석은 이러한 '치빙심馳騁心'의 건강함을 부정형식에 따른 사유의 전환을 통하여 유연한 삶으로 전환해야 한다고 말한다.[2] 다석은 유연한 변화의 흐름 속에 무의 세계를 천지 사이의 빈탕 가온에서 일어나는 사건으로 설명한다. 도의 전반적인 흐름을 담고 보이는 현상계의 질서에 개입하여 모든 것을 제자리에 돌려놓는 존재의 힘을 지닌 것으로 비유한다. 『늙은이』를 통하여 무의 개념을 다양하게 표현하며 도와 무의 개념을 혼용하여 사용한다. 천지 사이의 보이는 세계와 보이지 않는 세계의 전체적인 개념으로 볼 수 있다. 다석은 무의 활용을 통해 유의 전개과정에 적용함으로써, 유의 집착으로부터 발생하는 일체의 장애를 소멸시키고자 한다. '무명·무사·무욕無名·無欲·無私' 등 무의 계열에 편입된 부정의 대상들, 즉 '명·욕·사名·欲·私' 등이 장애를 일으키는 직접적인 요인들임을 인식하고 이를 제거하고자 한다.

다석은 없이있는 무의 세계를 유무가 혼재되어 있는 '형체 없는 그 속에 아름다운 상이 펼쳐져 있는是謂無狀之狀. 無物之象' 홀황한 세계라고 표현한다. 이 혼성한 무의 흐름은 어느 곳에도 머물지 않고 아무런 일을 하지 않는 것 같으나 무위의 선행無爲善行으로 인간의 발광심을 멈추게 한다.[3] 무의 생활화는 공을 이루고도 흔적을 남기지 않는 선행을 이루어내는 세상 본보기로 하루를 사는 지혜의 기

---

2) 『도덕경』 55장: "含德之厚, 比於赤子, 蜂蠆虺蛇不螫, 猛獸不據, 攫鳥不搏, 骨弱筋柔而握固, 未知牝牡之合而全作, 精之至也. … 知常曰明 益生曰祥, 心使氣曰强, 物壯則老, 是謂不道, 不道早已."
3) 『도덕경』 27장: "善行無轍迹"; 38장: "上德不德,… 上德無爲而無以爲."; 43장: "馳騁天下之至堅, 無有入無間,… 無爲之益."

초를 제공한다.4)

다석이 설명하는 무의 세계는 도의 형이상적 인식의 분화과정을 설명하는 사유의 차원이며 무의 빈 곳은 유의 발전과정에서 발생하는 장애가 소멸되는 영역無名·無欲·無私 등으로 말한다. 사유적 관점에서 도는 어떠한 제한도 받지 않고 무엇으로도 표현할 수 없는 형이상의 없이있는 세계를 의미한다. 도를 표현할 방법은 오로지 무에 의존할 수밖에 없다. 유와 무가 혼재되어 있는 무상지상無狀之狀의 홀황한 세계에서 상이나 정象精으로써 어느 곳에도 머물지 않으므로 무명으로밖에 표현할 수 없기 때문이다.5)

노자철학에서 무는 도와 위격이 같다. 그것은 도의 자기 전개 과정을 형용하며 다양한 변화의 현상에 대응하는 인식의 체계에 관여한다.6) 무는 존재론의 이해에 있어 있음의 상대성인 없음을 말하는 것이 아니라, 언어로 표현할 수 없는 규정 불가능성을 표현하는 데 그 의미를 둔다.7) 무의 세계는 다양한 개념으로 도의 자기 전개를 표현한다.

특히 다석은 우리말의 '없이있음'이라는 독특함을 살려 천지변화

---

4) 『늙은이』 34장: "큰 길이 둥 떴음이여(뚫렸음이여)(大道氾兮), 외계도 옳게도로다(이렇게도 저렇게도로다)(其可左右). … 늘 싫음이 없어라(常無欲). 작음보다 (작다) 이름할 만(可名於小)."; 21장: "컴하고 환한데 그 가운데 그림이 있고(恍兮惚兮, 其中有象)."; 14장: "이 일러 없는 꼴의 꼴, 없는 몬의 그림(是謂無狀之狀, 無物之象), 이일러 환캄(얼덜)(是謂惚恍)."; 32장: "길은 늘 이름 없어(道常無名)."; 41장: "길은 숨어 이름 없어(道隱無名)."

5) 『늙은이』 34장: 큰 길이 둥 떴음이여(뚫렸음이여)(大道氾兮), 외계도 옳게도로다(이렇게도 저렇게도로다)(其可左右). …늘 싫음이 없어라(常無欲). 작음보다 (작다) 이름할 만(可名於小); 21장: 컴하고 환한데 그 가운데 그림이 있고(恍兮惚兮, 其中有象); 14장: 이 일러 없는 꼴의 꼴, 없는 몬의 그림(是謂無狀之狀, 無物之象), 이 일러 환캄(얼덜)(是謂惚恍); 32장: 길은 늘 이름 없어(道常無名); 41장: 길은 숨어 이름 없어(道隱無名).

6) 이종성, 「노자철학에 있어서 존재와 인식의 상관성」, 대동철학회, 『대동철학』 제10집, 2000, 52-53쪽 참조; 「박세당의 『노자』 주해(註解)를 통해 보는 도가철학에 있어서의 '유무지변'의 문제」, 한국동서철학회, 『동서철학연구』 제15호, 1998, 133쪽 참조.

7) 박길수, 「노장의 철학적 치료주의의 이념」, 한국동양철학회, 『동양철학』 제44호, 2015, 447쪽 참조.

의 흐름을 설명한다. 변화하기 때문에 고정됨이 없고 이름을 붙일 수 없는 무명의 세계이다. 이름이 없는 '없이'는 무엇을 주재하거나 그것을 이루고 머물지 않는 상선약수와 같은 현덕의 흐름으로 설명한다. 늘 변하는 속에 한결같은 자연적 흐름을 유지하는 도의 '있음'의 작용을 말한다. 결국 없이있음은 영속적 항상성能變如常의 무위자연의 질서를 말하고 있다.

다석은 형체가 없는 것의 쓰임이라야 갈등의 사이를 없앨 수 있다고 본다. 도의 보이지 않는 세계는 인간의 사유체계 사이에 어떠한 틈도 없게 하며 무위의 움직임으로 자연적 사고 영역을 유지케한다.[8] 다석은 인간이 전쟁과 같은 삶에서 자유로워지는 방법은 덕을 쌓아 도에 따른 자연적 영역을 확보하는 것이라고 말한다. 또한 무의 활용에 따른 곡선사유는 사물의 가치기준의 사고력을 멈추게 하여 인간의 존재이유를 드러나게 한다. 무의 세계는 현상계로부터 제약을 받지 않고 무수한 에너지가 쉼 없이 순환하는 자연적 속성이 현현하는 자리이다.

이처럼 조금의 틈새도 없이 순환하는 자연계에 무엇이라 정의 내려 이름을 지으면 사람의 일을 좇는 것이다. 인간은 무엇이든 개념놀이를 좋아한다. 무엇을 확실하게 정하지 않으면 두려워하고 불안해한다. 이러한 관념과 개념 사이에서 인간은 갈등을 겪기 시작한다. 하지만 도는 무엇이라고 할 수 없는 무명의 세계이다. 쉼 없이 움직이며 어느 곳에도 머물지 않기에 이름을 붙일 수 없다.

사람의 일을 좇는 과정에서 일어나는 화나 복은 인간이 정의 내린 것일 뿐 그것을 없애는 방법은 그것의 이름을 붙인 자, 즉 그것

---

8) 『도덕경』 43장: "天下之至柔, 馳騁天下之至堅, 無有入無間, 吾是以知無爲之有益."

을 화나 복으로 생각한 자만이 없앨 수 있다. 도는 화나 복에 관여하지 않는다. 무의 세계를 통하여 유의 세계의 존재 근거를 제공하는 조화나 부조화에 대한 것을 선의 흐름으로 균형을 이루고 만물이 스스로 변화하는 속에서 균형을 잃지 않도록 도와줄 뿐이다.

우주는 변화무쌍하지만 결국은 하나의 길道에 준해서 움직일 수밖에 없고, 그 길의 동정에 의하여 변화한다. 그래서 우리는 그 미세한 움직임을 통해 내변작용內變作用을 관찰함으로써, 우주변화인 외화작용外化作用을 통하여 도의 상을 알 수 있게 된다. 이것이 통변이다.9) 다석은 우주의 존재 방식을 도의 순환 운동으로 설명한다. 이는 서서히 움직이면서 멀어지고, 멀어지면 가까워져 제자리로 돌아오는 서·원·반의 흐름이다. 시공간은 순환운동에 의해서 일어나며 이 중에서 가장 큰 순환은 천·지·인 사이의 관계를 형성하는 유무상보의 자연한 운행 작용이다.

다석은 노자가 말한 '도가 크다'는 의미는 멀리 갔다가 다시 돌아오는 도법자연의 운동과 관련이 있다고 설명한다.10) 도는 비어 있으며 고요한 상태에서 미세한 움직임의 반복적 순환운동의 과정에 놓여 있다. 이것은 사람과 사람, 사람과 땅, 사람과 하늘 사이의 공생공존의 상보관계를 이루게 한다. 현상적 사물세계는 도가 스스로 그러한 조화의 힘에 의하여 중보질서를 이룬다. 다석은 무의 홀황한 세계를 없이있는 하나로 묘사한다.11)

---

9) 백유상, 「한동석(韓東錫) 역학사상(易學思想)의 특징」, 대한한의학원전학회, 『대한한의학원전학회지』 제23호, 2010, 197-199쪽 참조; 무극의 기氣로서 통일하는 것은 성숙의 단계를 말하는 것이며, 태극의 움직임은 형形을 분열시키는 생장의 길이다(한동석, 『우주 변화의 원리』, 서울: 대원출판, 2013, 45쪽 참조).

10) 『도덕경』 25장: "故道大, 天大, 地大, 王亦大, 域中有四大, 而王居其一焉, 人法地, 地法天, 天法道, 道法自然."

11) 류영모 원저, 박영호 엮음, 『다석 류영모 어록』, 서울: 두레, 2002, 50쪽, 58쪽 참조.

만물은 혼일한 움직임에 의하여 점진적으로 변화한다. 만물은 자기 성숙단계에 이르면 생명 보존을 위하여 곡직의 현상에 따라 제각기 제자리로 돌아간다. 인간 역시 제자리로 환순함으로써 자기 씨알을 형성한다. 인간의 오랫동안 내면에 고착화된 습관과 관습의 방향을 바꾸는 도의 씨인 속알의 역할로 심리의 변화와 성격 구조의 변화가 일어나야 사유를 전환하는 환순의 질서로 들어설 수 있다.

도의 자균적 움직임은 사계절의 변화를 통하여 만물의 존재 근거를 제공하고 생명을 유지케 한다. 소우주인 인간에게도 이 여정의 질서는 거스를 수 없다. '도생일道生一'로부터 '삼생만물三生萬物'로 분화되는 존재의 전개과정은 무가 유의 질서로 펼쳐지는 추이를 보여준다. 이는 유의 이로움을 확보하는 과정이기도 하며 때에 이르면 도의 서원반의 운동에 의하여 천지인의 기운이 하나로 모이는 본래의 자리로 되돌아가는 반복적 순환의 질서를 보인다.

하늘의 도는 비어 있음을 제공하며 낮에서 밤으로 밤에서 낮으로 고른 어울림의 늘 한길에 의하여 인간의 생명을 생성한다. 이는 변화하는 하루의 길을 따라 밝음의 영역이 넓어지면서 극에 이르면 어둠의 영역으로 전환되어 낮과 밤의 영역이 확장된다. 그리고 반복적 순환운동에 의한 곡선의 흐름으로 낮과 밤은 절정을 이루고 자기의 역할을 다한 뒤 제자리를 찾는다. 만물의 자연성을 이루는 중보질서는 그늘을 등에 지고 볕을 안으로 품으며 비어 있는 기운의 조화로 만물의 생축과정을 돕는다.

다석은 때에 맞춰 제자리를 찾는 것을 곡직의 사유라고 인식한다. 이는 순환에 따른 현상적 이해에 기초한다. 굽으면 펼쳐지고 움푹 파인 곳은 곧바로 채워지는 변화의 흐름 속에 늘 중심축을 잃지 않는 무위자연의 질서가 존재한다고 본 것이다.12) 인간의 심신의 흐름과 천지의 흐름은 하나의 질서체계를 구성하고 있다.

이 하나의 질서에 편승하지 못하고一乘 벗어나게 되면, 즉 하나를 득하지 못하면 생명을 유지하기 어려워 제 역할을 다할 수 없다.恐裂·恐發·恐歇·恐竭·恐滅·恐蹶13) 이 하나의 혼성한 기운은 홀황한 빛무리가 회오리치듯 솟구쳐 천지인 세굿三極을 저절로 된 길天地人法自然로 안내한다. 그리고 이 세굿의 기운을 온통 하나로 꿰뚫어 저절로 이어지게 하여 생명의 샘이 쉬지 않고 솟아나는 시모의 품으로 돌아가게 한다.

이에 대하여 다석은 '구부림曲'은 때에 맞춰 휘어지는 것이며, 이는 만물이 상황에 따라 도의 자리로 복귀하는 지향적 사유에 기초하고 있다고 설명한다. '곧음直' 역시 도의 흐름이다. 이는 지금까지 이어져 오는 직선 방향이 앞으로 향하는 것이 아니라 좌우사방으로 펼쳐지는 허이불굴虛而不屈의 흐름으로 말한다.14)

노자철학에서 사물의 변화 상황은 서로 마주보는 상황에서 때에 맞춰 저절로 찾아오는 도의 친절한 배려 덕분에 조화의 관계를 설정하게 된다. 마주보는 사이에서 도의 중재로 상합하여 행복한 하루의 길에 들어선다. 이는 기의 상반상성의 사세事勢에 의한 반복순환의 흐름으로 도의 자기 전개를 펼치는 영속성의 과정으로 볼 수 있다.15) 도의 영속적 항상성이 흐름은 천제의 공간에서 휘몰아

---

12) 『도덕경』 22장: "曲則全, 枉則直, 窪則盈, 敝則新, 少則得, 多則惑, 是以聖人抱一爲天下式, … 古之所謂, 曲則全者, 豈虛言哉, 誠全而歸之."

13) 『도덕경』 39장.

14) 성현영 저, 최진석, 정지욱 역, 『노자의소』, 서울: 소나무, 2007, 195-196쪽 참조.

15) 김백희, 『노자의 사유방식』, 파주: 한국학술정보(주), 2006, 141쪽 참조.

치는 돎의 세계로부터 용솟음치듯 솟아나는 가온기운의 기운차게 뻗치는 사세를 형성한다. 허이불굴의 형세勢로 돌고 돌아 모든 것들의 각각의 꼴값을 갖추게 하여 제 역할을 다하게 한다.

다석은 천지 사이에 존재하는 인간과 사물의 생명현상은 곧게 뻗어나가다 처음 자리로 되돌아오는 복귀 지향성의 흐름이 있다고 설명한다. 하나의 질서로부터 분화된 천지인 사이의 생명기운은 서로 마주보고 있는 관계를 형성하고 있다. 이 상태에서 도에 따른 삼생의 균화를 통하여 인간의 속알은 싹을 틔워 전일체를 구성한다. 속알의 서서히 움직이며 멀리 나갔다가 다시 돌아오는 서원반의 생명 활동에 힘입어 한알의 씨를 잉태하는 반동약용의 흐름을 반복한다. 이러한 하나의 질서는 인간의 하루 삶을 평안한 상태로 이끈다. 그는 이것을 쉼 없이 일어나는 곡직에 따른 환순의 흐름이라고 본다. 그러나 외관에만 집중하다 보면 곡직에 따른 환순의 흐름을 놓치고 만다. 다석은 인간이 올바른 사고 체계를 갖추기 위해서는 의식의 전환이 있어야 한다고 강조한다. 이러한 사유의 전환은 자기를 수용하고 그것의 성찰을 통하여 자기를 이해했을 때 존재의 힘을 알고 지켜 나간다.

도의 존재의 힘을 기반으로 균화적 삶을 유지하고 실천하는 것은 그 자연의 힘의 잠재력을 최적화하는 것이다. 지금 여기를 덕을 쌓고 나누는 자기덕분慈己德分의 수양 과정으로 활성화하는 것이다. 천지의 흐름을 아는 늘앎을 지켜 행하여야만 한다. 따라서 인간의 내적 질서를 이루고 있는 정신계와 천지의 흐름과의 상보관계 속에서 하나 됨을 이룰 수 있다고 본 것이다.

무를 생활화하여 선을 행하는 하루 철학의 수양 방식을 말한다.

인간의 마음을 늘 빔으로써 무의 이로움이 발동하여 아무런 대가나 목적이 없는 무명의 선행을 이루게 된다. 흔적을 남기지 않는 선행은 인간이 무심코 지나쳐 온 제자리를 확보하게 한다. 이 빈 자리는 자승자강의 공간이며, 덕을 쌓아 나눌 수 있는 자리이며, 인간의 허물을 되돌아보게 하는 어머니의 품이다.

노자는 혁신적인 의식의 변화를 통해 이상세계가 도래한다고 믿는다. 그 까닭에 무위자연의 실천 방법을 제시한다. 무위는 사물에 집착하지 않으므로써 주재함이 없고 인간의 인위적 사유를 배제하고 있는 그대로의 자연스러움에 따르는 방식이다. 모든 것이 저절로 됨의 질서는 상선약수와 같은 흐름으로써 그 흔적을 찾을 수 없는 큰 길의 활동이다. 이는 인간의 대상對象 지향적 사고를 전환하여 '고른 앎'을 통해 제 역할에 최선을 다하게 하는 것이다.16)

다석은 이러한 노자의 관점을 우주적 관점에서 무위를 설명한다. 무위는 천지 사이의 무엇을 하고자 함이 없는 무명의 세계이며 이는 형이상적 공간의 의미로 본다. 보이지 않는 무의 공간 안에서 일어나는 유의 활동이 스스로 이루는 상보작용은 굳이 도가 적극적으로 개입하지 않아도 때에 맞춰 저절로 이루어진다.

뭉쳐서 보이는 공간과 흩어져 안 보이는 시간이 서로 호환하여 경계가 없는 연속적인 자연의 변화를 이룬다. 따라서 유의 세계는 도의 이로움에 의지하고 그 기능을 차용하여 형체를 이룬다. 이에 반해 무는 어떠한 일을 도모하거나 아무런 목적이 없이 제자리를 지킬 뿐이다. 실제적인 도의 작용은 머물지 않음으로써 고정됨이 없는無所歸. 無止 바람과 같음이 무위의 역할이며, 이에 따라 저절로

---

16) 이재권, 『도가철학의 현대적 해석』, 대전: 문경출판사, 1995, 15쪽 참조.

됨의 선리부쟁의 다툼이 없는 조화의 이로움을 제공한다.17)

우주 변화가 일어나는 자리는 실체가 없다. 무의 세계를 통하여 만물의 존재할 수 있는 근거를 제공할 뿐이다. 무위는 그 무엇에도 머물지 않으므로 정해진 장소가 없고 눈에 보이는 형체가 없다.18) 도의 운동은 편용편익하여 어느 한 곳에 머물러 있지 않으니 이 또한 방소가 없다无方는 뜻이다. 그러므로 다석은 인간은 쉼 없이 머물 곳 없이 변화하는 도의 흐름에 선응하여 사물의 가치에 매몰되지 않고 무위자연의 하루의 참삶에 맞춰 살기를 제언한다.

다석은 이러한 도의 자기 전개를 생득법에 따른 곡직의 사유를 대입하여 씨알이 천지 흐름과 하나를 이루는 자기慈己 형성 과정이라고 설명한다. 이는 즉유증무의 논리를 논증한 결과이다. 이것은 유의 전체성을 긍정하는 것인 동시에 내적 자정自正에 따른 공정한 세상 본보기를 구현하는 무의 생활화를 표상한 것이라 볼 수 있다.19)

다석은 『늙은이』에서 도를 없이있는 하나로 표현하며 없이있음을 무와 허공으로 설명한다. 비어 있는 중심에서 일어나는 조화의 질서를 지키려면 독실해야 한다. 이는 '함 없어도 못 이루는 것이 없는道常無爲而無不爲' 도의 작용이다.20) 없이있음이란 원일물元一物로서의 있음이 아니며 불이즉무不二卽無로서, 곧 있음이 전제된 무의 세계이다.

---

17) 『도덕경』 20장, 34장.

18) 『계사전』 상 제4장: "範圍天地之化而不過, 曲成萬物而不遺, 通乎晝夜之道而知. 故, 神无方而易无體."

19) 『늙은이』 4장: "하웋님 계(가) 먼저 그려짐(象帝之先)."

20) 『늙은이』 37장: "길은 함 없어도 늘 아니하는 게 없으니(道常無爲而無不爲)."; 48장: "함없이 하지 않음이 없으리(無爲而無不爲)." 도의 순환궤도에 따라 천하 만물은 각자의 성장일변의 발전을 하지만 결국, 생명유지를 위하여 순환변화 함으로써 그 뿌리로 돌아가는 것을 볼 수 있다(김충열, 『노자강의』, 서울: 예문서원, 2004, 57쪽 참조).

다석은 없이있는 세계를 유·무가 혼연한 하나의 세계라고 말한다. 물질[몬]로는 없고 얼[성령]과 빔[허공]으로는 존재하기 때문이다. 이러한 없이있는 하나의 품안에서 모든 물질은 생성하고 소멸한다. 이러한 까닭에 다석은 없이있는 하나는 단순한 물질이 아니며, 그것을 이루는 얼을 담고 있는 모든 것의 존재근거를 제공하는 빔으로 본 것이다.21)

다석은 도의 자기 동인의 미세한 움직임을 만물의 자연함을 이루는 중보질서로 설명한다. 또한 자기의 활동을 개념화하고 표현할 수 없기에 이를 부득이 무라고 표현할 수밖에 없다고 한다. 무가 작용하면 그것은 하나의 질서道法自然로 운행한다. 무로서 비어 있음은 만물의 생성 준칙이 되며, 하늘 길을 통하여 모든 것을 고르게 어울리게 한다. 이로부터 만물을 만물다운 모습으로 드러낸다. 이것이 '뭇 아름다움을 보이는' 열중보閱衆甫의 질서로 이어질 수 있는 존재근거이다.22) 도가 무의 세계에 바탕을 두고 있다는 점에서, 무를 좇아야만 자연성의 의미를 회복할 수 있음을 알 수 있다.23) '열중보'는 『도덕경』 21장의 만물이 아름다움을 나타내는 중보衆甫질서를 무위자연으로 드러내는 도의 흐름의 전체 과정의 의미를 담고 있다.

다석은 목적을 향해 가는 인간의 사유를 곡직의 질서를 따라 도의 자리로 환순하는 이론을 펼친다. 인간의 목적을 향하여 앞으로 나아가는 용감함의 상을 소멸시키는 무의 쓰임에 따라 선으로써 승리하는 부쟁의 길이 펼쳐진다.24) 이는 만물의 생명현상은 자연계의

---

21) 류영모 원저, 박영호 엮음, 『다석 류영모 어록』, 서울: 두레, 2002, 56-58쪽 참조.

22) 류영모는 천지도天之道를 하늘 길로 해석한다(『늙은이』 9장, 73장, 77장, 81장).; 중보질서는 『도덕경』 21장 참조.

23) 류영모 원저, 박영호 엮음, 『다석 류영모 어록』, 서울: 두레, 2002, 제8편, '빈탕한데' 참조.

순환 궤도와 같은 길을 가기 때문에 결국 곡선이 될 수밖에 없기 때문이다. 곡선적 사유를 이끄는 무의 비어 있음의 부드러움을 근거로 하여 모든 것을 하나로 모이게 하고 유에게 이로움을 준다. 무는 자신의 맛없음을 유를 통하여 그 맛냄을 드러낸다.

무유의 상보적 관계를 통하여 인체의 흐름을 좀 더 구체적으로 알기 위해서는 음양오행이론에 집중해 본다. 음양오행의 속성과 인간의 인체의 흐름은 천지 흐름에 준하기 때문이다.[25] 인간의 일상의 음식생활에서는 오미五味의 조화調和가 중요하며 인체의 오장에 오미五味가 들어와 보양을 한다. 오장의 균형이 중요하듯이 맛도 그 균형을 잃지 않아야 한다. 오미가 지나치면 도리어 병이 되는데 이를 극복하는 것이 도의 섭생이다. 이는 무사지의 선의 흐름으로써 억지로 함이 없고 모든 일을 저절로 이루어지게 하며 언제나 중화의 맛으로 인체의 균형을 이루어 어려운 일이 없게 한다. 천지 사이의 모든 일을 무위의 선행으로 하나로 모으고 그것을 인간이 알고 지켜 행하게 하여 심신의 환난으로부터 벗어나게 한다.[26]

그렇다면 유는 어떤 방법을 통해서 무의 쓰임을 제공받아 자기 전개를 하는 것일까? 이에 대한 다석의 설명을 들어본다.

---

24) 『도덕경』 73장: "勇於敢則殺, 勇於不敢則活, 此兩者, 或利或害, … 天之道, 不爭而善勝, 不言而善應, 不召而自來, 繟然而善謀."

25) 『황제내경』 소문 편: "天有四時五行, 以生長收藏, 以生寒暑燥濕風. 人有五髒化五氣, 以生喜怒悲憂恐. 故喜怒傷氣, 寒暑傷形, 暴怒傷陰, 暴喜傷陽. 厥氣上行, 滿脈去形. 喜怒不節, 寒暑過度, 生乃不固. 故重陰必陽, 重陽必陰. 故曰: 冬傷於寒, 春必溫病 ; 春傷於風, 夏生飧泄 ; 夏傷於暑, 秋必痎瘧 ; 秋傷於濕, 冬生咳嗽."

26) 『도덕경』 50장, 63장; 『황제내경』 素問 편: "水爲陰, 火爲陽. 陽爲氣, 陰爲味. 味歸形, 形歸氣, 氣歸精, 精歸化. 精食氣, 形食味. 化生精, 氣生形. 味傷形, 氣傷精. 精化爲氣, 氣傷於味. 陰味出下竅, 陽氣出上竅. 味厚者爲陰, 薄爲陰之陽. 氣厚者爲陽, 薄爲陽之陰. 味厚則泄, 薄則通. 氣薄則發泄, 厚則發熱. 壯火之氣衰, 少火之氣壯, 壯火食氣, 氣食少火. 壯火散氣, 少火生氣. 氣味辛甘發散爲陽 酸苦湧泄爲陰."

설흔 낳 살대가 한 수레통에 몰렸으니三十輻共一轂수레의 쓸데 있음은 그 없는 구석이 맞아서라當其無, 有車之用. 진흙을 비져서 그릇을 맨든데埏埴以爲器, 그릇의 쓸데 있음은 그 없는 구석이 맞아서라當其無, 有器之用. 창을 내고 문을 뚜러서 집을 짓는데鑿戶牖以爲室, 집을 쓸데 있음은 그 없는 구석이 맞아서라當其無, 有室之用. 므로 있는 것이 리 되는 것은故有之以爲利, 없는 것을 씀으로서라無之以爲用.[27]

다석은 이 인용문에서 비어 있음의 쓰임當其無用을 통하여 사람의 생각이 채워진 것을 덜어낸다고 본다. 다석은 비어 있음의 없는 구석을 쓰는 무의 세계를 생득법의 과정을 통하여 설명한다. 이를테면 '늘 일없음으로常以無事' 무엇을 하고자 함이 없어도 '씨알 제대로 되고, 마침내 어려움이 없는故終無難矣' 것이라고 말한다. 이는 무의 빈 곳으로부터 곡선의 과정을 거쳐 모든 것이 하나로 모이는 상황으로 묘사한 특징이 있다. 무의 빈 곳은 수레·그릇·방이 제 역할을 할 수 있게 자연스러움으로 유와의 상보를 통하여 공정한 자리를 이룬다.

다석은 무엇이든 그 비어 있음의 없는 구석을 씀으로 유용의 이로움을 제공 받아 각자의 역할을 수행하고 자신의 자리를 지키게 한다. 수레통·그릇·방 안의 중심에 어떤 것도 담겨 있지 않아야 만물의 생성을 골고루 어울리게 하여 제 역할을 할 수 있다. 그 움직임은 제각각 분리되어 있는 상태를 하나로 모으게 하는 공일복共一轂의 힘을 지닌다. 만물이 음과 양을 지니고 있지만 이 늘 빔의 이로움이 없이는 움직이지 못하고 균형을 이루지 못한다. 늘 빔의 근거는 수레, 그릇, 방이 있기전의 혼연한 생명의 곳간으로써 모든 것을

---

27) 『늙은이』 11장.

하나로 감싸안고 있는 상태를 말한다. 공간적 의미도 포함하고 있지만 무엇보다 시간의 흐름을 동시에 나타내고 있음을 볼 수 있다.

다석은 또한 바퀴살과 바퀴통 등 수레를 이루는 모든 것 하나 버릴 것이 없는 존귀한 것이라고 본다. 무의 '고루 뚫려 있음으로 쓰이고' 또한 '빔 뚫린 김으로 고르게' 하는 충용충화의 공일복共一輻의 작용은 흩어져 있는 것을 하나로 모이게 하는 힘을 발휘한다. 이러한 사물에 적용하는 공식은 인간의 '저 아는 것이 밝으면 저 이기는自知者明 自勝者强' 가온인간의 자정 능력을 배양시키는 과정과 같다. 인간은 이러한 공일복의 질서로 공생공존의 세상을 구현하는 데 중추적 역할을 담당케 한다.

왕필은 바퀴통의 중심이 비어 있으므로 유가 유용하게 제 역할을 할 수 있는데 없음의 쓰임에 따른 있음의 이로움은 가치의 기준이 될 수 없으며 상보적 관계를 통하여 그 사이를 이어 준다고 본다.28) 다석은 그 안쪽이 비어 있음의 상으로부터 있음의 형상을 갖추고 바퀴살이라는 형체를 구성하게 된다고 한다. 도의 비어 있음의 상으로부터 이어지는 유의 형상은 형체라는 사이의 관계를 형성한다. 그리고 무의 이로움으로 자연의 영역을 확보함으로써 개별적 사물이 성립한다.

다석은 사물이 그 용도를 다하려면 중심이 비어 있어야 된다고 본다. 유가 존재할 수 있게 근거를 제공하는 것은 무의 '없는 구석을 쓰는自知者明 自勝者强' 이로움 때문이다. 바퀴의 중심이 비어 있어야 바퀴살이 모이게 된다. 비어 있음은 흩어져 있는 것들을 자연스럽

---

28) 『도덕경』 11장: "轂所以能統三十輻者, 無也, 以其無能受物之故, 故能以實(寡)統衆也, 木埴壁 所以成三者, 而皆以無爲用也, 言無者, 有之所以爲利, 皆賴無以爲用也."(왕필 저, 임채우 역, 『왕필의 노자』, 서울: 예문서원, 2001, 73쪽 참조).

게 모이게 하고 어느 것에도 머물지 않는 공평무사한 자기의 본래 자리인 것이다.

사람도 마찬가지다. 인간의 생리적 몸의 구성은 물은 70%의 비중을 차지하고 살과 근육은 음식으로 만들어진다. 뼈는 햇빛으로부터 비타민D, A를 제공받아 골격을 유지한다. 이러한 구성요소를 모두 빼내면 내 소유는 아무것도 없고 단지 텅 빈 공간만 내가 소유할 수 있다. 음양의 편차에 따라 인간의 체질은 각각 다른 성질로 나타난다.

한의학의 원전인 내경에는 음양론陰陽論을 근거로 한 오태인론五態人論의 기록을 볼 수 있으며 여기서는 사람을 체질에 따라 태양인, 소양인, 태음인, 소음인, 음양화평지인陰陽和平之人 29)으로 분류하고 있다. 이와는 다르게 동무 이제마는 사심신물四心身物의 사상四象을 제시하고, 이를 토대로 실제적인 임상을 통해 체득한 경험을 더하여 사람의 육체적인 면과 정신적인 면을 다 포함한 구체적이고 독특한 사상이론이란 새 학설을 제창하여 임상에 이용하였다.30)

이와 같이 인간의 심신은 천지 흐름과 그 결을 같이하며 외부적 환경요인에 민감하고 또한 각기 체질마다 그 특징을 나타낸다. 무엇보다 중요한 것은 이러한 흐름들은 인간의 능력으로는 운영될 수 없는 절로됨의 항성성의 흐름을 가지고 있기 때문이다. 천변만화의 천지 흐름은 인간의 심신을 한 곳에 머물게 하지 않고 쉼 없이 변화한다. 이러한 변화의 흐름 속에 있는 인간은 무엇으로 정의를 내

---

29) 『황제내경』 영추 편: "陰陽和平之人, 居處安靜, 無爲懼懼, 無爲欣欣, 婉然從物, 或與不爭, 與時變化, 尊則謙謙, 譚而不治, 是謂至治. 古人善用針艾者, 視人五態乃治之, 盛者瀉之, 虛者補之."

30) 정원교, 김종원, 「사상체질 진단법의 문헌적 고찰」, 사상체질의학회, 『사상체질의학회지』 제11호 2권, 1999 참고.

려 고정시킬 수 없다. 천지 만물은 없이있는 하나의 질서, 즉 도의 무위자화의 흐름에 의존하기 때문이다.31)

이럼에도 불구하고 인간은 몸의 생존욕구로 하여금 몸의 본능적 생존을 앞세워 자신의 욕구를 채운다. 다석은 스스로 살려고 하는 사유를 전환하여 먼저 자신을 낮추고 비움으로써 하늘과 짝할 수 있다고 말한다.吾無身貴以身愛以身 그로부터 이어지는 덕으로 하나가 되어 세상의 본보기의 무위의 선을 행함으로써 온 누리와 함께하는 전일한 하루의 삶을 살 수 있다.

전일적 존재의 인간이란 음양의 편차에 따른 음양화평인陰陽和平之人을 말하며 도에 따른 덕이 하나 되어 심신의 자균자화를 이룬 인간을 말한다. 심신의 기능이 조화롭게 운행되므로 자승자강의 통제능력을 겸비하고 천지 흐름에 대한 순응능력의 영역이 확충된다. 언어와 행동이 바르고 흐트러짐이 없으며, 다른 사람과 고집을 부리며 맞서거나 명예를 다투어 힘으로 이기려 하지 않고, 존경을 받으면 받을수록 더욱더 겸손하며, 낮은 자리에 처하여 늘 덕을 쌓아 인간의 제자리를 지킨다.32)

다석은 천하의 흐름을 알고 자기를 낮추면 하늘 길로부터 부드러운 기운을 받게 된다고 말한다. 하늘의 부드러운 기운을 받게 되면 길을 내고 속알 쌓는 잘된 길로 돌아가게 된다. 여기에서 천지의 흐름을 알고 생명을 주는 귀식모의 품에서 도와 함께하는 현덕의 선행을 펼칠 수 있다. 또한 현묘한 덕을 품게 되면 의식의 표상으로 인한 유의 분별력이 소멸된다. 이때 현상적 유는 무와의 상보관

---

31) 『도덕경』 51장.

32) 『황제내경』 靈樞 通天: 陰陽和平之人, 居處安靜, 無爲懼懼, 無爲欣欣, 婉然從物, 或與不爭, 與時變化, 尊則謙謙, 譚而不治, 是謂至治° 古人善用針艾者, 視人五態乃治之, 盛者瀉之, 虛者補之.

계를 형성하여 가온인간의 없이있는 바탈無極로 돌아갈 수 있게 된다.[33]

다석은 수레는 역동적으로 움직이고, 그릇은 각기 용도에 따라 쓰임을 받고, 방은 편안한 안식처를 제공하는 것이 각자 제자리를 지키는 것이라고 본다. 사물 제각각 자기 동인에 따라 주어진 역할에 충실한 것이다. 수레는 수레로서 그릇은 그릇으로서 방은 방으로서 주어진 여건에 따라 그 쓰임을 다한다.

이와 같은 사물의 존재 방식처럼 인간 역시 '거듭 쌓은 속알重積德'의 수양으로 하나로 꿰뚫는 현덕의 안목明觀을 지녀야 한다. 이것이 바로 목적과 사심이 없이 사물의 과정을 중시하고 그 결과를 존귀하게 보는 중보 사유이다. 바꾸어 말하면 이는 '깊은 뿌리로부터 활짝 핀 꽃의 과정을是謂深根固, 長生久視之道' 도와 늘 함께 보는 장생구시의 관심觀心으로부터 늘앎을 얻는다.

천지의 무위자연의 흐름과 자기의 내적 질서와 하나임을 알고 덕을 펼치고도 그것에 연연하지 않는 무사사의 선행을 한다. 인간이 도를 좇는 것은 덕의 마음으로 자아의 입장을 벗어나 객관적 관점에서 자신을 보는 것이다. 이는 인간의 관습에 의한 부정적 사유나 치빙심을 어머니의 사랑으로 감싸 마음의 공간을 넓혀 나간다. 이러한 덕의 영역이 넓어지면 넓어질수록 지혜의 빛은 넓게 퍼져 나가 더 많은 자율적 영역을 확보하여 무를 생활화하는 데 최적화의 지혜의 공간을 얻게 된다.

다석은 무의 이로움은 모든 것을 감싸고 때에 맞춰 스스로 찾아

---

33) 『도덕경』 16장: "夫物芸芸, 各復歸其根, 歸根曰靜, 是謂復命, 復命曰常, 知常曰明."; 22장: "曲則全, 枉則直, 窪則盈, 敝則新, 少則得, 多則惑, 是以聖人抱一爲天下式, … 古之所謂曲則全者, 豈虛言哉, 誠全而歸之."; 28장: "知其白, 守其黑 爲天下式, 爲天下式, 常德不忒, 復歸於無極."

와 만물에게 도의 생명의 씨를 심어주는 것으로 본다. 그럼에도 무는 머물지 않고 움직이며, 한결같은 고요함을 유지한다. 무의 이로움은 내적 삼보의 영향으로 자기 영역을 펼쳐 나간다. 그것은 멀리 있는 듯하며 가까이 있기도 한 것으로서, 모든 것의 안에 있으며 동시에 밖에 존재하는 특성이 있다.

다석은 현상계의 독립된 실재나 본질을 텅 비어 있는 중심에서 혼일한 하나로부터 일어나는 만물의 시모로서, 없이있는 하나의 세계라고 본다.34) 그는 '혼混'을 뒤섞인 것, 즉 없이있는 혼연한 하나의 흐름으로서 무규정적 상태로 이해한다. 혼연함은 그 깊이를 알 수 없다. 그것은 모든 것을 이루어내는 사물의 근원이며 모든 생명의 근원이다. 다석은 이를 상대성의 판단을 넘어선 미분화의 유무 혼성의 존재로 설명한다.

다석은 미분화의 유무혼성한 존재의 힘은 모든 존재의 근거를 제공하고 세계를 구성하는 본원이며 우주를 운용하는 힘으로 이해한다. 그리고 만물이 변화하게 하는 질서로 인간 행위의 근간을 이루는 것으로 언급한다.35) 다석이 설명하는 무가 펼치는 충용충화의 작용은 없이있는 하나의 활동이다. 그것은 늘 그러함으로써 못 이루는 것이 없는 무위무불위의 무한성과 영속성을 특징으로 한다. 늘 한길常道로 두루두루 널리 펼쳐 운행하고 세상의 막힌 길을 환하게 뚫어 환하게 트인 빛무리로 모든 것을 어울리게 한다.

---

34) 『늙은이』 56장: "이 일러 감한 같음(是謂玄同). 므로 함부로 아름 앎 못하며(故不可得而親), 함부로 버성김 못하며(不可得而疏), 함부로 좋게 못하며(不可得而利), 함부로 언짢게 못하며(不可得而害), 함부로 높고임 못하며(不可得而貴), 함부로 얕내림 못하리라(不可得而賤), 므로 세상 기 되도다(故爲天下貴)."(왕필 저, 임채우 역, 『왕필의 노자』, 서울: 예문서원, 2001, 59쪽, 65쪽, 66-67쪽 참조).

35) 이종성, 「노자철학에 있어서 존재와 인식의 상관성」, 대동철학회, 『대동철학』 제10집, 2000, 46-47쪽 참조.

다석은 없이있는 무의 세계無爲而無不爲를 '빈탕한데'로 해석하며, 노자는 '절대무' 그리고 예수는 '하늘나라'로 표현한다. 이는 인간의 마음을 '아주 비워致虛極', '고요를 두텁게 지키는守靜篤' 능수의 사유 방식으로서 하늘 길의 도움을 받아 자유로운 마음의 중심축을 이루는 빈탕 가온을 말한다. 이곳은 모든 것이 있는 어머니의 품이며 중묘지문의 세계이다. 그것은 일체가 오고 가는 길이며, 본래 인간의 가장 가까운 곳에 있으면서 만물을 품고 있는 세계이다.36)

다석은 어머니의 자리는 미세한 티끌과 같은 점과 같이 존재의식을 발현하기 전의 자리로서 절대바탕과 하나가 된 늘 한길의 상태玄同로 설명한다. 혼연한 이 자리는 상대성을 벗어나면 바로 만날 수 있으나 친소親疏·이해利害·귀천貴賤 같은 이원적 개념을 통해서는 얻을 수 없는 불가득不可得의 자리이기 때문에 접근할 수가 없다. 욕망의 구멍을 닫고 감각의 문을 닫을 때塞其兌, 廢其門 그리고 지나침을 버리고去甚, 교만去泰, 사치를 버림去奢으로써 자연적 조화를 유지해야 그 자리를 체현할 수 있다고 보았다.37)

다석은 어머니의 품안에 있을 때 최고의 선을 이룰 수 있다고 말하는데 이는 어린아이가 펼치는 섭생을 말하는 것이다. 인간은 누구나 그 품에서 나는 생명을 가지고 살아가고 있다. 세상 어머니의 생명이냐 도의 생명이 나는 식모의 덕으로부터 오는 선의 섭생을 가졌느냐에 따라 익생과 장생으로 나누어진다.

다석은 어머니 품으로부터 광대무변한 변화의 흐름이 우주 만물의 움직임을 제공하며 하나의 질서를 유지하여 만물을 보양한다고

---

36) 『다석일지』 제1권, 서울: 홍익재, 1990, 593쪽, 596쪽 참조; 김흥호, 『다석일지 공부』, 서울: 솔출판사, 2001, 315쪽 참조.

37) 『도덕경』 29장, 33장, 52장.

이해한다. 그는 또한 시모의 품을 허공과 무의 세계로 비유하고 '빈탕 가온'이라는 개념을 도입하여 인간의 가온지킴의 수양적 관점에서 설명한다. 다석은 허공을 관념적 공간 개념으로 보지 않고 참이 이루어지는 현묘한 세계로 본다. 그 비어 있음이 참이며 비어 있다는 사실은 하나의 명료한 늘앎을 제공하는 것으로 조명한다. 시모의 품으로부터 일어나는 현상적 존재의 조화의 질서는 존재의 자연성을 제공하는 무로부터 비롯된다. 이 세계는 만물의 발전적 장애 요소를 소멸하고 양극단을 벗어나 가온점을 유지한다.

다석은 어머니 품과 같은 허공에서 만물이 나오고 나온 만물은 다시 비어 있는 본래의 자리로 되돌아가는 순환운동 과정 중에 있다고 본다. 허공과 만물은 하나의 움직임과 맞물려 변화의 흐름을 형성하는 것으로 설명한다.空色一如38) 다석은 비어 있음은 무의 사유의 영역으로서, 유의 장애를 소멸시키는 근거를 제공하는 것으로 이해한다. 비어 있음은 도의 총체적 작용을 말하며 만물이 제집 드나들며 생명을 공급받는 중묘지문이기도 하다. 또한 머물 곳이 없이 쉼 없이 변화하는 도의 조화의 세계無所止·無所歸를 비유한 개념이다. 이 자리는 인간의 인위적 행위를 불감위의 사유로 전환하면 만물의 뒤에 서게 됨으로써 걸림 없는 자유를 확보하게 된다. 인간의 과오를 반성하는 공간이며 덕을 쌓아 나누는 공간이기도 하다.

이와 같은 어머니 품은 사람이나 사물 모두 존귀하게 여겨 버리지 않고 모두 품는다. 어머니 품에서 떠나지 않은 자식과 같은 무기인無棄人이 있는 반면에 그 품을 떠난 불기인不棄人이 있다. 무기인과 불기인은 모두 하나로부터 나온 자식이므로 버릴 수 있으나 버리지

---

38) 류영모 원저, 박영호 엮음, 『다석 류영모 어록』, 서울: 두레, 2002, 212-215쪽 참조.

않고 덕의 선으로 선회시켜 다시 돌아오게 하는 존재 방식이다.

다석은 유무의 고른 어울림으로 사물의 용도를 확보하게 하는 것은 그 없는 구석의 이로움이 있기 때문이라고 한다. 유는 잠재능력 또는 질료이며, 무에 의해서 자정자화의 잠재력이 현실로 되게 하며, 이로움이 쓰임새가 되도록 한다.[39] 무는 유가 존재 의미를 갖도록 하며 비어 있는 곳을 중심으로 모이고 흩어져 생성의 질서를 세운다. 그것은 '있음이 없음에서 나는有生於無' 질서이며, 유는 자기 역할을 다하면 본무로 돌아가는 큰 길의 움직임이다.反者道之動

다석은 비어 있음은 유를 하나 되게 하여 다름을 같음으로 공생공존의 어울림을 이룬다. 이러한 무의 이로움 덕분에 함께하는 삶을 살 수 있는 것은 바퀴의 중심축이 비어 있는 공일복共一輻과 같은 이치라고 설명한다. 유는 비어 있음과 함께 인간의 내적 질서를 함양하고 세상 본보기를 확립하여 공정한 사회망을 구축한다. 이와 같은 무의 형상과 기능의 활용으로 지나침은 균형을 이루게 하고 유의 장애를 저절로 소멸되게 하는 도의 지혜를 공급한다. 저절로 달라지는데도 무슨 일을 하려는 욕심이 생기면 사유의 전환을 통하여 제자리로 돌아가 본연의 모습을 찾게 한다. 인간의 욕심이 없으면 할 일이 없어지게 되고 고요가 찾아들어 온 누리에 평화가 깃든다.[40]

다석은 무의 계열에 따른 무위·무욕 등의 사유는 만물의 전개 단계에서 발생하는 장애를 없애는 역할을 담당하는 것으로 설명한다. 인간은 이러한 자연적 세성勢成기운으로 자정 영역을 확보한다.

---

39) 『늙은이』 37장: "잘몬은 제대로 되리로다(萬物將自化), 세상은 제대로 바르리로다(天下將自正)."
40) 『도덕경』 25장: "字之曰道, 强爲之名曰大, 大曰逝, 逝曰遠, 遠曰反."; 40장: "反者道之動, 弱者道之用."; 35장: "執大象, 天下往, 往而不害, 安平太."; 11장: "故有之以爲利, 無之以爲用, 天下萬物生於有, 有生於無."

그러므로 인간은 '거듭 쌓은 속알'이 가진 속裏이 알찬 현덕의 지혜로 도의 전개과정을 알고 지켜 무의 생활화를 실천한다. 다석은 무위자연의 생활 방식은 이룬 것에 집착하지 않고 늘 제자리를 일탈하지 않으며 만물이 되돌아오는 복귀 지향성의 무를 생활화하는 선의 수양 방식의 형태를 띤다고 본다.

다석은 인간의 복귀 지향성의 사유를 통하여 지나쳐 온 제자리를 회복하여 하루의 삶을 통하여 무로 생활하는 과정을 다음과 같이 설명한다.

> 길을 가지고 사람 님금을 돕는 이는以道佐人主者, 군사를 가지고 셰상을 힘세게 흘라 않오라不以兵强天下, 그 일이 잘도 되도라오니其事好還, 군사 치른 데 가시덤불이 되거든師之所處, 荊棘生焉 큰 쌓음 뒤에 반드시 흉년이 듬大軍之後, 必有凶年. 착흔 이는 열 맺고 뿐善有果而已, 구태여 가지고 셀라 들지 않오라不敢以取强. 열맺고 자랑 므果而勿矜), 열맺고 예봐라 므果而勿伐, 열맺고 젠거니 므 果而勿驕, 열맺고 므지 못스리금果而不得已, 열맺고 셰지를 므果而勿强, 몬이 한창 가면 늙음物壯則老, 이 일러 길 아니니是謂 不道, 길 아니는 일직 그만, 들거不道早已.41)

다석은 무의 생활화에 따른 선을 이루는 과정을 설명한다. 도로써 임금을 보좌하는 사람은 한 치의 오차도 없이 운행하는 천지의 자연적 흐름을 본받는다. 그리고 자승자강의 자기를 형성하여 세상의 무력을 감싸 안는다. 이는 우주의 역동적 변화의 흐름을 알고그 길을 따라 사는 것이 '넉넉한 줄 스스로 알게 되어我無事而民自富', '억지로 하려는 뜻으로 하여금 잃어버린 그 자리知足者富. 不失其所者久'

---

41) 『늙은이』 30장.

를 회복함에서 가능하다.

다석은 도에 따른 덕을 쌓아 바른길을 좇는 선으로 살게 되면 본래의 큰 길을 찾을 수 있다고 본다. 인위적인 무력으로 나라를 강하게 만들려 하지 않고 자연스러운 도의 길을 따라 살게 되면 세상 무력에도 상해를 입지 않고 환난에서 벗어날 수 있다. 그는 용병의 용감성은 손쉽게 무엇을 이루기 위해 매사에 이것과 저것을 명확히 구분하여 자기 것으로 소유하려고 하는 주관적 의식으로 묘사한다.

천리에 의지하면 병기를 사용하지 않아도 저절로 다스려진다. 그러므로 적들이 복종함으로써 도에 복귀하게 됨으로 과감하되 자랑하지 말고 뽐내지 말라고 한다.42) 속된 인간은 공을 세우려고 억지로 일을 만드는 반면에 도를 지닌 자는 무위의 선행으로 자신의 잘못된 인식을 다스려 본래의 자리로 돌아간다. 이 점에서 다석은 바른 삶의 길善行은 인간의 환난에 처한 것을 구제하며 어쩔 수 없는 경우에 한하여 군사를 쓰는 것처럼 유위의 일에 관여한다고 설명한다.

하지만 어떠한 경우라도 마음의 강포와 같은 병력을 대행케 해서는 안 된다고 한다. 무력을 쓰는 것은 도에 맞지 않는 일로서 오래가지 못하고 노쇠하게 된다.43) 인간을 감싸고 있는 자애를 버리고 용감하기만 하면 분별심에 갇혀 집착하게 되고 올바른 사고를 지닐 수 없어 혼란스러워진다. 하늘 길과 짝함으로써 자균의 덕의 사랑

---

42) 『도덕경』 30장: "…善用兵者, 當果敢而已, 不美之, 不以果敢取強大之名也, 當果敢謙卑, 勿自矜大也, 當果敢推讓, 勿自伐取其美也, 驕, 欺也, 果敢勿以驕欺人, 當過果敢至誠, 不當逼迫不得已也, 果敢勿以為強兵, 堅甲以欺凌人也, 草木壯極則枯落, 人壯極則衰老也, 言強者不可以久, 枯老者, 坐不行道也, 不行道者早死."(이석명, 『노자도덕경하상공장구』, 서울: 소명출판, 2007, 201-205쪽 참조).

43) 『도덕경』 30장: "言師凶害之物也, 無有所濟, 必有所傷, 賊害人民, 殘荒田畝, 故曰: 荊棘生也(焉), 果, 猶濟也, 言善用師者, 趣以濟難而已矣, 不以兵力取強於天下矣,… 言用兵, 雖趣功果濟難, 然時故不得已, 當復用者, 但當以除暴亂, 不逐用果以爲強也."(왕필 저, 임채우 역, 『왕필의 노자』, 서울: 예문서원, 2001, 131-133쪽 참조).

으로 감싸면 인간의 주관적 의식은 곧바로 그 사랑에 편승하여 사멸한다. 감각의 용병들로부터 붙잡힌 의식들을 늘 한길^{常道}로 환하게 뚫어 흔적이 없이 모든 것을 어울리게 한다. 하늘 길과 짝하여 도의 생명을 유지하고 마음의 고요함을 얻는다. 도와 부합한다는 것은 그것이 펼치는 무위자연의 열매인 덕을 쌓는 일이다.

우주 전체를 하나로 이끄는 태극의 용솟음치는 역동적 기운은 하나로 된 길을 만들어 만물의 생명의 씨를 움터 솟아 올라오게 한다. 그 생명의 기운은 인간 내면의 속알을 터트려 세상의 얽히고 매듭진 사건들을 선행에 의하여 저절로 풀리게 한다. 미묘현통한 한 무리의 지혜의 빛은 온 누리를 하나로 이어주고 인간으로 하여금 공생공존의 세상 본보기를 이룬다.

천지의 흐름에서 벗어난 인간은 마음의 강포를 부려 무엇을 이루고자 하면 반드시 이것과 저것을 선별하여 이로운 것을 선택하게 된다. 이는 애써 이루어 놓은 무위자연의 지혜의 열매를 잃는 것과 같다. 이를 극복하기 위해서는 무의 도움으로 세상의 분쟁으로부터 겨루지 않는 고른 앎의 지혜로 사물의 분별심을 없애고 순화된 모습으로 소박한 자리를 회복해야 한다.44) 다석은 인간의 인위적인 무력은 더 큰 무력을 불러오며 그것을 이기려고 집착하여 군대를 일으키면 모든 것은 전쟁터가 된다고 말한다.

다석은 이를 극복하는 방편으로 '구태여 하지 않게끔 하는' 불감위^{不敢爲}의 사유로의 전환을 강조한다. 그리하면 무의 세계가 드러나 저절로 하늘과 짝하고 일상적 인간은 덕에 따른 선을 행할 수 있다

---

44) 『도덕경』 19장: "絕聖棄智, 民利百倍, 絕仁棄義, 民復孝慈, 絕巧棄利, 盜賊無有, 此三者以爲文不足, 故令有所屬, 見素抱樸, 少私寡慾."

고 본다. 선을 행하는 자는 적과 맞서 싸우지 않으며 자기를 낮춰서 겨루지 않고도 그 무력을 없앨 수 있는 힘을 갖는다. 인간의 마음에 무엇을 쟁취하려고 하는 투쟁으로 진을 치고 그 욕망의 군대가 주둔한 곳의 자란 가시나무는 부쟁의 선행으로 부드럽게 할 수 있다. 환언한다면, 황폐해진 마음에 새싹이 돋게 하여 풍요로운 마음을 이룰 수 있는 무위자연의 열매를 맺게 할 수 있는 것이다.[45]

다석은 천지의 불인에 따른 자균자화의 흐름을 따라 살아야 하는 것은 인간의 자생적 의지로는 감당할 수 없기 때문인 것으로 설명한다. 천지가 불인하다는 것은 무의 빈 곳을 터전 삼아 유의 무위자연의 이로움을 펼쳐 나가는 것인데 이는 씨알의 존재에 대한 의미를 스스로 알고 전개해 나가는 것이다.

인위적인 힘을 사용하여 부득이하게 전쟁을 하였으면 그것에 머물지 않고 제자리로 돌아가는 것이 이상적 인간의 자세이다. 변화의 흐름에서 발생하는 만물의 필연적 상대성 개념을 전환하여 본래의 모습으로 돌아갈 필요가 있다. 자연계의 음양의 투쟁으로 황폐해진 전쟁터를 곧바로 천도의 도움으로 지나침은 덜어내고 모자람은 보탬으로써 본래의 자리를 찾는다. 인간의 심신을 부득이한 변화의 흐름에 맡긴다는 것은 도의 이름 없음의 세계로부터 얻어지는 자화의 흐름에 공감하는 것이다. 천지의 흐름과 인간의 내적 질서가 무위자화의 질서로 이어지고 있음을 알고 그것을 흔적을 남기지 않는 선행으로 지켜 나가는 바른 하루의 삶의 길로 들어서야 한다.

다석은 인간의 인위적인 사고는 무의 영역을 벗어나 세상의 날카

---

45) 『도덕경』 68장: "善爲士者不武, 善戰者不怒, 善勝敵者不與, 善用人者爲之下, 是謂不爭之德, 是謂用人之力, 是謂配天古之極."

로운 맹수와 독충으로 인간의 마음을 황폐화시키는 것과 같다고 본다.46) 내 안에 보물을 알지 못하고 그에 따른 만족함을 알지 못하기 때문이다. 만족함을 알면 '없꼭대기로 돌아가復歸於無極' 제자리를 지킬 수 있다. 그리고 선행으로 마음의 발광심의 용병을 다스려 무엇을 이루고도 그 흔적을 남기지 않는 상덕을 풍족하게 쌓아 그 덕을 지키고 떠나지 않게 한다. '이는 저 아는 게 밝아져自知者明' 사람의 일을 좇는 것을 멈추면 마음의 부유함이 넘치는 제자리를 회복하게 된다.

장자가 말한 것처럼 발을 잊는 것은 신발이 잘 맞기 때문이고 허리를 잊는 것은 허리띠가 잘 맞기 때문이며 옳고 그름을 잊는 것은 마음이 잘 맞기 때문이다.47) 이렇게 주객이 서로 잘 맞는 선의 경지에 이르면 천지의 부득이한 이치에 따라 억지로 일을 꾸미지 않고 집착하지 않아 사적인 일을 멈추고 도의 자리에 의지하여 마음의 부유함을 알게 된다.48)

---

46) 『도덕경』 23장: "希言自然, 故飄風不終朝, 驟雨不終日, 孰爲此者, 天地, 天地尙不能久, 而況於人乎."; 50장: "善攝生者, 陸行不遇兕虎, 入軍不被甲兵, 兕無所投其角, 虎無所措其爪, 兵無所用其刃, 夫何故, 以其無死地."

47) 『도덕경』 46장: "禍莫大於不知足, 咎莫大於欲得, 故知足之足, 常足矣."; 33장: "知人者智, 自知者明, 勝人者有力, 自勝者强, 知足者富, 强行者有志, 不失其所者久, 死而不亡者壽."; 77장: "天之道, 其猶張弓與, 高者抑之, 下者擧之, 有餘者損之, 不足者補之, 天之道, 損有餘而補不足, 人之道, 則不然, 損不足以奉有餘, 孰能有餘以, 奉天下唯有道者, 是以聖人爲而不恃, 功成而不處, 其不欲見賢."; 『장자』「達生」: "忘足履之適也, 忘要帶之適也, 忘是非心之適也."

48) 『도덕경』 62장: "道者萬物之奧, 善人之寶, 不善人之所保."; 72장: "民不畏威, 則大威至, 無狎其所居, 無厭其所生 夫唯不厭, 是以不厭, 是以聖人自知, 不自見, 自愛, 不自貴, 故去彼取此."

(2) 무에서 일어나는 조화

다석은 '하늘땅이 맞닿아서 알알이 마음에 맺히는 단 이슬天地相合, 以降甘露'의 참뜻과 같은 도의 생명은 현상계에서 바른길善行로 갈 수 있는 원인을 제공한다고 설명한다. 천도가 매일매일 덜어내는 그 길을 좇아 인간의 마음을 덕의 생명으로 채운다. 그리고 그 덕으로 인간의 감각의 용병들로부터 붙잡힌 의식들을 덜어낸다. 그러므로 인간은 감각적 사유를 멈추게 되고 만족함을 알게 돼 무에 늘 맞춰 살게 된다.49) 무에 맞춰 사는 삶이란 무명자화를 말한다.

인간의 감각의 무리로부터 감싸인 관습과 습관을 덕으로 깨트려 하나로 휘감아 도의 씨의 알갱이가 터져 속알이 우뚝 솟아 참빛이 확연하게 드러난다. 몸으로부터 일어나는 환난의 막힌 길을 고른 앎으로 밝게 비쳐 환하게 뚫어 모든 것을 어울리게 한다.

도의 스스로 변화하는 작용은 이것과 저것을 가릴 수 없는 없이 있는 혼연한 흐름으로써 이름을 붙일 수 없다. 하늘 길의 환한 빛이 한 무리로 뭉쳐 어느 것에도 구애받지 않고 휘몰아쳐 자신을 비우고 기다리는 인간의 마음에 스스로 찾아온다. 이러한 참빛무리는 소리도 없고 형체도 없어 무엇에 의존하지 않고 홀로 존재하며 능변여상의 항상성을 이루고 있다. 우주 만물의 조화와 균형을 이루기 위한 혼성한 기운은 잠시도 쉬지 않고 움직임으로써 무엇으로 표현할 수 없다.50) 따라서 무명의 세계는 공을 이루고도 그것에 머물지 않기 때문에 더 많은 일들이 이루어지게 그 이로움을 제공한다. 성인은 무명지박의 도의 흐름을 품고 늘 밝은 삶을 살기 위하

---

49) 김흥호, 『다석일지 공부』 제6권, 서울: 솔출판사, 2001, 565-567쪽 참조.
50) 『도덕경』 25장.

여 한 무리 빛의 현덕을 세상 본보기로 삼는 것이다. 세상의 본보
기란 세상 시비분별을 떠나 자기를 드러내지 않고 내세우지 않으며
세상일에 늘 뒤에 서서 자기를 낮추는 일이다. 이러기 위해서는 먼
저 자신을 비우고 마음의 고요함을 유지한 채 도의 무명자화, 즉
무위의 선의 흐름을 알고 지켜 행해야 된다.[51)]

　다석은 몸으로부터 일어나는 욕구의 지나침을 불욕으로 다스리
고 마음으로부터 솟아나는 유욕을 무욕으로 제한하는 심신의 이중
적 사유를 통합하는 곡직전曲直全의 수양 방식을 펼친다. 이를 테면
몸의 사욕은 도를 곧게 세워 균형을 이루고 마음은 내적 속알을 통
하여 가정·마을·나라·천하를 하나로 품는 곡선의 수신관심의 수
양 방법이다. 이러한 수양적 자세를 영과 백을 알고 지켜 행함으로
써 부드러운 기운이 충만한 영아와 같은 심신의 성전誠全 상태를 유
지하게 한다.[52)] 다석은 마음과 몸을 이원화하는 것을 부정적으로
보고 있다. 따라서 노자의 인간 인식의 이원화를 통일시켜 하나 되
게 하는 계기를 도의 서원반의 사유의 분화 과정에서 찾는다.[53)]

　한편으로 다석은 감각의 단계에서 구태여 하지 않아도 되는 불감
위의 사유로 전환하면 그것이 동시에 멈춤으로써 무의 세계를 유지
하게 되는 것을 소강상태[54)]로 설명한다. 하늘과 상합하면 인간의

---

51) 『도덕경』 22장: "是以聖人抱一爲天下式, 不自見故明, 不自是故彰, 不自伐故有功, 不自矜故長, 夫唯不爭, 故天下莫能與之爭."

52) 『늙은이』 제54장: "몸에 닦아서 그 속알이 이에 참하고(修之於身, 其德乃眞), 므로 몸을 가지고 몸을 보며(故以身觀身)."; 『도덕경』 22장.

53) 이종성, 「노자철학에 있어서 존재와 인식의 상관성」, 『대동철학』 제10집, 대동철학회, 2000, 54-55쪽 참조.

54) 류영모, 『다석일지』 제1권, 서울: 홍익재, 1990, 355쪽 참조. 하늘과 상합하면 인간의 문제가 저절로 풀리고 세상의 문제를 내려놓게 되고 서로 사랑하고 옳게 사는 것을 소강상태라 한다. "天合元亨大同世, 天地否塞責原因, 地分仁義小康紀, 地天泰通硬是非."; (이상향을 실현하기 전 단계를 소강상태로 말한다. "未有不謹於禮者也. 以著其義, 以考其信, 著有過, 刑仁講讓, 市民有常. 如有不由此者, 在執者去, 衆以爲殃, 是爲小康." 임종욱, 『고사성어 대사전』, 서울: 시대의창,

문제가 저절로 풀리고 세상의 문제를 내려놓게 되고 서로 사랑하고 옳게 살아가게 된다. 이러한 흐름을 타고 천도는 원하지 않아도 때에 맞춰 저절로 응하여 찾아와 생명의 그물망을 형성하여 몸과 마음을 온전하게 만든다.[55)

천지의 부득이한 변화의 흐름은 인간의 힘으로는 변역하기 어렵다. 인간의 마음 역시 쉽게 바꾸기 어려운 점이 있다. 특히 일정하게 굳은 마음은 워낙 견고해서 잘 변하지 않는다. 그럼에도 이렇게 굳은 마음도 무위에 따른 상덕의 흐름에 맡겨 비우지 않으면 안 된다. 다석은 이 지점에 수양이 필요하다고 본다.

수양의 과정 속에서 만물을 존귀함으로 대하면 대립적 타자들이 나와 소통을 이루고 하나 됨을 지향한다. 이렇게 타자의 귀함을 아는 것을 다석은 노자적 의미의 '습명의 선행'이라고 말한다. 인간의 회오리치듯 용솟음치는 변화 속에서 균형을 잃지 않고 늘 곧게 설 수 있게 덕을 쌓으면 솟아나는 습명의 지혜를 말한다. 한아로 뚫린 길로 참빛의 습명이 쏟아져 무위자연의 늘앎을 알고 그것을 지켜 나가 상명의 자리를 지킬 수 있다.[56)

다석은 수신의 수양법을 심신을 잘 세워善建者 자기를 곧바르게 하는 늘 삶攝生으로 조화로운 덕성을 품으면善抱者 대도에서 벗어나지

2013, 82쪽 참조).

55) 『늙은이』 제73장: 하늘 길은 다투지 않되 잘 이김(天之道, 不爭而善勝). 말 않되 잘 맞듦(不言而善應). 부르지 않되 절로 옴(不召而自來). 느지러지되 잘 꾀하니(繟然而善謀), 하늘 그물이 넓직 넓직 성글되잃지 않아(天網恢恢, 疏而不失).

56) 『늙은이』 36장: "뺏으려거든 반드시 꼭 줄 거니(將欲奪之, 必固與之), 이 일러 뭇 밝음(是謂微明), 부드러움이 굳셈을 이김(柔弱勝剛强), (물)고기가 (물) 깊음을 벗어나지 못(하듯이)(魚不可脫於淵)."; 27장: "이래서 씻어난 이는 늘 잘 살 사람을 건짐(是以聖人 常善求人), 므로 사람을 버리는 (일이)없고(故無棄人), 늘 잘 몬을 건짐(常善救物), 므로 몬을 버리는 일이 없어라(故無棄物), 이 일러 풀 밝음(是謂襲明)."; 16장: "늘 아는 걸 밝다 한다(知常曰明)."; 55장: "고름의 지극함이라(和之至也). 고름 앎을 늘이라 하고(知和曰常), 늘을 앎을 밝이라 하고(知常曰明)."

않으니 고르게 어울리게 된다고 말한다. 그리고 도와 덕을 품은 섭생자는 공생공존의 어울림으로 만물을 자신의 이로움에 편입시키지 않고 사물 그대로를 본다. 이는 도를 좇음으로써 확보되는 늘 자신을 돌아보고 비울 수 있는 무사지의 영역을 넓혀 나가는 것이라고 한다. 마음의 자기 대상화에 따른 자각의 빛을 되돌려 직전에 일어난 생각을 뒤에 서서 덕의 마음으로 관하여 부정적 사유를 긍정의 사유로 전환한다.

따라서 그 덕은 점진적 발전을 따라 넉넉하고 풍성하게 되어 자신의 몸을 가지고 몸의 내적 흐름身觀身을 알게 된다. 이는 몸의 감각을 통하여 그 자체를 보는 것이 아니라 도의 반동약용에 따른 자화의 과정을 통하여 심신의 일체를 보는 것이다. 무의 생활화로 몸의 습식을 알게 하고 없애주면 문밖에 나가지 않아도 천하의 흐름을 알 수 있게 덕을 솟게 하는 고른 앎으로 도와 하나 되는 현동의 함이 없어도 저절로 드러나는 지혜를 얻게 된다.[57]

다석은 천지의 사이에서 일어나는 사유의 전개 사건의 근원처를 시모의 품으로 비유한다. 존재하는 것들의 흐름을 내적 수양에 개입시켜 생각의 불꽃을 태운다. 그러므로 태워진 생각을 통하여 얻게 되는 도의 선으로 몸을 세우고 덕을 마음에 품어 심근고저의 자기를 형성한다. 보이는 현상의 흐름을 좇아 무의 세계를 탐구하는 순간 자아의 자명함을 드러낸다. 인간의 내적 질서를 '내 함 없었서도 씨알 제대로 되는我無爲而民自化' 무위자화의 사유로 전환하는 것이다. 따라서 무엇을 하고자 함이 없어도 씨알이 바르게自正 됨으로써, 마침내 '몸의 욕망에 매여 힘들지 않게 되는終身不勤' 자연적 영

---

57) 『도덕경』 47장, 52장, 54장, 56장 참고.

역이 회복된다.

심신의 전일함無爲自化을 이루면 대자연의 변화를 자연스럽게 순응自化하게 된다. 그러므로 정신의 자명自正함이 극점에 이르고 인간의 사유는 저절로 순박한 본원自樸으로 환순하게 되고 하늘의 활동은 저절로 찾아와 도의 사랑으로 호위하여 돕는다.

다석은 인간의 잘못된 생각을 하늘의 뜻으로 불살라 그것이 태워 없어질 때 자연적 영역을 확보할 수 있는 것으로 본다. 가로막았던 인식들의 장애가 무너지면 인간은 일점영명의 세계로 접어들게 된다. 우주 중심의 비어 있는 곳에 점을 찍는 순간을 볼 수 있는 것은 생각의 불꽃이다. 그 생각이 자꾸 솟아나와 하늘의 뜻인 덕으로 계속 태우면 서서히 드러나는 밝은 빛인 도의 지혜가 가온인간을 형성한다.[58] 도의 흐름을 드러내는 무의 세계는 형이상적 인식의 분포로부터 유의 세계를 진실되고 자연스럽게 볼 수 있게 사유전환의 계기를 제공한다.

이러한 계기를 조성하기 위해서는 인간의 용병과 같은 욕구를 뒤돌아보고 그것을 통해 저절로 온 길을 따라 그대로 좇아가면 덕과 만나게 된다. 이는 몸의 생존욕구의 지나침을 멈추면 그 자리에서 도의 싹이 움트고 그 싹이 자라나 덕의 열매를 맺어 풍족함에 이르면, 늘 물 흐르듯 일상이 자연스러워진다. 그런 사람은 자기 수고를 통하여 본 대로 들은 대로 있는 그대로 사유하고 드러낼 뿐 모든 것의 본질을 덧칠하여 보지 않는다. 천지의 저절로 된 길의 순리에 따를 뿐 사물의 가치를 자기 주관이나 욕심으로 보지 않고 무위자연의 객관적 관점에서 보게 된다. 그 결과 그의 모든 행위는 사람

---

58) 류영모, 『다석일지』 제1권, 서울: 홍익재, 1990, 280-281쪽 참조.

의 일을 좇는 덫에 걸리지 않고 덕의 순풍을 따라 바람처럼 항상 자유롭고 넉넉하게 도의 생명의 그물에서 놀게 된다.

무의 쓰임은 인간의 씨알을 더 나은 곳으로 안내하고 빔을 제공하여 한 곳으로 모은 후 씨의 알을 터트려 열매를 맺게 하여 그 역할을 다하게 한다. 인간의 인위적 사유를 멈추게 하여 자기를 낮추고 뒤로 물러난 만큼 그 자리는 덕으로 채워진다. 도의 충용충화의 존재 방식을 통하여 균형적 사이를 유지함으로써 섭생을 얻는 것이다. 도의 존재과정에서 드러나는 내적 모순의 상대성을 곡직사유로 전환하여 전일적 존재를 실현한다. 그렇다면 이제 다석이 설명하는 무의 쓰임에 따라 드러나는 사유의 효능은 무엇인가를 살펴보기로 한다.

다석은 인간은 천지 사이의 조화로부터 길의 법 받은 대로 저절로 된 길의 잘 삶의 생명을 얻어야 분별됨이 없는 세상 본보기를 이룰 수 있다고 말한다.59) 인간의 인식은 사유의 분화 과정에서 무의 개입에 따라 내적 자명함이 드러난다. 따라서 인간의 잘못된 인식은 뒤로하고 늘앎의 도의 지혜를 펼쳐 앞서게 된다. 이 사유의 활동은 영속적 항상성의 아무위我無爲에 따른 심신의 자화自化의 속성으로 이어져 한 치의 오차도 없이 쉼 없이 움직인다. 다석은 이러한 도의 흐름에서 어긋나면 인간은 부조화를 일으켜 더 나은 미래를 보장 받을 수 없이 환란에 휩싸인 삶을 살게 된다고 말한다. 또한 인간의 도에서 벗어난 길을 덕의 길로 전환하여 얻게 되는 자정 능력을 통하여 균형 잡힌 잘 삶의 하루를 살 수 있다고 말한다.

다석은 인간의 선에 따른 섭생을 얻기 위해서는 평범한 일상에서

---

59) 『도덕경』 50장: "入軍不被甲兵, 無所投其角, 虎無所措其爪, 兵無所容其刃, 以其無死地."

무엇을 더 이루고자 하는 지나친 목적의식을 버려야 한다고 말한다. 이를 되돌리기 위한 사유 전환 방식은 '그 없는 구석을 쓰는' 이로움을 무의 세계로부터 확인받는 일이다. '함 없는 듯하여도 하지 못하는 것이 없는道常無爲而無不爲' 근거를 통해서 사물의 분별력을 멈추게 하고 자연적 속성의 현현으로 하루의 삶을 회복하는 것이다.

　다석은 존재할 수 있는 근거의 중심은 씨알로부터 이어진다고 언급한다. 씨알은 무의 빈 곳을 바탕 삼아 하늘 길이 펼치는 선의 작용에 의해서 내적 모순을 감싸 안고 사유전환의 계기를 도모한다. 이 길의 '법 받은 대로 함 없었서', '씨알 제대로 되게' 하는 도의 홀황한 조화로움을 유지하여 절대 자유를 실현한다. 도의 흐름을 드러내는 현상계를 통하여 무의 세계를 체득할 수 있다. 인간의 이성적 논리 방법을 통하여 가까이 다가갈 수는 있어도 그것과 도와 덕이 함께하여 하나로 꿰뚫는 속알玄德을 이루려면 내적 수신을 통한 사유의 전환에 의해서만 가능하다.

　다석은 인간의 사유전환이 이루어지면서 심신을 하나 되게 하는 자연적 영역의 '늘 한길玄同'을 얻게 되는데 이 자리는 무엇으로도 표현할 수 없다고 한다. 현동의 세계란 천지 흐름을 따르는 몸의 감각적 의식과 내적 질서를 이루는 속알의 하나 됨이다. 먼저 몸의 인위적 행위를 뒤로하게 되면 씨알 생명의 세 보배가 드러나 점진적 공생의 관계성으로 아무런 걸림이 없이 현통하여 공존의 삶을 누림이다. 따라서 현동의 삶은 친소·이해·귀천親疏·利害·貴賤의 주객미분의 흔적을 남기지 않는 무기인無棄人의 자세를 취하게 되는 것이다. 불가득不可得의 도는 인간의 사유를 초월해 있지만, 감각의 문을 닫고 허정심을 유지하면 저절로 찾아와 응하는 성질이 있다. 스스로 살려고 하는 의지를 버리면 아주 보편적이며 알기 쉽고, 또한 가까운 데 자리하고 있는 자연적 영역에 함께하게 된다.[60)]

　인간의 인위적 사유를 곡선의 사유로 전환하였을 때 무가 제공하는 유의 소멸근거는 아무런 막힘이 없이 때에 맞춰 찾아온다. 그리고 하란 말이 없이도 스스로 고르게 하는 자기를 전개하여 모든 것을 하나로 모이게 하여 가온인간이 제 역할을 다한다. 하늘은 아무런 조짐이 없는 것 같아도 우리가 인식하지 못하는 그곳에서 쉼 없이 움직인다. 그리고 끝없이 이어지는 생명의 촘촘한 그물망을 구축하고 있다. 인간이 존재하기 위해서는 무의 계열로부터 이어지는 속성들을 통하여 본래의 제자리를 회복하는 실마리를 제공받아야 한다.[61)]

　다석은 인간이 존재할 수 있는 최상의 조건을 무의 쓰임으로 본다. 그 없는 구석을 존재할 수 있는 근거의 원인으로 제공받아 형상을 드러나게 한다. 인간은 형체를 이루고 발전시켜 성숙한 모양을 갖춘다. 혼성한 하나의 길은 이름 없는 그곳으로부터 없는 구석을 씀으로 분별적 사유를 저절로 소멸시킨다. 그 자율적 영역에 따라 유와의 상보적 관계를 이루어 모든 것이 저절로 변화에 응할 수 있다. 인간씨알의 존재 과정에서 드러나는 내적 모순을 곡직 사유로 전환하여 순화의 과정을 거쳐 전일체를 형성한다. 이러한 역동적 생명의 흐름을 늘 유지하려면 한결같은 도의 미세한 움직임으로부터 일어나는 무의 흐름을 알고 그것을 지켜서 행해야만 한다. 무

---

60) 『늙은이』 22장, 56장; 이 밖에도 22장의 도를 좇음으로써 저절로 이루어지는 것과 인간의 자생적 의지에 대한 것은 (『늙은이』 24장 참조); 무위자연의 흐름이 펼쳐지는 없이있는 하나에 대한 것은 (류영모 원저, 박영호 엮음, 『다석 류영모 어록』, 서울: 두레, 2002, '하느님' 편 참조).

61) 『도덕경』 16장: "夫物芸芸, 各復歸其根, 歸根曰靜, 是謂復命, 復命曰常, 知常曰明."; 73장: "天之道, 不爭而善勝, 不言而善應, 不召而自來, 繟然而善謀, 天網恢恢, 疏而不失."

의 흐름은 천지 가온의 텅 빔 속에서 빙빙 돌고 돌아 천지사방이
고루 뚫려 한길을 만든다. 늘 흐르는 자연적 길은 용솟음치는 부드
러운 자균자화의 기운으로 인간을 변화 속에서 균형을 잃지 않고
늘 곧게 서게 하고 늘 바른 삶善攝生을 이어가게 한다. 몸과 마음의
조화를 통해 건강하고 윤택한 하루의 삶을 추구한다.

　다석은 이러한 대우주의 변화의 흐름 속에 미명의 상으로부터 하
나의 늘 밝은 길을 안내하는 움직임을 통하여 중심축을 이루게 된
다고 설명한다. 그곳으로부터 도의 긍정의 사유가 우리 몸 안에 온
전하게 운행된다. 사물의 '깊은 뿌리로부터 활짝 핀 꽃의 과정을是謂
深根固, 長生久視之道' 늘 덕을 통하여 볼 수 있는 장생구시의 수양법을
통해서 도와 늘 함께한다. 인간의 오래 삶이란 삶과 죽음의 내쉼과
들이쉼의 양극단의 두 끝을 순환반복하며 고리를 이어가는 것이다.
이러한 자균자화의 저절로 됨의 섭생은 스스로 가온생명이 되어 자
승자강의 자기를 형성한다. 가온생명이란 도의 황홀한 조화에 편승
하여 그 길에서 이탈하지 않고 순응하는 것이다. 이것과 저것의 극
단에서 벗어난 가온인간의 공정한 세상을 사는 것이 도와 오랫동안
함께하는 장생구시의 삶이다.62)

　이는 되새김의 슬기知和에 따라 덕을 쌓는 내적 수양을 이루고 잠
시도 쉬지 않고 이어지는 늘앎의 지혜로 무를 생활화하는 것이
다.63) 다석이 설명하는 장구할 수 있다는 것은 지금까지 이어져 내
려오는 무의 영속적 항상성과 함께하는 것이다. 아무런 조건 없이
펼쳐지는 대상의 분화 과정 속에서 저절로 됨의 생명의 활동은 함

---

62) 『도덕경』 59장; "…吸始以生, 呼終而死. …呼吸死生, 各二極而反復, …氣息生命, 自中正而剛
　　健."(김흥호, 『다석일지 공부』 5권, 서울: 솔출판사, 2001, 135-137쪽 참조).

63) 류영모 원저, 박영호 엮음, 『다석 류영모 어록』, 서울: 두레, 2002, '우주신비' 편 참조.

제5장 무의 생활화와 '세상 본보기'의 구현　401

없는 듯하여도 하지 못하는 것이 없는 무명의 세계로 편입되는 것이다.64)

다석은 없이있는 무의 흐름을 제자리라는 추상적 장소 개념을 도입하여 단순화시켜 설명한다. 천지의 흐름 속에서 가온지킴을 체현하여 늘 한길大同의 자리를 지키는 것은 변화하는 속에 중심축으로부터 일어나는 자균적 덕의 흐름에 잘 응하는 가온인간이다. 인간은 변화 속에서 늘 현재 상태에 집착하는 주관적 사유에 사로잡혀 어려움을 겪는다. 인간의 이러한 잘못된 인식에서 벗어나 천지의 흐름에 순응해야 자연적 생명을 보존할 수 있다. 이는 심신의 유연한 잘 삶을 지녀야 우주질서에 부합할 수 있는 반성적 사유 체계를 지닐 수 있기 때문이다.

다석은 도의 품안에서 펼쳐지는 우주 대괴大塊의 변화과정을 변變을 가지고 상常을 삼는 것으로 설명한다. 이는 변하면서도 변하지 않는 것이 된다. 이것을 이변위상以變爲常이라고 한다. 그렇기 때문에 자꾸 변해야 하며 자꾸 변하는 것이 불변이 된다. 다석은 이러한 변화의 현상을 능변여상能變如常의 우주질서라고 말한다.65)

다석은 천지 사이의 운용질서에 자기 자신을 편승함으로써 생명의 궤도에서 이탈되지 않을 수 있다고 한다. 이처럼 모든 것은 한치의 오차도 없이 하나의 길을 따라 움직인다. 인간에게 이를 알게 하는 것은 고른 앎에 따른 도의 지혜이다. 인간은 이 밝은 빛으로 자기의 속알을 밝히면 현묘한 덕이 무사심의 자리로 안내한다.66)

---

64) 김흥호, 『다석일지 공부』 6권, 서울: 솔출판사, 2001, 565-566쪽 참조.

65) 류영모 원저, 박영호 엮음, 『다석 류영모 어록』, 서울: 두레, 2002, 203쪽 참조.

66) 『도덕경』 33장: "知人者智, 自知者明, 勝人者有力, 自勝者强, 知足者富, 强行者有志, 不失其所者久."; 27장: "是謂襲明, 故善人者, 不善人之師, 不善人者, 善人之資, 不貴其師, 不愛其資, 雖智大迷, 是謂要妙."

다석은 무의 세계에 진입하여 그곳으로부터 얻는 섭생의 부드러운 사유를 펼치는 것에 대한 설명을 다음과 같이 이어간다.

> … 이름 없에 하늘·따이 비롯無名 天地之始 이름 있에 잘몬의 엄이有名 萬物之母, 므로 늘 ㅎ고줍 없에 그 야믊이 뵈고故常無, 欲以觀其妙, 늘 ㅎ고줍 있어 그 도라감이 뵈와라常有, 欲以觀其徼. 이 둘은 한끠 나와서 달리 부르니此兩者, 同出而異名, 한끠 닐러 「감ㅇ」, 감ㅇ 또뭄이同謂之玄, 玄之又玄, 뭇 야믊의 문오래이오라衆妙之門.[67]

다석은 인용문의 전반부를 무명의 세계로 보았으며, 후반부를 인간의 관심의 영역으로 설명한다. 무명의 세계는 혼연함으로 무엇을 하고자 함이 없으므로 굳이 이름을 붙일 수 없다. 또한 도의 자기 전개에 따른 표상된 유명의 세계도 무명의 연장선상으로 하나의 세계로 본다. 무명은 천지 사이에서 일어나는 만물의 가야 할 길을 이루고도 그것에 머물지 않는다.

다석은 일없음常以無事의 도의 자연적 항상성을 말한다. 도는 시공간에 한정되어 있는 것도 어느 것에 묶여 있지도 않은 무명의 형태를 이루고 있다. 천지 사이의 비어 있는 중심에서 일어나는 대상의 흐름은 무유의 혼성한 상태를 유지한 채 늘 우리 곁에 머물러 있다. 무명의 세계는 만물을 있는 듯 없고, 없는 듯 있는 한故有無相生 상태로 유무의 변화 도구를 이용하여 번갈아 가며 만물을 돕는다. 이러한 상보적 관계를 통하여 없음은 만물의 발전과정에서 생기는 장애의 틈을 없애 성숙된 하루의 세계를 이룬다.

---

67) 『늙은이』 1장.

다석은 무명의 사유가 표상된 유명의 움직임은 천지 사이의 공간에서 쉼 없이 이름을 가지고 생축한다고 설명한다. 그리고 그 속에 일어나는 수많은 현상들은 인간의 사유에 의하여 이름 붙여져 존재한다. 무의 세계는 있는 것에 이로움을 줌으로써 현상세계가 성립되고 인간 인식을 통하여 실상의 세계가 사유된다. 그러므로 인간의 내면을 되돌아보게 하는 척제현람의 고른 앎이 솟아난다. 이 지혜의 빛으로 현상의 흐름은 잠시일 뿐 영원하지 않음을 자각하고 그 가치에 머물지 않으므로 집착에서 벗어날 수 있다.

다석은 이러한 현상계를 통하여 천지의 흐름을 파악하는 방식을 즉유증무의 논리로 대변한다. 있음은 없음으로부터 없음은 있음으로부터 번갈아故有無相生 가며 돕는 관계를 형성하고 있음을 인지한다. 그리고 하늘땅이 맞닿아서 단 이슬天地相合. 以降甘露의 생명을 내리는 무의 사유 분화 과정을 '빈탕한데 가온점 찍기'로 표현한다. 그리고 다석은 이것을 이해시키기 위한 방편으로 숫자를 대입하여 인간의 사유체계를 설명한다. 인간의 다양한 생각의 분화를 포함하는 것을 셋參으로 표현한다. 이러한 사유 속에서 천지와의 상합을 이루는 것을 둘貳로 언급한다. 그리고 천지 사이에 가온점을 찍어 인간의 내적 질서와 하나壹임을 알아 변화의 흐름에 순응하는 사유의 체계를 설명한다.

다석은 이를 다시 1에서 2로 그리고 3으로부터 9까지 가는 숫자의 배열을 통하여 인간이 없이있는 하나님과 만나는 여정으로 설명한다. 3일 전, 2일 전, 1일 전, 대보름날이 가장 밝은 날이므로 가온찍기가 좋은 날이며 진리를 깨달은 날이다. 보름달은 3, 5, 15의 일정한 흐름을 따라 예나 지금이나 변함없이 이어져 내려오고 있

다. 밝은 보름달과 같이 없이있는 하나의 질서에 편승하는 것이 인간이 존재하는 이유이다.[68]

시공간의 비어 있는 중심에 인간의 생각을 통하여 점을 찍어 하나 됨으로써 시간은 흐르고 공간은 무한이 되며 인간은 현묘한 신기가 된다. 그리고 흐르는 곡선의 시간과 허이불굴의 무한 공간의 순간순간에 점을 찍어 선을 이루고 형체를 구성하여 도의 생명을 실천하여 하루의 삶을 사는 가온인간을 구현한다.[69]

다석은 이러한 표현 방법을 동원하고 특히 한글에 담긴 철학사유를 통하여 세상을 존재하게 하는 근원의 실체 없음을 인간에게 전달하고자 자신의 이론을 전개한다. 현묘한 무명의 세계를 통하여 실체가 없음을 덧붙여 설명한다. 현묘한 세계의 없음을 근거로 하여 아름다운 세계를 구성하는 실체 없음의 현상적 흐름은 인간의 인위적인 일을 멈추게 하고 도를 따르게 한다. 유와 무의 상보관계를 통하여 인간의 사유 전환에 따라 자균자화의 접점이 확보된다. 이 영역을 회복하면 인간의 욕심은 무욕의 영역으로 진입하여 저절로 소멸되고 인간 사유의 영역은 하늘의 그러함에 맡기고 의지하는 현동의 세계로 전환된다.

다석은 인간의 심신이 하나 됨으로써 펼쳐지는 자연적 영역을 현동의 세계로 본다. 이 하나 됨의 세계는 유의 점진적 발전 방향에

---

68) 류영모, 『다석일지』 제1권, 서울: 홍익재, 1990, 160쪽 참조. "地球一鑑月, 叄貳壹正中, 人間空衍數, 一二三九數, 三二一中大元明, 十上一二三書謨, 三五反復無別候, 是外百千萬無數."(김흥호, 『다석일지 공부』 제1권, 서울: 솔출판사, 2001, 456-457쪽 참조).

69) 류영모, 『다석일지』 제1권, 서울: 홍익재, 1990, 280-281쪽 참조. 이 긋점이 어디서부터 이루어지는지 모르지만 인간은 시공간의 끝인 것은 사실이다. 이 끝의 한점이 나이며 이긋점은 시간의 긋이며 공간의 점이기도 하다. "이긋제긋 이제긋이오 ㅣ ㅓㅣ 예 예긋이오니 고디고디 가온찌기 꿋꿋내내 디긋디긋 이긋이 첫긋맞긋야 인제 몰릅거니라." (김흥호, 『다석일지 공부』 제2권, 서울: 솔출판사, 2001, 144-145쪽 참조).

따라 장애를 없애고 알짬精을 잘 채우게 하여 영글게 하고 성숙의 단계를 볼 수 있도록 우리를 안내한다. 휘몰아치는 돎의 가온으로부터 솟아나는 혼일한 기운은 서로 다른 성질을 지닌 음과 양을 상보하여 정밀하고 아주 작은 미세한 정中精을 발원한다. 기운氣運차게 뻗치는 곡직의 세력勢力으로 만물이 제 꼴값을 갖추고 제 역할을 다할 수 있게 한다. 이처럼 무의 세계의 삶을 사는 인간은 인위적 현상에 빠지지 않고 덕의 영역을 확충시켜 도의 생명력이 무궁히 발휘되는 기쁨을 맛본다.

인간은 사계절의 흐름에 따라 삶을 영위해 나간다. 천도의 길을 따라 가며 땅으로부터 정기精氣를 먹고 덕으로부터 도의 씨를 제공받아 성장한다. 도의 씨알은 무의 빈 곳을 바탕 삼아 하늘 길이 펼치는 선의 작용에 의해서 몸으로부터 일어나는 내적 모순을 감싸안고 사유전환의 계기를 도모한다. 그리고 이 길의 '법 받은 대로 함 없었서', '씨알 제대로 되게' 하는 도의 홀황한 조화로움을 유지하여 무에 맞혀노는 덕분德分에 자기의 영역을 확보한다.

다석은 인간의 몸은 우주의 에너지가 들락거리는 생명의 문으로 묘사한다. 우리 몸 안에 들어 있는 세 가지 보물인 정기신精氣神을 잃으면 몸의 병 정신의 환난이 인간을 어려움에 처하게 되므로 세 보배를 잘 지킬 수 있는 섭생으로 무사지의 선행한다.

모든 사물의 자연적 생명은 하나의 중묘지문으로부터 나왔다가 길의 법 받은 대로 저절로 됨의 성숙한 모습으로서 도의 홀황한 조화의 자리로 환순하는 것으로 말한다. 그 없는 구석을 씀으로 외부에서 작용하는 장애나 외재적 간섭을 멈추게 된다. 그러므로 모든 사물은 그 자체 내에 있는 '길을 내고 속알을 쌓는' 자연의 원리가 작동한다. 자연의 운행은 작위나 억지가 없이 자기 본연 그대로의 모습을 전개하는 영속적 항상성의 흐름을 특징으로 한다.70)

다석은 인간의 사유 과정에서 무의 쓰임은 현상 세계의 분별의 개념을 제거하여 있는 모습 그대로 보게 한다고 언급한다. 이와 같은 도의 자기 전개에 따른 변화는 지극한 부드러움의 이치이며 소박한 도의 무위자화의 영역으로 이어지고 있다. 대상의 흐름은 고루 뚫려 있음으로 유약하고 미세하지만 끊이지 않고 계속 이어진다. 무명의 세계로부터 일어나는 무명자화의 유약함은 인간의 '저 아는 것이 밝으면 무엇이든 이기는自知者明 自勝者强]' 인식을 불러일으킨다. 이로부터 절대적 긍정의 사유로 심신의 하나 됨을 인식한다. 무명의 세계는 어떠한 목적이나 사심이 개입하지 않은 성스러운 성화의 세계이다. 그리고 대상이 펼치는 영속성의 세계이기도 하다.

다석은 유욕의 경계에서 균형을 유지하여 불욕을 이루고 무욕의 사유로 전환하는 곡직사유를 통하여 도의 자리를 볼 수 있음을 말한다. 인간의 지향적 생각을 벗어나 현상으로부터 제약을 받지 않고 머물지 않는 자유로운 사유의 통로를 마련한다. 인간의 덕을 확충하여 필연적 상대성을 포섭하여 자화의 질서를 회복하게 되는 '직'의 과정과 만물의 성숙단계에 접어들면 도의 자리로 돌아가는 '곡'의 환순적 과정과의 연관성을 동일한 움직임으로 본다. 이를테면 인간의 유욕의 직선적 발전단계에서 인위적 행위의 지나침을 억제하여 넘치지 않도록 균형을 이루게 한다. 이를테면 덕을 행하고

---

70) 『도덕경』 16장: "夫物芸芸, 各復歸其根, 歸根曰靜, 是謂復命, 復命曰常, 知常曰明."; 7장: "是以聖人, 後其身而身先, 外其身而身存, 非以其無私邪, 故能成其私."; 3장: "常使民無知無欲, 使夫智者不敢爲也, 爲無爲, 則無不治."; 25장: "大曰逝, 逝曰遠, 遠曰反, 人法地, 地法天, 天法道, 道法自然."; 14장: "隨之不見其後. 執古之道, 以御今之有. 能知古始, 是謂道紀."

도 그 덕은 자기 소유의 덕이 아님을 알고 그것에 머물지 않는 상덕부덕上德不德의 흔적을 남기지 않는 선을 행한다.善行 무욕의 곡선은 동시적 하나의 움직임으로부터 비롯되는 하나로 꿰뚫는 속알玄德의 움직임을 낳는다.

다석은 이러한 현덕의 작용을 통하여 하고자 함을 멈추면 저절로 제자리로 돌아가는 것으로 이해한다. 휘어짐은 펼치고 그 펼침이 극에 이르면 다시 휘어지는 곡과 직의 사유의 체계를 형성한다. 그리고 곡직의 작용에 따라 고요함이 오고 균형을 갖춘 섭생에 의하여 선을 펼치게 된다. 다석은 처음과 끝이 없는愼終如始 장생구시의 사유를 무사심의 선의 속알玄德의 수양으로 설명하면서 그 논지를 이어간다.

2) 무의 계열화에 근거한 '저절로 된 길無爲自然' 회복

(1) 미명微明의 세계

다석은 서서히 움직이고 멀어지면 가까워져 제자리로 돌아오는 서·원·반의 흐름을 큰 길의 작용으로 본다. 이것은 쉼 없이 변화하는 속에 늘 한결같음을 유지하며 제자리로 돌아오는 곡직의 사유의 체계이다. 인간의 미명의 지혜로 도를 세워 덕을 품고 역동적 도의 흐름 속에서 균화의 선행襲明으로 자승자강의 자기를 지켜 나간다. 인간의 천지의 흐름을 알지 못하는 잘못된 사유를 되돌려 반성하고 회복할 수 있는 지혜가 솟아나 무사지의 선행을 이룬다. 인간은 곡직사유를 통하여 무의 세계에서 펼쳐지는 천지 사이의 변화의 흐름을 알고 지켜 나가야 한다.[71] 천지의 큰 길이 펼치는 저절

---

71) 류영모 원저, 박영호 엮음, 『다석 류영모 어록』, 서울: 두레, 2002, '우주와 신비' 편 참조.

로 됨의 도법자연의 길善行은 존재하는 모든 것들과 함께 어우러져 곡직의 흐름에 부합한다. 이를테면 공생공존의 세계를 실현하여 다툼이 없이 전쟁을 하지 않고 이길 수 있다. 도는 '말이 없어도 잘 맞게 하고不言而善應', '부르지 않아도 저절로 찾아와서不召而自來' 인간이 때에 맞춰 제 역할을 담당하게 된다.

다석은 하늘의 질서는 언제나 그 흐름을 따르는 편에 서서 자애로 호위하여 전쟁을 없애 나라의 일을 줄이고 백성의 사유를 전환시킨다고 설명한다. 이것은 선행이 바탕이 되는 세상 본보기天下式를 실현하는 어머니 나라의 씨알백성小國寡民의 사유적 배경을 제공한다.72) 도의 흐름에 따라 펼쳐지는 덕의 '상象'은 우리의 몸에 그대로 담긴 '형상'으로 본다.73)

인간은 하나의 질서로부터 형이상, 형이하의 사유가 모두 나오는 일점영명一點靈明의 마음을 가졌다. 이를테면 하늘의 형상은 마음이며 몸은 땅의 형상形체을 받았기 때문이다.74) 우리의 형체는 천지 사이의 변화작용에 의하여 반응하고 그것에 의하여 살아간다. 그러므로 천도의 자애로부터 호위를 받고 그 흐름을 따르지 않고는 존재할 수 없다.75) 인간은 도의 자애로 자기 보존의 방식을 무와 어울림으

---

72) 『늙은이』 8장: "썩 잘은 물과 같구나(上善若水), 물은 잘몬에게 잘 좋게 하고 다투질 않으니(水善利萬物而不爭), 있기는 땅에 잘(居善地)."; 10장: "낳되 가지질 않고(生而不有), 하되 절 믿음라 않고(爲而不恃), 이 일러 감안 속알(是謂玄德)."; 66장: "그 잘 내려 씀으로써(以其善下之), … 그 다투지 않음으로써라(以其不爭), 므로 세상이 더불어 다툴 나위가 없다(故天下莫能與之爭)"; 67장: "구태여 세상 먼저 안되므로(不敢爲天下先), 이루는 그것이 길 수 있음이오(故能成器長)"; 21장: "다 큰 속알의 얼굴은(孔德之容), 오직 길, 바싹 따름(惟道是從), … 옛부터 이제껏 그 이름이 (떠나)가지를 않어(自古及今, 其名不去), 뭇 비롯 (뭇 아름다움)을 보아 보낸다(以閱衆甫). 내 뭘 가지고 뭇 비롯의 그림을 알까(한다면)(吾何以知衆甫之狀哉) 이로써(以此)."; 41장: "길은 숨어 이름 없어(道隱無名), 그저 길만이 잘 빌려 주고 또 이루도다(夫唯道, 善貸且成)."; 79장: "하늘 길은 알음알이 없이(天道無親),늘 착한 사람과 더분다(常與善人)."

73) 『도덕경』 35장: "執大象, 天下往."; 25장: "域中有四大 … 人法地 … 道法自然."

74) 김흥호, 『다석일지 공부』 제2권, 서울: 솔출판사, 2001, 398쪽 참조.

75) 임병학, 「역학의 변화지도와 시간성 원리」, 『동서철학연구』 제38호, 한국동서철학회, 2005,

로써 선을 세우고 그 선을 품어 무극의 경지에 안착함으로써 자기의 내적 질서를 회복하여 능성기사의 제자리를 보존한다.

다석은 불감위적 사유로 현상적 유익을 자연적 무익으로 전환하여 미명의 세계로 진입하면 자기의 모든 것이 그대로 드러나게 된다고 본다. 인간이 도의 밝음으로 보면明觀, 만물의 이치를 깨닫고 내 안의 질서를 통하여 모든 것의 저절로 이루어짐을 알게 된다. 그러므로 그 저절로 이루어지는 잘된 길을 따라가면 사물에 집착하지 않을 수 있다. 이처럼 인간이 사물의 가치에 머물지 않는 자빈의 사유를 지니게 되면 영아처럼 부드러운 상태로 돌아가 섭생의 하루의 삶을 살게 된다.76) 또한 무의 계열화에 따른 사유 전환을 통하여 선을 행하면 싸우지 않고 이기는 부쟁의 덕을 펼칠 수 있다. 인간은 자기의 무공을 자랑하지 않고, 경솔하게 나서지 않게 되고, 먼저 앞에 서는 용감함을 경계하게 된다.

다석은 장차 선을 이루려면 미명의 세계에서 펼치는 조짐을 살필 수 있는 자정 능력을 확충해야 한다고 말한다. 이는 섭생을 이룸으로써 선을 행할 수 있는 단초를 마련하는 것이며 그대로 두면 저절로 되는 아주 행하기가 매우 쉬운 일이다. 왜냐하면 우리 안에 천지의 흐름을 알 수 있는 보물이 있기 때문이다. 그렇다면 다석이 설명하는 세상 본보기天下式의 조짐이라는 것은 무엇인가를 살펴본다.

드러마시라거든 반드시 꼭 베풀내블 거고將欲歙之, 必固張之, 므

---

76) 『도덕경』 1장: "故常無, 欲以觀其妙, 常有, 欲以觀其徼. 此兩者, 同出而異名, 同謂之玄, 玄之又玄, 衆妙之門."; 48장: "無爲而無不爲, 取天下常以無事, 及其有事 不足以取天下."; 43장: "天下之至柔, 馳騁天下之至堅, 無有入無間, 吾是以知無爲之有益."

룻ᄒ게홀라거든 단단ᄒ게 흘거고將欲弱之, 必固强之, 그만치울라
거든 반드시 꼭 이르킬 거고將欲廢之, 必固興之, 빼슬라거든 반드
시 꼭 줄 거다將欲奪之, 必固與之, 이 일러 뭣 밝음是謂微明, 브드
럼이 굳셈을 익임, 므른게 센 걸 익임柔弱勝剛强, 물고기가 물 깊
음을 버서나지 못ᄒ드시魚不可脫於淵, 나라의 날카론 그릇을 가져
國之利器, 남에게 보이진 못ᄒ不可以示人.[77)]

　다석은 위의 인용문을 통하여 천하의 질서가 필연적 상대성의 순
환 논리로 발생하는 사건임을 설명하고 있다. 지금 벌어지고 있는
것은 합할 징조이고, 지금 강한 것은 장차 약해질 징조이고, 지금
융성한 것은 장차 폐망할 징조이고, 지금 주는 것은 장차 빼앗으려
는 필연적 징조이다. 이것은 달이 차면 이내 지고 만물은 극성하면
반드시 쇠잔하게 되는 천지의 변화의 흐름과 그 맥락을 같이한다.
　상대적 순환 논리는 필연성을 띠고 있다. 이는 유무의 상보관계
에 따라 전개되는 성향으로 전진하다가 극에 이르면 제자리로 되돌
아간다는 특징이 있다. 어떤 사물이든 모두 부정적 요소와 그와는
정반대로 향해 나아가는 경향을 포함하고 있다. 예를 들면 삶의 과
정이 곧 죽음으로 향하는 과정이며, 역으로 죽음으로 향하는 과정
이 또한 곧 삶이 유지되는 과정이다. 인간이 죽음을 향해 나아가고
있다고 말할 때는 은연중에 생명이 아직 존재하고 있다는 전제를
내포하고 있다. 그렇다면 어떤 존재 방식을 통하여 존재할 수 있는
가가 문제이다.
　다석은 삶이 있어야 비로소 죽음으로 향할 수 있고, 먼저 펼침이
있어야 장차 닫침을 말할 수 있다고 한다. 그리고 강함이 있어야

---

77) 『늙은이』 36장.

비로소 약함으로 전향할 수 있다. 하나의 질서에 따라 무를 바탕으로 유의 현상세계가 드러나는 곡직의 사유체계를 설명하고 있는 것이다. 모순되는 쌍방은 상호 의존하고 상호 침투하고 서로의 존재조건으로 상보하게 된다. 그러므로 어느 일방도 타방을 떠나서는 존재할 수 없다. 인간이 해야 할 일은 천도의 화해와 중재의 흐름이 들어올 수 있도록 늘 도의 숨을 쉴 수 있는 빈 공간을 마련해야 한다.

천지의 시모의 품으로부터 만물의 생명이 나오나 이것과 저것의 상대성을 가지는 에너지는 서로 대응하지 않고 움직이지 않으면 만물의 생명 기운이 나오지 않는다. 이러한 충기의 기운이 움직이지 않는 허정의 상태를 유지하게 되면 천지의 건곤은 음양의 차이가 없게 되어 아무런 조짐을 나타내지 않는 무극의 중재 상태를 유지한다.78) 형形의 분열이 극미세極微細하게 분화分化하여서 조금만 더 응고하여지면 형形을 이룰 수 있는 직전의 혼성한 상태이다. 혼현한 무극의 중심에는 힘차게 솟아날 수 있는 역동적 태극의 기운이 잠재적 가능태를 머금고 있다. 이 하나의 기운은 동선시動善時의 조짐으로 스스로는 움직이지 않으나 때에 맞춰 만물을 저절로 움직이게 하는 무위자연의 순환원리를 내포하고 있다.

다석은 다른 성질을 지닌 음과 양을 하나의 기운沖氣으로 빈 중심으로 모이게共一氣 함으로써 아주 작은 미세한 정中精이 생겨난다고 말한다. 이는 상반된 기운이 서로 부딪쳐, 아무런 대립관계를 형성하지 않고 혼연한 충화沖和의 상태로 불편부당不偏不黨한 관계를 유지한

---

78) 『계사전』상 12장: "乾坤其易之縕耶, 乾坤, 成列而易, 立乎其中矣,乾坤, 毁則无以見易, 易, 不可見則乾坤, 或幾乎息矣."

다. 상반된 두 기운을 충기로 하나 되게 함으로써沖氣以爲和 미세한 정精이 생겨나 점차적인 발전단계를 거쳐 새로운 화해의 세계를 열게 된다.

만물은 생명의 확장성을 갖는 양을 품고 그것을 지켜 유지하게 하는 음을 등에 지는 수용적 자세를 가진다. 인간은 생명 유지를 위하여 음과 양의 성격을 동시에 지니고 나누고 더하고 합하면서 도의 서원반逝遠反의 흐름을 따라 조화를 이룬다. 손해가 이익이 되고 이익이 손해가 되기도 하며 일면만 취해서도 안 되고 작위적 행위로 편취할 수도 없다. 늘 음양의 상보관계를 형성하여 자균자화를 이루어야 생명을 유지할 수 있다. 이러한 음양의 번갈아 가며 변화하는 그 흐름을 감히 인간의 힘으로 어쩔 수 없다. 이것은 부득이한 변화의 현상이며, 이 변화 속의 변하지 않는 늘 여상함의 속성을 가지는 대도의 자연력이기도 하다.

하늘의 도는 인간의 심신의 흐름과 천지의 흐름을 하나로 꿰뚫어 저절로 된 길天地人法自然의 질서체계를 구성하고 있다. 세긋三極을 형성하고 있는 천지인은 이 도법자연의 질서에서 벗어나게 되면 생명을 유지하기 어려워 제자리를 유지할 수 없다.

다석은 그 뜻을 실현하기 전의 도리道莅를 미세한 움직임으로써 형체를 이루기 직전의 미명의 상태로 설명한다. 사물이 변화하는 가운데 부정과 반대되는 측면을 함께 포용한 것이라고 할 수 있다. 이것은 때에 맞춰 자기 전개를 통하여 밝음을 드러낼 수 있는 잠재적 가능성을 잉태한 상태이다. 요컨대 이것으로부터 시작하여 저것에 도착하는 순간 다시 이것으로 귀속되어 또 다른 시작이 일어나는 환순적 체계라고 할 수 있다.

다석은 미명微明의 흐름을 이해하기 위해서는 무위의 흐름을 묘사하는 미微의 가운데로부터 명백히 드러나는 자연적 명明의 징조를 살펴야 한다고 설명한다. 그리고 명의 가운데로부터 미微의 조짐을 바르게 보고 알아야 한다明觀明知고 한다. 또한 미명의 세계는 형이상의 사유의 중심에서 아무런 맛을 내지 않고 보는 것과 듣는 것 등을 하나로 모이게 하는 지혜와 연대한다는 특성이 있다.

다석은 미세하게 움직이는 것은 소리와 색과 형체가 없어 이름을 붙일 수 없다고 말한다. 그는 있는 듯 없는 듯하여 혼연한 하나의 움직임으로써 주객을 나눌 수 없는 절대 세계로 설명한다. 이 혼일한 하나가 없으면 시작도 끝도 없게 된다고 강조한다. 인간의 마음과 도라는 것은 하나의 허공을 말하며 이는 없음의 혼연한 세계를 통하여 유의 존재 영역을 드러낸다.79)

다석은 노자가 본 세계의 존재 방식을 없이있는 무의 세계 속에 모든 것들이 존재하며 무는 유를 있게 하는 바탕으로 이해한다. 그리고 공자는 도 안에 기器가 있으며 도는 기를 감싸고 있는 것으로 설명한다. 석가는 공空 안에 색色이 있고 색을 품고 있는 것이 공이라고 설명한다. 이와 같이 도·무·공은 체體인 동시에 하나이고 기·유·색은 용用이며 둘이면서 하나이므로 부즉불리不卽不離의 유물혼성中道이라고 말하고 있다. 다석은 없이있는 하나의 허공은 안과 밖이 없으며 큰 정신의 모습은 빈 마음과 같다고 본다. 비어 있음의 큰 속알의 모습孔德之容을 유지하려면 오직 길을 바싹 따라야惟道是從

79) 류영모, 『다석일지』 제1권, 서울: 홍익재, 1990, 196쪽 참조; "三者希微夷也, 俱非聲色, 絶無形名, 有無 不足話, 長短 莫能, 混油無分, 寄名爲一, 視之不見名 曰 聽之不聞名 曰希, 博之不得名, 曰微, 此三者不可致, 故 混而爲一, 一不自一, (三不自三) 由三故, (由一故三). 由一故, 三 (由三故一). 三是一三, (一是三一). 一是三一, (三是一三). 一不成一,(三不成三). 二不成三, 則無三, 一不成一, 則無一, 無一無三하,自忘 言之理, 執三執一, 纛滯玄通之敎[李榮]."

한다.[80] 다석은 하나의 미세한 움직임은 비어 있으면서 천하의 만물을 귀의하게 함으로써 인간을 늘앎의 상명의 세계로 이끌게 한다고 이해한다. 또한 욕심이 없으며 그 시작은 작고 미세하지만 그 밝음으로 이루지 못하는 것이 없다고 한다.[81]

이러한 미명의 자연적 상태에서 도의 흐름을 아는 늘앎知常의 무위자연의 길은 무엇을 하더라도 그 흔적을 남기지 않는다. 그 자취를 알 수 없으나 그 문은 항상 열려 있고 이것과 저것을 구분하지 않기 때문에 모든 것을 존귀하게 대한다. 이것은 미명으로부터 나오는 빛을 받아 선을 차근차근 쌓아가는 습명의 속裏이 꽉 찬 선위자가 가는 길이다.[82]

다석은 미명의 움직임으로부터 습명의 늘앎知常을 통하여 하늘땅이 맞닿아서 씨알이 함 없어도 저절로 됨의 도의 상명의 자리를 잃지 않는 것으로 말한다. 심신을 수양하는 과정은 털끝만 한 씨알에서 싹이 트기 시작하여 큰 나무로 성장할 수 있다는 것은 아주 작은 미세함으로부터 시작되는 것과 같은 맥락이라고 본다. 작은 것에서부터 점차 크게 이루어지는 것이 당연한 이치이므로, 이를 거스르고 먼저 앞서려고 억지를 부리거나 집착하면 실패한다.

양적 성숙의 존재 방식은 질적 전환의 승화로부터 일어난다. 아

---

80) 류영모, 『다석일지』 제1권, 서울: 홍익재, 1990, 196쪽 참조. "惟心是道, 色界實情暴露, 有卽無, 無卽有(老), 器卽道, 道卽器(易), 色卽空, 空卽色(佛), 孔德之容, 唯道是從, 未容 思內容, 絶大 無外容, 旣容 亦外容, 極小 無內容, 虛容 書花容, 親氣 相形容, 花容 隣虛容, 知心 燭從容."

81) 『늙은이』 64장: "그 여린 것이 쪼개기 쉽고(其脆易泮), 그 작은 것이 해치기 쉬움(其微易散). 아직 생겨나기 전에 하고(爲之於未有), … 아홉 층 높은 대가 한 줌 흙에서 일어났고(九層之臺, 起於累土), 천리 갈 길이 발 밑에서 비롯됨(千里之行, 始於足下), … 뭇 사람의 지나친 것을 다시 돌려놓아(復衆人之所過), 잘못의 제대로를 믿으라 함으로써요(以輔萬物之自然), 구태여 아니함(而不敢爲)."

82) 『도덕경』 36장: "是謂微明, 柔弱勝剛强, 魚不可脫於淵, 國之利器, 不可以示人."; 27장: "是謂襲明, 故善人者, 不善人之師, 不善人者, 善人之資."

홉 층 누대도 한 삼태기 흙에서부터 그 양이 이루어지고 백 길 높은 곳도 발밑의 땅바닥에서부터 시작한다. 다석에게 있어 이와 같은 존재 방식은 도의 실마리로부터 시작하여 천하의 모든 것들의 아름다움이 펼쳐지는 중보질서로 볼 수 있다.[83]

다석은 작은 씨알이 자라 성숙하는 것은 덕을 쌓는 점진적 수양 과정이라고 말한다. 비어 있는 도를 좇음으로써 비운 만큼 채워지고 또 채워져 대상을 이루게 된다. 이는 앞으로 나아가는 것 같으나 뒤로 물러나는 듯한 진도약퇴進道若退의 곡직사유로의 전환을 말한다. 또한 내적 질서의 흐름인 덕의 개입으로 양적 성숙을 이루는 것은 사물이 발전하는 보편적 법칙이라고 설명한다. 하지만 인간이 이 흐름을 거슬렀을 때 양적 변화는 자신의 이익을 채우는 사심으로 기운다.[84]

인간은 스스로 변화에 응할 수 있는 자화의 속알을 지녔기 때문에 바르고 곧은 덕으로 이 흐름에 순응하여 사물의 이익에 집착하지 않는 순박한 무상심을 가진다. 천인 간의 자연적 상합은 선을 이룬다. 두루 펼쳐지는 무의 이로움으로 그 흔적을 남기지 않는 하나의 곡직의 움직임을 남긴다. 또한 목적의식이 없으므로 머무를 일이 없어 다툴 일 또한 없다.[85] 다석은 미명의 빛을 통하여 도의 생명으로 자라난 적자의 늙앎으로 심신의 전일함을 유지하라고 한다.

---

83) 『도덕경』 64장: "含抱之木, 生於毫末, 九層之臺, 起於累土, 千里之行, 始於足下, 爲者敗之, 執者失之, 是以聖人無爲, 故無敗, 無執 故無失."

84) 『도덕경』 57장: "故聖人云, 我無爲而民自化, 我好靜而民自正, 我無事而民自富, 我無欲而民自樸."; 41장: "故建言有之, 明道若昧, 進道若退, 夷道若纇."; 54장: "故以身觀身, 以家觀家, 以鄉觀鄉, 以國觀國, 以天下觀天下, 吾何以知, 天下然哉 以此."

85) 『도덕경』 27장: "善行無轍迹, 善言無瑕適, 善數不用籌策, 善閉無關楗而不可開, 善結無繩約而不可解."; 79장: "天道無親, 常與善人."; 80장: "天之道, 利而不害, 聖人之道, 爲而不爭."

(2) 적자가 펼치는 늘앎^{知常}

다석은 도의 씨를 머금고 있는 인간의 내적 씨알의 '밝안 아기^比^{於赤子}'는 하늘 길을 좇아 자기를 알고 덕을 쌓아 제 꼴을 따라 어머니의 나라를 지키는 것으로 설명한다. 이는 일찍감치 도가 펼치는 질서에 몸과 맘이 하나 됨을 말한다. 심신 수양의 기능이 조화롭게 운행되므로 자승자강의 자기 수용능력을 겸비하고 천지 흐름에 대한 참 앎의 영역이 확충된다. 이를테면 진리와 하나가 된 속^㺵이 꽉 찬 사람이며 도를 향한 생명력이 강하고 '그 없는 구석을 씀'으로 무심무욕^{無心無欲}의 상태가 된다. 또한 '저 아는 것이^{知常}' 밝으면 저 이기는 자승자강의 자기를 형성하여 상대적 가치를 떠나 사물과 통하고, 세상의 맹수들로부터 물리지도 쏘이지도 할퀴지도 않게 된다. 자기 몸의 환난을 통하여 그 환난을 이겨내는 수신 수양의 방법을 찾는다.

다석은 천지 기운이 몸을 감싸고 마음은 밝은 아기처럼 환하게 뚫려^{常明} 마침내 어려움이 없게 된다고 말한다. 세상의 흐름은 인간의 힘으로 되지 않고 도의 무위자연에 의함을 알게 되고 그것을 지켜 행함으로써 만족하게 된다. 그러므로 언제나 맑은 물이 흐르고 늘 푸른 산 밑에 사는 것과 같은 평화를 맛보게 된다.[86] 천하의 흐름의 늘앎으로 자기 존재 과정의 흐름을 알게 되면 무위자연의 질서에 안착하여 자연스러운 하루의 삶을 살 수 있다.

내 안에 보물인 덕의 고른 앎으로 세상과의 전쟁을 치르면 나아

---

[86] 順生貪長赤子養, 遠愼去貪免知人, 痴情繼世靑年定, 樂天知命精神.(류영모, 『다석일지』 제1권, 서울: 홍익재, 1990, 392-393쪽 참조); 固磁作赤子翁, 知自足棲碧山, 石泉猶例恒左右, 多夕陽若相安閑.(류영모, 『다석일지』 제2권, 서울: 홍익재, 1990, 326쪽 참조); 김흥호, 『다석일지 공부』 제2권, 서울: 솔출판사, 2001, 305쪽 참조.

가는 것보다 뒤로 물러서게 되며 무엇을 해도 흔적이 없이 행하게 된다. 이러한 가온인간은 이해관계를 내세우지 않으므로 무위의 선을 행하고 다툼이 없는 전쟁으로 이끌게 된다. 부드러움으로 날카로운 욕정의 무기를 무디게 하고 병사를 도의 사랑으로 호위하여 전쟁을 승리할 수 있다. 상대할 적이 없으므로 큰 허물이 없어지게 되고 공을 이루고도 머물지 않는 현덕으로 심신을 하나 되게 한다.87)

다석은 혼성체라는 것은 미세한 움직임만 감지될 뿐 생·성·멸의 뚜렷한 경계가 없는 무극의 상태로서 그 자체의 상을 표현할 수 없는 것이라고 말한다. 분열과 통일을 쉼 없이 반복하면 순환하기 때문에 이름을 붙일 수 없고 그 상을 표현할 수 없다. 혼성체는 잠재적 씨알을 품고 있는 상태일 뿐 씨알이 아직 발아되기 이전의 상태라는 점에서 그것은 분별되기 이전의 모든 것을 화해시키고 중재하는 혼일한 세계인 것이다.

다석은 비어 있으면서 그 중심을 잃지 않는 것은 빔 뚫린 김으로 고르게沖氣以爲和 되기 전의 도의 중심체로서 이러한 기운은 역동적 변화의 균형을 이루는 것으로 본다. 유형은 언젠가는 무형으로 소멸될 운명에 놓여 있는 것이며, 무형의 상태도 언젠가는 존재라는 유형의 형체를 갖추게 된다.88) 이는 존재할 수 있는 근거를 제공하고 자기 전개를 쉼 없이 하여 질적 변화에 따른 양적 성숙을 통하여 자기를 드러냄으로써 그 역할을 다한다.

---

87) 『늙은이』 68장: "잘 된 사나이는 칼부터 내밀지 않는다(善爲士者不武). 잘 싸우는 이는 성내지 않고(善戰者不怒), 잘 이기는 이는 다투지 아니하고(善勝敵者不與), … 이 일러 다투지 않는 속 알(是謂不爭之德), … 이 일러 하늘에 짝지어 옛 가는 맨 꼭대기(是謂配天古之極)."

88) 한동석, 『우주변화의 원리』, 서울: 대원출판, 1966, 41-47쪽 참조.

속알 먹음음 두텀을含德之厚, 밝안ᄋᆞ기 게 비길 가比於赤子, 독흔
버레도 쏘지 않고毒蟲不螫 스나운 즘승도 덤비지 않고猛獸不據,
채가는 새도 움키지 않오라攫鳥不搏. 뼈는 므르고 힘줄은 부드러
우되 줌역을 굳게 쥠과骨弱筋柔而握固, 암수의 몬임을 모르되 고
추가 니러남은未知牝牡之合而全作, 알쬠의 지극홈이라精之至也.
해가 마치도록 울어도 목이 쉬지 안흔음은終日號而不嗄, 고롬의
지극홈이라和之至也. 고롬 앎을 늘이라 하고知和曰常), 늘을 앎을
밝다고知常曰明, 삶을 더홈을 금새라 하고益生曰祥, 뮘이 김 부림
을 억세다 홈心使氣曰强, 몬이 한창 가면 늙느니物壯則老, 이루되
못드러간 길이라謂之不道), 못 드라간 길은 일지기 그만둬야지不
道早已.89)

이 인용문을 통하여 다석은 덕이 두터운 자는 선의 자연스러운
지혜를 통하여 어머니 품을 지키며 사물의 통합적 사유를 지니게
된다고 설명한다. 무위로써 허를 대변하고 자연함으로 고요한 정을
지키게 되면 근본으로 돌아가는 지혜를 얻게 되어 하늘의 질서를
회복한다.歸根復命 그러므로 만물의 자연적 흐름을 볼 수 있다.90) 자
연적 흐름 위에 펼쳐지는 영속적 항상성의 늘앎의 힘은 움켜쥐는
힘이 세다. 그리고 정기가 충만하여 목이 쉬지 않는 종류의 조화로
움을 가진 자균자화의 특성이 있다.

다석은 고른 어울림의 쓰임을 다양하게 설명한다. 이는 비어 있
음의 충용충화로 시작하여 덕을 쌓음으로써 드러나는 자균자화이
다. 또한 스스로 평등하게 하는·저절로 된 길을 따른 조화로움·
고르게 어울리게 하는 습명에 의하여 본연의 제자리 찾기 등이다.

89) 『늙은이』 55장.
90) 『도덕경』 16장: "致虛極, 守靜篤, 萬物竝作, 吾以觀復, 夫物芸芸, 各復歸其根 歸根曰靜, 是謂復
命, 復命曰常, 知常曰明."

무엇보다 선의 두루 펼쳐지는 편용의 흐름으로 경계가 없는 영속적 항상성의 변화가 균화작용의 중심을 이룬다.

이러한 황홀한 조화로움의 근원처인 귀식모의 품에서 자라는 적자는 자연무위의 늘앎을 가장 잘 체현한 상태라고 본다. 적자의 늘앎에는 상대적 대립의식이 적용되지 않는다. 주객미분화의 혼연한 상태이기 때문이다. 또한 천지의 하나의 흐름을 알고 내적 질서와의 동일성으로 자기를 수용하고 늘 뒤돌아보고 절제한다.

그것은 혼연한 속에서 빛이 나면서도 확연하게 드러내지 않고 그 빛을 곧게 널리 펼치게 하는 미명의 고른 앎^{知和}의 상태이다. 이 미세한 빛의 전기치유의 부드러운 기운이 조화로움을 지키고 있는, 일종의 외재적인 공리에서 벗어난 전일체의 존재 성격을 갖는다. 이러한 점 때문에 다석은 늘앎으로 일상적 인간은 적자의 상태를 회복하는 것이 어머니의 나라를 찾는 것에 해당한다고 본다.

다석은 씨알이 가진 잠재의식의 고른 앎이 발현되어 곡직의 사유를 거쳐 곡과 직의 중심축을 이루어 완숙한 경지에 이른다고 이해한다. 인간은 이러한 과정을 거쳐 잘된 자의 존재 의미를 통하여 잘 삶의 자기를 회복한다. 적자와 같은 덕의 충만함을 유지하면 심신의 유연함을 가진다. 변화하는 도의 움직임을 좇아 무사자균의 덕을 알아 지켜 선을 행한다. 생명이라는 유기체는 시간이 지날수록 그 생명력이 자연히 약해지며 영아처럼 항상 원기가 넘쳐날 수는 없다. 이것은 일종의 자연적 결과이다. 노자가 보는 영아는 인간 본래의 무욕 청정한 모습을 비유하는 은유적 표현이며, 잠재적 유연성으로 분별의 경계가 없는 부드러운 심신의 상태를 유지하는 것으로 볼 수 있다.⁹¹⁾

다석은 만약 인위적인 방법으로 줄곧 영아와 같은 생명력을 유지하기 위해서는 생에 대한 집착益生을 버려야 한다고 말한다. 이것은 마음이 강한 기운을 부려 자연스러운 삶의 흐름을 역행心使氣曰强하는 것이며 억지로 살려고 하는 것과 같다. 또한 목적을 이루려고 자기 주관을 앞세워 흐르는 물 같은 선에 부합하지 않기 때문이니 이것은 도의 화해하고 중재하는 흐름에 어긋난다. 다석은 마음의 강포를 하늘의 자애로움으로 감싸 안아 적자와 같은 마음으로 전환해 상명의 지혜의 빛으로 조화롭게 함으로써 공평무사한 마음을 가져야 한다고 본다.92)

다석은 속裏이 꽉 찬 선인의 마음은 도의 뜻이 보물로 소중히 간직되어 있어 이를 알고 지켜 하늘의 도와 짝하는 것으로 본다. 이러한 사유를 통해 모든 것을 존귀하게 여긴다. 이와 같은 행위는 무위의 이로움을 통하여 선을 행하여 세상의 저절로 됨의 흐름을 잘 파악하기 때문이다. 이를테면 때에 맞춰 감각의 문을 잘 닫고 도의 문을 열어 늘 덕과 함께하는 적자와 같은 심신의 전일성을 유지하는 것이다.善行 · 善言 · 善數 · 善閉 · 善結93)

다석은 어머니의 품에서 웃음기마저 없는 '나 홀로 멍하니 상대적 분별심이 생기기 前我獨泊兮其未兆'의 미조의 해심은 '갓난아기와 같은 마음 상태로서 무엇을 하고자 함이 없이 어느 것을 소유하고자 손잡을 줄도 모르는如嬰兒之未孩' 고요함을 간직하고 있다고 한다. 이

91) 김대현, 「노자의소국과민(小國寡民) 연구」, 성균관대학교 대학원 박사학위논문, 2020, 100-101쪽 참조.

92) 『도덕경』 55장: "益生曰祥, 心使氣曰强, 物壯則老, 是謂不道, 不道早已."; 67장: "夫慈以戰則勝, 以守則固, 天將救之, 以慈衛之."

93) 『도덕경』 62장: "道者萬物之奧, 善人之寶, 不善人之所保, 美言可以市."; 68장: "善爲士者不武, 善戰者不怒, 善勝敵者不與, 善用人者爲之下, 是謂不爭之德, 是謂用人之力, 是謂配天古之極."

러한 혼연한 상태에서 도의 움직임으로 생명을 얻고 정기가 충만한 적자처럼 되어 어떠한 제약에도 영향을 받지 않는 것이다. 그러므로 적자와 같은 심신을 유지하게 된다면, 이를 세상 본보기天下式로 삼아 자연의 영역을 회복하여 살아갈 수 있음을 시사해 준다.

2. '늘 한길玄同'과 '세상 본보기天下式'의 구현

1) '늘 한길玄同'과 함께하는 잘 삶의 구현

(1) '늘 한길玄同' 세계와의 소통

다석은 인간을 사이의 중심에 존재하는 가온존재로 본다. 천지 사이의 중심에 있으면서 무유의 상보적 관계를 통하여 존재의 이유를 이어간다. 하지만 인간은 상생·상성·상교·상경·상화·상수 등에 따라 상대적 간극이 벌어지는 필연적 관계에 처해 있다. 이 틈을 좁히고 하나 되게 하는 것이 늘 한길과의 하루를 사는 소통 방법이다.

다석은 부득이한 변화의 간극을 조화로움으로 지켜야 한다고 본다. 이는 어머니의 품을 지키는 것이며 시방十方으로 뚫린 길의 '늘 한길玄同'을 실현하여 세상 본보기를 구현하는 것이다. 그것은 마치 영원한 생명의 공간에서 일점광명一點光明의 한 점의 씨가 시간 속으로 솟아나오는 것과 같다. '고른 앎知和'으로 '저 아는 게 밝아져自知者明' 세상과 소통할 수 있는 계기가 주어진다. 한길로 된 태극의 창조의 흐름은 환순의 궤도를 그리며 도의 홀황한 늘 한길玄同의 자리에서 만물의 씨를 움터 솟아 올라오게 한다. 이 도의 씨는 솟아올라 인간 내면의 속알을 터트려 인간과 인간 사이의 갈등으로 얽히고 매듭진 사건들을 하나로 꿰뚫어 저절로 풀리게 함으로써 풀린

자리에서 솟아나는 한 무리의 빛이 온 누리에 환하게 비춘다.

　다석은 시공간 사이에 한 알의 점이 모여 이 땅 위에 곧게 펼쳐
진 것이 인간씨알의 자기라고 말한다. 이는 내 속에 있는 곧이貞인
옹근 씨알의 속알德이 있음을 알고 지켜 행하는 것이다. 그럼으로써
무위의 선행에 따른 섭생으로 현덕을 실행하는 늘 한길玄同을 잃지
않는 것으로 본다. 꼿꼿이 곧게 솟아오른 참뜻을 담은 씨알은 순간
순간 자각의 연속적 선을 그리며 땅 위에서 하늘 뜻을 실천하여 태
고의 첫 긋과 마지막 한 긋을 이어나간다. 그리고 제자리로 돌아가
도와의 무간적 사이를 이룬다. 천지인 세긋을 곡선으로 이어지고
이긋에서 저긋으로 돌고 도는 서원반의 환순궤적을 그리며 제긋인
도법자연의 자리로 돌아온다. 돌아온다는 것은 도의 반동약용의 공
로에 힘입어 새로운 변신의 길을 모색하기 위한 초입의 길에 들어
서는 것이다. 이 자연적 길을 따라 자신의 욕구를 약화시키고 몸을
뒤로하고 낮춤으로써 종도선행從道善行의 길을 활짝 연다.

　다석은 한 점의 씨알은 도의 씨이며 천·지·인의 중심에 점을
찍어 점진적 수양 과정을 통하여 도의 섭생을 구현하는 전일적 존
재인 가온인간으로 밝힌다. 이 긋점의 기역ㄱ은 하늘의 도를 의미하
며 앞으로 곧게 뻗어나가는 것ㅡ은 세상으로, 시옷ㅅ은 사람으로 해
석한다. 이처럼 천도인 얼이 땅과 상합하여 얼을 몸에 담아 알고
지켜 행하는 것을 가온인간으로 이해한다. 다석은 인간의 내적 질
서의 흐름인 덕을 알고 지키는 것을 가온찍기로 설명하면서 가고
오는 그 중심에 점을 찍는 것을 가온지킴의 수양 방식이라고 말한
다. 다석은 이를 진리를 깨달아 이루는 천지 흐름과 내적 질서가
하나 되는 늘 한길玄同의 세계로 이해한다.94)

다석은 변화하는 역동적 도의 흐름 속에서 그 가운데 점을 찍어 제자리로 돌아가 지키는 것을 늘 한길太同을 실현하는 것으로 이해한다. 이 자리는 도의 씨를 배양하여 섭생을 유지하는 귀식모의 자리이다. 식모는 영아와 같은 씨알을 무위자연의 자애로 호위하여 존재 의미를 찾게 한다. 식모의 품에서 도의 지혜를 먹고 자라나는 영아는 미명의 세계로부터 내적 속알의 고른 앎을 유지한다. 그리고 수양의 점진적 단계에 따라 '저 아는 게 밝아지는自知者明' 습명의 빛으로 성숙한 경지에 도달한다. 천지상합에 따른 자균의 조화로 씨알의 내적 질서와 한길太同임을 아는 늘앎을 지켜 행하여 가온인간을 이룬다.

다석은 천지의 도와 내적 질서가 혼일한 무극의 자리에서 무위자연의 움직임을 지키면, 덕의 고른 어울림에 의하여 갈등과 다툼에서 화해의 관계를 유지하게 된다고 말한다. 천지의 도와 내적 질서의 상합에 의하여 제자리를 지키는 것은 가온인간의 자정력에 따라 균형을 유지하는 것이다. 인간의 곡직 사유의 전환에 따라 제자리를 지키면 멀리 나가지 않아도 하늘의 길을 알 수 있어 제 역할을 다할 수 있다. 이로부터 선의 그물망으로 모든 것을 포섭하여 존귀하게 여기는 가온인간의 마음을 실현한다.

다석은 무의 계열화를 통하여無名·無爲·無慾·無私 사유전환의 근거를 마련하고 인간의 자연적 질서를 속알의 발현으로부터 실현하는 것으로 본다. 천지 사이에 존재하는 인간의 쉼 없이 일어나는 생존 욕구는 자기 수고의 중심적 사유로부터 세상을 열게 하여 무의 생활을 통해서 섭생을 얻게 된다. 무를 근거로 살아가는 인간은 도의

---

94) 류영모 원저, 박영호 엮음, 『다석 류영모 어록』, 서울: 두레, 2002, 224-225쪽 참조.

지혜로부터 얻게 되는 차별과 기준이 없고 어떠한 것에도 머물지 않는 현동의 세계에 진입하여 공평무사함으로 하루를 살게 된다. 도의 흐름에 늘 순응하면서 무엇을 이루고자 하는 것으로부터 벗어나 위로는 하늘을 벗 삼는다. 그리고 아래로는 인간 간의 관계를 원만하게 하고 사회와의 공생공존하는 치인사천의 하루의 길을 따라 사는 것이다.

천지의 무위자연의 영속적 항상성의 흐름은 만물의 생축과정을 간섭하지 않고 이것과 저것의 상보적 관계를 자연스럽게 형성하도록 말없이 도와줄 뿐이다. 따라서 도상무명의 흐름에 따라 모든 것은 스스로 바르게 변화되고 인간의 기교忌諱·利器·伎巧·法令 등으로부터 벗어나 스스로 만족하게 됨으로써 저절로 부유하게 된다. 이처럼 무를 근거로 하여 생활하는 가온인간은 공생공존의 영역 안에서 부쟁의 덕을 점진적으로 확충함에 따라 저절로 세상 본보기를 구축하게 된다.95)

따라서 인간은 유무혼성의 도의 실마리로부터 얻게 되는 미세한 움직임의 혼일한 하나의 질서를 통하여 덕의 확충을 도모한다. 그 하나를 얻음으로써 마음의 고요함으로부터 밝은 지혜를 얻어 되돌아가야 할 자리를 알게 된다. 도를 의지함으로써 귀근복명의 덕의 자리로 돌아가 대환의 몸을 섭생의 몸으로 전환하여 자신의 몸을 귀하게 여기고 사랑한다.貴以身·愛以身

다석은 덕이 솟아난 길을 따라 사는 무의 생활화를 통하여 늘 한 길玄同의 영역을 회복할 수 있다고 본다. 도에 따른 선의 확보를 통하여 지나쳐 온 그 자리를 찾아 나가는 것은 심신 수양에 따른 사

---

95) 『도덕경』 57장 참조.

유의 전환 방식을 통해서 이루어진다. 점진적 수양을 통하여 미명의 지혜로부터 습명의 내재적 밝음으로 하나 됨의 덕의 지혜로 온 몸을 비치는 상명의 가온인간을 구현한다.

이를테면 몸과 마음의 현상을 일어나는 즉시 바로 포착하는 즉관卽觀의 지혜를 통하여 현상의 변화를 있는 그대로 지켜보고 놓치지 않는 고른 앎으로 내적 질서를 관찰한다. 그리고 자기의 자명함으로 상도의 무명자화의 흐름을 꿰뚫어 실상을 아는 직관直觀의 늘앎으로 도의 조화의 세계에 머무는 것을 말한다. 인간이 이러한 사유를 체득하면 자기의 본연의 자리에서 나오는 섭생의 유연함으로 감각의 문을 닫게 하여 내면의 조화로운 빛으로 하나가 되는 늘 한길玄同의 사유를 펼칠 수 있게 된다.

다석은 장차 무엇을 하려면 물고기가 연못을 나와서는 안 되듯이 魚不可脫於淵 자기를 지켜 무를 생활화하여야 한다고 설명한다. 그는 무형무상의 영역은 인간의 감각의 범주를 뛰어넘어 있다고 본다. 그것은 텅 비어 있지만 인간을 감싸 안고 있다. 그리고 보이지 않는 영역에서 인간의 생명을 유지할 수 있게 자애로써 호위한다. 다석은 이것을 늘 한길玄同의 자리라고 한다. 그리고 이것은 존재하는 모든 것의 조화의 세계로서, 미세한 움직임을 시작으로 도의 서·원·반 운동에 의하여 들고 나오는 '중묘지문'의 성격을 띠고 있다고 본다.

다석은 이 '중묘지문'은 밖에 나가지 않고도 볼 수 있게 내 안에서 '길을 내고 속알 쌓는道生之. 德畜之' 내적 질서를 이루고 있다고 한다. 멀리 나가면 나갈수록 변화의 흐름에서 멀어지고 그 멀어짐을 도의 서·원·반 흐름에 의해서 제자리로 되돌려 놓는다. 그리고 무엇을 하려고 하지 않아도 모든 것을 저절로 이룬다. 이처럼 도는 스스로 대립하는 양극을 조화시켜 하나가 되게 하는 자연의 힘을 드러낸다.

다석은 현상계에 나타난 상대성의 양면이 도가 펼치는 늘 한길玄同의 세계 속에 포섭되어 도와 덕이 함께 있음을 밝힌다. 존재자 상호 간의 대극對極은 없고 양면성의 운동에 의하여 상호 소통이 가능해질 수 있음을『도덕경』2장을 통해 제시한다. 대극이란 분석심리학에서 정신세계의 흐름의 촉매의 역할을 하는 것으로서 외내향·전진후퇴·남성여성 등의 자연스러운 양면성을 나타내며 어느 한쪽면만을 중시하면 신경증적 장애를 일으키게 된다. 따라서 도는 이러한 긴장과 갈등 관계를 조화롭게 하는 대극융합의 초월적 기능을 가지고 있다.96)

다석은 인간의 명관명지明觀明知의 마음으로 만물을 보면, 대상의 실마리心象를 통하여 무위자연의 현묘함을 볼 수 있다고 말한다.觀其妙 유의 세계로부터 일어나는 상대성의 사유에서 전환하면 그 묘함觀其徼의 도기道紀를 체득할 수 있다.97) 이러한 도기는 오래전부터 존재하고 있었으며 영속성을 통하여 현상계의 유용함으로부터 체험할 수 있다.

다석은 상대적 가치를 따라 늘 전쟁을 치르듯 살아가는 일상적 삶의 방식을 무의 영역으로 전환하여 그 장애를 제거할 필요가 있다고 역설한다. 요컨대 부쟁의 선을 행하는 감안 속알玄德로 복귀하

---

96) 이부영,「노자『도덕경』에서 본 치유의 의미」,『심성연구』제23호, 한국분석심리학회, 2008, 69-70쪽 참조.

97) 『도덕경』21장: "道之爲物, 惟恍惟惚, 惚兮恍兮, 其中有象… 自古及今, 其名不去, 以閱衆甫, 吾何以知衆甫之狀哉."; 14장: "是謂無狀之狀, 是謂惚恍.迎之不見其首, 隨之不見其後, 執古之道, 以御今之有, 能知古始, 是謂道紀."

라는 것이다. 다석은 도의 자연적 지혜가 이를 가능하게 한다고 말한다.

다석은 얽히고 매듭진 것을 하나로 이어지게 하는 현덕玄德을 통하여 부쟁의 지혜를 쌓는 것에 대하여 다음과 같이 설명한다.

> 가지고 가득 차는것은持而盈之, 그만두는 것만 못ㅎ며不如其已, 빤히 봐야 ㅎ는 날칼음은揣而銳之, 길게 볼 수가 없으오라不可長保, 누런쇠·환흔 구슬을 집에 그득히 두고는金玉滿堂, 직히는 수가 없으며莫之能守, 가멸고·높대서 젠척ㅎ게 되면富貴而驕, 제절로 그 허믈이 흘르오라自遺其咎, 일을 이루고 일음이 나게 돼선功成名 몸을 빼, 믈러나는 것이遂身退, 하늘 대로 가는 길이오라天之道.[98]

다석은 덜어내면 저절로 균형을 이루는 가온인간의 수신의 과정을 위의 인용문을 통해서 설명한다. 이를테면 가득 채워지면 덜어내서 자균을 이루게 하는 것이 천도의 무위자연이 하는 일이다. 다석은 지금 여기의 실상에 인간의 자생적 의식을 멈추는 것이 평탄한 제자리를 찾는 것이라고 이해한다. 만일 제자리를 찾지 못하고 상대적인 것들의 대립 면에 휘둘린다면, 일체의 외물은 날카로운 무기로 변하게 된다. 따라서 이로부터 벗어나 무의 도움으로 제자리를 찾는 것이 도의 섭생을 유지할 수 있는 하루의 길이라고 다석은 강조한다.

다석은 인간의 사유의 정점에 서면 다시 돌아가게 되는 것이 도의 환순澴淳 운동이며 변화 속에 무위자연성을 보존하는 것이 지금

---

98) 『늙은이』 9장.

까지 이어져 내려오는 존재의 영속성이라고 이해한다. 무위자연의
도는 일이 이루어지면 이루어진 대로 그대로 두고 귀근복명의 자리
를 지킨다. 일이란 늘 변화하므로 머물 필요가 없는데 인간의 착각
에 의하여 머물러 있기를 고집함으로써 욕심에 치우친 인간은 도의
자리를 지나쳐 버리는 우를 범한다.

　다석은 인간의 구조는 천지의 흐름과 함께할 수 있는 내적 질서
를 지니고 있으나 그것을 모르고 넘치도록 채우려고 하여 우환을
자초한다고 말한다. 이러한 내적 질서의 덕의 상은 사람의 곁을 떠
나지 않고 늘 생명을 유지시키고 보존한다. 생명의 영역을 넓혀나
가 성숙한 선의 경지에 이르게 한다. 유한한 사물의 전개 과정에서
모으고 쌓고 채우는 것은 오래 보존할 수 없다. 다석은 이를 노자
가 말한 하늘이 스스로 살기를 원하지 않으므로 장구할 수 있다는
것으로 설명한다.

　인간의 삶은 비어 있는 불영不盈의 상을 담고 있느냐 아니면 채워
야 하는 지영持而盈之의 상을 담고 있느냐에 따라 달라진다. 하늘에서
펼치는 상은 비어 있음을 쓰임으로 하지만, 인간의 욕구에 의하여
인위적으로 가득 찬 것은 기울어지기 마련이다. 이런 점에서 인간
의 자생적 인위의 행위를 배제하라는 것이 다석의 입장이다. 인위
적으로 무엇을 하고자 하거나 이름을 붙이게 되면 그 역할에 맞게
무엇을 더 얻고자 한다. 사욕의 성향이 강해져 스스로 살려고 하는
의지에 따라 본연의 길을 벗어나기 때문이다. 사욕은 사람을 해치
는 무기와 같아서 제거하지 않으면 안 된다.

　다석은 이름 없음은 목적이나 사심이 없으므로 할 일이 없게 된
다고 본다. 인간은 무명의 세계가 펼쳐져 있는 지금 여기 생긴 그

대로 상을 유지하고 그 자리를 지켜야 한다. 이는 함없음에도 저절로 된 길無爲自然의 흐름에 맞춰 사는 것을 말한다. 그러므로 때에 맞춰 덕의 저절로 된 길을 따른 조화에 동참한다면 모든 개별자들은 자기 역할에 충실할 수 있다. 선에 의하여 이름을 얻게 되면 자연적 어울림을 통하여 모든 것의 온통 한 무리로 이어주는 참삶의 속알玄德을 쌓을 수 있는 것이다.

다석은 도의 자기 전개는 늘 한길玄同의 세계를 통하여 끊임없이 움직이며 생성 변화하는 존재의 근거라고 이해한다. 노자의 철학에서 무는 모든 것의 공통분모로서 중심을 이루는 도의 현실태로 볼 수 있다.99) 이러한 무의 세계는 유와의 상보적 관계를 통하여 만물의 발전과정을 반복하고 순환하면서 존재의 근거를 제공한다. 이러한 도의 문은 중묘지문으로서 천지 만물의 온갖 미묘한 것이 쉼 없이 나오는 미묘현통한 세계이다.

다석은 모든 것을 하나로 모으는 절로 된 길玄同을 실현하는 도의 공덕지용孔德之容의 문은 없이있는 홀황함 속에 상象이 있는 것으로 설명한다. 이 대상은 있으면서 없는 듯한 황홀함 속에 물物이 있는 요명한 세계를 이루고 있다. 그 속에 만물을 그대로 있게 하는 명료한 정이 있어 한 번도 변치 않고 자연계의 질서와 가온인간의 질서를 변함없이 이어오고 있다.100) 다석은 홀황한 세계는 형체가 없으며 혼연한 형태를 띠고 있는 처음과 끝을 볼 수 없는 홀황한 무

---

99) 송도선, 「노자의 『도덕경』에 담긴 '무(無)'의 교육적 함의」, 『교육사상연구』 제27호, 한국교육사상연구회, 2013, 97쪽 참조. 이 외에도 무한성, 무작위성, 무규정성을 포함하고 있다.

100) 『도덕경』 14장: "視之不見名曰夷, 聽之不聞名曰希, 搏之不得名曰微."; 25장: "寂兮寥兮."; 42장: 음양의 혼융상태; 21장: "其中有象, 其中有物, 其中有精." 등에서 찾을 수 있다. 이를 좀 더 자세히 논의해 보면, 25장의 유물의 혼성은 14장의 혼연한 하나[混而爲一]로 이어지며 42장의 도생일의 일이 유有로써 음양의 혼일한 하나이기 때문이다. 이를 더 확실하게 증명하는 것은 21장의 상·물·정의 상태를 갖추고 존재하고 있음을 볼 수 있다.

의 세계라고 설명한다.101)

다석은 없는 듯한 무의 세계로부터 있는 듯한 유의 세계를 하나 되게 하는 현동의 세계가 있음에 주목한다.玄之又玄 이 현묘한 세계는 하늘 길의 중재의 이로움을 시작하면 땅은 서슴없이 이를 받아들인다. 그러므로써 중재의 기운으로 인간을 이롭게 하는 공익을 펼치게 된다. 이러한 현상은 볼 수 없고 단지 체득할 뿐 인간의 힘으로는 설명할 수 없다. 그는 이것이 비어 있는 곳으로부터 나오며, 무지무욕함의 생활로부터 얻어지는 것이라고 밝힌다. 사람은 땅으로부터 몸을 유지하는 물질을 받는다. 그리고 하늘로부터 정신을 이어받는다. 하늘땅의 존재력이 가온인간을 통해 집약되는 것이다. 가온인간은 심신의 전일함으로 섭생의 상을 누린다.

다석은 도의 상은 보이지 않지만 덕의 지혜를 통하여 사유하고 체득할 수 있는 시방十方으로 뚫린 길로 안내하는 속알玄德의 세계라고 표현한다. 이 보이지 않으며 천지 만물을 하나가 되게 하는 감안 속알의 세계는 만물을 자라나게 하며, 현상계의 장애를 소멸하는 역할을 담당한다. 덕의 섭생으로 사물과 상을 하나가 되게 하고 고르게 어울리게 하는 것이다. 이것이 요명窈冥한 정其中有精으로 천·지·인의 사이를 한결같이 이어줌으로써 자연적 실상을 이루어내야 하는 까닭이다.102)

(2) 하나로 꿰뚫는 속알玄德의 세계

다석은 무명의 영역은 뒤섞여 이루어진 대영약충大盈若沖의 혼성한

---

101) 김명희, 「『노자』의 유·무·만물관 연구」, 한국교원대학교 대학원 박사학위논문, 2014, 61-62쪽 참조.
102) 『도덕경』 21장.

상태로 설명한다. 유명은 도의 홀황한 상태에서 천지 사이의 모든
것을 갖추고 움직이는 특성이 있다. 일체의 존재사물을 사방으로
훤히 뚫린 길로 이끄는 현덕의 존귀한 자리로부터 일어난다. 이 도
와 덕의 존귀한 자리로부터 일어나는 미세한 움직임은 상대 세계에
머물지 않고 함 없어도 못 이루는 것이 없는 자연의 영역이다. 그
것은 말로 표현할 수 없이 크다.103) 또한 천지의 중심에서 일어나
는 충기위화의 조화를 통하여 만물은 무거운 음의 기운重濁之氣을 지
고 가벼운 양의 기운을 감싸 안아 서서히 움직여 역동적 생명의 무
위자화의 조화를 이룬다.104)

　　다석은 이러한 자리를 두터운 덕의 조화로 감각의 문을 닫으면
온통 한 무리의 환하게 비추는 빛이 드러난다. 이 한 무리의 빛은
어두운 곳에 갇혀 있던 인간의 절로 됨의 지혜를 솟아나게 해 사방
으로 뚫린 길로 천지의 흐름을 알게 한다. 이로움을 주나 머물지
않으며 늘 쉼 없이 움직이는 늘 한길玄同의 자리에서 일어나는 조화
를 설명하고 있다.105) 인간의 자생적 의지는 천지의 조화가 한 곳
으로 모여 밝게 비치는 이 자리를 순간순간 지나치고 있다.

　　다석은 이러한 지향적 사유를 포섭하고 무의 세계로 진입하여 천
하의 귀한 자리를 이룬다. 이 자리는 깊고 아득한 환빛 무리가 잠재
되어 있는 현동의 영역이다.106) 심연처럼 깊은 혼성한 상태에서 나

---

103) 『도덕경』 34장: "大道氾兮, 其可左右, 萬物恃之, 而生而不辭, 功成不名有, 衣養萬物, 而不爲主,
常無欲, 可名於小, 萬物歸焉, 而不爲主, 可名爲大, 以其終不自爲大, 故能成其大."

104) 『늙은이』 37장: "잘몬은 제대로 되리로다(萬物將自化), 되다가, 짓거릴랑(化而欲作), 내이름
없는 등걸을 가지고 누르리(吾將鎭之以無名之樸), 이름 없는 등걸 또 하고자 아니하리(無名之
樸, 夫亦將無欲), 하고자 아니하여 고요하고(不欲以靜), 세상은 제대로 바르리로다(天下將自
正)."; 이 외에(『도덕경』 26장, 15장, 42장 참조).

105) 『도덕경』 55장: "含德之厚, 比於赤子."; 56장: "塞其兌, 閉其門, 挫其銳, 解其紛, 和其光, 同其
塵, 是謂玄同."

106) 김흥호, 『다석일지 공부』 제3권, 서울: 솔출판사, 2001, 96-97쪽 참조.

오는 고른 지혜는 미명의 빛으로서 자신의 내면을 밝게 비쳐 마음의 중심인 습명의 자리를 지키게 한다. 인간의 수신에 따른 자연적 선행이 이루어지는 늘앎의 사유에 의하여 다시 그곳으로 돌아가 척제현람의 심신을 이룬다. 이러한 마음에서 일어나는 조화의 빛으로 하여금 몸의 재앙을 이루는 것들로부터 해를 입지 않고 평안한 마음을 이룰 수 있다.[107] 한 치의 오차도 없이 늘 그러함으로 운행되는 현동의 사유 영역에 자신을 맡기면 길을 잃는 법이 없다. 몸의 재앙으로부터 멀어지는 참 밝은 속알玄德로 하루의 영역을 영역을 회복하게 된다.

그렇다면 무의 쓰임에 따른 현동의 세계를 실현하려면 어떻게 해야 하는가? 다석은 다음과 같이 말한다.

> 뮐 야믈 감ᄒᆞ니 뚤렸음이여微妙玄通, (그) 깊이(ㄹ) 모르겠어라深不可識. 그 모르겠을夫唯不可識, … 여섯 빛넋을 실고 하나를 품 안은것의載營魄抱一, 떠러짐의 없는 수여能無離乎, 김을 오로지고 (아주) 부드럽기의專氣致柔, 읶기같은 수여能如嬰兒乎, 치우고 씻어내어 깜안히 보기이滌除玄覽, 티 없을 수여能無疵乎, … 늘을 아는거(ㄹ) 밝다 ᄒᆞ오라知常曰明…늘 알아 받아드림(받)知常容들린 대로 번 듯容乃公, 번듯ᄒᆞᆫ대로 임금公乃王, 임금대로 하늘王乃天, 하늘대로 길天乃道, 길대로 오램. 이오라道乃久. 몸이 빠진들, 나 죽지 않으오라沒身不殆. … 그 입은 맥히고塞其兌, 그 문은 닫히고閉其門, 그 날카롬이 무디고挫其銳, 그 얼킴이 풀리고解其分, 그 빛에 타퍼졌고和其光, 그 티끌에 가치 드니同其塵, 이 일러 깜은 같음이로라是謂玄同.[108]

107) 『늙은이』 52장: "그 빛을 써 다시 그 밝(음)에 돌아감이여(用其光, 復歸其明), 몸의 걱정 끼침이 없으니(無遺身殃), 이 일러 폭늘(是爲襲常)."

108) 『늙은이』 15장, 10장, 16장, 56장.

다석은 위의 인용문의 논지를 통하여 모든 것들이 들고 나는 중묘지문을 늘 열려 있는 신비로운 거울에 비유한다. 자신을 열어 놓으면, 하늘의 문天門이 스스로 열려 하나가 되게 한다. 따라서 무의 세계에 진입하여 필연적 상대성을 하나로 품어 화해의 장을 이룬다.

다석은 하늘과 짝하여 부음포양의 조화를 이루는 포일의 내·외적인 도의 흐름을 잉태하여 다툼이 없고 흠이 없는 '부쟁무우不爭無尤'의 능동적 활동성을 현실화하라고 한다. 이러한 현상은 사방이 명백하여 막힘이 없이 하나로 통하는 무위자연의 특성을 드러낸다. 천지의 흐름과 심신의 내적 질서가 하나로 통합되면 섣불리 아는 것은 뒤로하고 흩어진 기운을 오로지 모아 인간 마음의 발광심을 씻어낼 수 있다. 이에 자연적 흐름에 따라 덕의 지혜로 도를 드러내 몸을 곧게 세우고 마음의 부드러움을 품는다. 이 고른 앎으로 천지의 흐름이 한 치의 오차도 없이 이어지고 있음을 알고 따르는 덕선덕신德善德信의 잘된 자의 면모를 갖추게 한다.

다석은 인간의 자기慈己의 개별성이 전체성 안에 자연적으로 흡수되는 것으로 설명한다. 전체인 하나의 '늘 일없음으로常以無事', '내 함 없어도 씨알 제대로 되는' 질서에 의해 사사로움이 없는 공생공존의 자기를 형성한다. 인간은 변화의 중심에서 질서를 세우는 곡직의 사유 체계를 갖고 자기의 선을 이루는 고른 앎을 전개하여 현동의 자리를 회복한다. 그러므로 도와 부합한 부드러운 생명의 상태가 되면 개별적 몸의 감각적 인식을 멈추게 된다. 천지와 상합에 의하여 자균적 덕의 충만함으로 하나 되기에 그 어떠한 해함이 일어나지 않는다. 이러한 공생공존의 현동의 세계는 사물과 사건에 감응해서 균형을 이루고 무의 존재 방식에 따라 자란다. 어떠한 것도 자기의 소유로 하지 않고 집착하지 않으며, 나서서 주재하지도 않는 부쟁의 덕으로 온 누리와 함께하는 속알玄德의 자기를 펼친다.

다석은 이러한 전일체를 이루는 수양적 현상은 덕에 따른 도법자연의 선행을 통해서만이 이룰 수 있다고 본다. 상대성의 개념을 긍정적으로 전환시키는 밝은 지혜의 속알의 사유[109]는 인간의 끝없는 욕망과 같은 사나운 맹수의 포악성을 존재의 당위성으로 여기고 구별하지 않는다. 그리고 인간의 심신을 덕선덕신德善德信의 성찰에 의한 현덕의 통찰의 사유로 차별성을 벗어나는 혼기심渾心焉을 유지한다. 밝은 지혜를 펼치는 현덕의 사유는 감각의 문을 닫고 내면의 조화의 빛을 비쳐 드러나는 속알을 통하여 분별의 경계를 벗어나 도와 덕이 하나 되는 화광동진의 심신을 이루는 것이라고 말한다.

다석은 그 대표성을 갖는 영아의 존재를 주목한다. 영아의 유연함은 뼈가 약하고 근육이 부드럽지만 쥐는 정기의 세력이 지극하여 精之至也 식모의 품에 있을 때 그 기능을 다하는 특성이 있다. 하루 종일 울어도 목이 쉬지 않는終日號而不嗄 여섯 감각의 빛넋을 싣고 심신의 사유를 하나가 되게 하는 자연성를 유지한다. 그러므로 어머니 품에 있는 것과 같은 영아처럼 섭생을 유지하면 장구할 수 있다.[110] 하지만 그 품을 떠나 인위적인 행위로 생명을 연장하려고 억지로 마음의 용감성을 보이면 그 수명을 다한다.

여기에서 주목할 것은 다석이 설명하는 수명이 다하는 것에 대한 설명이다. 그가 서술하는 죽음과 영생은 그에 대한 사유의 측면에서 이해해야 한다. 즉 몸의 죽음이 아니고 인간이 잘못된 사유를

---

109) 『도덕경』 56장: "塞其兌, 閉其門, 挫其銳, 解其分, 同其塵, 是謂玄同."

110) 『도덕경』 50장: "善攝生者, 陸行不遇兕虎 …."; 55장: "含德之厚, 比於赤子, 蜂蠆虺蛇不螫, 猛獸不據, 攫鳥不搏, 骨弱筋柔而握固, 未知牝牡之, 合而全作, 精之至也."

멈추는 것을 죽음으로 본다. 또한 도의 숨을 쉬지 않으면 이것 역시 죽음으로 본다. 이에 반해 현덕의 사유로 살아 늘 도와 함께하는 것이 영생이다. 변화에 부응하지 못하고 사람의 일에 매여서 작위적인 사물을 보고 그것에 상대성을 부여하면 탐진치의 생각이 일어난다. 이러한 인간의 사유를 도의 지혜를 통하여 전환하였을 때 잘못된 생각이나 장애가 사라지게 되는 것을 죽음이라고 볼 수 있다.[111]

다석은 사적인 일을 멈추게 하는 무의 쓰임에 대하여 설명한다. 무위자연의 사유는 자균의 중심을 지켜 나가게 하여 변화의 흐름에 따라 살 수 있게 우리의 사유를 안내한다. 그럼으로써 날카로운 정신은 무디게 되고 분별심은 해소된다. 부드러운 섭생으로 현묘함과 하나가 되는 감안 속알의 고른 앎의 사유가 우리 안에서 펼쳐진다. 이는 내 안의 속알을 알고 지켜 힘써 행함으로써 척제현람의 세계로 진입하여 늘앎으로 존도귀덕道之尊德之貴을 드러내는 선을 행하는 것이다.

그렇다면 세상을 밝게 빛나게 하고 인간의 본래 자리를 알게 하는 현람의 사유체계를 갖춘 하루의 삶은 어떤 삶인가에 대하여 살펴본다.

> 흠 없는 흠爲無爲, 일 없는 일事無事, 맛 없는 맛味無味, 작음 한아,
> 적음 많아大小多少), 원망 갚을가, 속알을 가지고報怨以德, 그 쉬힌
> 데서 어려움을 거려거(ㅆ)고圖難於其易, 그 잘은 데서 큼을 흐라爲
> 大於其細. 셰상 어려운 일은 반드시 쉬힌 데서天下難事, 必作於易)

111) 류영모 원저, 박영호 엮음, 『다석 류영모 어록』, 서울: 두레, 2002, '생각' 편과 '탐진치에서의 자유' 편 참조.

세상 큰 일은 반드시 잚데서 일(ㄴ)다天下大事, 必作於細. 이래서 씻어난 이, 참맞임내 큼을 흐지 않으아是以聖人終不爲大, 므로 그 큼 이룰수 있음故能成其大. 그저 가볍게 그러람은, 반드시 적게 믿 어지고夫輕諾必寡信, 많이 쉬히면 반드시 많이 어렴多易必多難, 이래서 씻어난 이, 오히려 어려워흐는 듯是以聖人猶難之, 므로 마 침내 어려움이 없故終無難矣.112)

인용문의 설명을 통하여 다석은 없는 것을 씀으로 늘앎의 자연적 삶善攝生을 이루게 하는 과정을 언급한다. 이 과정은 있단 없고, 없단 있어 번갈아 가며故有無相生 돕는 상보相輔 관계를 갖는다.

세상의 조화로운 맛을 내려면 맛없는 것을 근거로 했을 때 다양 한 맛을 낼 수 있다. 또한 어려운 일을 이루려면 아무런 일이 없는 것으로부터 출발해야 한다. 천지의 사이에서 장차 무엇을 이루고자 할 때는 곡직의 순환에 따른 일정한 규칙을 벗어나면 안 된다. 비 어 있는 길을 따라 덕을 쌓으면 천지의 흐름이 시작되는 불가득한 홀황한 현상을 맛볼 수 있다.

다석은 이것이 본래부터 우리 안에 있는 삼보의 자리라고 설명한 다. 이 자리에서 일어나는 조화의 사건은 음을 등에 지고 양을 품 은 상태로 충기로 균형을 이루는 자균의 형태로 나타난다. 그리고 지금 여기에 우리를 존재하게 하여 자유로운 섭생을 가능케 한다. 이에 근거해서 장차 조화의 선을 이루기 위해서는 유약한 기운을 바탕으로 했을 때 강한 기운이 곧바로 뻗어 나아가게 된다. 그래서 다석은 충忠·신信·습習의 세 가지를 수신의 방법으로 삼아 감안 속 알의 세계를 이룰 수 있다고 본다. 인간의 곧은 마음속을 충이라

---

112) 『늙은이』 63장.

하고 없이있는 하나의 질서를 따르는 것을 신이라 한다. 이러한 충과 신을 통하여 쉼 없이 마음의 중심을 이루어 나가는 것을 익히고 덕을 점진적으로 쌓아가는 것이 습명의 고른 앎이다. 익힌다는 것은 계속하여 이어져 나가는 것이며, 이는 상명의 늘앎에 의해 소통된다. 그런데 무엇보다 도의 지혜를 통하여 외부의 환경과 사물의 집착에서 자기 자신을 이겨내야 한다.[113]

다석은 충·신·습의 점진적 수양 과정의 단계를 어려운 일은 쉬운 일로부터 도모되고, 미세함으로부터 큰일이 확장되어 간다고 이해한다. 이는 천하의 어려운 일은 반드시 쉬운 데서 만들어지고, 큰일은 반드시 작은 일로부터 만들어짐을 주목한 결과이다.

다석은 이와 같은 일을 내면의 빛이 나면서도 드러내지 않는 현동의 세계로부터 일어나는 무욕의 사건으로 인식한다. 이는 무의 세계로부터 일어나는 생명의 사유이다. 그것은 한 치의 오차도 없이 자연스럽게 일을 계획하고 추진하는 일정한 질서의 속성을 갖는다. 다석은 인간이 자의적으로 이루고자 하는 목적의식을 덕으로 감싸 멈추게 해야 한다고 본다. 또한 그는 모든 것을 저절로 되게 함으로써 감각의 문을 닫으라고 한다. 그리고 이것과 저것의 분별을 제거하여 자명한 자기를 구현함으로써 세상 본보기의 청정함을 실현하도록 해야 함을 강조한다.

다석은 무의 쓰임에 따른 선행에 의한 심신의 수양 방법을 부정형식의 사유전환을 통하여 무의 세계에 진입하는 것으로 본다. 비워져 있으면 저절로 채워지는 도의 반동약용의 쓰임은 가득 채워지

---

113) 류영모, 『다석일지』 제2권, 서울: 홍익재, 1990, 52쪽 참조. "天地萬有物質名, 食色一味心術婚, 每氏過重力引傷, 原子甚暴電擊混, 忠信習工通日課."; 다석학회, 『다석강의』, 서울: 현암사, 2006, 34-38쪽 참조.

면 덜어내서 자균을 이루게 하는 것이 무위자연이 하는 일이다. 이와 같은 역설적 구조는 멈추지 않으면 날카로운 무기로 변하게 되어 결국 죽음의 길로 들어서게 된다. 부정형식의 사유를 전환을 도모하고 다스리는 것이 도의 서원반운동이다. 정점頂點에 서면 다시 돌아가게 되는 환순環淳의 자연 질서를 말한다. 상대 세계를 떠나 무규정의 자리로 돌아가는 것이다. 그 결과 천지상합에 따른 자화의 자기를 통하여 무를 생활화한다. 그리고 혼백을 하나로 감싸 안음으로써 천도의 뜻이 천하에 이루어져 식모의 품에 있는 영아와 같이 부드러운 도의 생명을 유지한다.

다석은 이러한 상태의 가온인간을 구현하기 위해서 현덕을 쌓아야 한다고 말한다. 깊고 아득한 환빛무리의 현덕에 의하여 속裏을 덕으로 꽉 채운 선위자는 공을 이루나 소유하지 않고, 사물을 이루나 거기에 머물지 않는다. 내면의 알알이 맺힌 참뜻을 통하여 변화의 흐름에 머물지 않는 자화의 자기를 형성한다. 예리한 것은 부드러움으로 감싸 안아 잘라 내지 않고, 품어 너무 뻗게 하지 않는다. 때에 맞춰 제자리로 돌아와 늘 뒤에 섬으로써 더 많은 것을 이루는 현동의 세계를 실현한다.[114]

다석은 인간의 몸으로부터 일어나는 감각적 의식을 뒤에 둔다는 것은 인간의 사유 전환을 통하여 덕의 낮은 자리에 있는 것으로 설명한다. 이는 덕을 쌓는 점진적 과정에서 마음의 고요함을 지킴으로써 심신의 방향을 저절로 곧고 바르게 하는 무의 생활화가 바탕

---

114) 『도덕경』 10장: "天門開闔, 能爲雌乎?, 明白四達, 能無知乎?"; 58장: "是以聖人方而不割, 廉而不劌, 直而不肆, 光而不耀."; 64장: "是以聖人欲不欲, 不貴難得之貨, 學不學, 復衆人之所過, 以輔萬物之自然, 而不敢爲."; 2장: "萬物作焉而弗始, 生而弗有, 爲而弗恃, 功成而弗居, 夫唯弗居, 是以弗居."

을 이루어야 함을 말한 것이다. 즉 하늘과 상합하여 내면의 작은 변화가 점진적으로 축적되어서 심근고저의 자기를 이룬다. 이로부터 식모의 품에 있는 영아와 같은 하나의 생명으로 독생獨生하는 아독我獨의 무위자연의 질서로 가온인간을 구현한다.115) 또한 늘 한길을 펼치는 현동의 세계를 이루는 것은 덕을 쌓아 무의 생활화를 실천하여 내적 자정능력을 확충함으로써 이상적인 공정세계를 구축해내는 것이다.

다석은 무가 펼치는 형이상적 사유의 분화 과정을 통하여 무위자연이라는 구체적 사유 방식을 전개한다. 온갖 것을 아우르고 온통으로 꿰어서 휘휘 돌려 미치지 않음이 없는 있이 없는 하나의 세계를 이루는 내적 수양을 실천한다. 이름도 형태도 없는 혼일混一한 상태의 무극의 세계에서 수양이 시작된다. 도의 미세한 움직임을 시작으로 길을 내고 속알 쌓는 작용에 의하여 수양의 발전단계에 이른다. 이 과정의 이름과 형태에서 발생하는 장애를 소멸하고 도의 생명으로 존재하게 하는 현동의 사유를 갖추어 성숙된 가온인간을 구현한다. 만일 사물의 본래적 자연성을 무시하고 분별에 따른 가치를 설정하면 장애를 불러오게 된다. 인간이 현동의 사유를 갖추게 되면 저절로 잘못된 인식이 소멸되고 어떠한 제약을 받지 않는 자유로운 영역으로 이어진다.

다석은 이 영역은 무엇을 얻고자 하는, 무엇을 이루고자 하는 사심이 없는 무규정의 세계로 이해한다. 또한 그것은 어떠한 형태도 갖추지 않은 혼성의 무형무상의 영역이라고 본다. 도가 이루는 만

---

115) 사람을 다스리는 일은 씨알의 자기 형성을 하는 것이며 하늘을 섬기는 것은 무위자연의 흐름을 좇는 것이다.(『도덕경』 59장: "治人事天莫若嗇, 夫唯嗇⋯重積德, 無不克 ⋯ 是謂深根固柢, 長生久視之道.").

물은 그 모습대로 간직하는 중보의 질서를 이룬다. 그리고 인간은 이 세계가 전해 주는 형이상의 사유를 체득하여 매일매일 그 자리에 멈춰 있어야 한다. 순간순간 덕의 지혜로 접점을 이루는 것을 다석은 빈탕한데 가온점 찍기로 설명한다.

다석은 알짬精으로 속裏이 꽉 찬 황홀한 참빛眞理무리의 속알玄德의 세계는 충용충화를 통하여 우리의 마음 중심에서 변화의 흐름에 순응萬物將自化하고 있다고 본다. 다석은 이것을 세상의 질서를 바르게天下將自正 하는 마음 상태라고 보고, 이를 조화의 세계로 설명한다. 다석이 제시한 늘 한길玄同의 세계는 노자의 이상세계관을 계승한 것으로서, 무위자연 세계의 다른 표현이기도 하다. 이것은 유럽의 유토피아 개념과는 그 내용이 다르다. 이것은 시공간을 초월해 있으며 정치와는 무관하며 자급자족의 생활 방식·금욕적인 생활 태도를 통해서 이루어지는 특성이 있다.116)

다석은 인간의 자정自正의 하루의 세계관을 도의 자기 전개에 따른 무위자연의 흐름으로 설명한다. 이것은 인간이 천지의 흐름을 '저절로 바르게自正' 알아 '세상이 제대로 되는天下將自正' 덕의 지혜를 통하여 공정하고 자신의 역할을 다하는 세상 본보기의 슬기로움을 구현한다. 도의 자기 전개는 죽거나 태어나는 것도 아니요, 자라서 성장하는 것도 아니다. 무엇을 이루고자 하는 것도 아니요, 늘 함이 없어도 저절로 이루어지는 것일 뿐이다.

다석은 이러한 자정에 따른 공정한 세상 본보기는 위대한 일을 이루고도 주인 노릇을 하지 않는 무명의 세계와 같다고 인식한다. 이 무명, 또는 무의 세계는 만물이 스스로 성숙할 수 있도록 자기

---

116) 조민환, 「『老子』의 理想鄕에 관한 硏究」, 『동양철학』 제4호, 한국동양철학회, 1993, 1쪽 참조.

자리를 지키면서 그 근거를 제공하는 도의 자기 전개가 펼쳐지는 홀황한 조화의 영역이다. 다석은 가온인간의 늘 한길玄同이 펼쳐지는 대상의 쉼 없는 생명활동의 모습을 다음과 같이 설명한다.

> … 밝은 길은 어슴프레明道若昧, 나아간 길은 물러간 듯進道若退, 맨 길은 비슷夷道若類. 높오른 속알은 텅빈 골같고上德若谷, 아조 흰 게 몰려댐 같고太白若辱, 넓은 속알이 모자람 같고廣德若不足, 슨 속알이 흐잘 것 없는거 같고建德若偸, 바탕참은 버서질 거같고質眞若渝, 큰 반듯흔 건 모가 없고大方無隅, 큰 그릇은 늦게 되고大器晚成, 큰 소리는 스르름 울리고(大音希聲), 큰 거림은 꼴뵘이 없고大象無形, 길은 숨어 이름 없오라道隱無名, 그저 길만이 잘 빌려 주고 또 이루리로다夫唯道, 善貸且成.117)

이 인용문을 통하여 다석은 도의 편재성이 펼쳐지는 자연적 영역의 흐름에 대하여 설명한다. 인간의 사유를 모든 것과 고르게 어울림으로써 고정관념이나 잘못된 사유의 형식으로부터 벗어날 것을 요청한다. 없는 듯 있는 듯한惚兮恍兮 하나의 세계를 주목할 필요가 있기 때문이다. 다석이 주목한 하나의 세계는 변화하는 중심에서 그윽하고 어둑어둑하며寂兮寥兮 깊고도 깊어淵兮湛兮 만물의 생성변화의 존재론적 근원이 되는 세계이다.似萬物之宗 다석은 이를 늘 한길玄同의 세계라고 본다. 깊고 아득한 환빛還明무리玄同의 세계는 도의 조화에 따른 자연적 능력을 갖추고 천지인의 세큰긋이 돌고 도는 돍의 세계의 중심축을 형성한다.

다석은 무명의 세계로부터 얻게 되는 조화의 중심축은 어떤 목적

---

117) 『늙은이』 41장.

과 의도를 가질 대상이 없음을 설명한다. 밝음과 어두움, 나아감과 물러남, 평탄함과 울퉁불퉁함을 포섭한 온통 한 빛무리玄同의 세계인 까닭이다. 이 세계는 무위자연의 항상성을 유지하고 있다. 유무의 호혜互惠관계를 주선하는 혼일玄同한 세계는 그 크기를 가늠할 수 없고 위에 있는 것 같기도 하고 아래에 가라앉은 것 같기도 하며 좌우가 없이 사통팔달로 펼쳐져 있다. 또한 흔적을 남기지 않고 무위하니 은미하고 미세하여 작게 보일 수밖에 없다.118) 이는 도의 머물지 않는 무욕함을 돌이켜보게 한다. 인간이 존재의 무욕함을 실천하기 위해서는 환한 빛을 늘 우리에게 제공하여 도를 따라 살게 하는 현동玄同의 자리를 떠나지 말아야 한다.119)

도의 은밀함과 심오함은 인간의 감각지각으로 체득하기가 어렵다. 도에 따른 덕은 밖으로 드러나는 현상이 아니며 안으로 비치는 것이기 때문이다.120) 다석은 이러한 환빛무리玄同의 현상을 '밝은 길은 어슴프레明道若昧'하고, '나아간 길은 물러간 듯進道若退'하여 '길은 숨어 이름 없음道隱無名'의 세계로 본다. 다석은 이것이 모든 것을 감싸 안은 대상이나, 그 형상은 볼 수 없는 혼연한 상태라고 이해한다. 온갖 것을 아우르고 온통으로 꿰어서 휘휘 돌려 미치지 않음이 없다.

다석은 도의 한 무리 빛玄同의 현상은 보이지 않기 때문에 이름을 붙일 수 없다고 본다. 또한 이것을 큰 그릇이라고 칭한다. 그것은

---

118) 『도덕경』 34장: "言道汜汜, 若浮若沉, 若有若無, 視之不見, 說之難殊, 道可左可右, 無所不宜, 恃, 待也, 萬物皆待道而生, 道不辭謝而逆止也, 有道不名其有功也, 道雖愛養萬物, 不如人主有所收取, 道匿德藏名, 怕然無為, 似若微小也."(하상공 저, 이석명 역, 『노자도덕경하상공장구』, 서울: 소명출판, 2007, 223-224쪽 참조).

119) 왕필 저, 임채우 역, 『왕필의 노자』, 서울: 예문서원, 2001, 141-142쪽 참조.

120) 진고응 저, 최재목, 박종연 역, 『노자』, 경북: 영남대학교출판부, 2008, 306-307쪽 참조. ("大方無隅, 大器晩成, 大音希聲, 大象無形, 道隱無名.") (『도덕경』 8장, 27장, 32장, 37장 참조).

분별의 대상이 아니기 때문이라는 것이다.[121] 노자철학에서 도가 크다는 것은 무엇을 이루긴 이루었는데 그 흔적을 찾아볼 수 없는 속이 꽉 찬 속알玄德 때문임을 밝힌 바 있는데, 다석은 이를 깊고 아득한 빛무리玄同의 현상에 적용하여 이해한 것이다.

다석이 본 늘 한길玄同로 표상되는 도의 흐름은 쉼 없이 변화하면서 그대로의 질서를 가지고 끊임없이 움직인다. 도와 덕이 함께하는 현동의 세계는 다름을 같음으로 이어서 도의 실마리를 좇는다. 그것은 밝은 것은 곧바로 어두워지고 또한 비워지면 채워지고 채워지면 비워지는 자연적 운동의 상태에 놓여 있다. 다석은 현동의 세계에서 흐르는 하나의 사건을 무위자연의 흐름으로 설명한다. 아무리 큰 것도 아주 미세한 것으로부터 시작되며 그 큰 것은 극에 이르면 다시 무극의 자리로 돌아가는 환순의 흐름에 있음을 주목한 것이다.

다석은 늘 한길玄同로 표상되는 도는 이것과 저것의 상을 모두 품어 호혜의 관계를 형성함으로써 하나가 되게 화해의 길을 열어준다고 본다. 이것과 저것을 포섭한 혼일한 움직임은 무형의 상으로 존재한다. 다석은 흔적이 없다는 것은 이것과 저것의 개념이 혼일한 상태로서 주객미분화의 현동의 영역에 있기 때문이라고 설명한다. 천지 사이의 빈 가온에는 부음포양의 충기에 의한 속알이 가득 차 있으나 쉼 없이 상호 자연화의 작용으로 매 순간마다 변화하여 없는 듯 보인다.

다석이 볼 때 도의 작용은 동시적 순간의 사건이며, 변화하는 중심에서 일어나는 조화의 사건이다.[122] 인간이 이와 같은 동시적 순

---

121) 김용옥, 『노자가 옳았다』, 서울: 통나무, 2020, 338-340쪽 참조.

간의 사건에 참여하기 위해서는 지금 여기에서 한 점의 '가온찍기'
가 필요하다. 다석은 깊고 아득한 빛무리玄同의 영역에서 한 점의
'가온찍기'를 이루어낸 인간을 가리켜 '가온인간'이라고 지칭한다.
그는 빈탕한 세계의 조화에 참여하여 영근 알짬精으로 온갖 것을
아우르고 하나로 꿰어서 현지우현의 현도를 이룬다.

다석은 도의 생명이 펼쳐지는 영역을 대상大方·大器·大音·大象의 세
계로 표현한다. 이 속에서 일어나는 도의 작용은 영속적 항상성으
로 전개된다. 대상大象은 온통 한 무리玄同의 세계이다.[123) 다석은 홀
황한 현동의 세계를 도의 자애로 호위하는 무의 세계를 주목한다.
그 무엇으로도 규정되지 않으며 그 어떤 것에도 가로막혀 있지 않
은 무는 소통의 대명사이다. 이에 다석은 무의 소통성을 본받아 이
를 생활화할 것을 제창한다. 인간의 무엇을 하고자 하는 내적 질서
는 저절로 된 길을 따라 무의 생활화를 통해 타자와의 소통을 제안
한 것이라고 볼 수 있다.

2) '어머니 나라 씨알백성小國寡民'과
   '세상 본보기'의 구현

(1) 무위의 통치에 따른 소국小國

다석은 세상 본보기를 구현한 이상사회 문제를 '어머니 나라를
지키는 씨알백성小國寡民의 이론체계를 대입하여 설명한다. 다석은 대
국의 사회적 구조에서 발생하는 일들을 최소화하는 것이 소국으로
들어서는 것이라고 본다. 또한 가온샘에서 솟아나는 울림에 따른

---

122) 『도덕경』 34장: "大道氾兮,其可左右, 萬物恃之而生而不辭, 功成不名有, 衣養萬物而不爲主, 常
    無欲,可名於小, … 可名爲大, 故能成其大."

123) 류영모 원저, 박영호 엮음, 『다석 류영모 어록』, 서울: 두레, 2002, '우주와 신비' 편 참조.

불언지교를 통하여 씨알의 속알이 우뚝 솟아나 환히 트인 밝은 지혜로 인위적 행위를 줄이는 것을 과민의 참된 하루의 길이라고 말한다.

소小는 양을 측정하는 개념이 아니고 정신적인 개념으로서 추상적 미세한 늘 빔의 영역을 말하며 소국은 도의 사유의 무한성을 전이하는 수식어로 볼 수 있다.[124] 일찌감치 도에 복종하여 덕을 쌓는 치인사천의 존재 방식을 통하여 작은 생선을 조리하듯 천하를 무위자연의 도리로써 선응善應하기 위하여 자신을 낮춘 상태이다.

다석은 외향성의 천지 흐름을 통한 수신의 덕을 쌓음으로써 천도와 하나임을 알고 잠시 잊고 있었던 국모의 품으로 되돌아가는 환순론을 말한다. 소국과민이란 나라를 통치할 때 갖추어야 할 심적 태도에 대한 것이다. 나라의 크기와 인구의 많고 적음에 상관없이 치자가 백성들의 마음 상태를 무욕하게 하는 것이라 할 수 있다.

노자가 말하는 소국과민의 내용을 추론해 보면, 천하를 다스리는 방법과 비슷함을 발견할 수 있다. 『도덕경』 29장에서 인위적인 일을 하지 말 것을 말하며 48장에서는 천하를 다스리는 것을 무사로써 할 것을 말한다. 그리고 57장에서는 이와 같이 무사함으로 다스리면 백성들이 저절로 변화하고 안정을 이루어 저절로 바른 마음을 갖게 된다고 한다. 또한 인위적으로 다스리지 않으면, 백성들은 저절로 만족하고 마음의 풍요로움을 갖춰 순박해진다. 요컨대 무위의 통치로 다스리면 백성들이 스스로 제 역할을 담당하는 이상적인 상황에 들어가게 된다는 것이다.

---

124) 김대현, 「노자의 소국과민(小國寡民) 연구」, 성균관대학교 대학원 박사학위논문, 2020, 134쪽 참조.

노자의 소국과민론은 국가·정치사상의 관점에서 보기보다는 치자들의 다스림을 교훈 삼고 가정이나 인간에게 영향을 끼쳐 그것을 예禮로 나타내는 것으로 볼 수 있다.125) 또한 가정에서 국가와의 관계적 제약을 약화시킴으로써 인간의 자유로운 인식의 전환을 통하여 변혁의 토대를 도모한다는 의미를 담고 있기도 하다.126) 이는 도의 자연적 속성에 의하여 만물의 생성이 이루어지고 그것으로부터 제공받는 무위정치론을 기초하여 군주의 정치적 욕망을 제한하는 특성이 있다. 이것은 백성의 자연적 하루의 삶으로 이어지는 무위자연의 심신의 수양법으로 볼 수 있다.127)

자연과 더불어 아주 소박하게 작은 것을 이어나가는 소국과민의 이론은 장자의 지덕지세至德之世와 그 맥을 같이한다.128) 지극한 덕이 이루어진 시대를 보면, … 복희씨伏犧氏·신농씨神農氏와 같은 시대의 백성들은 노끈을 묶어 글자 대신 활용했고, 먹는 밥을 달게 여겼으며, 입는 옷을 아름답게 여겼고, 풍속을 즐겼으며, 사는 집을 편안하게 여겼다. 또한 이웃 나라와의 거리가 좁아져 서로 바라볼 수 있었고, 닭이나 개 울음소리를 서로 들을 수 있었지만, 백성들은 늙어 죽을 때까지 서로 오고 가지 않았다. 이러한 시대야말로 가장 잘 다스려진 태평성대라고 볼 수 있다. 이는 성인과 과민의 마음은

---

125) 오상무, 「『노자』 소국과민에 대한 새로운 이해」, 『동양철학』 제7호, 한국동양철학회, 1996, 20-24쪽, 30쪽 참조.

126) 이규상, 「『노자』 '小國寡民'의 정치철학적 지향」, 『대동철학』 제46집, 대동철학회, 2009, 25쪽, 36-38쪽 참조.

127) 김희, 「노자 이상정치의 양민(養民)론 연구」, 『동서철학연구』 제98호, 한국동서철학회, 2020, 5-6쪽 참조.

128) 강민경, 「도교 小國寡民의 의미와 수용 양상」, 『동방한문학』 제77집, 동방한문학회, 2018, 118쪽 참조.: (『장자』, 외편, 거협胠篋: 子獨不知至德之世乎? … 伏犧氏, 神農氏, 當是時也, 民結繩而用之. 甘其食, 美其服, 樂其俗, 安其居, 鄰國相望, 雞狗之音相聞, 民至老死而不相往來. 若此之時, 則至治己).

덕으로 하나가 되고 도를 아는 자와 모르는 자의 구별이 없으며 감각을 동원하여 무엇을 더 알려고 보려고 들으려고 하지 않는 세상을 말한다.

노자의 소국과민 사상은 치자와 백성의 수신에 따른 사유의 전환으로 무위자연을 실현하는 것임을 알 수 있다. 통치자는 자신의 역할을 제대로 수행하여 소국의 안정을 꾀하고 백성은 자기의 차별 없는 사랑을 사회적 관계를 통하여 펼치는 것이 과민의 역할이다. 소국과민 사상은 노자가 처해 있던 시대적 상황과 무관치 않음을 볼 수 있다. 그 당시 정치의 부재로 인한 시회적인 갈등은 도덕적인 무질서로 이어져 지적인 혼란을 야기시켰다. 이는 무엇을 얻고자 하는 지향적 사유로 몸을 앞세워 명예와 재물을 탐하게 되어 환란을 좌초하게 된다. 따라서 노자는 인간의 인위적으로 조작된 현상계의 차별적 상을 부정하여 긍정의 세계로 진입하여 본연의 자리에 도달하는 사유를 전개한다.[129]

다석은 소국과민을 이루는 길을 씨알의 내적 변화를 통하여 무위자연의 법칙을 알면 저절로 밝아져 멀리 나가지 않아도 하루의 삶을 구성하는 어머니 나라를 알 수 있다고 한다. 대상大象의 영속적 자연 생명의 섭리를 따르면 인간씨알은 어머니 품을 찾게 되고 그곳으로부터 하루를 사는 늘삶을 제공받는다. 도는 형체가 없음으로 알 수 없지만 그 고른 어울림自均自化의 작용을 아는 순간 선의 지혜로 덕을 얻게 된다. 하늘의 일상적인 흐름의 덕은 낮은 곳에 처해 있는 인간을 늘 한결같은 존재로서 자신의 역할을 담당할 수 있도

---

129) 이규상, 「노자의 부정적 사유방법에 대한 모색」, 『동서철학연구』 제11권, 한국동서철학회, 1994, 110-111쪽 참조.

록 무를 생활화하도록 이끈다.

다석은 소국과민의 작은 나라를 위해서는 먼저 씨알의 의식 구조
가 변화해야 함을 말한다. 이는 도의 조응 및 덕의 확충 문제와 직
결된다. 천지간의 질서에 따른 시공간의 상보관계를 파악하고 공생
의 선으로 자기가 소속되어 있는 마을·가정·나라·천하와의 연대
의식을 높인다. 참된 도·덕의 영역은 점차적으로 확장되어 온 천
하에 두루 퍼져 풍요롭게 된다. 그 결과 도·덕의 일체를 이룬 어
머니 나라에 이른다는 것이 소국과민의 의의이다.130)

다석은 이 문제에 대하여 다음과 같이 설명한다.

> 닦아남을 좋이지 말아서不尙賢, 씨알이 다투지 않게使民不爭,쓸
> 몬이 흔찮은 건 높쓰지 말아서不貴難得之貨, 씨알이 훔침질을 않
> 게使民不爲盜,흐고잡 만한 건 보질 말아서不見可欲, 몸이 어지럽
> 지 않게 흐오라使民心不亂, 아래서 씻어난 이의 다스림은是以聖人
> 之治, 그 몸이 븨고 그 배가 든든흐고虛其心, 實其腹,그 뜻은 므르
> 고 그 뼈는 셰오라弱其志, 强其骨. 늘 씨알이 잘못앎이 없게 잘솟
> 흐고잡이 없게 흐와常使民無知無欲, 그 먼저 알(ㄴ) 이도 구태여
> 하지 않흐게 쯤 하오라使夫智者不敢爲也, 흠때믄 없이흐매 못 다
> 시림이 될된게 없오라爲無爲, 則無不治131)

다석은 인용문을 통하여 사람의 일을 좋는 것은 시모의 품에서
점점 멀어지게 되는 것이라고 설명한다. 도와의 간극을 불감위의
사유로 되돌리면 씨알의 무지무욕의 길이 드러나게 된다. 그 길을

---

130) 『늙은이』 54장: "잘 세운 것은 빠지지 않고(善建者不拔), 잘 안은 것은 벗어나지 않아(善抱者
不脫), …몸에 닦아서 그 속알이 이에 참하고(修之於身, 其德乃眞), … 므로 몸을 가지고 몸을
보며(故以身觀身)."

131) 『늙은이』 3장.

좋게 하는 것은 없는 구석을 쓰는 것으로서, 마음을 비우면 비운 만큼 도의 생명으로 채워지게 되고 인간의 목적의식을 뒤로하게 된다. 인간의 훈습되어 온 관념과 잘못된 생각은 도의 반동약용의 사유에 의하여 수신관신의 덕의 작용으로 상도의 조화를 알고 지키게 된다. 이는 자신의 잘못을 덕으로써 관하여 저절로 된 길을 따라 되돌아가反動 인위적 사유를 약화시켜弱用 부드럽게 하는 것이다. 심신의 부드러움을 간직한 자기 수고를 통하여 천지의 역동적 변화의 흐름 속에 스스로 손님이 되는 자빈自賓의 사유를 드러낸다. 따라서 마음으로부터 일어나는 다툼이 없어지게 되고 고요하고 편안한 어머니의 나라를 이룬다는 것이 다석의 생각이다.

다석은 그 중심의 자리를 영아에게 도의 생명을 주는 식모의 자리로 설명한다. 자식을 알고 어머니를 지키는 불감위의 사유로부터 세상의 흐름에 머물지 않고 곧장 무의 세계로 진입하여 자기 수용의 자세를 가진다. 그러므로 제자리를 찾기 위하여 현덕의 선행을 알고 지켜 저절로 어머니 품을 떠나지 않게 된다.132) 다석은 이를 일러 무위의 선행을 하면 내면의 질서가 서로 엉키어 있는 것을 풀수 있다고 말한다. 이는 무위를 통한 자연한 만족감만이 영원한 만족감임을 제시한 것이다.133) 대상에 머물지 않고 자신을 돌아보는 것이며 이러한 반성의 지혜를 통하여 천지로부터 받은 덕으로 세상을 밝게 비추나 그 빛의 공로를 내세우지 않는 상덕부덕上德不德의 선행을 이룬다.

다석은 인간은 천도의 한 치의 오차도 없는 늘 그러함으로 운행

---

132) 『도덕경』 3장: "常使民無知無欲, 使夫智者不敢爲也, 爲無爲, 則無不治."; 51장: "生而不有, 爲而不恃, 長而不宰, 是謂玄德."

133) 『도덕경』 44장: "知足不辱, 知止不殆."; 46장: "天下有道…故知足之足常足矣."

하는 자강불식의 흐름을 본받아 스스로 수양하는 것에 쉼이 없어야 한다고 말한다. 두터운 땅이 자애롭게 만물을 싣고 기르듯 덕행을 쌓아 관대하라는 것이다. 이는 제자리를 잃지 않는 것이며, 이를 지킴으로써 어머니의 품에서 내적 질서의 자유로움을 얻는 것이다. 이 자리를 얻으려면 자신의 세력을 약화시켜 낮은 곳에 처해야 한다. 그러므로 덕을 쌓고 허물이 없는 능성기사能成其私의 자기를 이룬다. 이것이 큰 나라가 작은 나라를 얻는 방법이며, 작은 나라가 큰 나라로 진입하는 것이다. 이러한 관계는 모자 관계와도 같다.

이와 같은 현상을 통하여 다석은 음양이 교차하여 빔 뚫린 김으로 고르게 되었을 때 모든 것이 한 곳으로 모여드는 곳이 '감한 암컷의 문玄牝之門'인 강의 하류라고 본다. 천지의 무위자연의 흐름으로 모든 것을 하나로 꿰뚫는 '감한 암컷의 문玄牝之門'을 중심으로 사통발달 통하듯이 비어 있는 중심에 점을 찍는다. 수많은 점과 점들의 자연스럽게 이어져 선線을 이루고 역동적인 형체를 드러낸다. 이는 국모의 품에 있는 적자 같은 자식이 성장하여 대국을 이루는 것과도 같다. 소국은 어머니의 나라이며 과민은 거기에 사는 자식인 것이다.

다석은 큰 나라는 능동적 수컷으로서 만물의 생성을 이루며 낮은 곳에 처해 있는 수용적 암컷은 수컷의 양기를 받아 만물을 양육한다. 인간은 이러한 천지의 흐름을 알고 지켜야 생명을 보존할 수 있다.[134] 인간이 천하의 변화하는 역동적 흐름에 함부로 관여할 수 없는 것은 도의 흐름이 불가득한 현상성을 가지고 있기 때문이다.

---

134) 『도덕경』 28장: "知其雄, 守其雌, 爲天下谿, 爲天下谿, 常德不離, 復歸於嬰兒."; 61장: "故或下以取, 或下而取, 大國不過欲兼畜人, 小國不過欲入事人, 夫兩者各得所欲, 大者宜爲下."

이 현상은 인간의 인식으로는 얻을 수 없으며 도를 좇음으로써 체득 가능하다. 인간은 불가득의 변화의 중심에서 벗어나면 심신의 위치는 위태로워져 덕을 잃게 돼 장구할 수 없다. 그러나 천도의 질서에 부합하여 그것과 하나 됨으로써 중심을 잡게 되고 섭생으로부터 몸이 위태롭지 않게 된다.

다석은 사유의 전환을 통하여 내적 수양을 이루는 과정을 다음과 같이 설명한다.

> 내 그륵 다(ㄹ)을 끊고 내 앎을 버리면絶聖棄智, 씨알의 리롭기 백 곱절일 거고民利百倍, 우리 어질다(ㄹㅁ)을 끊고 우리 옳다(ㄹ)음을 버리면絶仁棄義, 씨알이 다시 따름과 사랑으로 도라올거고民復孝慈, 저마다 남을 뛰어넘으려는 공교를 끊고 저마다 저만리롭자를 버리면絶巧棄利, 훔침질이 있을 수 없을 거을盜賊無有, 이 세가지(ㄴ) 써서 월로 삼기로는 모자라오라此三者以爲文不足. 므로 붙친 데가 있게 ㅎ야서故令有所屬, 바탕을 보고 등걸을 품안고見素抱樸, 나나를 조고만치, 싫음도 조고만치 ㅎ게 됐으면少私寡欲.[135]

다석은 이 인용문을 통하여 소국과민을 이루기 위해서는 큰 도의 자리로 돌아가야 한다고 주장한다. 도의 흐름에서 멀어진 인간의 사유를 되돌려야 한다는 것이다. 사람들이 도의 흐름에서 멀어져 기교를 부리는 일이 발생하는 것은 질박한 자연 상태의 본성을 잃어버렸기 때문이다.

잃어버린 자연 상태의 본성을 되찾기 위해서는 먼저 천지의 흐름을 알고 자신의 허물을 벗어버리는 불감위의 사유로 전환해야 한

---

135) 『늙은이』 19장.

다. 이를 위해서는 반자연한 유위의 작태들을 먼저 끊어버려야 한다. 사욕을 줄이고 소박함으로 돌아가 씨알의 제자리를 회복할 필요가 있다.136) 그러면 자기가 소속되어야 할 곳이 스스로 드러난다. 본연의 모습을 바라보고 소박함을 지키면 사사로움이 줄어들게 된다. 원하는 것을 적게 가지게 되고, 염색되지 않는 실素과 가공되지 않은 통나무樸와 같이 무위자연을 지킨다.

다석은 부득이한 변화의 과정에서 발생하는 필연적 상대성을 무의 근거를 제공받아 그 상대성이 일어나는 현상을 자연성 자체로 받아들여야 함을 강조한다. 인간이 이러한 자연성을 갖추기 위하여 곡직사유에 의한 일관된 하나의 질서에 편승해야 한다. 이 질서는 세상의 갈등과 환난의 매듭을 저절로 풀어지게 하여 한 무리의 빛을 온 누리에 환하게 펼친다. 이 빛을 따라가면 인간의 인위적 교리巧利의 사유를 약화시켜 자기 삼보의 큰 이로움이 저절로 드러나게 되어 심근고저의 자기를 이루게 된다.

다석은 수신관신의 수양을 통하여 심신을 하나로 하고 하늘과 짝하면 그 중심을 잃지 않고 어머니의 품을 지킬 수 있다고 본다. 식모가 먹여주는 도의 생명 덕분에 씨알은 화해와 중재의 기운이 솟구치는 무사지의 선행으로 역동적인 변화의 흐름을 좇아 따를 수 있다고 본다. 이는 공덕지용의 황홀한 그 중심에서 씨알이 형상화되어 가는 상의 모습이 있으며 그 속에 만물의 시초가 있음을 안다. 그윽하고 어두운 그곳에 잠재적 가능성을 품고 있는 보물의 씨를 지켜 그 씨알의 참된 존재의 의미를 믿음으로써 자연 그대로의

---

136) 『도덕경』 61장: "小國不過欲入事人, 夫兩者各得所欲, 大者宜爲下."; 65장: "知此兩者, 亦稽式, 常知稽式, 是謂玄德, 玄德深矣, 遠矣, 與物反矣, 然後乃至大順."; 33장: "自勝者强, 知足者富, 强行者有志, 不失其所者久, 死而不亡者壽."

존재 의미를 실현하는 것이다.

다석은 도의 반자약자의 질서로 늘 자기를 돌아보며 고치가 나비가 되어 훨훨 날게 되어 세상을 넓게 볼 수 있다고 말한다. 마음에서 일어나는 강한 기운인 욕심을 제거하여 늘 밝은 상명의 빛을 잃지 않음으로써 사방으로 뻗어나가明白四達 대덕의 길로 들어서게 된다. 또한 때에 맞춰 곧게 뻗어 나갈 수 있는 영역을 확보하는 것이며 대기만성의 존재 방식에 따라 씨알의 선의 영역을 넓혀 나가는 것과 같다고 설명한다.

다석은 인간은 주관적 의식의 발동에 따라 자기를 앞세우는데 이는 곧 천지의 조화와 맞지 않게 되어 유한성에 매달리게 되어 죽음의 길로 들어서게 된다고 말한다. 이 길을 벗어나려면 먼저 자신이 내세우는 세력을 약화시켜 몸을 뒤로하고 그리고 마음을 비우는 것이다. 다석은 몸을 뒤로하는 것은 불감위의 사유이며 마음을 비우는 것은 무지무욕無知無欲의 사유로 본다. 이는 밖으로 향하는 의지는 약하게 하고 마음을 지키는 뼈의 중심축을 튼튼하게 한다. 음을 등에 지고 생명의 기운을 얻게 하는 양을 품는 것이다. 따라서 부음포양의 심신으로 수신에 따른 선을 이루게 되면 무욕의 세계가 펼쳐지며 저절로 됨의 영역으로 환순한다. 따라서 묘함을 볼 수 있어 스스로 균형을 잃지 않고 마음의 중심을 잡게 하는 부쟁의 선행을 하게 된다.137)

다석은 무의 계열화에 따른 존재 근거를 자각하고, 구분과 경계선을 넘어선 존재의 전일성을 포괄하는 사유의 전환을 가져야 한다는 점을 말한다. 이를 위해서 자신의 사사로움을 적게 하고 무엇을

---

137) 『도덕경』 3장, 64장, 67장, 68장, 69장.

하고자 함을 줄이면 모든 것이 저절로 이루어짐으로써 자기를 귀하고 사랑하여吾有身·吾無身·貴以身·愛以身 호혜적 사회관계를 형성한다.138) 사사로움을 적게 하면 마음에 비친 표상 존재들이 사라지게 되고 어떠한 일을 도모하지 않는 무명의 세계에 진입하여 사물의 본모습 그대로를 볼 수 있는 능성기사의 자기를 이루게 된다.

(2) 과민寡民의 자연성 회복

다석은 각각의 질을 소유하고 있는 인간의 생각이 다양하게 표출되는 것은 몸이 있기 때문이라고 말한다. 영아와 같은 원초적 의식에서 그 몸의 존재를 인식하는 순간부터 마음은 몸의 지시에 따라 움직인다. 그 결과 탐욕과 기교가 넘쳐나고 인간은 고통을 피하고 즐거움을 얻기 위해서 강한 결단을 내리고 행동을 하게 된다. 이는 도의 공교에 따른 속알의 존재를 벗어났기 때문이다. 이 도의 씨를 둘러싸고 있는 인위의 기교를 걷어내면 하늘의 도가 저절로 찾아온다.

> 한[큰] 된데는 이즈러짐 같은데大成若缺, 그 씨움이 묵지 아니ㅎ고 其用不弊, 한[큰] 찬데는 텅 빈거 같은데大盈若沖, 그 씨움이 다ㅎ지 아니ㅎ라其用不窮. 큰 고디는 쭈그러짐 같고大直若屈, 한공교는 못 맨듬 같고大巧若拙, 큰 말슴은 떠듬는거 같ㅎ라大辯若訥, 뛰어 추위를 익이고躁勝寒, 가라앉아 더위를 익이느니靜勝熱, 맑아 가만ㅎ이 셰상 바름 됨淸靜爲天下正.139)

다석은 위의 인용문을 통하여 무위자연의 영역을 넓혀 세상 본보

---

138) 『도덕경』 13장.

139) 『늙은이』 45장.

기天下式의 이상향의 제자리를 회복하는 것을 말한다. 그는 도의 자연적 속성의 영역을 크게 이루어짐大成·大盈·大直·大巧·大辯으로 묘사한다. 이는 서·원·반의 흐름을 통하여 곡과 직의 일정한 규칙에 의한 무위자연의 순환적 현상을 말한 것이다. 천지 사이의 비어 있는 중심에서 무위자연의 질서에 따라 일정하게 변화하는 하루의 흐름이다.

다석이 본 크게 이루어짐은 현상적으로 넓고 크다는 것이 아니라, 도의 상이 지닌 도법자연의 항상성이 그렇다는 말이다. 존재하는 모든 것들의 현상을 감싸 안은 대상무형의 도의 중심축으로써 변화의 조화 현상을 본다. 유물혼성의 조화의 자리에서 펼치는 미세한 움직임은 보아도 보이지 않고, 들어도 들리지 않는 무상무형의 대상의 움직임이다. 그 잠재력은 아무리 써도 다함이 없이 넓게 퍼져 있어 온 세상의 흐름을 이끈다. 크게 이루는 것이란 한 치의 빈틈도 없이 존재할 수 있는 모든 것을 완전하게 드러낸다. 이는 도의 자기 전개가 펼쳐지는 자연적 영역을 말한다.140)

다석은 도의 안식처道奧로부터 나오는 선의 섭생은 수많은 어려움에 처해도 고르게 어울리게 하는 역량을 드러내는 것으로 이해한다. 천지 사이의 빈 곳으로부터 존재의 근거를 제공받아 수많은 탄생과 소멸이 반복되며 끊임없는 상보작용으로 세계가 구성된다. 다석은 도의 쉼 없는 자기 전개는 움직일수록 넓고 깊어진다고 설명한다. 또한 현상적 측면에서는 그것이 무궁무진한 다양성으로서 끝이 없이 펼쳐지는 '대도범혜大道氾兮'의 세계를 펼치는 것이라고 이해

---

140) 『도덕경』 34장: "大道氾兮, 其可左右, 萬物恃之, 而生而不辭, 功成而不名有."; 35장: "視之不足見, 聽之不足聞, 用之不足旣."; 25장: "寂兮寥兮, 獨立而不改, 周行而不殆."

한다. 다석은 이것을 분별이 사라진 주객미분화의 자유로운 세계로 표현한다.

다석은 인간의 인위적 기교를 도의 명지明知로 전환하여 소박한 상태로 돌아갔을 때 천하 사람들은 비로소 안정을 꾀할 수 있다고 말한다. 비어 있는 중심의 도의 자리에서 나오는 공교한 지혜의 선은 이것과 저것을 뚜렷하게 구분하지 않고 하나로 감싸 안기 때문에 마치 서툴게 보인다.[141] 서툴다는 것은 자연의 역설적 표현 방식을 말한다. 인간의 기교는 눈에 보이는 확실한 결과를 얻을 수 있다. 하지만 도의 기교는 보이지 않고 무엇을 이루고도 머물지 않으므로 인간이 보기에는 매우 서툰 듯 보인다.

다석은 자연의 도로써 천하를 다스려 무위의 소국에 따라 순박하게 살라고 한다. 이는 '약졸若拙'과 같은 씨알의 과민적 사유로 대교大巧의 도를 좇는 종도從道론이다. 그리고 어리석다는 뜻을 나타내는 약졸은 변화의 질서를 그대로 받아들이는 무위의 특성이 있다. 함이 없다는 것은 모든 것을 천지의 흐름에 맡겨 인위적 기교를 배제하고 자연의 소박한 상태로 되돌린다는 의미이다. 소국과민은 이렇게 순박하게 도를 좇아 인위적인 함이 없이 살아가는 세계인 것이다.

노자가 밝힌 것처럼 소국과민의 세계에서는 배나 수레가 있어도 사용할 필요가 없으며 전쟁이 없는 곳이 되며 사람들로 하여금 셈이 필요 없는 근원 상태로 돌아갈 수 있는 근거를 제공한다. 약졸은 처음 상태의 식모의 품안에 있는 영아의 해심과 같이 무엇이 발현되기 전의 혼일한 상태를 말한다.[142]

---

141) 『장자』, 「胠篋」: "而天下始人有其巧矣 故曰大巧若拙."

142) 『도덕경』 20장: "我獨泊兮其未兆, 如嬰兒之未孩, 儽儽兮若無所歸."; 59장: "有國之母, 是謂深根固柢, 長生久視之道."

다석은 인간의 기교는 목적을 이루기 위해 평탄한 큰길을 두고 여러 갈래로 나누어져 있는 샛길로 돌아가는 사유 방식을 선택한다고 말한다. 하지만 도에 따른 덕의 약졸은 자기를 굽혀 언제나 낮춘다. 부득이 펼칠 때는 부드러움으로 하고, 비워지면 채우고 잃으면 얻게 하는 곡직의 사유를 전개한다. 이러한 변화의 흐름 속에 유와 무의 상보의 작용과 동시에 가운데 점을 찍는다. 이 점을 이동하는 덕의 자균자화의 조화를 펼쳐 큰길을 향해서 막힘이 없이 나아간다.

씨알의 사유의 전환을 통하여 분쟁이 없는 어머니 나라에 진입하는 것이 소국과민이다. 여기서 살아가는 사람들의 심성은 마치 영아와 같다. 이들은 스스로 드러내지 않기 때문에 오히려 더욱 밝게 빛나며, 스스로 옳다고 내세우지 않기 때문에 오히려 더욱 두드러지게 나타난다. 스스로 과시하지 않기 때문에 저절로 공이 드러나게 되고, 스스로 자만하지 않기 때문에 오래 지속될 수 있다. 이러한 무위자연의 영역을 넓힘으로써 나라는 태평하고 백성은 안정된 삶을 누릴 수 있는 것이다.[143]

노자는 개별자의 자기 동일성을 본질로 삼아 존재의 근거로 삼지는 않는다. 노자는 통관적 사유를 통해 세상과 함께 공생할 수 있기를 소망한다.故明·故彰·故有功·故長 → 天下莫能與之爭 대자연의 흐름과 인간의 내적 질서의 일관된 질서를 따라 인간의 가야 할 길을 제시하는 수양 방식이다. 이는 곡즉전·생득법·서원반 등의 환순 원리를 적용하여 이루게 되는 사고의 체계이다.[144] 다석 역시 변하는 시대

---

143) 『도덕경』 22장: "不自見故明, 不自是故彰, 不自伐故有功, 不自矜故長."

144) 최진석, 『도덕경』, 서울: 소나무, 2016, 203-204쪽 참조.

속에서 개별적 인간들이 서로 다른 가치관을 형성할 수밖에 없다고 본다. 그러므로 일상적 사유를 전환시킬 수 있는 명분을 제공한다. 이것이 다석으로 하여금 대국의 한계를 직시하고 소국의 존재론적 의의를 주목하게 한 원인이다.

다석은 빈탕한 도가 자신의 자리를 내어주면 각 개별자들이 여기에서 덕을 쌓아 어머니 나라를 회복할 수 있다고 말한다. 어머니의 품안에 있는 자식은 또한 심근고저의 자기를 형성하게 된다. 그럼으로써 그 자식은 어머니의 나라를 덕의 선으로 세우고 도가 떠나지 않는 나라로 만든다.

그렇다면 무위의 소국과 자연적 과민의 질서로 펼쳐지는 이상향은 어떠한 방식으로 드러나는 것일까? 다석은 소국이란 현상적 세계의 흐름을 알고 그것에 머물지 않는 특성을 갖는다고 이해한다. 그러므로 소국에서는 더 많은 일을 이룰 수 있으며, 굳이 그 현상에 집착하지 않으므로 무욕의 세계로 들어서 저절로 이룰 수 있는 가능성과 함께할 수 있다. 과민의 의의 역시 소국과 같다.

예컨대 식모의 품에 있는 씨알의 자기 전개는 마음이란 성화로聖火爐에서 생각의 불꽃을 피워 자기를 돌아보고 저절로 된 길을 따라가는 여정이다. 곧게 솟는 덕의 불꽃이 일어나면 어머니 나라를 지키는 지혜를 얻을 수 있다. 그 불꽃으로 지금까지 쌓아온 관습을 불태우고 그 자리를 덕으로 채워 나가지만 그 밝은 빛은 꺼지지 않는다. 또한 덕의 지혜를 통하여 하늘의 도와 상합할 수 있다. 이로 인하여 내 안의 보물을 통하여 향불을 피우듯이 도의 향기를 퍼뜨려 가정·마을·나라·천하에 두루 펼쳐 나갈 수 있게 되는 것이다. 여기에 가온지킴의 심신 수양이 요청된다.[145]

다석은 하루의 삶을 이루기 위해서는 먼저 장차 도를 좇아 덕을 쌓게 하는 불감위의 사유전환을 통하여 무의 생활화를 제시한다. 그럼으로써 무의 이로움으로 상선약수와 같은 덕의 흐름으로 자연적 영역을 넓혀 만물을 이롭게 하여 천하의 질서를 평화롭게 한다.146) 이로써 무위자연의 이로움을 펼치게 되면 어머니의 품으로 돌아가 영아와 같은 섭생으로 늘 순박한 자연 상태를 유지하여 치인사천의 자기를 실현하는 것이라 말한다.

이를테면 만물의 발전단계에서 성숙해짐으로써 순화하여 복기근 후 다시 순환 반복하는 것으로 도의 전개 과정이 하나같이 무위자연에 의한 것으로 아는 것이다. 다석은 밖의 외물은 천지의 흐름에 의존하므로 그 가치는 유한하여 오래 보존할 수 없다고 한다. 인간은 귀중한 외물의 이치를 파악하여 자기의 내적 보물을 드러낸다. 이것을 사용하면 오히려 화가 복이 되는 선의 이로움이 이루어진다고 말한다.

이는 하늘의 충화충용의 작용에 의한 자균자화의 덕을 이루고 몸을 뒤로하는 현덕으로 하루의 삶을 밝히게 되는 것과 같다. 무를 통하여 존재 근거를 제공받는 유의 세계는 이름이 있으므로 한계가 있으며名亦既有 나누고 더하고 합하면서 서원반의 작용을 한다. 이처럼 유무의 상보적 관계를 유지하면서 변화하는 그 흐름은 감히 인간의 힘으로 어쩔 수 없는 것을 다석은 부득이한 변화로 보았으며, 도의 자기 전개에 따른 형이상의 사유적 현상을 불가득의 자리로 보면서 인간이 하루를 사는 덕목으로 꼽는다.

---

145) 류영모 원저, 박영호 엮음, 『다석 류영모 어록』, 서울: 두레, 2002, 3장 생각 편 참조.
146) 『도덕경』 3장, 8장, 22장, 66장.

다석은 비어 있는 하늘 길을 좇으면 천하는 평화로운 하루살이의 삶을 이루는 것이라고 말한다. 인간의 하루 하루의 삶은 경쟁과 투쟁 그리고 관계속에서 일어나는 갈등은 전쟁과도 같다. 예컨대 군마가 전쟁터에 가지 않고 자기 농토의 밭을 가는 것은 심신의 안정을 덕으로써 꾀함으로써 평화가 유지된다. 하지만 천하에 도가 없으면 밭을 갈아 곡식을 거두게 하는 말이 군마戎馬로 바뀌어 성城 밖에서 새끼를 낳고 전쟁을 치르게 된다. 이는 전쟁으로 인한 인간이 하루의 삶에서 겪는 환란이다.

전쟁은 만족함을 모르고 끊임없이 자신의 영역을 채우려고 하는 데서 온다.[147] 무엇을 하고자 하는 마음을 멈추면 저절로 이루어지는 도의 흐름이 인간의 마음을 만족하게 한다. 이러한 만족감이 전쟁을 피할 수 있게 한다. 이것이 바로 비어 있는 하늘 길이 백성들의 생활을 자유롭게 하는 이유인 것이다. 이는 마음의 깊고 깊음을 모르고 가득 채우려고 하는 것으로부터 발원이 되면서 갈등과 고통이 시작된다. 무엇을 어떻게 얼마큼 채워야 되는지 모르고 무조건 채우려고 하는데 이러한 사유를 전환하여 덕으로 마음의 밭을 갈게 되면 그 만족감은 배가되어 더 많은 만족을 불러온다.[148]

다석은 도를 갖추지 못하고 조급한 마음을 지닌 자는 제멋대로 앞으로만 향하려고 한다고 말한다. 자신의 보배인 도를 보지 못하고 성곽 밖의 사물에 관심을 두고 그것을 소유하려고 하기 때문이다. 인간은 자기의 본분을 지키고 자기의 자명함을 알게 되면 항상

---

147) 『도덕경』 46장: "天下有道, 却走馬以糞, 天下無道, 戎馬生於郊, 禍莫大於不知足, 咎莫大於欲得, 故知足之足, 常足矣."

148) 노자 원저, 감산덕청 주석, 심재원 역주, 『노자 도덕경, 그 선의 향기』, 서울: 정우서적, 2010, 325-326쪽 참조.

만족감을 누리게 된다. 백성들이 만족감을 누리게 되면 어머니 나라는 저절로 지킬 수 있다는 것이 다석의 생각이다.149)

다석은 도오道奧로부터 일어나는 현덕의 사유를 잃지 말고 굳게 지키라고 한다. 그곳에서 오는 만족함으로 자신을 알고 지켜야만 외적 대상의 유혹으로부터 자유로울 수 있다고 본 것이다. 특히 인간의 내적 갈등은 마음의 산란함으로 전쟁을 치른다. 이는 탐·진·치의 삼독이 내 안의 자기 삼보를 가리고 있기 때문이다. 삼독이 지시하는 전쟁에 휘말리게 되면 세상일에 용감하여 감각적 의식이 먼저 앞서게 된다. 다석은 이러한 모순을 사유의 전환을 통해 해소하고자 한다. 그것은 바로 무의 세계로 진입하여 '하늘과 짝짓기配天'를 통한 내적 삼보를 회복하는 일이다. 여기에서 도를 좇는 용감성이 무위자연의 사랑을 솟아나게 하여夫慈故能勇 선행을 펼칠 수 있는 근거로 제시된다.150)

다석은 한알의 씨알에서 새싹이 돋아 나오고 열매를 맺는 것은 자신을 희생할 때만이 가능하다고 본다. 따라서 도를 좇기 위해서는 자연성을 기초로 하여 심신으로부터 오는 물욕을 제한하고 약화시켜 나를 뒤에 세워야 한다. 이러한 행위가 아무위我無爲에 따른 자화民自化의 행위이다. 무위를 행하면 외관의 사물에 집착하지 않게 되고 마음의 관점이 바로 서게 된다. 이러한 무위의 결과 인간은 도를 좇음으로써 저절로 드러나는 자기 삼보를 회복하여 만족하게 되고 마음의 여유로움으로 부자가 된다. 인간은 자기의 자명한 내적 질서를 통하여 선을 이루고 늘 자기를 앞세우지 않고 낮춤으로

---

149) 성현영 저, 최진석, 정지욱 역, 『노자의소』, 서울: 소나무, 2007, 475-479쪽 참조.
150) 류영모 원저, 박영호 엮음, 『다석 류영모 어록』, 서울: 두레, 2002, 464쪽 참조.

써 자연적 영역을 펼 수 있는 것이다.[151]

　다석은 노자처럼 인간의 자승자강의 자명함으로 배와 수레가 있어도 타는 일이 없게 되고 전쟁이 일어나도 갑옷과 무기를 갖출 필요가 없다고 한다. 왜냐하면 선을 행하는 자는 무사지의 영역을 확보함으로써 이것과 저것의 이해관계를 벗어나는 상선구인常善求人의 위치에 있기 때문이다. 나라의 규모를 넓히는 것이 중요한 것이 아니라 무위자연의 영역을 넓혀 나가는 일이 중요한 것이다. 다석은 노자의 정신을 계승하여 심신수양을 통하여 넉넉한 덕이 자라게 되어 풍성하고 두루 펼쳐지는餘長豊普 질서를 이루게 되면, 인간의 내적 자정력을 함양한 세상 본보기를 실현할 수 있다고 본다.[152]

　다석은 인간이 무에 맞춰 살게 되면 소국과민의 세상 본보기天下式를 지킬 수 있는 것으로 말한다. 무위자연의 질서를 따름으로써 세상 본보기는 이루어진다. 이때 자연은 그 어떤 가치도 갖지 않는 존재 그 자체이며 이를 증명하는 것은 천지의 불인으로부터 비롯된다. 천지의 무간섭은 인간의 자애자균의 덕의 자연스러운 흐름에 의지하도록 그 원인을 제공한다. 도법자연은 세상 본보기의 대상이다. 어느 시대를 막론하고 도법자연의 사유 방식은 천·지·인의 사이적 흐름을 따라 항상성을 유지하는 인간의 수양 과정으로 이어지고 있다.[153] 하루의 삶을 펼쳐 구현하는 데 있어서 수양은 그 가능성을 현실화하는 필요충분조건이다.

---

151) 『도덕경』 57장: "我無爲而民自化, 我好靜而民自正, 我無事而民自富, 我無欲而民自樸."

152) 『도덕경』 73장: "是以聖人常善救人, 故無棄人, 常善救物, 故無棄物."; 54장: "修之於身, 其德乃眞, 修之於家, 其德乃餘, 修之於鄕, 其德乃長, 修之於國, 其德乃豊, 修之於天下, 其德乃普."

153) 여종현, 「휴머니즘의 脫-형이상학적 정초(Ⅱ)」, 『대동철학』 제3호, 대동철학회, 1999, 36쪽 참조.

나라를 다시리는 데는 바름 가지고 ㅎ며以正治國, 군사를 쓰는 데는 될수록 다름 가지고 ㅎ며以奇用兵, 셰상을 집는 데는 일 없음 가지고 ㅎ오라以無事取天下, 내 어째서 셰상의 그러흔 줄을 알가吾何以知其然哉. 이로써以此, 세상이 꺼리고 쉬쉬 ㅎ는 게 많은데天下多忌諱, 씨알은 더더 가난ㅎ고而民彌貧, 씨알이 좋은 그릇을 많이 쓰는데多利器 나라 집은 점점 어둡고國家滋昏, 사람의 공교흔 재주가 많아人多伎巧 기괴흔것이 점점일고奇物滋起, 법령이 더더 월 뵈는데法令滋彰, 도적이 많이 있도라盜賊多有. 므로 씻어난 이 이로되故聖人云, 우리 흠없어서 씨알 제대로 되며我無爲而民自化, 우리 고요를 좋아ㅎ야서 씨알 제가 바르고我好靜而民自正, 우리 일없으므로 씨알 절로 가멸고我無事而民自富 내 ㅎ고싶음 없어야 씨알 스스로 한등걸이로다. 라고我無欲而民自樸.154)

다석은 늘 변화하는 천지 흐름에 따르지 않으면 집착하게 되고 인위적인 지식과 욕망에 빠지게 된다고 말한다. 따라서 무의 생활화無爲·無事·無欲를 통하여 환순함으로써 자율적自化·自正·自富·自樸인 마음의 가온지킴好靜의 자연스러운 하루의 영역을 확보해야 한다고 강조한다.

다석은 한쪽으로 치우친 감정은 균형을 잃게 되어 날카로운 무기가 되어 욕심을 낳는다고 본다. 인간씨알을 에워싸고 있는 인간의 사심에 따른 지성과 능력은 명예를 지극히 높이려고 한다. 또한 인간이 소유의 욕망을 추구하는 것으로 인해 사람의 마음은 대환에 휩싸이게 된다. 유욕이 정도를 벗어나 넘칠 때 갈등과 전쟁으로 이어지기도 한다. 그렇게 되면 삶의 조건들에 의해 내적 질서의 균형을 잃고 감각의 지나친 활동馳騁田獵으로 덕의 효능성과 그 작동의

---

154) 『늙은이』 57장.

이로움을 잃게 된다.

이를테면 무기를 가진 용병과 같은 욕정심은 기묘한 책략으로 자신의 생존을 위하여 전쟁에서 승리하려고 앞으로만 전진하는 용감성을 보인다. 이는 사람의 기교로 실생활에 편리하게 하는 이기를 많이 사용하여 천지의 흐름을 인위적 기교를 내세워 앞서는 것이다. 그러므로 다석은 인간의 인위적 이기심은 불감위의 사유로 전환해야 함을 강조한다.

무의 생활화에 따른 무사와 무위에 도달함으로써 장애로 가로막혔던 씨알은 저절로 솟아난다. 변화의 흐름에 순응하여 촘촘한 섭생의 그물망을 구축한다.[155) 무에 따른 생활은 천지와의 상합을 통해 얻게 되는 자균의 지혜로써 인간의 절로 화합하고 합일하는 치인사천의 고른 길을 펼친다. 이에 따라 사이와 사이의 관계를 스스로 화합하고 바르게 되면 만족함을 알게 되어 공생공존의 세계를 이루게 되는 것이다.[156)

다석은 세상의 금기는 목적을 이루기 위하여 어느 한쪽 면만을 향하는 주관적 사유로서 사람의 일을 좇는 용감함이라고 설명한다. 그는 이러한 행위에 관련된 사유를 불감위로 전환해야 한다고 본다. 그렇게 되면 인간의 용감성은 멈추게 되고 무의 계열에 따른 자화자정의 내적 질서가 형성돼 만족함을 알게 된다. 뿐만 아니라 씨알은 저절로 천지의 흐름과 하나가 되어 덕이 풍요로워져서 자연히 자기의 자리를 회복하게 된다.

---

155) 『도덕경』 32장: "道常無名, 樸 雖小, 天下莫能臣也, 侯王若能守之, 萬物將自賓 天地相合, 以降甘露, 民莫之令而自均."; 12장: "五色令人目盲, 五音令人耳聾, 五味令人口爽. 馳騁畋獵令人心發狂, 難得之貨令人行妨."; 73장: "勇於敢則殺, 勇於不敢則活, 此兩者, 或利或害, 天之道, 不爭而善勝, 不言而善應, 不召而自來, 繟然而善謀."

156) 윤재근, 『노자 81장』 상, 서울: 동학사, 2020, 843-844쪽 참조.

다석은 환순적 사유를 통해 제자리로 돌아가 검소하고 꾸밈없는 자연 그대로의 씨알의 나라를 이루어야 한다고 주장한다. 조화로운 선으로 자연적 본성을 회복하여 변화의 흐름 속에서 늘 중심을 잃지 않고 세상 본보기天下式의 소국과민의 이상향을 형성할 필요가 있는 것이다. 이와 관련하여 다석은 다음과 같이 말한다.

> 작은 나라 적은 씨알에小國寡民, 열 사람, 온 사람 얼러 쓸 그릇을 두고, 쓰되 재주 쓰게 없을 만큼 되게 ᄒ야금使有什佰之器而不用, 씨알이 죽엄을 무겁게 ᄒ야금 멀리 옮이지 않게 ᄒ야금使民重死而 不遠徙배와 수레를 두나 타고 갈데가 없고雖有舟輿, 無所乘之, 갖옷과 칼을 두나 벌릴 데가 없고雖有甲兵, 無所陳之, 씨알이 다시 줌억 셈을 흘 많금 ᄒ게 ᄒ야금使民復結繩而用之,저희 먹이 그대로 달고甘其食, 저희 입성 그대로 곱고美其服, 저희 자리 그대로 편ᄒ고安其居, 저희 시골 삶 그대로 즐겨樂其俗, 이웃 나라 서루 마주보며隣國相望, 개·닭 소리 마주 들리는데鷄犬之聲相聞, 씨알이 늙어서 죽도록民至老死, 왔다 갔다를 아니ᄒ는다不相往來.157)

다석은 소국을 씨알의 자기 전개에 따라 드러나는 상무욕의 작은 나라라고 본다. 그리고 그것은 제자리를 지켜 섭생으로 하루의 삶을 이루는 어머니 나라라고 설명한다. 나라의 할 일이 적어지고 그에 따라 백성의 일이 없어지게 되면 그만큼 사용해야 할 기구가 많지 않아도 된다. 목적을 달성하기 위하여 사용하는 수단을 줄이고, 양극화의 간극을 없애 무위의 선행으로 하나가 된다는 점에 소국과민의 의의가 있음이 확인된다.

다석은 백성들이 모두 검소하고 순박하면 그곳에서 드러나는 자

---

157) 『늙은이』 80장.

연적 삼보가 정착되어 배나 마차를 타고 떠돌아다닐 필요가 없는 것으로 이해한다. 그러므로 멀리 나가지 않아도 천하의 이치를 알수 있다. 만물의 이치를 알고 무위자연의 조화로움이 일어나는 곳에서 먹는 음식은 맛있고 무엇을 하든지 아름답고 기쁨이 넘쳐나게 되어 안정된 삶을 살 수 있다. 이 자리를 지켜 나가면 이웃과 싸울 일이 없고 늘 평화로운 사이를 유지할 수 있다. 자립에 따른 자기의 자족함을 알게 되고 경계와 경계의 사이가 허물어지는 무의 개입으로 무간의 현동의 나라를 세울 수 있다.

이는 점진적 수양을 통하여 덕을 쌓으므로 전체를 훤히 내다보거나, 예리하게 꿰뚫어 보는 성찰의 직관에 따른 마음을 가지는 것이다. 저절로 된 길을 따라 되돌아가 대상에 머물지 않고 몸을 통하여 몸을 보는 신관신의 수양이다. 선의 지혜를 통하여 척제현람의 자기를 형성하고 가온샘에서 솟아나는 단 이슬의 참뜻이 마음에 알알이 맺혀 무에 맞혀노는 것이다. 따라서 세상의 상대성에 머물지 않고 그것을 포섭하는 무상심을 지니고 무사지의 선행으로 도와 덕을 하나로 꿰뚫어 덕선덕신의 심신의 전일체를 이룬다.

세상의 도둑을 지키기 위하여 잘 묶고 자물쇠의 빗장을 잘 채우는 것은 세상의 지혜이다. 하지만 큰 도둑이 들어 지키고 있는 것을 가지고 달아나면서 오히려 그것을 열지 못할까 두려워한다. 이러한 지혜는 대충 아는 것이고 세상일에 용감함을 요구하지만 의로움은 남보다 자신을 뒤로하여 가可와 부否를 잘 판단함으로써 세상과 고르게 어울리도록 하는 것이다.158)

---

158) 『장자』, 「胠篋」, "將爲胠篋, 探囊發匱之, 盜而爲守備, 則必攝緘, 縢固扃鐍, 然而巨盜至, 則負匱揭篋擔囊而趨, 唯恐緘縢扃鐍之不固也." 이와 같이 자신의 내적 질서인 무위자연의 지혜로 늘 관하면[명관명지] 세상의 이치를 멀리 나가지 않아도 알 수 있어 변화의 흐름에 대응할 수

다석은 늘 변화됨을 알고 오늘의 새것이 내일은 헌것임을 아는 것이 도가 제공하는 고른 앎을 수용하는 것이 인간이 자져야 할 심신의 자세로 말한다. 탁한 것이 서서히 맑아지기를 기다리는 자연적 질서에 선응하는 것은 가온지킴에 따른 늘앎의 지혜이다. 죽음은 죽음답게 자연스러운 흐름으로 받아들이게 되고 도의 자리를 유지하게 되어 먼 곳으로 이주하는 일이 없게 된다. 치자인 후왕은 상도가 세상에 존재하는 것을 알고 지키는 능수能守의 사유를 가지고 무위의 정치를 펼치게 된다. 백성들은 천지의 흐름을 알고 스스로 변화되어 무에 맞춰 사는 삶을 산다.159) 도의 자기 전개는 존재 자체의 영속성을 통하여 스스로 무엇을 이루고도 그것에 머물지 않는다. 이는 무명의 자리에 머물러 있어야 무난無難을 얻을 수 있다는 교훈을 전해 준다.160)

다석은 무위자연한 도의 흐름을 알게 되면 자기를 사랑하고 되먹임의 사랑은 점차적으로 퍼져 나라는 할 일이 없게 된다고 말한다. 전쟁이 없어지게 되고 이웃 나라와의 경계가 허물어져 하나가 되는 '늘 한길玄同'의 세계를 이루게 되는 것으로 본다. 현동의 세계는 무위자연의 흐름에 따른 만물의 생성을 하나가 되게 하는 관기묘유의 화해의 조화가 일어나는 실상이다. '한 무리의 빛玄同'의 세계에서는 친소·이해·귀천을 가리지 않게 되니 마음의 무상심을 유지한다.161) 세상 만물을 하나로 아우르고 온통으로 꿰뚫어서 현도의 황

있는 자기를 형성하게 된다.

159) 『도덕경』 15장: "孰能濁以靜之徐淸, 孰能安以久動之徐生, 保此道者不欲盈, 夫唯不盈, 故能蔽不新成."; 32장: "道常無名, 樸 雖小, 天下莫能臣也, 侯王若能守之, 萬物將自賓."

160) 윤재근, 『노자 81장』 상, 서울: 동학사, 2020, 832쪽, 846쪽, 851쪽 참조.

161) 서명응, 『도덕지귀』, 서울: 예문서원, 2009, 391-392쪽 참조.

홀한 조화가 미치지 않음이 없다.

다석은 이러한 세계를 내 안의 보물을 통하여 먼저 나를 보고 그 다음 세상을 관하면 너와 나의 경계가 허물어져 제각각 자신의 역할에 충실하게 된다고 본다. 그러므로 특별한 인재가 필요 없으며 자연의 이치에 순응함으로써 자신의 죽음을 담담하게 받아들일 수 있다. 상도의 황홀한 조화를 좇는 선행이 이루어져 자연적 영역이 넓어지게 되어 이해관계를 떠나게 된다. 그럼으로써 계산할 필요가 없게 되고, 마음의 빗장을 채울 일이 없어진다. 다석은 도에 따른 하루의 삶이 전개되는 이상사회는 덕이 두루 펼쳐져 사이적 인간의 경계를 허물게 되는 것이라고 말한다. 공생공존의 세상 본보기天下式가 소국과민론에서 확인된다.162)

소국은 소박한 씨알의 나라를 말한다. 소국은 자기를 낮춤으로써 더 큰 것을 이룬다.163) 소국과민의 이론체계는 노자의 무위정치 사상과 밀접한 관계를 형성하며 전개된다. 이는 백성의 자연적 삶을 보장하는 동시에 무간섭의 무위정치 사상을 기반으로 본성과 자유를 제공하는 이론으로 대변된다.164) 반면에 맹자의 왕도정치에 따른 이상사회 실현 방법은 개체 본성에 대한 관점에서 노자와 차이점을 볼 수 있으나 위민을 위한 정치행위의 방향은 같은 곳으로 향하여 종국에 귀결점은 같음을 볼 수 있다. 노자와 맹자의 이상사회를 추구하는 논지는 인간 본연의 성이 갖는 자연 질서를 실현하는 것이다.165)

---

162) 윤재근, 『노자 81장』 상, 서울: 동학사, 2020, 704-707쪽 참조.

163) 『도덕경』 13장, 61장.

164) 김희, 「노자와 맹자의 이상정치 비교 연구」, 『유학연구』 제53집, 충남대학교 유학연구소, 2020, 177쪽 참조.

현재적 소국과민의 이상향은 공동체 구성원 간의 사유의 전환을 통하여 자연적 조화로움의 사유 영역을 존중하며 모든 것을 존귀하게 여기는 무기인의 자세를 가지는 것이다. 그럼으로써 인간과 인간 사이의 일체감을 갖는 동시에 서로가 서로를 신뢰케 한다. 무위로 세상을 보고 자기를 자연화하는 사람은 자신과 타자를 분리하지 않기 때문에 서로 조화를 이룰 수 있다. 이를 통하여 사회에 만연한 양극화를 해소하는 방안으로 활용성이 인정된다.

다석은 이러한 이상적인 사회를 구성하기 위해서는 심신의 수양법을 주장하는데 이는 무에 맞혀노는 하루의 삶을 통하여 모든 것을 이롭게 하는 공익의 이상향을 실현한다는 의의가 있다.

---

165) 김희, 「노자와 맹자의 이상정치 비교 연구」, 『유학연구』 제53집, 충남대학교 유학연구소, 2020, 186-187쪽 참조.

제6장

결 론

다석은 천지 사이에서 길을 잃은 인간의 문제에 대하여 어떤 방식을 통하여 그 하루의 길을 찾을 것인가에 대한 해답을 노자에게 묻고, 『늙은이』를 통하여 인간이 하루의 삶을 회복하는 방법을 모색한다. 그것은 내적 수양에 따른 사유의 전환 방식이다. 노자와 다석이 고민한 인간의 문제는 예로부터 지금까지 우리에게 끊임없이 문제를 제기하게 하면서 꼬리에 꼬리를 물고 영속적으로 이어져 내려오고 있다. 특히 지금 이 시대는 더 어려운 환경에 직면해 있음을 볼 수 있다. 현재의 인공지능 시대는 필연적으로 인간의 본질, 하루 삶의 의미에 대해 더욱 깊은 문제와 질문을 던지게 한다. 발전한 문명의 지향적 사유는 바로 그것을 있게 하는 이름과 그 이름에 대한 과욕으로부터 나온다. 때에 맞춰 멈출 줄 아는 사람은 헛되이 이름을 좇지 않고 이름이 붙여지면, 그 자연적 어울림에 맞게 사용하고 적정한 선에 맞추어 쓰게 된다.

이러한 증거는 천지 운행의 장구함에서 볼 수 있다. 자연계는 어떠한 목적이나 사심을 채우려고 쉼 없이 운행되는 것이 아니며, 인간의 신체적 구조도 이러한 운행과 그 궤적을 함께하는 것을 볼 수 있다. 이를 항상성으로 말할 수 있다. 자율신경계의 항상성의 범위를 벗어나게 되면 급성 병리 현상에 따라 생명을 유지하기가 어렵다. 인간의 정신세계도 천・지・인 사이의 균형을 이루는 조화의 틀이 깨지면 항상성이 무너지고 황금 비율의 질서가 무너지면서 과욕으로 이어져 죽음의 길로 들어서게 된다. 다석은 이러한 현실적 인간의 문제를 어떤 사유 방식을 통하여 끊어진 도의 생명줄을 이을 것인가에 대한 해답을 노자철학에서 찾게 된다.

도는 시간과 공간을 합일하는 우주의 축이므로 인간에게 사유의 근거를 제공하여 만물의 오고 가는 것을 알게 한다. 그리고 그 사유에 따라 활기찬 하루의 삶을 찾게 한다. 우주의 중심인 도의 조화점은 '천기'와 '지기'의 합치점이며 나를 밝혀주는 상명의 길이기도 하다. 그것은 도의 심오한 자리로서 고요하고 깊음 속에서 저절로 됨의 원리에 따라 천하가 이루어지게 한다. 도는 자기 전개를 통하여 비어 있는 중심에서 조화를 이루어 인간의 정체성을 회복하는 자정의 세력을 지니고 있다. 다석이 언급하는 씨알은 인간의 인식 자원의 욕구를 적정한 짝짓기로 배양시켜 존재 의미를 체득하여 세계의 중추적 역할로 추인케 한다.

씨알은 자화자균自化自均의 범주로 출발하여 열려 있는 인식의 발현을 선동한 후 다시 그 자리로 되돌아오는 환순론을 전개한다. 씨알의 자기 전개로 인간은 하늘 기운과 땅의 기운의 화해로 자화自化되어 스스로 됨의 자균의 길을 찾게 된다. 특히 여기서 주목해야 할 것은 가온인간의 하루의 삶을 유지하게 하는 자기 형성의 구조 체계이다. 이를테면 치인사천의 고른 어울림의 수양 방법을 통하여 영속적 항상성을 이루는 인간의 제자리를 찾는 것이다. 이는 천지·섭생·인간의 문제를 하나로 잇는 통전적 세계관 속에서 해결하는 방안을 찾는 것인데 인간의 사유 전환에 따른 씨알의 자기 형성이다. 정신과 감각을 하나로 하여 하늘과 짝하면 그 중심을 잃지 않고 하루의 생명을 먹여주는 어머니의 품을 지킬 수 있어 역동적

인 변화의 흐름을 좇아 치인사천의 화해의 질서를 이룰 수 있다.

이것은 '공덕지용孔德之容'의 홀황한 그 중심에서 자기가 형상화되어 가는 명료하고 진실된 상의 모습이 있음과 그 속에 만물의 시초가 있음을 아는 것이다. 그윽하고 혼연한 그곳에 잠재적 가능성을 품고 있는 생명의 씨를 지켜 자연 그대로의 가온인간을 실현하는 것이다. 『늙은이』와 노자철학의 접점은 '자빈·자화自賓·自化'의 고른 어울림의 화해의 기운을 세상에 널리 펼치는 공익의 세상 본보기이다. 도를 좇음으로써 사람의 일에 머물지 않는 자빈의 사유 전환에 따라 무에 맞혀노는 자화의 되살림의 실천 수양을 통해 먼저 자기를 이루고 사회의 공생공존의 질서를 이어 나가는 것이다.

『늙은이』의 현대적 의의

생명은 필연적인 자기 법칙성에 따라 어떠한 목적이나 사심이 없이 절로 균형을 이루고 변화되는 영속적 항상성의 운동이다. 제4차 산업혁명 시대를 맞이한 인류에게 생명의 존엄성을 해치는 가장 위협적인 기술 중 하나는 인공지능이다. 이러한 환경 속에서 인간의 육체적 노동은 점차 줄어들고 정신적인 욕망은 더욱 높은 곳을 향해 나아가는 발전 지향적 사유이다. 인간의 뇌를 능가하는 인공지능을 탑재한 로봇이 인간의 고유한 사유 영역을 대신함에 따라 인간의 존귀한 생명에 대한 가치는 갈수록 그 영역이 좁아진다.

이를 해소하기 위한 방책은 '유기체적 세계관'이다. 생명이 없는 기계에 의존하는 것이 아니라 역동적 생명체의 스스로 이루어 나가는 상보적 감응에 의하여 쉼 없이 창생·양육하는 생명 사상에 따른 제3의 대안에 주목할 필요가 있다.[1] 천지 사이에 존재하는 인간의 내적 질서를 고르게 어울리게 하여 자연성을 회복하고 도의 자리를 지켜 행하는 일이다. 인간의 사유를 전환함으로써 인위적 행위에 따른 분별심을 억제하고 자연스러운 세계를 드러내는 일이다. 몸으로부터 일어나는 생존욕구를 뒤로 하고 덕을 앞세우면 그 욕구가 저절로 억제되는 사유공간을 제공받는다. 하루 철학은 이러한 제3의 대안에 주목하고 먼저 한글에 담긴 철학 사유에 의미를 탐구하여 현대인이 나아갈 방향을 찾는데 이는 가온인간의 잘 삶에 따른 화해의 수양 방식이다. 쉼 없는 변화 속에서 무엇에 머물기를 원하는 인간의 집착은 헛된 망상을 낳게 한다. 잠시도 머무를 틈을 주지 않는 변화의 흐름을 알고 그 자연스러운 지혜를 통하여 인간 씨알은 자라게 된다. 천지 사이의 흐름과 내적 질서가 하나임을 알고 지켜 자연적 자기를 회복한다. 순수 생명의 씨알은 통관적 이성의 능력이며 이를 통하여 공정한 의식을 지향하여 인간의 우주적 하루의 삶을 추구하는 도의 생명이다. 한아의 알에서 터져 나온樸散則爲器 개체들은 덕의 '고르게 어울리게 하는自均自化' 질서를 유지하며 점진적인 변화의 도정에 서게 한다. 인간은 천지간 중심에서 속알을 가지고 분별 의식의 알을 깨고 참된 정기로 속이 꽉 찬 가온인간을 구현한다.

『늙은이』에서 주목하는 것은 한글의 창제 원리에 담긴 공생공존의 조화의 하루 철학 사유를 현재적 시점에서 새롭게 이해하고 실천하는 것이다. 현대가 직면한 불공정의 사회문제를 인간의 사유 전환 방식에 따른 내적인 수양을 통해 해소시키는 것이다. 다석은 『늙은이』의 한글에 담긴 다양한 의미와 개념을 통하여 천지인

---

1) 김세정, 『돌봄과 공생의 유가생태철학』, 고양: 소나무, 2017, 8쪽, 460쪽 참조.

의 삼재의 도가 제공하는 저절로 된 길의 잘 삶의 고른 어울림의 실천 수양을 제시한다.

　먼저 다석은 가온인간의 구현에 따른 가온지킴이 수양을 역설한다. 가온은 인간의 몸과 마음의 자정력을 배양하는 도의 조화를 말한다. 이 중심축의 고른 조화로움은 인간의 하루 삶을 통하여 사회에 중추적 역할로 자리매김할 수 있도록 관계적 사유를 이끈다. 이밖에도 다석은 '빈탕'·'속알'··'없이있는 하나' 등 『늙은이』의 다양한 한글을 통하여 세상 본보기의 잘된 길을 펼친다. 또한 다석이 남긴 창의적 한글 시 약 1700수와 그리고 한시漢詩 약 1300수 등의 시조는 한글로 철학하기의 자료로써 활용도가 매우 다양하다. 이러한 한글에 담긴 정음 사상을 기반으로 한국 문화의 씨알을 드러내 통합적 사유의 길을 확립하는 것이 필요한 때이다. 따라서 다석의 한글 속에 녹아 있는 철학적 사유를 연구 계발하고 확장시켜 나가는 것은 앞으로 우리가 풀어야 할 과제이다.

　다석은 인간의 마음과 몸의 중심을 잃지 않게 그 축을 유지하는 '잘 삶善攝生'의 생명론적 가치가 현대사회와 인간에게 어떠한 영향을 미치는지 자세히 알려준다.

　일상적 인간이 처한 환경은 천지상합에 따른 내적 질서에 따라 선위자와 불선자로 나누어진다. 불선자는 시공간 변화의 흐름을 숙지하지 못하고 자기만의 주관대로 삶을 펼치는 전진적 사유에 의해서 환난을 겪게 된다. 선을 행하는 선위자는 변화 속에 무위자연의 열매를 맺는다. 선행의 목적은 인간의 힘으로 감당하기 어려운 부득이한 변화 속에 중심축을 잃지 않는 것이다. 그리고 늘 그러함의 항상성을 행함으로써 무의 세계에 소속되어 고른 어울림의 바름을 행한다. 이는 인간의 생존경쟁의 삶의 터전에서 무력과 용병을 사용할 필요가 없게 되고, 도의 대상大象에 소속되어 자정함으로써 가정·마을·나라·천하의 경계가 없는 무위자연의 공정한 어머니 나라의 인간 씨알을 이루게 된다. 조화로운 덕성을 품으면 시모의 품에서 벗어나지 않은 영아와 같이 부드러운 섭생으로 자승자강의 자기自己를 이루게 되어 어려움을 극복하게 된다. 도를 좇음으로써 스스로 균형을 이루어 인간의 과욕과의 전쟁에서 승리를 이룰 수 있다. 자기중심에 의하여 이것과 저것을 선별하는 공격적 사유를 조화와 화해의 곡선적 사유로 선회시켜 분별없는 자리로 돌아가게 되어 가온인간의 제 역할을 수행한다. 이러한 도의 생명인 잘 삶은 인간이 사물과 접촉함으로써 발현되는 실용적 가치를 분별하지 않는 늘앎의 지혜는 만물과의 공감대共感帶를 형성함으로써 하루의 일상적 세계를 이룬다. 천지와의 상합에 따른 내적 질서로 이것과 저것을 구분하지 않고 자연의 섭리에 따라 현대 인간의 공생공정의 세상 본보기로 되물림의 사랑을 실현하는 이정표 역할을 한다.

인간이 영위하는 일반적인 몸의 생명은 필연적 상대성이 내포되어 인간에게 개별적 존재 이유를 제공함으로써 자신이 처한 환경에 따라 삶을 생존경쟁의 전쟁터로 바꾸는 모순이 잠재되어 있다. 이에 반해 도의 생명인 잘 삶의 고른 앎은 인간의 자정 능력을 발휘하게 하여 세상의 정해진 기준이나 규칙을 포섭하고, 더 나아가 그것을 있는 그대로 볼 수 있는 공생공정의 사유 영역을 쉼 없이 제공한다.

도의 생명은 삶에 대한 저항을 멈추는 무위자연의 사고로, 생각과 감정을 통제나 조절함이 없이 있는 그대로 경험하게 하는 순수성을 담지한 생명이라고 할 수 있다. 도의 잘 삶은 자기 동인적 자정 능력에 의하여 저절로 이루는 생명이기 때문에 어떠한 것으로도 대체 불가하다. 도의 생명은 지금 여기에서 펼쳐지는 만물의 움직임을 통해 개별적 사물의 명료함을 알 수 있게 한다.

도의 생명인 잘삶을 보존하는 것은 도와 덕이 함축하고 있는 자균자화에 의하여 생과 사의 두려움에서 벗어나는 것이다. 그리고 이것과 저것의 분별이 없는 무사지無死地와 같은 영속적 항상성의 다툼이 없는 흐름에 편승하는 것이다. '비어있음'의 이로움으로 모든 것을 하나로 모이게 함으로써, 천지의 질서에 부합하여 자신의 힘을 쏟지 않고도 모든 일이 자연스럽게 이루어지는 무위자화我無爲自化의 영역이다.

다석은 인간씨알과 합치됨으로써 고르게 어울리게 하는 자정 능력이 어떤 방식에 의하여 인간에게 주어지는지 설명한다. 『도덕경』에서는 음과 양의 충기에 의한 조화의 생명으로 설명되고 있지만, 이는 지금까지 논의한 잘 삶의 단편적 이론에 불과하다. 현대에 들어와서 도와 덕에 따른 생명론은 철학의 영역을 넘어서 자연과학과 물리학에서 다양하게 연구되고 있다.2) 인공지능 시대에 인간의 존재성을 보존하기 위해서는, 지금까지 미흡했던 잘 삶의 조화의 영역이 천문학·물리학·과학의 다양한 학제적 방향에서 모색되고 논의되어야 한다.

잘 삶의 생명론적 조화의 가치는 단지 음양의 상대적 흐름만으로 설명하기에는 그 학술적 가치가 매우 중요하고 포괄적이다. 바로 생명의 존엄성을 보존할 수 있는 근거를 제공하기 때문이다. 인간

---

2) 하재춘, 「동양철학과 현대물리학의 연관성 고찰」, 경기대학교 대학원 석사학위논문, 2012 참조.

의 잘 삶의 존재적 근거를 제공하는 시모의 자리는 미세한 티끌과 같은 하나의 점과 같이 존재 의식을 발현하기 전의 자리로서 절대 바탕과 하나가 된 상태의 온통 한무리玄同의 세계와 같다. 이것과 저것이 함께 뒤섞여 있는 혼연한 이 자리는 인위적 상대성을 벗어나면 바로 만날 수 있으나 친소·이해·귀천과 같은 이원적 개념을 통해서는 얻을 수 없는 불가득의 자리이다. 욕망과 감각의 문을 닫을 때塞其兌. 麼其門 지나침을 버리고去甚, 교만去泰과 사치를 버림去奢으로써 생명의 근원인 하늘 길이 저절로 열린다. 이러한 자연적 조화를 유지하고 천지만물의 변화에 순응하여 가온인간을 구현한다.

또한 어머니의 품 안의 영아와 같은 마음을 유지하여 주관적 사물의 경계를 벗어나 어떤 것으로부터 제약을 받지 않는 자정의 잘 삶을 보존한다. 모든 것의 저절로 변화 됨萬物將自化을 알고 지켜 세상을 바르게天下將自正 하고 공정한 세상 본보기의 역할을 담당할 수 있게 하는 것이 다석이 『늙은이』를 통해 꿈꾸었던 하루 철학의 세계이다.

이러한 도의 자연스러운 지혜를 제공하는 늘 한길玄同의 자리는 말이 필요 없으며 과거·현재·미래라는 것이 없으니 생사가 없게 된다. 이 지혜의 자리에 처해 있으면 인간의 인위적 행위의 끊임없는 날카로움과 전진적 강함의 성향을 때에 맞춰 멈추게 하여 잘삶을 유지한다. 무에 맞혀노는 자연적 지혜의 하루의 삶은 필연적 상대성을 포섭하고 인간의 이기심을 소멸하는 조화의 영역을 제공한다. 이 지혜를 통하여 인간은 알기 쉽고 행하기 쉬운易知易行 도의 일상적 흐름에 따라 공생공존의 하루의 삶을 윤택하게 이어나갈 수 있다. 그리고 다석은 우리에게 묻는다. 어떻게 하루를 보낼 것인가?

참고 문헌

1. 원전

『논어』
『다석일지』
『도덕경』
『삼국사기』
『삼국유사』
『순자』
『장자』
『주역』
『중용』

2. 단행본

김경수 역주, 『노자역주』, 서울: 문사철, 2010.
김백희, 『노자의 사유방식』, 파주: 한국학술정보(주), 2006.
김상일, 『한류와 한사상』, 서울: 모시는사람들, 2009.
김세정, 『돌봄과 공생의 유가생태철학』, 고양: 소나무, 2017.
_____, 『왕양명의 생명철학』, 수원: 청계출판사, 2008.
김승영, 『한국성리학의 인식과 실천』, 대전: 도서출판 빈들, 2019.
김충열, 『노자강의』, 서울: 예문서원, 2004.
김학목, 『초원 이충익의 담노 역주』, 서울: 통나무, 2014.
김형효, 『사유하는 도덕경』, 서울: 소나무, 2004.
김홍경, 『노자』, 경기: 도서출판 들녘, 2017.
김흡영, 『가온찍기』, 서울: 도서출판 동연, 2016.
김흥호, 『다석일지 공부』, 서울: 솔출판사, 2001.
나희라, 『신라의 국가제사』, 서울: 지식산업사, 2003.
노자 원저, 감산덕청 주석, 심재원 역주, 『노자 도덕경, 그 선의 향기』, 서울:

정우서적, 2010.

김용옥, 『노자가 옳았다』, 서울: 통나무, 2020.

류영모, 원저, 박영호 엮음, 『다석 류영모 어록』, 서울: 두레, 2002.

류영모, 박영호 역, 『多夕 류영모 명상록』, 서울: 두레, 2001.

_____, 박영호 역, 『죽음에 생명을 절망에 희망을』, 서울: 홍익재, 1993.

마이클 슈나이더 저, 이충호 역, 『자연, 예술, 과학의 수학적 원형』, 서울: 경문사, 2002.

박 석, 『대교약졸』, 서울: 들녘, 2005.

박영호, 『노자와 다석』, 서울: 교양인, 2013.

_____, 『다석 류영모의 생각과 믿음』, 서울: 현대문화신문, 1997.

_____, 『다석사상으로 본 불교, 금강경』, 서울: 도서출판 두레, 2001.

_____, 『씨올』, 서울: 홍익재, 1985.

서명응, 박원숙 역, 『도덕지귀진석』, 부산: 도서출판3, 2017.

_____, 조민환, 장원목, 김경수 역, 『도덕지귀』, 서울: 예문서원, 2009.

성현영, 최진석, 정지욱 역, 『노자의소』, 서울: 소나무, 2007.

신성수, 『주역통해』, 서울: 대학서림, 2005.

오강남, 『도덕경』, 서울: 현암사, 2006.

_____, 『장자』, 서울: 현암사, 2007.

오쇼 라즈니쉬 저, 김현배 역, 『금단의 비밀』, 서울: 도서출판 늘푸름, 1993.

왕 필, 임채우 역, 『왕필의 노자』, 서울: 예문서원, 2001.

원정근, 『도가철학의 사유방식』, 서울: 법인문화사, 1997.

윤재근, 『노자 81장』 상, 서울: 동학사, 2020.

이국봉, 『신비한 엘리오트 파동여행』, 서울: 정성출판사, 1995.

이기상, 『다석과 함께 여는 우리말 철학』, 서울: 지식산업사, 2003.

이부영, 『노자와 융』, 서울: 한길사, 2012.

이상훈, 『포스트모던에서 신학하기』, 서울: 한국학중앙연구원출판부, 2017.

이석명, 『노자도덕경하상공장구』, 서울: 소명출판, 2007.

_____, 『백서 노자』, 서울: 청계출판사, 2003.

이재권, 『도가철학의 현대적 해석』, 대전: 문경출판사, 1995.

이재운, 구미라, 이인옥, 『우리말 숙어 1000가지』, 서울: ㈜위즈덤하우스, 2008.

이종성, 『도가철학의 문제들』, 대전: 문경출판사, 1999.

_____, 『맨얼굴의 장자』, 서울: 도서출판 동과서, 2017.

_____, 『믿음이란 무엇인가』, 경기: 글항아리, 2014.

_____, 『역사 속의 한국철학』, 대전: 충남대학교출판문화원, 2017.

_____, 『율곡과 노자』, 대전: 충남대학교출판문화원, 2016.

장일순, 『노자 이야기』, 서울: 삼인, 2006.

_____, 이현주 역, 『노자이야기』, 서울: 삼인, 2003.

정세근, 『노장철학』, 서울: 예문서원, 1996.

진고응, 최재목, 박종연 역, 『노자』, 경북: 영남대학교출판부, 2008.

최진석, 『도덕경』, 서울: 소나무, 2016.

풍우란, 박성규 역, 『중국철학사 상』, 서울: 까치글방, 2010.

한동석, 『우주변화의 원리』, 서울: 대원출판, 2013.

3. 老子 註釋書

河上公, 王卡譯, 『老子道德經河上公章句』, 臺北: 道敎典籍選刊, 1984.

王弼, 樓宇烈譯, 『王弼集校釋』, 臺北: 華正書局, 1981.

成玄英, 『老子義疏』, 臺北: 廣文書局, 1975.

憨山, 『憨山道德經解』, 道德經名注選輯(五卷), 臺北: 自由出版社印行, 1968.

焦竑, 『老子翼』, 漢文大系 九卷, 富山房(東京), 1959.

陳鼓應註譯, 『老子今註今譯』, 臺北: 臺灣商務印書館發行, 1980.

馮友蘭, 『中國哲學史』 上冊, 香港: 三聯書店(香港)有限公司, 1992.

朱謙之, 『老子校釋』, 臺北: 華正書局, 1987.

黃登山, 『老子釋義』, 臺北: 學生書局, 1992.

周紹賢, 『老子要義』, 臺北: 中華書局, 1966.

福永光司, 『老子』, 東京: 朝日新聞社, 1949.

楠山春樹, 『老子』, 東京: 集英社, 1992.

4. 『老子』에 관한 中國著書

王 博, 『老子思想的史官特色』, 臺北: 文津出版社, 1982.

吳 康, 『老莊哲學』, 臺北: 臺灣商務印書館發行, 1976.

黃公偉, 『道家哲學系統探微』, 臺北: 新文豐出版公司, 1978.

王邦雄, 『老子的哲學』, 臺北: 東大圖書公司印行, 1991.

李 申, 『老子與道家』, 北京: 商務印書館, 1996.

張起鈞, 『老子哲學』, 臺北: 正中書局, 1983.

張智彥, 『老子與中國文化』, 貴州: 貴州人民出版社, 1996.

賀榮一, 『老子之朴治主義』, 北京: 百花文藝出版社, 1993.

許抗生, 『老子與道家』, 北京: 新華出版社, 1991.

蕭 兵, 叶舒憲 共著, 『老子的文化解讀』, 武漢: 湖北人民出版社, 1991.

詹劍峰, 『老子其人其書及其道論』, 武漢: 湖北人民出版社, 1982.

胡 適, 『中國古代哲學史』, 臺北: 臺灣商務印書館發行, 1975.

吳經熊, 『哲學與文化』, 臺北: 三民書局, 1964.

徐觀著, 『中國人性論史』(先秦篇), 臺北: 臺灣商務印書館發行, 1964.

候外廬 外, 『中國思想通史』 제1권, 北京: 人民出版社, 1992.

5. 日本書

大濱晧, 『老子の哲學』, 東京: 勁草書房, 1993.

福永光司, 『老子』, 東京: 朝日新聞社, 1949.

楠山春樹, 『老子』, 東京: 集英社, 1992.

木村英一, 『老子の新研究』, 東京: 創文社, 1961.

6. 英文書

Robert G. Henricks, *Lao Tzu's Tao Te Ching*, New York: Columbia University Press, 2000.

N. J. Girardot, *Myth And Meaning In Early Taoism*, University of California Press, 1983.

7. 학위논문

김대현, 「노자의 소국과민(小國寡民) 연구」, 성균관대학교 대학원 박사학위논문, 2020.

김명희, 「『노자』의 유·무·만물관 연구」, 한국교원대학교 대학원 박사학위논문, 2014.

김미례, 「孤雲 崔致遠의 風流美學思想 硏究」, 성균관대학교 대학원 박사학위논문, 2015.

김정오, 「多夕柳永模사상의 성인교육학적 함의에 관한 연구」, 숭실대학교 대학원 박사학위논문, 2009.

박정환, 「윌리엄 제임스의 회심이론을 통해 본 다석 류영모 연구」, 서강대학교 대학원 박사학위논문, 2014.

박혜순, 「도가의 관점에서 본 물에 관한 생태 철학적 연구」, 서강대학교 대학원 박사학위논문, 2011.

유성애, 「노자의 『도덕경』과 로저의 인간 중심 상담 이론의 비교」, 연세대학교 대학원 박사학위논문, 2003.

윤덕영, 「多夕 柳永模와 Soren Kierkegaard의 기독교 사상 비교 연구」, 한국학
　　중앙연구원 대학원 박사학위논문, 2008.
이 권, 「노장과 『주역』의 천인합일관 비교연구」, 연세대학교 대학원 박사학위
　　논문, 1999.
이동희, 「다석 류영모의 한글시에 나타난 신과 자아의 관계적 역동」, 한국학
　　중앙연구원 대학원 박사학위논문, 2018.
이신성, 「노자의 도에 대한 본체론적 이해 비판」, 성균관대학교 대학원 박사
　　학위논문, 2009.
이은숙, 「태극의 순환성을 바탕으로 한 생명이미지 표현」, 이화여자대학교 대
　　학원 석사학위논문, 1993.
이옥재, 「상호 교차적 관점에 근거한 장소성 형성요인에 관한 연구」, 건국대
　　학교 대학원 박사학위논문, 2016.
이호영, 「롤랑 바르트 사진론에 나타난 노장의 무위에 관한 존재론적 연구」,
　　성균관대학교 대학원 박사학위논문, 2019.
정석도, 「노자철학의 은유적 개념체계 해석」, 성균관대학교 대학원 박사학위
　　논문, 2006.
최오목, 「노자의 생명윤리사상 연구」, 원광대학교 대학원 박사학위논문,
　　2009.
황준필, 「다석 류영모의 한글 타이포그라피에 대하여」, 홍익대학교 대학원 석
　　사학위논문, 2004.
袁保新, 「老子形上思想之詮釋與重建」, 中國文化大學 博士論文, 1972.
黃漢光, 「老子<無>的哲學之研究」, 中國文化大學 博士論文, 1972.

8. 학술논문

강민경, 「도교 小國寡民의 의미와 수용 양상」, 『동방한문학』 제77집, 동방한
　　문학회, 2018.
김경재, 「씨알 사상에서의 역사 이해」, 『시대와 민중신학』 제10호, 제3시대
　　그리스도 연구소, 2008.
김만태, 「훈민정음의 제자원리와 역학사상」, 『철학사상』 제45호, 서울대학교
　　철학사상연구소, 2012.
김방룡, 「양명학과 선학의 현대적 만남에 대한 일고찰」, 『유학연구』 제19집,
　　충남대학교 유학연구소, 2009.
김상희, 「장자사상에 나타난 나선형(Vortex)적 기(氣) 우주론」, 『동서철학연구』
　　제66호, 한국동서철학회, 2012.

김세정, 「온생명과 왕양명의 철학」, 『철학연구』 제77호, 대한철학회, 2001.

김용섭, 「노자에서의 이상적인 인간과 사회」, 『철학연구』 제46호, 대한철학회, 1990.

김종욱, 「무아에서 진아까지」, 『범한철학』 제43호, 범한철학회, 2006.

김철우, 박동일, 「五行和鍼法에 대한 연구」, 『동의생리병리학회지』, Vol.19 No.2, 한의병리학회. 2005.

김 희, 「노자 이상정치의 양민(養民)론 연구」, 『동서철학연구』 제98호, 한국동서철학회, 2020.

_____, 「노자와 맹자의 이상정치 비교 연구」, 『유학연구』 제53집, 충남대학교 유학연구소, 2020.

_____, 「중국불교의 형성과 도가 養生의 상관성 연구」, 『동서철학연구』 제94호, 한국동서철학회, 2019.

민영현, 「고유사상으로서의 풍류도(風流道)와 한국선도(韓國仙道)의 상호연관 및 그 실체(實體)에 관한 연구」, 『선도문화』 제20호, 국제뇌교육종합대학원 국학연구원, 2016.

민황기, 「儒學 '中'思想 形成의 淵源과 歷史的 展開」, 『동서철학연구』 제47호, 한국동서철학회, 2008.

_____, 「『中庸』에 있어서의 「中」의 體得과 人間存在」, 『동서철학연구』 제35호, 한국동서철학회, 2005.

박길수, 「노장의 철학적 치료주의의 이념」, 『동양철학』 제44호, 한국동양철학회, 2015.

박정환, 「칼 융의 사상과 다석 류영모 사상의 비교분석」, 『종교연구』, Vol.77 No.1, 한국종교학회, 2017.

백유상, 「한동석(韓東錫) 역학사상(易學思想)의 특징」, 『대한한의학원전학회지』 제23호, 대한한의학원전학회, 2010.

송도선, 「노자의 『도덕경』에 담긴 무의 교육적 함의」, 『교육사상연구』 제27권 2호, 한국교육사상연구회, 2013.

_____, 「노자의 『도덕경』에 담긴 '무(無)'의 교육적 함의」, 『교육사상연구』 제27호, 한국교육사상연구회, 2013.

심성흠 외 6, 「五行和鍼法에 대한 연구」, 『동의생리병리학회지』 Vol.22 No.5, 한국병리학회, 2018.

여종현, 「휴머니즘의 脫-형이상학적 정초(Ⅱ)」, 『대동철학』 제3호, 대동철학회, 1999.

오상무, 「『노자』 소국과민에 대한 새로운 이해」, 『동양철학』 제7호, 한국동양철학회, 1996.

윤병렬, 「『노자』와 하이데거의 사유에서 부정존재론에 관한 소고」, 『현대유럽철학연구』 제30호, 한국하이데거학회, 2012.

윤종갑, 「노장사상의 무와 불교의 공」, 『철학연구』 제55호, 대한철학회, 1995.

이규상, 「노자의 부정적 사유방법에 대한 모색」, 『동서철학연구』 제11권, 한국동서철학회, 1994.

_____, 「『노자』 '小國寡民'의 정치철학적 지향」, 『대동철학』 제46집, 대동철학회, 2009.

이기상, 「다석 류영모의 인간론. 사이를 나누는 살림지」, 『씨알의 소리』 제74호, 씨알사상연구회, 2003.

이부영, 「노자 도덕경에서 본 치유의 의미」, 『심성연구』 제23호, 한국분석심리학회, 2008.

이종성, 「노자 제25장의 존재론적 검토」, 『철학논총』 제26호, 새한철학회, 2001.

_____, 「노자철학에 있어서 존재와 인식의 상관성」, 『대동철학』 제10집, 대동철학회, 2000.

_____, 「박세당의 『노자』 주해(註解)를 통해 보는 도가철학에 있어서의 '유무지변'의 문제」, 『동서철학연구』 제15호, 한국동서철학회, 1998.

_____, 「『순언』과 '세 가지 보배'」, 『동양철학』 제27호, 한국동양철학회, 2007.

_____, 「노자의 리더십」, 『동서철학연구』 제93호, 한국동서철학회, 2019.

_____, 「율곡과 노자」, 『율곡학연구』 제10권, 율곡학회, 2005.

_____, 「율곡의 노자관에 반영된 경학사상의 유도회통론적 특성과 의의」, 『율곡학연구』 제40권, 율곡학회, 2019.

_____, 「장자의 상대주의적 관점에 대한 반성적 고찰」, 『범한철학』 제30권, 범한철학회, 2003.

이태호, 「노자의 존재론적 구조의 관점에서 『도덕경』 10장, 11장 번역과 해설」, 『한국동서정신과학회지』 제15호, 한국동서정신과학회, 2012.

정은숙, 「『주역(周易)』의 궁신지화(窮神知化)에 대한 일고찰(一考察)」, 『공자학』 제17호, 한국공자학회, 2009.

조민환, 「『老子』의 理想鄕에 관한 硏究」, 『동양철학』 제4호, 한국동양철학회, 1993.

최혜영, 「몸과 얼(Body and Spirit)」, 『인간연구』 제1호, 가톨릭대학교 인간학연구소, 2000.

蒙培元, 「論自然」, 『道家文化硏究』(第14輯).

「試談馬王堆漢墓中的帛書老子」, 『文物』 第11期, 1974년.

唐蘭, 「馬王堆出土 『老子』乙本卷前古佚書的硏究」, 『考古學報』 第1期, 1975.

白奚, 「『黃帝四經』 早出之新證」, 『道家文化硏究』 第14輯.

魏啓鵬, 「范蠡及其天道觀」, 『道家文化硏究』 第6輯.

Abstract*

A Study on Lao-Tzu Philosophy of Da-seok Ryu Young-mo
- Focusing on *The Old Man* -

Yo-seph Shin

Department of Philosophy, Graduate School
Chungnam National University
Daejon, Korea

(Supervised by Professor Jong-sung Lee)

Da-seok Ryu Young-mo (多夕 柳永模, 1890-1981) was a thinker who tried to open the horizon of Korean philosophical thinking based on the meaning of heaven contained in Hangeul. He seeks a method of philosophical thinking to recover the natural realm of the "Human Seeds"(善爲者) while going through the turbulent period of Korean modern and contemporary history. Da-seok finds the way of "Ruling People and Serving the Heaven"(治人事天) to restore the way of human existence through Lao-tzu philosophy. And in *The Old Man*, which is an interpretation of *Tao Te Ching* in Korean, he sees that it contains a way of thinking that can embody the world of nothingness and realize the meaning of existence of the human seeds. Da-seok seeks the path of inner cultivation that transforms human thought through the philosophy of nothingness contained in the philosophy of Lao-tzu.

---

* A dissertation submitted to the committee of Graduate School, Chungnam National University in a partial fulfillment of the requirements for the degree of Doctor of Philosophy in Philosophy conferred in February 2021.

Therefore, this thesis pays attention to the practical cultivation that expands the horizon of the "Middle Humans"(常善人), examines the original text of *Tao Te Ching* based on Da-seok's various ideas, and studies how humans practice nothingness through it. Da-seok asks Lao-tzu the answer to the problem of human beings who have lost their way between heaven and earth, and seeks a way to restore the position of the Tao through *Tao Te Ching*. It is the wisdom of the Tao according to humans "Stacked Inner Grains"(重積德). And even if humans do not want to do anything, they find a way to realize the unity of mind and body (玄同) through the realm of self-becoming, or 'Becoming the Seeds for Themselves'(我無爲而民自化).

In the overall process of Da-seok's world view, human view, cultivation view that unfold in *The Old Man*, it is worth noting that the "Middle Humans"(常善人) are realized with the benefit of nothingness. For example, it is a world view that sees the flow of the world correctly through the Even Knowledge (知和) of humans being Self-evident(自知者明) and Self-loving (慈己). Therefore, it has significance in realizing the example of a just (共正) world (天下式) according to the practice and cultivation method of humans "Ruling People and Serving the Heaven"(治人事天).

To summarize this thesis, first, it examines the process of "Stacked Inner Grains"(重積德) through human gradual cultivation. Second, it explores expanding the realm of Self-Becoming(自化) of the "Middle Humans" who practice nothingness. Third, it explores the process of establishing an order of "Ruling People and Serving the Heaven"(治人事天) in which there is nothing that cannot be ruled out (無不治) by establishing the domain of free thought of the human seeds with the Tao.

In the process of thinking about the Human Seeds, Da-seok finds the place of the ㅋ Tao through the Even Knowledge (知和) knowing that there is oneness with the human inner order with the Permanent Knowledge(知常) of "Becoming for Themselves Even in the Absence of Doing"(無爲自然). By substituting such a way of thinking with the theoretical system of living, gain, and law, he explains the system of thinking that restores the place of the "Tao Following the Spontaneity"(道法自然) and protects it by the "Even Harmony" (自均) between heaven and earth.

By converting the wrong perception of humans into the thought which

"Prevents Them from Doing"(不敢爲), they enter the world of nothingness and become humans with the "Stacked Inner Grains"(重積德). These Middle humans develop the thought of the Good Path (善行) not to be deluded by any external environment without undergoing Great Tribulation (大患) by the regimen of "Not Fighting Inner Grains"(是謂不爭之德). Da-seok believes that humans are able to maintain "Being Good"(善爲) as a result of Good Path according to the action of the "Even Harmony and Self-Becoming"(自均自化). The Good Path, which is the flow of the Tao, is obtained by riding on the flow of the natural realm where there is No Life and Death (無死地) in which the discernment of things has disappeared. Da-seok believes that if humans live a life of playing with nothingness, they can achieve unity in mind and body. Therefore, it embraces the inevitable relativity of life into one and restores the realm of the subtle unity(玄同), which extinguishes human desire, hatred, and delusion. If you switch to this thinking of "Becoming for Themselves Even in the Absence of Doing"(無爲自然), you will know that everything happens automatically, and you will come to know the changing principles of the world, and you will learn the thoughts that do not remain in the value of things (自賓). Da-seok connects the philosophical thought that restores the original position of humans with the benefit of nothingness "Using the Corner that is Not There"(當其無用) in order to dissipate the human greed, with the inner cultivation of "Keeping the Middle"(守中). And it has modern significance in resolving the social problems of injustice that we face in the modern times through the human life of nothingness. It is to unfold an utopia that fulfills the central role of society by faithfully fulfilling each role with the Good Life (善攝生) of the human seeds and realizing the Example of the World (天下式).

The vital value of the regimen provides the basis for preserving the dignity of human life. Therefore, to explain it as a field of philosophy, the value of the research is very diverse and contains a comprehensive concept of life. Therefore, the philosophy of regimen should be discussed through various disciplines of astronomy, physics, and science. The remaining task of this study is to expand Korean philosophical thinking by studying and examining the meaning and concepts of Da-seok's creative Hangeul in *The Old Man*.

Keywords: Seeds(德善), Middle humans(常善人), Living of Nothingness, Ruling People and Serving the Heaven(治人事天), Even Harmony and Self-Becoming (自均自化), Self-Righteous (自正), Regimen (攝生).

색인

다석 류영모가 전하는 세상 사는 지혜

『늙은이』의 하루 철학

초판인쇄　2022년 2월 25일
초판발행　2022년 3월 11일

지은이　신요셉
펴낸이　채종준
펴낸곳　한국학술정보㈜
주　소　경기도 파주시 회동길 230(문발동)
전　화　031) 908-3181(대표)
팩　스　031) 908-3189
홈페이지　http://ebook.kstudy.com
E-mail　출판사업부 publish@kstudy.com
출판신고　2003년 9월25일 제406-2003-000012호

ISBN　979-11-6801-382-7 93150